全国人民代表大会
——年　鉴——

【2010年卷】

中国民主法制出版社

图书在版编目(CIP)数据

全国人民代表大会年鉴.2010年卷/沈春耀,窦树华主编.—北京:中国民主法制出版社,2011.6
ISBN 978-7-80219-869-2

Ⅰ.①全… Ⅱ.①沈…②窦… Ⅲ.①全国人民代表大会—2010—年鉴 Ⅳ.①D622-54

中国版本图书馆CIP数据核字(2011)第094978号

责任编辑 陈 偲　　封面设计 聂 强

书名/全国人民代表大会年鉴2010年卷
QUANGUO RENMIN DAIBIAO DAHUI NIANJIAN 2010 NIAN JUAN
作者/沈春耀 窦树华 主编

出版·发行/中国民主法制出版社
地址/北京市丰台区玉林里7号(100069)
电话/63055259(总编室) 63292534(发行部)
传真/63055259 63292513
经销/新华书店
开本/16开 880毫米×1230毫米
印张/60.75 **字数**/2009千字
版本/2011年6月第1版 2011年6月第1次印刷
印刷/河北省永清县金鑫印刷有限公司

书号/ISBN 978-7-80219-869-2
定价/246.00元

ISBN 978-7-80219-869-2
9 787802 198692 >

全国人民代表大会

2010年3月5日，第十一届全国人民代表大会第三次会议在北京人民大会堂开幕。图为大会会场。

《全国人民代表大会年鉴》
编　辑　部

目　录

第一编　第十一届全国人民代表大会第三次会议

第二编 常委会工作安排和会议议程日程

一、常委会工作安排

二、常委会会议议程日程

第三编　委员长讲话

附：在国内调研时的新闻通稿

第四编　立法工作

一、如期形成中国特色社会主义法律体系

二、法律和有关法律问题的决定

第六编 监督工作

一、听取和审议专项工作报告

二、审查和批准决算，听取和审议计划、预算执行情况和审计工作报告

三、检查法律实施情况

四、规范性文件备案审查

五、特别行政区报送备案的法律目录

第七编 人事任免

第八编 代表工作

一、代表议案处理

二、代表建议办理

三、代表培训

四、代表资格审查

第九编 对外交往

一、委员长会见外国来宾

二、委员长出国访问

三、对外定期交流机制

第十编　专门委员会工作

第十一编　常委会事务

有关讲话

第十一届全国人民代表大会第三次会议关于政府工作报告的决议

（2010 年 3 月 14 日第十一届全国人民代表大会第三次会议通过）

第十一届全国人民代表大会第三次会议听取和审议了国务院总理温家宝所作的政府工作报告。会议充分肯定国务院过去一年的工作，同意报告提出的 2010 年主要任务和总体部署，决定批准这个报告。

会议强调，要高举中国特色社会主义伟大旗帜，全面贯彻党的十七大和十七届三中、四中全会精神，以邓小平理论和“三个代表”重要思想为指导，深入贯彻落实科学发展观，保持宏观经济政策的连续性和稳定性，更加注重提高经济增长质量和效益，更加注重推动经济发展方式转变和经济结构调整，更加注重推进改革开放和自主创新、增强经济增长活力和动力，更加注重改善民生、保持社会和谐稳定，更加注重统筹国内国际两个大局，实现经济社会又好又快发展。会议号召，全国各族人民在以胡锦涛同志为总书记的党中央领导下，同心同德，开拓创新，扎实工作，为全面实现“十一五”时期经济社会发展目标、夺取全面建设小康社会新胜利而努力奋斗！

政府工作报告

——2010 年 3 月 5 日在第十一届全国人民代表大会第三次会议上

国务院总理　温家宝

各位代表：

现在，我代表国务院向大会作政府工作报告，请予审议，并请全国政协各位委员提出意见。

一、2009 年工作回顾

2009 年是新世纪以来我国经济发展最为困难的一年。去年这个时候，国际金融危机还在扩散蔓延，世界经济深度衰退，我国经济受到严重冲击，出口大幅下降，不少企业经营困难，有的甚至停产倒闭，失业人员大量增加，农民工大批返乡，经济增速陡然下滑。在异常困难的情况下，全国各族人民在中国共产党的坚强领导下，坚定信心，迎难而上，顽强拼搏，从容应对国际金融危机冲击，在世界率先实现经济回升向好，改革开放和社会主义现代化建设取得新的重大成就。国内生产总值达到 33.5 万亿元，比上年增长 8.7%；财政收入 6.85 万亿元，增长 11.7%；粮食产量 53082 万吨，再创历史新高，实现连续 6 年增产；城镇新增就业 1102 万人；城镇居民人均可支配收入 17175 元，农村居民人均纯收入 5153 元，实际增长 9.8% 和 8.5%。我国在全面建设小康社会道路上又迈出坚实的一步。实践再次证明，任何艰难险阻都挡不住中华民族伟大复兴的历史进程。

过去的一年，极不平凡，令人振奋。我们隆重庆祝新中国成立 60 周年。抚今追昔，伟大祖国的辉煌成就极大地激发了全国人民的自信心和自豪感，极大地增强了中华民族的向心力和凝聚力，极大地提升了我国的国际地位和影响力，必将激励我们在中国特色社会主义道路上继续奋勇前进。

一年来，我们主要做了以下工作：

（一）加强和改善宏观调控，促进经济平稳较快发展。我们实行积极的财政政策和适度宽松的货币政策，全面实施并不断完善应对国际金融危机的一揽子计划。大规模增加财政支出和实行结构性减税，保持货币信贷快速增长，提高货币政策的可持续性，扩大直接融资规模，满足经济社会发展的资金需求，有效扩大了内需，很快扭转了经济增速下滑趋势。

着力扩大居民消费。我们鼓励消费的政策领域之宽、力度之大、受惠面之广前所未有。中央财政投入资金450亿元，补贴家电汽车摩托车下乡、汽车家电以旧换新和农机具购置。减半征收小排量汽车购置税，减免住房交易相关税收，支持自住性住房消费。全年汽车销售1364万辆，增长46.2%；商品房销售9.37亿平方米，增长42.1%；社会消费品零售总额实际增长16.9%，消费对经济增长的拉动作用明显增强。

促进投资快速增长。我们发挥政府投资“四两拨千斤”的作用，引导带动社会投资。实施两年新增4万亿元的投资计划。2009年中央政府公共投资9243亿元，比上年预算增加5038亿元，其中，保障性住房、农村民生工程、社会事业投资占44%，自主创新、结构调整、节能减排和生态建设占16%，重大基础设施建设占23%，灾后恢复重建占14%。全社会固定资产投资增长30.1%，投资结构进一步优化。投资快速增长有效弥补了外需下降的缺口，加强了薄弱环节，为经济社会长远发展奠定了坚实的基础。

我们加快推进汶川地震灾后恢复重建，重灾区已完成投资6545亿元，占规划总投资的65.5%。国家的大力支持，全国人民的无私援助，灾区群众的艰苦奋斗，使遭受重大创伤的灾区呈现出崭新面貌。一座座新城拔地而起，一个个村庄焕发出蓬勃生机。这充分体现了中华民族的无疆大爱，有力彰显了社会主义制度的无比优越。

（二）大力调整经济结构，夯实长远发展基础。我们把保增长与调结构紧密结合起来，加快解决制约经济发展的结构性矛盾。

“三农”工作进一步加强。中央财政用于“三农”的支出7253亿元，增长21.8%。大幅度提高粮食最低收购价。启动实施全国新增千亿斤粮食生产能力建设规划。继续改善农村生产生活条件，农村饮水安全工程使6069万农民受益，新增510万沼气用户，新建和改造农村公路38万公里、农村电网线路26.6万公里，又有80万户农村危房得到改造，9.2万户游牧民实现了定居。我们加大扶贫力度，贫困地区的生产生活条件得到明显改善。

产业结构调整力度加大。制定并实施十大重点产业调整振兴规划。鼓励企业加快技术改造，安排200亿元技改专项资金支持4441个技改项目。重点行业兼并重组取得新进展。下大力气抑制部分行业产能过剩和重复建设，关停小火电机组2617万千瓦，淘汰落后的炼钢产能1691万吨、炼铁产能2113万吨、水泥产能7416万吨、焦炭产能1809万吨。加快实施国家科技重大专项，中央财政用于科技的支出1512亿元，增长30%。积极支持自主创新产品推广应用，清洁能源、第三代移动通信等一批新兴产业快速发展。大力加强基础设施建设，新建铁路投入运营5557公里，高速公路新建通车4719公里，城市轨道交通建设加快，新建、改扩建民用机场35个；新增发电装机8970万千瓦，西气东输二线西段工程实现供气，南水北调工程建设加快推进，6183座病险水库除险加固工程开工建设。

节能减排和环境保护扎实推进。安排预算内资金，支持重点节能工程、循环经济等项目2983个；实施节能产品惠民工程，推广节能空调500多万台、高效照明灯具1.5亿只。继续推进林业重点生态工程建设，完成造林588万公顷，森林覆盖率达到20.36%。综合治理水土流失面积4.8万平方公里。加强“三河三湖”等重点流域水污染防治和工业废水废气废渣治理。“十一五”前四年累计单位国内生产总值能耗下降14.38%，化学需氧量、二氧化硫排放量分别下降9.66%和13.14%。积极开展应对气候变化工作，明确提出2020年我国控制温室气体排放行动目标和政策措施。气象预报预警和地震监测工作得到加强，灾害防御能力不断提升。

区域协调发展迈出新步伐。深入实施区域发展总体战略，制定若干区域发展重大规划和政策。中西部和东北地区加快开放开发，积极承接产业转移，发展基础不断夯实；东部地区加快结构调整和自主创新，经济发展活力增强。区域发展呈现布局改善、结构优化、协调性提高的良好态势。

（三）坚持深化改革开放，不断完善有利于科学发展的体制机制。我们把深化改革开放作为应对国际金融危机的强大动力，努力消除体制障碍，不断提高对外开放水平。

重点领域和关键环节改革加快推进。增值税转型全面实施。成品油价格和税费改革顺利推进，新的成品油价格形成机制规范运行。国家开发银行商业化转型和农业银行股份制改革扎实推进，跨境贸易人民币结算试点启动实施。创业板正式推出，为自主创新及其他成长型创业企业开辟了新的融资渠道。地方政府机构改革有序开展，事业单位分类改革试点稳步进行。集体林权制度改革全面推开，1亿公顷林地确权到户，占全国集体林地面积的60%，这是继土地家庭承包之后我国农村经营制度的又一重大变革。

开放型经济水平不断提高。出台一系列稳定外需的政策措施，采取符合国际惯例的方式支持出口企业，完成短期出口信用保险承保900亿美元，安排421亿美元大型成套设备出口融资保险。鼓励增加进口。去年下半年开始进出口降幅明显收窄，国际市场份额得到巩固，全年进出口总额2.2万亿美元。扭转利用外资下降局面，全年实际利用外商直接投资900亿美元。企业"走出去"逆势上扬，非金融类对外直接投资和对外工程承包营业额分别达433亿美元和777亿美元。积极参与国际宏观经济政策对话协调和经贸金融合作，在共同应对国际金融危机中发挥了建设性作用。

（四）着力改善民生，加快发展社会事业。在应对国际金融危机的困难情况下，我们更加注重保障和改善民生，切实解决人民群众最关心、最直接、最现实的利益问题。

实施更加积极的就业政策。强化政府促进就业的责任。中央财政安排就业专项资金426亿元，比上年增长59%。实施困难企业缓缴社会保险费或降低部分费率、再就业税收减免及提供相关补贴等政策，鼓励企业稳定和增加就业。开展系列就业服务活动，多渠道开辟公益性就业岗位，促进高校毕业生到基层就业、应征入伍和到企事业单位就业见习。全年组织2100万城乡劳动者参加职业培训。这些措施促进了就业的基本稳定。

加快完善社会保障体系。普遍建立养老保险省级统筹制度，出台包括农民工在内的城镇企业职工养老保险关系转移接续办法。在320个县开展新型农村社会养老保险试点，推动我国社会保障制度建设迈出历史性步伐。中央财政安排社会保障资金2906亿元，比上年增长16.6%。企业退休人员基本养老金连续5年增加，去年又人均提高10%。农村五保户供养水平、优抚对象抚恤补助标准、城乡低保对象保障水平都有新的提高。中央财政安排保障性安居工程补助资金551亿元，比上年增长2倍。新建、改扩建各类保障性住房200万套，棚户区改造解决住房130万套。全国社会保障基金积累6927亿元，比上年增长44.2%。社会保障体系得到加强。

进一步促进教育公平。大幅度增加全国教育支出，其中中央财政支出1981亿元，比上年增长23.6%。全面落实城乡义务教育政策，中央下达农村义务教育经费666亿元，提前一年实现农村中小学生人均公用经费500元和300元的目标。实行义务教育阶段教师绩效工资制度。中等职业学校农村家庭经济困难学生和涉农专业学生免学费政策开始实施。国家助学制度不断完善，资助学生2871万人，基本保障了困难家庭的孩子不因贫困而失学。

稳步推进医药卫生事业改革发展。组织实施医药卫生体制改革。中央财政医疗卫生支出1277亿元，比上年增长49.5%。城镇职工和城镇居民基本医疗保险参保4.01亿人，新型农村合作医疗制度覆盖8.3亿人。中央财政安排429亿元，解决关闭破产国有企业退休人员医疗保险问题。基本药物制度在30%的基层医疗卫生机构实施。中央财政支持建设了一批县级医院、乡镇中心卫生院和社区卫生服务中心。启动实施扩大乙肝疫苗接种等重大公共卫生服务专项。加强食品、药品安全专项整治。面对突如其来的甲型H1N1流感疫情，我们依法科学有序地开展防控工作，有效保障了人民群众生命安全，维护了社会正常秩序。

在国际金融危机严重冲击、世界经济负增长的背景下，我国取得这样的成绩极为不易。这是以胡锦涛同志为总书记的党中央统揽全局、正确领导的结果，是全党全军全国各族人民和衷共济、团结奋斗的结果。在这里，我代表国务院，向全国各族人民，各民主党派、各人民团体和各界人士，表示诚挚的感谢！向香港特别行政区同胞、澳门特别行政区同胞、台湾同胞和海外侨胞，表示诚挚的感谢！向关心和支持中国现代化建设的各国政府、国际组织和各国朋友，表示诚挚的感谢！

一年来，我们认真贯彻落实科学发展观，积极应对国际金融危机，全面做好政府工作，有以下几点体会：必须坚持运用市场机制和宏观调控两种手段，在坚持市场经济改革方向、发挥市场配置资源基础性作用、激发市场活力的同时，充分发挥我国社会主义制度决策高效、组织有力、集中力量办大事的优势。必须坚持处理好短期和长期两方面关系，注重远近结合、标本兼治，既克服短期困难、解决突出矛盾，又加强重点领域和薄弱环节、为长远发展奠定基础。必须坚持统筹国内国际两个大局，把扩大内需作为长期战略方针，坚定不移地实行互利共赢的开放战略，加快形成内需外需协调拉动经济增长的格局。必须坚持发展经济与改善民生、维护社会公平正义的内在统一，围绕改善民生谋发展，把改善民生作为经济发展的出发点、落脚点和持久动力，着眼维护公平正义，让全体人民共享改革发展成果，促进社会和谐稳定。必须坚持发挥中央和地方两个积极性，既强调统一思想、顾全大局，又鼓励因地制宜、探索创新，形成共克时艰的强大合力。这些经验对我们坚持中国特色社会主义道路，提高驾驭社会主义市场经济能力，推进现代化进程，具有重要而深远的意义。

二、2010 年主要任务

今年是继续应对国际金融危机、保持经济平稳较快发展、加快转变经济发展方式的关键一年，是全面实现“十一五”规划目标、为“十二五”发展打好基础的重要一年。

今年发展环境虽然有可能好于去年，但是面临的形势极为复杂。各种积极变化和不利影响此长彼消，短期问题和长期矛盾相互交织，国内因素和国际因素相互影响，经济社会发展中“两难”问题增多。从国际看，世界经济有望恢复性增长，国际金融市场渐趋稳定，经济全球化深入发展的大趋势没有改变，世界经济格局大变革、大调整孕育着新的发展机遇。同时，世界经济复苏的基础仍然脆弱，金融领域风险没有完全消除，各国刺激政策退出抉择艰难，国际大宗商品价格和主要货币汇率可能加剧波动，贸易保护主义明显抬头，加上气候变化、粮食安全、能源资源等全球性问题错综复杂，外部环境不稳定、不确定因素依然很多。从国内看，我国仍处在重要战略机遇期。经济回升向好的基础进一步巩固，市场信心增强，扩大内需和改善民生的政策效应继续显现，企业适应市场变化的能力和竞争力不断提高。但是，经济社会发展中仍然存在一些突出矛盾和问题。经济增长内生动力不足，自主创新能力不强，部分行业产能过剩矛盾突出，结构调整难度加大；就业压力总体上持续增加和结构性用工短缺的矛盾并存；农业稳定发展和农民持续增收的基础不稳固；财政金融领域潜在风险增加；医疗、教育、住房、收入分配、社会管理等方面的突出问题亟待解决。我们必须全面、正确判断形势，决不能把经济回升向好的趋势等同于经济运行根本好转。要增强忧患意识，充分利用有利条件和积极因素，努力化解矛盾，更加周密地做好应对各种风险和挑战的准备，牢牢把握工作的主动权。

做好今年的政府工作，要认真贯彻党的十七大和十七届三中、四中全会精神，以邓小平理论和“三个代表”重要思想为指导，深入贯彻落实科学发展观，着力搞好宏观调控和保持经济平稳较快发展，着力加快经济发展方式转变和经济结构调整，着力推进改革开放和自主创新，着力改善民生和促进社会和谐稳定，全面推进社会主义经济建设、政治建设、文化建设、社会建设以及生态文明建设，加快全面建设小康社会进程，努力实现经济社会又好又快发展。

今年经济社会发展的主要预期目标是：国内生产总值增长 8% 左右；城镇新增就业 900 万人以上，城镇登记失业率控制在 4.6% 以内；居民消费价格涨幅 3% 左右；国际收支状况改善。这里要着重说明，提出国内生产总值增长 8% 左右，主要是强调好字当头，引导各方面把工作重点放到转变经济发展方式、调整经济结构上来。提出居民消费价格涨幅 3% 左右，综合考虑了去年价格变动的翘尾因素、国际大宗商品价格的传导效应、国内货币信贷增长的滞后影响以及居民的承受能力，并为资源环境税费和资源性产品价格改革留有一定空间。

今年要重点抓好八个方面工作：

（一）提高宏观调控水平，保持经济平稳较快发展

要继续实施积极的财政政策和适度宽松的货币政策，保持政策的连续性和稳定性，根据新形势新情况不断提高政策的针对性和灵活性，把握好政策实施的力度、节奏和重点。处理好保持经济平稳较快发展、调整经济结构和管理通胀预期的关系。既要保持足够的政策力度、巩固经济回升向好的势头，又要加快经济结构调整、推动经济发展方式转变取得实质性进展，还要管理好通胀预期、稳定物价总水平。

继续实施积极的财政政策。一是保持适度的财政赤字和国债规模。今年拟安排财政赤字 10500 亿元，其中中央财政赤字 8500 亿元，继续代发地方债 2000 亿元并纳入地方财政预算。这样的安排主要是考虑到今年财政收支矛盾仍然十分突出。从财政收入看，上年一次性特殊增收措施没有或减少了，还要继续实施结构性减税政策，财政收入增长不会太快；从财政支出看，继续实施应对国际金融危机的一揽子计划，完成在建项目、加强薄弱环节、推进改革、改善民生、维护稳定等都需要增加投入。二是继续实施结构性减税政策，促进扩大内需和经济结构调整。三是优化财政支出结构，有保有压，把钱花在刀刃上。继续向“三农”、民生、社会事业等领域倾斜，支持节能环保、自主创新和欠发达地区的建设。严格控制一般性支出，大力压缩公用经费。四是切实加强政府性债务管理，增强内外部约束力，有效防范和化解潜在财政风险。同时，要依法加强税收征管和非税收入管理，严厉打击偷骗税行为，做到应收尽收。

继续实施适度宽松的货币政策。一是保持货

币信贷合理充裕。今年广义货币 M_2 增长目标为17%左右，新增人民币贷款7.5万亿元左右。这两个指标虽然都低于去年实际执行结果，但仍然是适度宽松的政策目标，能够满足经济社会发展的合理资金需求。同时也有利于管理好通胀预期、提高金融支持经济发展的可持续性。二是优化信贷结构。落实有保有控的信贷政策，加强对重点领域和薄弱环节的支持，有效缓解农户和小企业融资难问题，严格控制对“两高”行业和产能过剩行业的贷款。强化贷后管理，确保信贷资金支持实体经济。三是积极扩大直接融资。完善多层次资本市场体系，扩大股权和债券融资规模，更好地满足多样化投融资需求。四是加强风险管理，提高金融监管有效性。探索建立宏观审慎管理制度，强化对跨境资本流动的有效监控，防范各类金融风险。继续完善人民币汇率形成机制，保持人民币汇率在合理、均衡水平上的基本稳定。

积极扩大居民消费需求。继续提高农民收入、企业退休人员基本养老金、部分优抚对象待遇和城乡居民最低生活保障水平，增强居民特别是中低收入者消费能力。巩固扩大传统消费，积极培育信息、旅游、文化、健身、培训、养老、家庭服务等消费热点，促进消费结构优化升级。扩大消费信贷。加强商贸流通体系等基础设施建设，积极发展电子商务。整顿和规范市场秩序，努力营造便利、安全、放心的消费环境。继续实施和完善鼓励消费的各项政策措施。大幅提高家电下乡产品最高限价，增加品种和型号，扩大补贴范围，完善补贴标准和办法，加强对中标企业的管理和考核，提高产品质量和服务水平；完善家电、汽车以旧换新和汽车、摩托车下乡政策，小排量汽车购置税按7.5%征收。我们一定要落实好这些政策措施，把好事办好，真正让广大群众得到实惠。

着力优化投资结构。各级政府投资都要集中力量保重点，严格控制新开工项目，资金安排主要用于项目续建和收尾，切实防止出现“半拉子”工程。扎实推进地震灾区恢复重建，保质保量完成任务。鼓励扩大民间投资，完善和落实促进民间投资的相关政策。加强和改进投资管理，严格执行用地、节能、环保、安全等市场准入标准和产业政策，切实防止重复建设。对有财政资金投入的建设项目，要加强全程监督，坚决避免以扩大内需为名，搞劳民伤财的形象工程和政绩工程。坚持科学民主决策，确保公共投资真正用于推进经济社会发展和改善人民生活，经得起实践和历史的检验。

（二）加快转变经济发展方式，调整优化经济结构

转变经济发展方式刻不容缓。要大力推动经济进入创新驱动、内生增长的发展轨道。

继续推进重点产业调整振兴。一是加大技术改造力度。用好技改专项资金，引导企业开发新产品和节能降耗。二是促进企业兼并重组。打破行业垄断和地区封锁，推动优势企业兼并困难企业，加快淘汰落后产能。三是全面提升产品质量。引导企业以品牌、标准、服务和效益为重点，健全质量管理体系，强化社会责任。切实加强市场监管和诚信体系建设，努力把我国产品质量提高到新水平。

大力培育战略性新兴产业。国际金融危机正在催生新的科技革命和产业革命。发展战略性新兴产业，抢占经济科技制高点，决定国家的未来，必须抓住机遇，明确重点，有所作为。要大力发展新能源、新材料、节能环保、生物医药、信息网络和高端制造产业。积极推进新能源汽车、“三网”融合取得实质性进展，加快物联网的研发应用。加大对战略性新兴产业的投入和政策支持。

进一步促进中小企业发展。一是建立和完善中小企业服务体系。抓紧修订中小企业划分标准，加快中小企业公共服务平台、信息服务网络和小企业创业基地建设，进一步减少、简化行政审批，坚决清理和取消不合理收费。二是继续落实财政对中小企业支持政策。中央财政扶持中小企业发展专项资金安排106亿元。对部分小型微利企业实行所得税优惠政策。中央财政预算内技术改造专项投资要覆盖中小企业，地方政府也要加大投入。三是加强对中小企业的金融支持。完善小企业信贷考核体系。鼓励建立小企业贷款风险补偿基金。中小企业贷款税前全额拨备损失准备金。发展多层次中小企业信用担保体系，落实好对符合条件的中小企业信用担保机构免征营业税、准备金提取和代偿损失在税前扣除的政策。拓宽中小企业融资渠道，切实解决中小企业特别是小企业融资难问题。

加快发展服务业。进一步提高服务业发展水平和在国民经济中的比重。大力发展金融、物流、信息、研发、工业设计、商务、节能环保服务等面向生产的服务业，促进服务业与现代制造业有机融合。大力发展市政公用事业、房地产和物业服务、社区服务等面向民生的服务业，加快发展旅游业，积极拓展新型服务领域。农村服务业基础薄弱、发展潜力大，要加快构建和完善以生产销售、科技信息和金融服务为主体的农村生产生活服务体系。

加快建立公开平等规范的服务业准入制度，鼓励社会资本进入。进一步完善促进服务业发展的政策，逐步实现国家鼓励类服务业用电、用水、用气、用热与工业基本同价。

打好节能减排攻坚战和持久战。一要以工业、交通、建筑为重点，大力推进节能，提高能源效率。扎实推进十大重点节能工程、千家企业节能行动和节能产品惠民工程，形成全社会节能的良好风尚。今年要新增8000万吨标准煤的节能能力。所有燃煤机组都要加快建设并运行烟气脱硫设施。二要加强环境保护。积极推进重点流域区域环境治理及城镇污水垃圾处理、农业面源污染治理、重金属污染综合整治等工作。新增城镇污水日处理能力1500万立方米、垃圾日处理能力6万吨。三要积极发展循环经济和节能环保产业。支持循环经济技术研发、示范推广和能力建设。抓好节能、节水、节地、节材工作。推进矿产资源综合利用、工业废物回收利用、余热余压发电和生活垃圾资源化利用。合理开发利用和保护海洋资源。四要积极应对气候变化。加强适应和减缓气候变化的能力建设。大力开发低碳技术，推广高效节能技术，积极发展新能源和可再生能源，加强智能电网建设。加快国土绿化进程，增加森林碳汇，新增造林面积不低于592万公顷。要努力建设以低碳排放为特征的产业体系和消费模式，积极参与应对气候变化国际合作，推动全球应对气候变化取得新进展。

推进区域经济协调发展。继续深入推进西部大开发，全面振兴东北地区等老工业基地，大力促进中部地区崛起，积极支持东部地区率先发展。认真落实促进区域经济社会发展的各项规划和政策。加快推进主体功能区建设。加强对革命老区、民族地区、边疆地区和贫困地区的支持。重点抓好西藏和四省藏区、新疆经济社会发展政策的制定和实施工作。实施区域发展总体战略，重在发挥各地比较优势，有针对性地解决各地发展中的突出矛盾和问题；重在扭转区域经济社会发展差距扩大的趋势，增强发展的协调性；重在加快完善公共财政体系，促进基本公共服务均等化。

（三）加大统筹城乡发展力度，强化农业农村发展基础

在连续6年增产增收之后，更要毫不松懈地抓好"三农"工作。要按照统筹城乡发展的要求，坚持把解决好"三农"问题作为全部工作的重中之重，进一步强化强农惠农政策，协调推进工业化、城镇化和农业农村现代化，巩固和发展农业农村好形势。

促进农业稳定发展和农民持续增收。稳定粮食生产，扩大油料种植面积，增加重要紧缺农产品供应，大规模开展粮棉油糖高产创建，大规模开展园艺产品生产和畜牧水产养殖标准化创建，保障"米袋子"、"菜篮子"安全。继续实施对种粮农民直接补贴，增加农资综合补贴、良种补贴、农机具购置补贴，中央财政拟安排补贴资金1335亿元，比上年增加60.4亿元。进一步提高粮食最低收购价，早籼稻、中晚籼稻、粳稻每50公斤分别提高3元、5元和10元，小麦每50公斤提高3元，继续实施重要农产品临时收储政策，让农民得到更多实惠。加强对产粮大县、养猪大县、养牛大县的财政扶持。大力发展农产品加工业，推进农业产业化经营，支持批发市场和农贸市场升级改造，推动生产与市场对接。促进农民就业创业，多渠道增加农民收入。进一步加大扶贫开发力度。我们要坚持不懈地消除贫困落后，让农民群众早日过上富裕安康的生活。

加强农业基础设施建设。坚持财政支出优先支持农业农村发展，预算内固定资产投资优先投向农业基础设施和农村民生工程，土地出让收益优先用于农业土地开发和农村基础设施建设。中央财政拟安排"三农"投入8183亿元，比上年增加930亿元，地方各级财政也要增加投入。以主产区为重点，全面实施全国新增千亿斤粮食生产能力建设规划。以农田水利为重点，加强农业基础设施建设，加快大中型灌区的配套改造，扩大节水灌溉面积，建设高标准农田，完成大中型和重点小型病险水库除险加固任务。以良种培育为重点，加快农业科技创新和推广，实施好转基因生物新品种培育科技重大专项。积极推进现代农业示范区建设。加快建设乡镇和区域性农技推广、动植物疫病防控、农产品质量监管等公共服务机构。

深化农村改革。毫不动摇地坚持农村基本经营制度，加快完善有关法律法规和政策，现有土地承包关系要保持稳定并长久不变。加强土地承包经营权流转的管理和服务，在依法自愿有偿流转基础上发展多种形式规模经营。继续推进农村综合改革。完善集体林权制度改革配套政策。启动国有林场改革。继续推进草原基本经营制度改革。发展农民专业合作社，提高农业组织化程度。加快培育小型农村金融机构，积极推广农村小额信用贷款，切实改善农村金融服务。深入推进乡镇机构改革。

统筹推进城镇化和新农村建设。坚持走中国特色城镇化道路，促进大中小城市和小城镇协调发

展，着力提高城镇综合承载能力，发挥城市对农村的辐射带动作用，促进城镇化和新农村建设良性互动。壮大县域经济，大力加强县城和中心镇基础设施和环境建设，引导非农产业和农村人口有序向小城镇集聚，鼓励返乡农民工就地创业。城乡建设都要坚持最严格的耕地保护制度和最严格的节约用地制度，切实保护农民合法权益。推进户籍制度改革，放宽中小城市和小城镇落户条件。有计划有步骤地解决好农民工在城镇的就业和生活问题，逐步实现农民工在劳动报酬、子女就学、公共卫生、住房租购以及社会保障方面与城镇居民享有同等待遇。进一步增加农村生产生活设施建设投入，启动新一轮农村电网改造，扩大农村沼气建设规模，今年再解决6000万农村人口的安全饮水问题，实施农村清洁工程，改善农村生产生活条件。我们要让符合条件的农业转移人口逐步变为城镇居民，也要让农民有一个幸福生活的美好家园。

（四）全面实施科教兴国战略和人才强国战略

教育、科技和人才，是国家强盛、民族振兴的基石，也是综合国力的核心。

优先发展教育事业。强国必先强教。只有一流的教育，才能培养一流人才，建设一流国家。要抓紧启动实施国家中长期教育改革和发展规划纲要。着重抓好五个方面：一是推进教育改革。要解放思想，大胆突破，勇于创新，鼓励试验，对办学体制、教学内容、教育方法、评价制度等进行系统改革。坚持育人为本，大力推进素质教育。探索适应不同类型教育和人才成长的学校管理体制和办学模式，提高办学和人才培养水平。鼓励社会力量兴办教育，满足群众多样化的教育需求。二是促进义务教育均衡发展。在合理布局的基础上，加快推进中西部地区初中校舍改造和全国中小学校舍安全工程，尽快使所有学校的校舍、设备和师资达到规定标准。为农村中小学班级配备多媒体远程教学设备，让广大农村和偏远地区的孩子共享优质教育资源。加强学前教育和特殊教育学校建设。加大对少数民族和民族地区教育的支持。三是继续加强职业教育。以就业为目标，整合教育资源，改进教学方式，着力培养学生的就业创业能力。四是推进高等学校管理体制和招生制度改革。进一步落实高等学校办学自主权，鼓励高等学校适应就业和经济社会发展需要，调整专业和课程设置，推动高等学校人才培养、科技创新和学术发展紧密结合，激励教师专注于教育，努力建设有特色、高水平大学。创建若干一流大学，培养杰出人才。中央财政要加大对中西部高等教育发展的支持。五是加强教师队伍建设。从多方面采取措施，吸引优秀人才投身教育事业，鼓励他们终身从教。重点加强农村义务教育学校教师和校长培训，鼓励优秀教师到农村贫困地区从教。加强师德教育，增强教师的责任感和使命感。教育寄托着亿万家庭对美好生活的期盼，关系着民族素质和国家未来。教育不普及不提高，国家不可能强盛。这个道理我们要永远铭记。

大力发展科学技术。要认真贯彻自主创新的方针，全面推进创新型国家建设。加快实施科技重大专项，着力突破带动技术革命、促进产业振兴的关键科技问题，突破提高健康水平、保障改善民生的重大公益性科技问题，突破增强国际竞争力、维护国家安全的战略高技术问题。前瞻部署生物、纳米、量子调控、信息网络、气候变化、空天海洋等领域基础研究和前沿技术研究。深化科技体制改革，着力解决科技与经济脱节的问题，推动以企业为主体、市场为导向、产学研相结合的技术创新体系建设，促进科技资源优化配置、开放共享和高效利用。要大力实施知识产权战略，加强知识产权创造、应用和保护。进一步激发广大科技工作者和全社会的创新活力。

加快人才资源开发。人才是第一资源。要统筹推进各类人才队伍建设，突出培养创新型科技人才、经济社会发展重点领域专门人才和高技能人才，积极引进海外高层次人才。建立健全政府、社会、用人单位和个人等多元化的人才培养投入机制，充分发挥市场配置人才资源的基础性作用，努力营造人才辈出、人尽其才的制度环境，建设人力资源强国。

（五）大力加强文化建设

国家发展、民族振兴，不仅需要强大的经济力量，更需要强大的文化力量。文化是一个民族的精神和灵魂，是一个民族真正有力量的决定性因素，可以深刻影响一个国家发展的进程，改变一个民族的命运。没有先进文化的发展，没有全民族文明素质的提高，就不可能真正实现现代化。解放思想、改革开放的时代精神，已经成为推动社会前进的先进文化力量，使中华民族充满生机与活力。

一年来，我们大力发展公益性文化事业，加快推进文化体制改革，加强公共文化服务体系建设，促进文化产业快速成长，繁荣文化市场，有效扩大了内需。新的一年，我们要更加重视和大力加强文化建设。继承和弘扬中华民族优秀传统文化，吸收和借鉴世界各国文明成果，建设中华民族共有精神家园。政府要更好地履行发展公益性文化事业的责任，保障人民群众的基本需求和权益。文化基础设施建设和公共文化资源配置要向基层、特别是农村和中西部地区倾斜，推进美术馆、图书馆、文化馆、博物馆免费开放，丰富人民群众的精神文化生活。要继续推进文化体制改革，扶持公益性文化事业，发展文化产业，鼓励文化创新，培育骨干文化企业，生产更多健康向上的文化产品，满足人民群众多样化的文化需求。促进哲学社会科学、广播影视、新闻出版、档案事业发展，繁荣文学艺术创作，加强文物和非物质文化遗产保护。积极开展对外文化交流，增强中华文化国际影响力。大力发展公共体育事业，广泛开展全民健身运动，提高人民的身体素质。中华民族不仅能够创造经济奇迹，也一定能够创造新的文化辉煌。

（六）着力保障和改善民生，促进社会和谐进步

改善民生是经济发展的根本目的。只有着力保障和改善民生，经济发展才有持久的动力，社会进步才有牢固的基础，国家才能长治久安。

千方百计扩大就业。这是保障和改善民生的头等大事。今年就业形势依然严峻，工作上不能有丝毫松懈。要继续实施积极的就业政策。中央财政拟投入 433 亿元用于促进就业。重点做好高校毕业生、农民工、就业困难人员就业和退伍转业军人就业安置工作。2009 年到期的“五缓四减三补贴”就业扶持政策延长一年。加强政策支持和就业指导，鼓励高校毕业生到城乡基层、中西部地区和中小企业就业；拓宽就业、择业、创业渠道，鼓励自主创业、自谋职业等多种形式的灵活就业，以创业带动就业。建立健全公共投资带动就业的机制。继续加强职业技能培训，重点提高农民工和城乡新增劳动力的就业能力。完善就业服务体系，健全劳动力输出输入地区协调协作机制，引导劳动力特别是农民工有序流动。加快建立统一规范的人力资源市场。维护劳动者合法权益，构建和谐的劳动关系。我们要通过持之以恒的努力，创造更多的就业机会，让广大劳动者各尽所能、各得其所。

加快完善覆盖城乡居民的社会保障体系。扎实推进新型农村社会养老保险试点，试点范围扩大到 23% 的县。加快解决未参保集体企业退休人员基本养老保障等遗留问题。将全国 130 万“老工伤”人员全部纳入工伤保险范围。积极推进农民工参加社会保险。加强城乡低保工作，逐步提高保障水平，切实做到动态管理、应保尽保。加强残疾人社会保障和服务体系建设，进一步落实好扶残助残的各项政策，为他们平等参与社会生活创造更好的环境。企业退休人员基本养老金今年再提高 10%。各级政府要进一步增加社会保障投入，中央财政拟安排 3185 亿元。要多渠道增加全国社会保障基金，加强监管，实现保值增值。鼓励和支持慈善事业发展。我们要加快构建更加完善的社会保障安全网，使人民生活有基本保障、无后顾之忧。

改革收入分配制度。合理的收入分配制度是社会公平正义的重要体现。我们不仅要通过发展经济，把社会财富这个“蛋糕”做大，也要通过合理的收入分配制度把“蛋糕”分好。要坚持和完善按劳分配为主体、多种分配方式并存的分配制度，兼顾效率与公平，走共同富裕的道路。一要抓紧制定调整国民收入分配格局的政策措施，逐步提高居民收入在国民收入分配中的比重，提高劳动报酬在初次分配中的比重。加大财政、税收在收入初次分配和再分配中的调节作用。创造条件让更多群众拥有财产性收入。二要深化垄断行业收入分配制度改革。完善对垄断行业工资总额和工资水平的双重调控政策。严格规范国有企业、金融机构经营管理人员特别是高管的收入，完善监管办法。三要进一步规范收入分配秩序。保护合法收入，调节过高收入，取缔非法收入，逐步形成公开透明、公正合理的收入分配秩序，坚决扭转收入差距扩大的趋势。

促进房地产市场平稳健康发展。要坚决遏制部分城市房价过快上涨势头，满足人民群众的基本住房需求。一是继续大规模实施保障性安居工程。中央财政拟安排保障性住房专项补助资金 632 亿元，比上年增加 81 亿元。建设保障性住房 300 万套，各类棚户区改造住房 280 万套。扩大农村危房改造试点范围。各级政府要切实负起责任，严格执行年度建设计划，确保土地、资金和优惠政策落实到位。二是继续支持居民自住性住房消费。增加中低价位、中小套型普通商品房用地供应，加快普通商品房项目审批和建设进度。规范发展二手房市场，倡导住房租赁消费。盘活住房租赁市场。三是抑制投机性购房。加大差别化信贷、税收政策执行力度。完善商品房预售制度。四是大力整顿和规范房地产市场秩序。完善土地收入管理使用办法，抑制土地价格过快上涨。加大对圈地不建、捂盘惜售、哄抬房价等违法违规行为的查处力度。

加快推进医药卫生事业改革发展。积极稳妥推进医药卫生体制改革，全面落实五项重点工作。继续扩大基本医疗保障覆盖面。今年要把城镇居民基本医保和新农合的财政补助标准提高到 120

元，比上年增长50%，并适当提高个人缴费标准。开展农村儿童白血病、先天性心脏病医疗保障试点，尽力为这些不幸的儿童和家庭提供更多帮助。在60%政府举办的基层医疗卫生机构实施基本药物制度，其他医疗机构也要优先选用基本药物。推进基本药物集中采购和统一配送。基本完成城乡基层医疗卫生机构建设规划，大规模开展适宜人才培养和培训。进一步完善支持村卫生室建设和乡村医生发展的政策措施。完善基层医疗卫生机构补偿机制，落实岗位绩效工资。开展社区首诊试点，推动形成基层医疗卫生机构和医院功能区分合理、协作配合、互相转诊的服务体系。切实加强甲型H1N1流感等重大传染病防控和慢性病、职业病、地方病防治，提高突发公共卫生事件应急处置能力。开展公立医院改革试点，坚持基本医疗的公益性方向，创新体制机制，充分调动医务人员积极性，提高服务质量，控制医疗费用，改善医患关系。大力支持社会资本兴办医疗卫生机构，在服务准入、医保定点等方面一视同仁。扶持和促进中医药、民族医药事业发展。医药卫生事业改革发展关系人民身体健康和家庭幸福，我们要克服一切困难，把这个世界性难题解决好。

做好人口和计划生育工作。继续稳定低生育水平。做好流动人口计划生育服务工作。落实好农村妇女妇科疾病定期检查和住院分娩补助政策。加强出生缺陷干预，开展免费孕前优生健康检查试点，做好孕产妇和婴幼儿保健工作。继续实施农村部分计划生育家庭奖励扶助制度和西部地区少生快富工程。切实保护好妇女和未成年人权益。加强应对人口老龄化战略研究，加快建立健全养老社会服务体系，让老年人安享晚年生活。

（七）坚定不移推进改革，进一步扩大开放

今年要继续深化重点领域和关键环节改革，努力实现新的突破。

我们要继续推进国有经济布局和结构战略性调整。加快大型国有企业特别是中央企业母公司的公司制改革，实现产权多元化，完善法人治理结构。加快推进垄断性行业改革，推进公用事业改革，切实放宽市场准入，积极引入竞争机制。着力营造多种所有制经济公平竞争的市场环境，更好地促进非公有制经济发展。

深化资源性产品价格和环保收费改革，是节约能源资源、保护环境、实现可持续发展的重要举措。要扩大用电大户与发电企业直接交易试点，推行居民用电用水阶梯价格制度，健全可再生能源发电定价和费用分摊机制。完善农业用水价格政策。改革污水处理、垃圾处理收费制度。扩大排污权交易试点。在推进这些改革中要注意协调好各方面利益关系，决不能让低收入群众的基本生活受到影响。

要继续推进财税体制改革。健全公共财政体系。完善财政转移支付制度，加大一般性转移支付，增强地方政府提供基本公共服务的能力。健全省以下财政管理体制，完善县级基本财力保障机制，推进省直管县财政管理方式改革。全面编制中央和地方政府性基金预算，试编社会保险基金预算，完善国有资本经营预算制度。增强财政预算的透明度。继续做好增值税转型工作。推进资源税改革。统一内外资企业和个人城建税、教育费附加制度。

健全金融体系是应对国际金融危机冲击的重要举措。要继续完善国有控股金融机构公司治理，改善经营管理机制，提高风险管控能力。继续推动政策性金融机构改革。稳步推进资产管理公司转型。深化农村信用社改革。推动中小金融机构规范发展。大力发展金融市场，鼓励金融创新。推进跨境贸易人民币结算试点，逐步发展境外人民币金融业务。推进存款保险制度建设。加快发展农业保险。

要按照政事分开、事企分开和管办分离的要求，在科学分类的基础上，积极稳妥推进事业单位改革。

我们的改革是全面的改革，包括经济体制改革、政治体制改革以及其他各领域的改革。没有政治体制改革，经济体制改革和现代化建设就不可能成功。要发展社会主义民主，切实保障人民当家作主的民主权利，特别是选举权、知情权、参与权、表达权和监督权。进一步扩大基层民主，健全基层自治组织和民主管理制度，让广大群众更好地参与管理基层公共事务。要依法治国，健全法制，特别要重视那些规范和监督权力运行的法律制度建设。创新政府立法工作的方法和机制，扩大立法工作的公众参与。

我们要全面适应国际形势变化和国内发展要求，拓展对外开放的广度和深度。

稳定发展对外贸易。今年的主要着力点是拓市场、调结构、促平衡。坚持实施市场多元化战略和以质取胜战略，落实和完善出口退税、出口信贷、出口信用保险等各项政策措施，继续改善海关、质检、外汇等方面的服务。巩固传统市场，大力开拓新兴市场。优化出口产品结构，稳定劳动密集型产品出口，扩大机电产品和高新技术产品出口，大力发展服务贸易和服务外包，努力培育出口品牌和营销网络，继续严格控制“两高一资”产品出口。积极推进加工贸易转型升级。促进进出口平衡发展，重点扩大先进技术装备、关键零部件和国内紧缺物资进口，稳定各项进口促进政策和便利化措施，敦促发达国家放宽高新技术产品出口限制。

推动利用外资和对外投资协调发展。优化利用外资结构，鼓励外资投向高端制造业、高新技术产业、现代服务业、新能源和节能环保产业，鼓励跨国公司在华设立地区总部等各类功能性机构，鼓励中外企业加强研发合作。鼓励外资参与国内企业改组改造和兼并重组，加快建立外资并购安全审查制度。促进“引资”与“引智”相结合。引导外资向中西部地区转移和增加投资。加快实施“走出去”战略，鼓励符合国外市场需求的行业有序向境外转移产能，支持有条件的企业开展海外并购，深化境外资源互利合作，提高对外承包工程和劳务合作的质量。进一步简化各类审批手续，落实企业境外投资自主权。“走出去”的企业要依法经营，规避风险，防止恶性竞争，维护国家整体利益和良好形象。

深化多边双边经贸合作。加强和改善与发达国家的经贸关系，深化与发展中国家的互利合作，认真落实中非务实合作八项新举措。发挥经济高层对话和双边经贸联委会作用。加快自由贸易区建设步伐。积极参与多哈回合谈判，推动早日达成更加合理、平衡的谈判结果。反对各种形式的保护主义，妥善处理贸易摩擦。

上海世博会即将拉开帷幕。要加强与各参展国家、地区和国际组织的合作，把上海世博会办成一届成功、精彩、难忘的盛会，办成一届促进人类文明进步，促进科技创新，促进我国与世界各国交流合作、共同发展的盛会。

（八）努力建设人民满意的服务型政府

一年来，政府自身改革和建设取得新进展。为应对各种困难，我们特别注意发扬民主、倾听基层群众意见，重视维护群众利益。广大公务员兢兢业业、勤勉尽责，为保增长、保民生、保稳定作出了积极贡献。但是政府工作与人民的期望还有较大差距。职能转变不到位，对微观经济干预过多，社会管理和公共服务比较薄弱；一些工作人员依法行政意识不强；一些领导干部脱离群众、脱离实际，形式主义、官僚主义严重；一些领域腐败现象易发多发。我们要以转变职能为核心，深化行政管理体制改革，大力推进服务型政府建设，努力为各类市场主体创造公平的发展环境，为人民群众提供良好的公共服务，维护社会公平正义。

我们要全面正确履行政府职能，更加重视公共服务和社会管理。加快健全覆盖全民的公共服务体系，全面增强基本公共服务能力。健全重大自然灾害、突发公共安全事件应急处理机制。加强防灾减灾能力建设。加强食品药品质量监管，做好安全生产工作，遏制重特大事故发生。

要适应新形势，推进社会管理体制改革和创新，合理调节社会利益关系。认真解决企业改制、征地拆迁、环境保护、劳动争议、涉法涉诉等领域损害群众利益的突出问题，保障人民群众的合法权益。加强和改进信访工作。改善流动人口管理和服务。加强社会治安综合治理，着力解决突出治安问题，防范和依法严厉打击各类违法犯罪活动，维护国家安全和社会稳定。

要努力提高执行力和公信力。坚持决策的科学化、民主化，使各项政策更加符合实际、经得起检验。加强对政策执行情况的检查监督，做到令行禁止。强化行政问责，对失职渎职、不作为和乱作为的，要严肃追究责任。各地区、各部门对中央的决策部署要执行有力，绝不允许各自为政。各级行政机关及其公务员要自觉遵守宪法和法律，严格依法行政。切实改进行政执法工作，努力做到规范执法、公正执法、文明执法。加快建立健全决策、执行、监督相互制约又相互协调的行政运行机制。

要把反腐倡廉建设摆在重要位置，这直接关系政权的巩固。各级领导干部特别是高级干部要坚决执行中央关于报告个人经济和财产，包括收入、住房、投资，以及配偶子女从业等重大事项的规定，并自觉接受纪检部门的监督。要把查处违法违纪大案要案，作为反腐败的重要任务。充分发挥监察、审计部门的作用，加强对行政权力运行的监督。要建立健全惩治和预防腐败体系的各项制度，特别要健全公共资源配置、公共资产交易、公共产品生产等领域的管理制度，增强制度约束力。要坚持勤俭行政，反对铺张浪费，不断降低行政成本。严格控制楼堂馆所建设，禁止高档装修办公楼，加快公务接待、公车使用等制度改革，从严控制公费出国出境。切实精简会议和文件，特别要减少那些形式重于内容的会议、庆典和论坛。要深入推进政务公开，完善各类公开办事制度和行政复议制度，创造条件让人民批评政府、监督政府，同时充分发挥新闻舆论的监督作用，让权力在阳光下运行。

我们所做的一切都是要让人民生活得更加幸

福、更有尊严,让社会更加公正、更加和谐。

各位代表!

促进民族团结,实现共同进步,是中华民族的生命、力量和希望所在。要巩固和发展平等、团结、互助、和谐的社会主义民族关系。认真落实中央支持少数民族和民族地区发展的政策措施,优先支持边疆民族地区加快发展。加快完成边境一线地区危旧房改造,实施游牧民定居工程。新型农村社会养老保险要优先在边境县、民族地区贫困县试点。加大扶持人口较少民族发展力度。继续推进兴边富民行动。重视保护少数民族文化遗产和民族地区生态环境。切实做好少数民族流动人口公共服务、就业和管理工作,保障他们的合法权益。同时,加强国家意识、公民意识教育,旗帜鲜明地反对民族分裂,维护祖国统一。要让少数民族和民族地区各族群众充分感受到祖国大家庭的温暖。

我们要全面贯彻党的宗教工作基本方针,依法管理宗教事务。发挥宗教界人士和信教群众在促进经济发展和社会和谐中的积极作用。

我们要认真贯彻党的侨务政策。维护海外侨胞、归侨侨眷的合法权益,支持他们传承中华文化,参与祖国现代化建设和促进和平统一大业。

各位代表!

过去一年,国防和军队现代化建设取得新的成就。人民解放军和武警部队圆满完成国庆首都阅兵、重点地区维稳等重大任务,为维护国家安全和发展利益发挥了重要作用。新的一年,要紧紧围绕党和国家工作大局,着眼全面履行新世纪新阶段军队历史使命,按照革命化现代化正规化相统一的原则,加强军队全面建设。以增强打赢信息化条件下局部战争能力为核心,提高应对多种安全威胁、完成多样化军事任务的能力。大力加强军队思想政治建设。加快全面建设现代后勤步伐。加强国防科研和武器装备建设。依法治军、从严治军,提高军队正规化水平。积极稳妥地深化国防和军队改革。加强武警部队现代化建设,增强执勤、处置突发事件、反恐、维稳能力。加强国防动员和后备力量建设。各级政府要一如既往地关心支持国防和军队建设,巩固和发展军政军民团结。

各位代表!

我们将坚定不移地贯彻"一国两制"、"港人治港"、"澳人治澳"、高度自治的方针,全力支持香港、澳门保持长期繁荣稳定。支持香港巩固并提升国际金融、贸易、航运中心地位,发展优势产业,培育新的经济增长点。支持澳门发展旅游休闲产业,促进经济适度多元化。要认真实施珠江三角洲地区改革发展规划纲要,积极推进港珠澳大桥等大型跨境基础设施建设和珠海横琴岛开发,深化粤港澳合作,密切内地与港澳的经济联系。伟大祖国永远是香港、澳门的坚强后盾。只要特别行政区政府与各界人士同心协力,包容共济,共同维护繁荣稳定发展的大局,香港、澳门的明天一定会更加美好。

过去的一年,两岸关系在新的历史起点上取得重要进展,呈现和平发展良好势头。两岸交流合作不断深入,全面直接双向"三通"得以实现。经济关系正常化迈出重要步伐,经济合作制度化建设逐步推进。两岸关系持续改善和发展,给两岸同胞带来了实实在在的利益。在新的一年里,我们要继续坚持发展两岸关系、促进祖国和平统一的大政方针,牢牢把握两岸关系和平发展的主题,不断开创两岸关系和平发展新局面。密切两岸经贸金融交往,深化产业合作,支持在大陆的台资企业发展,维护台胞合法权益。鼓励有条件的大陆企业赴台投资。支持海峡西岸经济区在两岸交流合作中发挥先行先试作用。通过商签两岸经济合作框架协议,促进互利共赢,建立具有两岸特色的经济合作机制。拓展文化教育交流,共同弘扬中华文化。加强两岸民众和社会各界交流,共同分享两岸关系和平发展成果,进一步凝聚推动两岸关系和平发展的共识。坚持大陆和台湾同属一个中国,巩固两岸关系和平发展的政治基础,增强两岸政治互信。我们坚信,全体中华儿女同心协力,祖国完全统一的宏伟大业一定能够实现!

各位代表!

过去的一年,外交工作取得新的重大成绩。我国积极参加应对国际金融危机、气候变化等国际合作,在一系列重大多边会议上发挥了独特的建设性作用。我们积极开展全方位外交,与各大国、周边国家和广大发展中国家的对话合作稳步推进。大力加强人文等领域外交。有效维护我国公民和法人在海外的合法权益。

新中国外交走过了60年光辉历程,在国际舞台上留下了闪光足迹。我们将继承发扬光荣传统,始终高举和平、发展、合作旗帜,坚持独立自主的和平外交政策,坚持走和平发展道路,奉行互利共赢的开放战略,推动建设持久和平、共同繁荣的和谐世界,为我国现代化建设创造良好的外部环境。新的一年,我们将继续以20国集团金融峰会等重大多边活动为主要平台,积极参与国际体系变革进程,维护发展中国家利益。统筹协调好双边外交与多边外交、国别区域外交与各领域外交工作，推动我国与各大国、周边国家和发展中国家的关系全面深入发展。紧紧抓住中国—东盟自贸区全面建成、上海合作组织召开峰会等契机，积极推进区域合作。进一步做好应对气候变化、能源资源合作等方面的对外工作，在妥善解决热点问题和全球性问题中发挥建设性作用。中国政府和人民愿与国际社会携手努力，共同应对风险挑战，共同分享发展机遇，为世界和平与发展作出新贡献！

各位代表！

艰辛成就伟业，奋斗创造辉煌。让我们在以胡锦涛同志为总书记的党中央领导下，凝聚起亿万人民的智慧和力量，再接再厉，开拓进取，全面完成"十一五"规划的各项任务，不断夺取改革开放和社会主义现代化建设事业的新胜利！

附件：

注　释

1. 应对国际金融危机的一揽子计划：是指我国在应对国际金融危机中出台的一系列政策措施组合。主要包括四个方面：一是全面促进经济平稳较快发展，大规模增加政府投资，实施总额 4 万亿元的两年投资计划，其中中央政府拟新增 1.18 万亿元，实行结构性减税，扩大国内需求；二是大范围实施调整振兴产业规划，提高国民经济整体竞争力；三是大力推进自主创新，增强发展后劲；四是大幅度提高社会保障水平，扩大城乡就业，促进社会事业发展。

2. "三网"融合：是指电信网、广播电视网和互联网融合发展，实现三网互联互通、资源共享，为用户提供话音、数据和广播电视等多种服务。加快推进三网融合对于提高国民经济信息化水平，满足人民群众日益多样的生产、生活服务需求，形成新的经济增长点，具有重要意义。

3. 物联网：是指通过信息传感设备，按照约定的协议，把任何物品与互联网连接起来，进行信息交换和通讯，以实现智能化识别、定位、跟踪、监控和管理的一种网络。它是在互联网基础上延伸和扩展的网络。

4. 森林碳汇：是指森林系统减少大气中二氧化碳浓度的过程、活动或机制。森林植物在生长过程中通过光合作用吸收二氧化碳、放出氧气，并把大气中的二氧化碳固定在植被和土壤中。

5. "五缓四减三补贴"就业扶持政策：是指为应对国际金融危机，有关部门于 2008 年底出台的一系列减轻企业负担、稳定就业局势的措施。主要包括：允许困难企业在一定期限内缓缴养老、失业、医疗、工伤、生育五项社会保险费；阶段性降低城镇职工基本医疗保险、失业保险、工伤保险、生育保险等四项社会保险费率；使用失业保险基金向困难企业支付社会保险补贴或岗位补贴，使用就业专项资金支持困难企业开展职工在岗培训。为保持积极就业政策的连续性和稳定性，这些政策的执行期均延长到 2010 年底。

6. 医药卫生体制改革的五项重点工作：是指为深化医药卫生体制改革，实现 2020 年基本建立覆盖城乡居民的基本医疗卫生制度、实现人人享有基本医疗卫生服务的改革目标，在 2009—2011 年需要重点抓好的五项改革。主要包括：加快推进基本医疗保障制度建设，初步建立国家基本药物制度，健全基层医疗卫生服务体系，促进基本公共卫生服务均等化，推进公立医院改革试点。

7. 中非务实合作八项新举措：是指 2009 年 11 月 8 日温家宝总理代表中国政府在中非合作论坛第四届部长级会议上宣布的推进中非合作的新措施。主要包括：在建立中非应对气候变化伙伴关系、加强科技合作、增加非洲融资能力、扩大对非产品开放市场、加强农业合作、深化医疗卫生合作、加强人力资源开发和教育合作、扩大人文交流等八个方面，采取一系列措施，推进中非合作。

第十一届全国人民代表大会第三次会议关于2009年国民经济和社会发展计划执行情况与2010年国民经济和社会发展计划的决议

（2010年3月14日第十一届全国人民代表大会第三次会议通过）

第十一届全国人民代表大会第三次会议审查了国务院提出的《关于2009年国民经济和社会发展计划执行情况与2010年国民经济和社会发展计划草案的报告》及2010年国民经济和社会发展计划草案，同意全国人民代表大会财政经济委员会的审查结果报告。会议决定，批准《关于2009年国民经济和社会发展计划执行情况与2010年国民经济和社会发展计划草案的报告》，批准2010年国民经济和社会发展计划。

关于2009年国民经济和社会发展计划执行情况与2010年国民经济和社会发展计划草案的报告

——2010年3月5日在第十一届全国人民代表大会第三次会议上

国家发展和改革委员会

各位代表：

受国务院委托，现将2009年国民经济和社会发展计划执行情况与2010年国民经济和社会发展计划草案提请十一届全国人大三次会议审议，并请全国政协各位委员提出意见。

一、2009年国民经济和社会发展计划执行情况

去年是新世纪以来我国经济发展最为困难的一年。面对严峻复杂的国内外经济形势，全国各族人民在中国共产党的领导下，深入贯彻落实科学发展观，按照十一届全国人大二次会议审议批准的国民经济和社会发展计划，坚持把保持经济平稳较快发展作为经济工作的首要任务，实行积极的财政政策和适度宽松的货币政策，全面实施并不断丰富完善应对国际金融危机的一揽子计划，有效遏制了经济增长明显下滑态势，在全球率先实现经济形势总体回升向好，保增长、调结构、促改革、惠民生各项工作取得显著成效。计划执行情况总体是好的。

（一）内需扩大有效拉动经济增长

消费持续较旺。通过实施政策力度大、群众受惠面广的促进家电、汽车、节能产品和住房消费等措施，优化市场消费环境，有效挖掘了居民特别是农村居民的消费潜力。社会消费品零售总额125343亿元，比上年增长15.5%，超过计划1.5个百分点，剔除价格因素，实际增长16.9%。汽车销售1364.5万辆，增长46.2%；家电下乡中标生产企业累计出货量近9000万台，全年销售额1500多亿元；全国商品房销售面积93713万平方米，增长42.1%，带动了建筑及装潢材料、家具等商品的消费。市场物价基本稳定，全年居民消费价格下降0.7%，低于计划4.7个百分点。

投资快速增长。全社会固定资产投资224846亿元，比上年增长30.1%，超过计划10.1个百分点。城镇固定资产投资194139亿元，增长30.5%，其中，一、二、三产业投资分别增长49.9%、26.8%

和33%。实施两年新增4万亿元的投资计划，2009年安排中央投资9243亿元，比上年预算增加5038亿元。其中，保障性安居工程、农村民生工程和农村基础设施、社会事业投资占44%，自主创新和结构调整、节能减排和生态建设占16%，重大基础设施建设占23%，灾后恢复重建占14%，其他公共支出占3%。政府投资的扩大，直接增加了即期需求，引导带动社会投资，对促进经济企稳回升起到了至关重要的作用；同时加强了经济社会发展的薄弱环节，为长期发展夯实了基础。

图表一、社会消费品零售总额增长情况

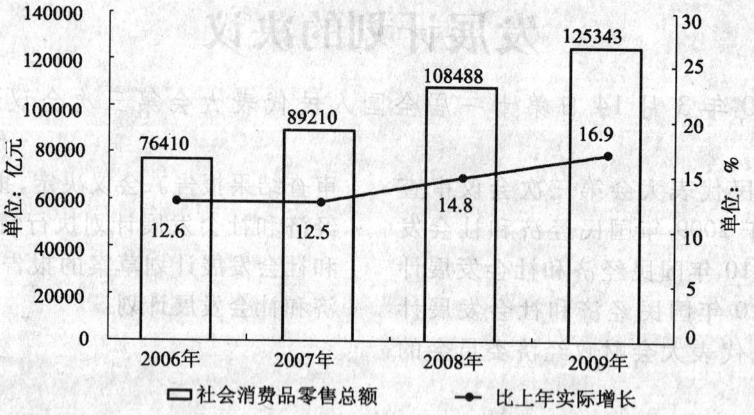

经济增速逐季加快。四个季度的当季同比增幅分别为6.2%、7.9%、9.1%和10.7%，全年国内生产总值335353亿元，比上年增长8.7%，超过计划0.7个百分点。其中，一、二、三产业增加值分别增长4.2%、9.5%、8.9%，超过计划1.2个、0.9个和0.3个百分点。消费、投资为经济增长分别贡献了4.6个和8个百分点，弥补了净出口下拉3.9个百分点的缺口。财政金融对经济发展发挥了重要作用。全年国家财政收入6.85万亿元，增长11.7%，超过预算3.7个百分点，财政赤字控制在预算规模之内；广义货币供应量M_2增长27.7%，超过计划10.7个百分点，新增人民币贷款95940亿元。经济效益逐步好转。规模以上工业企业利润由降转升，1—11月实现利润2.59万亿元；在39个工业大类中，30个行业利润同比增长；亏损企业亏损额同比减少33.5%。

图表二、2008年以来国内生产总值季度增长情况

（单位：%）

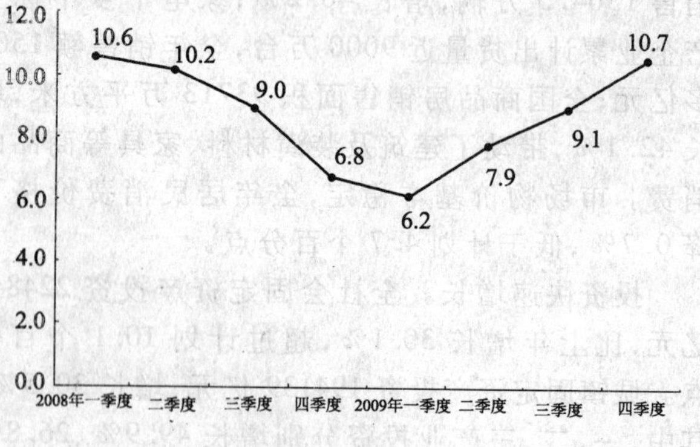

（二）农业基础进一步巩固

农业保持稳定发展。粮食生产克服严重自然灾害影响，实现连续六年增产，全年总产量53082万吨，比上年增长0.4%，超过计划3082万吨。棉花640万吨，没有实现计划目标；油料、糖料产量分别达到3100万吨和1.22亿吨，超过计划100万吨和200万吨。畜牧业、渔业在调整中发展，奶牛养殖下滑势头得到扭转，肉类总产量7642万吨，增长5%，超过计划242万吨；水产品产量5120万吨，增长4.6%，超过计划220万吨。

强农惠农政策继续完善。出台了《关于当前稳定农业发展促进农民增收的意见》。较大幅度提高了粮食最低收购价，小麦、稻谷最低收购价平均每公斤分别提高0.22元和0.26元。实施了玉米、大豆、油菜籽国家临时收储政策，加大了棉花、食糖的收储力度，玉米、大豆、油菜籽、棉花、食糖的收储量分别达到3589.1万吨、686.3万吨、556.9万吨、272万吨和36万吨。制定并及时启动防止生猪价格过度下跌调控预案，奶业整顿和振兴纲要得到较好落实。运用多种手段加强重要农产品市场调控，解决了农民“卖难”的问题，保持了主要农产品和农资价格稳定。

“三农”投入大幅增加。全年中央财政用于“三农”的支出达7253.1亿元，比上年增长21.8%，其中，中央基建投资1890亿元，增长1.5倍；对农民的四项补贴1274.5亿元，增加244.1亿元。银行涉农贷款年末余额突破9万亿元，增长34.8%。启动实

施《全国新增1000亿斤粮食生产能力规划(2009—2020年)》。大型灌区节水改造、大型泵站更新改造、病险水库除险加固,以及粮棉油糖等重要农产品生产基地和仓储物流设施的建设继续加强,对种养业良种工程、生猪和奶牛标准化规模养殖、植保工程和动物防疫体系、农产品质量检验检测体系以及粮食丰产科技工程等支持力度加大。

图表三、粮食总产量及其增产情况

(单位:万吨)

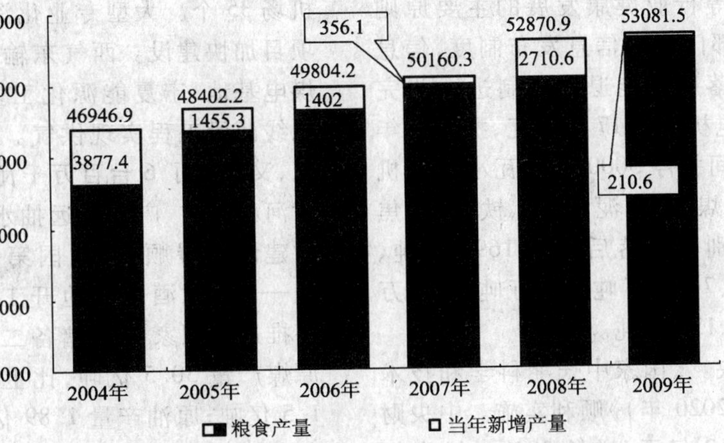

图表四、中央财政用于"三农"投入情况

(单位:亿元)

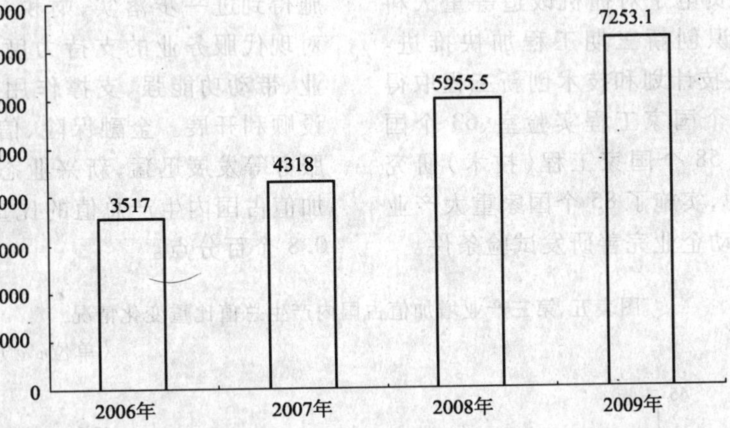

农村生产生活条件继续改善。农村饮水安全工程使6069万农民受益,农村自来水普及率达到68.7%,比上年提高3.2个百分点,完成计划任务。建设大中型沼气工程1579处,年初确定的增加500万农村沼气用户的目标顺利实现。新建和改造农村公路38万公里,新增农村电网线路26.6万公里。对80万户农村危房实施了改造,又有9.2万户游牧民实现了定居。农村信息化继续推进,全国已有99.8%的行政村通电话,99.5%的乡镇接通互联网。"万村千乡"市场工程、农村科技服务体系、"双百"市场工程建设取得新的成效。

(三)结构调整取得新进展

重点行业结构优化升级积极推进。钢铁、汽车、造船、石化、轻工、纺织、有色金属、装备制造、电子信息、物流十大产业调整振兴规划以及相关细则有序实施。鼓励企业加快技术改造,中央投资安排200亿元技改专项资金支持了4441个技改项目。机械、钢铁、有色、造纸等行业兼并重组取得重要进展。新疆独山子、福建炼化和天津石化3套千万吨级炼油和百万吨级乙烯一体化项目建成投产。高技术制造业扭转了下滑态势,全年增长7.7%。数字电视、生物等产业政策发布实施,卫星应用、生物技术、集成电路、平板显示、直升机等重大产业化项目和专项建设启动,天津总装厂首架空客A320飞机首飞成功,以TD-SCDMA为代表的3G网络建设和业务推广力度加大。重大装备本地化工作进展顺利，大型锻件等核电关键设备自主研制取得重大突破，高速动车组和城市轨道交通装备本地化水平明显提高。

产能过剩行业调整工作稳步推进。制定并组织实施了《抑制部分行业产能过剩和重复建设引导产业健康发展的若干意见》，提出了促进钢铁、水泥、平板玻璃、煤化工等行业健康发展的主要原则和政策措施。建立了部门联合信息发布制度，信息引导工作得到加强。落后产能退出机制进一步完善。去年又关停小火电机组 2617 万千瓦，提前一年半实现了“十一五”期间关停 5000 万千瓦小火电机组的目标，炼钢、炼铁、煤炭、水泥、电石、铁合金、焦炭、造纸、化纤行业分别淘汰落后产能 1691 万吨、2113 万吨、5000 万吨、7416 万吨、46 万吨、162 万吨、1809 万吨、50 万吨、137 万吨。

自主创新步伐加快。《国家中长期科学和技术发展规划纲要（2006—2020 年）》顺利实施。中央财政用于科技的支出 1512 亿元，增长 30%。极大规模集成电路制造装备及成套工艺、高档数控机床与基础制造装备等 16 个重大科技专项全面实施，大天区天文望远镜、北京正负电子对撞机改造等重大科学工程顺利完成。知识创新三期工程加快推进。“863”、“973”等国家科技计划和技术创新工程取得重要进展。新建了 25 个国家工程实验室、63 个国家重点实验室，支持了 58 个国家工程（技术）研究中心提高持续创新能力，实施了 85 个国家重大产业技术开发项目，积极推动企业完善研发试验条件。

基础设施和基础产业不断加强。南水北调等大中型水利工程投资力度加大。京沪、哈大、石武、兰新等一批重大铁路项目进展顺利，国家高速公路网建设有序推进，港珠澳大桥开工建设，全国新增铁路通车里程 5557 公里，新增公路通车里程 9.8 万公里，其中高速公路 4719 公里。新建、改扩建民用机场 35 个。大型专业化深水码头和长江干线航道项目加快建设。西气东输二线东段工程、呼伦贝尔煤电基地、宁夏能源化工基地全面开工，西气东输二线西段工程实现供气。新增发电装机 8970 万千瓦，又核准了 6 台百万千瓦机组核电建设项目，青海黄河积石峡、广东清远抽水蓄能电站等大型水电项目建设进展顺利，我国第一个千万千瓦级风电基地——甘肃酒泉基地开工建设。城市电网改造有序推进。国家石油储备二期工程开始实施。全年原煤产量 30.5 亿吨，比上年增长 8.8%，超过计划 1.5 亿吨；原油产量 1.89 亿吨，低于计划 300 万吨；发电量 3.7 万亿千瓦小时，增长 6.3%，超过计划 738 亿千瓦小时。

服务业稳定发展。鼓励服务业发展的政策措施得到进一步落实，财税、供地、价格、金融等方面对现代服务业的支持力度加大，一批跨地区、跨行业、带动功能强、支撑作用大的服务业重大项目建设顺利开展。金融保险、信息服务、物流配送、社区服务等发展迅猛，新兴业态不断涌现。第三产业增加值占国内生产总值的比重达 42.6%，比上年提高 0.8 个百分点。

图表五、第三产业增加值占国内产生总值比重变化情况

（单位：%）

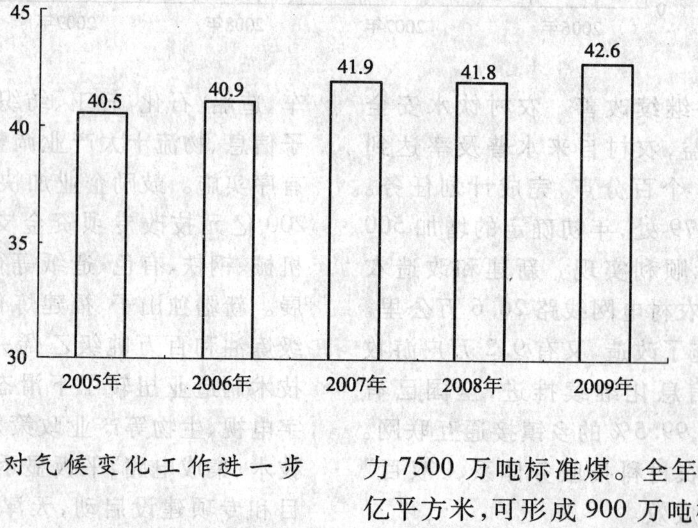

（四）节能环保和应对气候变化工作进一步加强

节能减排取得新成效。安排中央投资和奖励资金支持了 1318 个重点节能项目，可形成年节能能力 7500 万吨标准煤。全年新增节能建筑面积 9.6 亿平方米，可形成 900 万吨标准煤的节能能力。采用财政补贴方式，推广高效节能房间空调器（定频）500 多万台、高效照明灯具 1.5 亿只，北京、上海、重

庆等13个城市节能与新能源汽车示范工作进展顺利。安排中央投资支持了132个循环经济和资源节约重点项目。“节能减排全民行动”等宣传活动向纵深推进。单位国内生产总值能耗下降2.2%，二氧化硫、化学需氧量排放量分别下降4.6%和3.3%。万元工业增加值用水量下降8.2%，超过计划2.6个百分点。工业固体废物综合利用率达66.6%，比上年提高2.3个百分点，超过计划0.7个百分点。

生态建设和环境保护力度加大。天然林资源保护、防护林体系建设、退耕还林、京津风沙源治理、退牧还草等重点生态工程积极推进，完成造林面积588.5万公顷，森林覆盖率达到20.36%。重点地区水土流失治理工作不断加强，岩溶地区石漠化综合治理工程启动实施。“三河三湖”等重点流域水污染防治和工业废水、废气治理工作进展顺利。全国新增城镇污水日处理能力1330万立方米、城镇垃圾日处理能力5万吨，城市污水处理率和生活垃圾无害化处理率分别达到72.3%和69%，比上年提高2.1个和2.2个百分点，超过计划3.3个和2个百分点。发布了11个行业清洁生产评价指标体系，又有1.02亿千瓦火电机组安装了脱硫设施，累计占火电装机总量的72%。

应对气候变化取得新进展。国家方案得到认真落实，大力推进清洁发展机制项目，积极推动气候友好技术的研发与应用。提出了到2020年我国控制温室气体排放行动目标。建设性参与应对气候变化国际谈判和国际规则的制订，积极开展国际交流和项目合作，加强与有关国家的合作和对话，维护了我国正当的发展权益。

（五）区域协调发展迈出新步伐

区域发展总体战略深入实施。西部大开发重点工作扎实推进，新开工18项重点工程，投资总规模4689亿元，特色优势产业加快发展，基础设施、社会事业和民生建设进一步加强。东北地区等老工业基地振兴步伐加快，《关于进一步实施东北地区等老工业基地振兴战略的若干意见》发布实施，资源型城市可持续发展政策体系初步形成，装备制造业不良贷款处置工作深入开展，现代农业和现代服务业加快发展。中部崛起取得新进展，促进中部地区崛起规划发布实施，“三个基地、一个枢纽”建设稳步推进，城市群发展势头强劲，承接产业转移步伐加快，总体经济实力进一步提升。东部地区努力减轻外需下降的影响，加快结构调整和自主创新，积极培育战略性新兴产业，经济发展活力增强，综合竞争力进一步提高，经济特区、上海浦东新区、天津滨海新区开发开放向纵深发展。

区域发展的协调性继续增强。出台实施了一批支持重点地区发展的规划和政策措施，落实长江三角洲发展意见和珠江三角洲发展规划，制定上海“两个中心”建设、海峡西岸经济区和海南国际旅游岛的发展意见，编制江苏沿海地区、辽宁沿海经济带、黄河三角洲生态经济区、关中—天水经济区、江西鄱阳湖生态经济区以及横琴、中国图们江地区发展规划。对革命老区、民族地区、边疆地区、贫困地区发展的扶持力度加大，促进新疆、宁夏、广西、西藏以及青海等省藏区发展的各项措施逐步落实。生产要素跨区域流动呈现良好态势，区域产业分工调整加快，各地区比较优势进一步发挥。

（六）改革开放继续深化

重点领域和关键环节改革取得新进展。农村改革深入推进，集体林权制度改革在全国范围推开，1亿公顷确权到户，占全国集体林地面积的60%。企业改革迈出新步伐，中央企业由年初的142户调整到129户，规范董事会试点扩大到24户。基础电信行业相关企业资产业务重组基本完成，3G行业市场竞争格局初步形成。进一步促进中小企业发展的若干意见发布实施，积极研究制定鼓励和引导民间投资的政策措施，市场准入范围扩大，准入门槛降低，企业融资渠道拓宽，投资环境改善。财税金融改革取得积极成果，增值税转型改革全面实施，成品油价格和税费改革进展顺利，公路养路费等6项收费彻底取消。金融机构和资本市场改革继续深化，创业板市场正式推出，国家开发银行商业化转型和农业银行股份制改革扎实推进，跨境贸易人民币结算试点启动实施。投资体制改革继续深化，继续清理投资审批项目，改进政府投资计划安排和管理方式。资源性产品价格和环保收费改革稳步推进，开展了电力用户与发电企业直接交易试点。深化医药卫生体制改革全面启动，出台了改革实施方案及15个配套文件，基本医疗保障制度建设和实施国家基本药物制度、健全基层医疗卫生服务体系、促进基本公共卫生服务均等化等重点改革有序推进。绩效工资改革在义务教育学校、公共卫生与基层医疗卫生事业单位开始实施，文化新闻出版体制改革稳步推进。综合配套改革试验区的各项改革工作有序展开。

对外开放取得积极成效。4次提高6955个税号的劳动密集型和高技术含量、高附加值产品出口退税率，取消或降低粮食、化肥以及部分工业产品等102项出口关税，调减1804项加工贸易限制类和禁止类目录，积极应对贸易摩擦，有效减缓了外部环境急剧变化的不利影响，进出口降幅逐步缩小，年末实现由降转升。全年进出口总额22072.2亿美元，其中，出口12016.6亿美元，进口10055.6亿美元。受国际市场大幅萎缩、全球商品价格下降的影响，加上我国出口产品档次有待提高，进出口总额下降13.9%，没有完成增长8%的计划目标。利用外资结构继续调整。出台并组织实施中西部地区外商投资优势产业目录，引导外资投向高技术产业和高端制造、研发环节，投向资源节约型环境友好型产业。全年吸收外商直接投资（不含银行、证券、保险领域）900亿美元，低于计划24亿美元。年末国家外汇储备23992亿美元，比上年末增加4531亿美元。对外投资合作逆势上扬，能源资源合作开发、企业海外并购、对外工程承包和劳务合作取得新进展，全年对外直接投资（非金融部分）433亿美元，增长6.5%；对外承包工程完成营业额777亿美元，增长37.3%。

（七）惠民生促和谐成效明显

就业和社会保障工作进一步加强。中央财政安排就业资金426亿元，增长59%。城镇新增就业人数1102万人，超过计划202万人；城镇登记失业率4.3%，实现了不高于4.6%的计划目标。应届高校毕业生就业率达到87.4%。外出农民工总量1.45亿人，增加492万人。中央财政用于社会保障的资金2905.75亿元，增长16.6%。城镇企业职工基本养老保险省级统筹基本实现，养老保险关系转移接续办法发布实施，城镇参加基本养老保险人数达2.35亿人，超过计划700万人，新型农村社会养老保险试点正式启动。城镇居民基本医疗保险制度全面实施，关闭破产国有企业退休人员的医疗保障问题得到妥善解决，城镇职工医保、居民医保参保人数增加8239万人，参保人口超过4亿人；新型农村合作医疗参保人数增加1630万人，参合人口达到8.33亿人。企业离退休人员、城乡低保和优抚对象的保障水平继续提高，社保基金筹集渠道进一步拓宽。

人民生活继续改善。城乡基础设施建设进一步加强，服务能力不断提高。物资供应充裕，市场繁荣稳定。全年城镇居民人均可支配收入和农村居民人均纯收入分别达到17175元和5153元，剔除价格因素，比上年实际增长9.8%和8.5%，超过计划3.8个和2.5个百分点。保障性安居工程建设取得重要阶段性成果，中央财政安排专项建设资金550.56亿元，增长2倍，基本建成各类保障性住房200万套，改造国有林区、垦区、煤矿棚户区和部分城市棚户区住房130万套，使城市近千万困难群众的居住条件得到改善。安排以工代赈资金56亿元，易地扶贫搬迁试点资金18亿元，支持贫困地区增强发展能力和贫困人口脱贫致富。水库移民后期扶持政策得到认真落实，2356万大中型水库农村移民受益。

各项社会事业全面进步。社会事业基础设施建设得到加强，2008年四季度以来，中央政府用于社会事业发展方面的基建投资550多亿元，超过“十五”时期的总和。城乡免费义务教育政策全面落实，中西部地区农村初中校舍改造和全国中小学校舍安全工程积极推进，改造农村初中校舍面积670万平方米，建成中等职业学校和特殊教育学校校舍314万平方米。初中阶段三年保留率达到94%，提高0.3个百分点，高中阶段毛入学率达79.2%，提高5.2个百分点，超过计划2.2个百分点；普通高校招生639.5万人，增加31.8万人，超过计划10.5万人，研究生招生51.1万人，增加6.5万人，超过计划3.6万人。基层医疗卫生服务体系和计划生育设施建设继续加强，建成17171个基层医疗卫生服务机构、4522个基层计划生育服务项目，甲型H1N1流感防控工作依法科学有序进行。人口自然增长率5.05‰，实现了7‰以内的计划目标。国家博物馆、国家图书馆二期等重大文化项目建设进展顺利，建成乡镇综合文化站5062个，免费开放的博物馆、美术馆、图书馆等公共文化设施1444家。广播、电视人口覆盖率分别达到96.3%和97.2%，广播电视村村通工程提前一年完成“十一五”规划任务。红色旅游精品景区建设规划目标全面实现。哲学社会科学、新闻出版、文学艺术和体育等事业繁荣发展。第十一届全国运动会成功举办。上海世博会园区建设基本完成。

汶川地震灾后恢复重建规划实施取得重大阶段性成果。重灾区累计完成投资6545亿元，占规划总投资的65.5%，农村住房重建任务基本完成，城镇住房重建加固全面展开，学校、医院和基础设施建设进展顺利，北川、汶川、青川县城以及映秀、汉旺等重灾城镇建设加快。震区文化遗产保护得到加强。对口支援工作成效显著。

图表六、高中阶段和高等教育毛入学率增长情况

（单位：%）

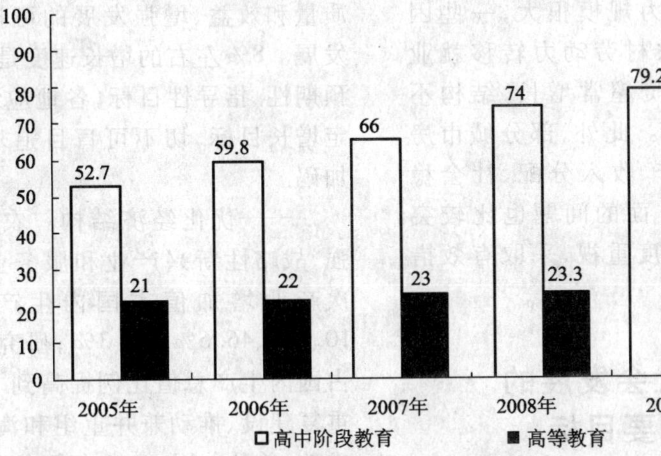

图表七、灾后恢复重建主要任务完成情况

（单位：%）

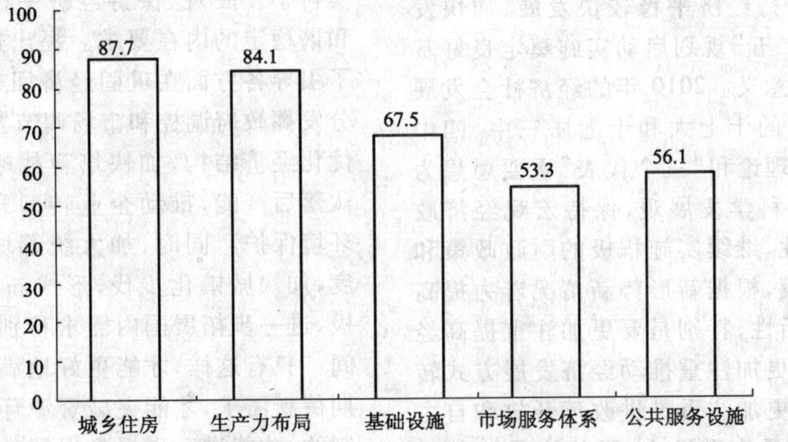

在国际金融严重动荡、世界经济陷入衰退、国内外形势严峻复杂的情况下，我们较好地完成了2009年国民经济和社会发展计划提出的主要目标。取得这样的成绩极为不易。这是党中央、国务院科学应对、坚强领导的结果，是全国上下深入贯彻落实科学发展观、全面落实应对国际金融危机一揽子计划和相关政策措施，齐心协力、共同奋斗的结果，是充分发挥社会主义制度动员能力强、决策效率高、能够集中力量办大事政治优势的结果。

在充分肯定成绩、增强必胜信心的同时，我们也清醒地认识到，当前和今后一个时期，我国经济社会发展仍面临严峻挑战。从国际看，虽然世界经济步入了复苏进程，但基础依然脆弱，金融领域风险没有完全消除，主要发达经济体失业率居高不下，保护主义持续升温，国际大宗商品价格和主要货币汇率可能加剧波动，世界经济发展中的不稳定不确定因素依然很多。从国内看，也存在一些突出矛盾和问题。一是经济增长的内生动力仍然不足。居民消费难有较大幅度增长，民间投资的潜力尚未充分发挥，刺激消费和投资的政策效应有可能减弱，进一步扩大国内需求存在较大制约。受国际市场需求依然疲软，贸易摩擦增多等影响，外需短期内很难恢复到危机前的水平。二是发展方式转变和结构调整压力进一步加大。企业自主创新能力不强，经济增长在很大程度上还是依赖物质资源的大量投入，土地和资源环境约束矛盾加剧，投资、消费比例关系不尽合理，部分行业产能过剩和盲目重复建设问题突出。三是推进节能减排任务艰巨。随着经济企稳回升，高耗能、高排放行业扩张明显，有的企业由于经营困难减少了节能减排技术改造和污染治理投入，有的地方节能减排工作有所放松。四是农业稳定发展和农民持续增收的基础不稳固。农田水利基础设

施薄弱，农业抗灾能力不强、比较效益偏低，农民持续增收困难较多。五是就业形势依然严峻。普通高校毕业生和新成长劳动力规模很大，一些困难群体实现就业越来越难，农村劳动力转移就业任务仍很艰巨。六是货币信贷超常增长，结构不尽合理，流动性管理压力加大。此外，部分城市房地产价格涨幅过大，安全生产、收入分配、社会稳定以及城乡、区域不平衡等方面的问题也比较突出。对于上述问题，我们将高度重视，采取有效措施，认真加以解决。

二、2010 年经济社会发展的总体要求和主要目标

今年是实施“十一五”规划的最后一年，做好经济社会发展的各项工作，对夺取应对国际金融危机冲击的全面胜利、保持经济平稳较快发展、加快发展方式转变、为“十二五”规划启动实施奠定良好基础，具有十分重要的意义。2010 年的经济社会发展工作，要全面贯彻党的十七大和十七届三中、四中全会精神，以邓小平理论和“三个代表”重要思想为指导，深入贯彻落实科学发展观，保持宏观经济政策的连续性和稳定性，继续实施积极的财政政策和适度宽松的货币政策，根据新形势新情况着力提高政策的针对性和灵活性，特别是要更加注重提高经济增长质量和效益，更加注重推动经济发展方式转变和经济结构调整，更加注重推进改革开放和自主创新、增强经济增长活力和动力，更加注重改善民生、保持社会和谐稳定，更加注重统筹国内国际两个大局，努力实现经济平稳较快发展。

按照上述总体要求，考虑处理好保持经济平稳较快发展、调整经济结构和管理通胀预期关系的需要，并与“十一五”规划《纲要》相衔接，今年经济社会发展的主要预期目标是：

——保持经济稳定增长。国内生产总值增长 8% 左右。主要考虑是：从扩大就业、增加居民收入、改善民生、维护社会稳定的要求看，我国经济需要保持一定的增长率，预期目标不宜定得过低。但目标定得过高，不仅实现难度大，而且经济运行条件也会绷得过紧，资源环境难以承受。从今年的发展条件分析，消费需求有望保持平稳增长，投资增速会有所回落，但仍将保持一定规模，进出口形势也会好于上年，实现经济增长目标是有条件的。8% 左右的目标比去年实际增长率略低一些，这样的安排主要是强调经济工作的着力点不在于盲目追求更高的速度，而在于下更大的功夫推动经济发展方式转变和经济结构调整，下更大的功夫提高经济发展质量和效益、增强发展的可持续性，实现又好又快发展。8% 左右的增长速度是就全国来说的，是一个预期性、指导性目标，各地应结合自身实际，科学确定增长目标，切不可盲目追求高速度，更不应层层加码。

——优化经济结构。农业发展基础进一步加强，战略性新兴产业和服务业发展加快，一、二、三次产业增加值占国内生产总值的比重分别为 10.1%、46.6%、43.3%；研究与试验发展经费支出占国内生产总值比例提高到 1.75% 以上；抑制盲目重复建设、推动兼并重组和淘汰落后产能取得积极成效；单位 GDP 能耗力争实现“十一五”规划目标，主要污染物排放总量继续下降；城镇化率达到 47%，区域发展更趋协调。加快发展方式转变是落实科学发展观、保持经济平稳较快发展、促进社会和谐稳定的内在要求。提出这个组合目标，就是为了引导各方面在巩固经济回升向好基础的同时，充分发挥政府调控和市场调节“两只手”的作用，着力优化经济结构，加快培育战略性新兴产业，依法淘汰落后产能，推动企业转型升级，强化节能减排和环境保护。同时，加大统筹城乡、区域协调发展力度，加快城镇化步伐，形成新的经济增长点和增长极，进一步拓展国内需求特别是消费需求的增长空间。只有这样，才能更好地满足广大人民群众的新期待新需求，才能突破资源环境对经济发展的瓶颈制约，才能进一步提高发展的质量和效益，在复杂、激烈的国际竞争中抢占先机、赢得主动。

——保障和改善民生。城镇新增就业 900 万人以上，城镇登记失业率控制在 4.6% 以内；城乡居民收入稳定增长，其中农民人均纯收入实际增长 6% 以上；各项社会保障制度进一步完善，保障性安居工程建设和棚户区改造加快推进；人口自然增长率控制在 7‰以内。虽然当前和今后一个时期就业形势依然严峻，但随着经济回升向好的基础进一步巩固，积极就业政策的实施力度加大，就业服务和培训不断加强，新增就业岗位将会继续增加。受国内外经济环境变化的影响，部分企业生产经营尚未根本摆脱困境，影响了农民工就业岗位的稳定，再加上农产品价格和生产效益总体偏低，制约了农民现金收入的增加。但是，随着国民收入分配格局的逐步调整，提高居民收入政策的进一步完善，统筹城乡发展力度的加大，农村劳动力就业渠道和农村内部增收空间的不断拓展，农村居民收入仍可继续稳

定增长。

——保持价格总水平基本稳定。居民消费价格涨幅3%左右。当前，我国总供给大于总需求，绝大多数产品供应充足，特别是农业连年丰收，粮食库存充裕，有利于保持物价基本稳定。但是，推动今年物价上行的因素不容忽视，主要包括：国际大宗商品价格上涨的传导效应，国内货币信贷投放的滞后作用，资源税和资源性产品价格改革的影响，以及上年居民消费价格变动的翘尾因素等，在一定程度上加大了价格上涨的压力。提出上述目标，既有利于管理好通胀预期，也为推进改革留有一定空间。

——改善国际收支状况。外贸进出口总额增长8%左右，贸易顺差有所缩小，服务贸易发展加快；利用外资质量提升、结构优化；对外投资稳步扩大、效益提高。在着力扩大内需的同时努力稳定和拓展外需，有利于更好地利用两个市场两种资源，也有利于增加就业岗位，在国际竞争中促进结构优化、提升发展质量。尽管国际经济环境依然严峻复杂，贸易保护主义进一步抬头，但如果不发生大的意外事件，今年世界经济和贸易形势会好于去年，再加上2009年我国进出口下降较多、基数较低，只要我们抓住国际分工调整的有利时机，发挥比较优势，加快转变对外经济发展方式，坚持走以质取胜、集约化、多元化的路子，不断提高我国经济的国际竞争力和抗风险能力，就能实现对外贸易的恢复性增长。

按照上述安排，对照“十一五”规划《纲要》，预计到年底，经济增长、城镇新增就业、城乡居民收入、新型农村合作医疗覆盖率、城镇基本养老保险覆盖人数、主要污染物排放总量、城镇化率等大部分指标，可以实现或超额完成“十一五”规划目标；单位国内生产总值能耗、研究与试验发展经费支出占国内生产总值比例等指标，完成目标任务需要付出更大的努力。

三、2010年经济社会发展的主要任务和措施

综观国内外发展环境和条件，今年改革发展稳定任务十分繁重。实现经济社会发展的主要目标，要把保持经济平稳较快发展与结构调整结合起来，切实提高发展的可持续性；把扩大内需特别是消费需求与稳定外需结合起来，着力增强经济发展的均衡性；把统筹城乡区域协调发展与推进城镇化结合起来，大力拓展发展空间；把推动自主创新与培育战略性新兴产业结合起来，努力实现创新发展；把深化改革与促进发展结合起来，全面提升经济发展的内生动力；把发展经济与改善民生结合起来，进一步提高经济社会发展的协调性。

（一）进一步提高宏观调控水平，努力实现经济平稳较快发展。保持宏观经济政策的连续性和稳定性，把握好政策实施的力度、节奏、重点。（1）继续实施积极的财政政策。保持适度的财政赤字和发债规模，建议今年全国财政赤字规模10500亿元，赤字率与去年基本持平，控制在3%以内。其中，中央财政赤字8500亿元，代发地方债2000亿元并纳入地方财政预算。继续落实结构性减税政策。进一步优化财政支出结构，按照突出重点、有保有压的要求，加大对重点领域和薄弱环节的支持力度，坚持勤俭办一切事业的原则，继续从严控制一般性支出，努力降低行政成本。（2）继续实施适度宽松的货币政策。合理增加货币供应和信贷规模，综合运用多种货币政策工具加强流动性管理，保持银行体系流动性合理充裕。今年广义货币供应量M_2增长17%左右，新增人民币贷款规模7.5万亿元左右。着力优化信贷结构，加强对经济社会发展薄弱环节、就业、战略性新兴产业、产业转移等方面的信贷支持，有效缓解农业和小企业融资难问题，保证重点建设项目贷款需要，严格控制对“两高”行业和产能过剩行业的贷款。继续扩大直接融资，完善多层次资本市场体系，扩大企业债券融资规模，优化融资结构。（3）防范财政、金融风险。加强地方政府债务管理，规范地方政府融资平台和担保行为。严格执行放贷条件，加强审慎管理，防范系统性金融风险。切实把握好信贷投放节奏，防止季度之间、月度之间异常波动。进一步完善人民币汇率形成机制，保持人民币汇率在合理均衡水平上的基本稳定。

进一步扩大消费需求。社会消费品零售总额增长15%。（1）加快调整国民收入分配格局。尽快出台国民收入分配格局调整的方案和政策措施。继续多渠道增加农民收入，提高企业退休人员基本养老金和部分优抚对象待遇水平，落实在义务教育学校、公共卫生与基层医疗卫生事业单位实施绩效工资的政策。逐步提高最低工资标准。（2）完善促进消费的各项政策措施。加大家电、汽车、摩托车下乡实施力度，把家电以旧换新和汽车下乡政策实施的时限延长到年底，扩大家电以旧换新试点地区。（3）促进合理的住房消费。增加中小套型、中

低价位普通商品住房和公共租赁房用地供应，支持居民自住和改善性住房消费，倡导住房租赁消费，继续实施差别化住房信贷、税收政策，抑制投机性购房，满足人民群众的基本住房需求。继续整顿规范房地产市场秩序，加大对圈地不建、捂盘惜售、哄抬房价等违规行为的查处力度，遏制部分城市房价过快上涨势头。(4)发展服务消费。大力发展文化创意、影视制作、出版发行、演艺娱乐、会展、动漫等文化产业，加快宽带网络建设，支持“三网”融合性业务发展，积极促进文化、旅游、体育健身、教育培训、老年护理等服务消费。(5)优化消费环境。扩大消费信贷，加强商贸流通体系等基础设施建设，深入推进“万村千乡”市场工程。大力整顿和规范市场价格秩序，进一步强化产品特别是食品药品质量安全监管。

保持合理的投资规模，优化投资结构。全社会固定资产投资增长 20%，其中，建设与改造投资增长 21%，房地产开发投资增长 18%。(1)切实抓好政府投资项目建设。继续实施 4 万亿元投资计划，按照两年新增中央政府投资 1.18 万亿元的要求，2010 年拟新增 5722 亿元，全年共安排中央政府投资 9927 亿元，其中中央基本建设投资 3926 亿元。在投资安排上继续向“三农”、保障性安居工程、卫生教育等民生领域倾斜，向中西部地区、革命老区、民族地区、边疆地区、贫困地区倾斜，继续支持节能环保、自主创新和技术改造。资金主要用于在建和收尾项目，严格控制新开工项目，避免“半拉子工程”。(2)积极扩大民间投资。抓紧出台并落实鼓励和引导民间投资健康发展的政策措施，切实放宽民间投资准入领域，进一步消除限制民间投资进入的障碍，支持民间投资投向公用事业、社会事业等经济社会发展薄弱环节。(3)加强和改进投资管理。建立健全部门联动联控和信息共享机制，研究进一步把好用地、环评、节能、信贷、产业政策等关口的办法，控制银行贷款用于新开工项目的比例。严格控制“两高”、产能过剩行业的新上项目和不切实际的“政绩工程”。加快投资管理法制化进程。加强对政府投资项目的检查、稽察和专项审计，严肃查处违规问题，确保资金安全和项目工程质量。

稳定粮油等重要商品的市场供应和价格。加强主要农产品市场调控，灵活把握储备吞吐、进出口调节的力度和节奏，做好粮油等重要商品的购销调运，保证市场供应。强化价格监测、预警和形势分析，完善应急预案，规范价格行为，正确引导舆论，稳定市场预期，保持价格总水平的基本稳定。

搞好经济运行调节。强化动态监测和综合分析，针对煤电油气运紧平衡、局部紧张的局面，做好重点时段、重点地区的保障供应工作。加强煤炭产运需衔接，统筹电力供需平衡，组织好跨区跨省输电，强化电力需求侧管理，搞好成品油和天然气的总量平衡和稳定供应，保障重点物资运输。充实应急物资储备，完善应急机制，加强应急能力建设。

(二)加快产业优化升级和战略性新兴产业发展，促进发展方式转变和结构调整。(1)大力增强自主创新能力。继续落实中长期科技规划纲要。积极推进新一代宽带移动通信网、重大新药创制等国家科技重大专项的实施。加大对研发的支持和投入力度，推进落实激励自主创新的政策措施。加快集成电路、平板显示、新支线飞机、核电等重大工程的实施。加强重大科技基础设施、知识创新工程和技术创新工程建设，在数字电视、新能源、新材料、电子商务等领域新建一批国家工程(技术)研究中心和工程实验室，加快培育具有自主创新示范和带动作用的龙头企业，推动形成一批技术创新战略联盟。继续支持基础研究和前沿技术研究，加快发展农业和民生科技，集中力量突破核心技术。扩大国家创新型城市试点，组织实施区域创新能力建设专项。完善知识产权保护政策。(2)培育和发展战略性新兴产业。抓紧研究提出总体思路、重大政策措施和发展规划，在新能源、节能环保、新材料、生物医药、生物育种、信息、新能源汽车、航空航天、海洋等领域，选择具备突破条件的关键技术和产业化应用作为主攻方向，确定技术路线和市场推进措施，启动一批重大专项工程。落实好研发投入抵扣所得税政策，健全支持创新的投融资体制，加快实施新兴产业创投计划，推动设立高技术产业创业投资引导基金，通过贷款、债券、股市、创业投资等多渠道筹措资金。加快物联网的研发应用。(3)继续推进重点产业的调整振兴。认真落实产业调整振兴规划和实施细则，修订并实施《产业结构调整指导目录》及相关政策。在船舶、石化、有色、环保、新能源、节能减排等领域，组织实施技术研发和产业化示范。围绕节能降耗和发展循环经济，加大用高新技术改造和提升传统产业力度，提高企业信息化水平。支持重大技术装备自主开发，鼓励使用国产首台(套)重大装备，推动重大装备的本地化。加大地质勘探力度，提高国内能源资源保障能力。积极调整能源结构，促进能源产业持续健康发展。2010

年，原煤、原油、天然气产量分别达到31.5亿吨、1.9亿吨、920亿立方米，增长3.3%、0.5%、8%；发电量39600亿千瓦小时，增长6.6%，其中，水电6600亿千瓦小时，增长7.2%，核电750亿千瓦小时，增长7.1%。积极推进风电及其配套工程建设。加快兼并重组步伐，推动重点产业合理布局、集约发展。(4)压缩和疏导过剩产能，加快淘汰落后产能。综合运用法律、经济和必要的行政手段，严格市场准入，建立落后产能退出机制，健全市场信息发布制度，引导产业健康发展。今年拟淘汰火电、炼钢、炼铁、水泥、造纸、平板玻璃等落后产能分别达到1000万千瓦、600万吨、2500万吨、5000万吨、53万吨、600万重箱。(5)促进服务业加快发展。第三产业增加值达16.15万亿元，增长8.7%，服务业就业比重达到34.8%，比上年提高0.8个百分点。进一步放宽市场准入，完善和落实鼓励服务业发展的投资、税收、用地、价格等政策。加快制定促进高技术服务业发展的指导意见。2010年，全国电信业务总量增长18%。出台促进现代物流业发展的政策措施，支持现代物流重点项目建设。改善重点旅游景区基础设施条件，促进生态旅游、文化旅游、休闲度假旅游，推进海南国际旅游岛建设。积极发展社区服务、家政服务、养老服务和市政公用事业，满足人民群众多层次多样化的需求。到今年底，全国城镇社区服务设施数达18万个，增长2.9%。开展服务业综合改革试点，推动服务业集聚发展示范区建设。组织好上海世博会。(6)抓好重要通道和关键枢纽建设，提高交通运输综合效能。有序推进铁路客运专线、煤运通道、西部干线、城际客运系统、城市轨道交通建设。完善国家高速公路网，提升国省干线公路技术等级和服务水平。以专业化码头、现代化港区和进出港深水航道为重点，有序推进沿海港口建设，发展长江等内河水运。推进枢纽机场和干线机场改扩建，安排好支线机场建设。2010年，全国铁路营业里程、公路通车里程分别增长5.8%、2.6%，累计达到9.1万公里、392.7万公里；通航机场增加8个，达到174个。(7)积极支持中小企业特别是小企业发展。加快建设中小企业公共服务平台、信息服务网络和小企业创业基地。落实促进小企业发展的金融和税收优惠政策，扩大中央财政中小企业发展专项资金规模，鼓励各地建立小企业贷款风险补偿基金，发展多层次小企业信用担保体系。

(三)加大统筹城乡发展力度，增强农业农村经济发展和农民增收的基础。(1)抓好主要农产品生产。继续严格保护耕地，加强耕地特别是基本农田建设，稳定粮食播种面积，优化品种结构，着力提高粮食单产和品质。2010年，力争粮食产量稳定在5亿吨水平；棉花、油料、糖料产量分别达到670万吨、3150万吨、12500万吨，增长4.7%、1.6%和2.5%。全面实施新增千亿斤粮食生产能力规划，加强棉花、油料、糖料生产基地建设，着力提高农业机械化水平，因地制宜发展旱作农业、设施农业和保护性耕作，改造中低产田165.3万公顷，增长1.6%。完善生产补贴和奖励政策，稳定大宗农产品生产。继续推进种养业良种繁育体系、动植物疫病防控体系、基层农业技术推广体系和农产品质量安全检验检测体系建设，实施国家现代农业示范项目和现代农业生产发展项目，支持生猪、奶牛等规模化、标准化养殖。2010年，肉类、水产品产量分别达到7800万吨和5200万吨，增长2.1%和1.6%。支持大宗农产品仓储物流设施、骨干农产品批发市场升级改造和农产品冷链物流建设。(2)努力促进农民持续增收。提高粮食最低收购价，小麦、稻谷平均每50公斤分别提高3元和6元，其中粳稻提高10元。健全重点农产品收储机制。增加良种补贴，扩大农机具购置补贴规模和种类，落实农资综合补贴动态调整机制。积极培育农业农村社会化服务体系，提高农业生产经营组织化程度，支持龙头企业提高辐射带动能力。大力发展农村二三产业，壮大县域经济。加强农村劳动力转移就业培训，优化农民工就业和创业环境，千方百计促进农民多渠道就业，今年农村劳动力转移就业培训力争600万人以上。(3)扎实推进新农村建设。继续改善农村生产生活条件。增加农村水电路气房等民生工程的中央基建投资，今年拟安排200亿元，再解决6000万农村人口饮水安全问题，农村自来水普及率达到71.5%；安排120亿元用于农村电网改造；安排30亿元用于农村公路改造；安排52亿元用于加快推进农村户用沼气、大中型沼气和集中供气工程建设。继续加强农村基础设施建设，加快大中型灌区续建配套节水改造，按期完成规划内6240座大中型和重点小型病险水库除险加固任务。加强渔政渔港建设。实施农村清洁工程。积极推进农村土地整治。增强农村教育培训、医疗卫生、文化等公共服务能力，加快农村信息化和通信普遍服务建设。(4)积极推进城镇化。加快中小城市和小城镇发展，完善城镇供气、供热、供水等市政公用基础设施，提高城镇综合承载能力。放宽中小城市和城镇户籍限制，推动有条件的城市允许有稳定职业和收入的农民工及其子女转为城镇户口并纳入城镇公共服务体系，改善农民工就业、居住、就医等基本生活条件，解决好农民工子女就学问题。

（四）认真落实促进区域发展的各项规划和政策，增强区域发展的协调性。（1）深入推进西部大开发。抓紧研究制定下一个十年深入实施西部大开发战略的若干意见，及时出台实施方案。继续开工一批基础设施和改善民生方面的重点工程，巩固退耕还林成果，完善退牧还草政策，建立健全生态补偿机制和资源开发补偿机制，开展生态文明示范建设。加快制订成渝经济区等区域规划。推动重点边境城镇开发开放试验区建设。（2）全面振兴东北地区等老工业基地。支持重点行业、重点企业的兼并重组、技术改造和自主创新，培育壮大特色优势产业，进一步推动资源型城市可持续发展，加快现代农业建设，大力发展旅游、物流等现代服务业。积极推进辽宁沿海经济带和长吉图开发开放先导区建设。编制大小兴安岭林区生态保护和经济转型规划。（3）扎实推进中部崛起。认真实施促进中部地区崛起规划，制定支持中部地区发展的具体政策措施，编制“三个基地、一个枢纽”为重点的专项规划。加快制定丹江口库区及上游地区经济社会发展等区域规划。出台并组织实施促进中西部地区承接产业转移的意见。（4）积极支持东部地区率先发展。落实好已出台的珠三角等重点区域规划和政策措施，抓紧出台并组织实施长江三角洲、京津冀都市圈、海峡西岸经济区等区域规划，研究促进海洋经济发展的意见。积极鼓励东部地区体制机制创新和产业优化升级，全方位参与国际竞争与合作。（5）加强区域合作。在发展规划、产业布局、基础设施、生态环保、公共服务等方面加强统筹协调，促进各地区分工协作、优势互补。加大对革命老区、民族地区、边疆地区和贫困地区发展的支持力度，增加资金投入，改善基本公共服务。加大扶持人口较少民族发展力度。继续推进兴边富民行动。扎实做好东中部地区对西部困难地区的对口支援工作。加快推进主体功能区建设。

（五）抓好节能减排和应对气候变化工作，加快建设资源节约型环境友好型社会。（1）强化目标责任和监督检查。继续实施节能减排问责制，开展对地方和重点企业的评价考核。加强节能减排工作督查指导，确保节能减排设施有效运行。深入开展节能减排全民行动等宣传活动。（2）完善相关政策、标准。尽快出台固定资产投资项目节能评估和审查管理办法。制定和修订一批终端用能产品强制性能效标准、单位产品能耗限额标准和强制回收产品的技术标准。健全节能产品认证和节能产品政府采购制度。加快推行合同能源管理，落实节能节水环保产品和节能环保改造项目企业所得税优惠、脱硫电价，完善鼓励余热余压发电上网的经济政策。（3）加快重点工程建设。继续推进十大重点节能工程，新增8000万吨标准煤的节能能力。抓好城镇污水垃圾处理、燃煤电厂脱硫、钢铁烧结机脱硫、尾矿综合治理等重大项目建设。2010年，新增城镇污水日处理能力1500万立方米、垃圾日处理能力6万吨；城市污水处理率、垃圾无害化处理率分别达到75%、71%，提高2.7个和2个百分点。认真落实重金属污染综合整治实施方案。（4）加强建筑节能。强化对新建建筑执行节能标准的监管，推行民用建筑能效测评标识和节能信息公示。加大北方采暖地区现有居住建筑供热计量及节能改造力度。加强国家机关办公建筑和大型公共建筑的节能管理。（5）全面实施节能产品惠民工程。在做好财政补贴推广高效节能空调的基础上，制定冰箱、洗衣机、平板电视、燃气热水器、电机等产品的财政补贴推广实施细则，推广1.5亿只节能灯，并向农村倾斜。（6）大力发展循环经济。深化循环经济示范试点，完善循环经济指标体系，建立循环经济发展专项资金，启动城市矿产等示范工程，制定再制造产业发展意见，大力推进建筑废弃物、餐厨垃圾资源化和秸秆综合利用。2010年，万元工业增加值用水量114立方米，下降2.1%，工业固体废物综合利用率68.4%，提高1.8个百分点。（7）加强生态建设和环境保护。继续推进京津风沙源治理、天然林资源保护、重点地区防护林体系建设。加大“三河三湖”、渤海、三峡库区、南水北调等重点流域、重点区域污染防治力度。抓紧开展黄土高原综合治理、西藏生态安全屏障的保护与建设，加快实施三江源、石羊河以及石漠化等生态综合治理规划。2010年治理水土流失面积2.16万平方公里，增长1.4%。积极开展农村环境综合整治。（8）积极应对气候变化。研究制定落实到2020年控制温室气体排放行动目标的政策措施。继续实施应对气候变化国家方案。加强应对气候变化能力建设和宣传教育。加快国土绿化进程，增加森林碳汇，今年新增造林面积592万公顷。完善清洁发展机制项目相关工作。继续推动应对气候变化国际谈判进程，加强国际交流与合作。

（六）加快重点领域和关键环节改革，增强经济社会发展的动力和活力。（1）深入推进医药卫生体制改革。进一步扩大基本医疗保障覆盖面，加快国家基本药物制度建设，落实重大公共卫生项目和基本公共卫生服务项目，提高突发公共卫生事件应急救治能力，开展公立医院改革试点，加快医药价格形成机制改革，今年基本药物制度覆盖60%的政府办基层医疗卫生机构。(2)稳步推进资源性产品价格和环保收费改革。继续开展发电企业竞价上网、大用户与发电企业直接交易等试点，推行居民用电阶梯价格制度，完善可再生能源发电定价和费用分摊机制。继续推进水价改革，加大污水处理费征收力度。改革垃圾处理收费方式。推进排污权交易试点。(3)深化国有企业改革。继续推进国有经济的战略性调整和重组，加快大型国有企业特别是中央企业母公司层面的公司制股份制改革，推进中央企业加快建立规范董事会，完善法人治理结构和高管人员薪酬制度。继续推进垄断性行业体制改革，进一步放宽市场准入，积极引入竞争机制。(4)毫不动摇地鼓励、支持、引导非公有制经济发展。在金融、财税等方面加大政策支持力度，在招投标、政府采购等方面提供同等政策待遇，清理融资、外汇管理、土地使用等方面的歧视性法规和政策，着力营造多种所有制经济公平竞争的市场环境。(5)健全有利于农业农村发展的体制机制。稳定和完善农村基本经营制度，有序推进农村土地管理制度改革。深化集体林权制度改革，启动国有林权改革。推进草原承包、国有农垦体制改革。(6)加快财税体制改革步伐。建立健全财力与事权相匹配的财政体制，完善财政转移支付制度，增强地方政府提供基本公共服务的能力。完善消费税和房产税制度。推进资源税改革。统一内外资企业和个人城建税、教育费附加制度。(7)继续推进金融体制改革。规范商业银行公司治理，积极推动进出口银行、农业发展银行深化内部改革，继续推进农村信用社改革，加快发展面向农村和中小企业的小型金融机构，扩大中小企业发债试点。完善金融监管体制。(8)深化投资体制改革。完善投资项目后评价、重大项目公示和责任追究制度，制定代建制管理办法，健全政府投资管理制度。加快建立产业投资基金管理制度，完善创业投资机制。

(七)更加注重统筹国内国际两个大局，稳定发展开放型经济。(1)促进对外贸易稳步回升。保持外需政策的连续性和稳定性，深入实施市场多元化战略，稳定传统市场，开拓新兴市场，积极调整出口商品结构，继续鼓励传统优势产品、自有品牌产品和自主技术及标准的出口，严格控制“两高一资”产品出口。支持先进技术、装备、关键零部件和国内紧缺物资的进口。妥善应对贸易摩擦，积极推进国际经贸合作。继续扩大对外援助。(2)提高利用外资水平。修订外商投资产业指导目录，扩大开放领域，引导外资投向高端制造业、高新技术产业、现代服务业、新能源和节能环保等产业，鼓励外商在中西部地区发展符合环保要求的劳动密集型产业。积极承接国际服务外包。深化外商投资管理体制改革，缩小审批、核准范围，增加审批透明度。今年外商直接投资力争达到960亿美元。继续用好国外贷款。(3)支持和规范企业对外投资合作。修订境外投资项目核准管理办法和产业指导政策，加强和改善对境外中资企业的指导、协调、监督和服务，引导企业依法经营。今年力争实现对外直接投资增长15.5%。

(八)加强以改善民生为重点的社会建设，全力维护社会和谐稳定。(1)实施更加积极的就业政策。大力发展劳动密集型产业、中小企业、民营经济和服务业，建立公共投资带动就业增长的机制，努力创造更多的就业岗位。今年将有630万应届高校毕业生，加上历年尚未实现就业的，就业压力很大，要做好高校毕业生就业服务工作，支持高校毕业生到基层就业。加强对困难群体的就业帮扶，鼓励自主创业和自谋职业。落实好农民工就业的各项政策。(2)完善社会保障体系。实施全国统一的城镇企业职工基本养老保险关系转移接续办法。扩大新型农村社会养老保险试点，并优先在边境县、民族地方的贫困县和牧区进行。研究解决未参保集体企业已退休人员基本养老保障和其他社会保障遗留问题。完善城镇居民基本医疗保险和新型农村合作医疗制度，逐步提高筹资水平、政府补助标准和保障水平。加大对低收入群体的帮扶救助力度，完善城乡低保制度，进一步提高低保标准。加快社会保障公共服务能力建设。今年城镇参加基本养老保险、基本医疗保险人数分别增加500万人、940万人。继续做好以工代赈和易地扶贫工作，易地扶贫搬迁人口76万人，再使410万农村贫困人口脱贫。(3)优先发展教育。发布实施国家中长期教育改革和发展规划纲要。积极改善农村和贫困地区办学条件，推进中西部地区农村初中校舍改造和全国中小学校舍安全工程，加强学前教育和特殊教育学校建设。继续实施“985工程”、“211工程”三期和中等职业教育基础能力建设工程。支持民族院校建设和民族地区“双语”教育。加大对中西部高等教育发展的支持。2010年，高中阶段教育毛入学率达到80%，普通高校计划招收本专科生657万人，研究生53.4万人，分别比上年增长2.7%和4.5%。(4)加强公共医疗卫生工作。完善基层医疗卫生服务体系和基层计划生育服务体系，继续改造建设一批县级医院和乡镇、社区卫生服务设施，支持重点中医院建设，启动实施精神卫生防治体系建设规划。2010年，每千人口医院和卫生院病床数达3.08张，增长3.7%。做好甲型H1N1流感等重大传染病防控工作。(5)加强住房保障。加大政府投入力度，安排中央基建投资440亿元，加快廉租住房等保障性安居工程建设，支持城市棚户区、国有工矿棚户区及国有林区、垦区棚户区改造和农村危房改造，继续实施游牧民定居工程。落实好土地出让净收益不低于10%用于廉租住房建设的规定。2010年，拟新增保障性住房300万套，各类棚户区改造280万户，农村危房改造120万户，游牧民定居6万户。(6)大力加强文化建设。加大基层公共文化设施和群众体育设施建设力度，并向农村和中西部地区倾斜，加快实施文化信息资源共享、乡镇综合文化站等文化惠民工程，加强国家自然文化遗产地、历史文化名城、抢救性文物以及非物质文化遗产的保护。继续推进文化体制改革，完善扶持公益性文化事业、发展文化产业、鼓励文化创新的政策。繁荣发展哲学社会科学。推进广播影视、新闻出版等领域重大文化建设项目和产品创新。大力开展全民健身活动，今年拟新增体育场地2000个，增长4.1%。(7)重视发展老龄事业，切实保障妇女和未成年人权益，关心和支持残疾人事业。2010年，拟新增各类社会福利床位10万张，增长3.3%；新增残疾人综合服务设施384个，增长15.1%。(8)继续抓好汶川地震灾后恢复重建工作，今年9月底前基本完成主要任务。

继续加强内地与香港、澳门两个特别行政区在经贸、科技、教育、文化、卫生、体育等领域的交流合作，支持香港、澳门克服国际金融危机不利影响、促进经济发展。抓住历史机遇，积极推动两岸经济文化合作与交流，扩大两岸直接“三通”。支持海峡西岸经济区在两岸交流合作中发挥先行先试作用。

今年还有一项任务，就是切实做好“十二五”规划的编制工作。在广泛听取各地区、各部门和社会各界意见建议的基础上，起草“十二五”规划纲要草案，完成提交十一届全国人大四次会议审议的准备工作，并组织好相关专项规划和区域规划的编制。

各位代表，做好2010年经济社会发展各项工作，任务艰巨，意义重大。我们将更加紧密地团结在以胡锦涛同志为总书记的党中央周围，高举中国特色社会主义伟大旗帜，坚持以邓小平理论和“三个代表”重要思想为指导，深入贯彻落实科学发展观，自觉接受全国人大的指导和监督，虚心听取全国政协的意见和建议，坚定信心，开拓创新，扎实工作，为实现“十一五”规划目标，促进经济社会又好又快发展而努力奋斗！

附件：

名词解释

1. 种养业良种工程。是指通过实施农作物和畜禽水产良种培育、扩繁、检测和资源保护等方面的建设，建立健全配套完善的种养业良种繁育体系，提高农作物和畜禽水产良种培育和供种能力，促进种养业持续、健康、稳定发展。主要包括种质资源保护、品种改良中心、原种场、良种培育和扩繁基地、质量检测等项目建设。

2. 植保工程。是指为全面提升农作物有害生物和外来检疫性有害生物的监测预警、综合治理与应急控制能力，提高农药和药械管理与安全使用水平，把病害以及虫、杂草、鼠等有害生物危害降到最低程度而实施的建设项目。工程主要内容为，建设完善国家、省和县三级农作物有害生物预警与控制机构，建立有害生物防治示范基地、优势农产品有害生物非疫区及农药与药械安全监管机构等。

3.“双百”市场工程。通过重点培育百家大型农产品批发市场和农贸市场，促进构建农产品现代流通体系。重点支持农产品质量安排可追溯系统和检验检测、结算、信息、监控、废弃物处理等五大中心建设和改造，对于解决农产品卖难、保障城乡市场供应和质量安全、搞活农产品流通等方面发挥了积极引导和示范作用。

4. 节能与新能源汽车示范。是指选择有条件的城市，以节能汽车中混合动力汽车，新能源汽车中纯电动、插电式混合动力、燃料电池汽车为主，实施较大规模的示范推广，重点是在公共交通等公共服务体系率先推广使用节能与新能源汽车，建立相应基础设施，形成服务保障能力。通过示范，突破产业化瓶颈，降低制造成本，加快培育产业链，为促进我国汽车产业跨越式发展提供支撑。

5. 清洁发展机制项目。是指发达国家通过提供资金和技术的方式，与发展中国家开展项目级的合作，从而获得项目所产生的减排量。经联合国指定机构核证后，可用于帮助发达国家缔约方完成其在《京都议定书》下承诺的绝对量化减排指标，同时也可帮助发展中国家实现可持续发展。在清洁发展机制下开展的具体合作项目即为清洁发展机制项目。

6. 西部大开发新开工 18 个重点基础设施项目。2009 年西部大开发新开工 18 项重点工程，计划投资总规模为 4689 亿元。分别是：(1)成都至兰州铁路；(2)重庆至贵阳铁路；(3)昆明至南宁铁路；(4)广通至大理铁路；(5)丽江至香格里拉铁路；(6)西安至宝鸡客运专线；(7)兰州至乌鲁木齐铁路增建第二线；(8)西安至安康铁路增建第二线；(9)广元至南充高速公路；(10)厦门至成都高速公路石坝至纳溪段；(11)陕西安康至汉中高速公路；(12)四川大渡河泸定、云南澜沧江功果桥水电站；(13)广西鱼梁、老口航运枢纽；(14)四川嘉陵江亭子口水利枢纽；(15)成都双流机场改扩建；(16)西安咸阳机场改扩建；(17)西部支线机场；(18)无电地区电力建设。2000 年到 2009 年，国家已安排西部大开发新开工重点工程 120 项，投资总规模 22000 多亿元。

7. 战略性新兴产业。是指以科学技术的重大新突破为基础，能够引发社会新需求、引领产业结构调整和发展方式转变，对人类社会进步、国家未来综合实力发展具有根本性重大影响，并正在快速成长的新产业领域，具有知识和技术依赖度高、发展潜力大、发展速度快、带动能力强、综合效益好和全球竞争激烈等特征。当前，战略性新兴产业主要包括节能环保、新能源、新材料、生物医药、生物育种、信息、新能源汽车、航空航天、海洋等领域。

8. 新能源。是与常规能源相对的概念。常规能源是指技术较成熟、已被大规模利用的能源，如煤、石油、天然气、大中型水电等。新能源是指技术正在发展成熟、尚未大规模利用的能源，其内涵根据不同时期和技术水平发展有所变化，如核能在国外已大规模利用，属常规能源，而我国还没有实现规模化利用，仍作为新能源看待。此外，新能源也有相对化石能源的含义，指环境污染小和可持续利用的能源。根据当前我国能源状况，新能源包括核能、风能、太阳能、生物质能、地热能、海洋能、氢能等还没有规模化应用的能源。

9. 服务业综合改革试点。服务业综合改革试点是鼓励试点区域采取切实有效的政策措施完善服务业发展环境、创新服务业发展的体制机制、探索服务业发展的有效模式、促进服务业关键领域和薄弱环节加快发展的重要举措。通过服务业综合改革试点，促进形成一批主体功能突出、辐射带动作用强的国家或区域服务业中心；形成一批各具特色、充满活力的服务创新示范区；形成一批成长性好、发展潜力大的新兴服务产业；形成一批主业突出、竞争力强的大型服务企业，提高服务业发展质量和水平。

10. 国家现代农业示范项目。根据《现代农业示范项目建设规划(2007—2010 年)》及有关管理办法，项目建设的主要内容是：围绕各地特色和优势农业资源开发，引进和推广先进适用农业新品种、新技术、新设施，建设特色农产品生产基地，改善项目区农业生产条件，大力推进农业产业化经营。通过示范带动，加快各地农业结构调整步伐，发展设施农业、有机农业、循环农业，提高农产品市场竞争力。

11. 农产品冷链物流建设。农产品冷链物流是指在低温环境下的农产品现代物流，是以冷冻工艺为基础、制冷技术为手段，使肉禽、水产品和蔬菜、水果等生鲜农产品在生产后商品化处理、加工、包装、储存、运输及销售的整个过程中，始终处于受控的低温环境下，以保证产品品质和质量安全的生鲜农产品物流方式。2009 年开始国家安排资金支持农产品冷链物流项目建设，对于带动我国冷链物流发展，促进农民持续增收和保障消费安全发挥了重要作用。

12. 节能产品惠民工程。采取财政补贴方式，推广使用能效等级 1 级或 2 级以上的空调、冰箱、电机等 10 类高效节能产品。2009 年 6 月 1 日首先启动了空调产品推广，截至 2009 年年底，推广能效等级 2 级以上的高效节能房间空调器(定频)500 多万台，为 2008 年全年的 5 倍；市场占有率由 2008 年的 5% 左右提高到 2009 年 12 月份的 50%

以上；每年可节电15亿千瓦时，减排二氧化碳140万吨。

13. 城市矿产示范工程。城市矿产是指蕴藏在机电设备、汽车、家电等产品和废料中可回收的钢铁、有色金属、塑料等资源，并折算为原生矿产资源的当量。城市矿产示范工程是以开发城市矿产为目的，以实施重大工程为手段，变废为宝、化害为利，减少原生资源消耗和废物排放，并带动社会投资、增加社会就业的循环经济重大工程。

第十一届全国人民代表大会财政经济委员会关于2009年国民经济和社会发展计划执行情况与2010年国民经济和社会发展计划草案的审查结果报告

（2010年3月9日第十一届全国人民代表大会第三次会议主席团第二次会议通过）

十一届全国人大三次会议主席团：

第十一届全国人民代表大会第三次会议审查了国务院提出的《关于2009年国民经济和社会发展计划执行情况与2010年国民经济和社会发展计划草案的报告》以及2010年国民经济和社会发展计划草案。全国人民代表大会财政经济委员会在对计划报告和计划草案初步审查的基础上，根据各代表团和有关专门委员会的审查意见，又作了进一步审查。国务院根据审查意见对计划报告作了修改。现将审查结果报告如下。

一、财政经济委员会认为，2009年是新世纪以来我国经济发展最为困难的一年。面对严峻复杂的国内外形势，国务院和地方各级人民政府按照中共中央确定的方针政策和十一届全国人大二次会议的决议，深入贯彻落实科学发展观，全面实施并不断丰富完善应对国际金融危机冲击的一揽子计划，统筹做好保增长、保民生、保稳定各项工作，很快扭转了经济增速下滑趋势，内需对经济增长的拉动作用明显增强，农业基础进一步巩固，改革开放取得新成效，社会事业加快发展，人民生活继续改善，计划执行总体情况是好的。同时也要看到，计划执行中有的指标完成情况与预期目标差距较大，经济社会发展中还存在一些突出矛盾和问题，主要是：经济增长主要依靠投资拉动，内生动力仍然不足；部分行业产能过剩和盲目重复建设问题突出，发展方式转变和结构调整压力进一步加大；货币信贷超常增长，地方政府性债务增加较多，财政金融领域风险增大；部分城市房价上涨过快，房地产市场秩序亟待规范；就业形势依然严峻，劳动力结构性供求矛盾突出；有的地方节能减排工作有所放松。必须采取有效措施积极解决。

二、财政经济委员会认为，2010年国民经济和社会发展计划报告与计划草案，贯彻落实科学发展观，保持了宏观经济政策的连续性和稳定性，符合“十一五”规划纲要的总体要求，指导思想明确，主要目标和总体安排可行。

财政经济委员会建议，批准国务院提出的《关于2009年国民经济和社会发展计划执行情况与2010年国民经济和社会发展计划草案的报告》，批准2010年国民经济和社会发展计划。

三、财政经济委员会认为，2010年是继续应对国际金融危机、保持经济平稳较快发展、加快转变经济发展方式的重要一年，也是全面实现“十一五”规划目标、为“十二五”发展打好基础的关键一年。在计划执行过程中，要深入贯彻落实科学发展观，坚持“好”字优先，着重做好以下工作。

（一）提高宏观调控水平，巩固经济回升向好势头。继续实施积极的财政政策和适度宽松的货币政策，保持宏观经济政策的连续性和稳定性，着力提高政策的针对性、灵活性和预见性，处理好保持经济平稳较快发展、调整经济结构和管理好通胀预期的关系。更加突出财政政策的实施重点，加大对民生领域和社会事业的支持保障力度。严格控制新上项目，新增政府投资和中长期贷款应重点满足在建项目资金需求。把握货币信贷增长幅度，切实控制好信贷投放节奏。加大财税金融政策对经济社会薄弱环节和就业、战略性新兴产业等方面的支持，有效缓解小企业融资难问题。加强金融监管，强化地方政府性债务管理，规范政府投融资平台，有效防范和化解潜在财政金融风险。

（二）加快经济结构调整和经济发展方式转变，提高发展的质量和效益。把推进经济发展方式转变放在更加突出的位置，以优化经济结构、提高自主创新能力为重点，完善有利于转变经济发展方式的体制机制和政策导向，努力在经济发展方式转变上取得实质性进展。大幅度增加政府对科技创新和技术改造的投入，鼓励、引导企业和社会增加投资，推进技术进步和产业优化升级。大力发展科学技术，建设面向企业的公共技术服务平台，推动突破性、带动性强的共性关键技术攻关，抓紧落实国家重大科技专项。继续实施人才培养工程，造就大批高技术人才和专业化高技能人才。加强财税政策和产业政策的引导，抑制产能过剩行业重复建设，推动企业兼并重组，加快淘汰落后产能。着力培育战略性新兴产业，逐步形成新的经济增长点。大力发展服务业特别是生产性服务业，提高服务业发展水平和在国民经济中的比重。加大对中小企业特别是小企业的扶持力度，抓紧修订中小企业划分标准，提高政策的针对性和有效性。进一步减少、简化行政审批事项，清理和禁止不合理收费，切实减轻企业负担。统筹制定和实施区域发展规划，增强区域发展协调性。优化进出口结构，提高利用外资水平，支持和规范对外投资。

（三）加大收入分配格局调整力度，增强居民消费能力。按照逐步提高居民收入在国民收入分配中的比重、提高劳动报酬在初次分配中的比重的要求，抓紧制定出台调整国民收入分配格局的方案。深化垄断行业收入分配制度改革，严格规范国有企业经营管理人员特别是高管的收入。千方百计提高低收入群体的收入水平，重点是提高农民收入、企事业退休人员基本养老金和部分优抚对象待遇。推动工资集体协商和工资支付保障制度建设，落实最低工资制度，逐步建立规范的工资增长机制。继续实施和完善各项刺激消费的政策措施，在稳定传统消费的基础上培育新的消费需求。建立和完善符合国情的居民住房保障制度，着力整顿规范房地产市场秩序，支持居民自住性住房消费，抑制投机性购房。进一步优化消费环境，着力扩大居民消费需求，增强消费对经济增长的拉动作用。

（四）扎实做好"三农"工作，推进城乡统筹发展。继续加大国家对农业农村的投入力度，确保财政支出、政府预算内投资和土地出让收益等优先用于农业农村发展。进一步提高主要粮食品种最低收购价格，完善鼓励农民种粮补贴政策，严格监督惠农政策落实，确保农民真正得到实惠。加快建立健全粮食主产区利益补偿制度，保护、调动农民和粮食主产区政府的积极性。实施全国新增千亿斤粮食生产能力规划，全面提高农业综合生产能力。大力加强农业农村基础设施建设，搞好水利特别是中小型农田水利建设，提高农业生产抵御重大自然灾害的能力。大力推进农业产业化，发展农民专业合作组织和多种形式的适度规模经营。建立健全农村土地承包经营权流转机制，维护农民合法权益。加快农村危房改造，支持农民依法依规建设自用住房。推进户籍制度改革，让符合条件的农业转移人口逐步变为城镇居民，促进城镇化和新农村建设良性互动。

（五）着力保障和改善民生，促进社会和谐进步。把促进就业作为经济社会发展的优先目标，实施更加积极的就业政策。加强针对市场需求的职业技能培训和公共就业服务，大力开发公益性岗位，加大对就业困难人员的就业援助。引导和促进劳动密集型产业和服务业加快发展。加快完善覆盖城乡居民的社会保障体系。落实和巩固城镇企业职工基本养老保险省级统筹制度，为实现全国统筹创造条件，加快推进新型农村社会养老保险试点工作，全面推进城镇居民医疗保险制度建设。进一步完善城乡低保制度，加大对低收入群众的帮扶救助力度。大幅增加政府投入，加强廉租住房等保障性住房建设，重点解决低收入家庭的住房困难。高度重视农民工在城镇的就业和生活问题，逐步实现农民工在劳动报酬、子女就学、公共卫生、住房租购以及社会保障方面与城镇居民享有同等待遇。推进教育改革，优化教育结构，提高教育质量，促进义务教育均衡发展。切实推进医药卫生体制改革，提高医疗卫生服务水平。大力发展文化、体育等社会事业。加强安全生产管理，坚决遏制重特大安全事故，积极预防和化解各类社会矛盾，维护社会和谐稳定。

（六）进一步抓好节能减排，积极应对气候变化。经济社会发展要充分考虑资源环境承载能力和气候变化因素，在努力完成"十一五"节能减排目标的基础上，要将控制温室气体排放和适应气候变化目标纳入中长期发展规划，并研究制定具体落实措施。把节能减排和调整能源结构作为改善生态环境的重要抓手，大力发展循环经济和节能环保产业，努力建设以低碳排放为特征的产业体系和消费模式，突出抓好重点节能工程和重点领域节能减排。大力发展清洁能源和可再生能源，进一步优化能源结构。建立完善防灾减灾、防御极端气候事件的机制，提高抵御灾害性气候的能力。加大环保执法力度，强化监督和问责机制，严肃查处违法行为，加大重点流域区域污染防治力度，大力推进生态建设和环境保护。

（七）深入推进体制改革，增强经济发展活力和动力。把深化改革作为解决当前经济社会发展中体制性、结构性矛盾的根本措施，加大重点领域和关键环节的改革力度，充分发挥市场对资源配置的基础性作用，努力构建有利于科学发展的体制机制。深化行政管理体制改革，努力转变政府职能。继续推进资源性产品价格改革。优化国有经济布局和结构，推进垄断行业改革。放宽市场准入，落实鼓励民间资本进入基础设施建设、公共事业、金融以及其他服务业等领域的相关政策，大力支持非公有制经济发展。深化投资体制改革，加强政府投资项目后评价，落实政府投资重大项目公示和责任追究制度，健全中央预算内投资管理制度。进一步深化金融体制改革，发展中小金融机构，提高直接融资比重，增强金融对经济的服务功能。

以上报告，请予审议。

全国人民代表大会财政经济委员会

2010 年 3 月 9 日

第十一届全国人民代表大会第三次会议关于2009 年中央和地方预算执行情况与2010 年中央和地方预算的决议

（2010 年 3 月 14 日第十一届全国人民代表大会第三次会议通过）

第十一届全国人民代表大会第三次会议审查了国务院提出的《关于 2009 年中央和地方预算执行情况与 2010 年中央和地方预算草案的报告》及 2010 年中央和地方预算草案，同意全国人民代表大会财政经济委员会的审查结果报告。会议决定，批准《关于 2009 年中央和地方预算执行情况与 2010 年中央和地方预算草案的报告》，批准 2010 年中央预算。

关于 2009 年中央和地方预算执行情况与2010 年中央和地方预算草案的报告

——2010 年 3 月 5 日在第十一届全国人民代表大会第三次会议上

财政部

各位代表：

受国务院委托，向大会报告 2009 年中央和地方预算执行情况，提出 2010 年中央和地方预算草案，请予审议，并请全国政协各位委员提出意见。

一、2009 年中央和地方预算执行情况

2009 年是新世纪以来我国经济发展最为困难的一年。在中国共产党的坚强领导下，全国各族人民坚持以邓小平理论和“三个代表”重要思想为指导，深入贯彻落实科学发展观，全面贯彻中央的战略部署，认真落实十一届全国人大二次会议的有关决议，实行积极的财政政策和适度宽松的货币政策，全面实施并不断丰富完善应对国际金融危机冲击的一揽子计划和政策措施，改革开放和社会主义现代化建设取得新的重大成就。在此基础上，中央和地方预算完成情况较好，财政改革与发展取得新进展。

全国财政收入 68476.88 亿元，比 2008 年（下同）增加 7146.53 亿元，增长 11.7%。其中：中央本

级收入35896.14亿元，地方本级收入32580.74亿元。从中央预算稳定调节基金调入505亿元。全国财政支出75873.64亿元，增加13280.98亿元，增长21.2%。其中：中央本级支出15279.84亿元，地方本级支出60593.8亿元。地方财政结转下年支出2608.24亿元。全国财政收支相抵，差额9500亿元。（见附表一、附表二）

中央财政收入35896.14亿元，完成预算的100.1%，增加3215.58亿元，增长9.8%。从中央预算稳定调节基金调入505亿元，中央财政使用的收入36401.14亿元。中央财政支出43901.14亿元，完成预算的100.1%，增加8512.58亿元，增长24.1%。其中：中央本级支出15279.84亿元，增长14.5%；中央对地方税收返还和转移支付28621.3亿元，增长29.8%。中央财政收支相抵，赤字7500亿元，与预算持平。2009年末中央财政国债余额60237.68亿元，控制在年度预算限额62708.35亿元以内。（见附表三、附表四）

中央对地方税收返还和转移支付情况。2009年中央对地方税收返还和转移支付28621.3亿元，完成预算的99.1%，与预算的差异，主要是救灾支出实际数低于年初预计，相应减少对地方专项转移支付。其中：税收返还4942.27亿元，增长48.2%，主要是实施成品油税费改革，中央财政增加的成品油消费税收入按规定返还给地方；一般性转移支付11319.89亿元，增长29.4%；专项转移支付12359.14亿元，增长24.1%，主要是中央政府增加公共投资和拉动消费的支出，通过专项转移支付补助给地方（见附表五）。地方财政支出的39.1%来源于中央财政转移支付。

图一：2009年中央财政平衡关系

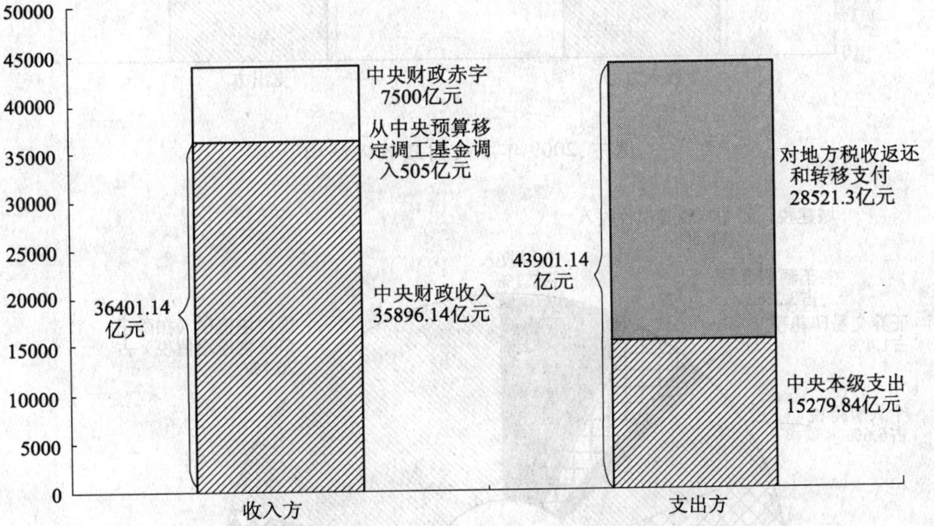

地方财政收入61202.04亿元，增加10507.86亿元，增长20.7%。其中：地方本级收入32580.74亿元，占53.2%；中央对地方税收返还和转移支付收入28621.3亿元，占46.8%。地方财政支出60593.8亿元，增加11345.31亿元，增长23%。地方财政结转下年支出2608.24亿元（主要是一些支出项目当年尚未全部完成，部分资金下年仍按原用途继续使用）。地方财政收支相抵，差额2000亿元，经国务院同意由财政部代理发行地方政府债券弥补。2009年预算具体执行的主要情况如下：

（一）中央财政收入预算执行情况

2009年是近年来财政完成收入预算难度最大的一年。各级财政积极会同税务、海关等部门，坚决贯彻中央的决策部署，认真实施积极的财政政策，努力促进经济平稳较快发展，为财政收入增长奠定了基础。同时，切实加强财政科学化精细化管理，依法严格收入征管，并采取了调整烟产品消费税政策、清缴以前年度欠缴收入等增收措施，确保了全年收入预算的实现。

中央财政主要收入项目。国内增值税13915.99亿元，完成预算的95.6%，增长3.1%，未完成预算主要是工业品出厂价格水平下降减少了收入。国内消费税4759.12亿元，完成预算的107.3%，增长85.3%，比预算超收主要是执行中提高烟产品消费税税率增加了收入。进口货物增值税、消费税7729.15亿元，完成预算的96.7%，增长4.6%；关税1483.57亿元，完成预算的78.1%，下降16.2%，主要是进口额比预计减少较多。出口货物退增值税、消费税6486.56亿元（账务上作冲减收入处理），完成预算的96.7%，增长10.6%，未完成预算主要是出口额比预计减少较多。企业所得税7618.82亿元，完成预算的100.2%，增长6.2%。个人所得税2366.72亿元，完成预算的99%，增长5.9%。证券交易印花税495.04亿元，完成预算的202.1%，下降47.9%，超过预算主要是股票交易量比预计数增加。车辆购置税1163.17亿元，完成预算的119.9%，增长17.5%，主要是汽车销售量增长较快。非税收入2536.66亿元，完成预算的123.6%，增长48.2%，主要是清缴企业欠缴的石油特别收益金等增加了收入。

图二:2009年地方财政平衡关系

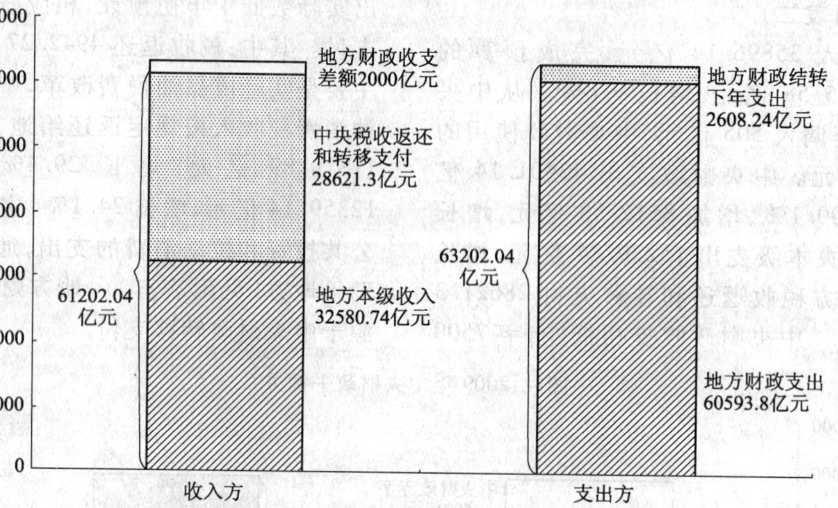

图三:2009年中央财政收入结构

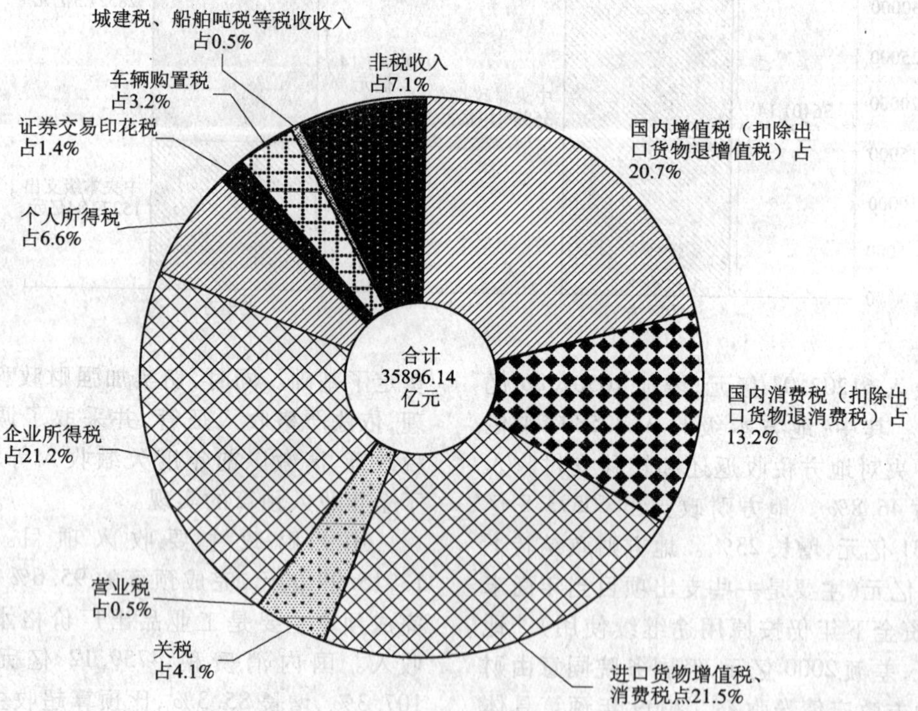

（二）中央财政主要支出项目执行情况

2009年预算安排，按照中央的决策部署，进一步优化财政支出结构，加大对农业、教育、医疗卫生、社会保障、就业、保障性住房、科学技术、环境保护等方面的投入。在预算执行中，预备费的安排也主要用于上述领域，使各项重点支出（包括中央本级支出和中央对地方转移支付）得到较好保障。

1. 农林水事务支出3501.24亿元，完成预算的

101.6%，增加792.93亿元，增长29.3%。其中，中央本级支出318.69亿元，对地方转移支付3182.55亿元。完善农资综合补贴动态调整机制，水稻、小麦、玉米、棉花良种补贴实现全国全覆盖，大豆良种补贴在东北地区全面实施，启动马铃薯原种补贴试点，农机具购置补贴覆盖到全部农牧业县，上述补贴共1123.5亿元。测土配方施肥补贴范围扩大到所有农业县。推动现代农业发展，支出65亿元。农业综合开发投入165亿元，支持改造中低产田、建设高标准农田2660万亩，增加粮食综合生产能力327.3万吨。农业保险保费补贴59.7亿元，累计参保农户达到1.27亿户次。对农村低收入人口全面实施扶贫政策，并提高扶贫标准，补助资金197.3亿元，覆盖扶贫对象4007万人。加强农村、农业基础设施建设支出1168.7亿元，大力支持南水北调等重大水利工程建设，对3970座大中型和重点小型病险水库除险加固，实施农村饮水安全工程使6069万农民受益。中央财政森林生态效益补偿基金支持的国家级公益林扩大到10.49亿亩。

2. 教育支出1981.39亿元，完成预算的100%，增加377.69亿元，增长23.6%。其中，中央本级支出567.62亿元，对地方转移支付1413.77亿元。农村义务教育经费保障机制改革支出666.1亿元，全国近1.5亿名农村义务教育阶段学生全部享受免除学杂费和免费教科书政策，中西部地区约1120万名农村义务教育阶段家庭经济困难寄宿生获得生活费补助。免除城市义务教育阶段学生的学杂费，支持解决880万农民工随迁子女的就学问题，对符合当地政府接收条件的全部免除学杂费、借读费，补助资金51.7亿元。义务教育学校绩效工资政策稳步实施。启动全国中小学校舍安全工程，支出80亿元，改造校舍1.2亿平方米。加强职业教育实训基地等建设，支出11.3亿元。对约426万名中等职业学校农村家庭经济困难学生和涉农专业学生免除学费，补助资金24亿元。全国约470万名高校和1120万名中等职业学校品学兼优及家庭经济困难学生，获得国家奖助学金资助，支出162.3亿元。从2009年9月1日起，中央高校博士研究生普通奖学金标准由原来的240—280元/月提高到1000元/月。启动中央高校减轻债务负担试点工作，补助103亿元。实施“211工程”等，支出420亿元，促进高等教育发展。

3. 医疗卫生支出1277.14亿元，完成预算的108.2%，增加422.69亿元，增长49.5%，超预算主要是增加了基层医疗卫生支出。其中，中央本级支出63.5亿元，对地方转移支付1213.64亿元。积极支持医药卫生体制改革，中央财政支出1162亿元。新型农村合作医疗参合人数达到8.3亿人，城镇居民基本医疗保险参保人数达到1.8亿人，财政补助标准达到人均80元。支持未参保的关闭破产国有企业退休人员参加当地城镇职工基本医疗保险。加大城乡医疗救助力度，资助困难城乡居民参保，减轻医疗费用负担。在30%的基层医疗机构实施基本药物制度。健全基层医疗卫生服务体系，支持2.9万所乡镇卫生院、5000所中心乡镇卫生院建设。建立完善城乡基本公共卫生服务经费保障机制，实施重大公共卫生服务项目。

4. 社会保障和就业支出3296.66亿元，完成预算的98.4%，增加553.07亿元，增长20.2%，与预算的差异主要是救灾支出实际数低于年初预计。其中，中央本级支出454.36亿元，对地方转移支付2842.3亿元。社会保障支出2905.75亿元，增加414.24亿元，增长16.6%。在320个县开展新型农村社会养老保险试点。分别按月人均15元、10元增加城乡低保补助资金，支出540.85亿元。对全国城乡7570多万困难群众发放一次性生活补贴，支出90.67亿元。对企业养老保险基金共补助1326.29亿元，开展做实企业职工基本养老保险个人账户试点，继续提高企业退休人员基本养老金水平，并向特殊对象倾斜，普遍建立基本养老保险省级统筹制度。提高优抚对象抚恤补助标准，补助173亿元。

落实更加积极的就业政策，就业资金支出390.91亿元（加上列入其他科目的就业资金为426.21亿元），增加138.83亿元，增长55.1%。在政府公共投资工程建设中，积极推行以工代赈。允许困难企业在一定期限内缓缴基本养老保险等5项社会保险费，阶段性降低失业保险等4项社会保险费率，帮助困难企业稳定就业岗位。继续实行鼓励下岗失业人员从事个体经营、企业吸纳下岗失业人员的税收扶持政策。落实代偿学费和国家助学贷款等政策，促进高校毕业生就业。实施鼓励骨干企业及科研项目吸纳和稳定高校毕业生就业的优惠政策。完善困难高校毕业生就业援助制度。对2100万返乡农民工、城镇失业人员等实施特别职业培训计划。

5. 保障性住房支出550.56亿元，完成预算的111.7%，增加368.66亿元，增长202.7%，高于预算主要是加大了保障性住房建设支持力度。其中，中央本级支出26.43亿元，对地方转移支付524.13亿元。提高对地方新建廉租住房的投资补助标准，加强廉租住房等保障性住房建设,解决 260 万户城市低收入住房困难家庭的住房问题,支出 330 亿元。加快实施国有林区、垦区、煤矿等棚户区改造,帮助解决 130 万户居民住房问题,支出 100 亿元。推进少数民族地区游牧民定居工程,使 9.2 万户游牧民实现定居,支出 23 亿元。扩大农村危房改造试点,80 万户农村居民受益,补助 40 亿元。

6. 文化体育与传媒支出 320.73 亿元,完成预算的 114.6%,增加 67.92 亿元,增长 26.9%,超预算主要是增加了农村公共文化支出。其中,中央本级支出 154.75 亿元,对地方转移支付 165.98 亿元。大力推动公益性文化事业发展,支持博物馆、纪念馆和全国爱国主义教育示范基地免费开放,中央财政对 1444 家博物馆、纪念馆给予经费补助。农家书屋、广播电视村村通等重点文化惠民工程顺利实施,大遗址、重点文物和非物质文化遗产保护工作得到加强。

7. 粮油物资储备等事务支出 1746.62 亿元,完成预算的 98.1%,增加 647.89 亿元,增长 59%。其中,中央本级支出 805.43 亿元,对地方转移支付 941.19 亿元。继续实施粮食直补,支出 151 亿元。加强储备体系建设,支出 721.19 亿元,逐步增加中央储备粮油库存和临时存储粮油库存,有色金属、特种钢材等重要物资储备增加 249 万吨。支持大幅度提高粮食最低收购价,补贴利息费用 99 亿元。实施家电、汽车摩托车下乡以及家电、汽车以旧换新政策,补贴 320 亿元。促进商贸流通服务业发展,完善农村流通体系,支出 76 亿元。

8. 科学技术支出 1512.02 亿元,完成预算的 103.5%,增加 348.79 亿元,增长 30%。其中,中央本级支出 1433.85 亿元,对地方转移支付 78.17 亿元。强化基础研究和应用研究,支出 946.76 亿元。加快推进科技重大专项,支出 328 亿元。实施十大重点产业调整振兴规划,支持 4441 个技改项目,促进企业技术改造和自主创新,支出技改资金 200 亿元。推动区域科技创新体系建设,促进产学研用有机结合。

9. 环境保护支出 1151.8 亿元,完成预算的 93.1%,增加 111.5 亿元,增长 10.7%,低于预算主要是退耕还林补助据实结算,实际数少于预测数。其中,中央本级支出 37.9 亿元,对地方转移支付 1113.9 亿元。推动节能减排,支出 567.47 亿元。支持 1318 个重点节能项目、132 个循环经济和资源节约重点项目,促进 1116 户企业开展节能技术改造。不断提高环境监管能力,共推动 497 个环境监测站和 617 个环境监察执法机构开展标准化建设。实施重点流域水污染防治等重大减排工程,建设了 1049 个项目。支持城镇污水处理设施配套管网建设 1.38 万公里。实施节能产品惠民工程,推广高效节能空调 500 多万台、高效照明灯具 1.5 亿只。推广高效节能产品和新能源汽车。加快发展可再生能源,支出 76.79 亿元。推动实施金太阳工程,发展光伏产业。促进生物质能源、风电等发展。实施天然林保护工程,巩固退耕还林成果,推进草原生态保护,支出 466.36 亿元。在 1465 个村庄开展农村环境综合整治和生态示范创建。

10. 公共安全支出 1287.45 亿元,完成预算的 110.9%,增加 414.41 亿元,增长 47.5%,超预算主要是增加了政法装备和办案经费。其中,中央本级支出 845.79 亿元,对地方转移支付 441.66 亿元。实施政法经费保障体制改革,加大对地方特别是中西部地区县级政法经费补助,加强政法司法能力建设。政法机关、武警部队的信息化工作继续强化。

11. 地震灾后恢复重建支出 969.99 亿元(不含用车辆购置税、彩票公益金等安排的地震灾后恢复重建支出),完成预算的 100%。其中,中央本级支出 130.6 亿元,对地方转移支付 839.39 亿元。按照规划用于住房、基础设施、公共服务、产业重建、生态环境治理等方面。(见附表六)

12. 国防支出 4829.85 亿元,完成预算的 102.1%,增加 728.44 亿元,增长 17.8%。其中,中央本级支出 4825.01 亿元,对地方转移支付 4.84 亿元。支持改善军队官兵生活待遇,加强信息化建设,适当增加装备及配套设施,提高军队抢险救灾应急能力等。

13. 交通运输支出 2178.71 亿元,完成预算的 115.4%,增加 606.77 亿元,增长 38.6%,超预算主要是车辆购置税超收按规定相应增加公路建设支出。其中,中央本级支出 1069.18 亿元,对地方转移支付 1109.53 亿元。推进高速公路网、铁路客运专线、西部干线铁路等建设,支出 765.1 亿元。提高中西部民族地区、边疆地区、贫困地区农村公路建设补助标准,新建和改造农村公路 38 万公里,支出 620 亿元。对城市公交、农村道路客运等部分公益性行业给予油价补贴,支出 105 亿元。取消政府还贷二级公路收费,补助地方 260 亿元。支持邮政改善服务,支出 61 亿元。

14. 一般公共服务支出 1326.63 亿元,完成预算的 101%,增加 111.45 亿元,增长 9.2%。其中,中央本级支出 1084.22 亿元,对地方转移支付

242.41 亿元。主要用于保障机关正常运转，以及支持地方落实自主择业军转干部退役金。

15. 国债付息支出 1320.7 亿元，完成预算的 96.3%，增加 42.01 亿元，增长 3.3%。

图四、2009 年中央财政支出结构

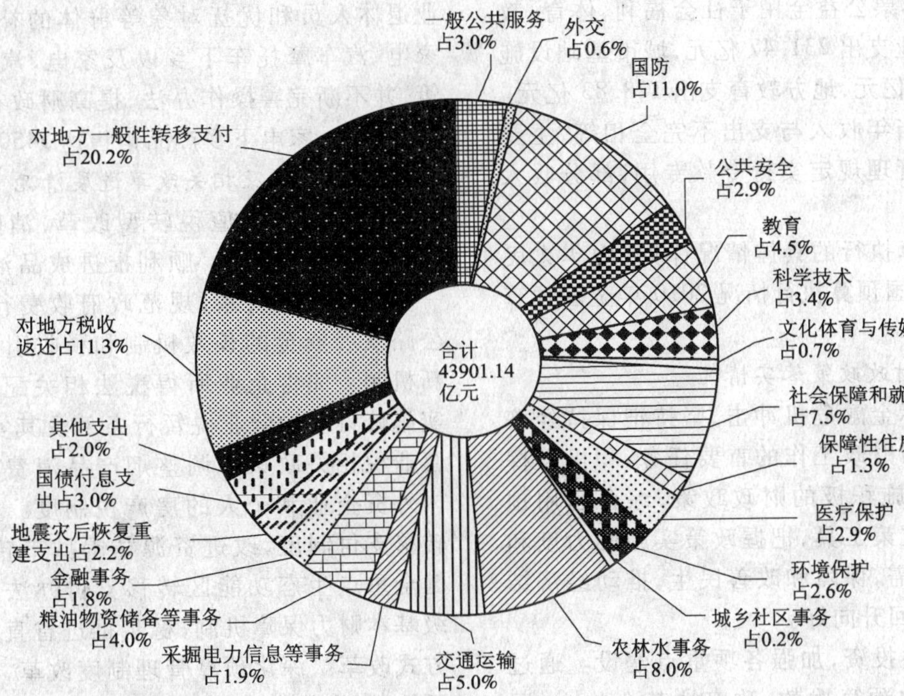

汇总以上各项支出，2009 年中央财政用在与人民群众生活直接相关的教育、医疗卫生、社会保障和就业、保障性住房、文化方面的民生支出合计 7426.48 亿元，增长 31.8%。如包括环境保护、交通运输等方面涉及民生的支出，中央财政实际用于民生的投入还要更大一些。中央财政用于“三农”的支出合计 7253.1 亿元，增长 21.8%。其中：支持农业生产支出 2679.2 亿元，对农民的四项补贴（粮食直补、农资综合补贴、良种补贴、农机具购置补贴）支出 1274.5 亿元，促进农村教育、卫生等社会事业发展支出 2723.2 亿元，农产品储备费用和利息等支出 576.2 亿元。地方对中央税收返还和一般性转移支付的安排，也有很大部分用于民生和“三农”支出。

（三）政府性基金收支情况

2009 年全国政府性基金收入 18335.04 亿元，全国政府性基金支出 16118.79 亿元。其中：

中央政府性基金收入 2507.67 亿元，完成预算的 108.8%，增加 0.82 亿元，超预算主要是新增建设用地有偿使用费、彩票公益金等收入超收较多。其中：三峡工程建设基金收入 195.98 亿元，铁路建设基金收入 544.11 亿元，民航机场管理建设费收入 114.99 亿元，港口建设费收入 105.55 亿元，新增建设用地有偿使用费收入 274.94 亿元，大中型水库移民后期扶持基金收入 158.82 亿元，彩票公益金收入 201.17 亿元等。加上 2008 年结转收入 574.58 亿元，使用的收入总量 3082.25 亿元。中央政府性基金支出 2426.54 亿元，完成预算的 84.2%，下降 3.2%，主要是部分新增建设用地有偿使用费、大中型水库移民后期扶持基金结转下年使用。其中：三峡工程建设支出 199.23 亿元，铁路建设支出 544.11 亿元，民航机场管理建设支出 110.14 亿元，港口建设支出 102.2 亿元，新增建设用地相关支出 198.11 亿元，大中型水库移民后期扶持支出 151.14 亿元，彩票公益金用于社会福利、体育、教育等社会公益事业支出 207.9 亿元等。中央政府性基金结转下年支出 655.71 亿元。（见附表七、附表八）

地方政府性基金本级收入 15827.37 亿元。其中：国有土地使用权出让收入（包括国有土地使用权出让金收入、国有土地收益基金收入、农业土地开发资金收入和新增建设用地有偿使用费收入）13964.76 亿元，彩票公益金收入 211.75 亿元，城市基础设施配套费收入 336.60 亿元，地方教育附加收入 178.44 亿元。地方政府性基金支出 14291.55 亿元。其中：用国有土地使用权出让收入安排的支出 12327.1 亿元，包括征地拆迁补偿以及补助征地农民支出 5180.58 亿元、土地开发支出 1429.71 亿元、农村基础设施建设支出 433.1 亿元、城市建设支出

3340.99 亿元、土地整理和耕地开发支出 477.56 亿元、土地出让业务支出 86.89 亿元、廉租住房以及破产或改制国有企业土地收入用于职工安置等支出 1378.27 亿元。彩票公益金用于社会福利、体育、教育等社会公益事业支出 231.47 亿元，城市基础设施配套支出 214.69 亿元，地方教育支出 128.83 亿元。

政府性基金当年收入与支出不完全相等，主要原因是根据有关管理规定实行专款专用，部分收入结转下年使用。

以上有关预算执行的具体情况详见《中华人民共和国 2009 年全国预算执行情况 2010 年全国预算（草案）》。

（四）积极的财政政策落实情况

努力应对国际金融危机冲击，坚持把保持经济平稳较快发展作为财政工作的首要任务，积极发挥财政职能作用，实施积极的财政政策，综合运用预算、国债、税收等政策工具，把握政策实施的力度和节奏，着力扩大内需，保障和改善民生，推动经济结构调整，促进经济回升向好。

增加政府公共投资，加强各项重点建设。通过统筹使用公共财政预算拨款、政府性基金收入、国有资本经营收益等，中央政府公共投资支出 9243 亿元，完成预算的 101.8%，比上年预算增加 5038 亿元。其中：农业基础设施及农村民生工程投资 2567 亿元，教育卫生等社会事业建设投资 965 亿元，保障性住房建设投资 551 亿元，节能减排和生态建设投资 777 亿元，自主创新、技术改造及服务业投资 681 亿元，重点基础设施建设投资 2151 亿元，地震灾后恢复重建资金 1305 亿元（见附表九）。加强对中央投资的统一领导和督促检查，确保资金按规定有效使用。发行 2000 亿元地方政府债券，保障地方政府的配套资金需要。这些投资增加了即期需求，带动了民间投资和消费，加强了经济社会发展的薄弱环节。

优化税制，实行结构性减税。在全国范围内实施消费型增值税，调整增值税小规模纳税人的划分标准，并降低征收率，促进企业增加自主创新和技术改造投入。实施成品油税费改革，公平税费负担，推动节能减排。对 1.6 升及以下排量乘用车暂减按 5% 征收车辆购置税。4 次提高纺织、服装、石化、电子信息等产品的出口退税率，多次调整部分商品进出口关税政策。取消和停征 100 项行政事业性收费。继续实施原有的税费减免政策。上述各项税费减免政策减轻企业和居民负担约 5000 亿元，促进了企业扩大投资，拉动了居民消费。

增加城乡居民收入，增强居民消费能力。进一步加大对农民的补贴力度，较大幅度提高粮食最低收购价格，促进农民增收。提高城乡低保对象、企业退休人员和优抚对象等群体的补助水平。实施家电、汽车摩托车下乡以及家电、汽车以旧换新政策，并不断完善操作办法，提高财政补贴使用效益。初步统计，家电下乡产品销售达 3450 万台。

（五）财税及相关改革进展情况

全面实施增值税转型改革，消除重复征税因素，优化税收制度。顺利推进成品油税费改革，进一步理顺税费关系，规范政府收费行为，建立筹集公路发展资金的长效机制和税收引导能源消费的新机制。完善企业所得税法相关配套政策。全面实施修订后的营业税暂行条例及其实施细则，健全营业税相关政策。调整烟产品消费税政策。统一内外资企业和个人的房产税制度。完善民族地区转移支付制度，改进资源枯竭城市转移支付办法，健全重点生态功能区转移支付办法。探索建立县级基本财力保障机制，稳步推进省直管县财政管理方式改革。深化预算管理制度改革，继续推进部门预算、国库集中收付和政府采购制度改革。集体林权制度改革全面推开。支持 14 个试点省份偿还农村义务教育"普九"债务 493 亿元。村级公益事业建设一事一议财政奖补试点范围扩大到 17 个省份，带动村级公益事业建设总投入 600 多亿元，2.6 亿农民受益。

（六）落实全国人大预算决议有关情况

按照十一届全国人大二次会议有关决议，以及十一届全国人大财政经济委员会的审查意见，认真执行税费改革政策，加强收入征管；落实惠农政策，用好支农资金；着力保障和改善民生；提高政府投资效益；推进公共财政体制改革。加强财政科学化精细化管理。预算法修订取得重要进展，彩票管理条例颁布实施，财政法制建设不断推进。研究建立完整的政府预算体系，进一步健全政府性基金预算管理制度和国有资本经营预算制度，启动试编社会保险基金预算。预算支出执行进度加快，预算执行的均衡性和效率逐步提高。实施新增资产配置预算专项审核，推进资产管理与预算管理有机结合。中央部门预算支出绩效评价试点，从 2008 年的 74 个部门 108 个项目扩大到 94 个部门 167 个项目。建立健全收费基金管理制度和政策，将全国性及中央部门和单位行政事业性收费纳入预算管理，全面推进非税收入收缴管理改革。继续完善基本支出定员定额标准体系，扎实推进实物费用定额试点，加快项目支出定额标准体系建设。开展项目清理工作,加强项目库建设。强化基层财政建设,保障各项民生政策的有效落实。加大财政监督检查力度,重点加强扩大内需促进经济增长政策落实和资金监管工作,督促地方加快中央政府公共投资预算执行进度,确保财政资金安全有效。继续推进财政信息化建设和会计等基础管理工作。财政政务公开力度进一步加大,及时性和透明度逐步提高。密切监控地方融资平台公司债务情况,研究提出切实防范地方政府性债务风险的政策措施。“小金库”专项治理取得阶段性成果。

2009年预算执行等财政工作取得新进展,这是党中央、国务院科学决策、坚强领导的结果,是全国人大、政协监督指导、大力支持的结果,是各地区、各部门密切配合、共同努力的结果。同时,我们也清醒地认识到,在财政运行和管理工作中还存在一些突出问题:财政收入增长结构不够协调,对民生的保障力度还需加大;部门预算制度尚不完善,预算支出执行进度不够均衡;地方政府性债务不断积累,财政风险不容忽视;转移支付制度还不够规范,省以下财政体制需进一步健全,一些地区的基层财政比较困难;财政管理仍比较薄弱,资金使用效益亟待提高。我们将高度重视这些问题,继续采取有效措施,努力加以解决。

二、2010年中央和地方预算草案

今年是继续应对国际金融危机、保持经济平稳较快发展、加快转变发展方式的关键一年,也是全面实现“十一五”规划目标、为“十二五”发展打好基础的重要一年。

(一)当前我国财政形势

总体上看,2010年财政面临的环境好于上年,但形势仍极其复杂。收入方面,宏观经济形势和企业经营状况好转,价格水平回升,将有利于财政收入增长。但执行结构性减税政策以及上年提高部分产品出口退税率等因素,将影响财政收入增长。外贸进出口短期内难以恢复到危机前的水平,进出口环节税收增加不多。部分行业企业效益较低,企业所得税增长困难。上年一些特殊增收措施也将影响今年财政收入增长。支出方面,在建项目需要继续投入大量资金。增加低收入群体收入,加强“三农”、教育、科技、社会保障和就业、医疗卫生、保障性住房、节能减排等经济社会发展关键环节,以及对民族地区、边疆地区的支持,需要进一步加大财政投入,且基数大、刚性强。支持地震灾后恢复重建,开展新型农村社会养老保险试点,推进医药卫生体制等各项改革,也需要增加大量财政投入。因此,2010年仍是财政非常困难的一年。

对此,我们既要充分看到有利条件和积极因素,增强信心,又要充分估计各种困难和挑战,防止盲目乐观。要增强忧患意识和风险意识,更加周密地做好应对各种风险和挑战的准备,牢牢把握工作的主动权。

(二)财政预算编制和财政工作总体要求

按照中央提出的正确处理保持经济平稳较快发展、调整经济结构和管理好通胀预期的关系,保持宏观经济政策的连续性和稳定性,并根据新形势新情况着力提高政策的针对性和灵活性的要求,2010年财政预算编制和财政工作的指导思想是:认真贯彻党的十七大、十七届三中、四中全会以及中央经济工作会议精神,以邓小平理论和“三个代表”重要思想为指导,深入贯彻落实科学发展观,继续实施积极的财政政策,着力调整国民收入分配格局,推进财税制度改革,优化财政支出结构,加大对“三农”、教育、科技、医疗卫生、社会保障、保障性住房、节能减排以及欠发达地区的支持力度,促进经济增长、结构调整、地区协调和城乡统筹发展,切实保障和改善民生。坚持依法理财和统筹兼顾、增收节支的方针,加强财政科学管理,从严控制一般性支出,提高财政资金使用效益,促进经济平稳较快发展。

根据这一指导思想,2010年财政工作将更加注重推进结构调整,切实提高经济发展的质量和效益;更加注重扩大内需特别是消费需求,切实保持经济平稳较快增长;更加注重保障和改善民生,切实推动经济社会协调发展;更加注重深化财税改革,切实增强经济财政发展的内在动力和活力;更加注重加强财政科学化精细化管理,切实提高财政资金绩效。继续实施积极的财政政策,主要体现在以下几个方面:

一是提高城乡居民收入,扩大居民消费需求。促进调整国民收入分配格局,增加财政补助规模,提高居民特别是中低收入者消费能力,完善引导消费的财税政策,增强消费对经济增长的拉动作用。进一步增加农民补贴,提高主要粮食品种最低收购价水平,增加农民收入。提高城乡居民最低生活保障标准,增加企业退休人员基本养老金,提高优抚对象等人员抚恤补贴和生活补助标准。努力扩大就业,支持落实最低工资制度,提高低收入者劳动报酬。在义务教育学校、公共卫生和基层医疗卫生事业单位实施绩效工资。健全家电、汽车摩托车下乡和家电、汽车以旧换新政策，引导居民消费。

二是安排使用好政府公共投资，着力优化投资结构。重点支持保障性住房、农村基础设施、教育和医疗卫生等社会事业、节能环保和生态建设，以及自主创新、结构调整等领域和欠发达地区。资金安排主要用于项目续建和收尾，避免"半拉子工程"，严格控制新上项目，防止重复建设。支持地震灾区恢复重建。扩大政府公共投资"以奖代补"范围，带动社会投资。

三是落实结构性减税政策，引导企业投资和居民消费。巩固增值税转型以及成品油税费改革成果。对部分小型微利企业实施所得税优惠政策。对 1.6 升及以下排量乘用车暂减按 7.5% 征收车辆购置税。继续落实各项税费减免政策，研究清理到期的税收减免政策。严格行政事业性收费和政府性基金项目的审批管理。

四是优化财政支出结构，保障和改善民生。坚持统筹兼顾、有保有压、突出重点的原则，向社会主义新农村建设倾斜，向社会事业发展的薄弱环节倾斜，向困难地区、基层和群众倾斜。加大公共服务领域的投入，增加对"三农"、科技、教育、医疗卫生、社会保障、保障性住房、节能环保等方面的支出，促进民生改善和社会事业发展。控制出国（境）经费、车辆购置及运行费、公务接待费，大力压缩公用经费等一般性支出，降低行政成本。

五是大力支持区域协调发展和经济结构调整，推动经济发展方式转变。增加中央对地方转移支付，加大对革命老区、民族地区、边疆地区、贫困地区的支持，研究制定进一步支持西部大开发的财税政策，推动全面振兴东北地区等老工业基地，大力促进中部地区崛起，积极支持东部地区率先发展。加大对科技创新的支持，促进重点行业企业提高自主创新能力。增加中小企业特别是小企业发展专项资金，推动技术创新、结构调整、扩大就业。大力推进节能减排、淘汰落后产能，支持战略性新兴产业发展。改革资源税制度，全面推进矿产资源有偿使用制度改革，健全排污权有偿取得和交易制度，扩大排污权交易试点，促进资源节约和环境保护。

2010 年预算收支和财政赤字安排情况。根据中央经济工作会议确定的 2010 年经济发展预期指标和继续实施积极的财政政策的要求，对各项收支进行分项目测算，2010 年公共财政预算主要指标拟安排如下：

中央财政收入 38060 亿元，比 2009 年执行数（下同）增加 2163.86 亿元，增长 6%。从中央预算稳定调节基金中调入 100 亿元。合计收入为 38160 亿元。中央财政支出 46660 亿元，增加 2758.86 亿元，增长 6.3%。其中，中央本级支出 16049 亿元，增加 769.16 亿元，增长 5%；中央对地方税收返还和转移支付 30611 亿元，增加 1989.7 亿元，增长 7%。中央财政收支相抵，赤字 8500 亿元，增加 1000 亿元。相应增加国债发行规模，中央财政国债余额限额 71208.35 亿元。

图五:2010 年中央财政预算平衡关系

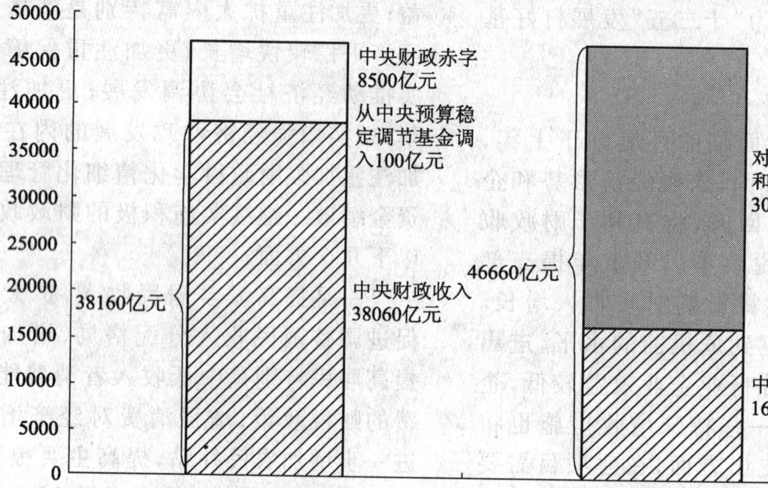

地方本级收入 35870 亿元，增长 10.1%，加上中央对地方税收返还和转移支付收入 30611 亿元，地方财政收入合计 66481 亿元，增加 5278.96 亿元，增长 8.6%。地方财政支出 68481 亿元，增加

7887.2亿元,增长13%。地方财政收支相抵,差额2000亿元,国务院同意由财政部代理地方发行债券弥补,并列入省级预算管理。汇总中央预算和地方预算安排,全国财政收入73930亿元,增长8%,加上从中央预算稳定调节基金调入100亿元,可安排的收入为74030亿元;全国财政支出84530亿元,增长11.4%。全国财政收支差额10500亿元。(见附表十、附表十一)

2010年全国财政收支差额预计占GDP的2.8%,与上年基本持平。主要考虑:我国经济虽呈现回升向好势头,但基础还不稳固,需要保持财政政策的连续性、稳定性。财政收入增长较低,支出压力又很大,财政收支矛盾突出,2010年财政赤字仍需保持适度规模。同时,促进财政可持续发展,积极防范财政风险,为以后年度逐步缩减赤字留有余地,要将赤字率控制在3%以内。

中央预算稳定调节基金情况。2009年底余额为119亿元,2010年预算调入使用100亿元,剩余19亿元。

(三)中央财政主要收入项目安排情况

国内增值税15350亿元,增加1434.01亿元,增长10.3%。主要依据2010年GDP增长8%左右、规模以上工业增加值增长11%左右,以及价格水平变化等因素进行测算。

国内消费税5241亿元,增加481.88亿元,增长10.1%。主要依据烟、酒、成品油、汽车等商品预计销售情况,以及提高烟产品消费税税率翘尾增收进行测算。

关税和进口货物增值税、消费税9650亿元,增加437.28亿元,增长4.7%。其中:关税1580亿元,增长6.5%;进口货物增值税、消费税8070亿元,增长4.4%。

企业所得税8061亿元,增加442.18亿元,增长5.8%。主要考虑企业利润情况,以及从2010年起对部分小型微利企业实施所得税优惠政策等因素。

个人所得税2542亿元,增加175.28亿元,增长7.4%。

证券交易印花税516亿元,增加20.96亿元,增长4.2%。

出口退税7070亿元,增加583.44亿元,增长9%,相应冲减财政收入。主要依据一般贸易出口预计增长情况,以及2009年多次提高部分产品出口退税率翘尾导致2010年出口退税增加等因素进行测算。

车辆购置税1338亿元,增加174.83亿元,增长15%。主要依据汽车预计销售增长情况,以及1.6升及以下排量乘用车减按7.5%征收车辆购置税进行测算。

非税收入2077亿元(含从中央国有资本经营预算调入10亿元),减少459.66亿元,下降18.1%。主要是2009年清缴以前年度企业欠缴石油特别收益金415亿元,今年相应减少。(见附表十二)

图六:2010年中央财政收入结构

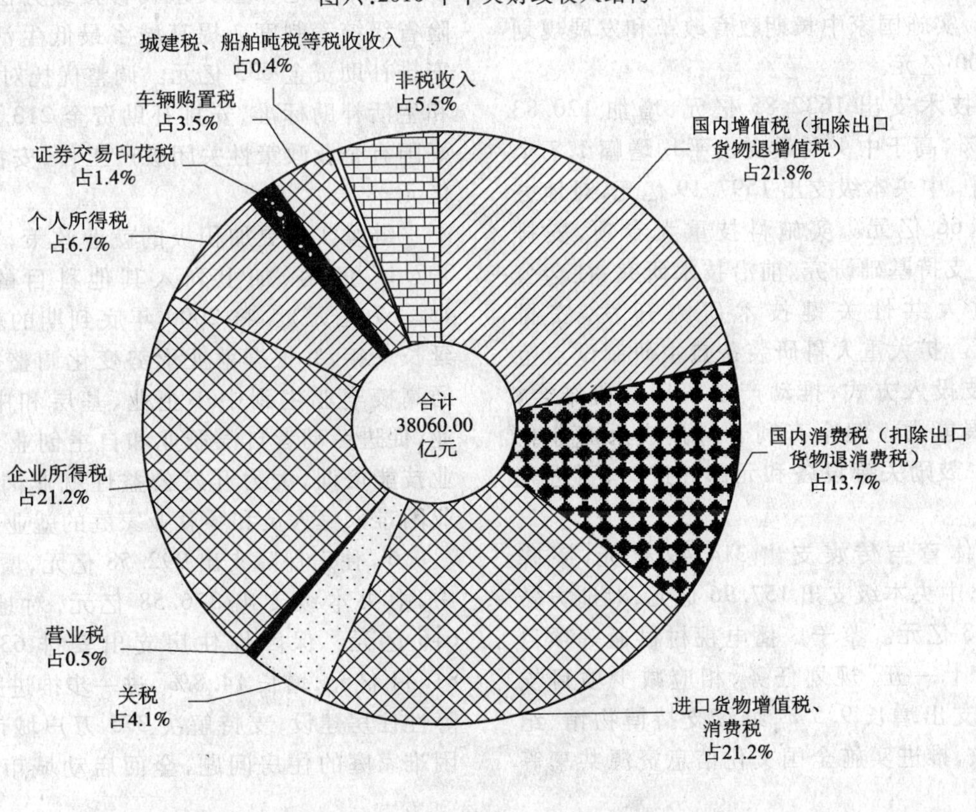

（四）中央财政主要支出项目安排情况

2010年中央财政可用收入增加较少，中央财政支出比上年增长6.3%。在支出安排中，严格控制一般性支出，降低行政性支出，优先保障农业、教育、社会保障和就业、保障性住房等重点支出。为便于人大代表审议，更好地反映财政支出情况，对2010年政府支出科目又进行了一些调整细化。中央主要支出项目（包括中央本级支出和中央对地方转移支付）拟安排情况是（见附表十三）：

1. 教育支出2159.9亿元，增加178.51亿元，增长9%，高于中央财政支出平均增幅2.7个百分点。其中，中央本级支出610.35亿元，对地方转移支付1549.55亿元。进一步完善农村义务教育经费保障机制，落实免除城市义务教育阶段学生学杂费政策，解决进城务工人员子女平等接受义务教育问题，共安排731.5亿元。对农村义务教育学校实行绩效工资，安排补助197.8亿元。实施中等职业学校农村家庭经济困难学生和涉农专业学生免学费政策，安排补助60亿元。推进中西部地区农村初中校舍改造和全国中小学校舍安全工程，安排补助100亿元。落实家庭经济困难学生奖助学金及国家助学贷款贴息等政策，安排经费226亿元。加强学前教育和特殊教育学校建设。继续推动中央高校减轻债务负担试点工作，并启动新一轮“985工程”建设，安排资金116亿元。支持推进“211工程”、中西部高等教育发展等，提高高等教育质量，安排资金426亿元。实施国家中长期教育改革和发展规划纲要，安排100亿元。

2. 科学技术支出1632.85亿元，增加120.83亿元，增长8%，高于中央财政支出平均增幅1.7个百分点。其中，中央本级支出1597.19亿元，对地方转移支付35.66亿元。实施科技重大专项，安排301.9亿元。支持基础研究、前沿技术研究、社会公益研究和重大共性关键技术研究开发，安排1101.16亿元。扩大重大科研装备自主研制试点范围。创新科技投入方式，推动产学研用有机结合，提高科技发展能力。健全有利于科技成果产业化的分配制度。鼓励关键设备和元部件进口，引进先进技术。

3. 文化体育与传媒支出314.49亿元，下降1.9%。其中，中央本级支出157.96亿元，对地方转移支付156.53亿元。鉴于广播电视村村通等项目已基本完成“十一五”规划任务，相应减少项目支出；其他方面支出增长9.5%，继续支持博物馆、纪念馆免费开放，推进实施全国文化信息资源共享等重点文化工程，加强文化遗产保护，强化新闻媒体传播能力建设，加大文化产业发展的扶持力度，积极支持文化体制改革，重点推进中央各部门（单位）148家经营性出版社转企改制。

4. 医疗卫生支出1389.18亿元，增加112.04亿元，增长8.8%，高于中央财政支出平均增幅2.5个百分点。其中，中央本级支出43.31亿元，对地方转移支付1345.87亿元。支持医药卫生体制改革，安排1268.2亿元。进一步提高新型农村合作医疗和城镇居民基本医疗保险参保率，并将财政补助标准由上年的每人每年80元提高到120元。加大城乡医疗救助力度。健全城乡基本公共卫生服务经费保障机制，继续实施重大公共卫生服务项目。支持60%的基层医疗卫生机构实施基本药物制度。推进公立医院改革试点，健全基层医疗卫生服务体系。促进中医药事业发展。

5. 社会保障和就业支出3582.25亿元，增加285.59亿元，增长8.7%，高于中央财政支出平均增幅2.4个百分点。其中，中央本级支出307.97亿元，对地方转移支付3274.28亿元。安排社会保障支出3185.08亿元，增加279.33亿元，增长9.6%。安排补助资金70亿元，开展新型农村社会养老保险试点，稳步推进事业单位养老保险改革试点。对企业养老保险基金共安排补助资金1561亿元，提高企业退休人员基本养老金水平，实施全国统一的企业职工基本养老保险关系转移接续办法，巩固养老保险省级统筹制度。提高城乡最低生活保障标准，共安排补助资金633亿元。调整优抚对象等人员抚恤和生活补助标准，安排补助资金213亿元。继续做好国有企业政策性关闭破产工作，安排补助资金80亿元。

继续实施更加积极的就业政策，安排就业资金397.17亿元（加上列入其他科目的就业资金为432.67亿元）。将2009年底到期的就业扶持政策延长一年，并根据就业形势变化调整完善。鼓励普通高校毕业生到中小企业、基层和中西部地区就业，促进劳动者自谋职业和自主创业。支持开展职业技能培训，大力开发公益性就业岗位，加大对就业困难家庭人员和零就业家庭的就业援助力度。

6. 住房保障支出992.58亿元，增长1.4%。其中，中央本级支出376.58亿元，对地方转移支付616亿元。保障性住房支出安排632亿元，增加81.44亿元，增长14.8%，进一步推进廉租住房等保障性住房建设，支持解决375万户城市低收入住房困难家庭的住房问题，全面启动城市、林区、垦区、煤矿等棚户区改造，实施农村危房改造试点和少数民族地区游牧民定居工程；住房改革支出安排360.58亿元，减少68.18亿元，主要是军队转业及离退休干部享受住房补贴的人数减少，相应减少了支出。

7. 农林水事务支出3778.94亿元，增加267.7亿元，增长7.6%，高于中央财政支出平均增幅1.3个百分点。其中，中央本级支出321.95亿元，对地方转移支付3456.99亿元。农资综合补贴安排835亿元。农作物良种补贴安排204亿元，启动青稞良种补贴，推进花生良种补贴试点并逐步完善实施办法。健全农机具购置补贴制度，增加补贴规模，扩大补贴种类，安排144.9亿元。推动现代农业建设和优势特色产业发展，安排资金80亿元。支持实施全国新增千亿斤粮食生产能力建设规划。以粮食主产区为重点，改造中低产田，建设高标准农田，促进农业产业化经营，提高粮食和农业综合生产能力，安排农业综合开发资金190亿元。加强农村扶贫开发，安排资金222.3亿元。实施农作物保险、能繁母猪保险、奶牛保险等保费补贴，安排资金103.2亿元。强化农业基础设施建设，全面完成大中型水库除险加固任务，推进大中型灌区续建配套节水改造以及农村电网改造等，安排资金1150.1亿元。进一步扩大小型农田水利重点县建设和国家水土保持重点建设工程实施范围。继续实施农村沼气等工程。支持解决6000万农村人口的安全饮水问题。完善村级组织运转经费保障机制，全面清理化解农村义务教育债务，健全村级公益事业建设一事一议财政奖补制度。

8. 国土气象等事务支出336.25亿元，增加91.87亿元，增长37.6%。主要是探矿权采矿权使用费及矿产资源补偿费收入增加较多，按有关规定专项用于矿产资源开发与利用、矿山地质环境治理等。其中，中央本级支出131.32亿元，对地方转移支付204.93亿元。

9. 环境保护支出1412.88亿元，增加261.08亿元，增长22.7%。其中，中央本级支出55.26亿元，对地方转移支付1357.62亿元。促进开发低碳技术，大力支持节能技术改造、淘汰落后产能、建筑节能、新能源汽车等，将节能产品惠民工程实施范围扩大到高效节能空调、高效电机等产品，加强重金属污染治理、重点流域水污染防治，支持环境监管能力建设，推进城镇污水、垃圾处理设施配套管网及重大减排工程，促进农村环境综合整治和生态示范创建，安排节能减排资金833亿元。支持实施金太阳工程等，推动发展可再生能源，安排109亿元。加强林业重点工程和草原生态建设，巩固退耕还林成果，安排资金365.26亿元。鼓励重要能源、资源、原材料进口，严格控制“两高一资”产品出口。支持实施《应对气候变化国家方案》。

10. 交通运输支出2119.19亿元，下降2.7%，主要是铁路、高速公路、机场建设资金减少。其中，中央本级支出1288.74亿元，对地方转移支付830.45亿元。推进农村公路、国省干线等公共交通基础设施建设，计划新建、改造30万公里农村公路，安排资金1323亿元，增加175亿元。继续对城市公交等部分公益性行业给予油价补贴。支持取消政府还贷二级公路收费，安排补助地方260亿元。铁路、高速公路、机场等项目建设安排125亿元，减少140.6亿元。

11. 资源勘探电力信息等事务支出696.12亿元，下降18.2%，主要是用电力资产出售变现收入安排的支出减少。其中，中央本级支出432.44亿元，对地方转移支付263.68亿元。推进资源勘探电力信息等基础设施建设，安排资金428亿元。安排专项资金93.7亿元（加上列在其他科目的中小企业发展专项资金为105.7亿元），促进各类中小企业发展。鼓励使用国产首台（套）重大技术装备。

12. 粮油物资储备管理等事务支出1078.41亿元，下降4.4%，主要是推迟消化粮食政策性财务挂账。其中，中央本级支出781.61亿元，对地方转移支付296.8亿元。完善粮食风险基金政策，继续加大中央财政补助力度，安排粮食风险基金236亿元。支持提高稻谷、小麦最低收购价，安排补贴资金100亿元。增加粮油以及石油、有色金属等重要物资储备，安排利息和费用补贴657.1亿元。

13. 商业服务业等事务支出852.58亿元，增加234.55亿元，增长38%，主要是为进一步扩大居民消费，增加了补贴支出。其中，中央本级支出201.92亿元，对地方转移支付650.66亿元。将补贴对象扩大到国有农（林）场职工，安排家电下乡补贴资金152亿元。继续实施汽车摩托车下乡政策，安排补贴资金135亿元。落实家电、汽车以旧换新政策，安排补贴资金103亿元。安排国家储备棉、肉等补贴134.57亿元。推进新农村现代流通服务网络工程建设，支持商贸流通服务业发展，安排资金81亿元。

14. 地震灾后恢复重建支出780.01亿元。其中，中央本级支出42.93亿元，对地方转移支付737.08亿元。此外，中央国有资本经营预算安排20

亿元，车辆购置税专项收入安排100亿元，彩票公益金安排54.42亿元，中央分成的新增建设用地有偿使用费安排20亿元，用于地震灾区恢复重建。以上合计，中央财政地震灾后恢复重建基金安排974.43亿元，用于基础设施、产业重建、生态环境、防灾减灾等方面。加上2008年安排的740亿元和2009年安排的1304.51亿元，合计3018.94亿元，可以实现中央财政对地震灾后恢复重建投入的规划目标。

15. 国防支出5190.82亿元，增加360.97亿元，增长7.5%。其中，中央本级支出5185.77亿元，对地方转移支付5.05亿元。主要用于支持军队现代化建设。

16. 公共安全支出1390.69亿元，增加103.24亿元，增长8%。其中，中央本级支出816.74亿元，对地方转移支付573.95亿元。继续深化政法经费保障体制改革。支持上海世博会等大型活动安全保卫，加强防灾减灾和灾害应急救援体系建设。

17. 一般公共服务支出1014.95亿元，减少67.3亿元，主要是2009年安排的实施事业单位绩效工资支出结转使用，2010年预算不再安排，以及继续压缩出国（境）经费等一般性支出。其中，中央本级支出857.2亿元，对地方转移支付157.75亿元。

18. 国债付息支出1535.16亿元，增加214.46亿元，增长16.2%。

汇总以上各项支出，2010年中央财政用在与人民群众生活直接相关的教育、医疗卫生、社会保障和就业、保障性住房、文化方面的民生支出安排合计8077.82亿元，增加651.34亿元，增长8.8%。中央财政用于“三农”方面的支出安排合计8183.4亿元，增加930.3亿元，增长12.8%。其中：用于农业生产方面的支出3163.8亿元，对农民的四项补贴（粮食直补、农资综合补贴、良种补贴、农机具购置补贴）支出1334.9亿元，支持农村教育、卫生等社会事业发展方面的支出3108.5亿元，农产品储备费用和利息等支出576.2亿元。地方对中央税收返还和一般性转移支付的安排，大部分也将用于民生和“三农”支出。

汇总公共财政预算安排的资金，加上政府性基金收入、国有资本经营收益用于公共投资的部分，2010年中央政府公共投资安排9927亿元，比2008年预算增加5722亿元。加上2008年第四季度新增的1040亿元和2009年新增的5038亿元，可以实现中央政府新增公共投资1.18万亿元的计划。（见附表十四）

（五）中央对地方税收返还和转移支付支出安排情况

2010年中央对地方税收返还和转移支付30611亿元，增加1989.7亿元，增长7%。其中：税收返还5004.36亿元，增加62.09亿元，增长1.3%。一般性转移支付12295.73亿元，增加975.84亿元，增长8.6%，占转移支付总量的48%。专项转移支付13310.91亿元，增加951.77亿元，增长7.7%，占转移支付总量的52%，所占比重较大，主要是继续实施积极的财政政策，扩大内需的大部分支出，通过专项转移支付补助给地方。在一般性转移支付中，均衡性转移支付安排4168亿元，增加250亿元，主要用于增强中西部地区以及三江源等生态功能区的财政保障能力。民族地区转移支付安排330亿元，增加54.12亿元，大力支持西藏、新疆等少数民族地区经济社会发展。帮助资源枯竭城市化解历史遗留的社会负担，安排转移支付75亿元，增加25亿元。支持地方建立县级基本财力保障机制，增强基层政府基本公共服务保障能力，安排资金660亿元，增加112.21亿元。成品油税费改革转移支付安排108亿元，加强交通基础设施养护和建设。（见附表十五）

（六）其他政府预算收支安排情况

从2010年开始，除以上公共财政收支预算外，国务院还向全国人大报告政府性基金预算、中央国有资本经营预算，并试编社会保险基金预算，为今后报全国人大审批社会保障预算奠定基础。公共财政预算、国有资本经营预算、政府性基金预算和社会保障预算，将形成有机衔接、更加完整的政府预算体系。

1. 政府性基金预算收支安排。2010年中央政府性基金预算收入2554.49亿元，增加46.82亿元，增长1.9%。其中：三峡工程建设基金收入10亿元，铁路建设基金收入582亿元，港口建设费收入100亿元，民航机场管理建设费收入121亿元，彩票公益金收入204.69亿元，大中型水库移民后期扶持基金收入150亿元等。加上上年结转收入655.71亿元，可安排的中央政府性基金收入总量为3210.2亿元。中央政府性基金预算支出3210.2亿元，增加783.66亿元，增长32.3%。其中：中央本级支出2050.12亿元，增加222.88亿元，增长12.2%，包括三峡工程建设支出27.9亿元，铁路建设支出582亿元，港口建设支出48.2亿元，民航机场管理建设支出70.31亿元，彩票公益金用于社会福利、体育、教育等社会事业支出167.94亿元等；对地方转移支付1160.08亿元，增加560.78亿元，增长93.6%。

图七：2010年中央财政支出结构

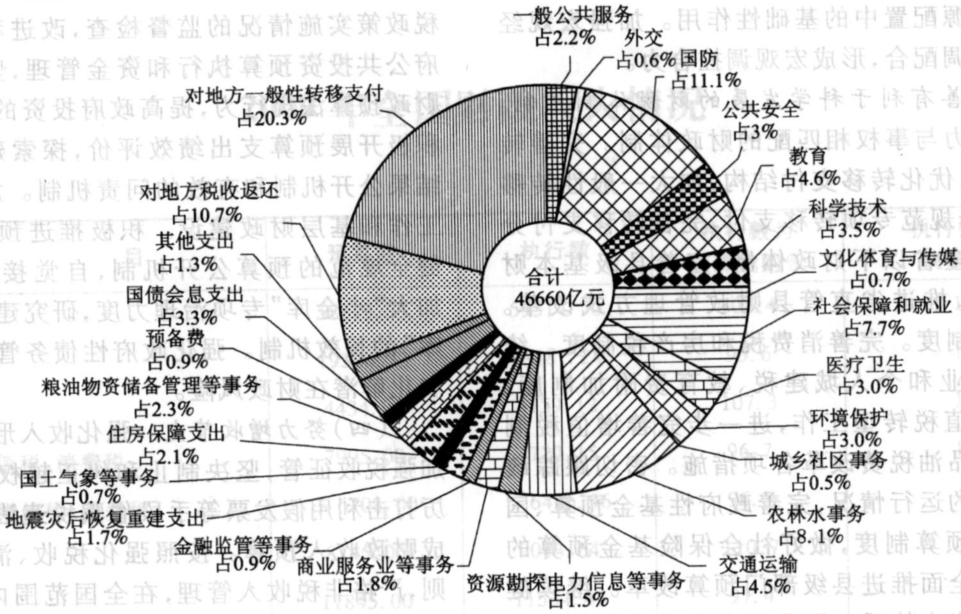

地方政府性基金本级收入16150亿元，增加322.63亿元，增长2%。其中：国有土地使用权出让收入（包括国有土地使用权出让金收入、国有土地收益基金收入、农业土地开发资金收入和新增建设用地有偿使用费收入）13655.17亿元，城市基础设施配套费收入340亿元，彩票公益金收入215亿元，地方教育附加收入180亿元。加上中央转移支付1160.08亿元，地方政府性基金收入为17310.08亿元。地方政府性基金支出17310.08亿元，增加3018.53亿元，增长21.1%。其中：用国有土地使用权出让收入安排的征地拆迁补偿、土地开发等支出14214.12亿元，彩票公益金用于社会福利、体育、教育等社会事业支出316.15亿元，城市基础设施配套支出340亿元，地方教育支出180亿元。地方政府性基金收支预算，由各级政府报同级人大审查批准。

汇总中央和地方政府性基金收支，全国政府性基金收入18704.49亿元，增加369.45亿元，增长2%，加上中央政府性基金上年结转收入655.71亿元，可安排的全国政府性基金收入总量为19360.2亿元；全国政府性基金支出19360.2亿元，增加3241.41亿元，增长20.1%。

2. 中央国有资本经营预算收支安排。2010年中央国有资本经营预算编制范围，包括国务院国有资产监督管理委员会监管企业、中国烟草总公司、中国邮政集团公司，以后还将逐步扩大。预计收取中央企业国有资本收益421亿元，增加32.26亿元，增长8.3%。加上上年结转收入19亿元，可安排的预算收入440亿元。中央国有资本经营预算支出440亿元，其中：汶川地震灾后恢复重建资金20亿元，国有经济和产业结构调整支出183亿元，中央企业改革脱困补助支出120亿元，中央企业重大科技创新支出32亿元，中央企业重大节能减排支出30亿元，中央企业境外投资支出30亿元，中央企业社会保障等支出5亿元，调入公共财政预算用于社会保障等民生支出10亿元，预留资金10亿元。

以上有关预算安排的具体情况详见《中华人民共和国2009年全国预算执行情况2010年全国预算（草案）》。

此外，国务院决定从2010年起试编全国社会保险基金预算，先将企业职工基本养老、失业、城镇职工基本医疗、工伤、生育等五项社会保险基金，纳入预算编制范围。根据国家法律法规建立的其他社会保险基金，也将积极创造条件，逐步纳入社会保险基金预算管理。待条件成熟时，全国社会保险基金预算将由国务院向全国人大报告。

三、依法理财，科学管理，确保完成2010年预算

（一）扎实实施积极的财政政策。认真落实各项财政政策措施，密切跟踪政策的实施情况，根据国内外经济形势的发展变化，把握好政策实施的重点、力度和节奏，及时完善相关政策措施。注重运用财政资金和政策引导民间投资和消费，调动

附表二：

2009 年全国财政支出情况

单位：亿元

项　　目	预算数	执行数	执行数为预算数的%	执行数为上年决算数的%
一般公共服务	9317.79	9158.22	98.3	110.5
外交	270.64	250.97	92.7	104.3
国防	4806.86	4949.99	103.0	118.4
公共安全	4870.19	4720.66	96.9	116.3
教育	10946.63	10370.40	94.7	115.1
科学技术	2647.83	2709.82	102.3	127.3
文化体育与传媒	1248.07	1341.89	107.5	122.5
社会保障和就业	8330.67	7560.96	90.8	111.1
保障性住房	669.38	708.52	105.8	305.8
医疗卫生	3415.61	3902.43	114.3	136.4
环境保护	1745.67	1864.82	106.8	128.5
城乡保护	4712.17	4992.63	106.0	125.0
农林水事务	5776.02	6631.58	114.8	138.9
交通运输	4172.04	4583.40	109.9	171.2
采掘电力信息等事务	2623.41	2850.88	108.7	110.2
粮油物资储备等事务	2509.20	2265.98	90.3	114.0
金融事务	466.19	910.07	195.2	82.7
地震灾后恢复重建支出	1180.00	1170.85	99.2	146.7
国债付息支出	1510.52	1492.98	98.8	106.4
预备费	1040.00			
其他支出	3976.11	3436.59	86.4	116.9
全国财政支出	**76235.00**	**75873.64**	**99.5**	**121.2**
地方财政结转下年支出		**2608.24**		**180.4**

注："金融事务"执行数为预算数的 195.2%，主要是执行中增加了改制银行共管基金支出。

附表三：

2009 年中央财政收入情况

单位：亿元

项　　　　目	预算数	执行数	执行数为预算数的%	执行数为上年决算数的%
一、税收收入	33807.00	33359.48	98.7	107.7
国内增值税	14563.00	13915.99	95.6	103.1
国内消费税	4434.00	4759.12	107.3	185.3
进口货物增值税、消费税	7995.00	7729.15	96.7	104.6
出口货物退增值税、消费税	-6708.00	-6486.56	96.7	110.6
营业税	245.00	167.11	68.2	72.0
企业所得税	7605.00	7618.82	100.2	106.2
个人所得税	2390.00	2366.72	99.0	105.9
城市维护建设税	147.00	123.52	84.0	1585.6
印花税	245.00	495.04	202.1	52.1
其中：证券交易印花税	245.00	495.04	202.1	52.1
船舶吨税	21.00	23.79	113.3	118.2
车辆购置税	970.00	1163.17	119.9	117.5
关税	1900.00	1483.57	78.1	83.8
其他税收收入		0.04		28.6
二、非税收入	2053.00	2536.66	123.6	148.2
专项收入	277.00	215.44	77.8	107.4
行政事业性收费收入	418.00	354.84	84.9	95.2
罚没收入	33.00	35.01	106.1	110.4
其他收入	1325.00	1931.37	145.8	174.5
中央财政收入	**35860.00**	**35896.14**	**100.1**	**109.8**

附表六：

2009年地震灾后恢复重建基金支出表

单位：亿元

项　　　目	预算数	执行数	执行数为预算数的%
一、上年结转收入	41.30	42.30	102.4
二、收入合计	1300.00	1304.51	100.3
通过一般预算安排	970.00	969.99	100.0
从车辆购置税中调整安排	110.00	110.00	100.0
从彩票公益金中调整安排	50.00	54.52	109.0
从国有资本经营预算调入	140.00	140.00	100.0
从新增建设用地有偿使用费中调整安排	30.00	30.00	100.0
三、支出合计	1341.30	1318.25	98.3
城乡住房	100.00	170.00	170.0
城镇建设	105.00	58.25	55.5
农村建设	86.50	58.87	68.1
公共服务	267.97	357.07	133.2
基础设施	397.70	431.92	108.6
产业重建	138.80	105.72	76.2
防灾减灾	82.79	45.04	54.4
生态环境	61.94	43.71	70.6
精神家园	5.00	0.97	19.4
其他	95.60	46.70	48.8
四、结转下年支出		28.56	

附表七：

2009年中央政府性基金收入情况

单位：亿元

项　　目	2009年预算数		2009年执行数		执行数为预算数的%
	金额	各类收入占本年收入合计%	金额	各类收入占本年收入合计%	
一、三峡工程建设基金	160.00	6.9	195.98	7.8	122.5
二、铁路建设基金	582.00	25.3	544.11	21.7	93.5
三、民航基础设施建设基金	45.80	2.0	49.45	2.0	108.0
四、港口建设费	87.30	3.8	105.55	4.2	120.9
五、民航机场管理建设费	103.70	4.5	114.99	4.6	110.9
六、中央水利建设基金	27.26	1.2	26.65	1.1	97.8
七、中央对外贸易发展基金	5.00	0.2	6.05	0.2	121.0
八、旅游发展基金	4.50	0.2	4.44	0.2	98.7
九、国家茧丝绸发展风险基金	0.03		0.12		0.44
十、文化事业建设费	5.64	0.2	7.11	0.3	126.1
十一、新增建设用地土地有偿使用费	195.00	8.5	274.94	11.0	141.0
十二、煤代油基金	17.00	0.7			
十三、育林基金	0.15				
十四、中央农网还贷资金	65.44	2.8	86.81	3.5	132.7
十五、国家电影事业发展专项资金	2.00	0.1	3.09	0.1	154.5
十六、森林植被恢复费	1.77	0.1	2.57	0.1	145.2
十七、南水北调工程基金	18.00	0.8	19.40	0.8	107.8
十八、大中型水库移民后期扶持基金	136.00	5.9	158.82	6.3	116.8
十九、三峡水库库区基金	6.32	0.3	6.39	0.3	101.1
二十、中央财政外汇经营基金财务收入	682.83	29.6	686.81	27.8	102.0
廿一、彩票公益金	158.00	6.9	201.17	8.0	127.3
廿二、援外合资合作项目基金	1.00		2.93	0.1	293.0
廿三、大中型水库库区基金收入			0.29		
廿四、其他政府性基金					
中央政府性基金收入	**2304.74**	**100.0**	**2507.67**	**100.0**	**108.8**
上年结转收入	**576.18**		**574.58**		**99.7**

附表八：

2009 年中央政府性基金支出情况

单位：亿元

项　　目	2009 年预算数		2009 年执行数		执行数为预算数的%
	金额	各类支出占本年支出合计%	金额	各类支出占本年支出合计%	
一、中央本级支出	2040.12	70.8	1827.24	75.3	89.6
三峡工程建设基金	154.36	5.4	184.50	7.6	119.5
铁路建设基金	582.01	20.2	544.11	22.4	93.5
民航基础设施建设基金	65.85	2.3	61.34	2.5	93.2
港口建设费	78.68	2.7	77.58	3.2	98.6
民航机场管理建设费	64.30	2.2	45.08	1.9	70.1
中央水利建设基余	52.48	1.8	18.19	0.7	34.7
中央对外贸易发展基金	20.80	0.7	5.43	0.2	26.1
旅游发展基金	2.86	0.1	1.66	0.1	58.0
国家茧丝绸发展风险基金	1.23	0.1	1.66	0.1	58.0
文化事业建设费	4.08	0.1	4.10	0.2	100.5
煤代油基金	17.00	0.6			
育林基金	0.16				
中央农网还贷资金	82.55	2.9	82.55	3.4	100.0
国家电影事业发展专项资金	2.47	0.1	2.00	0.1	81.0
森林植被恢复费	0.35		1.09		311.4
南水北调工程基金	18.47	0.6	10.45	0.4	56.6
大中型水库移民后期扶持基金	0.42		0.42		100.0
中央财政外汇经营基金财务支出	682.87	23.7	682.87	28.1	100.0
彩票公益金	197.68	6.9	97.19	4.0	49.2
援外合资合作项目基金	9.91	0.3	3.71	0.2	37.4
其他政府性基金	1.59	0.1	4.20	0.2	264.2
二、对地方转移支付	840.80	29.2	599.30	24.7	71.3
三峡工程建设基金	43.79	1.5	14.73	0.6	33.6
港口建设费	24.67	0.9	24.62	1.0	99.8
民航机场管理建设费	83.72	2.9	65.06	2.7	77.7
中央水利建设基金	3.29	0.1	3.29	0.1	100.0
中央对外贸易发展基金	12.00	0.4	15.47	0.6	128.9
旅游发展基金	4.50	0.2	3.36	0.1	74.7

续表

项目	2009年预算数		2009年执行数		执行数为预算数的%
	金额	各类支出占本年支出合计%	金额	各类支出占本年支出合计%	
国家茧丝绸发展风险基金	0.60		0.49		81.7
文化事业建设费	8.72	0.3	1.44	0.1	16.5
新增建设用地土地有偿使用费	416.64	14.5	198.11	8.2	47.5
森林植被恢复费	1.65	0.1	1.03		62.4
大中型水库移民后期扶持基金	197.37	6.9	150.72	6.2	76.4
三峡水库库区基金	9.15	0.3	5.70	0.2	62.3
彩票公益金	31.45	1.1	110.71	4.6	352.0
援外合资合作项目基金	3.25	0.1	4.57	0.2	140.6
中央政府性基金支出	**2880.92**	**100.0**	**2426.54**	**100.0**	**84.2**
结转下年支出			**655.71**		

附表九：

2009年中央政府公共投资支出情况表

单位：亿元

项目	数额
农业基础设施及农村民生工程	2567
其中：水利工程	379
农村饮水、电网、沼气等	1584
小型农田水利建设	604
保障性住房建设（包括农村危房改造）	551
节能减排和生态建设	777
其中：十大重点节能工程、循环经济发展等	457
城镇污水、垃圾处理设施、污水管网	230
重点流域水污染防治	90
教育卫生等社会事业建设	965
地震灾后恢复重建	1305
自主创新、技术改造及服务业	681
其中：重大科技专项等投资（设备购置）	350
支持企业自主创新和高技术产业化	331
铁路、公路、机场和港口等基础设施建设	2151
其中：铁路	694
公路	1002
机场	217
港口	102
其他社会事业等投资项目	246
合计	**9243**

注：中央政府公共投资9243亿元来源于公共财政预算拨款、政府性基金收入、国有资本经营收益等方面。

附表十：

2010年全国财政收入预算安排

单位：亿元

项　　目	2009年执行数	2010年预算数	预算数为上年执行数的%
一、税收收入	59514.70	65002.34	109.2
国内增值税	18481.24	20466.67	110.7
国内消费税	4759.12	5241.00	110.1
进口货物增值税、消费税	7729.15	8070.00	104.4
出口货物退增值税、消费税	－6486.56	－7070.00	109.0
营业税	9013.64	10040.00	111.4
企业所得税	11534.45	12411.00	107.6
个人所得税	3949.27	4236.67	107.3
资源税	338.24	375.00	110.9
城市维护建设税	1543.64	1710.00	110.8
房产税	803.64	890.00	110.7
印花税	897.83	961.00	107.0
其中：证券交易印花税	510.47	531.96	104.2
城镇土地使用税	920.97	1020.00	110.8
土地增值税	719.43	795.00	110.5
车船税	186.51	205.00	109.9
船舶吨税	23.79	25.00	105.1
车辆购置税	1163.17	1338.00	115.0
关税	1483.57	1580.00	106.5
耕地占用税	632.99	700.00	110.6
契税	1734.99	1920.00	110.7
烟叶税	80.81	88.00	108.9
其他税收收入	4.81		
二、非税收入	8962.18	8927.66	99.6
专项收入	1626.62	1756.00	108.0
行政事业性收费收入	2303.24	2540.00	110.3
罚没收入	972.72	1066.00	109.6
其他收入	4059.60	3565.66	87.8
全国财政收入	**68476.88**	**73930.00**	**108.0**

附表十一：

2010 年全国财政支出预算安排

单位：亿元

项　　目	2009 年执行数	2010 年预算数	预算数为上年执行数的%
一般公共服务	8186.47	8577.22	104.8
外交	250.97	282.76	112.7
国防	4949.99	5321.15	107.5
公共安全	4720.66	5140.07	108.9
教育	10370.40	11856.75	114.3
科学技术	2709.82	3039.52	112.2
文化体育与传媒	1341.89	1456.96	108.6
社会保障和就业	7560.96	8346.29	110.4
医疗卫生	3902.43	4439.31	113.8
环境保护	1864.82	2164.62	116.1
城乡社区事务	4813.40	5250.98	109.1
农林水事务	6631.58	7525.95	113.5
交通运输	4583.40	5356.03	116.9
资源勘探电力信息等事务	2850.88	3006.11	105.4
商业服务业等事务	815.97	1027.92	126.0
金融监管等事务支出	910.07	573.74	63.0
地震灾后恢复重建支出	1170.85	1193.03	101.9
国土气象等事务	971.75	1029.82	106.0
住房保障支出	1773.91	1890.58	106.6
粮油物资储备管理等事务	1450.01	1633.71	112.7
预备费		1492.98	
国债付息支出	1040.00	1728.79	115.8
其他支出	2550.43	2648.69	103.9
全国财政支出	**75873.64**	**84530.00**	**111.4**
地方财政结转下年支出	**2608.24**		

注：由于 2010 年政府支出科目发生变化，为了便于比较，2009 年执行数按 2010 年科目口径进行了调整。主要是：(1)将“一般公共服务”类中的“国土资源事务”、“海洋管理事务”、“测绘事务”、“地震事务”和“气象事务”五个款级科目调出，新增设立“国土气象等事务”类级科目。(2)将“粮油物资储备等事务”类中的“商业流通事务”、“旅游业管理与服务支出”、“涉外发展服务支出”等款级科目调出，新增设立“商业服务业等事务”类级科目。(3)将“其他支出”类中“住房改革支出”款级科目调出，与“保障性住房支出”合并，新增设立“住房保障支出”类级科目。(4)将“采掘电力信息等事务”类级科目更名为“资源勘探电力信息等事务”，将“金融事务”类级科目更名为“金融监管等事务支出”。(5)将“村级公益事业一事一议奖励资金”转列“农林水转移支付”。

附表十二:

2010年中央财政收入预算安排

单位:亿元

项　　目	2009年执行数	2010年预算数	预算数为上年执行数的%
一、税收收入	33359.48	35983.00	107.9
国内增值税	13915.99	15350.00	110.3
国内消费税	4759.12	5241.00	110.1
进口货物增值税、消费税	7729.15	8070.00	104.4
出口货物退增值税消费税	-6486.56	-7070.00	109.0
营业税	167.11	190.00	113.7
企业所得税	7618.82	8061.00	105.8
个人所得税	2366.72	2542.00	107.4
城市维护建设税	123.52	140.00	113.3
印花税	495.04	516.00	104.2
其中:证券交易印花税	495.04	516.00	104.2
船舶吨税	23.79	25.00	105.1
车辆购置税	1163.17	1338.00	115.0
关税	1483.57	1580.00	106.5
其他税收收入	0.04		
二、非税收入	2536.66	2077.00	81.9
专项收入	215.44	216.00	100.3
行政事业性收费收入	354.84	410.00	115.5
罚没收入	35.01	36.00	102.8
其他收入	1931.37	1415.00	73.3
中央财政收入	**35896.14**	**38060.00**	**106.0**

附表十三：

2010年中财政支出预算安排

（含中央本级支出及对地方税收返还和转移支付）

单位：亿元

项目	2009年执行数	2010年预算数	预算数为上年执行数的%
一般公共服务	1082.25	1014.95	93.8
外交	249.76	281.39	112.7
国防	4829.85	5190.82	107.5
公共安全	1287.45	1390.69	108.0
教育	1981.39	2159.90	109.0
科学技术	1512.02	1632.85	108.0
文化体育与传媒	320.73	314.49	98.1
社会保障和就业	3296.66	3582.25	108.7
医疗卫生	1277.14	1389.18	108.8
环境保护	1151.80	1412.88	122.7
城乡社区事务	95.64	227.58	238.0
农林水事务	3511.24	3778.94	107.6
交通运输	2178.71	2119.19	97.3
资源勘探电力信息等事务	851.27	696.12	81.8
商业服务业等事务	618.03	852.58	138.0
金融监管等事务支出	778.04	429.54	55.2
地震灾后恢复重建支出	969.99	780.01	80.4
国土气象等事务	244.38	336.25	137.6
住房保障支出	979.32	992.58	101.4
粮油物资储备管理等事务	1128.59	1078.41	95.6
预备费		400.00	
国债付息支出	1320.70	1535.16	116.2
其他支出	441.17	614.74	139.3
对地方税收返还	4942.27	5004.36	101.3
对地方一般性转移支付	8852.74	9445.14	106.7
中央财政支出	**43901.14**	**46660.00**	**106.3**

注：1. 对地方一般性转移支付只包括不能列入具体支出科目的农村税费改革转移支付、民族地区转移支付等项目，不含义务教育转移支付等可以列入具体支出科目的一般性转移支付项目。

2. 由于2010年政府支出科目发生变化，为了便于比较，2009年执行数按2010年科目口径进行了调整。主要是：(1)将“一般公共服务”类中的“国土资源事务”、“海洋管理事务”、“测绘事务”、“地震事务”和“气象事务”五个款级科目调出，新增设立“国土气象等事务”类级科目。(2)将“将粮油物资储备等事务”类中的“商业流通事务”、“旅游业管理与服务支出”、“涉外发展服务支出”等款级科目调出，新增设立“商业服务业等事务”类级科目。(3)将“其他支出”类中“住房改革支出”款级科目调出，与“保障性住房支出”合并，新增设立“住房保障支出”类级科目。(4)将“采掘电力信息等事务”类级科目更名为“资源勘探电力信息等事务”，将“金融事务”类级科目更名为“金融监管等事务支出”。(5)将“村级公益事业一事一议奖励资金”转列“农林水转移支付”。

附表十四：

2010 年中央政府公共投资安排情况表

单位：亿元

项　　目	数　　额
农业基础设施及农村民生工程	2536
其中：水利工程	321
农村饮水、电网、沼气等	1353
小型农田水利建设	862
保障性住房建设（包括农村危房改造）	632
节能减排和生态建设	980
其中：十大重点节能工程、循环经济发展等	613
城镇污水、垃圾处理设施、污水管网	255
重点流域水污染防治	112
教育卫生等社会事业建设	981
地震灾后恢复重建	974
自主创新、技术改造及服务业	742
其中：重大科技专项等投资（设备购置）	419
支持企业自主创新和高技术产业化	323
铁路、公路、机场和港口等基础设施建设	2597
其中：铁路	682
公路	1311
机场	245
港口	105
其他社会事业等投资项目	485
合　　计	**9927**

注：1. 中央政府公共投资 9927 亿元来源于公共财政预算拨款、政府性基金收入、国有资本经营收益等方面。

2. 铁路、公路、机场和港口等基础设施 2597 亿元，比 2009 年增加 446 亿元。其中，中央政府公共财政基建投资安排的铁路、高速公路、机场等项目建设支出 125 亿元，减少 140.6 亿元；中央政府性基金、车辆购置税等安排的铁路、公路、机场、港口等基础设施建设支出 2472 亿元，比 2009 年增加 586.6 亿元。

附表十五：

2010年中央对地方税收返还和转移支付预算安排情况

单位：亿元

项　　目	2009年执行数	2010年预算数	预算数为上年执行数的%
一、中央对地方转移支付	**23679.03**	**25606.64**	**108.1**
（一）一般性转移支付	11319.89	12295.73	108.6
1. 均衡性转移支付	3918.00	4168.00	106.4
2. 民族地区转移支付	275.88	330.00	119.6
3. 县级基本财力保障机制奖补资金	547.79	660.00	120.5
4. 调整工资转移支付	2362.66	2375.68	100.6
5. 农村税费改革转移支付	769.47	770.22	100.1
6. 资源枯竭城市财力性转移支付	50.00	75.00	150.0
7. 工商部门停征两费转移支付	80.00	80.00	100.0
8. 成品油税费改革转移支付		108.00	
9. 定额补助（原体制补助）	138.14	140.14	101.4
10. 企事业单位划转补助	348.00	353.00	101.4
11. 结算财力补助	362.80	385.10	106.1
12. 一般公共服务转移支付	23.93	32.00	133.7
13. 公共安全转移支付	329.84	352.90	107.0
14. 教育转移支付	893.56	929.29	104.0
15. 社会保障和就业转移支付	1201.82	1439.05	119.7
16. 医疗卫生转移支付	8.00	32.00	400.0
17. 农林水转移支付	10.00	65.35	653.5
（二）专项转移支付	12359.14	13310.91	107.7
一般公共服务	134.14	125.75	93.7
外交	0.01		
国防	4.84	5.05	104.3
公共安全	111.82	221.05	197.7
教育	520.21	620.26	119.2
科学技术	78.17	35.66	45.6
文化体育与传媒	165.98	156.53	94.3
社会保障和就业	1640.48	1835.23	111.9
医疗卫生	1205.64	1313.87	109.0
环境保护	1113.90	1357.62	121.9
城乡社区事务	91.72	225.60	246.0
农林水事务	3182.55	3391.64	106.6
交通运输	1109.53	830.45	74.8
资源勘探电力信息等事务	343.04	263.68	76.9

续表

项　　目	2009年执行数	2010年预算数	预算数为上年执行数的%
商业服务业等事务	462.26	650.66	140.8
金融监管等事务支出		14.00	
地震灾后恢复重建支出	839.39	737.08	87.8
国土气象等事务	84.34	204.93	243.0
住房保障支出	524.13	616.00	117.5
粮油物资储备管理等事务	268.06	409.05	152.6
其他支出	268.06	409.05	152.6
二、中央对地方税收返还	**4942.27**	**5004.36**	**101.3**
增值税消费税返还	3440.00	3554.00	103.3
所得税基数返还	910.19	910.19	100.0
成品油税费改革税收返还	1531.10	1531.10	100.0
地方上解	-939.02	-990.93	105.5
中央对地方税收返还和转移支付	**28621.30**	**30611.00**	**107.0**

注:本表一般性转移支付中“农林水转移支付”2009年科目为“村级公益事业一事一议奖励资金”。

附件:

名词解释

积极的财政政策:通常通过减少税费或增加财政支出,扩大总需求,促进经济稳定增长。

中央财政收入:指中央财政年度的收入,包括中央本级收入和地方上解收入。2009年,将地方上解收入与部分中央对地方税收返还作对冲处理后,相应取消地方上解中央收入科目,中央财政收入即为中央本级收入。

中央本级收入:根据现行财政管理体制规定,划归中央财政的税收和非税收入,主要包括消费税、关税等固定收入,增值税、企业所得税、个人所得税等共享收入部分。

中央财政支出:指中央财政年度的支出,包括中央本级支出、中央对地方税收返还和转移支付支出。

中央本级支出:指按照现行中央政府与地方政府事权的划分,经全国人大批准,用于中央政府本级事务所需的支出。

税收返还:指1994年分税制改革、2002年所得税收入分享改革、2009年成品油税费改革后,对原属于地方的收入划为中央收入部分,给予地方的补偿。包括增值税、消费税“两税返还”,所得税基数返还,以及成品油税费改革税收返还。

转移支付:指中央政府按照有关法律、财政体制和政策规定,给予地方政府的补助资金。

一般性转移支付:指中央政府对有财力缺口的地方政府(主要是中西部地区),按照规范的办法给予的补助。包括均衡性转移支付、民族地区转移支付、农村税费改革转移支付、调整工资转移支付等,地方政府可以按照相关规定统筹安排和使用。

专项转移支付:指中央政府对承担委托事务、共同事务的地方政府,给予的具有指定用途的资金补助,以及对应由下级政府承担的事务,给予的具有指定用途的奖励或补助。主要用于教育、社会保障、农业等方面。

中央财政赤字:一般为中央政府年度收不抵支的差额,通过发债弥补。由于我国设立中央预算稳定调节基金,中央财政赤字计算公式为:中央财政赤字=中央财政收入+调入中央预算稳定调节基金收入-中央财政支出-安排中央预算稳定调节基金支出。

中央预算稳定调节基金:指中央财政通过超收安排,用于弥补短收年份预算执行的收支缺口,及视预算平衡情况，在安排年初预算时调入并安排使用的专用基金。中央预算稳定调节基金单设科目，安排基金时在支出方反映，调入使用基金时在收入方反映，基金的安排使用纳入预算管理，接受全国人大及其常委会的监督。

地方本级收入：根据现行财政管理体制规定，划归地方财政的税收和非税收入。主要包括房产税、车船使用税、城镇土地使用税等固定收入，增值税、企业所得税、个人所得税等共享收入部分。

地方本级支出：指按照现行中央政府与地方政府事权的划分，经地方人大批准，用于保障地方经济社会发展的各项支出。

超收：指财政收入执行数超过预算的数额。

非税收入：指除税收以外，由各级政府、国家机关、事业单位、代行政府职能的社会团体及其他组织，依法利用政府权力、政府信誉、国家资源、国有资产，或提供特定公共服务、准公共服务，取得并满足社会公共需要或准公共需要的财政资金，是政府财政收入的组成部分，是政府参与国民收入分配和再分配的一种形式。

国债余额限额：指全国人大限定的年末不得突破的国债余额上限。

地震灾后恢复重建基金：指根据《汶川地震灾后恢复重建条例》和《汶川地震灾后恢复重建总体规划》设立的，专项用于汶川地震受灾地区倒损民房等恢复重建的资金。

公共财政预算：指政府凭借国家政治权力，以社会管理者身份筹集以税收为主体的财政收入，用于保障和改善民生、维持国家行政职能正常运转、保障国家安全等方面的收支预算。

政府性基金预算：指政府通过向社会征收基金、收费，以及出让土地、发行彩票等方式取得收入，专项用于支持特定基础设施建设和社会事业发展的收支预算。

国有资本经营预算：指国家以所有者身份依法取得国有资本收益，并对所得收益进行分配而发生的收支预算。

社会保险基金预算：指根据国家社会保险和预算管理法律法规建立，反映各项社会保险基金收支的年度计划，按险种分别编制。包括企业职工基本养老保险基金、失业保险基金、城镇职工基本医疗保险基金、工伤保险基金、生育保险基金等内容。

县级基本财力保障机制：指为增强基层政府提供公共服务能力，以实现县级政府“保工资、保运转、保民生”为目标，中央财政根据地方县级基本财力保障情况实施的奖补机制。建立县级基本财力保障机制以地方财政为责任主体，中央财政对县级基本财力保障较好的地区给予适当奖励。

村级公益事业建设一事一议财政奖补：指村民通过规范的一事一议筹资筹劳开展村内公益事业建设项目，政府采取以奖代补、民办公助的方式，给予适当财政奖补。其目的是以农民自愿出资出劳为基础，以政府奖补资金为引导，建立多方投入、共同推进的村级公益事业建设投入新机制。

粮食直补：即对种粮农民的直接补贴，把通过流通环节的间接补贴改为对种粮农民的直接补贴，原则上按粮食种植面积，把粮食补贴直接落实到种粮农户手中，实现对种粮农民利益的直接保护，调动农民的种粮积极性。补贴资金从粮食风险基金中列支。

农资综合补贴：指国家统筹考虑柴油、化肥等农业生产资料价格变动对农民种粮的增支影响，对种粮农民给予适当补助，以有效保护农民种粮收益，调动农民种粮积极性。

良种补贴：指国家对农民选用良种进行的资金补贴，目的是支持农民积极使用优良种子，提高良种覆盖率，增加农产品产量，改善产品品质，推进农业区域化布局、规模化种植、标准化管理、产业化经营。

农机具购置补贴：指国家对农民个人、农场职工、农机专业户，以及直接从事农业生产的农机作业服务组织，购置和更新农业生产急需的农机具给予一定补贴，目的是促进提高农业机械化水平和农业生产效率。

农业保险保费补贴：指为支持建立农业保险制度，调动地方开展农业保险工作积极性，引导农户等参加农业保险，对农户、龙头企业、专业合作经济组织等参加特定品种的保险业务，按照保费的一定比例提供的补贴。

汽车摩托车下乡政策：指对农民新购微型客车、微型载货车、轻型货车，将三轮汽车或低速货车报废并换购微型载货车、轻型载货车，以及购买摩托车，给予一定金额的财政补贴，以拉动消费带动生产。

家电以旧换新政策：指对交售纳入补贴品种范围的旧家电并购买新家电的单位和个人，在购买新家电时给予一定金额的财政补贴，以拉动消费带动生产，促进节能减排和循环经济发展。

科技重大专项：2005 年，国务院颁布了《国家中长期科学和技术发展规划纲要（2006—2020）》，决定实施大型飞机、水体污染控制与治理等 16 个科技重大专项。为保障重大专项顺利实施，中央财政设立专项资金，并建立滚动预算管理机制。

义务教育学校绩效工资：按照事业单位收入分配制度改革的要求，对义务教育学校等建立岗位绩效工资制度。岗位绩效工资由岗位工资、薪级工资、绩效工资和津贴补贴四部分组成。

保障性住房建设：指政府负责组织建设和改造，以实际成本价向城镇住房困难户提供具有社会保障性质住房的建设，同时，对农村危房改造也提供一定的资金补助，以推动解决中低收入居民住房困难，提高城乡居民居住水平。

增值税转型改革：指将生产型增值税改为消费型增值税。生产型增值税，即在征收增值税时，不允许扣除外购固定资产所含增值税进项税金。改革后，企业在计算缴纳增值税时，允许将外购固定资产所含的增值税进项税额予以全额抵扣，有效地消除了重复征税因素，优化了税收制度，减轻了企业设备投资和更新改造的税收负担。

改革资源税制度：指对现行资源税制度进行的改革，主要包括：对部分资源改为从价定率计征；提高部分资源税负水平；扩大征税范围；统一油气资源税费制度。

统一内外资企业和个人城建税、教育费附加制度：为筹集城镇维护建设和发展地方教育的资金来源，国务院分别于1985年和1986年颁布了《中华人民共和国城市维护建设税暂行条例》、《国务院征收教育费附加的暂行规定》。城建税和教育费附加开征以来，征收范围仅限于内资企业和我国公民，对外资企业和外籍个人一直未征收。为公平税费负担，创造公平竞争环境，正在研究将城建税和教育费附加征收范围，扩大到外资企业和外籍个人。

非税收入收缴管理改革：指改革传统的分散设置银行账户、多环节收纳非税收入的制度，建立新型的非税收入收缴机制，非税收入可直接、及时、足额缴入国库单一账户体系。

国库单一账户体系：指全面反映财政资金收付的各类账户总和，是财政国库管理制度的基础。所有财政性资金都纳入国库单一账户体系管理，财政收入直接缴入国库或财政专户，财政支出通过国库单一账户体系，支付到商品和劳务供应者或用款单位。

公务卡：指预算单位工作人员持有的，主要用于日常公务支出和财务报销业务的信用卡。主要目的是减少传统现金支付结算，提高财政财务透明度。

第十一届全国人民代表大会财政经济委员会关于2009年中央和地方预算执行情况与2010年中央和地方预算草案的审查结果报告

（2010年3月9日第十一届全国人民代表大会第三次会议主席团第二次会议通过）

十一届全国人大三次会议主席团：

第十一届全国人民代表大会第三次会议审查了国务院提出的《关于2009年中央和地方预算执行情况与2010年中央和地方预算草案的报告》和2010年中央和地方预算草案。全国人民代表大会财政经济委员会在对预算报告和预算草案进行初步审查的基础上，根据各代表团和有关专门委员会的审查意见，又作了进一步审查。国务院根据审查意见对预算报告作了修改。现将审查结果报告如下。

一、财政经济委员会认为，2009年中央和地方预算执行情况总体是好的。全国财政收入68477亿元，完成预算的103.4%，比上年增长11.7%；加上调入中央预算稳定调节基金505亿元，收入总量为68982亿元。全国财政支出75874亿元，完成预算的99.5%，比上年增长21.2%；加上地方财政结转资金2608亿元，支出总量为78482亿元。全国财政收支相抵，赤字9500亿元。其中，中央财政收入35896亿元，完成预算的100.1%，加上调入中央预算稳定调节基金505亿元，收入总量为36401亿元；中央财政支出43901亿元（含中央对地方税收返还和转移支付支出），完成预算的100.1%。中央财政收支相抵，赤字7500亿元，与十一届全国人大二次会议批准的数额持平。地方财政收入61202亿元（含中央税收返还和转移支付28621亿元）；地方财政支出60594亿元，结转下年支出2608亿元；地方财政收支相抵，差额2000亿元，经国务院同意，由财政部代理发行地方政府债券弥补。2009年末，中央财政国债余额为60237.68亿元，控制在全国人大批准的62708.35亿元限额之内。

财政经济委员会认为，2009年是新世纪以来我国经济发展最为困难的一年，也是应对危机、迎难而上，取得显著成就的一年。国务院和地方各级人民政府按照中共中央确定的战略部署和十一届全国人大二次会议提出的各项要求，认真贯彻积极的财政政策和适度宽松的货币政策，全面实施并不断丰富完善应对国际金融危机冲击的一揽子计划，国民经济保持平稳较快发展，各项社会事业发展取得显著成绩，人民生活得到进一步改善。在此基础上，中央和地方财政收入完成了预算，结构性减税政策得到较好落实，各项重点支出得到有力保障，财税改革稳步推进，财政管理逐步改善，全国人大预算决议的各项要求得到较好贯彻，国家财政在保增长、保民生、保稳定中发挥了重要作用。同时，在预算执行和财政运行中还存在一些需要注意的问题，主要是：财政收入增长不够稳定，一次性、特殊性收入增加较多，部分税种没有完成预算；预算支出进度较慢，部分项目支出追加较多，有些预算资金没有及时发挥效益；财力与事权相匹配的财政体制不够健全，转移支付制度不够规范，专项转移支付比例过高，地方资金配套压力较大；县级基本财力保障机制不够完善，基层财政仍比较困难；地方政府融资增加较多，财政风险不容忽视。这些问题应当在今后工作中切实加以解决。

二、国务院提出的2010年中央和地方预算草案，全国财政收入73930亿元，比上年增长8%，调入中央预算稳定调节基金100亿元，全国财政收入总量为74030亿元；全国财政支出84530亿元，比上年增长11.4%。全国财政收支相抵，差额10500亿元，比上年增加1000亿元。其中，中央财政收入38060亿元，比上年增长6%，调入中央预算稳定调节基金100亿元，中央财政收入总量为38160亿元；中央财政支出46660亿元，比上年增长6.3%。在中央财政支出中，中央本级支出16049亿元，比上年增长5%；中央对地方税收返还和转移支付30611亿元，比上年增长7%。中央财政收支相抵，赤字8500亿元，比上年增加1000亿元。中央财政国债余额限额71208.35亿元。地方财政收入66481亿元，比上年增长8.6%；地方财政支出68481亿元，比上年增长13%。地方财政收支相抵，差额2000亿元，国务院同意由财政部代理发行地方政府债券予以弥补。

财政经济委员会认为，国务院提出的2010年中央和地方预算草案，贯彻落实科学发展观，保持了宏观经济政策的连续性和稳定性，提高了财政政策的针对性和有效性。预算收入安排积极稳妥；预算支出安排重点保障"三农"、教育、科技、医疗卫生、社会保障和就业等民生支出；财政赤字控制在适当的范围内。国务院还向全国人大提交了中央国有资本经营预算草案和地方政府性基金预算草案，开始试编社会保险基金预算，使国家预算体系进一步完整。上述预算草案，是在对国际、国内经济形势进行全面分析，综合考虑各方面需要与可能的基础上制定的，是可行的。

财政经济委员会建议，批准国务院提出的《关于2009年中央和地方预算执行情况与2010年中央和地方预算草案的报告》，批准2010年中央预算草案。地方各级预算依法由本级人民代表大会审查批准。

三、财政经济委员会认为，2010年我国经济社会发展和改革开放的任务十分繁重，面临的形势复杂多变，财政收支矛盾仍很突出。为了圆满完成2010年预算，促进经济社会平稳较快发展，财政经济委员会提出以下建议。

（一）加强和改善财政宏观调控。财政政策的实施和财政资金的使用，要更加注重推进转变发展方式和经济结构调整，更加注重扩大内需特别是消费需求，更加注重推进改革开放和自主创新，更加注重保障和改善民生，更加注重城乡统筹和区域协调发展。继续实施结构性减税政策，完善对服务业和中小企业的税收政策，增加居民就业和居民收入，扩大社会消费和社会投资。进一步完善个人所得税制度，研究制定有效征管措施，更好地发挥调节居民收入分配的作用。中央政府投资，应重点用于保障性住房、社会事业、节能环保以及企业技术改造等项目，严格控制新上项目。加大自主创新和重大关键技术研究开发的投入，切实做好国家科技重大专项的实施工作。加大对革命老区、少数民族地区、边疆地区和贫困地区的财政支持，加快建立覆盖城乡的社会保障体系。

（二）着力保障重点支出。进一步完善强农惠农政策，加大财政对"三农"投入的力度。加强农业综合生产能力建设、农村基础设施建设、农村公共服务能力建设和小城镇基础设施建设。完善农业补贴和农产品价格调节机制，促进农民增收。继续加大扶贫投入。完善义务教育经费保障机制，落实好义务教育绩效工资改革。落实医药卫生体制改革方案，支持医疗卫生机构转换运行机制和经费保障机制，切实减轻城乡居民医药费用负担。增加社会保障投入,完善城镇企业职工基本养老保险关系转移接续办法,扩大新型农村社会养老保险试点,提高城乡最低生活保障标准。推进廉租住房等保障性住房建设,逐步解决城市低收入困难居民住房和农村危房改造问题。

(三)完善预算编制。进一步规范、细化预算编制。各项预算要编制到部门和项目,逐步减少代编预算。细化政府预算科目,提高预算透明度。2011年,向全国人大报告基本建设、行政经费等社会关注的项目支出情况。完善国有资本经营预算编制,扩大中央国有资本经营预算覆盖范围,提高上缴比例,规范国有企业税后利润分配。2011 年,地方试编国有资本经营预算。清理政府性基金,细化政府性基金预算,全面、准确反映土地出让等各项基金收入和支出情况,对土地出让收支情况进行专项审计。规范部门预算管理,严格控制预留资金。完善部门预算基本支出定额标准体系,严禁行政支出挤占项目预算支出。

(四)严格预算执行。依法加强收入征管,防止越权减免税和征收"过头税",实现财政收入的稳定增长。坚持没有预算不得安排支出的原则,严格按照预算执行,提高预算执行的严肃性。严格执行预算批复和下达时限的规定,加快支出进度,减少资金结转。转移支付支出和代编预算安排的支出,除少量特殊项目外,应在 6 月 30 日前下达完毕。预算经批准后,应在 15 日内向社会公开。在预算执行中,除预备费安排和突发、应急等特殊事项外,严格控制追加、追减预算。严格控制公务性支出,反对铺张浪费。

(五)推进财税体制改革。健全中央和地方财力与事权相匹配的财政体制。扩大一般性转移支付规模,按照基本公共服务均等化要求,增强中西部地区基本公共服务能力,促进区域协调发展。规范、整合专项转移支付项目,提高转移支付分配的透明度。进一步完善县级基本财力保障机制。深化税收制度改革,健全资源税和消费税制度,完善财产税制和生态环境补偿机制。推进增值税立法和预算法修订工作。

(六)加强政府债务管理。正确处理扩大公共投资与防范财政风险的关系,实现财政稳定与可持续发展。调查研究地方政府负债情况,加强地方政府投融资平台的监督管理。建立健全政府债务风险预警和债务偿还机制,切实加强对国债余额的管理。

以上报告,请予审议。

全国人民代表大会财政经济委员会
2010 年 3 月 9 日

中华人民共和国主席令

第二十七号

《全国人民代表大会关于修改〈中华人民共和国全国人民代表大会和地方各级人民代表大会选举法〉的决定》已由中华人民共和国第十一届全国人民代表大会第三次会议于 2010 年 3 月 14 日通过,现予公布,自公布之日起施行。

中华人民共和国主席 胡锦涛
2010 年 3 月 14 日

全国人民代表大会关于修改《中华人民共和国全国人民代表大会和地方各级人民代表大会选举法》的决定

(2010 年 3 月 14 日第十一届全国人民代表大会第三次会议通过)

第十一届全国人民代表大会第三次会议决定对《中华人民共和国全国人民代表大会和地方各级人民代表大会选举法》作如下修改:

一、将第六条第一款修改为:"全国人民代表大会和地方各级人民代表大会的代表应当具有广泛的代表性，应当有适当数量的基层代表，特别是工人、农民和知识分子代表；应当有适当数量的妇女代表，并逐步提高妇女代表的比例。”

二、将第八条改为第七条，修改为：“全国人民代表大会和地方各级人民代表大会的选举经费，列入财政预算，由国库开支。”

三、增加一条，作为第九条：“不设区的市、市辖区、县、自治县的选举委员会的组成人员由本级人民代表大会常务委员会任命。乡、民族乡、镇的选举委员会的组成人员由不设区的市、市辖区、县、自治县的人民代表大会常务委员会任命。

“选举委员会的组成人员为代表候选人的，应当辞去选举委员会的职务。”

四、增加一条，作为第十条：“选举委员会履行下列职责：

（一）划分选举本级人民代表大会代表的选区，分配各选区应选代表的名额；

（二）进行选民登记，审查选民资格，公布选民名单；受理对于选民名单不同意见的申诉，并作出决定；

（三）确定选举日期；

（四）了解核实并组织介绍代表候选人的情况；根据较多数选民的意见，确定和公布正式代表候选人名单；

（五）主持投票选举；

（六）确定选举结果是否有效，公布当选代表名单；

（七）法律规定的其他职责。

“选举委员会应当及时公布选举信息。”

五、将第九条改为第十一条，第一款第四项修改为：“乡、民族乡、镇的代表名额基数为四十名，每一千五百人可以增加一名代表；但是，代表总名额不得超过一百六十名；人口不足二千的，代表总名额可以少于四十名。”

六、将第十二条、第十三条、第十四条改为第十四条，修改为：“地方各级人民代表大会代表名额，由本级人民代表大会常务委员会或者本级选举委员会根据本行政区域所辖的下一级各行政区域或者各选区的人口数，按照每一代表所代表的城乡人口数相同的原则，以及保证各地区、各民族、各方面都有适当数量代表的要求进行分配。在县、自治县的人民代表大会中，人口特少的乡、民族乡、镇，至少应有代表一人。

“地方各级人民代表大会代表名额的分配办法，由省、自治区、直辖市人民代表大会常务委员会参照全国人民代表大会代表名额分配的办法，结合本地区的具体情况规定。”

七、将第十五条第二款中的“名额的分配由全国人民代表大会常务委员会根据情况决定”的规定移至第十六条，将第十六条修改为：“全国人民代表大会代表名额，由全国人民代表大会常务委员会根据各省、自治区、直辖市的人口数，按照每一代表所代表的城乡人口数相同的原则，以及保证各地区、各民族、各方面都有适当数量代表的要求进行分配。

“省、自治区、直辖市应选全国人民代表大会代表名额，由根据人口数计算确定的名额数、相同的地区基本名额数和其他应选名额数构成。

“全国人民代表大会代表名额的具体分配，由全国人民代表大会常务委员会决定。”

八、将第二十五条修改为：“本行政区域内各选区每一代表所代表的人口数应当大体相等。”

九、将第二十八条修改为：“对于公布的选民名单有不同意见的，可以在选民名单公布之日起五日内向选举委员会提出申诉。选举委员会对申诉意见，应在三日内作出处理决定。申诉人如果对处理决定不服，可以在选举日的五日以前向人民法院起诉，人民法院应在选举日以前作出判决。人民法院的判决为最后决定。”

十、将第二十九条第二款修改为：“各政党、各人民团体，可以联合或者单独推荐代表候选人。选民或者代表，十人以上联名，也可以推荐代表候选人。推荐者应向选举委员会或者大会主席团介绍代表候选人的情况。接受推荐的代表候选人应当向选举委员会或者大会主席团如实提供个人身份、简历等基本情况。提供的基本情况不实的，选举委员会或者大会主席团应当向选民或者代表通报。”

增加一款，作为第三款：“各政党、各人民团体联合或者单独推荐的代表候选人的人数，每一选民或者代表参加联名推荐的代表候选人的人数，均不得超过本选区或者选举单位应选代表的名额。”

十一、将第三十条修改为：“全国和地方各级人民代表大会代表实行差额选举，代表候选人的人数应多于应选代表的名额。

“由选民直接选举人民代表大会代表的，代表候选人的人数应多于应选代表名额三分之一至一倍；由县级以上的地方各级人民代表大会选举上一级人民代表大会代表的，代表候选人的人数应多于应选代表名额五分之一至二分之一。”

十二、将第三十一条修改为：“由选民直接选举人民代表大会代表的，代表候选人由各选区选民和各政党、各人民团体提名推荐。选举委员会汇总后，将代表候选人名单及代表候选人的基本情况在选举日的十五日以前公布，并交各该选区的选民小组讨论、协商，确定正式代表候选人名单。如果所提代表候选人的人数超过本法第三十条规定的最高差额比例，由选举委员会交各该选区的选民小组讨论、协商，根据较多数选民的意见，确定正式代表候选人名单；对正式代表候选人不能形成较为一致意见的，进行预选，根据预选时得票多少的顺序，确定正式代表候选人名单。正式代表候选人名单及代表候选人的基本情况应当在选举日的七日以前公布。

“县级以上的地方各级人民代表大会在选举上一级人民代表大会代表时，提名、酝酿代表候选人的时间不得少于两天。各该级人民代表大会主席团将依法提出的代表候选人名单及代表候选人的基本情况印发全体代表，由全体代表酝酿、讨论。如果所提代表候选人的人数符合本法第三十条规定的差额比例，直接进行投票选举。如果所提代表候选人的人数超过本法第三十条规定的最高差额比例，进行预选，根据预选时得票多少的顺序，按照本级人民代表大会的选举办法根据本法确定的具体差额比例，确定正式代表候选人名单，进行投票选举。”

十三、将第三十三条修改为：“选举委员会或者人民代表大会主席团应当向选民或者代表介绍代表候选人的情况。推荐代表候选人的政党、人民团体和选民、代表可以在选民小组或者代表小组会议上介绍所推荐的代表候选人的情况。选举委员会根据选民的要求，应当组织代表候选人与选民见面，由代表候选人介绍本人的情况，回答选民的问题。但是，在选举日必须停止代表候选人的介绍。”

十四、增加一条，作为第三十四条：“全国人民代表大会和地方各级人民代表大会代表的选举，应当严格依照法定程序进行，并接受监督。任何组织或者个人都不得以任何方式干预选民或者代表自由行使选举权。”

十五、将第三十四条改为第三十五条和第三十六条。第三十五条：“在选民直接选举人民代表大会代表时，选民根据选举委员会的规定，凭身份证或者选民证领取选票。”

第三十六条：“选举委员会应当根据各选区选民分布状况，按照方便选民投票的原则设立投票站，进行选举。选民居住比较集中的，可以召开选举大会，进行选举；因患有疾病等原因行动不便或者居住分散并且交通不便的选民，可以在流动票箱投票。”

十六、将第三十六条改为第三十八条，第一款修改为：“全国和地方各级人民代表大会代表的选举，一律采用无记名投票的方法。选举时应当设有秘密写票处。”

十七、将第三十八条改为第四十条，修改为：“选民如果在选举期间外出，经选举委员会同意，可以书面委托其他选民代为投票。每一选民接受的委托不得超过三人，并应当按照委托人的意愿代为投票。”

十八、将第三十九条改为第四十一条，增加一款，作为第二款：“代表候选人的近亲属不得担任监票人、计票人。”

十九、增加一条，作为第四十五条：“公民不得同时担任两个以上无隶属关系的行政区域的人民代表大会代表。”

二十、将第四十六条改为第四十九条，修改为：“罢免代表采用无记名的表决方式。”

二十一、将第四十七条改为第五十条，第二款修改为：“罢免由县级以上的地方各级人民代表大会选出的代表，须经各该级人民代表大会过半数的代表通过；在代表大会闭会期间，须经常务委员会组成人员的过半数通过。罢免的决议，须报送上一级人民代表大会常务委员会备案、公告。”

二十二、将第四十九条改为第五十二条，修改为：“全国人民代表大会代表，省、自治区、直辖市、设区的市、自治州的人民代表大会代表，可以向选举他的人民代表大会的常务委员会书面提出辞职。常务委员会接受辞职，须经常务委员会组成人员的过半数通过。接受辞职的决议，须报送上一级人民代表大会常务委员会备案、公告。

“县级的人民代表大会代表可以向本级人民代表大会常务委员会书面提出辞职，乡级的人民代表大会代表可以向本级人民代表大会书面提出辞职。县级的人民代表大会常务委员会接受辞职，须经常务委员会组成人员的过半数通过。乡级的人民代表大会接受辞职，须经人民代表大会过半数的代表通过。接受辞职的，应当予以公告。”

二十三、增加一条，作为第五十六条：“主持选举的机构发现有破坏选举的行为或者收到对破坏选举行为的举报，应当及时依法调查处理；需要追究法律责任的,及时移送有关机关予以处理。”

此外,增加“第二章选举机构”的章名,将第九章的章名修改为“对代表的监督和罢免、辞职、补选”,对章的序号作相应调整,并对条文顺序作相应调整。

本决定自公布之日起施行。

《中华人民共和国全国人民代表大会和地方各级人民代表大会选举法》根据本决定作相应修改,重新公布。

中华人民共和国全国人民代表大会和地方各级人民代表大会选举法

(1979 年 7 月 1 日第五届全国人民代表大会第二次会议通过

根据 1982 年 12 月 10 日第五届全国人民代表大会第五次会议《关于修改〈中华人民共和国全国人民代表大会和地方各级人民代表大会选举法〉的若干规定的决议》第一次修正

根据 1986 年 12 月 2 日第六届全国人民代表大会常务委员会第十八次会议《关于修改〈中华人民共和国全国人民代表大会和地方各级人民代表大会选举法〉的决定》第二次修正

根据 1995 年 2 月 28 日第八届全国人民代表大会常务委员会第十二次会议《关于修改〈中华人民共和国全国人民代表大会和地方各级人民代表大会选举法〉的决定》第三次修正

根据 2004 年 10 月 27 日第十届全国人民代表大会常务委员会第十二次会议《关于修改〈中华人民共和国全国人民代表大会和地方各级人民代表大会选举法〉的决定》第四次修正

根据 2010 年 3 月 14 日第十一届全国人民代表大会第三次会议《关于修改〈中华人民共和国全国人民代表大会和地方各级人民代表大会选举法〉的决定》第五次修正)

目　录

第一章　总　则

第一条　根据中华人民共和国宪法,制定全国人民代表大会和地方各级人民代表大会选举法。

第二条　全国人民代表大会的代表,省、自治区、直辖市、设区的市、自治州的人民代表大会的代表,由下一级人民代表大会选举。

不设区的市、市辖区、县、自治县、乡、民族乡、镇的人民代表大会的代表,由选民直接选举。

第三条　中华人民共和国年满十八周岁的公民,不分民族、种族、性别、职业、家庭出身、宗教信仰、教育程度、财产状况和居住期限,都有选举权和被选举权。

依照法律被剥夺政治权利的人没有选举权和被选举权。

第四条　每一选民在一次选举中只有一个投票权。

第五条　人民解放军单独进行选举,选举办法另订。

第六条　全国人民代表大会和地方各级人民代表大会的代表应当具有广泛的代表性,应当有适当数量的基层代表,特别是工人、农民和知识分子代表;应当有适当数量的妇女代表,并逐步提高妇女代表的比例。

全国人民代表大会和归侨人数较多地区的地方人民代表大会,应当有适当名额的归侨代表。

认的选民资格长期有效。每次选举前对上次选民登记以后新满十八周岁的、被剥夺政治权利期满后恢复政治权利的选民,予以登记。对选民经登记后迁出原选区的,列入新迁入的选区的选民名单;对死亡的和依照法律被剥夺政治权利的人,从选民名单上除名。

精神病患者不能行使选举权利的,经选举委员会确认,不列入选民名单。

第二十七条 选民名单应在选举日的二十日以前公布,实行凭选民证参加投票选举的,并应当发给选民证。

第二十八条 对于公布的选民名单有不同意见的,可以在选民名单公布之日起五日内向选举委员会提出申诉。选举委员会对申诉意见,应在三日内作出处理决定。申诉人如果对处理决定不服,可以在选举日的五日以前向人民法院起诉,人民法院应在选举日以前作出判决。人民法院的判决为最后决定。

第八章 代表候选人的提出

第二十九条 全国和地方各级人民代表大会的代表候选人,按选区或者选举单位提名产生。

各政党、各人民团体,可以联合或者单独推荐代表候选人。选民或者代表,十人以上联名,也可以推荐代表候选人。推荐者应向选举委员会或者大会主席团介绍代表候选人的情况。接受推荐的代表候选人应当向选举委员会或者大会主席团如实提供个人身份、简历等基本情况。提供的基本情况不实的,选举委员会或者大会主席团应当向选民或者代表通报。

各政党、各人民团体联合或者单独推荐的代表候选人的人数,每一选民或者代表参加联名推荐的代表候选人的人数,均不得超过本选区或者选举单位应选代表的名额。

第三十条 全国和地方各级人民代表大会代表实行差额选举,代表候选人的人数应多于应选代表的名额。

由选民直接选举人民代表大会代表的,代表候选人的人数应多于应选代表名额三分之一至一倍;由县级以上的地方各级人民代表大会选举上一级人民代表大会代表的,代表候选人的人数应多于应选代表名额五分之一至二分之一。

第三十一条 由选民直接选举人民代表大会代表的,代表候选人由各选区选民和各政党、各人民团体提名推荐。选举委员会汇总后,将代表候选人名单及代表候选人的基本情况在选举日的十五日以前公布,并交各该选区的选民小组讨论、协商,确定正式代表候选人名单。如果所提代表候选人的人数超过本法第三十条规定的最高差额比例,由选举委员会交各该选区的选民小组讨论、协商,根据较多数选民的意见,确定正式代表候选人名单;对正式代表候选人不能形成较为一致意见的,进行预选,根据预选时得票多少的顺序,确定正式代表候选人名单。正式代表候选人名单及代表候选人的基本情况应当在选举日的七日以前公布。

县级以上的地方各级人民代表大会在选举上一级人民代表大会代表时,提名、酝酿代表候选人的时间不得少于两天。各该级人民代表大会主席团将依法提出的代表候选人名单及代表候选人的基本情况印发全体代表,由全体代表酝酿、讨论。如果所提代表候选人的人数符合本法第三十条规定的差额比例,直接进行投票选举。如果所提代表候选人的人数超过本法第三十条规定的最高差额比例,进行预选,根据预选时得票多少的顺序,按照本级人民代表大会的选举办法根据本法确定的具体差额比例,确定正式代表候选人名单,进行投票选举。

第三十二条 县级以上的地方各级人民代表大会在选举上一级人民代表大会代表时,代表候选人不限于各该级人民代表大会的代表。

第三十三条 选举委员会或者人民代表大会主席团应当向选民或者代表介绍代表候选人的情况。推荐代表候选人的政党、人民团体和选民、代表可以在选民小组或者代表小组会议上介绍所推荐的代表候选人的情况。选举委员会根据选民的要求,应当组织代表候选人与选民见面,由代表候选人介绍本人的情况,回答选民的问题。但是,在选举日必须停止代表候选人的介绍。

第九章 选举程序

第三十四条 全国人民代表大会和地方各级人民代表大会代表的选举,应当严格依照法定程序进行,并接受监督。任何组织或者个人都不得以任何方式干预选民或者代表自由行使选举权。

第三十五条 在选民直接选举人民代表大会代表时,选民根据选举委员会的规定,凭身份证或者选民证领取选票。

第三十六条 选举委员会应当根据各选区选

民分布状况，按照方便选民投票的原则设立投票站，进行选举。选民居住比较集中的，可以召开选举大会，进行选举；因患有疾病等原因行动不便或者居住分散并且交通不便的选民，可以在流动票箱投票。

第三十七条 县级以上的地方各级人民代表大会在选举上一级人民代表大会代表时，由各该级人民代表大会主席团主持。

第三十八条 全国和地方各级人民代表大会代表的选举，一律采用无记名投票的方法。选举时应当设有秘密写票处。

选民如果是文盲或者因残疾不能写选票的，可以委托他信任的人代写。

第三十九条 选举人对于代表候选人可以投赞成票，可以投反对票，可以另选其他任何选民，也可以弃权。

第四十条 选民如果在选举期间外出，经选举委员会同意，可以书面委托其他选民代为投票。每一选民接受的委托不得超过三人，并应当按照委托人的意愿代为投票。

第四十一条 投票结束后，由选民或者代表推选的监票、计票人员和选举委员会或者人民代表大会主席团的人员将投票人数和票数加以核对，作出记录，并由监票人签字。

代表候选人的近亲属不得担任监票人、计票人。

第四十二条 每次选举所投的票数，多于投票人数的无效，等于或者少于投票人数的有效。

每一选票所选的人数，多于规定应选代表人数的作废，等于或者少于规定应选代表人数的有效。

第四十三条 在选民直接选举人民代表大会代表时，选区全体选民的过半数参加投票，选举有效。代表候选人获得参加投票的选民过半数的选票时，始得当选。

县级以上的地方各级人民代表大会在选举上一级人民代表大会代表时，代表候选人获得全体代表过半数的选票时，始得当选。

获得过半数选票的代表候选人的人数超过应选代表名额时，以得票多的当选。如遇票数相等不能确定当选人时，应当就票数相等的候选人再次投票，以得票多的当选。

获得过半数选票的当选代表的人数少于应选代表的名额时，不足的名额另行选举。另行选举时，根据在第一次投票时得票多少的顺序，按照本法第三十条规定的差额比例，确定候选人名单。如果只选一人，候选人应为二人。

依照前款规定另行选举县级和乡级的人民代表大会代表时，代表候选人以得票多的当选，但是得票数不得少于选票的三分之一；县级以上的地方各级人民代表大会在另行选举上一级人民代表大会代表时，代表候选人获得全体代表过半数的选票，始得当选。

第四十四条 选举结果由选举委员会或者人民代表大会主席团根据本法确定是否有效，并予以宣布。

第四十五条 公民不得同时担任两个以上无隶属关系的行政区域的人民代表大会代表。

第十章 对代表的监督和罢免、辞职、补选

第四十六条 全国和地方各级人民代表大会的代表，受选民和原选举单位的监督。选民或者选举单位都有权罢免自己选出的代表。

第四十七条 对于县级的人民代表大会代表，原选区选民五十人以上联名，对于乡级的人民代表大会代表，原选区选民三十人以上联名，可以向县级的人民代表大会常务委员会书面提出罢免要求。

罢免要求应当写明罢免理由。被提出罢免的代表有权在选民会议上提出申辩意见，也可以书面提出申辩意见。

县级的人民代表大会常务委员会应当将罢免要求和被提出罢免的代表的书面申辩意见印发原选区选民。

表决罢免要求，由县级的人民代表大会常务委员会派有关负责人员主持。

第四十八条 县级以上的地方各级人民代表大会举行会议的时候，主席团或者十分之一以上代表联名，可以提出对由该级人民代表大会选出的上一级人民代表大会代表的罢免案。在人民代表大会闭会期间，县级以上的地方各级人民代表大会常务委员会主任会议或者常务委员会五分之一以上组成人员联名，可以向常务委员会提出对由该级人民代表大会选出的上一级人民代表大会代表的罢免案。罢免案应当写明罢免理由。

县级以上的地方各级人民代表大会举行会议的时候，被提出罢免的代表有权在主席团会议和大会全体会议上提出申辩意见，或者书面提出申辩意见，由主席团印发会议。罢免案经会议审议后，由主席团提请全体会议表决。

县级以上的地方各级人民代表大会常务委员

会举行会议的时候，被提出罢免的代表有权在主任会议和常务委员会全体会议上提出申辩意见，或者书面提出申辩意见，由主任会议印发会议。罢免案经会议审议后，由主任会议提请全体会议表决。

第四十九条 罢免代表采用无记名的表决方式。

第五十条 罢免县级和乡级的人民代表大会代表，须经原选区过半数的选民通过。

罢免由县级以上的地方各级人民代表大会选出的代表，须经各该级人民代表大会过半数的代表通过；在代表大会闭会期间，须经常务委员会组成人员的过半数通过。罢免的决议，须报送上一级人民代表大会常务委员会备案、公告。

第五十一条 县级以上的各级人民代表大会常务委员会组成人员，全国人民代表大会和省、自治区、直辖市、设区的市、自治州的人民代表大会专门委员会成员的代表职务被罢免的，其常务委员会组成人员或者专门委员会成员的职务相应撤销，由主席团或者常务委员会予以公告。

乡、民族乡、镇的人民代表大会主席、副主席的代表职务被罢免的，其主席、副主席的职务相应撤销，由主席团予以公告。

第五十二条 全国人民代表大会代表，省、自治区、直辖市、设区的市、自治州的人民代表大会代表，可以向选举他的人民代表大会的常务委员会书面提出辞职。常务委员会接受辞职，须经常务委员会组成人员的过半数通过。接受辞职的决议，须报送上一级人民代表大会常务委员会备案、公告。

县级的人民代表大会代表可以向本级人民代表大会常务委员会书面提出辞职，乡级的人民代表大会代表可以向本级人民代表大会书面提出辞职。县级的人民代表大会常务委员会接受辞职，须经常务委员会组成人员的过半数通过。乡级的人民代表大会接受辞职，须经人民代表大会过半数的代表通过。接受辞职的，应当予以公告。

第五十三条 县级以上的各级人民代表大会常务委员会组成人员，全国人民代表大会和省、自治区、直辖市、设区的市、自治州的人民代表大会的专门委员会成员，辞去代表职务的请求被接受的，其常务委员会组成人员、专门委员会成员的职务相应终止，由常务委员会予以公告。

乡、民族乡、镇的人民代表大会主席、副主席，辞去代表职务的请求被接受的，其主席、副主席的职务相应终止，由主席团予以公告。

第五十四条 代表在任期内，因故出缺，由原选区或者原选举单位补选。

地方各级人民代表大会代表在任期内调离或者迁出本行政区域的，其代表资格自行终止，缺额另行补选。

县级以上的地方各级人民代表大会闭会期间，可以由本级人民代表大会常务委员会补选上一级人民代表大会代表。

补选出缺的代表时，代表候选人的名额可以多于应选代表的名额，也可以同应选代表的名额相等。补选的具体办法，由省、自治区、直辖市的人民代表大会常务委员会规定。

第十一章 对破坏选举的制裁

第五十五条 为保障选民和代表自由行使选举权和被选举权，对有下列行为之一，破坏选举，违反治安管理规定的，依法给予治安管理处罚；构成犯罪的，依法追究刑事责任：

（一）以金钱或者其他财物贿赂选民或者代表，妨害选民和代表自由行使选举权和被选举权的；

（二）以暴力、威胁、欺骗或者其他非法手段妨害选民和代表自由行使选举权和被选举权的；

（三）伪造选举文件、虚报选举票数或者有其他违法行为的；

（四）对于控告、检举选举中违法行为的人，或者对于提出要求罢免代表的人进行压制、报复的。

国家工作人员有前款所列行为的，还应当依法给予行政处分。

以本条第一款所列违法行为当选的，其当选无效。

第五十六条 主持选举的机构发现有破坏选举的行为或者收到对破坏选举行为的举报，应当及时依法调查处理；需要追究法律责任的，及时移送有关机关予以处理。

第十二章 附　　则

第五十七条 省、自治区、直辖市的人民代表大会及其常务委员会根据本法可以制定选举实施细则，报全国人民代表大会常务委员会备案。

关于《中华人民共和国全国人民代表大会和地方各级人民代表大会选举法修正案（草案）》的说明

——2010年3月8日在第十一届全国人民代表大会第三次会议上

全国人大常委会副委员长　王兆国

各位代表：

我受全国人大常委会委托，现对《中华人民共和国全国人民代表大会和地方各级人民代表大会选举法修正案（草案）》作说明。

一、修改选举法的必要性

选举制度是人民代表大会制度的基础，选举法是保障公民依法行使选举权和被选举权，依法产生各级人大代表的重要法律。选举法最早于1953年制定，1979年重新修订，其后经过四次修改。党的十七大提出，要坚定不移地发展社会主义民主政治，扩大人民民主，保证人民当家作主，建议逐步实行城乡按相同人口比例选举人大代表。贯彻落实党的十七大的要求，有必要在深入总结选举工作实践经验的基础上，对选举法进行适当修改。

选举人大代表的城乡人口比例，是选举法中的一个重要内容。新中国成立后，1953年制定第一部选举法时，我国的城镇人口比重较低，根据当年人口普查统计，只有13.26%。考虑到我国当时工人阶级主要集中在城市的具体情况，为了体现工人阶级在国家政治生活中的领导地位和工业化发展方向，选举法对农村和城市选举每一代表所需的人口数作了不同的规定。比如，规定全国人大代表的选举，各省按每80万人选代表1人，直辖市和人口在50万以上的省辖市按每10万人选代表1人。这样规定，符合我国的政治制度和当时的实际情况，是完全必要的。1979年修订选举法时，当时的城镇人口比重也才达到18.96%，因此基本上延续了1953年的规定，对于选举人大代表的城乡不同人口比例未作大的修改，但对不同层级规定得更加明确：全国为8：1，省、自治区为5：1，自治州、县、自治县为4：1。

改革开放后，我国经济社会快速发展，城镇化不断推进，城乡人口结构比例发生较大变化，全国人大常委会根据新形势、新情况，适时完善选举制度，逐步对城乡按不同人口比例选举人大代表的规定进行修改完善。1982年修改选举法，增加规定：县、自治县境内，镇的人口特多或者企事业组织职工人数比例较大的，经省、自治区、直辖市人大常委会决定，农村每一代表与镇或企事业组织职工每一代表所代表的人口数之比可以小于4：1直至1：1。1995年修改选举法，将全国和省、自治区农村与城市每一代表所代表的人口数比例，与自治州、县一样，统一修改为4：1。

1995年以来，我国的工业化、城镇化进一步加速，农村经济文化水平大幅提高，社会结构发生深刻变化。我国城镇人口比重已由1995年的29.04%上升为2009年的46.6%。与此同时，我国各级人大经历了数次换届选举，积累了丰富的经验，社会主义民主政治建设和法制建设取得巨大成就，党领导的人民民主专政的阶级基础和群众基础不断巩固和扩大。修改选举法，实行城乡按相同人口比例选举人大代表的客观条件已经具备。

二、选举法修正案草案的指导思想和形成过程

选举法修正案草案的指导思想是，以邓小平理论和“三个代表”重要思想为指导，深入贯彻落实科学发展观，按照党的十七大的要求，总结实践经验，完善选举制度，实行城乡按相同人口比例选举人大代表，更好地体现人人平等、地区平等和民族平等原则，扩大人民民主，保证人民当家作主，为坚持和完善人民代表大会制度、发展社会主义民主政治提供坚实的制度保障。

草案起草工作遵循以下原则：一是把握方向，扩大民主。选举法是一部政治性很强的法律，修改

选举法必须把握正确的政治方向，坚持党的领导、人民当家作主、依法治国有机统一，坚持中国特色社会主义政治发展道路，坚持从中国国情和实际出发。要从人民民主是社会主义的生命的高度，完善选举制度，进一步增强人大代表选举的普遍性和平等性，切实保证人民当家作主。二是突出重点，统筹兼顾。这次修改选举法，重点是落实党的十七大提出的实行城乡按相同人口比例选举人大代表的要求，同时统筹考虑选举法其他内容的必要修改。选举法的修改，是中国特色社会主义选举制度的自我完善与发展，要与经济社会发展相适应，循序渐进，逐步完善。三是积极稳妥，分类处理。对选举法实施中出现的带有一定普遍性的问题，进行深入研究，条件成熟、认识一致的，有针对性地进行修改；对于一些目前尚不具备解决条件的问题，暂不作规定，可以在实践中继续探索。

根据常委会的工作部署，从 2008 年开始，全国人大常委会法工委即着手研究选举法的修改，研究整理近几年来全国人大代表提出的关于修改选举法的议案、建议和其他方面的意见；会同有关方面组成调研组，先后到 8 个省（区、市）进行调研，并召开 31 个省（区、市）人大常委会负责同志座谈会和中央有关部门座谈会，重点听取对实行城乡按相同人口比例选举人大代表问题的意见；对城乡按相同人口比例选举人大代表涉及的问题，深入分析、反复论证。

在认真梳理代表议案建议、充分调查研究、广泛听取意见的基础上，形成了选举法修正案草案。2009 年 10 月，十一届全国人大常委会第十一次会议对选举法修正案草案进行了初次审议。会后，将草案印发中央有关部门、各地和有关方面征求意见，并根据常委会组成人员的审议意见和各方面的意见，对修正案草案进行了修改完善。12 月常委会第十二次会议对选举法修正案草案进行了再次审议。两次常委会会议审议，对修正案草案都给予充分肯定和高度评价。常委会组成人员和列席会议的同志普遍赞成这次修改的指导思想、主要原则，赞成一步到位实行城乡按相同人口比例选举人大代表，并保证各地区、各民族、各方面都有适当数量的人大代表的修改方案。全国人大常委会经两次审议，决定将修正案草案提请十一届全国人大三次会议审议。

全国人大常委会办公厅按照法定程序，于今年 1 月 8 日将选举法修正案草案发送全国人大代表。代表们对修正案草案进行了认真的研读讨论，为审议作好准备。代表们普遍认为，修正案草案符合党的十七大精神，符合我国经济社会发展实际，能够更好地体现人人平等、地区平等和民族平等，有利于进一步扩大人民民主，保证人民当家作主。根据常委会组成人员的审议意见和代表们在讨论中提出的意见，对草案又作了一些修改，形成了提请大会审议的选举法修正案草案。

三、关于选举法修正案草案的主要内容

（一）城乡按相同人口比例选举人大代表

根据我国国体、政体，实行城乡按相同人口比例选举人大代表，应当体现以下原则要求：一是保障公民都享有平等的选举权，实行城乡按相同人口比例选举代表，体现人人平等；二是保障各地方在国家权力机关有平等的参与权，各行政区域不论人口多少，都应有相同的基本名额数，都能选举一定数量的代表，体现地区平等；三是保障各民族都有适当数量的代表，人口再少的民族，也要有一名代表，体现民族平等。这三个平等是我国国体、政体的内在要求，是有机统一的整体，不能强调其中一个方面而忽视其他方面。此外，各方面代表性人物比较集中的地方，也应给予适当的照顾。

基于以上，建议将选举法第十六条关于全国人大代表名额分配的规定，修改为："全国人民代表大会代表名额，由全国人民代表大会常务委员会根据各省、自治区、直辖市的人口数，按照每一代表所代表的城乡人口数相同的原则，以及保证各地区、各民族、各方面都有适当数量代表的要求进行分配。""省、自治区、直辖市应选全国人民代表大会代表名额，由根据人口数计算确定的名额数、相同的地区基本名额数和其他应选名额数构成。""全国人民代表大会代表名额的具体分配，由全国人民代表大会常务委员会决定。"

将第十二条、第十三条、第十四条关于地方各级人大代表名额分配的规定，合并为一条，修改为："地方各级人民代表大会代表名额，由本级人民代表大会常务委员会或者本级选举委员会根据本行政区域所辖的下一级各行政区域或者各选区的人口数，按照每一代表所代表的城乡人口数相同的原则，以及保证各地区、各民族、各方面都有适当数量代表的要求进行分配。在县、自治县的人民代表大会中，人口特少的乡、民族乡、镇，至少应有代表一人。""地方各级人民代表大会代表名额的分配办法，由省、自治区、直辖市人民代表大会常务委员会

参照全国人民代表大会代表名额分配的办法，结合本地区的具体情况规定。”

将第二十五条关于直接选举中各选区每一代表所代表人口数的规定，修改为：“本行政区域内各选区每一代表所代表的人口数应当大体相等。”

这里需要说明的是，对于实行城乡按相同人口比例选举人大代表，涉及到的全国人大代表名额分配问题，采取分两步走的办法。第一步是集中精力，把选举法修改好、完善好；第二步是在选举法修改完成后，根据选举法确定的原则，在广泛听取意见基础上，统筹考虑，由全国人大及其常委会作出决定，科学合理地分配。

（二）选举法修正案草案的其他主要内容

1. 关于人大代表的广泛性

一些常委委员和地方提出，应当进一步明确在各级人大代表中，来自基层的工人、农民和知识分子代表有一定的数量。据此，建议增加规定：全国人民代表大会和地方各级人民代表大会的代表“应当具有广泛的代表性，应当有适当数量的基层代表，特别是工人、农民和知识分子代表”。

2. 关于选举机构

一些地方和代表提出，选举委员会是组织领导县级和乡级人大代表选举的机构，在直接选举中具有十分重要的作用，建议根据1983年全国人大常委会通过的《关于县级以下人民代表大会代表直接选举的若干规定》，进一步完善选举的组织机构。据此，建议增加“选举机构”一章作为第二章，对选举委员会的产生、回避、职责和工作要求等分别作出具体规定。

3. 关于乡镇人大代表名额

一些地方提出，近些年来，一些地方进行了较大规模的乡镇合并，乡镇人口增加较多，有的人口多达十几万甚至二十几万，选举法规定的乡镇人大代表最多不超过一百三十人的名额显得偏少。据此，建议提高乡镇人大代表名额的上限，对选举法第九条第一款第四项关于乡、民族乡、镇的代表总名额上限作出修改，将不得超过一百三十名的规定修改为“代表总名额不得超过一百六十名”。

4. 关于代表候选人提供个人情况和两地代表问题

根据一些地方选举实践中出现的新情况新问题，一些代表和有关部门建议，应明确规定人大代表候选人要填报是否取得外国永久居留权、外国国籍等情况；并对不如实提供个人情况的，应规定相应处理办法，保证选民或者代表了解真实情况；同时还应对一个公民是否可以担任两个不同地方的人大代表问题予以明确。据此，建议增加两项规定：一是，“接受推荐的代表候选人应当向选举委员会或者大会主席团如实提供个人身份、简历等基本情况。提供的基本情况不实的，应当向选民或者代表通报。”二是，“公民不得同时担任两个以上无隶属关系的行政区域的人民代表大会代表。”

5. 关于推荐代表候选人的人数

一些地方提出，各政党、各人民团体联合或者单独推荐代表候选人时，是按应选名额数提，还是按差额数提，在实践中理解不一，做法不同，应予明确。据此，建议增加规定：“各政党、各人民团体联合或者单独推荐的代表候选人的人数，每一选民或者代表参加联名推荐的代表候选人的人数，均不得超过本选区或者选举单位应选代表的名额。”

6. 关于代表候选人与选民见面

一些地方提出，基层选举中，对代表候选人情况的介绍过于简单，影响选民投票积极性，为增加选民对代表候选人的了解，建议增加组织代表候选人与选民见面的内容。据此，建议将选举法第三十三条的有关规定修改为：“选举委员会根据选民的要求，应当组织代表候选人与选民见面，由代表候选人介绍本人的情况，回答选民的问题。”

7. 关于保障选民和代表的选举权

针对基层选举工作中出现的违反法定程序，妨碍选民和代表自由行使选举权的情况，一些地方提出，应当强调选举工作要严格遵守选举程序，保障选民和代表依法行使选举权。据此，建议增加规定：“全国人民代表大会和地方各级人民代表大会代表的选举，应当严格依照法定程序进行，并接受监督。任何组织或者个人都不得以任何方式干预选民或者代表自由行使选举权。”

8. 关于直接选举中投票选举程序的组织

一些地方提出，为了方便选民行使投票权，应当进一步规范投票站的设立和选举大会的召开，并加强对流动票箱的管理。据此，建议增加规定：“选举委员会应当根据各选区选民分布状况，按照方便选民投票的原则设立投票站，进行选举；选民居住比较集中的，可以召开选举大会，进行选举。因患有疾病等原因行动不便或者居住分散并且交通不便的选民，可以在流动票箱投票。”

9. 关于接受代表辞职的程序

选举法第四十九条规定了代表提出辞职的程序。一些地方提出，代表提出辞职后，由谁接受辞职，按什么样的程序接受辞职，选举法未作规定，各地做法也不统一，建议补充相关规定。据此，建议增加一条规定，补充相关内容。对于间接选举的人

通过;同时,有些代表对决定草案还提出了一些修改意见。法律委员会于3月12日下午召开会议,对决定草案进行审议。法律委员会认为,决定草案是可行的;同时,经对代表提出的修改意见逐条研究,提出以下修改意见:

一、有的代表提出,将决定草案第十一条中"代表候选人的名额应多于应选代表的名额"改为"代表候选人的人数应多于应选代表的名额"为宜。有的代表提出,决定草案第十二条中"由选民直接选举的人民代表大会代表候选人"的表述不够准确,建议修改为"由选民直接选举人民代表大会代表的"。法律委员会经研究,赞成上述意见,建议将决定草案第十一条、第十二条作相应修改。

二、有的代表提出,应当增加对选举工作中监票人和计票人实行回避的内容。法律委员会经研究,赞成上述意见,建议在选举法第三十九条增加一款规定,作为第二款:"代表候选人的近亲属不得担任监票人、计票人。"

此外,根据有的代表的意见,还作了个别文字修改。

关于委托投票。为规范委托投票行为,修正案草案规定了被委托人"应当按照委托人的意愿代为投票"的内容。审议中,有的代表提出,委托投票易产生弊端,建议取消;有的代表建议增加、减少接受委托的人数;也有的代表建议,可以通过邮寄或者互联网投票。还有代表建议进一步明确委托投票的具体操作程序。法律委员会经研究认为,委托投票已经实行30多年,对于选民在选举期间外出情况下行使选举权是有作用的,修改决定草案第十七条以不作修改为宜。至于委托投票的具体操作程序,可以通过制定实施办法进一步完善。此外,有些代表还提出了其他一些意见,法律委员会经研究认为,有的需要在具体办法中加以细化,有的可在实践中进一步研究完善。

决定草案建议表决稿已按上述意见作了修改,建议经主席团审议通过后,提请本次会议表决。

全国人民代表大会关于修改《中华人民共和国全国人民代表大会和地方各级人民代表大会选举法》的决定草案建议表决稿和以上报告,请予审议。

全国人民代表大会法律委员会

2010年3月9日

第十一届全国人民代表大会第三次会议关于全国人民代表大会常务委员会工作报告的决议

(2010年3月14日第十一届全国人民代表大会第三次会议通过)

第十一届全国人民代表大会第三次会议听取和审议了吴邦国委员长受全国人大常委会委托所作的工作报告。会议充分肯定全国人大常委会过去一年的工作,同意报告提出的今后一年的主要任务,决定批准这个报告。

会议强调,要高举中国特色社会主义伟大旗帜,以邓小平理论和"三个代表"重要思想为指导,深入贯彻落实科学发展观,坚持党的领导、人民当家作主、依法治国有机统一,紧紧围绕党和国家工作大局依法行使职权,着力提高立法质量,确保形成中国特色社会主义法律体系目标如期实现,着力增强监督实效,推动中央重大决策部署贯彻落实,为全面推进社会主义经济建设、政治建设、文化建设、社会建设以及生态文明建设作出新的更大的贡献。

全国人民代表大会常务委员会工作报告

——2010年3月9日在第十一届全国人民代表大会第三次会议上

全国人大常委会委员长　吴邦国

各位代表：

我受全国人大常委会委托，向大会报告工作，请予审议。

过去一年的主要工作

2009年是进入新世纪以来我国经济发展最为困难的一年。面对复杂形势和严峻挑战，以胡锦涛同志为总书记的党中央团结带领全国各族人民，坚定信心，迎难而上，夺取了社会主义经济建设、政治建设、文化建设、社会建设以及生态文明建设的新胜利。

过去的一年，全国人大常委会全面贯彻党的十七大和十七届三中、四中全会精神，以邓小平理论和“三个代表”重要思想为指导，深入贯彻落实科学发展观，坚持党的领导、人民当家作主、依法治国有机统一，按照十一届全国人大二次会议精神，紧紧围绕党和国家工作大局依法行使职权，各项工作取得新进展。一年来，共审议22件法律和有关法律问题的决定草案，通过14件，作出2项决议，听取审议国务院、最高人民法院、最高人民检察院14个工作报告，听取审议1个专题调研报告、1个跟踪检查报告，检查3部法律实施情况，办理代表议案518件，决定批准我国与外国缔结的条约、协定以及加入的国际公约7件，还决定和批准任免一批国家机关工作人员，为建设中国特色社会主义作出了新贡献。

一、坚持一手抓法律制定一手抓法律清理，在形成中国特色社会主义法律体系上迈出决定性步伐

去年是实现到2010年形成中国特色社会主义法律体系目标的关键一年，我们在提高立法质量的前提下，坚持一手抓法律制定、一手抓法律清理，中国特色社会主义法律体系建设取得决定性进展。

（一）修改选举法，推进中国特色社会主义选举制度自我完善与发展。为贯彻落实党的十七大提出的逐步实行城乡按相同人口比例选举人大代表的要求，常委会把修改选举法作为立法工作的一个重点，及时启动修改工作。在认真梳理代表议案建议、充分调查研究、广泛听取意见的基础上，形成选举法修正案草案。10月份的常委会会议对草案进行初审，会后将草案在中国人大网全文公布，广泛征求人民群众和社会各界意见。12月份的常委会会议再次进行审议，并决定将草案提请本次大会审议。常委会组成人员普遍赞成这次选举法修改的指导思想和工作原则，认为一步到位实行城乡按相同人口比例选举人大代表，并保证各地区、各民族、各方面都有适当数量人大代表的修改方案，符合党的十七大精神，符合我国经济社会发展实际，符合广大人民群众的意愿，能够更好地体现人人平等、地区平等和民族平等，有利于进一步扩大人民民主，保证人民当家作主。大家强调，修改选举法，推进中国特色社会主义选举制度的自我完善与发展，是坚持和完善人民代表大会制度的重要内容，是发展社会主义民主政治的必然要求。

选举法的修改是立法工作的一件大事，也是本次大会的一项重要议程。会前，我们已将选举法修正案草案送各位代表审阅，并组织研读讨论、听取意见，为大会审议做了必要准备。会议期间，常委会向大会作了说明。我们相信，经过全体代表的共同努力，一定能够把选举法修改好完善好。

（二）一批重要法律相继出台或提请审议。侵权责任法是一部关系广大人民群众切身利益的重要民事法律，九届时曾作为民法草案的一编进行初次审议。本届常委会又投入大量精力，对草案进行重大修改和多次审议。新制定的侵权责任法，坚持从我国国情和实际出发，对民法通则确立的相关基本制度作了细化、补充和完善，明确承担侵权责任的基本原则和责任方式，就广大人民群众普遍关注、各方面意见又比较一致的医疗损害、环境污染、产品缺陷、交通事故、动物损害等问题作出具体规定，对保护民事主体的合法权益，预防并制裁侵权

行为，减少和化解社会矛盾，促进社会和谐稳定具有重要意义。

建立健全社会保险法律制度，是一件关系亿万群众切身利益的大事，方方面面都很关注。常委会高度重视社会保险法的制定工作，十届时根据代表提出的议案建议，积极督促国务院研究提出法律草案。本届常委会在充分调查研究、向社会广泛征求意见、认真总结实践经验的基础上，对草案进行了多次审议和重大修改。一是将养老、医疗、工伤、失业、生育等五个险种分章作出具体规定。二是确立基本养老保险关系转移接续制度，提高基本养老保险基金统筹层次。三是明确规定国家逐步建立和完善新型农村社会养老保险制度，并对新型农村合作医疗制度作出原则规定。四是完善用人单位和参保人员对社会保险的监督，强化各级人大常委会对社会保险基金收支、管理和投资运营情况的监督职权，督促有关方面真正管住用好社会保险基金。

常委会正在审议的行政强制法草案，确定了行政强制必须遵循的原则，明确了行政强制的设定权限、实施主体和相关程序，要求设定行政强制必须经过事先论证并对实施情况定期进行评估，既对行政强制行为进行规范、制约和监督，避免和防止权力的滥用，又赋予行政机关必要的强制手段，保障行政机关依法履行职责。

国家赔偿法律制度直接涉及公权力的行使和公民合法权益的维护。根据人大代表和社会各界反映的突出问题，国家赔偿法修正案草案主要从畅通赔偿请求渠道、完善赔偿办理程序、明确赔偿范围和举证责任、保障赔偿费用支付等方面去完善法律规定。

村民委员会组织法颁布实施20多年来，以民主选举、民主决策、民主管理和民主监督为主要内容的村民自治取得长足发展，得到广大农民衷心拥护。同时也要看到，随着我国经济社会深入发展和广大农民政治热情日益提高，应当不断推进中国特色社会主义村民自治制度的自我完善与发展。村民委员会组织法修订草案，主要从完善村委会选举和罢免程序，健全村民会议、村民代表会议和村民小组会议等民主议事制度，强化村务监督、民主评议等方面进行修改补充。

正在审议的这几件法律草案涉及面广，社会影响大，法律关系复杂，为慎重起见，我们还要继续听取人大代表、社会各界特别是基层群众的意见，抓紧修改完善，争取尽快颁布实施。

常委会还制定了农村土地承包经营纠纷调解仲裁法、国防动员法、人民武装警察法、驻外外交人员法、海岛保护法，修改了常委会议事规则、邮政法、统计法、著作权法，作出了关于授权澳门特别行政区对设在横琴岛的澳门大学新校区实施管辖的决定等。

（三）*法律清理工作取得重大阶段性成果*。集中开展法律清理工作，是确保2010年形成中国特色社会主义法律体系的重要举措，是保证法律体系科学统一和谐的内在要求，也是本届常委会立法工作的一个重点。按照常委会工作部署，从2008年下半年开始，各专门委员会和常委会工作机构以及国务院、中央军委、最高人民法院、最高人民检察院等有关方面，对现有法律进行全面梳理。从清理情况看，有的法律已明显不适应经济社会发展需要，有的法律规定之间不尽一致或不够衔接，有的法律因配套法规的缺失影响有效实施。针对这些问题，常委会经过认真研究、反复论证，进行了分类处理。一是作出关于废止部分法律的决定，废止公安派出所组织条例、城市街道办事处组织条例等8件法律和有关法律问题的决定。二是作出关于修改部分法律的决定，一揽子对59件法律的141个条文作出修改，并对清理中明确需要修改的其他法律，补充列入立法规划和年度计划，抓紧进行修改。三是督促国务院和有关方面抓紧法律配套法规的制定工作，并明确今后在确定立法项目、起草法律草案的同时，要拟定配套法规，争取与法律同步实施。

二、坚持围绕中心突出重点，在推动中央重大决策部署贯彻落实上取得积极成效

面对国际金融危机严重冲击，党中央审时度势、从容应对，实行积极的财政政策和适度宽松的货币政策，全面实施并不断丰富完善应对国际金融危机冲击的一揽子计划和政策措施。常委会坚持围绕中心、突出重点，把推动中央重大决策部署贯彻落实作为人大监督工作的重中之重，依法行使监督职权，综合运用多种监督形式，督促和支持“一府两院”按照各自工作报告提出的目标任务做好工作，确保全年经济社会发展任务的顺利完成。

（一）*着力加强对经济工作的监督*。保持经济平稳较快发展是去年经济工作的首要任务。在经济发展遇到严重困难的特殊情况下，进一步加强人大对经济工作的监督尤为重要。去年的每次常委

会会议都安排听取审议国务院有关工作报告，常委会组织专题调研和有关专门委员会进行调研活动也都紧扣这个主题。

考虑到中央政府公共投资计划不仅数额大、涉及面广，而且实施时间紧、工作任务重，为保证这一投资计划的有效实施，常委会根据代表建议，选择保障性住房建设、教育卫生等民生工程、技术改造和科技创新、农田水利建设等4个题目，开展为期近3个月的专题调研，并在10月份的常委会会议上，同时安排听取审议国务院专项工作报告和常委会专题调研报告。专题调研组对各地区各部门认真实施中央政府公共投资计划取得的成效给予充分肯定，同时针对存在的一些项目前期工作不扎实、配套资金不够落实、地方债务风险、进展不平衡以及个别地方滥铺摊子等突出问题，通过座谈会、交换意见等方式，及时与地方政府和国务院有关部门沟通，并将形成的初步调研报告送国务院，推动有关方面研究改进工作、完善政策措施。10月份的常委会会议，我们请国务院有关部门负责同志到会直接听取意见。审议中常委会组成人员指出，发挥投资拉动作用，要坚持立足当前、着眼长远、科学规划、量力而行，严格把握投资导向，优化投资结构，落实配套资金，规范管理程序，加强投资监管，防止重复建设，真正把钱用在刀刃上。会后，我们还把常委会组成人员和列席会议同志提出的意见建议整理成《审议意见》，连同专题调研报告一并送国务院研究处理，并要求在今年4月底前将研究处理情况向全国人大常委会作出书面报告。这里需要强调的是，这次专题调研和审议专项工作报告是在中央政府公共投资计划实施过程中进行的，是常委会加大监督工作力度、提高监督工作水平的一次有益尝试，不仅增强了人大监督工作时效，而且丰富了人大监督工作方式。今后要进一步总结经验，不断加以完善。

常委会高度重视提高经济增长的质量和效益，推动结构调整和产业升级。除按惯例听取审议2009年上半年国民经济和社会发展计划执行情况报告外，还专门安排听取审议国务院关于转变发展方式、调整经济结构情况的报告和促进中小企业发展情况的报告。常委会组成人员认为，在全国上下共同努力下，2009年经济增长呈逐季上升之势，经济企稳回升势头逐步增强，总体经济发展情况好于预期，这充分说明中央关于应对国际金融危机冲击的一系列决策部署和政策措施是完全正确的，是及时有效的。大家指出，我国经济发展遇到的较大困难，既是国际金融危机冲击的结果，也反映出我国发展方式总体粗放、结构不合理的问题，国际金融危机冲击使调整任务变得更加紧迫。大家强调，要正确处理保增长与调结构的关系，正确处理解决当前困难与实现长远发展的关系，使经济回升建立在结构优化升级的基础上，使应对国际金融危机冲击过程成为增强发展可持续性的过程。一要大力开展以节能降耗、发展循环经济为核心的企业技术改造。二要加强技术创新，加快高端产品研发，实现产业和产品的升级。三要积极发展以绿色经济、低碳经济为重点的新兴产业，培育新的经济增长点。

加强对财政预算的监督，一直是常委会监督工作的重要内容。去年6月份的常委会会议听取审议了2008年中央决算报告和审计工作报告，审查批准了2008年中央决算，并对2009年前5个月的预算执行情况进行审议。大家指出，1至5月份，全国财政收入同比下降较多，财政收支矛盾突出，完成全年预算任务相当艰巨。对此，国务院及其有关部门应当高度重视，采取更加有效措施加以解决。一要认真落实结构性减税政策，支持企业发展，依法加强税收征管，努力扭转财政收入持续下降的局面。同时要防止收“过头税”，防止增加企业不合理负担。二要提高财政资金使用效益，严格把握投资和政策导向，确保重点项目和重点支出。同时要牢固树立过紧日子的思想，坚持量力而行、勤俭办一切事业，反对铺张浪费，力戒滥铺摊子，不要做表面文章。三要积极推进财税体制改革，建立健全中央和地方财力与事权相匹配的财政体制，规范财政转移支付制度，抓紧建立县级政府基本财力保障机制。同时要严格执行法律法规和财经纪律，加大对重点财政收支领域的监管力度，规范预算编制与执行，防范财政风险。

（二）着力加强对解决民生问题的监督。保障和改善民生是贯彻落实科学发展观的内在要求，也是发展经济的最终目的。人大代表和常委会组成人员对此高度关注。去年常委会听取审议的“一府两院”11个专项工作报告，有6个直接涉及老百姓关注的民生问题，全年安排的3项执法检查，全部与民生问题息息相关。

为推动就业和社会保障事业全面协调可持续发展，我们通过多种形式加强跟踪监督。一是在4月份听取审议国务院关于农村社会保障体系建设情况报告的基础上，委员长会议决定由农业与农村委员会开展跟踪检查，并在12月份的常委会会议上听取审议了跟踪检查报告。二是在2008年对劳动合同法开展执法检查的基础上，去年又听取审议国务院关于职业教育改革与发展、促进就业和再就业工作情况等报告。三是针对国际金融危机背景下出现的新情况新问题，在 2004 年执法检查的基础上，去年对工会法的实施情况开展新一轮检查。常委会组成人员充分肯定这些方面工作取得的积极进展，同时提出不少意见和建议。一要增加财政对农村社保的投入，建立稳定的农村社保筹资机制，按照统筹兼顾原则不断完善农村社保体系，努力实现新型农村社会养老保险的全覆盖，尽快解决农民工基本养老保险关系转移接续和失地农民社会保障问题。二要认真实施更加积极的就业政策，千方百计扩大就业和促进再就业，重点做好高校毕业生、农民工和困难群众就业再就业工作，进一步加强职业技能培训工作，建立健全职业教育经费保障机制，逐步实行中等职业教育免费。三要充分发挥工会在维护职工合法权益、稳定劳动关系中的作用，加快建立职工参与的工资协商机制、工资正常增长机制和支付保障机制等。

去年 6 月，常委会专门安排听取审议国务院关于四川汶川特大地震灾后恢复重建工作情况的报告。常委会组成人员对前一阶段恢复重建工作给予充分肯定，对下一阶段工作安排表示赞同。大家强调，要坚持民生优先，立足灾区实际，着眼长远发展，确保质量效益，完善规划政策，扎实推进恢复重建工作。要着力解决灾区城乡居民尤其是特困群众住房建设问题，进一步加强学校、医疗卫生机构等公共设施以及交通、水利等基础设施的恢复重建，尽快把灾区建设成为人民安居乐业、社会和谐繁荣的美好新家园。

食品安全事关人民群众身体健康和生命安全，人大代表和社会各界广泛关注。常委会高度重视这项工作，去年 2 月份审议通过食品安全法后，当年就在全国范围开展执法检查，督促有关部门抓紧制定、清理和完善配套法规，尽快制定和修改食品安全标准，建立食品安全风险监测和风险评估机制，进一步完善监管体制，加强食品安全监管能力建设，实现全程监管、科学监管，着力改善食品安全状况。我们还开展畜牧法执法检查，提出加强动物疫病防控，防止畜牧产品价格大起大落，开展对“瘦肉精”和磺胺类药物添加使用的集中整治，支持畜牧养殖无害化处理和资源化利用等重要建议。

为促进司法公正、维护社会公平正义，常委会每年都选择人民群众普遍关注的突出问题作为侧重点，加强对最高人民法院和最高人民检察院工作的监督。针对民事案件“执行难”、国家机关工作人员渎职侵权犯罪等问题，去年常委会听取审议了最高人民法院关于加强民事执行工作、维护法制权威和司法公正情况的报告，最高人民检察院关于加强渎职侵权检察工作、促进依法行政和公正司法情况的报告。全国人大常委会组成人员对最高人民法院、最高人民检察院自觉接受人大监督、有效清理执行积案、努力提高执法水平予以积极评价，同时希望各级法院和检察院要坚持司法为民，提高队伍素质，加强制度建设，规范司法行为，进一步加大民事执行和查办渎职侵权犯罪案件的力度，确保当事人合法权益得到维护，确保违法犯罪行为依法受到追究。

三、坚持节约资源和保护环境基本国策，积极推动应对气候变化工作

气候变化是全人类面临的重大挑战，越来越引起世界各国的高度关注，需要国际社会合作应对。加大应对气候变化工作力度，是我们推动科学发展、提高可持续发展能力的内在要求。人大代表和常委会组成人员对此普遍关心。常委会通过作出专门决议、听取审议专项工作报告、修改相关法律、开展国际合作等进一步加强这方面工作。

针对应对气候变化面临的新形势新要求，根据环境与资源保护委员会在办理代表议案过程中提出的建议，8 月份的常委会会议增加安排两项议程：一是听取审议国务院关于应对气候变化工作情况的报告，二是全国人大常委会就积极应对气候变化作出相关决议。这是常委会为应对气候变化采取的重大举措。大家认为，我国作为负责任的发展中大国，一直高度重视气候变化问题并为此做出了巨大努力，把节约资源和保护环境作为基本国策，把实现可持续发展作为国家战略，制定了涵盖影响气候变化各领域的法律法规，制定和实施了《应对气候变化国家方案》，将节能减排和提高森林覆盖率作为国家中长期发展规划的约束性指标，并采取一系列相关政策措施，为减缓和适应气候变化作出了积极贡献。常委会的决议，进一步明确了我国应对气候变化的指导思想、基本原则和措施要求，进一步表明了我国积极参与应对气候变化国际合作的原则立场，强调要坚持共同但有区别的责任原则，本着对人类生存和长远发展高度负责的精神，与国际社会一道，促进《联合国气候变化框架公约》及其《京都议定书》的全面、有效和持续实施，为应对气候变化作出新的贡献。此前，在 4 月份的常委会会

议上，还专门听取审议国务院关于大气污染防治工作进展情况的报告，要求把加快经济发展方式转变和结构调整作为改善大气环境质量的治本之策，确保实现“十一五”规划纲要确定的主要大气污染物的减排目标。去年 11 月，国务院召开常务会议，专题研究部署应对气候变化工作，提出到 2020 年我国单位国内生产总值二氧化碳排放比 2005 年下降 40%到 45%，非化石能源占一次能源消费的比重达到 15%左右，森林面积比 2005 年增加 4000 万公顷，森林蓄积量比 2005 年增加 13 亿立方米，并作为约束性指标纳入国民经济和社会发展中长期规划，得到了国际社会特别是发展中国家的广泛好评。

常委会还加强应对气候变化相关的绿色经济、低碳经济立法工作。根据代表提出的相关议案，在认真总结实践经验、与有关方面反复协商的基础上，及时对可再生能源法作出修改，进一步明确了编制可再生能源开发利用规划的原则和主要内容，完善了规划编制、审批与备案制度，从法律上确立国家实行可再生能源发电全额保障性收购制度，建立电网企业收购可再生能源电量费用补偿机制，设立国家可再生能源发展基金，要求电网企业提高吸纳可再生能源电力的能力等，对推动我国可再生能源产业的健康快速发展，促进能源结构调整，加强资源节约型、环境友好型社会建设具有重要意义。

我们高度重视应对气候变化的国际交流与合作，把它作为人大对外交往工作的一项重要内容，利用接待来访和应邀出访、举办和参加相关国际会议等多种场合，采取多种形式，广泛宣传我国在应对气候变化问题上的原则立场和政策措施，详细介绍我国在应对气候变化方面所做的大量工作和取得的积极成效，积极推动低碳经济、可再生能源、清洁能源等领域的务实合作，密切与国际议会组织、外国议会的沟通协调，加深相互理解，扩大合作共识，促进形成共同应对全球气候变化的合作氛围。

四、坚持尊重代表主体地位，代表作用进一步发挥

全国人大代表是最高国家权力机关组成人员。做好人大工作，离不开代表作用的充分发挥。我们从坚持和完善人民代表大会制度出发，坚持尊重代表主体地位，坚持为代表服务的思想，进一步完善工作制度，努力提高代表服务水平，支持和保障代表依法履职，代表作用得到进一步发挥。

一是认真办理代表议案建议。坚持把代表议案建议办理工作与常委会工作有效结合起来，充分发挥代表作用。十一届全国人大二次会议主席团交付有关专门委员会审议的 518 件代表议案，已全部办理完毕，其中，13 件议案涉及的 6 件法律已经常委会审议通过，34 件议案涉及的 6 件法律草案正在审议，249 件议案涉及的 42 个立法项目已列入立法规划。代表提出的 7426 件建议、批评和意见，所提问题已解决或计划解决的有 5523 件，占代表建议总数的 74.4%。

二是继续扩大代表对常委会和专门委员会工作的参与。为充分听取代表的意见和建议，增强人大工作的活力，每次常委会会议都邀请提出相关议案的代表和代表小组召集人列席，专门委员会也邀请代表出席相关全体会议、专题会议及座谈会、论证会等，常委会组织的执法检查和专题调研都请不同方面代表参加，全年有 400 余名代表参加了上述活动。列席会议和参加活动的代表，事先认真准备，会上积极发言，充分反映人民群众呼声，为提高常委会和专门委员会工作质量发挥了重要作用。

三是继续加强代表服务保障工作。组织 1800 多名代表参加集中视察，1900 多名代表参加专题调研，形成 100 多份专题调研报告，还组织港澳台代表到内地进行视察调研，组建 264 个代表活动小组，举办 6 期代表专题培训班，1200 多名代表参加培训，代表服务保障工作得到加强。

五、坚持服从服务于国家外交大局，对外交往更加活跃

全国人大对外交往是国家总体外交重要组成部分。我们坚持服从服务于国家外交大局，从人大对外交往的特点出发，巩固和完善与外国议会定期交流机制，加强各层次友好往来，为维护我国发展重要战略机遇期，推动建设持久和平、共同繁荣的和谐世界作出了积极贡献。

成功召开中国全国人大与俄罗斯联邦委员会、国家杜马合作委员会第三次会议，就加强新形势下中俄议会合作达成重要共识，强调议会交往应增进政治互信，维护共同利益；推动务实合作，共同应对国际金融危机；秉承世代友好，夯实两国关系社会基础。我们适时邀请新一届美国国会领导人访华，成功实现中国全国人大常委会委员长 20 年来首次正式访美，对推动两国议会交往和国家关系发展具有重大意义。双方就议会交往、中美关系及共同关心的重大问题深入交换意见，一致表示应保持密切

交往，加强定期交流，开展多层次友好往来，深入坦诚对话，扩大政治互信，促进务实合作，使议会成为推动中美关系健康稳定发展的建设性力量。我们在深化与日本、韩国、英国、德国、加拿大、埃及、智利等国议会及欧洲议会机制交流的同时，顺利启动与法国国民议会、意大利参议院机制交流。

委员长会议组成人员和各专门委员会、常委会工作机构及双边友好小组根据常委会总体部署，有针对性地加强与外国议会高层交往和对口交流，深入做外国议会领导人和议员、议员助手的工作，取得良好效果。我们还积极参与议会多边外交，在各国议会联盟、亚太议会论坛、拉美议会等国际和地区议会组织中发挥建设性作用。

在对外交往中尤其是与西方国家议会交往中，我们反复指出，由于历史文化、发展阶段、社会制度和意识形态不同，国与国之间在一些问题上有不同看法甚至分歧，是完全可以理解的。有分歧可以坐下来谈，一时谈不拢的至少可以增进相互了解。分歧不应成为合作的障碍，更不能成为干涉别国内政的理由。我们主张，推进国际关系民主化，尊重世界多样性，尊重各国人民自主选择发展道路的权利，不干涉别国内部事务，不把自己的意志强加于人。我们反对，以言论自由和宗教信仰作幌子支持或变相支持"台独"、"藏独"、"东突"等分裂势力，干涉中国内政。我们坚持，在和平共处五项原则的基础上同所有国家发展友好合作。我们强调，相互尊重国家主权和领土完整，尊重和照顾彼此核心利益，是中国同其他国家和国际组织建立和发展关系的政治基础。这一点在任何时候都不会改变。

六、坚持正确政治方向，自身建设继续加强

常委会是全国人大的常设机关，肩负着宪法和法律赋予的重要职责。加强自身建设，对于更好地行使职权、履行职责、做好工作至关重要。

我们继续把思想政治建设摆在首位，把坚持正确政治方向贯穿于人大依法履职的全过程，深刻认识我国人民代表大会制度与西方资本主义国家政体的本质区别，不断增强坚持走中国特色社会主义政治发展道路的自觉性和坚定性，不断增强坚持和完善人民代表大会制度的自觉性和坚定性。与此同时，我们还抓了能力建设和制度建设。一是坚持履职培训，定期组织集体学习，每次常委会会议后都举办专题讲座。大家结合本职工作，向群众学习，向实践学习，向专家学习，通过制定一部法律、作出一个决议、审议一项工作报告、开展一次执法检查，努力搞懂相关问题。二是加强调查研究，紧密结合立法、监督工作，深入基层，了解实际，抓住带有倾向性、普遍性的问题，努力做到分析问题切中要害、提出意见有理有据、作出决策切实可行，既提高了常委会的工作质量，也起到推动有关方面改进工作的作用。三是完善工作制度，及时修改了全国人大常委会议事规则，进一步规范议事程序，提高常委会议事效率。我们还结合庆祝新中国成立60周年，纪念澳门特别行政区基本法实施10周年等活动，深入宣传中国特色社会主义政治发展道路、人民代表大会制度和"一国两制"方针，积极拓展人大工作宣传报道的广度和深度。

全国人大各专门委员会充分发挥人才荟萃、知识密集、经验丰富等特点和优势，紧紧围绕全国人大及其常委会的中心任务，积极开展调查研究，深入了解实际情况，认真研究审议拟定有关议案，加强与有关方面沟通协调，增进相互之间密切配合，提出许多有分量的意见和建议，做了大量卓有成效的工作，有力促进了常委会工作整体水平的提高。

全国人大机关以巩固深入学习实践科学发展观活动成果为契机，以加强机关党的建设为抓手，健全和完善各项工作制度，全面加强机关建设，充分调动广大干部职工的积极性、主动性、创造性，进一步发挥了集体参谋助手和服务班子的作用。

去年是县级以上地方人大设立常委会30周年。县级以上地方人大设立常委会是健全地方政权体制的重要举措，是我国人民代表大会制度的一次重大发展和完善。我们通过举办座谈会等一系列纪念活动，总结交流加强和改进地方人大工作的好经验好做法，与地方人大的联系也进一步得到加强。每次常委会会议都邀请各省、自治区、直辖市人大常委会负责同志列席，认真听取他们的意见和建议，还及时向省级人大常委会通报有关情况。长期以来，地方人大及其常委会全力支持和密切配合全国人大常委会开展的立法、监督、代表和对外交往等工作，共同推动人大工作不断向前发展。

各位代表！

过去一年全国人大常委会取得的成绩，是在以胡锦涛同志为总书记的党中央正确领导下，全国人大代表、常委会组成人员、各专门委员会组成人员团结协作、辛勤劳动的结果，是地方各级人大及其常委会积极协助、共同努力的结果，是国务院、最高人民法院、最高人民检察院协同工作的结果，是广

大人民群众大力支持的结果。在此,我代表全国人大常委会表示衷心感谢!

我们也清醒地看到,在发挥代表作用、提高立法质量、增强监督实效等方面,与人民的期望、代表的要求还有不小差距。我们将自觉接受人民监督,虚心听取代表意见,不断改进工作,更好地发挥全国人大及其常委会作为最高国家权力机关、依法履行职责的工作机关和密切联系人民群众的代表机关的作用。

今后一年的主要任务

2010年是实施"十一五"规划的最后一年,也是加快经济发展方式转变、向全面建设小康社会继续迈进的重要一年。常委会工作的总体要求是:全面贯彻党的十七大和十七届三中、四中全会及中央经济工作会议精神,以邓小平理论和"三个代表"重要思想为指导,深入贯彻落实科学发展观,坚持党的领导、人民当家作主、依法治国有机统一,按照十一届全国人大三次会议精神,紧紧围绕党和国家工作大局依法行使职权,着力提高立法质量,确保形成中国特色社会主义法律体系目标如期实现,着力增强监督实效,推动中央重大决策部署贯彻落实,为促进经济平稳较快发展、加快发展方式转变、保持社会和谐稳定作出新的更大贡献。

一、确保形成中国特色社会主义法律体系目标如期实现

到2010年形成中国特色社会主义法律体系,是党的十五大提出的新时期立法工作总目标。如期实现这一目标,是我们义不容辞的责任,是今年立法工作的首要任务,也是今年人大工作的重中之重。我们要在坚持提高立法质量的前提下,加倍努力、奋发工作,抓紧制定在法律体系中起支架作用的法律,及时修改与经济社会发展不相适应的法律,继续加强社会领域立法,更加注重绿色经济、低碳经济领域立法,全面完成法律法规清理工作,确保中国特色社会主义法律体系如期形成,圆满完成党和人民赋予的历史任务。

(一)抓紧制定一批新法律。完成社会保险法草案审议修改工作,进一步健全社会保险法律制度,解除人民群众后顾之忧,更好地维护社会和谐稳定。继续审议行政强制法草案,进一步推进依法行政,更好地维护公民合法权益。提请审议增值税法和车船税法草案,进一步健全财税法律制度,规范税收管理。还要研究制定人民调解法、违法行为教育矫治法、涉外民事关系法律适用法、自然遗产保护法,督促有关方面抓紧起草基本医疗卫生保健法、社会救助法等法律草案。

(二)及时修改一批现行法律。修改代表法和村民委员会组织法,不断推进中国特色社会主义政治制度的自我完善和发展。修改行政监察法,进一步健全权力运行制约和监督机制,努力从源头上防治腐败。修改预算法,强化预算编制的完整性、执行的规范性和监督的严肃性。继续做好国家赔偿法修正案草案审议工作,研究修改土地管理法、森林法、水土保持法、职业病防治法、预备役军官法等法律。

(三)积极推进科学立法民主立法。今年要在已有工作的基础上取得新进展。一是充分发挥人大代表在立法工作中的作用,无论是论证和确定立法项目,还是起草和审议法律草案,都要认真研究吸纳代表议案提出的相关意见,邀请相关代表参与立法工作。二是扩大公民对立法的有序参与,坚持和完善法律草案公布机制,增强立法座谈会、论证会、听证会的实效,选择法律草案中人民群众普遍关心的问题进行充分论证,认真听取各方面特别是基层群众的意见,不断完善法律草案,并将采纳情况以适当方式向社会反馈。三是适时启动立法后评估试点,结合常委会执法检查中发现的问题和法律实施中出现的新情况新问题,有针对性地选择一到两件事关群众切身利益的法律,开展立法后评估试点工作,探索建立立法后评估工作机制。

(四)督促和指导法规集中清理工作。行政法规和地方性法规是中国特色社会主义法律体系的有机组成部分。经过各方面的共同努力,到目前为止,我国现行有效的行政法规690多件、地方性法规8800多件,为保证法律有效实施、推进依法行政、管理地方事务等发挥了重要作用。同时也要看到,现行法规中也存在不适应、不协调、不配套的地方。我们要在去年集中开展法律清理工作取得重大阶段性成果的基础上,督促和指导国务院和地方人大分别开展行政法规、地方性法规集中清理工作,确保在今年年底前全面完成法律法规清理任务。

(五)继续加强规范性文件备案审查工作。要依法做好行政法规、地方性法规、自治条例、单行条例以及司法解释等规范性文件的备案工作,有重点地开展主动审查,对最高人民法院、最高人民检察

院新制定的司法解释逐件审查研究，并督促最高人民法院、最高人民检察院对2005年以前制定的司法解释进行集中清理。

这里要强调的是，发展社会主义民主政治是我们党始终不渝的奋斗目标。党的十一届三中全会总结建国以来的经验教训特别是“文化大革命”的教训，作出把党和国家工作中心转移到经济建设上来、实行改革开放的历史性决策，并把发展社会主义民主、健全社会主义法制作为建设中国特色社会主义的一项重要战略任务。经过各方面共同努力，到上届末，中国特色社会主义法律体系已基本形成，国家经济、政治、文化、社会生活各个方面基本做到有法可依，有力保障和推动了中国特色社会主义事业的发展。同时也要看到，经济社会的快速发展，社会主义民主政治的不断推进，文化生活的丰富多彩，和谐社会的积极构建，体制机制的改革创新，经济全球化的深入发展，不断对立法工作提出新的要求。立法工作仍是本届人大的一项重要工作。为确保如期实现党中央提出的立法目标，今年的立法工作艰巨而光荣，我们一定要坚持正确政治方向，坚持以人为本，坚持从国情出发，坚持实事求是，坚持法制统一，妥善处理权力与权利的关系，妥善处理法律稳定性与实践变动性的关系，妥善处理法律规定的前瞻性与可行性的关系，为改革开放和社会主义现代化建设，为实施依法治国基本方略和建设社会主义法治国家提供坚实的法律保障。

二、紧紧围绕推动中央重大决策部署贯彻落实开展监督工作

当前我国处在经济社会发展的重要战略机遇期和社会矛盾凸显期，改革发展稳定的任务艰巨而繁重。党中央对做好今年工作作出全面部署，强调要更加注重提高经济增长质量和效益，更加注重推动经济发展方式转变和经济结构调整，更加注重推进改革开放和自主创新、增强经济增长活力和动力，更加注重改善民生、保持社会和谐稳定，更加注重统筹国内国际两个大局，努力实现经济平稳较快发展。全国人大常委会要认真实施监督法，紧紧围绕“五个更加注重”，加强对经济工作和解决民生问题的监督，努力在加大监督力度、提高监督水平、增强监督实效上下功夫，推动中央重大决策部署贯彻落实，确保今年经济社会发展任务目标的顺利实现。

（一）以推进经济发展方式转变为重点，加强对经济工作的监督。改革开放以来，我国经济社会发展取得举世瞩目的伟大成就，同时也呈现新的阶段性特征，在国际金融危机背景下，凸显原有经济发展方式的不适应，加快经济发展方式转变已经成为保证我国经济可持续发展和社会和谐稳定的内在要求。党的十七大立足我国国情，深刻分析面临的国内国际形势，把加快转变经济发展方式、推动产业结构优化升级作为关系国民经济全局紧迫而重大的战略任务，明确提出促进经济增长由主要依靠投资、出口拉动向依靠消费、投资、出口协调拉动转变，由主要依靠第二产业带动向依靠第一、第二、第三产业协同带动转变，由主要依靠增加物质资源消耗向主要依靠科技进步、劳动者素质提高、管理创新转变。去年中央经济工作会议再次强调了这一问题。加快经济发展方式转变、推动产业结构优化升级是贯彻落实科学发展观的重要目标和战略举措，也是今年经济工作的重大任务。全国人大常委会对经济工作的监督要紧紧围绕这一主题进行，着力促进保持经济平稳较快发展和加快经济发展方式转变的有机统一，在发展中促转变，在转变中谋发展。

一要通过听取审议国务院关于2010年上半年计划执行情况和中央预算执行情况等报告、听取审议2009年中央决算和审计工作报告、审查批准2009年中央决算等，督促实施积极的财政政策和适度宽松的货币政策等宏观调控政策的贯彻落实，检查扩大居民消费需求、积极稳妥推进城镇化、推进基本公共服务均等化和引导产业有序转移等要求的落实情况，促进经济平稳较快发展。二要通过听取审议国务院关于服务业发展、文化产业发展情况等报告，督促扶持新兴产业发展的有关政策措施的贯彻落实，促进结构调整和培育新的经济增长点。三要通过检查节约能源法和清洁生产法的实施情况等，推动全国人大常委会关于积极应对气候变化的决议和相关法律的贯彻实施，推动重点行业开展以节能降耗、发展循环经济为核心的技术改造，促进传统产业优化升级，确保“十一五”规划纲要确定的节能减排目标的如期实现。四要通过检查科技进步法的实施情况等，推动健全产学研相结合的科技创新体系，提高自主创新能力，促进科技成果转化为现实生产力。五要通过听取审议国务院关于国家粮食安全情况的报告、检查农业技术推广法实施情况等，推动落实强农惠农政策，加强农业农村基础设施建设，加快发展现代农业，监督检查实施新增1000亿斤粮食生产能力规划落实情况和全国大中型水库除险加固任务完成情况，推进社会主义新农村建设，确保农业稳产增产，农民稳定增收。六要继续围绕有关专题对中央政府公

共投资计划实施情况开展跟踪调研，督促有关方面认真研究处理常委会专题调研报告所提建议和常委会组成人员审议意见，促进重大公共投资项目顺利实施。七要通过检查台湾同胞投资保护法的实施情况，加强对台湾同胞到大陆投资合法权益的保护。

（二）以促进社会和谐稳定为重点，加强对解决民生问题的监督。改革开放以来，不仅我国经济持续快速发展，民生也得到很大改善，社会政治长期保持稳定。同时也要看到，我国正处于并将长期处于社会主义初级阶段，人民日益增长的物质文化需要同落后的社会生产之间的矛盾仍然是我国社会的主要矛盾。目前，我国社会总体上是和谐的，但也存在不少影响社会和谐的矛盾，就业、社会保障、收入分配、教育、医疗、住房、安全生产、社会治安等方面关系群众切身利益的问题仍比较突出。党的十六大、十六届六中全会和党的十七大明确提出，要加快推进以改善民生为重点的和谐社会建设，努力使全体人民学有所教、劳有所得、病有所医、老有所养、住有所居。保障和改善民生是贯彻落实科学发展观的本质要求，也是今年经济社会发展工作的一大重点。全国人大常委会要以推动解决人民群众最关心、最直接、最现实的利益问题为重点，督促有关方面正确处理发展经济和改善民生的关系，坚持以人为本，着力化解社会矛盾，大力发展社会事业，完善社会管理与服务，促进社会公平正义，建设和谐文化，推动社会建设与经济建设、政治建设、文化建设以及生态文明建设协调发展。

一是通过听取审议国务院关于深化医药卫生体制改革情况等报告，检查近期重点改革实施方案的落实情况，推进基本医疗保障制度、国家基本药物制度、基本医疗卫生服务体系建设，促进基本公共卫生服务均等化和公立医院改革试点。二是通过听取审议国务院关于转移农村劳动力、保障农民工权益情况等报告，推动解决农民工劳动报酬、劳动条件、技能培训、基本养老和医疗保险、工伤保险、子女上学等方面存在的突出问题，检查将农民工逐步纳入城镇公共服务体系建设情况。三是通过检查妇女权益保障法的实施情况，推动解决妇女平等就业、同工同酬、土地权益及生产安全、健康和退休保障等方面存在的问题，进一步推动男女平等基本国策的贯彻落实。四是通过听取审议国务院关于少数民族和民族地区经济社会发展情况的报告，督促有关方面落实民族区域自治法和中央关于加快西藏、新疆等民族地区经济社会发展的政策措施，尤其是中央有关支持西藏和四省藏区、新疆发展的新政策新举措，进一步巩固和发展平等团结互助和谐的社会主义民族关系。五是通过听取审议最高人民法院关于民事审判工作报告和最高人民检察院关于改进渎职侵权检察工作情况报告等，促进法院和检察院不断改进工作，维护司法公正和社会公平正义。六是通过听取审议国务院关于加强道路交通安全管理的报告，推动道路交通安全法的贯彻实施，督促健全道路交通安全管理责任制，促进文明执法、规范执法，检查机动车第三者责任强制保险和道路交通事故社会救助基金制度运行情况。

（三）以增强监督实效为核心，进一步完善监督工作方式方法。监督权是宪法和法律赋予人大的重要职权，人大监督是代表国家和人民进行的具有法律效力的监督。人大依法按程序集体行使监督职权，不代行行政权、审判权、检察权，不直接处理具体问题。这些年，我们在加强和改进人大监督工作方面做了大量工作，取得积极成效，形成了一套行之有效的工作机制和方法，推动解决了一批事关全局和人民群众关心的重大问题。实践证明，人大依法监督，有利于推动"一府两院"改进工作；"一府两院"依法接受人大监督，有利于依法行政和公正司法。在监督工作中正确处理人大与"一府两院"关系，很重要的一点就是要严格按监督法办事。这就要求我们始终坚持围绕中心、突出重点、讲求实效的监督工作思路，不断完善方式方法。今年要在以下三个方面加以推进，进一步加大监督工作力度。

一是进一步加强财政预算监督。监督中央和地方预算执行，是法律赋予全国人大常委会的重要职权，也是确保全国人大批准的预算和关于预算的决议得到全面贯彻落实的重要保障。为进一步增强人大对预算监督的实效性，根据监督法和预算法的精神，将原来在6月份常委会会议上听取审议上一年中央决算报告时一并审议当年1至5月份预算执行情况的做法，改为在8月份的常委会会议上专门听取审议国务院关于今年以来预算执行情况的报告，着重审查全国人大批准预算决议的执行情况，中央和地方预算收支的主要情况，财政政策及相关财税措施的实施情况，农业、教育、科技、文化、卫生、社会保障等重点支出的资金到位和使用情况，中央财政对地方转移支付的情况，国债发行情况等。

二是围绕"十二五"规划纲要编制问题进行专题调研。为贯彻落实党的十七大和中央经济工作会议精神，今年上半年，我们将结合国家编制"十二五"规划纲要，选择国民收入分配、经济结构调整、就业和社会保障、教育科技文化卫生事业发展、"三农"、节能减排和环境保护以及财政体制和税收制度改革等课题，组织有关专门委员会和常委会工作机构开展专题调研，提出有分量的意见建议，供中央决策和研究编制规划纲要参考，也为十一届全国人大四次会议审查批准"十二五"规划纲要做准备。

三是依法开展专题询问和质询。询问和质询是人大对"一府两院"实施监督的法定形式。根据监督法和全国人大常委会关于加强经济工作监督决定的精神，今年我们将选择代表普遍关心的问题听取国务院有关部门专题汇报，根据有关法律的规定，要请国务院有关部门主要负责同志到会听取意见、回答询问、答复问题。

2010年上海世博会，以"城市，让生活更美好"为主题，成为展示城市文明成果，交流城市建设经验，传播城市发展理念，探讨统筹城乡发展课题的国际平台。举办世博会是继北京奥运会后我国举办的又一次世界性盛会。我们要全力支持各项筹办工作，确保上海世博会办成一次成功、精彩、难忘的世博会。

三、继续加强代表服务、对外交往、自身建设等方面的工作

要进一步加强和改进代表工作，认真贯彻落实2005年中央9号文件精神，继续完善工作制度，提高代表议案建议办理质量，扩大代表对常委会和专门委员会工作的参与，改进代表集中视察和专题调研，完善代表小组活动方式，加强代表专题培训，努力提高代表服务保障工作水平，充分发挥代表参与管理国家事务的作用。

要进一步加强和改进对外交往工作，重点做好高层互访工作，有效推进与有关国家议会的定期交流，积极参与第三次世界议长大会的筹备进程和会议活动，认真搞好上海世博会的有关对外交往活动，广泛开展与外国议会多层次、多领域的友好往来与合作，继续加强对外宣传工作，更好地发挥人大对外交往的作用。

要进一步加强和改进人大宣传工作，加强组织协调，把握舆论导向，充分利用电视广播、报纸杂志以及网络等新兴媒体，灵活运用多种报道形式，广泛宣传人民代表大会制度以及人大各项工作的新进展。

要进一步加强自身建设，始终坚持人大工作正确政治方向，牢固树立党的观念、政治观念、大局观念、群众观念和法治观念。要大兴学习之风、密切联系群众之风、求真务实之风，深入开展调查研究，认真办好专题讲座，切实提高依法履职能力。要充分发挥专门委员会作用，加强协调配合，进一步提高整体工作质量和水平。要加强与地方人大常委会的联系，学习地方人大依法履职的好经验，共同推进民主法制建设。全国人大机关要进一步加强思想作风建设、组织制度建设和素质能力建设，为全国人大代表和常委会、专门委员会组成人员依法履职当好集体参谋助手，搞好服务保障。

各位代表，我们要实现的目标催人奋进，我们要完成的任务艰巨繁重。让我们紧密团结在以胡锦涛同志为总书记的党中央周围，高举中国特色社会主义伟大旗帜，以邓小平理论和"三个代表"重要思想为指导，深入贯彻落实科学发展观，团结进取，奋发有为，扎实工作，为夺取全面建设小康社会新胜利、开创中国特色社会主义事业新局面而努力奋斗！

第十一届全国人民代表大会第三次会议关于最高人民法院工作报告的决议

（2010年3月14日第十一届全国人民代表大会第三次会议通过）

第十一届全国人民代表大会第三次会议听取和审议了王胜俊院长所作的最高人民法院工作报告。会议对最高人民法院过去一年的工作表示满意，同意报告提出的2010年工作安排，决定批准这个报告。

会议强调，要高举中国特色社会主义伟大旗帜，以邓小平理论和"三个代表"重要思想为指导，深入贯彻落实科学发展观，牢固树立社会主义法治理念，切实履行宪法和法律赋予的职责，坚持服务大局、司法为民，继续深化司法改革，全面加强队伍

建设，着力提高司法水平，深入推进社会矛盾化解、社会管理创新、公正廉洁执法三项重点工作，更好发挥审判机关职能作用，为夺取全面建设小康社会新胜利提供有力的司法保障。

最高人民法院工作报告

——2010年3月11日在第十一届全国人民代表大会第三次会议上

最高人民法院院长　王胜俊

各位代表：

现在，我代表最高人民法院向大会报告工作，请予审议，并请全国政协各位委员提出意见。

2009年，最高人民法院在以胡锦涛同志为总书记的党中央坚强领导下，在全国人民代表大会及其常委会有力监督下，认真贯彻党的十七大精神和十一届全国人大二次会议决议，深入贯彻落实科学发展观，紧紧围绕党中央关于“保增长、保民生、保稳定”的战略决策，认真履行宪法和法律赋予的职责，各项工作取得新进展。去年，最高人民法院受理案件13318件，审结11749件，同比分别上升26.2%和52.1%；地方各级人民法院受理案件1137万余件，审执结1054万余件，结案标的额16707亿元，同比分别上升6.3%、7.2%和16.4%。

一、加强民事审判工作，为促进经济发展、维护人民权益提供司法保障

高度关注国际金融危机对我国的影响，牢固树立服务大局、执法为民的法治理念，努力为保持经济平稳较快发展、维护公民合法权益提供司法保障。去年，各级法院共审结一审民事案件579.7万件，同比上升7.7%。

加强对国际金融危机的司法应对。针对国际国内经济形势的发展变化和企业的生产经营状况，最高人民法院加强调查研究，提出能动司法的要求，适时调整司法政策；制定适用合同法、保险法等11个司法解释，确保法律适用标准的统一和规范；及时制定审理企业破产、公司清算、房地产、劳动争议案件等14个司法文件，指导地方各级法院妥善审理相关案件。各级法院在尊重司法规律的同时，积极主动地开展工作，及时就审判活动中发现的可能影响经济发展的重大问题向有关部门提出司法建议；各地法院围绕国家出台的区域经济发展规划，完善司法保障措施，促进经济协调发展。

依法审理事关经济发展的各类案件。着眼于维护竞争有序的市场秩序，各级法院审结合同类案件315.4万件，同比上升8.6%。为维护金融安全，制定审理金融不良债权转让等案件的指导意见，各级法院审结金融案件51.9万件，同比上升12.9%。依法审慎受理企业破产案件，审结3573件，同比下降4.7%。坚持保障劳动者权益与促进企业生存发展并重，制定审理劳动争议案件的指导意见，各级法院审结劳动争议案件31.7万件，同比上升10.8%。为促进自主创新，制定贯彻实施国家知识产权战略的意见和保护驰名商标等司法解释，指导地方各级法院深入开展“优化自主创新司法环境”主题活动，审结知识产权案件3.6万件，同比上升29.7%。

依法审理涉及民生的各类案件。高度重视保护公民的人身权和财产权，各级法院审结人身损害、婚姻家庭、医疗纠纷和其他涉及民生的各类案件201.6万件，同比上升7.0%。制定审理涉农案件的意见，指导地方各级法院依法制裁制售假农药、假化肥、假种子等坑农害农行为，妥善审理农民工追索劳动报酬、农村土地承包、农民权益保障以及家电、汽车下乡等拉动内需政策落实中发生的纠纷，共审结涉农案件23.2万件，与上年基本持平。制定审理物业服务、房屋租赁等案件的司法解释，各级法院审结此类案件26.1万件，同比上升6.1%。高度重视涉军案件审判，切实维护国防利益和军人军属合法权益。

加强涉外、涉台和涉港澳审判工作。针对外需下降、外贸纠纷增多等新情况，制定审理涉外案件的司法解释，依法保护中外当事人的合法权益。各级法院审结涉外民事案件1.1万件，同比上升16%；审结海事海商案件8621件，同比上升7.5%。适应两岸“大三通”的新形势，完善认可台湾地区法院民事判决的相关制度，加强内地与港澳地区的司

势力的各种分裂、恐怖、渗透、颠覆等犯罪活动。加大对破坏资源、污染环境等违法犯罪行为的制裁力度,促进可持续发展。加大知识产权司法保护力度,加强支持自主创新的司法环境建设。依法妥善审理民间借贷、损害赔偿、农村土地承包经营以及教育、医疗、住房、社会保障、征地拆迁、环境保护、食品药品安全、劳动争议等与群众生产生活密切相关的案件,推进社会矛盾化解工作,切实保障人民权益。进一步落实"调解优先、调判结合"工作原则,完善诉讼与非诉讼相衔接的矛盾纠纷解决机制,推进社会管理创新,维护社会和谐稳定。妥善审理涉及上海世博会、广州亚运会和亚残运会的相关案件,为上述活动顺利举行提供司法保障。

二要深化司法体制改革,促进司法公正高效。认真贯彻党中央关于深化司法体制改革的意见,继续落实《人民法院第三个五年改革纲要(2009—2013)》。完善审判管理机制,细化工作标准,规范司法行为,提高司法水平。加强和改进审判监督工作,切实纠正错误裁判,维护司法公正。完善司法公开和司法民主机制,进一步发挥人民陪审员作用,加强民意沟通,做到透明公开、阳光司法。落实全国人大常委会关于2009年民事执行工作专项报告的审议意见,完善执行工作机制,建立执行分权制约与责任追究等制度,提高执行水平。完善信访工作机制,落实信访责任,完善领导干部定期接访和上级法院带案下访、巡回接访等制度,切实解决群众信访中反映的问题。

三要努力提高队伍素质,确保公正廉洁司法。加强社会主义法治理念教育,深化"人民法官为人民"主题实践活动,培养法官良好的职业道德。把反腐倡廉建设放在更加突出的位置,以更加扎实的工作,重点抓好教育、监督、预防、查处等制度建设,严格落实"五个严禁",进一步加大查办惩处力度,完善惩防体系,确保司法廉洁。进一步加强政治、业务学习和实践锻炼,着力提高法官的实际工作能力。继续推进法官职业化建设,完善法官培训、晋级和遴选制度。深化司法作风和法院文化建设,树立人民法官公正、廉洁、为民的核心价值观。着力加强最高人民法院自身建设,为地方各级法院做表率。

四要大力加强基层建设,进一步夯实法院工作基础。加强最高人民法院对地方各级法院的监督指导。完善培训制度,加强对中西部民族地区特别是西藏、新疆等地双语法官的培养,继续做好中级和基层法院院长培训工作。紧紧依靠党委领导、人大监督和政府支持,进一步解决好基层法院经费保障问题,改进人员招录办法,缓解一些地方案多人少矛盾。继续改善边远地区基层法院的司法条件。加强信息技术在基层审判、执行等工作中的应用,提高司法水平。

五要牢固树立自觉接受监督的意识,共同维护司法公正。认真贯彻落实本次大会决议,及时研究办理会议期间代表、委员提出的意见建议。认真执行监督法,积极做好专项报告、参与执法检查、司法解释备案等工作。不断完善人大代表联络制度,更加广泛地听取人大代表对人民法院工作的意见建议,完善办理和反馈制度。认真接受政协民主监督、检察机关法律监督和社会各界监督,不断改进人民法院各项工作。

各位代表,我们要紧密团结在以胡锦涛同志为总书记的党中央周围,高举中国特色社会主义伟大旗帜,以邓小平理论和"三个代表"重要思想为指导,深入贯彻落实科学发展观,为全面落实依法治国基本方略、加快建设社会主义法治国家,夺取全面建设小康社会新胜利做出新的更大的贡献!

附件一:

部分用语说明

1. 审执结1054万余件: 在这些审结、执结的案件中,刑事案件870079件,占结案总数的8.25%;民事案件6433585件,占61.01%;行政案件154916件,占1.47%;申诉、申请再审案件125335件,占1.19%;国家赔偿案件1531件,占0.01%;执行案件2446027件,占23.2%;减刑、假释案件513263件,占4.87%。

2. 标的额: 指当事人之间发生争议并请求人民法院予以裁判或执行的金钱数额,或者能够以金钱计价的货物、智力成果、工程项目等财产或者财产性权益的数额。

3. 能动司法: 针对受国际金融危机影响出现的

新情况、新问题，最高人民法院主动加强司法应对，提出能动司法的要求，指导全国各级人民法院在坚持遵循司法规律、严格依法办案的前提下，全面、充分发挥人民法院职能作用，为党和国家工作大局服务，为促进经济平稳较快发展提供有效的司法保障。

4. 海事海商案件：指在海上或者通海水域发生的与船舶或者运输、生产、作业相关的海事侵权纠纷案件、海商合同纠纷案件以及法律规定的其他案件。

5. 国家赔偿：指国家机关（含行政机关以及行使国家侦查、检察、审判、监狱管理职权的机关）或国家机关工作人员，违法行使职权，侵犯公民、法人或其他组织的合法权益造成损害的，由国家依法承担赔偿责任的制度。

6. 提级执行、指定执行：提级执行是将下级人民法院难以执行的案件，提到上级人民法院执行的制度；指定执行是将下级人民法院的执行案件，由上级人民法院指定本辖区内其他人民法院执行的制度。

7. 再审：指人民法院对已经发生法律效力的裁判，符合法定条件的，依法重新审理的审判制度。

8. 诉讼与非诉讼相衔接的矛盾纠纷解决机制：指诉讼与人民调解、行政调解、行业调解、仲裁等非诉讼纠纷解决方式之间相互配合、相互协调、有效化解矛盾纠纷的制度体系。

9.“人民法官为人民”主题实践活动：为全面提高人民法院工作水平，切实把司法为民的要求落到实处，最高人民法院部署从2009年开始在全国各级人民法院开展以深化人民法院思想政治建设、司法能力建设、反腐倡廉建设、法院文化建设和制度建设为内容的主题实践活动。

10. 司法巡查制度：指最高人民法院派出司法巡查组，采取走访座谈、实地暗访、案例剖析等方式进行巡回检查，加强对下级人民法院领导班子、司法业务和队伍建设监督指导的一项制度。

11. 廉政监察员制度：为确保司法廉洁，维护司法公正，人民法院在重点岗位设立廉政监察员，对审判、执行等活动进行直接监督的制度。

12.“五个严禁”：指最高人民法院针对影响司法廉洁的突出问题而作出的五条禁令：即严禁接受案件当事人及相关人员的请客送礼；严禁违反规定与律师进行不正当交往；严禁插手过问他人办理的案件；严禁在委托评估、拍卖等活动中徇私舞弊；严禁泄露审判工作秘密。人民法院工作人员凡违反上述规定，依纪依法追究相应责任直至刑事责任。

13. 抗诉：指人民检察院对人民法院作出的判决、裁定，认为符合法定条件时，向人民法院提出重新审理要求的一项诉讼监督制度。“两院”工作报告中抗诉案件数字不一致，主要是因为：(1)报告口径不同。最高人民检察院报告的是提出抗诉案件情况，包括按照第二审程序提出的刑事抗诉案件和按照审判监督程序提出的刑事、民事、行政抗诉案件；最高人民法院报告的是按照审判监督程序审结的抗诉案件情况。(2)统计范围不同。有些案件检察院在法院决定再审前撤回了抗诉；有些案件法院正在二审或再审审理中；有些案件法院在检察院提出抗诉的同时已决定再审，不作为抗诉案件统计，但检察院作为抗诉案件统计。

14. 特邀咨询员：指最高人民法院聘请的对审判工作、司法改革和队伍建设等提出建议和咨询意见的专家学者。

15. 特约监督员：指最高人民法院从人大代表，政协委员，各民主党派、工商联、无党派人士以及基层群众等中聘请的对审判、执行以及队伍建设等工作进行监督的人员。

附件二：

人民法院审判和执行工作情况图

2005—2009 年审执结案件数量与法官人数走势图

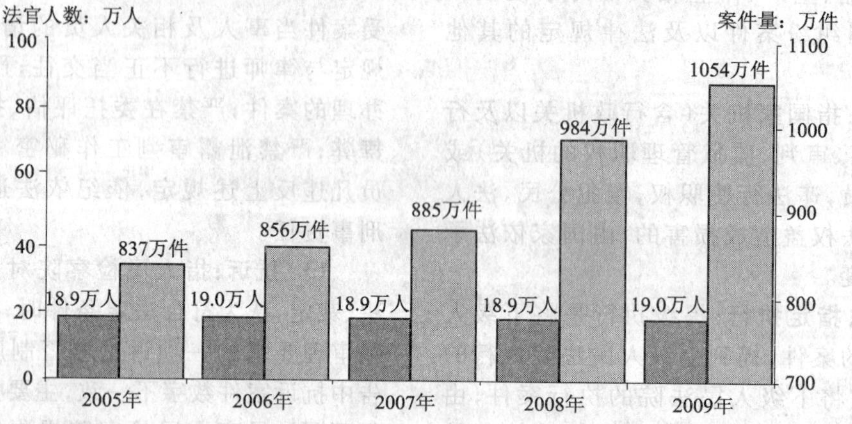

2009 年人民法院审结案件类型结构图

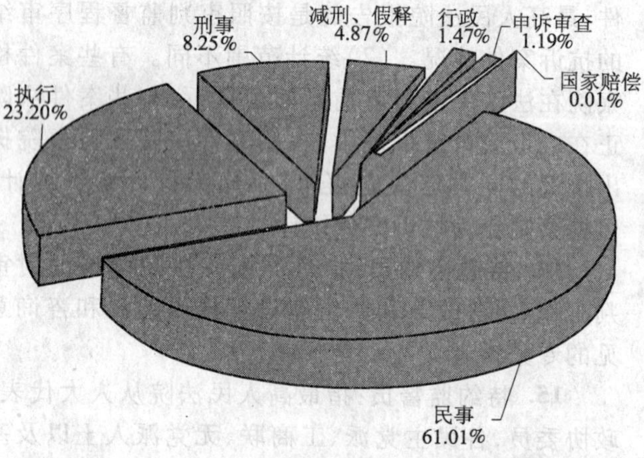

2009 年人民法院审结案件来源结构图

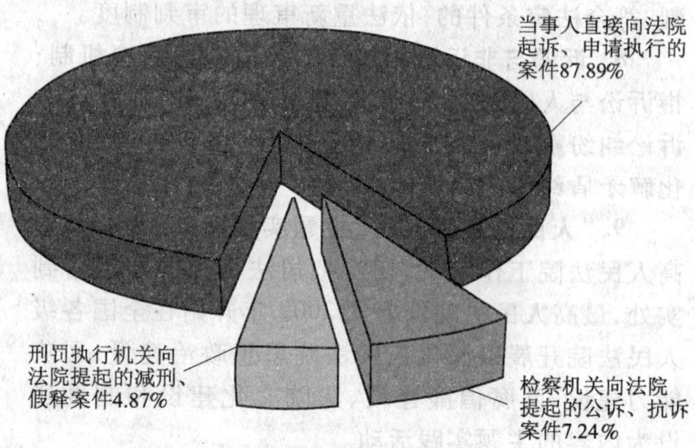

2009 年人民法院审结案件效果结构图

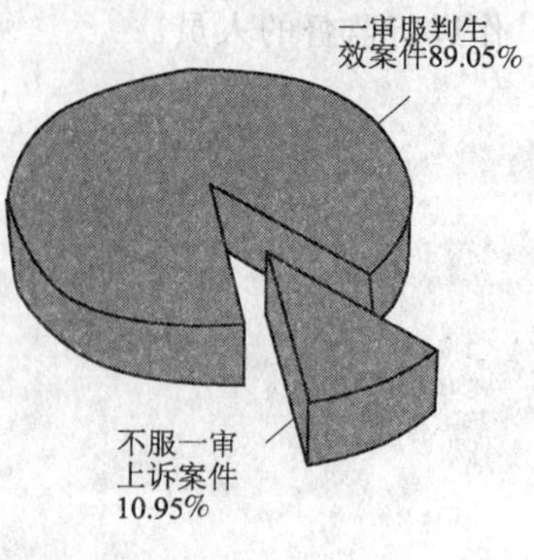

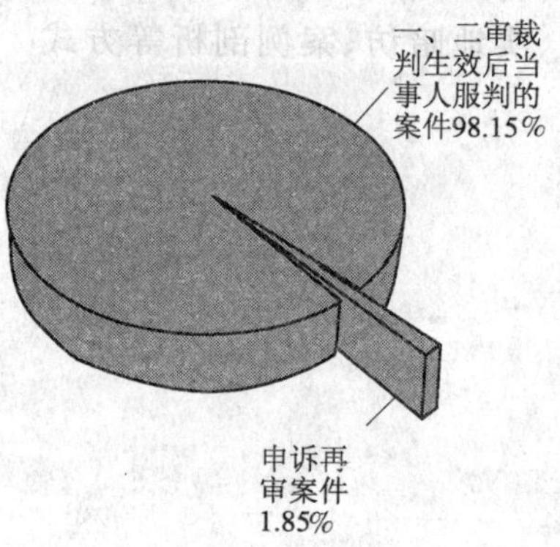

第十一届全国人民代表大会第三次会议关于最高人民检察院工作报告的决议

（2010年3月14日第十一届全国人民代表大会第三次会议通过）

第十一届全国人民代表大会第三次会议听取和审议了曹建明检察长所作的最高人民检察院工作报告。会议对最高人民检察院过去一年的工作表示满意，同意报告提出的2010年工作安排，决定批准这个报告。

会议强调，要高举中国特色社会主义伟大旗帜，以邓小平理论和“三个代表”重要思想为指导，深入贯彻落实科学发展观，牢固树立社会主义法治理念，切实履行宪法和法律赋予的职责，坚持服务大局、执法为民，继续深化司法改革，全面加强队伍建设，着力提高执法水平，深入推进社会矛盾化解、社会管理创新、公正廉洁执法三项重点工作，更好发挥检察机关职能作用，为夺取全面建设小康社会新胜利提供有力的司法保障。

最高人民检察院工作报告

——2010年3月11日在第十一届全国人民代表大会第三次会议上

最高人民检察院检察长　曹建明

各位代表：

现在，我代表最高人民检察院向大会报告工作，请予审议，并请全国政协各位委员提出意见。

2009年工作回顾

2009年，在以胡锦涛同志为总书记的党中央正确领导下，在全国人大及其常委会有力监督下，最高人民检察院认真贯彻落实党的十七大、十七届三中、四中全会和十一届全国人大二次会议精神，深入贯彻落实科学发展观，坚持“强化法律监督，维护公平正义”的检察工作主题，紧紧围绕保增长、保民生、保稳定这一全党全国工作大局，忠实履行宪法和法律赋予的职责，不断强化法律监督、强化对自身执法活动的监督、强化检察队伍建设，各项检察工作取得新进展。

一、坚持围绕中心、服务大局，保障经济平稳较快发展

面对严峻复杂的国内外经济形势，最高人民检察院及时研究检察工作中遇到的新情况新问题，制定出台服务经济平稳较快发展的司法文件，指导各级检察机关为经济建设提供司法保障。

着力维护市场经济秩序、保障政府投资安全。依法打击破坏市场经济秩序的犯罪，起诉走私、金融诈骗、非法经营等犯罪嫌疑人42473人。根据去年各级政府较大幅度增加公共支出、加大投资力度的情况，配合有关部门加强对民生工程、地震灾区灾后恢复重建等重大建设项目资金使用的监督，积极预防和依法查办贪污贿赂、失职渎职犯罪。会同有关部门开展工程建设领域突出问题专项治理，严肃查办发生在土地出让、规划审批、招标投标等环节的职务犯罪案件6451件。深入推进治理商业贿赂工作，在资源开发和经销、产权交易、政府采购等领域，立案侦查涉及国家工作人员的商业贿赂犯罪案件10218件。对造成国有资产流失等涉及公共利益的民事案件，督促、支持有关部门和单位履行职责、提起诉讼。

着力加强对能源资源、生态环境和知识产权的司法保护。围绕促进能源资源节约和生态文明建设，依法打击破坏环境资源犯罪，起诉非法采矿、盗伐滥伐林木、造成重大环境污染事故等犯罪嫌疑人15137人；深入开展查办危害能源资源和生态环境渎职犯罪专项工作，立案侦查非法批准征用土地、环境监管失职等渎职犯罪案件2966件。围绕鼓励和保护自主创新，加大知识产权司法保护力度，起

诉假冒专利、注册商标等犯罪嫌疑人2695人。

着力保障企业正常经营发展。从有利于维护企业正常生产经营、有利于维护企业职工利益、有利于维护经济社会秩序稳定出发,依法妥善处理涉及企业特别是中小企业的案件,平等保护各类市场主体和中外当事人的合法权益。正确适用法律,严格区分民事纠纷与经济犯罪、合法收入与犯罪所得、企业不规范融资与非法吸收公众存款的界限。在坚持严格依法办案的同时,注意改进办案方式方法,慎重使用强制措施,慎重扣押企业涉案款物,最大限度避免给企业正常生产经营带来影响,保障企业健康发展。

着力服务农村改革发展。高度重视涉农检察工作,探索设立乡镇检察室、检察联系点和聘请检察联络员等机制,把检察工作深入到农村和农民中去。开展查办涉农职务犯罪专项工作,重点查办发生在征地补偿、粮食直补、退耕还林和农村基础设施建设等环节的职务犯罪案件,立案侦查涉嫌职务犯罪的农村基层组织人员7175人。依法严厉打击农村黑恶势力、"两抢一盗"犯罪,打击制售伪劣农药、化肥、种子等坑农害农的犯罪,维护农民权益,促进农业发展,保障新农村建设。

二、坚持执法为民,扎实做好保障民生、服务群众工作

坚持把执法为民作为检察工作的根本出发点和落脚点,着力解决司法实践中涉及群众利益的热点难点问题。

坚决惩治损害民生的犯罪。重视打击和查办发生在社会保障、劳动就业、征地拆迁、移民补偿、抢险救灾、医疗卫生、招生考试等民生领域的犯罪。积极参与食品药品安全专项整治,起诉制售有毒有害食品、药品的犯罪嫌疑人507人。依法同步介入重大事故调查,立案侦查严重失职渎职造成国家和人民利益重大损失的国家机关工作人员1075人。加强对人权的司法保障,立案侦查涉嫌利用职权实施非法拘禁、报复陷害、破坏选举等犯罪的国家机关工作人员478人。会同有关部门及时研究完善相关司法解释,坚决依法打击人民群众反映强烈的利用手机网站传播淫秽电子信息、手机短信诈骗等犯罪。

加强对特殊群体的司法保护。推行未成年人犯罪案件专人办理、品行调查、分案起诉等制度,加强教育、感化和挽救。坚决打击侵害农村留守老人、妇女、儿童的犯罪。严厉打击拐卖妇女儿童的犯罪,起诉拐卖、收买妇女儿童的犯罪嫌疑人4017人。会同有关部门制定关于残疾人法律援助工作的意见,加强残疾人控告、申诉等权利的保护。依法妥善处理涉军案件,切实维护国防和军队利益及军人军属合法权益。高度重视涉港澳、涉台、涉侨案件,依法维护港澳同胞、台湾同胞和归侨侨眷的合法权益。

完善和落实司法为民措施。开通全国统一的12309举报电话,实行24小时接听,畅通群众举报渠道,提高处理举报效率。加快检察门户网站建设,推行网上受理信访、法律咨询、案件查询。开展检察官"进农村、进社区、进企业、进学校"活动,深化文明接待室创建活动,推行下访巡访、预约接访、民生热线等措施,认真听取、及时受理群众诉求,为群众排忧解难。

三、认真履行批捕、起诉等职责,全力维护社会和谐稳定

坚持把维护社会和谐稳定放在首位,正确把握宽严相济刑事政策,在依法打击犯罪的同时,更加注重化解社会矛盾。

依法打击各类刑事犯罪。严厉打击境内外敌对势力的渗透颠覆破坏活动,依法办理乌鲁木齐打砸抢烧严重暴力犯罪案件,坚决维护社会稳定、人民利益、民族团结、国家安全。配合有关部门加强国庆安保工作,集中整治治安混乱地区和突出治安问题,严厉打击黑恶势力犯罪、严重暴力犯罪、多发性侵财犯罪和毒品犯罪,增强人民群众安全感。全年共批准逮捕各类刑事犯罪嫌疑人941091人,提起公诉1134380人,分别比上年减少1.2%和0.8%。

对轻微犯罪落实依法从宽处理政策。坚持当严则严、该宽则宽,既有力打击犯罪,又减少社会对抗。对主观恶性较小、犯罪情节轻微的初犯、偶犯、过失犯和未成年人、老年人犯罪案件,以及因家庭邻里纠纷引发,犯罪嫌疑人真诚悔过、赔偿损失并取得被害人谅解的轻微犯罪案件,依法决定不批捕或不起诉,以体现司法人文关怀,实现法律效果与社会效果相统一。

加大化解涉检信访积案力度。高度重视群众信访反映的问题,完善信访工作程序,推行信访督查专员等制度,办理群众信访421306件次,其中涉检信访15159件次。开展化解涉检信访积案专项活动,对排查出的1395件重点、疑难信访积案,逐案分析症结,综合采取释疑解惑、教育疏导、救助救济等

措施，已化解息诉1269件。最高人民检察院还向部分省区派出巡回接访工作组，就地接待来访、督办案件，使一些疑难积案得到有效化解。

*重视建立社会矛盾化解机制。*建立执法办案风险评估机制，对执法中可能引发的不稳定因素加强分析，及时把问题解决在萌芽状态。推行检察文书说理制度，对不批捕、不起诉、不抗诉案件加强释法说理，做好息诉工作。积极开展刑事被害人救助工作，共救助生活确有困难的刑事被害人及其近亲属285人。在办理民事申诉等案件时，配合支持人民法院、基层调解组织依法进行调解，努力促成当事人双方自愿和解。

四、深入查办和预防职务犯罪，积极促进反腐倡廉建设

坚决贯彻党中央关于推进新形势下反腐倡廉建设的决策部署，把查办和预防职务犯罪工作放在更加突出的位置来抓。

*依法严肃查办职务犯罪。*全年共立案侦查各类职务犯罪案件32439件41531人，件数比上年减少3.3%，人数增加0.9%。突出查办大案要案，立案侦查贪污贿赂大案18191件、重特大渎职侵权案件3175件；查办涉嫌犯罪的县处级以上国家工作人员2670人，其中厅局级204人、省部级8人。着力加强渎职侵权检察工作，立案侦查失职渎职、侵犯人权涉嫌犯罪的国家机关工作人员9355人。加大惩治行贿犯罪力度，对3194名行贿人依法追究刑事责任。加强境内外追逃追赃工作，会同有关部门抓获在逃职务犯罪嫌疑人1129人，追缴赃款赃物计71.2亿元。

*努力提高侦查水平和办案质量。*修订举报工作规定，加强举报线索管理，强化举报人权益保护，完善鼓励群众实名举报的制度。健全与执法执纪部门的情况通报、案件移送等机制，完善检察机关侦查办案机制，不断增强发现犯罪、侦破案件的能力。上级检察院带头查办大案要案，最高人民检察院直接办理重特大职务犯罪案件26件。严格规范侦查活动，加强办案监督管理，完善落实讯问职务犯罪嫌疑人全程同步录音录像等制度，对立案与不立案、逮捕与不逮捕、起诉与不起诉严格把关。去年全国检察机关起诉的职务犯罪案件，有罪判决率为99.8%。

*更加注重职务犯罪预防。*按照惩防并举要求，全面部署检察机关预防职务犯罪工作，明确新形势下预防工作职能定位、基本要求和预防重点。加强与行政执法等部门的协作，建立健全信息共享、同步介入等预防工作机制。坚持预防关口前移，结合办案强化犯罪分析、预防建议和预防咨询工作，在重大建设项目中推广开展职务犯罪预防，向有关单位和部门提出预防建议15149件。通过以案说法等形式，对国家工作人员进行警示教育418万余人次。完善行贿犯罪档案查询系统，将查询范围从工程建设、政府采购等5个领域扩大到所有领域的行贿犯罪，向工程招标单位等提供查询48238次。

五、强化对诉讼活动的法律监督，努力维护社会公平正义

顺应人民群众对司法公正的新要求新期待，突出监督重点，完善监督机制，切实履行对诉讼活动的法律监督职责。

*加强立案监督和侦查监督。*重点监督有案不立、有罪不究、以罚代刑，以及刑讯逼供、暴力取证、动用刑事手段插手民事经济纠纷等问题。对应当立案而不立案的，督促侦查机关立案19466件，比上年减少3.6%；对不应当立案而立案的，督促撤案6742件，同比减少0.5%。对应当逮捕而未提请逮捕、应当起诉而未移送起诉的，决定追加逮捕21232人、追加起诉18954人，同比分别增加2.6%和13.6%。对不符合逮捕、起诉条件的，决定不批准逮捕123235人、不起诉33048人，同比分别增加14.3%和10.6%。对侦查活动中的违法情况提出纠正意见25664件次，同比增加16.4%。

*加强审判监督。*认真落实全国人大常委会对2008年最高人民检察院专项报告的审议意见，开展刑事审判法律监督专项检查，着力解决监督不到位等问题，提高监督水平。对认为确有错误的刑事裁判提出抗诉3963件，对刑事审判活动中的违法情况提出纠正意见4035件次，分别比上年增加22%和34.7%。在民事行政检察工作中，重点监督虚假诉讼、违法调解和其他显失公正，严重损害国家利益、公共利益和案外人合法权益的裁判，依法提出抗诉11556件、再审检察建议6714件，同比分别增加0.9%和28.6%。

*加强刑罚执行和监管活动监督。*针对在押人员非正常死亡事件暴露的问题，会同公安机关开展全国看守所监管执法专项检查，清理发现有“牢头狱霸”行为的在押人员2207人，对其中涉嫌犯罪的123人依法提起公诉；会同司法行政机关开展全国

监狱清查事故隐患、促进安全监管专项活动，认真解决安全措施、监管工作不到位等问题。依法维护刑罚执行的严肃性，监督纠正减刑、假释、暂予监外执行不当 9883 人，比上年增加 98.1%。注重保障被监管人合法权益，对超期羁押提出纠正意见 337 人次，同比增加 86.2%。对监管活动中的其他违法情况提出纠正意见 22268 件次，同比增加 91%。

*严肃查处司法工作人员职务犯罪。*坚决惩治司法领域中的腐败行为，纯洁司法队伍，维护司法廉洁和公正。立案侦查涉嫌贪赃枉法、徇私舞弊等犯罪的司法工作人员 2761 人。

六、强化对自身执法活动的监督，确保检察权依法正确行使

突出强调把强化自身监督放在与强化法律监督同等重要的位置，自觉接受外部监督，进一步加强内部监督。

*自觉接受人大监督。*十一届全国人大二次会议闭幕后，最高人民检察院立即召开全国检察机关电视电话会议，对贯彻落实全国"两会"精神作出全面部署；系统梳理研究全国人大代表的建议、批评和意见，要求各级检察机关逐项整改落实。主动向人大常委会报告工作，积极配合常委会开展专题调研和执法检查。最高人民检察院就加强渎职侵权检察工作情况向全国人大常委会作了专项报告，并根据常委会审议意见逐条研究落实整改措施。北京、四川、湖北、辽宁、上海、黑龙江、江西、山东、宁夏等省（自治区、直辖市）人大常委会先后作出关于加强检察机关法律监督工作的决议或决定，检察机关认真学习，全面贯彻落实。重视与人大代表的经常性联系，通过召开座谈会、邀请参加专项检查等形式认真听取意见。全国人大代表提出的 92 件议案、建议全部办结。

*自觉接受民主监督和社会监督。*主动向政协通报检察工作情况。加强与各民主党派、工商联和无党派人士的联络，坚持和完善特约检察员、专家咨询委员制度，邀请他们视察检察工作、旁听出庭公诉，自觉接受监督。最高人民检察院经常听取政协委员、社会各界对检察工作的意见，并通报各级检察机关要求认真研究落实。全国政协委员提出的 26 件提案全部办结。推进人民监督员制度试点工作，强化人民监督员对查办职务犯罪的监督。大力推行"阳光检务"，完善和落实不起诉、申诉案件公开审查等机制，探索设立检务公开大厅和服务窗口，开展检察开放日等活动，增强检察工作透明度，保障人民群众的知情权、参与权、表达权、监督权。完善检察环节保障律师执业权利的工作机制，注重听取律师意见，促进自身公正执法。重视接受舆论监督，把互联网等媒体作为听民声、察民意的重要渠道，建立涉检舆情收集、研判机制，主动回应社会关切。

*大力加强内部监督。*深化检察改革，紧紧抓住容易发生问题的关键环节和重点岗位，切实加强对自身执法活动的监督制约。一是健全查办职务犯罪工作监督制约机制。对省级以下检察院办理职务犯罪案件，在继续实行撤案、不起诉报上一级检察院批准制度的基础上，又实行逮捕报上一级检察院审查决定制度，强化上级检察院对下级办案工作的监督。加强同级内部分工制约，规定负责抗诉工作的部门不承担职务犯罪侦查工作。二是深入推进执法规范化建设。制定检察建议工作规定、检察委员会议事和工作规则等规范性文件。完善办案规则等规范，进一步统一执法尺度，规范裁量权行使。加强规范的执行检查，强化对执法办案的流程管理、动态监督、质量考评。三是着力解决违纪违法办案的突出问题。认真开展直接立案侦查案件扣押、冻结款物专项检查，对 2004 年以来全国检察机关扣押、冻结款物情况进行全面清理，重点纠正违规扣押、冻结涉案款物问题，该上缴的坚决上缴，该清退的坚决清退。加大检务督察力度，最高人民检察院直接派员赴 13 个省份的 123 个检察院，对执法办案、出庭公诉、警车使用、接待群众来访等情况进行暗访，对发现的问题及时通报、限期整改。严格落实执法过错责任追究条例，对有执法过错的 98 名检察人员严肃追究责任。

七、强化检察队伍建设，努力提高整体素质和执法水平

坚持以领导干部和执法办案一线人员为重点，严格教育，严格管理，严格监督，努力造就高素质检察队伍。

*深入开展学习实践科学发展观活动。*立足检察实际，突出实践特色，把开展学习实践活动与全面贯彻胡锦涛总书记等中央领导同志对检察工作的一系列重要指示紧密结合起来，与深化社会主义法治理念教育紧密结合起来，引导检察人员坚持中国特色社会主义检察制度，牢固树立严格、公正、文明、廉洁执法观念，集中解决了一批影响和制约检

察工作科学发展以及群众反映强烈的突出问题。

突出抓好领导班子建设。加强领导干部思想政治教育和素质能力培训，对省级检察院领导班子成员和基层检察长普遍轮训。积极配合地方党委考察调整检察机关领导班子，加大异地任职交流力度。强化领导班子民主集中制建设和监督管理，认真落实任前廉政谈话、任期经济责任审计、巡视等制度，推行下级院向上级院报告工作、下级院检察长向上级院述职述廉制度。最高人民检察院首次听取、评议省级检察长述职述廉报告，派员参加省级检察院领导班子民主生活会，对省级检察院领导班子全面深入巡视，对发现的问题及时督促整改。

大规模推进教育培训。把教育培训作为加强队伍建设的重要抓手，全面部署大规模推进检察教育培训工作，积极推进分级分类全员培训和岗位练兵活动。开通中国检察官教育培训网，推行检察官教检察官、案例教学和在线学习等培训方式。以业务骨干和执法办案一线检察官为重点，培训检察人员10.8万余人次，最高人民检察院直接培训4541人。大力实施西部检察教育培训工程，加大政策倾斜、经费支持、对口支援和直接培训力度，指导开展民族地区“双语”检察人才培训。最高人民检察院为西藏、新疆等民族地区直接培训中青年检察业务骨干410人。

更加重视自身反腐倡廉建设。制定实施检察官职业道德基本准则，弘扬忠诚、公正、清廉、文明的检察职业道德。检察队伍中涌现出喻中升、罗东宁、陈海宏、杨竹芳、张章宝等一批清正廉洁、执法为民的新典型。严格执行党风廉政建设责任制，最高人民检察院普遍签订党风廉政建设责任书，强化责任分解、责任考核、责任追究，努力做到自身正、自身硬、自身净；认真督促检查地方检察机关落实党风廉政建设责任制情况，重视运用检察人员违纪违法反面典型进行警示教育。坚持从严治检，认真核查群众举报、媒体反映的问题，严肃查处违纪违法的检察人员247人，其中追究刑事责任25人。

全面加强基层检察院建设。坚持抓基层、打基础，制定实施2009—2012年基层检察院建设规划，深入推进基层检察院执法规范化、队伍专业化、管理科学化、保障现代化建设。新增政法专项编制全部充实到基层检察院和办案任务重的检察院。为中西部基层检察院定向招录近2000名检察人员，缓解人才短缺，确保招录质量。紧紧依靠中央和各级党委、政府支持，重点解决中西部和贫困地区基层检察院经费困难，基层执法保障状况得到明显改善。不断提高检察技术和信息化水平，加快实施科技强检战略。落实领导干部联系基层制度，最高人民检察院领导带头坚持深入基层调研，认真研究解决基层检察工作面临的突出问题。全国基层检察院共有724个集体和1035名个人受到省级以上表彰。

过去一年检察工作的成绩，是在以胡锦涛同志为总书记的党中央正确领导下，在各级党委领导、人大监督和政府、政协及社会各界关心支持下取得的。在此，我代表最高人民检察院表示衷心感谢！

我们清醒地认识到，检察工作还存在不少问题：一是法律监督职能作用发挥得还不充分，不敢监督、不善监督、监督不到位的现象仍然存在，对民事审判、行政诉讼的法律监督与人民群众的要求仍有差距。二是一些检察机关和检察人员不能正确处理执法办案与服务大局、法律效果与社会效果等关系，执法办案观念陈旧、方式方法简单，不善于从深层次分析、把握和化解矛盾，不善于做新形势下的群众工作，不适应信息化条件下执法办案的新要求。三是少数检察人员包括个别领导干部法治意识、宗旨意识淡薄，极少数检察人员目无法纪，特权思想、霸道作风严重，以案谋私、滥用职权、执法犯法甚至贪赃枉法，严重损害检察机关的形象和执法公信力。四是制约检察工作的体制性、机制性、保障性障碍正在逐步得到解决，但尚未从根本上消除，执法规范化建设、队伍管理监督机制建设、基层基础建设有待进一步加强。对这些问题，最高人民检察院将采取有效措施，认真解决。

2010年工作安排

2010年，检察机关要全面贯彻党的十七大、十七届三中、四中全会和本次全国人大会议精神，紧紧围绕党和国家工作大局，突出抓好社会矛盾化解、社会管理创新、公正廉洁执法三项重点工作，统筹做好各项检察工作，为全面实现“十一五”时期经济社会发展目标提供有力的司法保障。

一、充分发挥检察职能作用，保障经济社会又好又快发展。根据中央关于加快转变经济发展方式、调整经济结构、加强“三农”工作、保障和改善民生、发展社会事业等重大决策部署，进一步加强、完善和落实检察机关服务经济社会发展的措施。坚持把抓好执法办案作为服务大局的基本途径，进一步更新执法观念，改进执法方式，注重执法效果，充分运用打击、预防、监督、保护等职能，努力在整顿规范市场经济秩序、保障政府投资安全和民间投资合法权益、推进创新型国家建设、保护资源环境、维护人民权益等方面发挥积极作用。

二、深入推进社会矛盾化解，积极参与社会管理创新，切实维护社会和谐稳定。坚决依法打击危害国家安全犯罪、黑恶势力犯罪、严重暴力犯罪、多发性侵财犯罪、“黄赌毒”犯罪、拐卖妇女儿童犯罪和利用网络实施的犯罪，加大打击严重经济犯罪特别是涉众型经济犯罪、侵犯知识产权犯罪力度。对轻微犯罪落实依法从宽处理政策，完善未成年人、老年人犯罪检察制度，积极推进刑事和解、量刑建议等改革。健全检察环节社会矛盾排查化解、执法办案风险评估等机制，坚持息诉与抗诉并重，把化解矛盾贯穿于执法办案始终。继续开展化解涉检信访积案专项活动，建立健全涉检信访工作长效机制，切实增强群众工作能力，引导群众依法表达利益诉求。配合有关部门加强刑满释放、解除劳教人员帮教管理和违法犯罪青少年教育挽救，积极参与社区矫正工作。支持和参与上海世博会、广州亚运会和亚残运会安保工作，保障社会安定有序。

三、依法查办和积极预防职务犯罪，促进惩治和预防腐败体系建设。严肃查办发生在领导机关和领导干部中滥用职权、贪污贿赂、失职渎职犯罪案件；商业贿赂犯罪案件和严重侵害群众利益的犯罪案件；群体性事件、重大责任事故背后的犯罪案件；工程建设、房地产开发、土地管理和矿产资源开发等领域的犯罪案件；为黑恶势力充当“保护伞”的犯罪案件。进一步加大查办行贿犯罪力度。认真落实全国人大常委会对 2009 年最高人民检察院专项报告的审议意见，全面加强和改进渎职侵权检察工作，着力解决渎职侵权犯罪发现难、查证难、处理难的问题。坚持依法文明办案，保障涉案人员合法权益，落实举报人和证人保护制度。高度重视职务犯罪预防，加强犯罪分析、对策研究、预防建议、警示教育和预防调查、宣传、咨询等工作，推进侦防一体化机制建设和预防工作规范化建设。

四、进一步加强对诉讼活动的法律监督，促进公正廉洁执法。把人民群众的关注点作为诉讼监督的着力点，努力做到敢于监督、善于监督、依法监督、规范监督。坚持打击犯罪与保障人权并重，加强对有罪不究、以罚代刑等违法问题的监督，对刑讯逼供、超期羁押等侵权行为的监督，对刑事审判特别是有罪判无罪、量刑畸轻畸重的监督。加强刑罚执行和监管活动监督，促进监管场所依法管理。加强民事审判和行政诉讼监督，继续探索开展对民事执行活动的监督和督促起诉、支持起诉等工作。严肃查处司法工作人员贪赃枉法等犯罪，切实加强对司法不公不廉的监督。正确处理政法各部门之间协调配合与监督制约的关系，改进监督方法，增强监督实效，共同维护司法公正和法制权威。

五、深化检察改革，着力加强自身监督制约机制建设。认真贯彻中央关于深化司法体制和工作机制改革的部署，坚持以强化法律监督和加强对自身执法活动的监督制约为重点，深入推进检察改革。深化人民监督员制度改革，改进人民监督员选任管理方式，完善监督范围和程序，强化人民群众对检察机关执法办案的监督；深化审查逮捕机制改革，健全、规范听取犯罪嫌疑人申辩和律师意见制度；深化侦查办案机制改革，完善和落实讯问职务犯罪嫌疑人全程同步录音录像、逮捕职务犯罪嫌疑人报上一级检察院审查决定等制度；深化检务公开，健全办案公开机制，推行网上办案，规范完善当事人权利义务告知制度；制定统一的执法规范，按照全国人大常委会要求做好司法解释集中清理工作，建立健全案例指导制度和案件管理、执法监督、执法考评机制。

六、加强检察队伍建设，切实提高执法公信力。巩固深入学习实践科学发展观活动成果，广泛开展创建学习型检察院活动，着力加强队伍的思想政治建设和法律监督能力建设。从今年 4 月起，用一年时间在全国检察机关集中开展“恪守检察职业道德、促进公正廉洁执法”主题实践活动。以领导干部和执法办案一线检察官为重点，全面推进全员培训。在对基层检察长普遍轮训的基础上，今年着力抓好对地方三级检察机关领导班子成员和业务部门负责人的集中轮训。狠抓纪律作风建设和反腐倡廉建设，强化内部监督，健全落实领导干部问责、廉政档案和检察人员执法档案、执法过错责任追究等制度。加大查办检察人员违纪违法案件工作力度，决不护短，决不手软。推进基层检察院建设，加大对中西部和贫困地区特别是西藏、新疆检察机关的支持力度，积极探索检察机关深入基层、联系群众的新形式，更好发挥基层检察院服务发展、保障民生、化解矛盾、维护稳定的职能作用。

各位代表，在新的一年里，全国检察机关要紧密团结在以胡锦涛同志为总书记的党中央周围，高举中国特色社会主义伟大旗帜，以邓小平理论和“三个代表”重要思想为指导，深入贯彻落实科学发展观，更加自觉地接受人大监督、政协民主监督和社会各界监督，不断加强和改进检察工作，不断满足人民群众的新期盼，努力为推动科学发展、促进社会和谐作出新的贡献！

附件一：

有关用语说明

1. 法律监督。我国宪法第129条和人民检察院组织法第1条规定：“中华人民共和国人民检察院是国家的法律监督机关。”根据有关法律规定，人民检察院依法参与刑事、民事、行政诉讼等活动，通过履行批捕、起诉、职务犯罪侦查和对诉讼活动的监督等检察职能，对有关机关和人员的行为是否合法实行监督。

2. 两抢一盗。指刑法分则第五章规定的抢劫、抢夺和盗窃犯罪。

3. 未成年人犯罪案件品行调查制度。指人民检察院对未成年人犯罪案件审查起诉时，可以通过学校、社区、家庭等有关组织和人员，调查了解未成年犯罪嫌疑人的成长经历、家庭环境、个性特点、社会活动等情况，为办案提供参考，并在开庭前随案移送品行调查材料。这是人民检察院根据刑事诉讼法和未成年人保护法等法律规定，为加强对未成年犯罪嫌疑人的教育、感化、挽救而建立的特殊办案制度。

4. 涉检信访。指公民、法人或其他单位通过信访渠道反映的涉及检察机关或检察人员的案件，包括：(1)不服检察机关处理决定的案件；(2)反映检察机关在处理群众举报线索中久拖不决，未查处、未答复的案件；(3)反映检察机关违法违规或检察人员违纪违法的案件。

5. 刑事被害人救助。2009年3月，中央政法委员会、最高人民检察院等8个部门共同制定下发了《关于开展刑事被害人救助工作的若干意见》，规定在刑事被害人遭受犯罪行为侵害，无法及时获得赔偿的情况下，由国家给予适当的经济资助，帮助刑事被害人或其近亲属缓解经济困难、疏解精神痛苦。这是贯彻宽严相济刑事政策的重要举措，体现了司法人文关怀，有利于化解矛盾纠纷、促进社会和谐稳定。

6. 职务犯罪。指根据刑法、刑事诉讼法的规定，由人民检察院直接立案侦查的贪污贿赂、渎职侵权犯罪。其中，贪污贿赂犯罪是指刑法分则第八章规定的贪污贿赂罪，以及其他章节中明确规定按照刑法分则第八章的规定定罪处罚的犯罪，包括贪污罪、受贿罪、挪用公款罪、行贿罪、私分国有资产罪等12个罪名；渎职犯罪是指国家机关工作人员实施的刑法分则第九章和刑法修正案(四)、(六)规定的滥用职权、玩忽职守、徇私舞弊等犯罪，包括36个罪名；侵权犯罪是指国家机关工作人员利用职权实施的侵犯公民人身权利、民主权利的犯罪，包括非法拘禁罪、非法搜查罪、刑讯逼供罪、暴力取证罪、体罚虐待被监管人罪、报复陷害罪和破坏选举罪7个罪名。

7. 行贿犯罪档案查询系统。指检察机关为了预防贿赂犯罪，促进社会信用体系建设，运用计算机技术对行贿犯罪信息进行分类录入、存储，并向社会提供查询服务。行贿犯罪档案录入的范围是1997年以来由人民检察院立案侦查并经人民法院作出生效裁判的行贿、单位行贿、对单位行贿、介绍贿赂犯罪案件信息。检察机关依照规定受理有关行业主管(监管)部门和单位及个人的查询申请并提供查询服务。在工程招投标或公共采购等过程中，对经查询有行贿犯罪记录的单位和个人，由行业主管(监管)部门作出相应处置，如限制或禁止市场准入、降低资质等级等。2009年，最高人民检察院在认真总结三年来行贿犯罪档案查询工作情况的基础上，制定下发了《关于行贿犯罪档案查询工作规定》。

8. 立案监督。指人民检察院依法对公安机关(包括国家安全机关等其他侦查机关，下同)的刑事立案活动是否合法进行的法律监督，包括对应当立案而不立案的监督和对不应当立案而立案的监督。

9. 侦查监督。指人民检察院依法对公安机关的侦查活动是否合法进行的法律监督，包括不批捕、不起诉、追加逮捕、追加起诉和对侦查活动中的违法情况提出纠正意见。

10. 审判监督。指人民检察院依法对人民法院的审判活动是否合法以及所作的判决、裁定是否正确进行的法律监督，包括刑事审判监督、民事审判和行政诉讼监督。其中，刑事审判监督是指人民检察院依法对人民法院的刑事审判活动是否合法以及所作的刑事判决、裁定是否正确进行的法律监督，监督手段主要是依法提出抗诉和提出纠正意见；民事审判和行政诉讼监督是指人民检察院依法对人民法院的民事审判和行政诉讼活动进行的法律监督，监督手段主要是对已经发生法律效力的民事、行政判决、裁定，按照审判监督程序提出抗诉。

11. 刑罚执行和监管活动监督。指人民检察院依法对刑事判决、裁定的执行情况和执行机关执行刑罚的活动，以及监管场所的监管活动是否合法进行的法律监督。包括：(1)对执行死刑进行临场监督；(2)对监狱、未成年犯管教所、看守所和公安机关执行刑罚的活动进行监督；(3)对刑罚的交付执行以及减刑、假释、暂予监外执行等活动进行监督；(4)对看守所监管未决犯的活动以及有无超期羁押进行监督；(5)对劳动教养机关的活动进行监督。刑罚执行和监管活动监督的手段，主要是对违法情况提出纠正意见。

12. 司法工作人员。根据刑法第 94 条的规定，是指有侦查、检察、审判、监管职责的工作人员。

13. 特约检察员制度。指检察机关为落实中国共产党领导的多党合作和政治协商制度，自觉接受党外人士对检察工作的民主监督，而实行的一项制度。特约检察员由检察机关商有关部门，在民主党派和无党派人士中选聘，主要履行以下职责：对检察业务工作中的专业性问题提供咨询，参与讨论研究检察工作的某些重大事项，参与有关案件的讨论，经检察院领导指派参加有关案件的审查、复查和调查，反映或转递人民群众对国家工作人员违法犯罪问题的检举、控告和不服刑事处罚的申诉情况或材料。目前，最高人民检察院、大部分省级检察院和一些地、县级检察院都开展了特约检察员工作。

14. 专家咨询委员制度。指检察机关为促进依法、民主、科学决策，提高检察工作质量和水平，而建立的决策咨询制度。检察机关在法学等领域聘请符合一定条件的专家、学者担任咨询委员，在作出重大决策和部署、研究解决检察工作中的重大理论和实践问题、起草司法解释和重要规范性文件、讨论决定疑难复杂案件的法律适用、开展与检察工作相关的立法研究等工作中，邀请专家咨询委员进行调研论证，征求他们的意见。目前，最高人民检察院、各省级检察院和有条件的地、县级检察院都成立了专家咨询委员会或专家组。

15. 人民监督员制度。为了加强外部监督，切实防止和纠正检察机关查办职务犯罪工作中执法不公的问题，根据宪法和法律关于一切国家机关必须倾听人民的意见、接受人民的监督的规定，最高人民检察院经报告全国人大常委会并经中央同意，从 2003 年 9 月起开展人民监督员制度试点工作。人民监督员由机关、团体、企事业单位和基层组织推荐产生，主要对检察机关拟作撤案、不起诉处理和犯罪嫌疑人不服逮捕决定的职务犯罪案件进行监督，提出监督意见。2008 年 12 月中共中央转发的《中央政法委员会关于深化司法体制和工作机制改革若干问题的意见》明确要求，总结人民监督员制度试点经验，研究并推进人民监督员制度法制化，明确人民监督员的选任管理、监督范围和程序，充分发挥人民监督员的监督作用。

16. 检务督察。指检察机关检务督察部门及其工作人员依照法律和规定对本级检察机关所属单位和下级检察机关及其工作人员履行职责、行使职权、遵章守纪、检风检纪等方面情况，通过明察暗访、突击督察、现场督察等方式进行的监督检查和督促落实。建立该制度的目的，是为了加强检察机关内部监督，保障检察机关及其工作人员依法履行职责，正确行使职权，严肃检察纪律，确保检令畅通。

17. 刑事和解。指检察机关在办理轻微刑事犯罪案件中，对于犯罪嫌疑人真诚悔过、积极赔偿损失并取得被害人谅解，被害人要求或者同意司法机关对犯罪嫌疑人从宽处理的案件，可以依法对犯罪嫌疑人不批捕、不起诉，或者建议人民法院从宽处理。这一制度体现了宽严相济刑事政策，有利于节约司法资源、减少社会对抗、促进社会和谐。

18. 量刑建议。指检察机关在指控被告人构成犯罪的同时，就被告人应被判处的刑罚种类及刑期，向人民法院提出具体建议。这是检察机关为落实中央关于深化司法体制和工作机制改革的部署，加强对人民法院量刑活动的监督而探索推行的一项改革措施。

19. 侦防一体化机制。指检察机关为提高查办和预防职务犯罪工作合力与水平，建立的预防与侦查紧密配合、优势互补的工作机制。最高人民检察院《关于加强和改进预防职务犯罪工作的意见》规定，职务犯罪侦查部门与预防部门要建立协作配合制度。预防部门适时介入侦查部门的办案工作，对职务犯罪案件发生的症结、原因进行调查，有针对性地开展预防工作。预防部门受理的举报和发现的职务犯罪线索，要及时移送侦查部门办理。

20. 批准逮捕、提起公诉情况。报告中批准逮捕941091人、提起公诉1134380人，是指2009年检察机关审查公安、国家安全等机关侦查的案件后，批准逮捕、提起公诉的总数。报告中批准逮捕犯罪嫌疑人数小于提起公诉犯罪嫌疑人数，主要是因为逮捕不是刑事诉讼的必经环节，部分被提起公诉的犯罪嫌疑人没有被采取逮捕强制措施。

21. 抗诉情况。抗诉是指人民检察院对人民法院作出的判决、裁定，认为符合法定条件时，向人民法院提出重新审理要求的一项诉讼监督制度。"两院"工作报告中抗诉案件数字不一致，主要是因为：(1)报告口径不同。最高人民检察院报告的是提出抗诉案件情况，包括按照第二审程序提出的刑事抗诉案件和按照审判监督程序提出的刑事、民事、行政抗诉案件；最高人民法院报告的是按照审判监督程序审结的抗诉案件情况。去年，全国检察机关共对刑事裁判按照第二审程序提出抗诉3332件，按照审判监督程序提出抗诉631件；对民事、行政裁判按照审判监督程序提出抗诉11556件。(2)统计范围不同。有些案件检察院在法院决定再审前撤回了抗诉；有些案件法院正在二审或再审审理中；有些案件法院在检察院提出抗诉的同时已决定再审，不作为抗诉案件统计，但检察院作为抗诉案件统计。

附件二：

2009年检察工作有关数据图示

图一：批准逮捕刑事犯罪嫌疑人分类情况

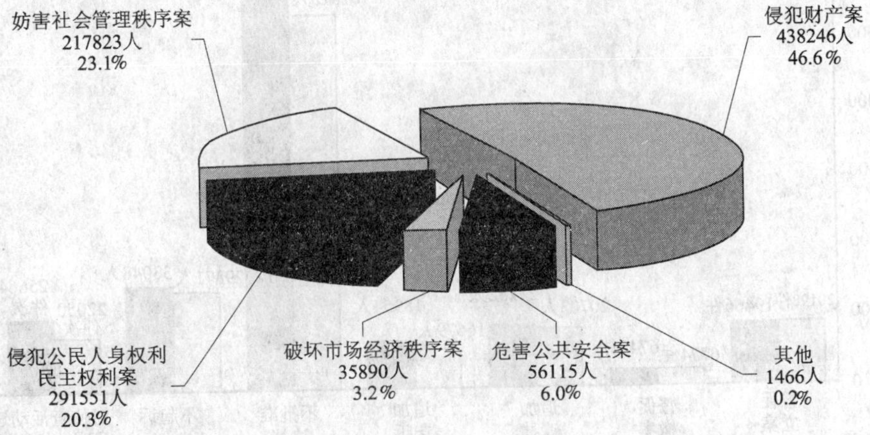

图二：提起公诉刑事犯罪嫌疑人分类情况

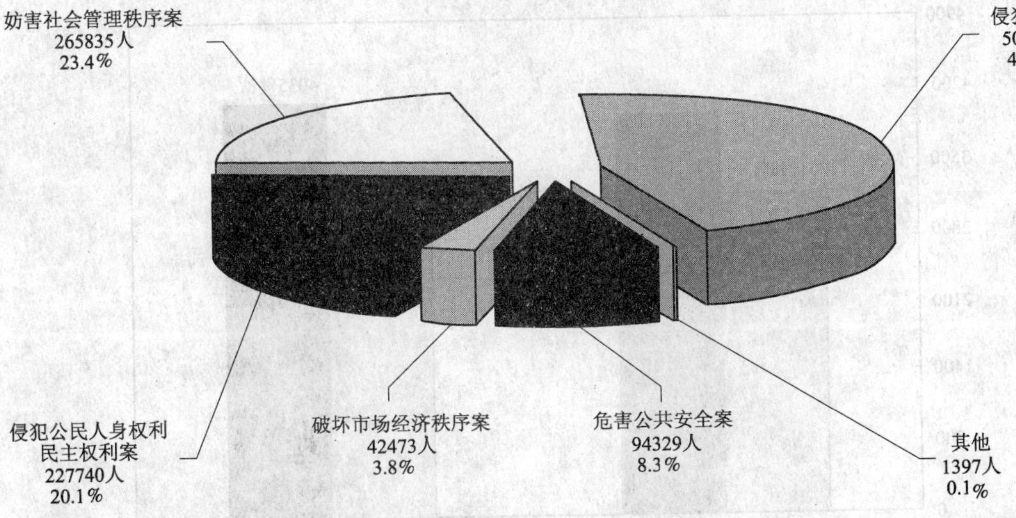

图三:立案侦查职务犯罪嫌疑人分类情况

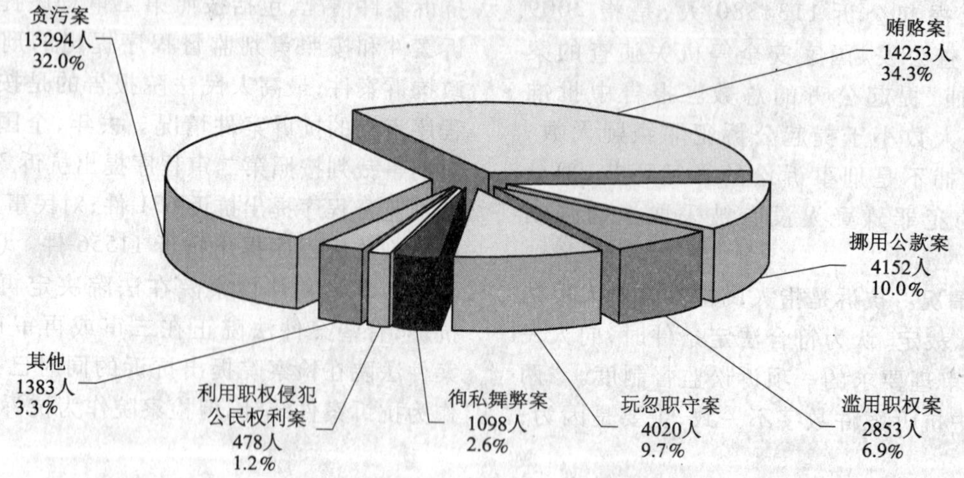

图四:刑事立案、侦查活动法律监督情况

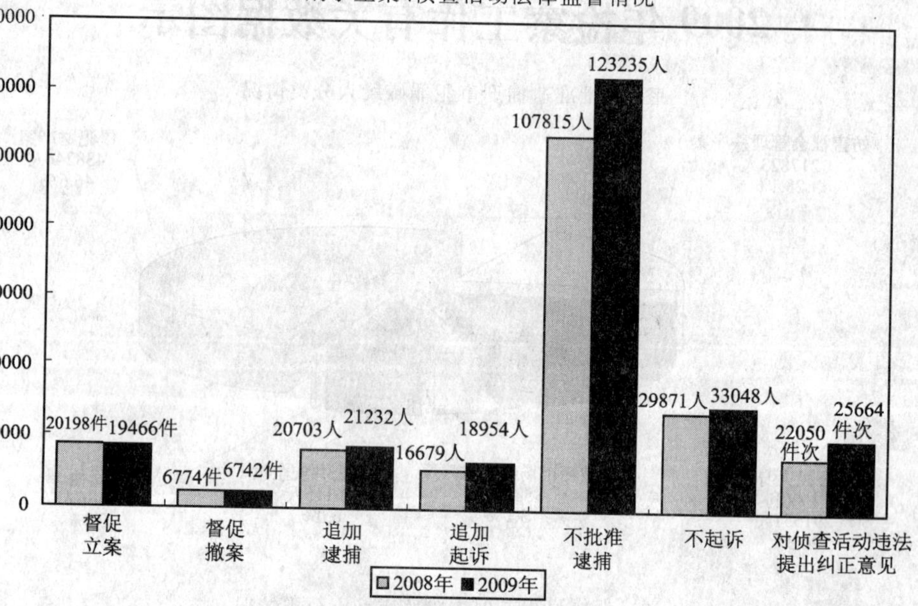

图五:刑事审判法律监督情况

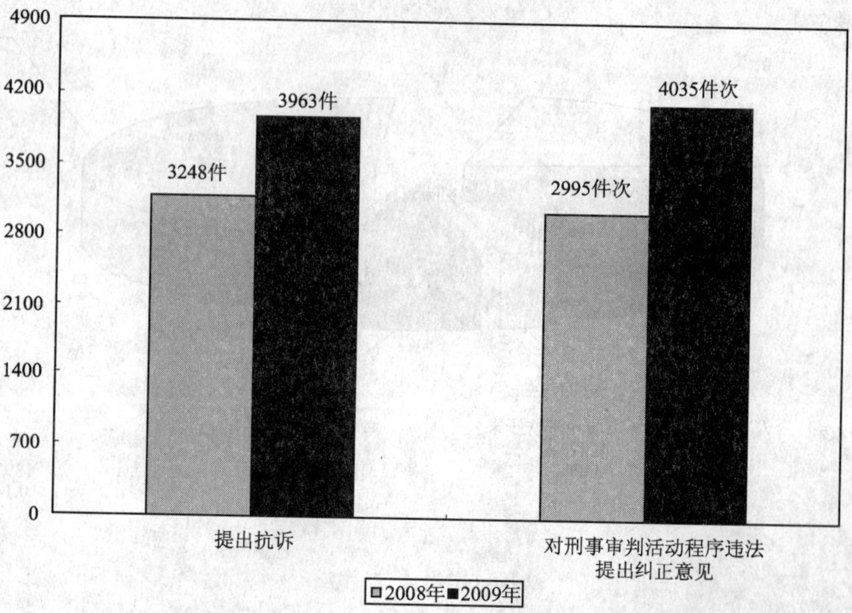

图六：民事审判和行事诉讼法律监督情况

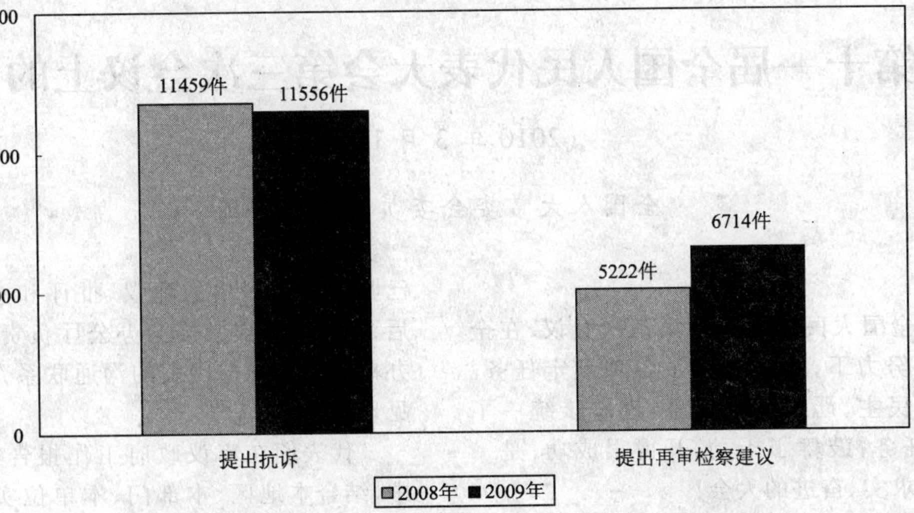

图七：刑罚执行和监督活动法律监督情况

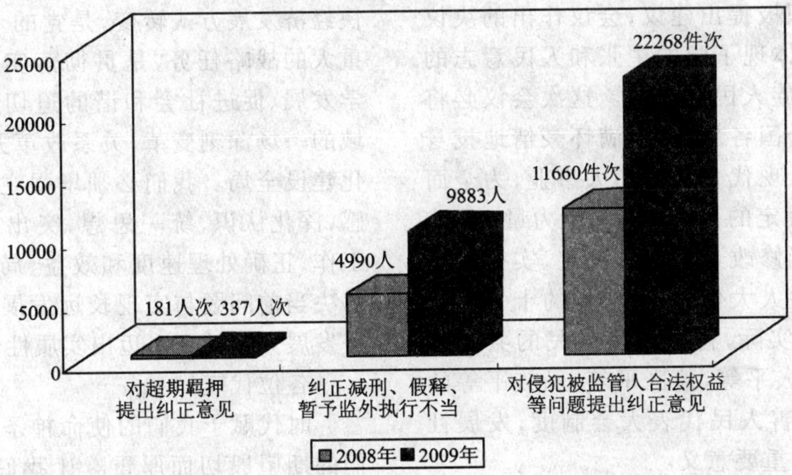

第十一届全国人民代表大会第三次会议关于确认全国人民代表大会常务委员会接受李东生辞去全国人民代表大会常务委员会委员职务的请求的决定

（2010 年 3 月 14 日第十一届全国人民代表大会第三次会议通过）

第十一届全国人民代表大会第三次会议决定：确认第十一届全国人民代表大会常务委员会第十二次会议关于接受李东生辞去第十一届全国人民代表大会常务委员会委员及全国人民代表大会教育科学文化卫生委员会委员职务的请求的决定。

在第十一届全国人民代表大会第三次会议上的讲话

（2010年3月14日）

全国人大常委会委员长　吴邦国

各位代表：

第十一届全国人民代表大会第三次会议，在全体代表的共同努力下，圆满完成了各项预定任务。会议充分发扬民主，严格依法办事，进一步统一了思想，明确了任务，鼓舞了干劲，开得很成功，是一次民主、团结、求实、奋进的大会！

会议期间，代表们肩负全国各族人民重托，以主人翁的高度责任感和历史使命感，依法履行职责，认真开展审议，积极提出建议，会议作出的决议和批准的报告，充分体现了党的主张和人民意志的统一，凝聚了全国各族人民的智慧。这次会议必将进一步团结和动员全国各族人民，满怀豪情地投身改革开放和社会主义现代化建设伟大事业，为全面完成“十一五”规划确定的目标任务贡献力量。

会议作出的关于修改选举法的决定，实行城乡按相同人口比例选举人大代表，符合党的十七大精神，符合我国国情和实际，符合各族人民的共同利益，更好地体现了人人平等、地区平等、民族平等的原则，对于坚持和完善人民代表大会制度，发展社会主义民主政治具有重要意义。

会议期间，代表团和代表共提出506件议案，大会主席团已全部交付全国人大有关专门委员会审议。各专门委员会要认真负责地审议代表议案，切实提高代表议案办理质量，充分发挥代表议案在立法等工作中的重要作用。到昨天中午，大会秘书处已收到代表提出的建议、批评和意见7418件。会后，由全国人大常委会办公厅负责统一交办。各承办单位要加强与代表的沟通联系，虚心听取代表意见，切实改进工作。

代表们在审议政府工作报告等有关报告过程中，结合本地区、本部门、本单位实际，就深入贯彻落实科学发展观、加快转变经济发展方式等重大问题提出了许多好的意见和建议。大家一致认为，加快经济发展方式转变，是党的十七大提出的紧迫而重大的战略任务，是贯彻落实科学发展观、推动科学发展、促进社会和谐的迫切要求，是我国经济领域的一场深刻变革，关系改革开放和社会主义现代化建设全局。我们必须增强主动性、紧迫感和责任感，深化认识，统一思想，突出战略重点，加倍努力工作，正确处理速度和效益、局部和整体的关系，把解决当前问题与实现长远发展结合起来，在加快经济发展方式转变上迈出实质性步伐。

各位代表！

时代赋予我们的使命神圣而光荣，人民寄予我们的期望殷切而厚重。让我们紧密团结在以胡锦涛同志为总书记的党中央周围，高举中国特色社会主义伟大旗帜，以邓小平理论和“三个代表”重要思想为指导，深入贯彻落实科学发展观，团结一心，奋发图强，为夺取全面建设小康社会新胜利、开创中国特色社会主义事业新局面而努力奋斗！

第十一届全国人民代表大会第三次会议表决议案办法

（2010年3月4日第十一届全国人民代表大会第三次会议主席团第一次会议通过）

根据《中华人民共和国宪法》和有关法律规定，主席团决定：

第十一届全国人民代表大会第三次会议表决各项议案，采用无记名按表决器方式，以全体代表的过半数赞成票通过。表决时，代表可以表示赞成，可以表示反对，也可以表示弃权。未按表决器的不计入表决票数。如表决器在使用中发生故障，改用举手方式表决。

关于第十一届全国人民代表大会第三次会议代表提出议案处理意见的报告

（2010年3月13日第十一届全国人民代表大会第三次会议主席团第三次会议通过）

十一届全国人大三次会议副秘书长　王万宾

十一届全国人大三次会议主席团：

受大会秘书处的委托，我向大会主席团就本次大会上代表所提议案的处理意见报告如下。

全国人大代表向全国人民代表大会提出议案，是依法行使代表职权的重要方式和途径。会议期间，代表们以邓小平理论和"三个代表"重要思想为指导，深入贯彻落实科学发展观，本着对人民高度负责的精神和求真务实的态度，从加快全面建设小康社会进程、努力实现经济社会又好又快发展的目标出发，提出了涉及经济建设、政治建设、文化建设、社会建设以及生态文明建设各个领域的议案。到3月9日大会规定的议案截止时间，共提出议案506件。其中，法律案500件，监督工作方面议案6件；以代表团名义提出的议案5件，30名以上代表联名提出的议案501件。有2052位代表领衔或参加附议。

经过初步分析，我们认为今年代表提出的议案，前期工作更为扎实，调查研究更加深入，分析论证比较充分，议案质量有明显提高。大会之前，代表们积极参加集中视察、专题调研和代表小组等活动，深入基层、深入实际、深入群众，在了解掌握第一手资料的基础上，做了大量的准备工作，基本形成了议案文本。大会期间，各代表团组织代表认真讨论，以代表团名义提出的议案都经过全团集体讨论，代表联名提出的议案，领衔代表与附议代表充分沟通、共同研究，使得议案文本进一步得到完善。本次大会所提议案绝大部分为法律案，共涉及226个法律项目。其中，一些代表根据全国人大常委会立法规划和2010年立法工作计划所列立法项目，提出了质量较高的法律草案文本；许多代表从立法的必要性和可行性等方面对未列入规划、计划的法律项目提出了很好的意见。一些代表还就加强监督工作提出议案，都是要求对有关法律的实施情况开展执法检查的。因此，认真办理代表议案，对于确保形成中国特色社会主义法律体系目标如期实现，推进依法治国有着重要意义。

根据全国人民代表大会组织法和全国人民代表大会议事规则的规定，大会秘书处与全国人大各专门委员会对代表提出的议案逐件进行了分析研究，认为没有需要列入本次大会审议的议案。大会秘书处建议将这些代表议案分别交由全国人大有关专门委员会审议。其中，财政经济委员会审议156件，法律委员会审议137件，教育科学文化卫生委员会审议74件，内务司法委员会审议63件，环境与资源保护委员会审议41件，农业与农村委员会审议27件，外事委员会审议3件，华侨委员会审议3件，民族委员会审议2件。上述议案经各有关专门委员会审议后，依法分别向全国人大常委会提出审议结果的报告。

为了办理好、审议好代表提出的议案，大会秘书处建议：

一、认真吸纳代表议案文本的意见。在法律草案的起草、修改和审议中，更加积极深入地研究采纳代表议案提出的意见。对于所涉及的立法项目已经列入全国人大常委会立法规划、年度立法工作计划的议案，建议尽可能地吸收议案内容，将代表附有条文建议的议案作为基础形成法律条文。

二、积极以代表议案为依据制定立法和监督工作计划。对于尚未列入本年度立法、监督工作计划的议案，建议全国人大常委会和各专门委员会在研究制定2011年立法工作和监督工作计划时予以高度重视，通过深入调研论证、充分采纳代表意见，使形成的立法、监督工作计划更加符合国家经济社会发展大局的需要，更加符合广大人民群众的意愿和要求。

三、继续邀请代表参加立法和监督工作。建议全国人大常委会审议法律案和专项报告时邀请提出相关议案的代表列席，开展执法检查时邀请有关代表参加；建议全国人大有关专门委员会通过多种形式加强与代表的联系与沟通，在审议代表议案时邀请提出议案的代表列席会议，发表意见。

十一届全国人大三次会议代表所提议案的审议结果和处理情况，经由全国人大常委会审议通过后，建议在十一届全国人大四次会议上向代表提出报告。

以上报告，请审议。

十一届全国人大三次会议秘书处
2010 年 3 月 13 日

附件：

交有关专门委员会审议的议案

（共 506 件）

一、交民族委员会审议的 2 件：

1. 金硕仁等 30 名代表：关于制定少数民族语言文字法的议案（第 300 号）；

2. 金硕仁等 31 名代表：关于制定少数民族地区经济发展促进法的议案（第 450 号）。

二、交法律委员会审议的 137 件：

1. 王晓琳等 30 名代表：关于修改刑法的议案（第 47 号）；

2. 陈旭等 30 名代表：关于建立未成年人轻罪记录消灭制度的议案（第 86 号）；

3. 王荣华等 30 名代表：关于修改刑法的议案（第 87 号）；

4. 林荫茂等 30 名代表：关于修改刑法的议案（第 88 号）；

5. 买世蕊等 30 名代表：关于修改刑法的议案（第 113 号）；

6. 马林凤等 33 名代表：关于修改刑法的议案（第 116 号）；

7. 张庆伟等 30 名代表：关于修改刑法的议案（第 146 号）；

8. 杨子强等 30 名代表：关于修改刑法的议案（第 147 号）；

9. 高明芹等 30 名代表：关于修改刑法的议案（第 148 号）；

10. 李雪芹等 30 名代表：关于修改刑法的议案（第 149 号）；

11. 汪春兰等 30 名代表：关于修改刑法的议案（第 161 号）；

12. 杨亚达等 30 名代表：关于修改刑法的议案（第 162 号）；

13. 黄细花等 34 名代表：关于修改刑法的议案（第 172 号）；

14. 欧真志等 35 名代表：关于修改刑法的议案（第 173 号）；

15. 周光权等 31 名代表：关于修改刑法的议案（第 187 号）；

16. 汪夏等 31 名代表：关于修改刑法的议案（第 188 号）；

17. 刘宝亚等 31 名代表：关于修改刑法的议案（第 189 号）；

18. 刘庆宁等 31 名代表：关于修改刑法的议案（第 195 号）；

19. 刘庆宁等 31 名代表：关于修改涉及偷税违法犯罪行为处罚的有关法律的议案（第 200 号）；

20. 马克宁等 30 名代表：关于修改刑法的议案（第 207 号）；

21. 徐睿霞等 42 名代表：关于修改刑法的议案（第 241 号）；

22. 闫希军等 30 名代表：关于修改刑法的议案（第 251 号）；

23. 齐奇等 30 名代表：关于修改刑法的议案（第 268 号）；

24. 慕平等 35 名代表：关于修改刑法的议案（第 314 号）；

25. 章联生等 32 名代表：关于修改刑法的议案（第 345 号）；

26. 戴仲川等 30 名代表：关于修改刑法的议案（第 356 号）；

27. 张少康等 31 名代表：关于修改刑法的议案（第 370 号）；

28. 孙桂华等 30 名代表：关于修改刑法的议案（第 373 号）；

29. 李其宏等 31 名代表：关于修改刑法的议案（第 385 号）；

30. 许智慧等 31 名代表：关于在刑法中增加醉酒驾驶机动车罪的议案（第 414 号）；

31. 杨绵绵等30名代表:关于修改刑法及相关法律彻底根治酒驾的议案(第416号);

32. 王明雯等30名代表:关于修改刑法的议案(第439号);

33. 秦希燕等30名代表:关于修改刑法的议案(第452号);

34. 杨成涛等30名代表:关于修改刑法的议案(第498号);

35. 周晓光等30名代表:关于修改刑法的议案(第501号);

36. 汪夏等31名代表:关于修改刑事诉讼法的议案(第48号);

37. 盛娅农等32名代表:关于修改刑事诉讼法的议案(第49号);

38. 孙桂华等30名代表:关于修改刑事诉讼法的议案(第83号);

39. 袁敬华等30名代表:关于修改刑事诉讼法的议案(第151号);

40. 刘庆宁等31名代表:关于修改刑事诉讼法的议案(第198号);

41. 郭成志等31名代表:关于修改刑事诉讼法的议案(第302号);

42. 慕平等34名代表:关于修改刑事诉讼法的议案(第315号);

43. 李明蓉等30名代表:关于修改刑事诉讼法的议案(第343号);

44. 潘雪红等32名代表:关于修改刑事诉讼法的议案(第368号);

45. 姜鸿斌等30名代表:关于修改刑事诉讼法的议案(第371号);

46. 孙桂华等30名代表:关于修改刑事诉讼法的议案(第372号);

47. 戴松灵等30名代表:关于修改刑事诉讼法的议案(第386号);

48. 杨伟程等35名代表:关于制定反腐败法的议案(第412号);

49. 周晓光等30名代表:关于制定反腐败法的议案(第502号);

50. 薛少仙等32名代表:关于制定反贪污贿赂法的议案(第503号);

51. 姜健等31名代表:关于制定违法行为矫治法的议案(第13号);

52. 迟夙生等30名代表:关于制定违法行为矫治法的议案(第374号);

53. 秦希燕等31名代表:关于修改担保法的议案(第234号);

54. 高晓明等30名代表:关于修改担保法的议案(第354号);

55. 赖鞍山等30名代表:关于修改合同法的议案(第344号);

56. 徐明正等32名代表:关于修改婚姻法的议案(第206号);

57. 王利明等30名代表:关于制定人格权法的议案(第213号);

58. 周建元等30名代表:关于修改物权法的议案(第359号);

59. 汪夏等31名代表:关于修改民事诉讼法的议案(第50号);

60. 刘卫星等30名代表:关于修改民事诉讼法的议案(第53号);

61. 孙桂华等30名代表:关于修改民事诉讼法的议案(第84号);

62. 买世蕊等30名代表:关于修改民事诉讼法的议案(第112号);

63. 袁敬华等30名代表:关于修改民事诉讼法的议案(第150号);

64. 黄细花等34名代表:关于修改民事诉讼法的议案(第171号);

65. 李淑香等30名代表:关于修改民事诉讼法的议案(第181号);

66. 刘庆宁等31名代表:关于制定强制执行法的议案(第197号);

67. 姜玉泉等31名代表:关于修改民事诉讼法的议案(第235号);

68. 贾春梅等30名代表:关于修改民事诉讼法的议案(第303号);

69. 章联生等30名代表:关于修改民事诉讼法的议案(第348号);

70. 徐振林等30名代表:关于修改民事诉讼法的议案(第376号);

71. 刘锡潜等33名代表:关于增加民事诉讼法个案法律监督条款的议案(第413号);

72. 许智慧等31名代表:关于修改民事诉讼法,加强检察监督的议案(第415号);

73. 邵峰晶等32名代表:关于制定强制执行法的议案(第418号);

74. 沈光明等30名代表:关于修改民事诉讼法的议案(第440号);

75. 金硕仁等30名代表:关于制定民事执行法的议案(第451号);

76. 刘玲等 30 名代表:关于修改民事诉讼法的议案(第 461 号);

77. 刘玲等 30 名代表:关于制定民事强制执行法的议案(第 463 号);

78. 齐奇等 30 名代表:关于制定民事强制执行法的议案(第 504 号);

79. 林强等 30 名代表:关于修改仲裁法的议案(第 30 号);

80. 汤爱军等 30 名代表:关于修改仲裁法的议案(第 242 号);

81. 孙建国等 30 名代表:关于修改仲裁法的议案(第 271 号);

82. 姜健等 31 名代表:关于修改石油天然气管道保护法(草案)的议案(第 11 号);

83. 姜健等 31 名代表:关于尽快完善实施社会保险法的议案(第 17 号);

84. 戴仲川等 30 名代表:关于修改社会保险法(草案)的议案(第 352 号);

85. 陈秀榕等 30 名代表:关于修改社会保险法(草案)的议案(第 355 号);

86. 王燕文等 33 名代表:关于制定社会保障法的议案(第 482 号);

87. 周晓光等 30 名代表:关于修改社会保险法(草案)的议案(第 499 号);

88. 孙桂华等 30 名代表:关于修改行政诉讼法的议案(第 82 号);

89. 杨伟程等 35 名代表:关于制定行政程序法的议案(第 417 号);

90. 刘玲等 30 名代表:关于制定行政程序法的议案(第 460 号);

91. 王利明等 30 名代表:关于制定征收征用法的议案(第 215 号);

92. 徐景龙等 31 名代表:关于修改公益事业捐赠法的议案(第 4 号);

93. 金硕仁等 30 名代表:关于修改行政处罚法的议案(第 299 号);

94. 赖鞍山等 30 名代表:关于修改行政处罚法的议案(第 357 号);

95. 孙建国等 30 名代表:关于修改行政复议法的议案(第 269 号);

96. 黄美缘等 30 名代表:关于修改行政复议法的议案(第 349 号);

97. 姜健等 31 名代表:关于制定行政强制法的议案(第 16 号);

98. 章联生等 31 名代表:关于修改行政许可法的议案(第 347 号);

99. 姜健等 31 名代表:关于修改村民委员会组织法的议案(第 12 号);

100. 白丽莎等 31 名代表:关于修改村民委员会组织法的议案(第 52 号);

101. 刘庆宁等 31 名代表:关于修改村民委员会组织法的议案(第 196 号);

102. 周晓光等 30 名代表:关于修改村民委员会组织法的议案(第 270 号);

103. 刘道崎等 30 名代表:关于修改村民委员会组织法的议案(第 353 号);

104. 迟夙生等 30 名代表:关于修改村民委员会组织法的议案(第 375 号);

105. 唐祖宣等 30 名代表:关于修改村民委员会组织法的议案(第 383 号);

106. 鲁中祝等 30 名代表:关于修改村民委员会组织法的议案(第 394 号);

107. 汤建梅等 30 名代表:关于修改村民委员会组织法的议案(第 419 号);

108. 王明雯等 30 名代表:关于修改村民委员会组织法的议案(第 438 号);

109. 任玉奇等 30 名代表:关于修改代表法的议案(第 3 号);

110. 王晓琳等 32 名代表:关于修改代表法的议案(第 51 号);

111. 关爱和等 31 名代表:关于修改代表法的议案(第 72 号);

112. 马巧珍等 33 名代表:关于修改代表法的议案(第 115 号);

113. 朱维芳等 30 名代表:关于修改代表法的议案(第 163 号);

114. 张绍骥等 30 名代表:关于修改代表法的议案(第 180 号);

115. 刘晓武等 31 名代表:关于修改代表法的议案(第 236 号);

116. 邢克智等 30 名代表:关于修改代表法的议案(第 250 号);

117. 许金和等 33 名代表:关于修改代表法的议案(第 350 号);

118. 于文等 30 名代表:关于修改代表法的议案(第 366 号);

119. 邸瑛琪等 32 名代表:关于修改代表法的议案(第 384 号);

120. 王明雯等 30 名代表:关于修改代表法的议案(第 441 号);

121. 缪昌文等31名代表:关于修改代表法的议案(第462号);

122. 姜健等31名代表:关于修改国家赔偿法的议案(第18号);

123. 马林凤等34名代表:关于修改国家赔偿法的议案(第114号);

124. 章联生等31名代表:关于修改国家赔偿法的议案(第346号);

125. 王东洲等32名代表:关于修改国旗法的议案(第122号);

126. 苏学云等31名代表:关于修改国旗法的议案(第164号);

127. 刘庆宁等31名代表:关于修改兵役法的议案(第199号);

128. 汪瑞等41名代表:关于修改兵役法的议案(第445号);

129. 贾晓炜等31名代表:关于修改兵役法的议案(第446号);

130. 徐睿霞等40名代表:关于修改人民防空法的议案(第243号);

131. 孙建国等30名代表:关于修改人民防空法的议案(第272号);

132. 张学锋等31名代表:关于修改突发事件应对法的议案(第444号);

133. 朱维芳等30名代表:关于修改立法法的议案(第165号);

134. 周洪宇等31名代表:关于修改立法法的议案(第214号);

135. 周晓光等30名代表:关于制定个人信息保护法的议案(第497号);

136. 陈云龙等30名代表:关于制定法律监督法的议案(第500号);

137. 色音图等36名代表:关于制定刑事伤害补偿法的议案(第245号)。

三、交内务司法委员会审议的63件:

1. 姜健等31名代表:关于制定慈善事业法的议案(第8号);

2. 刘卫星等30名代表:关于制定慈善法的议案(第68号);

3. 郑杰等30名代表:关于制定慈善事业法的议案(第93号);

4. 郝萍等32名代表:关于制定慈善事业促进法的议案(第111号);

5. 周洪宇等32名代表:关于制定慈善事业法的议案(第216号);

6. 邢克智等33名代表:关于慈善事业立法的议案(第246号);

7. 卢亦愚等31名代表:关于制定基本生活保障法的议案(第495号);

8. 汪夏等31名代表:关于将司法救助纳入救助法范围的议案(第69号);

9. 王保存等34名代表:关于制定社会救助法的议案(第108号);

10. 邵峰晶等32名代表:关于制定社会救济法的议案(第411号);

11. 马克宁等30名代表:关于制定社区法的议案(第117号);

12. 郝萍等33名代表:关于制定志愿服务法的议案(第110号);

13. 刘庆宁等31名代表:关于制定志愿服务法的议案(第194号);

14. 周晓光等30名代表:关于制定志愿服务法的议案(第279号);

15. 周洪宇等31名代表:关于制定志愿服务法的议案(第360号);

16. 谭晶等30名代表:关于完善志愿服务事业,加快志愿服务促进法立法的议案(第447号);

17. 秦希燕等31名代表:关于修改公务员法的议案(第223号);

18. 康厚明等32名代表:关于修改城市居民委员会组织法的议案(第70号);

19. 朱国萍等40名代表:关于修改城市居民委员会组织法的议案(第94号);

20. 汪惠芳等30名代表:关于修改城市居民委员会组织法的议案(第285号);

21. 张素荣等30名代表:关于修改老年人权益保障法的议案(第311号);

22. 张立勇等31名代表:关于制定法律救助法的议案(第389号);

23. 戴仲川等30名代表:关于制定调解法的议案(第332号);

24. 姜健等31名代表:关于制定人民调解法的议案(第7号);

25. 徐景龙等31名代表:关于制定人民调解法的议案(第158号);

26. 周晓光等30名代表:关于制定人民调解法的议案(第280号);

27. 刘庆宁等31名代表:关于制定陪审法的议案(第193号);

28. 吴江林等31名代表:关于制定社区矫正法

的议案（第 66 号）；

29. 陈旭等 30 名代表：关于制定社区矫正法的议案（第 95 号）；

30. 朱维芳等 30 名代表：关于制定社区矫正法的议案（第 159 号）；

31. 周晓光等 30 名代表：关于制定社区矫正法的议案（第 286 号）；

32. 刘玲等 30 名代表：关于制定社区矫正法的议案（第 470 号）；

33. 俞学文等 30 名代表：关于制定社区矫正法的议案（第 493 号）；

34. 陈昆忠等 30 名代表：关于制定社区矫正法的议案（第 494 号）；

35. 汪夏等 31 名代表：关于制定预防职务犯罪法的议案（第 65 号）；

36. 谭艳等 31 名代表：关于制定职务犯罪预防法的议案（第 222 号）；

37. 王瑛等 30 名代表：关于修改道路交通安全法的议案（第 104 号）；

38. 屈雅君等 30 名代表：关于修改道路交通安全法的议案（第 208 号）；

39. 冯燕等 30 名代表：关于修改道路交通安全法的议案（第 380 号）；

40. 迟夙生等 30 名代表：关于修改法官法的议案（第 378 号）；

41. 买世蕊等 30 名代表：关于修改人民法院组织法的议案（第 109 号）；

42. 孙桂华等 30 名代表：关于修改公证法的议案（第 81 号）；

43. 海南代表团：关于修改监狱法的议案（第 41 号）；

44. 宁夏代表团：关于修改监狱法的议案（第 185 号）；

45. 阿曼把依·达吾提等 36 名代表：关于修改监狱法的议案（第 363 号）；

46. 迟夙生等 30 名代表：关于修改检察官法的议案（第 379 号）；

47. 孙桂华等 30 名代表：关于修改人民检察院组织法的议案（第 80 号）；

48. 孙建国等 30 名代表：关于修改人民检察院组织法的议案（第 284 号）；

49. 慕平等 33 名代表：关于修改人民检察院组织法的议案（第 319 号）；

50. 徐景龙等 31 名代表：关于修改居民身份证法的议案（第 19 号）；

51. 刘卫星等 31 名代表：关于修改居民身份证法的议案（第 67 号）；

52. 李开喜等 30 名代表：关于修改居民身份证法的议案（第 454 号）；

53. 陈先岩等 32 名代表：关于修改居民身份证法的议案（第 471 号）；

54. 张庆伟等 30 名代表：关于修改人民警察法的议案（第 133 号）；

55. 孙建国等 30 名代表：关于修改治安管理处罚法的议案（第 283 号）；

56. 林荫茂等 30 名代表：关于提请全国人大常委会开展律师法执法检查的议案（第 96 号）；

57. 李清林等 31 名代表：关于制定家庭暴力防治法的议案（第 73 号）；

58. 陈秀榕等 30 名代表：关于将反家庭暴力法列入全国人大常委会立法工作计划的议案（第 331 号）；

59. 周晓光等 30 名代表：关于修改妇女权益保障法的议案（第 282 号）；

60. 刘玲等 30 名代表：关于修改妇女权益保障法的议案（第 472 号）；

61. 周晓光等 30 名代表：关于修改工会法的议案（第 281 号）；

62. 秦希燕等 30 名代表：关于修改工会法的议案（第 453 号）；

63. 姜健等 31 名代表：关于检查妇女权益保障法实施情况的议案（第 6 号）。

四、交财政经济委员会审议的 156 件：

1. 徐景龙等 31 名代表：关于制定能源法的议案（第 1 号）；

2. 徐景龙等 31 名代表：关于制定核能法的议案（第 29 号）；

3. 徐景龙等 31 名代表：关于制定石油天然气法的议案（第 44 号）；

4. 徐景龙等 31 名代表：关于制定城市地下空间管理法的议案（第 9 号）；

5. 黄志明等 31 名代表：关于修改证券法的议案（第 14 号）；

6. 欧阳泽华等 35 名代表：关于制定证券无纸化法的议案（第 317 号）；

7. 左红等 31 名代表：关于修改证券法的议案（第 481 号）；

8. 黄志明等 31 名代表：关于修改反不正当竞争法的议案（第 15 号）；

9. 赖鞍山等 30 名代表：关于修改反不正当竞争法的议案（第 335 号）；

10. 郑晓燕等30名代表:关于修改反不正当竞争法的议案(第395号);

11. 邱玫等32名代表:关于制定竞业限制法的议案(第176号);

12. 徐景龙等31名代表:关于修改烟草专卖法的议案(第23号);

13. 徐景龙等31名代表:关于制定财政监督法的议案(第24号);

14. 孙桂华等30名代表:关于修改预算法的议案(第85号);

15. 周晓光等30名代表:关于修改预算法的议案(第292号);

16. 王晶等30名代表:关于修改预算法的议案(第338号);

17. 徐景龙等31名代表:关于制定建筑节能法的议案(第37号);

18. 任玉奇等30名代表:关于修改建筑法的议案(第25号);

19. 袁敬华等30名代表:关于修改建筑法的议案(第139号);

20. 熊德荣等33名代表:关于修改建筑法的议案(第217号);

21. 秦希燕等30名代表:关于修改建筑法的议案(第230号);

22. 李宝元等30名代表:关于修改建筑法的议案(第308号);

23. 努斯来提·瓦吉丁等32名代表:关于修改建筑法的议案(第364号);

24. 程惠芳等31名代表:关于制定房屋质量法的议案(第295号);

25. 李欲晞等30名代表:关于修改台湾同胞投资保护法的议案(第31号);

26. 台湾代表团:关于修改台湾同胞投资保护法的议案(第365号);

27. 徐景龙等31名代表:关于制定业主委员会组织法的议案(第28号);

28. 任玉奇等30名代表:关于修改城市房地产管理法的议案(第35号);

29. 马克宁等30名代表:关于修改城市房地产管理法的议案(第120号);

30. 王茜等36名代表:关于修改城市房地产管理法的议案(第210号);

31. 曹大正等32名代表:关于修改城市房地产管理法的议案(第253号);

32. 徐景龙等31名代表:关于制定农村公路法的议案(第36号);

33. 徐景龙等31名代表:关于制定物流法的议案(第45号);

34. 任玉奇等30名代表:关于制定物流法的议案(第458号);

35. 韩玉臣等36名代表:关于制定市场流通法的议案(第307号);

36. 杨庚宇等32名代表:关于修改煤炭法的议案(第46号);

37. 袁昌玉等30名代表:关于修改招投标法的议案(第64号);

38. 袁昌玉等32名代表:关于制定旅游法的议案(第57号);

39. 周洪宇等32名代表:关于制定旅游法的议案(第219号);

40. 袁昌玉等31名代表:关于修改产品质量法的议案(第58号);

41. 周晓光等30名代表:关于制定反假冒伪劣商品法的议案(第486号);

42. 吴江林等31名代表:关于修改计量法的议案(第59号);

43. 杜民等30名代表:关于修改计量法的议案(第333号);

44. 吴江林等31名代表:关于修改标准化法的议案(第60号);

45. 马杰等33名代表:关于修改标准化法的议案(第257号);

46. 于文等30名代表:关于修改标准化法的议案(第367号);

47. 刘卫星等31名代表:关于制定第三方支付管理法的议案(第61号);

48. 刘卫星等30名代表:关于制定现金管理法的议案(第62号);

49. 刘卫星等30名代表:关于制定信用担保机构法的议案(第63号);

50. 黄河等30名代表:关于制定低碳经济促进法的议案(第76号);

51. 徐景龙等31名代表:关于制定低碳经济促进法的议案(第152号);

52. 周洪宇等30名代表:关于制定低碳经济促进法的议案(第362号);

53. 邵志清等30名代表:关于修改就业促进法的议案(第97号);

54. 杨伟程等35名代表:关于制定反就业歧视法的议案(第425号);

55. 郑杰等30名代表:关于制定电信法的议案(第98号);

56. 张新建等30名代表:关于制定电信法的议案(第506号);

57. 张兆安等30名代表:关于修改消费者权益保护法的议案(第99号);

58. 刘庆宁等31名代表:关于修改消费者权益保护法的议案(第203号);

59. 孙建国等30名代表:关于修改消费者权益保护法的议案(第293号);

60. 高晓明等30名代表:关于修改消费者权益保护法的议案(第336号);

61. 张兆安等30名代表:关于制定国家住房保障法的议案(第100号);

62. 褚君浩等30名代表:关于制定住房保障法的议案(第103号);

63. 杨亚达等30名代表:关于制定住房保障法的议案(第154号);

64. 宗庆后等40名代表:关于制定住房保障法的议案(第167号);

65. 迟夙生等30名代表:关于制定住房保障法的议案(第382号);

66. 杨伟程等33名代表:关于制定住房保障法的议案(第424号);

67. 姜玉泉等31名代表:关于制定住房公积金管理法的议案(第232号);

68. 盛亚飞等30名代表:关于制定互联网法的议案(第101号);

69. 邵峰晶等32名代表:关于制定网络信息安全法的议案(第410号);

70. 杨新力等52名代表:关于制定电信网、广播电视网和互联网三网融合管理法律的议案(第475号);

71. 周晓光等30名代表:关于制定国家信息安全法的议案(第496号);

72. 姚莉等30名代表:关于制定航运法的议案(第102号);

73. 马克宁等30名代表:关于制定境外投资法的议案(第119号);

74. 左延安等30名代表:关于完善个人境外投资法律的议案(第400号);

75. 左延安等30名代表:关于制定统一的境外投资法的议案(第402号);

76. 罗毅平等34名代表:关于修改税收征收管理法的议案(第121号);

77. 孙桂华等30名代表:关于修改税收征收管理法的议案(第179号);

78. 袁敬华等30名代表:关于制定工资法的议案(第134号);

79. 朱雪芹等30名代表:关于制定农民工工资保障法的议案(第184号);

80. 俞书伟等31名代表:关于制定电子商务法的议案(第135号);

81. 徐龙等35名代表:关于制定电子商务法的议案(第174号);

82. 周晓光等30名代表:关于制定电子商务交易法的议案(第289号);

83. 袁敬华等30名代表:关于修改公司法的议案(第136号);

84. 赵家军等31名代表:关于修改广告法的议案(第137号);

85. 谢子龙等30名代表:关于修改广告法的议案(第155号);

86. 刘庆宁等31名代表:关于修改广告法的议案(第204号);

87. 秦希燕等30名代表:关于修改广告法的议案(第233号);

88. 赵静等30名代表:关于修改广告法的议案(第342号);

89. 蒋海鹰等34名代表:关于修改广告法的议案(第409号);

90. 张庆伟等30名代表:关于制定期货交易法的议案(第138号);

91. 王晶等30名代表:关于制定期货交易法的议案(第340号);

92. 张庆伟等30名代表:关于制定存款保险法的议案(第140号);

93. 杨子强等30名代表:关于加快存款保险立法的议案(第142号);

94. 袁敬华等30名代表:关于修改劳动法的议案(第141号);

95. 王茜等33名代表:关于修改劳动法的议案(第209号);

96. 郭成志等30名代表:关于修改劳动法的议案(第309号);

97. 尹广军等31名代表:关于制定对外劳务管理法的议案(第305号);

98. 袁敬华等31名代表:关于制定商业秘密保护法的议案(第143号);

99. 袁敬华等30名代表:关于制定民族地区义

务教育投入保障法的议案(第 144 号);

100. 孙菁等 31 名代表:关于制定教育经费法的议案(第 427 号);

101. 王梅珍等 30 名代表:关于制定教育投入保障法的议案(第 484 号);

102. 杨子强等 30 名代表:关于制定社区投资法的议案(第 145 号);

103. 杨亚达等 30 名代表:关于制定物业管理法的议案(第 153 号);

104. 任玉奇等 30 名代表:关于制定物业管理法的议案(第 459 号);

105. 宗庆后等 41 名代表:关于修改商标法的议案(第 168 号);

106. 秦希燕等 30 名代表:关于修改商标法的议案(第 229 号);

107. 任正隆等 33 名代表:关于修改个人所得税法的议案(第 190 号);

108. 邢克智等 32 名代表:关于修改个人所得税法的议案(第 256 号);

109. 刘庆宁等 31 名代表:关于制定国有企业改制法的议案(第 202 号);

110. 申振君等 30 名代表:关于修改企业国有资产法的议案(第 408 号);

111. 仇小乐等 31 名代表:关于制定特种设备安全法的议案(第 218 号);

112. 许振超等 30 名代表:关于制定特种设备安全法的议案(第 423 号);

113. 张红等 31 名代表:关于制定特种设备安全法的议案(第 474 号);

114. 杨继学等 30 名代表:关于制定统一的 BOT 法律的议案(第 220 号);

115. 秦希燕等 31 名代表:关于修改城乡规划法的议案(第 227 号);

116. 王填等 32 名代表:关于制定城市商业网点规划法的议案(第 228 号);

117. 周晓光等 30 名代表:关于制定商品专业批发市场法的议案(第 290 号);

118. 秦希燕等 30 名代表:关于修改反垄断法的议案(第 231 号);

119. 高小琼等 30 名代表:关于制定宏观经济调控法的议案(第 239 号);

120. 张有会等 30 名代表:关于制定社会保障法的议案(第 252 号);

121. 曹大正等 33 名代表:关于制定保税港区管理法的议案(第 254 号);

122. 张有会等 32 名代表:关于制定征收集体土地房屋拆迁法的议案(第 255 号);

123. 莫照兰等 30 名代表:关于制定国有土地上房屋征收法的议案(第 420 号);

124. 邵峰晶等 32 名代表:关于制定房屋征收征用法的议案(第 421 号);

125. 周晓光等 30 名代表:关于制定道路车辆法的议案(第 287 号);

126. 周晓光等 30 名代表:关于制定汽车租赁法的议案(第 288 号);

127. 左延安等 30 名代表:关于制定汽车租赁法的议案(第 401 号);

128. 周晓光等 30 名代表:关于制定住宅装修法的议案(第 291 号);

129. 周晓光等 30 名代表:关于制定典当法的议案(第 294 号);

130. 薛继连等 31 名代表:关于制定环境税法的议案(第 306 号);

131. 周联清等 31 名代表:关于修改港口法的议案(第 334 号);

132. 刘道崎等 30 名代表:关于制定市政公用事业法的议案(第 337 号);

133. 王晶等 30 名代表:关于修改中小企业促进法的议案(第 339 号);

134. 许金和等 33 名代表:关于修改证券投资基金法的议案(第 341 号);

135. 左红等 31 名代表:关于修改证券投资基金法的议案(第 480 号);

136. 罗群辉等 30 名代表:关于制定航空法的议案(第 361 号);

137. 张涛等 32 名代表:关于制定航空法的议案(第 403 号);

138. 郑功成等 30 名代表:关于制定军人保险法的议案(第 381 号);

139. 计承江等 30 名代表:关于制定银行卡管理法的议案(第 390 号);

140. 曹杰等 31 名代表:关于制定社会信用法的议案(第 396 号);

141. 曹杰等 31 名代表:关于制定行业协会商会法的议案(第 397 号);

142. 朱国萍等 31 名代表:关于制定民间融资法的议案(第 398 号);

143. 钱念孙等 38 名代表:关于修改拍卖法的议案(第 399 号);

144. 刘锡潜等 33 名代表:关于修改保险法的

议案(第422号);

145. 王静成等31名代表:关于制定农业保险法的议案(第477号);

146. 邵峰晶等32名代表:关于制定合作银行法的议案(第426号);

147. 刘沧龙等30名代表:关于制定国债法的议案(第442号);

148. 赵可铭等45名代表:关于制定军民融合促进法的议案(第449号);

149. 刘平建等33名代表:关于修改劳动争议调解仲裁法的议案(第457号);

150. 沈健等36名代表:关于制定新建小区配套建设与交付使用法的议案(第473号);

151. 孙工声等32名代表:关于修改票据法的议案(第478号);

152. 陈家宝等31名代表:关于制定道路运输法的议案(第479号);

153. 南存辉等30名代表:关于修改中外合资经营企业法的议案(第483号);

154. 周晓光等30名代表:关于制定酒法的议案(第485号);

155. 陈仲等34名代表:关于要求全国人大常委会开展反垄断法执法检查的议案(第201号);

156. 何健忠等31名代表:关于对就业促进法进行执法检查的议案(第476号)。

五、交教育科学文化卫生委员会审议的74件:

1. 徐景龙等31名代表:关于制定学前教育法的议案(第10号);

2. 姜健等31名代表:关于制定学前教育法的议案(第22号);

3. 庞丽娟等38名代表:关于制定学前教育法的议案(第404号);

4. 沈健等36名代表:关于学前教育立法的议案(第467号);

5. 徐景龙等31名代表:关于修改高等教育法的议案(第20号);

6. 孙兆奇等31名代表:关于完善我国高等教育立法的议案(第405号);

7. 黄藤等30名代表:关于修改教师法的议案(第75号);

8. 马杰等34名代表:关于修改教师法的议案(第249号);

9. 袁敬华等30名代表:关于制定特殊教育促进法的议案(第128号);

10. 夏之宁等32名代表:关于制定特殊教育法的议案(第186号);

11. 周洪宇等33名代表:关于修改职业教育法的议案(第211号);

12. 周晓光等30名代表:关于修改职业教育法的议案(第297号);

13. 郑捷等31名代表:关于修改职业教育法的议案(第322号);

14. 孙菁等30名代表:关于修改职业教育法的议案(第429号);

15. 杨伟程等31名代表:关于修改职业教育法的议案(第432号);

16. 任玉奇等31名代表:关于修改职业教育法的议案(第456号);

17. 张秀娟等30名代表:关于修改民办教育促进法的议案(第321号);

18. 王元成等31名代表:关于修改民办教育促进法的议案(第434号);

19. 沈健等36名代表:关于修改民办教育促进法的议案(第465号);

20. 蒋婉求等30名代表:关于修改教育法的议案(第464号);

21. 任美琴等30名代表:关于制定社区教育法的议案(第491号);

22. 汪纪戎等37名代表:关于修改国家通用语言文字法的议案(第406号);

23. 孙兆奇等31名代表:关于制定高等院校考试招生法的议案(第407号);

24. 张淑琴等30名代表:关于制定高等院校招生与考试法的议案(第430号);

25. 宋文新等30名代表:关于制定家庭教育法的议案(第431号);

26. 姜健等31名代表:关于开展科学技术进步法执法检查的议案(第32号);

27. 顾逸东等30名代表:关于修改科学技术普及法的议案(第182号);

28. 马德秀等55名代表:关于制定产学研合作促进法的议案(第183号);

29. 邓中翰等30名代表:关于制定自主创新法的议案(第247号);

30. 祝学军等31名代表:关于制定航天法的议案(第224号);

31. 岳国君等31名代表:关于制定基因法的议案(第377号);

32. 徐景龙等31名代表:关于制定广播电视法的议案(第5号);

33. 郝萍等37名代表:关于制定图书馆法的议案(第107号);

34. 马克宁等30名代表:关于修改文物保护法的议案(第118号);

35. 宋鱼水等31名代表:关于尽快完善著作权法,加快著作权集体管理组织建设和发展的议案(第316号);

36. 姜健等31名代表:关于制定中医药法的议案(第26号);

37. 汪春兰等30名代表:关于制定传统医药法的议案(第157号);

38. 姜健等31名代表:关于修改药品管理法的议案(第27号);

39. 王法亮等30名代表:关于修改药品管理法的议案(第129号);

40. 周晓光等30名代表:关于修改药品管理法的议案(第296号);

41. 谢子龙等30名代表:关于修改药品管理法的议案(第313号);

42. 姜健等31名代表:关于制定基本医疗卫生保健法的议案(第33号);

43. 陈海啸等30名代表:关于制定公民基本医疗保障法的议案(第274号);

44. 卢亦愚等31名代表:关于制定基本医疗卫生保健法的议案(第277号);

45. 周晓光等30名代表:关于制定基本医疗卫生保健法的议案(第298号);

46. 梁启波等33名代表:关于制定新型农村合作医疗法的议案(第369号);

47. 姜健等31名代表:关于修改职业病防治法的议案(第34号);

48. 秦希燕等32名代表:关于修改职业病防治法的议案(第225号);

49. 王瑛等30名代表:关于修改职业病防治法的议案(第258号);

50. 周晓光等30名代表:关于修改职业病防治法的议案(第273号);

51. 许智慧等31名代表:关于修改职业病防治法的议案(第433号);

52. 陈家宝等31名代表:关于制定精神卫生法的议案(第466号);

53. 周琦等31名代表:关于修改执业医师法的议案(第71号);

54. 王瑛等30名代表:关于修改执业医师法的议案(第106号);

55. 刘进等47名代表:关于修改执业医师法的议案(第191号);

56. 周晓光等30名代表:关于修改执业医师法的议案(第276号);

57. 张庆伟等30名代表:关于制定护士法的议案(第124号);

58. 孙菁等32名代表:关于制定助产士法的议案(第125号);

59. 康凤英等34名代表:关于制定公共场所禁止吸烟法的议案(第126号);

60. 袁敬华等31名代表:关于制定烟害防治法的议案(第127号);

61. 宋良华等39名代表:关于完善我国公共场所禁止吸烟法律规范的议案(第192号);

62. 马力等30名代表:关于制定国家公共场所禁烟法的议案(第391号);

63. 王陇德等202名代表:关于制定烟草危害预防控制法的议案(第392号);

64. 汪春兰等30名代表:关于制定营养改善法的议案(第156号);

65. 孙建国等30名代表:关于修改献血法的议案(第278号);

66. 杨蓉娅等38名代表:关于修改献血法的议案(第448号);

67. 陈海啸等30名代表:关于制定医疗质量法的议案(第275号);

68. 曹书杰等30名代表:关于制定医疗事故处理法的议案(第178号);

69. 巴福荣等31名代表:关于制定国家医疗急救法的议案(第310号);

70. 王静成等33名代表:关于制定卫生法的议案(第468号);

71. 周晓光等30名代表:关于制定罕见疾病防治法的议案(第489号);

72. 吕帆等30名代表:关于制定医院法的议案(第490号);

73. 邢克智等33名代表:关于修改人口与计划生育法的议案(第248号);

74. 张雅英等30名代表:关于修改体育法的议案(第177号)。

六、交外事委员会审议的3件:

1. 陈舒等32名代表:关于修改外国人出入境管理法的议案(第175号);

2. 杨兴平等30名代表:关于制定海洋基本法的议案(第240号);

3. 金硕仁等 30 名代表:关于制定陆地边境管理法的议案(第 301 号)。

七、交华侨委员会审议的 3 件:

1. 陈继延等 31 名代表:关于修改归侨侨眷权益保护法的议案(第 105 号);

2. 吴子婴等 30 名代表:关于修改归侨侨眷权益保护法的议案(第 259 号);

3. 黄美缘等 30 名代表:关于修改归侨侨眷权益保护法的议案(第 320 号)。

八、交环境与资源保护委员会审议的 41 件:

1. 海南代表团:关于制定自然保护区法的议案(第 42 号);

2. 任玉奇等 30 名代表:关于修改土地管理法的议案(第 2 号);

3. 汪夏等 31 名代表:关于修改土地管理法的议案(第 55 号);

4. 白丽莎等 33 名代表:关于修改土地管理法的议案(第 56 号);

5. 薛继连等 31 名代表:关于修改土地管理法的议案(第 304 号);

6. 章联生等 31 名代表:关于修改土地管理法的议案(第 327 号);

7. 汤建梅等 30 名代表:关于修改土地管理法的议案(第 435 号);

8. 周晓峰等 30 名代表:关于修改土地管理法的议案(第 436 号);

9. 姜晓亭等 35 名代表:关于修改土地管理法的议案(第 443 号);

10. 秦希燕等 31 名代表:关于修改土地管理法的议案(第 455 号);

11. 金颖颖等 30 名代表:关于修改土地管理法的议案(第 487 号);

12. 黄河等 30 名代表:关于在现行环境保护法中增设突发环境事件应急预案制度的议案(第 77 号);

13. 叶倩等 30 名代表:关于修改环境保护法的议案(第 91 号);

14. 黄细花等 30 名代表:关于修改环境保护法的议案(第 169 号);

15. 周晓光等 30 名代表:关于修改环境保护法的议案(第 267 号);

16. 戴仲川等 30 名代表:关于修改环境保护法的议案(第 328 号);

17. 李爱青等 31 名代表:关于制定农业生态环境保护法的议案(第 166 号);

18. 姜健等 30 名代表:关于修改大气污染防治法的议案(第 21 号);

19. 张全等 30 名代表:关于修改大气污染防治法,推进区域大气污染联防联控的议案(第 89 号);

20. 褚君浩等 30 名代表:关于修改矿产资源法的议案(第 90 号);

21. 慕平等 34 名代表:关于修改矿产资源法的议案(第 318 号);

22. 章联生等 31 名代表:关于修改矿产资源法的议案(第 326 号);

23. 段玉贤等 30 名代表:关于修改矿产资源法的议案(第 388 号);

24. 赵家军等 31 名代表:关于修改矿产资源法,对稀土资源进行立法保护的议案(第 437 号);

25. 周晓光等 30 名代表:关于修改海洋环境保护法的议案(第 264 号);

26. 张全等 30 名代表:关于制定太湖流域管理法的议案(第 92 号);

27. 杜国玲等 39 名代表:关于尽快制定出台太湖保护法,切实加大太湖保护力度的议案(第 505 号);

28. 储亚平等 37 名代表:关于制定饮用水源地保护法的议案(第 387 号);

29. 戴雅萍等 30 名代表:关于制定国家公共饮用水源地保护法的议案(第 469 号);

30. 侯蓉等 34 名代表:关于修改野生动物保护法的议案(第 123 号);

31. 周建元等 30 名代表:关于修改野生动物保护法的议案(第 212 号);

32. 张秀娟等 30 名代表:关于修改野生动物保护法的议案(第 325 号);

33. 周晓光等 30 名代表:关于制定气候变化应对特别法的议案(第 266 号);

34. 汪惠芳等 30 名代表:关于制定循环农业经济促进法的议案(第 263 号);

35. 张庆伟等 30 名代表:关于制定湿地保护法的议案(第 130 号);

36. 胡振鹏等 30 名代表:关于加快畜禽规模养殖污染立法的议案(第 237 号);

37. 王法亮等 33 名代表:关于制定野生药材资源保护法的议案(第 131 号);

38. 周晓光等 30 名代表:关于修改草原法的议案(第 265 号);

39. 燕福龙等 45 名代表:关于修改可再生能源法,将建设坚强智能电网纳入国家战略的议案(第

312 号）；

40. 李朋德等 31 名代表：关于修改测绘法的议案（第 205 号）；

41. 吕忠梅等 30 名代表：关于制定环境损害赔偿法的议案（第 358 号）。

九、交农业与农村委员会审议的 27 件：

1. 姜健等 31 名代表：关于修改森林法的议案（第 38 号）；

2. 海南代表团：关于修改森林法的议案（第 43 号）；

3. 刘志新等 35 名代表：关于修改森林法的议案（第 78 号）；

4. 仇小乐等 30 名代表：关于修改森林法的议案（第 221 号）；

5. 林燚等 30 名代表：关于修改森林法的议案（第 262 号）；

6. 章联生等 31 名代表：关于修改森林法的议案（第 330 号）；

7. 姜健等 31 名代表：关于制定粮食法的议案（第 39 号）；

8. 王晓琳等 31 名代表：关于制定粮食法的议案（第 54 号）；

9. 张庆伟等 30 名代表：关于制定粮食法的议案（第 132 号）；

10. 程恩富等 31 名代表：关于对转基因粮食作物及其食品加强立法的议案（第 393 号）；

11. 汪惠芳等 30 名代表：关于制定农业投入法的议案（第 260 号）；

12. 俞学文等 30 名代表：关于制定农业投入法的议案（第 488 号）；

13. 孙晓山等 30 名代表：关于制定农田水利法的议案（第 238 号）；

14. 杨成涛等 30 名代表：关于制定村经济合作社法的议案（第 492 号）；

15. 章联生等 31 名代表：关于修改农业技术推广法的议案（第 329 号）；

16. 赵静等 30 名代表：关于修改农业技术推广法的议案（第 351 号）；

17. 姜健等 31 名代表：关于开展农业技术推广法执法检查的议案（第 40 号）；

18. 谭志娟等 33 名代表：关于修改种子法的议案（第 79 号）；

19. 王秀芝等 31 名代表：关于修改种子法的议案（第 244 号）；

20. 张秀娟等 30 名代表：关于修改种子法的议案（第 324 号）；

21. 李登海等 30 名代表：关于修改种子法的议案（第 428 号）；

22. 周晓光等 30 名代表：关于制定植物新品种保护法的议案（第 261 号）；

23. 黄河等 30 名代表：关于修改农村土地承包法的议案（第 74 号）；

24. 徐崇华等 30 名代表：关于修改农村土地承包法的议案（第 160 号）；

25. 姜玉泉等 31 名代表：关于修改农村土地承包法的议案（第 226 号）；

26. 申丹等 32 名代表：关于完善农村土地承包经营权流转立法的议案（第 170 号）；

27. 高晓明等 30 名代表：关于修改农业法的议案（第 323 号）。

第十一届全国人民代表大会第三次会议主席团和秘书长名单

（2010 年 3 月 4 日第十一届全国人民代表大会第三次会议预备会议通过）

主席团（170 人，按姓名笔划为序）

丁晓兵	卫留成	习近平	马启智（回族）	
马　飚（壮族）	王万宾	王云龙	王正伟（回族）	王乐泉
王宁生	王　刚	王兆国	王佐书	王沪宁
王金山	王　珉	王树国	王晓东（满族）	王维俊（女）
乌云其木格（女，蒙古族）		方　明	巴特尔（蒙古族）	邓崎琳
艾力更·依明巴海（维吾尔族）		石秀诗	石宗源（回族）	
龙　刚（苗族）	卢展工	白志健	白克明	白恩培
令计划	冯长根	司马义·铁力瓦尔地（维吾尔族）		吉炳轩

达列力汗·马米汗（哈萨克族） 朱国萍（女） 乔传秀（女） 乔晓阳
华建敏 向巴平措（藏族） 刘云山 刘云耕 刘长瑜（女）
刘志华（女） 刘奇葆 刘绍勇 刘胜玉 刘 淇
刘焯华 刘德培 齐续春（满族） 汤小泉（女） 许其亮
许振超 许智宏 孙安民 孙春兰（女） 孙政才
严隽琪（女） 苏 荣 杜德印 李长春 李 牧
李建华 李建国 李适时 李重庵 李继耐
李欲晞 李登海 李源潮 李慎明 李肇星
杨 扬（女） 杨 岳 杨贵新（女，侗族） 杨 剑 杨继钢
吴邦国 吴华夏 吴胜利 吴晓灵（女） 何 勇
汪光焘 汪 洋 汪毅夫 张云川
张支铁（彝族） 张庆黎 张伯礼 张宝顺 张春贤
张美兰（女，哈尼族） 张高丽 陆 浩 陈至立（女）
陈光国 陈先岩 陈秀榕（女） 陈昌智 陈建国
陈炳德 姒健敏 范徐丽泰（女） 林毅夫 欧广源
罗清泉 金炳华 金硕仁（朝鲜族） 周永康
周先旺（土家族） 周铁农 赵乐际 赵季平 赵胜轩
赵洪祝 胡春华 胡康生 胡锦涛 钟南山
俞正声 姜异康 贺一诚 贺国强 贺 铿
袁 武 袁 驷 贾庆林 顾逸东 钱运录
徐才厚 徐建一 徐 强 高祀仁
高 洪（白族） 高 强 郭凤莲（女） 郭声琨 郭伯雄
唐世礼（女，布依族） 娘毛先（女，藏族） 桑国卫 黄建华
黄跃金 黄镇东 常万全 符桂花（女，黎族） 梁国扬
梁保华 梁慧星 彭先觉 彭祖意（瑶族） 彭清华
蒋树声 韩启德 程贻举 程津培 谢木兰（女）
强 卫 蒙兰凤（女，侗族） 路甬祥 靖志远 褚君浩
嘉木样·洛桑久美·图丹却吉尼玛（藏族） 赫冀成（满族）
管国芳（女，傣族） 廖锡龙 谭永华 薄熙来

秘书长

王兆国

第十一届全国人民代表大会第三次会议主席团常务主席名单

（2010 年 3 月 4 日第十一届全国人民代表大会第三次会议主席团第一次会议推定）

吴邦国 王兆国 路甬祥 乌云其木格（女，蒙古族） 韩启德 华建敏
陈至立（女） 周铁农 李建国 司马义·铁力瓦尔地（维吾尔族） 蒋树声
陈昌智 严隽琪（女） 桑国卫

第十一届全国人民代表大会第三次会议副秘书长名单

（2010 年 3 月 4 日第十一届全国人民代表大会
第三次会议主席团第一次会议决定）

李建国　　王万宾　　胡康生　　李肇星　　赵胜轩　　尤　权

第十一届全国人民代表大会第三次会议议程

（2010 年 3 月 4 日第十一届全国人民代表大会第三次预备会议通过）

一、听取和审议国务院总理温家宝关于政府工作的报告

二、审查和批准 2009 年国民经济和社会发展计划执行情况与 2010 年国民经济和社会发展计划草案的报告

批准 2010 年国民经济和社会发展计划

三、审查和批准 2009 年中央和地方预算执行情况与 2010 年中央和地方预算草案的报告

批准 2010 年中央预算

四、审议全国人民代表大会常务委员会关于提请审议《中华人民共和国全国人民代表大会和地方各级人民代表大会选举法修正案（草案）》的议案

五、听取和审议全国人民代表大会常务委员会委员长吴邦国关于全国人民代表大会常务委员会工作的报告

六、听取和审议最高人民法院院长王胜俊关于最高人民法院工作的报告

七、听取和审议最高人民检察院检察长曹建明关于最高人民检察院工作的报告

八、其他

第十一届全国人民代表大会第三次会议日程

2010 年 3 月 5 日至 3 月 14 日

（2010 年 3 月 4 日第十一届全国人民代表大会
第三次会议主席团第一次会议通过）

3 月 5 日（星期五）

上午 9 时　开幕会

1. 国务院总理温家宝作政府工作报告
2. 审查国务院关于 2009 年国民经济和社会发展计划执行情况与 2010 年国民经济和社会发展计划草案的报告
3. 审查国务院关于 2009 年中央和地方预算执行情况与 2010 年中央和地方预算草案的报告

下午 3 时　代表团全体会议，审议政府工作报告

3 月 6 日（星期六）

上午 9 时　代表小组会议，审议政府工作报告

下午 3 时　代表小组会议，审议政府工作报告

3 月 7 日（星期日）

上午 9 时　代表团全体会议，审查计划报告和预算报告

下午 3 时　代表小组会议，审查计划报告和预算报告

3 月 8 日（星期一）

上午 9 时　第二次全体会议

听取全国人大常委会副委员长王兆国关于中华人民共和国全国人民代表大会和地方各级人民代表大会选

举法修正案草案的说明
全体会议后，各代表团在人民大会堂召开代表团全体会议，审议选举法修正案草案

下午 3 时　代表小组会议，审议选举法修正案草案

3 月 9 日(星期二)

上　　午　大会休息

下午 3 时　第三次全体会议
全国人大常委会委员长吴邦国作全国人民代表大会常务委员会工作报告

3 月 10 日(星期三)

上午 9 时　代表团全体会议，审议全国人大常委会工作报告

下午 3 时　代表小组会议，审议全国人大常委会工作报告

3 月 11 日(星期四)

上午 9 时　代表小组会议，审议关于修改选举法的决定草案

下午 3 时　第四次全体会议
1. 最高人民法院院长王胜俊作最高人民法院工作报告
2. 最高人民检察院检察长曹建明作最高人民检察院工作报告

3 月 12 日(星期五)

上午 9 时　代表团全体会议，审议最高人民法院工作报告和最高人民检察院工作报告

下午 3 时　代表小组会议，审议最高人民法院工作报告和最高人民检察院工作报告

3 月 13 日(星期六)

上午 9 时　代表小组会议，审议关于政府工作报告、年度计划、年度预算的三个决议草案

下午 3 时　代表团全体会议，审议各项决议草案和关于修改选举法的决定草案表决稿

3 月 14 日(星期日)

上午 9 时　闭幕会
1. 表决关于政府工作报告的决议草案
2. 表决关于 2009 年国民经济和社会发展计划执行情况与 2010 年国民经济和社会发展计划的决议草案
3. 表决关于 2009 年中央和地方预算执行情况与 2010 年中央和地方预算的决议草案
4. 表决关于修改中华人民共和国全国人民代表大会和地方各级人民代表大会选举法的决定草案
5. 表决关于全国人民代表大会常务委员会工作报告的决议草案
6. 表决关于最高人民法院工作报告的决议草案
7. 表决关于最高人民检察院工作报告的决议草案
8. 表决关于确认全国人大常委会接受李东生辞去全国人大常委会委员职务的请求的决定草案

闭　幕

常委会工作安排和会议议程日程

一、常委会工作安排

全国人大常委会2010年工作要点

（2009年12月14日第十一届全国人民代表大会常务委员会第三十五次委员长会议原则通过　2010年3月18日根据第十一届全国人民代表大会第三次会议精神修改）

2010年是实施“十一五”规划的最后一年，也是加快经济发展方式转变、向全面建设小康社会继续迈进的重要一年。全国人大常委会2010年工作的总体要求是：全面贯彻党的十七大和十七届三中、四中全会及中央经济工作会议精神，以邓小平理论和“三个代表”重要思想为指导，深入贯彻落实科学发展观，坚持党的领导、人民当家作主、依法治国有机统一，按照十一届全国人大三次会议精神，紧紧围绕党和国家工作大局依法行使职权，着力提高立法质量，确保形成中国特色社会主义法律体系目标如期实现，着力增强监督实效，推动中央重大决策部署贯彻落实，为促进经济平稳较快发展、加快发展方式转变、保持社会和谐稳定作出新的更大贡献。

一、确保形成中国特色社会主义法律体系目标如期实现

1. 全面推进立法工作。在坚持提高立法质量的前提下，抓紧制定在法律体系中起支架作用的法律，及时修改济社会发展不相适应的法律，继续加强社会领域立法，更加注重绿色经济、低碳经济领域立法，全面完成法律法规清理工作，积极推进科学立法、民主立法，确保中国特色社会主义法律体系如期形成，圆满完成党和人民赋予的历史任务。

2. 抓紧制定一批新法律。完成社会保险法草案审议修改工作，进一步健全社会保险法律制度，解除人民群众后顾之忧，更好地维护社会和谐稳定。继续审议行政强制法草案，进一步推进依法行政，更好地维护公民合法权益。继续审议国防动员法、石油天然气管道保护法草案。审议增值税法和车船税法草案，进一步健全财税法律制度，规范税收管理。研究制定人民调解法、违法行为教育矫治法、涉外民事关系法律适用法、自然遗产保护法，督促有关方面抓紧起草基本医疗卫生保健法、社会救助法等法律草案。

3. 及时修改一批现行法律。修改选举法、代表法、村民委员会组织法，不断推进中国特色社会主义政治制度的自我完善和发展。修改行政监察法，进一步健全权力运行制约和监督机制，努力从源头上防治腐败。修改预算法，强化预算编制的完整性、执行的规范性和监督的严肃性。继续做好国家赔偿法修正案草案、保守国家秘密法修订草案审议工作，审议刑法修正案（八）草案。研究修改土地管理法、森林法、水土保持法、职业病防治法、预备役军官法等法律。

4. 落实法律草案起草任务。按照立法工作计划明确立法项目任务分工，各起草单位要集中力量，做好调查研究，完善起草方式；有关专门委员会要提前介入法律草案的起草工作，密切与起草单位的沟通协调，适时跟踪了解立法项目进展情况，督促起草单位做到任务、组织、时间、责任“四落实”，确保起草任务按时高质完成。

5. 充分发挥人大代表在立法工作中的作用。无论是论证和确定立法项目，还是起草和审议法律草案，都要认真研究吸纳代表议案提出的相关意见，邀请相关代表参与立法工作。

6. 进一步扩大公民对立法的有序参与。坚持和完善法律草案公布机制，增强立法座谈会、论证会、听证会的实效，选择法律草案中人民群众普遍关心的问题进行充分论证，认真听取各方面特别是基层群众的意见，不断完善法律草案，并将采纳情况以适当方式向社会反馈。

7. 适时启动立法后评估试点。结合常委会执

法检查中发现的问题和法律实施中出现的新情况新问题，有针对性地选择一到两件事关群众切身利益的法律，开展立法后评估试点工作，探索建立立法后评估工作机制。

8. 努力提高法律草案审议质量。加强常委会会议审议法律草案的组织协调工作，使常委会组成人员和列席人员能够精心准备、畅所欲言，把提高审议质量与效率结合起来。专门委员会要加强调查研究，积极提出修改意见和建议。法律委员会要履行好统一审议法律草案的职责，认真研究吸收常委会组成人员、有关专门委员会和各方面的意见，把法律草案修改好。

9. 督促和指导法规集中清理工作。在 2009 年集中开展法律清理工作的基础上，督促和指导国务院和地方人大分别开展行政法规、地方性法规集中清理工作，督促国务院等有关方面抓紧制定或及时修改法律配套法规，确保在 2010 年年底前全面完成法律法规清理任务。

10. 认真做好国际条约批准工作。加强我国与外国缔结的条约、重要协定以及加入的国际公约的审议工作，履行好批准决定职责。

二、紧紧围绕推动中央重大决策部署贯彻落实开展监督工作

11. 依法加强监督工作。认真实施监督法，综合运用行之有效的监督方式，紧紧围绕“五个更加注重”，加强对经济工作和解决民生问题的监督，努力在加大监督力度、提高监督水平、增强监督实效上下功夫，推动中央重大决策部署贯彻落实，确保今年经济社会发展任务目标的顺利实现。

12. 以推进经济发展方式转变为重点，加强对经济工作的监督。一要通过听取审议国务院关于 2010 年上半年计划执行情况和中央预算执行情况等报告、听取审议 2009 年中央决算和审计工作报告、审查批准 2009 年中央决算等，督促实施积极的财政政策和适度宽松的货币政策等宏观调控政策的贯彻落实，检查扩大居民消费需求、积极稳妥推进城镇化、推进基本公共服务均等化和引导产业有序转移等要求的落实情况，促进经济平稳较快发展。二要通过听取审议国务院关于加快发展服务业、文化产业发展工作情况等报告，督促扶持新兴产业发展的有关政策措施的贯彻落实，促进结构调整和培育新的经济增长点。三要通过检查节约能源法和清洁生产法的实施情况等，推动全国人大常委会关于积极应对气候变化的决议和相关法律的贯彻实施，推动重点行业开展以节能降耗、发展循环经济为核心的技术改造，促进传统产业优化升级，确保“十一五”规划纲要确定的节能减排目标的如期实现。四要通过检查科技进步法的实施情况等，推动健全产学研相结合的科技创新体系，提高自主创新能力，促进科技成果转化为现实生产力。五要通过听取审议国务院关于国家粮食安全工作情况的报告、检查农业技术推广法实施情况等，推动落实强农惠农政策，加强农业农村基础设施建设，加快发展现代农业，监督检查实施新增 1000 亿斤粮食生产能力规划落实情况和全国大中型水库除险加固任务完成情况，推进社会主义新农村建设，确保农业稳产增产，农民稳定增收。六要继续围绕有关专题对中央政府公共投资计划实施情况开展跟踪调研，督促有关方面认真研究处理常委会专题调研报告所提建议和常委会组成人员审议意见，促进重大公共投资项目顺利实施。七要通过检查台湾同胞投资保护法的实施情况，加强对台湾同胞到大陆投资合法权益的保护。

13. 以促进社会和谐稳定为重点，加强对解决民生问题的监督。一要通过听取审议国务院关于深化医药卫生体制改革工作情况等报告，检查近期重点改革实施方案的落实情况，推进基本医疗保障制度、国家基本药物制度、基本医疗卫生服务体系建设，促进基本公共卫生服务均等化和公立医院改革试点。二要通过听取审议国务院关于转移农村劳动力、保障农民工权益工作情况等报告，推动解决农民工劳动报酬、劳动条件、技能培训、基本养老和医疗保险、工伤保险、子女上学等方面存在的突出问题，检查将农民工逐步纳入城镇公共服务体系建设情况。三要通过检查妇女权益保障法的实施情况，推动解决妇女平等就业、同工同酬、土地权益及生产安全、健康和退休保障等方面存在的问题，进一步推动男女平等基本国策的贯彻落实。四要通过听取审议国务院关于加快少数民族和民族地区经济社会发展工作情况的报告，督促有关方面落实民族区域自治法和中央关于加快西藏、新疆等民族地区经济社会发展的政策措施，尤其是中央有关支持西藏和四省藏区、新疆发展的新政策新举措，进一步巩固和发展平等团结互助和谐的社会主义民族关系。五要通过听取审议最高人民法院关于民事审判工作报告和最高人民检察院关于改进渎职侵权检察工作情况报告

等，促进法院和检察院不断改进工作，维护司法公正和社会公平正义。六要通过听取审议国务院关于加强道路交通安全管理工作情况的报告，推动道路交通安全法的贯彻实施，督促健全道路交通安全管理责任制，促进文明执法、规范执法，检查机动车第三者责任强制保险和道路交通事故社会救助基金制度运行情况。

14. 以增强监督实效为核心，进一步完善监督工作方式方法。坚持围绕中心、突出重点、讲求实效的监督工作思路，不断完善方式方法，进一步加大监督工作力度。一是进一步加强财政预算监督。根据监督法和预算法的精神，将原来在6月份常委会会议上听取审议上一年中央决算报告时一并审议当年1至5月份预算执行情况的做法，改为在8月份的常委会会议上专门听取审议国务院关于今年以来预算执行情况的报告，着重审查全国人大批准预算决议的执行情况，中央和地方预算收支的主要情况，财政政策及相关财税措施的实施情况，农业、教育、科技、文化、卫生、社会保障等重点支出的资金到位和使用情况，中央财政对地方转移支付的情况，国债发行情况等。二是围绕"十二五"规划纲要编制问题进行专题调研。选择国民收入分配、经济结构调整、就业和社会保障、教育科技文化卫生事业发展、"三农"、节能减排和环境保护以及财政体制和税收制度改革等课题，组织有关专门委员会和常委会工作机构开展专题调研，提出有分量的意见建议，供中央决策和研究编制规划纲要参考，也为十一届全国人大四次会议审查批准"十二五"规划纲要做准备。三是依法开展专题询问和质询。根据监督法和全国人大常委会关于加强经济工作监督决定的精神，选择代表普遍关心的问题听取国务院有关部门专题汇报，根据有关法律的规定，请国务院有关部门主要负责同志到会听取意见、回答询问、答复问题。

15. 继续加强规范性文件备案审查工作。依法做好行政法规、地方性法规、自治条例、单行条例以及司法解释等规范性文件的备案工作，有重点地开展主动审查，对最高人民法院、最高人民检察院新制定的司法解释逐件审查研究，并督促最高人民法院、最高人民检察院对2005年以前制定的司法解释进行集中清理。

三、支持和保障代表依法行使职权

16. 充分发挥代表作用。认真贯彻落实2005年中央9号文件精神，坚持尊重代表主体地位，坚持为代表服务的思想，进一步完善工作制度，努力提高代表服务保障水平，密切代表与人民群众的联系，增强代表活动实效，支持和保障代表依法行使职权，更好地发挥代表在立法、监督工作中的作用。

17. 认真办理代表议案。把代表议案处理工作与常委会的工作更有效地结合起来，采取多种形式加强与代表的联系沟通，积极采纳代表议案提出的意见，在研究、起草和审议法律草案过程中，继续邀请提出相关议案的代表参加。

18. 加强代表建议处理工作。把办理代表建议和推动改进工作更有效地结合起来，完善代表建议的交办和办理工作机制，完善重点处理建议和建议跟踪办理程序，加强对代表建议、批评和意见的办理情况的督促检查与协调服务。

19. 扩大代表对常委会和专门委员会工作的参与。把代表参与常委会活动与提高常委会工作水平更有效地结合起来，根据代表专业特长和提出议案建议情况，精心组织代表列席常委会会议和专门委员会会议，参加立法调研、起草和审议，参加执法检查和专题调研等活动，认真听取和吸收代表的意见和建议，不断改进常委会工作。

20. 改进代表专题调研和集中视察等工作。把代表闭会期间活动与提出议案建议更有效地结合起来，精心组织代表专题调研和集中视察，进一步加强和改进代表小组活动，密切代表与人民群众的联系。认真组织香港、澳门特别行政区和台湾省全国人大代表的视察调研活动。

21. 组织代表参加专题学习培训。围绕中国特色社会主义法律体系、法制建设，以及能源环境、自主创新等题目，拟举办7期代表学习班，把学习法律与专题研讨结合起来，进一步提高代表依法履职能力。

22. 继续做好代表服务保障工作。通过多种方式，及时为代表提供相关资料和信息，定期举行情况通报会、形势报告会等，拓宽代表知情知政渠道。进一步加强全国人大代表联络机构的工作。

23. 认真做好地方人大换届选举的调研指导工作，及时研究提出做好县乡人大换届选举有关工作的建议。深入开展调查研究，认真总结贯彻落实中央9号文件5年来代表工作的经验，协助做好代表法的修改工作，及时研究提出有关修改建议。

四、发挥人大对外交往的特点和优势

24. 积极开展对外交往工作。按照中央外交工作总体部署，充分发挥人大对外交往的特点和优势，加强与外国议会和国际议会组织的交往与联系，深化政治互信，推动务实合作，增进人民友谊，努力使议会成为推动国家关系健康发展的建设性力量。

25. 重点做好高层互访工作。确保委员长出访活动的顺利进行，安排好委员长会议其他组成人员的出访活动，邀请有关国家议会领导人访华。

26. 有效推进与有关国家议会的定期交流。组织好与俄联邦委员会和国家杜马合作委员会第四次会议，推动召开与美参院会议机制第五次会议和与美众院交流机制第十一次会议，开好与日参议院交流机制第四次会议和与日众议院合作委员会第六次会议，加强与欧洲议会机制交流，推动与其他国家议会的机制交流活动，保持与有关国家议会交往的连续性。

27. 积极开展议会多边交往。积极参与第三次世界议长大会的筹备进程和会议活动，加强与国际和地区议会组织的交往和联系，充分发挥我在国际和地区议会组织中的建设性作用。积极参加上海世博会期间的有关对外交往活动。

28. 广泛开展多层次对外交往。注重发挥专门委员会、双边友好小组、常委会工作机构和办事机构在对外交往方面的作用，密切同国外议会、议员及议员助手的联系，促进多领域的交流与合作。

五、加强人大宣传工作

29. 加大宣传工作力度。围绕全国人大及其常委会工作重点亮点，制定周密方案，做好组织策划，把握舆论导向，充分利用电视广播、报纸杂志以及网络等新兴媒体，灵活运用各种报道形式，提高宣传报道的吸引力和影响力。增加实质性内容的报道，将宣传报道向深度拓展，广泛宣传人民代表大会制度建设新成就和人大工作的新进展。

30. 做好立法监督工作宣传。加强对法律草案涉及主要问题及审议情况的宣传，探索法律草案审议情况实况转播，做好新制定和修改法律的宣传普及，增强全社会法律意识，推进法律全面准确实施。提高人大监督工作透明度，依法及时向社会公开执法检查报告、专项工作报告及审议意见等，选择重大监督事项进行全程跟踪报道，充分发挥舆论监督和群众监督的作用，更好地推动有关方面改进工作。

31. 增强对外宣传的实效。按照中央外宣工作总要求，完善外宣形式，充实外宣内容，增强工作的主动性和针对性，积极宣传我国人民代表大会制度和民主法制建设取得的巨大成就，就国际社会普遍关心的全球性问题全面宣传我国的方针政策，就国外议会某些势力在涉我敏感问题上的言论和行动及时阐述我们的立场和观点，努力营造有利的国际舆论环境。

六、加强人大自身建设

32. 加强常委会自身建设。深入学习党的十七大和十七届三中、四中全会精神，深刻领会邓小平理论和“三个代表”重要思想，准确把握科学发展观的科学内涵、精神实质和根本要求，牢固树立党的观念、政治观念、大局观念、群众观念和法治观念，深刻认识我国人民代表大会制度和西方议会的本质区别，不断增强坚持和完善人民代表大会制度的坚定性和自觉性。结合人大工作加强学习，向群众学习、向实践学习、向专家学习，通过制定一部法律、作出一个决议、审议一个工作报告、开展一次执法检查，努力搞懂相关问题，切实提高依法履职能力。要大兴学习之风、密切联系群众之风、求真务实之风，深入开展调查研究。认真办好专题讲座，增强专题讲座的针对性和实效性。加强坚持和完善人民代表大会制度、做好新形势下人大工作的理论研究。加强与地方人大常委会的联系，学习地方人大依法履职的好经验，共同推进社会主义民主法制建设。

33. 充分发挥专门委员会的作用。紧紧围绕常委会的工作部署，切实做好研究、拟订和审议有关议案的工作。工作委员会及办事机构要加强与各专门委员会的沟通、协调与配合。要发挥专门委员会人才荟萃的优势，精心选题，深入调研，提出有分量的调研报告，为党和国家决策提供参考。专门委员会组成人员要积极主动地开展工作，协助常委会履行好立法、监督等各项职责。

34. 加强机关建设。全国人大机关要进一步加强思想作风建设、组织制度建设和素质能力建设，为全国人大代表和常委会、专门委员会组成人员依法履职当好集体参谋助手，搞好服务保障。全面提高机关干部队伍综合素质和能力，建设学习型机关。坚持以人为本，加强人文关怀，激发全体干部职工的凝聚力和创造力，建设和谐机关。倡导勤俭节约，建设节约型机关。做好干部的教育、培训、交流、轮岗和挂职锻炼等工作。做好离退休干部职工工作。切实加强网络和涉密信息载体的管理，确保涉密信息安全。确保新办公大楼按期完工并交付使用，妥善分配好办公用房。做好职工住宅的筹建和调售工作，帮助职工解决实际困难，积极改善职工福利。

七、做好十一届全国人民代表大会三次会议的组织筹备工作

35. 按照"明确分工、落实责任、精心组织、统筹安排、密切配合"的要求，缜密细致地做好大会的各项组织筹备和服务保障工作，确保十一届全国人大三次会议顺利举行。

全国人大常委会2010年立法工作计划

（2009年12月14日第十一届全国人民代表大会常务委员会第三十五次委员长会议通过　2010年3月30日根据第十一届全国人民代表大会第三次会议精神修改）

2010年是形成中国特色社会主义法律体系标志性的一年。立法工作要以邓小平理论和"三个代表"重要思想为指导，深入贯彻落实科学发展观，紧紧围绕党和国家的中心工作，正确把握当前立法工作面临的新情况、新问题，深刻认识中国特色社会主义法律体系的基本要求，突出重点，抓紧制定在中国特色社会主义法律体系中起支架作用的法律，更加注重社会立法和资源环境保护立法，统筹考虑需要修改完善的法律，做好督促制定配套法规、督促指导法规清理、法律宣传培训和理论研究工作，推进科学立法、民主立法，实现形成中国特色社会主义法律体系的目标。

一、安排好法律案审议工作

按照实现形成中国特色社会主义法律体系目标任务的要求，根据《十一届全国人大常委会立法规划》和全国人大常委会2010年工作要点提出的指导思想和工作部署，在反复征求有关方面意见的基础上，区分轻重缓急，突出重点，统筹兼顾，对2010年法律案审议工作做如下安排：

（一）继续安排常委会审议的法律案9件

选举法（修改）、国防动员法（2月三审）、保守国家秘密法（修改）（2月二审）、国家赔偿法（修改）（4月四审）、石油天然气管道保护法（4月二审）、社会保险法（6月四审）、村民委员会组织法（修改）（8月二审）、涉外民事关系法律适用法（8月二审）、行政强制法（10月四审）等法律草案，已经全国人大常委会初审或者再审，2010年继续安排审议。其中选举法（修改）拟提请十一届全国人大三次会议审议通过。

（二）提请全国人大常委会初次审议的法律案14件

（1）2月常委会第十三次会议审议行政监察法（修改）国务院提请审议

（2）4月常委会第十四次会议审议预备役军官法（修改）国务院、中央军委提请审议违法行为教育矫治法委员长会议提请审议

（3）6月常委会第十五次会议审议水土保持法（修改）国务院提请审议人民调解法国务院提请审议全国人民代表大会和地方各级人民代大会代表法（修改）委员长会议提请审议

（4）8月常委会第十六次会议审议职业病防治法（修改）国务院提请审议预算法（修改）全国人大常委会预工委、财政部起草车船税法国务院提请审议

（5）10月常委会第十七次会议审议自然保护区法（自然遗产保护法）全国人大环资委提请审议增值税法国务院提请审议刑法修正案（八）委员长会议提请审议

（6）12月常委会第十八次会议审议森林法（修改）国务院提请审议土地管理法（修改）国务院提请审议

以上项目初次审议时间，可以视情适当调整。

（三）预备项目12件

基本医疗卫生保健法、社会救助法、全国人民代表大会组织法（修改）、地方各级人民代表大会和地方各级人民政府组织法（修改）、出境入境管理法、大气污染防治法（修改）、能源法、考试法、电信

法、资产评估法、兵役法(修改)、慈善事业法,有关方面应当抓紧调研和起草工作,视情况在2010年或者以后年度安排全国人大常委会审议。

二、督促起草单位抓紧法律草案起草工作

按照立法工作计划确定的立法项目,起草单位要集中力量,抓紧起草工作。有关专门委员会要提前介入法律草案起草工作,密切与起草单位的沟通联系,把重大分歧意见解决在起草阶段,提高法律草案的质量,确保按期提请审议。

三、督促指导做好法律配套法规制定、修改和法规清理工作

按照委员长会议通过的《关于法律配套法规制定的工作程序》,有关专门委员会、工作委员会要加强沟通,督促国务院等方面抓紧制定或者修改完善法律配套法规,保证法律有效实施。在全国人大常委会集中开展法律清理工作的基础上,督促指导开展行政法规、地方性法规的清理工作,确保在今年年底前全面完成法律法规清理任务。

四、积极推进科学立法、民主立法

积极推进科学立法、民主立法,扩大公民对立法的有序参与,认真研究采纳人大代表立法议案,运用多种形式更好地发挥各级人大代表在立法中的作用。加强立法调研和论证,进一步提高立法质量。加强立法技术规范研究和应用工作,抓紧立法技术规范(试行)(二)的研究工作。与时俱进,不断提高法律案审议的质量。结合常委会执法检查中发现的问题和法律实施中出现的新情况新问题,有针对性地选择一到两件事关群众切身利益的法律,开展立法后评估试点工作,探索建立立法后评估工作机制。加强对行政法规、地方性法规、司法解释的备案审查工作,维护法制统一。

五、加强立法宣传、培训和法律理论研究工作

做好常委会新制定法律的宣传工作,特别是做好在法律体系中起支架作用法律的宣传工作,引导社会公众正确理解新制定的法律,为法律正确、有效实施营造良好社会氛围。选择适当时机,采用多种形式,集中宣传中国特色社会主义法律体系的形成、本质特征及其在推动改革开放、现代化建设和依法治国进程中的重要作用。加强立法工作业务培训,常委会法制工作机构举办地方人大立法工作机构培训班。重点做好选举法的宣传培训。进一步加强中国特色社会主义法律理论研究。开好地方立法研讨会。

全国人大常委会2010年监督工作计划

(2009年12月14日第十一届全国人民代表大会常务委员会第三十五次委员长会议原则通过　2010年3月18日根据第十一届全国人民代表大会第三次会议精神修改)

全国人大常委会2010年的监督工作,要全面贯彻党的十七大和十七届三中、四中全会及中央经济工作会议精神,以邓小平理论和"三个代表"重要思想为指导,深入贯彻落实科学发展观,认真贯彻实施监督法,按照十一届全国人大三次会议精神和围绕中心、突出重点、讲求实效的监督工作思路,综合运用行之有效的监督方式,紧紧围绕"五个更加注重",加强对经济工作和解决民生问题的监督,努力在加大监督力度、提高监督水平、增强监督实效上下功夫,推动中央重大决策部署贯彻落实,确保今年经济社会发展任务目标的顺利实现。一是以推进经济发展方式转变为重点,加强对经济工作的监督。注重保持宏观经济政策的连续性和稳定性,推动经济发展方式转变、经济结构调整和自主创新,提高经济增长的质量和效益;落实积极应对气候变化的决议,推动节能减排、清洁生产;关注"三农"问题的解决,促进强农惠农政策的落实。二是以促进社会和谐稳定为重点,加强对解决民生问题的监督。推动深化医药卫生体制改革,加强妇女权益保障,维护好农民工权益,支持少数民族和民族地区

经济社会发展,加强对司法工作的监督促进司法公正。三是以增强监督实效为核心,进一步完善监督工作方式方法。专题听取和审议2010年预算执行情况的报告,加大对预算的监督力度;对部分重大公共投资项目跟踪调研,推动中央决策部署的落实;围绕“十二五”规划纲要编制问题开展专题调研,为十一届全国人大四次会议审查批准“十二五”规划纲要做好准备;依法开展专题询问和质询;继续加强规范性文件备案审查工作。

现对常委会2010年监督工作具体安排如下。

一、听取和审议专项工作报告

(一)听取和审议国务院关于转移农村劳动力,保障农民工权益工作情况的报告。重点报告农民工劳动报酬、技能培训、劳动条件改善、基本养老和医疗工伤保险、子女就学以及将农民工纳入城市公共服务体系建设情况等。报告拟安排在4月份举行的常委会第十四次会议上听取和审议。由农业与农村委员会负责做好相关工作。

(二)听取和审议国务院关于文化产业发展工作情况的报告。重点报告我国文化产业发展的基本现状,当前发展面临的主要问题及原因分析,振兴文化产业的政策措施等。报告拟安排在4月份举行的常委会第十四次会议上听取和审议。由教育科学文化卫生委员会负责做好相关工作。

(三)听取和审议国务院关于加强道路交通安全管理工作情况的报告。重点报告落实道路交通安全管理责任,推进执法规范化建设,加强道路交通安全科学管理,以及机动车第三者责任强制保险和道路交通事故社会救助基金制度运行情况等。报告拟安排在4月份举行的常委会第十四次会议上听取和审议。由内务司法委员会负责做好相关工作。

(四)听取和审议国务院关于国家粮食安全工作情况的报告。重点报告当前我国粮食生产发展和储备、粮食流通体制改革情况;实施新增1000亿斤粮食生产能力规划落实情况;实施粮食战略工程、完善粮食风险基金政策情况;与粮食生产有关的科研和技术推广情况;全国大中型水库除险加固任务完成情况,以及应对粮食安全存在突出问题所采取的措施等。报告拟安排在8月份举行的常委会第十六次会议上听取和审议。由农业与农村委员会负责做好相关工作。

(五)听取和审议最高人民法院关于民事审判工作的报告。重点报告本届以来人民法院履行民事审判职能,推进司法为民、服务工作大局的基本状况,当前民事审判工作中存在的突出困难和问题,以及下一步工作打算和措施等。报告拟安排在10月份举行的常委会第十七次会议上听取和审议。由内务司法委员会负责做好相关工作。

(六)听取和审议最高人民检察院关于研究处理全国人大常委会组成人员对渎职侵权检察工作报告审议意见,切实改进工作情况的报告。重点报告加大办案力度,健全办案机制,加强办案协调,加强队伍建设,开展犯罪预防和推进法制建设情况等。报告拟安排在10月份举行的常委会第十七次会议上听取和审议。由内务司法委员会负责做好相关工作。

(七)听取和审议国务院关于加快少数民族和民族地区经济社会发展工作情况的报告。重点报告支持和帮助少数民族和民族地区加快经济社会发展政策措施的落实情况,两年4万亿投资计划中的相关资金安排和项目实施情况,进一步加快少数民族和民族地区经济社会发展的政策措施,尤其是中央有关支持西藏和四省藏区、新疆经济社会发展的新政策新举措落实情况等。报告拟安排在12月份举行的常委会第十八次会议上听取和审议。由民族委员会负责做好相关工作。

(八)听取和审议国务院关于深化医药卫生体制改革工作情况的报告。重点报告加快推进基本医疗保障制度建设、初步建立国家基本药物制度、健全基本医疗卫生服务体系、促进基本公共卫生服务逐步均等化、推进公立医院改革试点五项改革的进展情况等。报告拟安排在12月份举行的常委会第十八次会议上听取和审议。由教育科学文化卫生委员会负责做好相关工作。

(九)听取和审议国务院关于加快发展服务业情况的报告。重点报告服务业发展的基本现状,服务业滞后程度及其原因,加快服务业改革与发展的政策措施等。报告拟安排在12月份举行的常委会第十八次会议上听取和审议。由财政经济委员会负责做好相关工作。

二、审查和批准决算,听取和审议审计工作报告,听取和审议计划、预算执行情况的报告

(一)听取和审议国务院关于2009年中央决算

的报告。

（二）听取和审议国务院关于2009年度中央预算执行和其他财政收支的审计工作报告。

以上两项报告请国务院除按照监督法规定的内容和要求提出外，还要重点报告全国人大财政经济委员会关于2009年预算和2008年中央决算审查报告中所提建议的落实情况。报告拟安排在6月份举行的常委会第十五次会议上听取和审议。

（三）听取和审议国务院关于今年以来国民经济和社会发展计划执行情况的报告。重点报告经济和社会发展总体形势、年初确定的主要预期目标的完成进度、存在的主要问题，转变发展方式、调整经济结构、保障和改善民生的主要措施和重点领域改革的进展情况等。报告拟安排在8月份举行的常委会第十六次会议上听取和审议。

（四）听取和审议国务院关于今年以来预算执行情况的报告。重点报告执行十一届全国人大三次会议关于批准2010年预算决议的情况，2010年度上一阶段财政收支和实施积极财政政策的情况，政府投资资金尤其是农业、教育、科技、文化、卫生、社会保障等重点资金的到位和使用情况，中央财政对地方转移支付的情况，国债发行情况等。报告拟安排在8月份举行的常委会第十六次会议上听取和审议。

以上由监督法规定听取和审议的四个报告，由财政经济委员会、常委会预算工作委员会依法做好相关工作。

三、法律实施情况的检查

（一）检查《中华人民共和国台湾同胞投资保护法》的实施情况。重点检查近年来台胞投资保护工作的总体情况，当前台胞投资权益保护面临的新形势新情况新问题，下一步工作打算和措施等。执法检查报告拟提请4月份举行的常委会第十四次会议听取和审议。由财政经济委员会为主负责组织和实施。

（二）检查《中华人民共和国妇女权益保障法》的实施情况。重点检查妇女平等就业、同工同酬和退休制度保障，妇女在劳动中的安全和健康保障，农村妇女土地承包权益保障情况等。执法检查报告拟提请6月份举行的常委会第十五次会议听取和审议。由内务司法委员会为主负责组织和实施。

（三）检查《中华人民共和国科学技术进步法》的实施情况。重点检查落实科技工作指导方针，推进企业技术进步，建设产学研结合的技术创新体系，促进科技成果转化，以及该法2007年修订后制定配套法规和相关政策的情况等。执法检查报告拟提请6月份举行的常委会第十五次会议听取和审议。由教育科学文化卫生委员会为主负责组织和实施。

（四）检查《中华人民共和国清洁生产促进法》的实施情况。重点检查清洁生产规划、配套法规和财税、产业、技术开发推广政策的制定落实情况；煤炭电力、建筑建材、石油化工、有色金属等重点行业实施清洁生产的情况；制定产品和包装物强制回收目录及实施强制回收政策的情况；企业对生产和服务实施清洁生产审核的情况等。执法检查报告拟提请8月份举行的常委会第十六次会议听取和审议。由环境与资源保护委员会为主负责组织和实施。

（五）检查《中华人民共和国农业技术推广法》的实施情况。重点检查农业技术推广体系建设与改革，建立健全农技市场，促进科技成果转化，引导支持农民专业合作社等社会力量承担公益性农技推广服务项目情况，以及修改完善法律的意见建议等。结合检查种子法贯彻实施中有关品种权人权益保护和违法行为处罚、品种选育与审定、种子经营的情况。执法检查报告拟提请10月份举行的常委会第十七次会议听取和审议。由农业与农村委员会为主负责组织和实施。

（六）检查《中华人民共和国节约能源法》的实施情况。重点检查配套制度特别是建筑节能制度的建立健全，各级政府及其部门、相关企事业单位等法定职责的落实，建筑节能工作总体进展的情况，当前推进建筑节能工作中存在的主要困难问题和解决措施，以及修改完善法律的意见建议等。执法检查报告拟提请12月份举行的常委会第十八次会议听取和审议。由财政经济委员会、环境与资源保护委员会共同负责组织和实施。

四、专题调研

（一）对国民经济和社会发展第十二个五年规划纲要编制工作若干重要问题开展专题调研。重点调研纲要涉及的国民收入分配、经济结构调整、就业和社会保障、教育科技文化卫生事业发展、“三农”、节能减排和环境保护以及财政体制和税收制度改革情况等。专题调研报告应在8月份前完成。由财政经济委员会牵头负责组织和实施。

（二）对部分重大公共投资项目实施情况继续

开展专题调研。重点调研政府两年投资计划实施的总体进展和部分重大投资项目实施情况，2009年常委会专题调研报告所提意见建议及常委会组成人员审议意见的研究处理情况等。专题调研报告拟提请10月份举行的常委会第十七次会议听取和审议。由财政经济委员会、常委会预算工作委员会牵头负责组织和实施。

五、规范性文件的备案审查

根据监督法、立法法的规定，继续做好对行政法规、地方性法规、自治条例和单行条例以及司法解释等规范性文件的备案审查工作，认真研究处理公民、社会团体、企业事业组织提出的审查建议，有重点地开展主动审查，促进法律体系的科学、统一与和谐。重点督促和指导有关方面进一步做好行政法规、地方性法规的清理工作，对新制定的法规有重点地开展审查研究；对最高人民法院、最高人民检察院新制定的司法解释逐件进行审查研究，并促请最高人民法院和最高人民检察院对2005年以前制定的司法解释进行集中清理。

综合运用多种监督方式，切实增强监督实效。加强调查研究，常委会听取和审议专项工作报告前，尤其是对具有全局性、前瞻性的重大问题，要提前介入、深入调研，及时汇总各方面的意见，交由“一府两院”在报告中作出回应。依法开展专题询问和质询，选择代表普遍关心的问题听取国务院有关部门专题汇报，根据有关法律的规定，请国务院有关部门主要负责同志到会听取意见、回答询问、答复问题。委员长会议可以决定将报告交有关的专门委员会审议提出审议意见。对“一府两院”研究处理常委会组成人员审议意见情况的报告，委员长会议视情提请常委会审议。开展跟踪监督，督促有关方面切实改进工作。加强宣传报道，依法将有关监督事项向全国人大代表通报、向社会公布，增强监督工作的透明度。

附：全国人大常委会2010年听取审议监督方面的报告时间安排表

附：

全国人大常委会2010年听取审议监督方面的报告时间安排表

时　　间	听取和审议的报告
4月（4项）	国务院关于转移农村劳动力，保障农民工权益工作情况的报告
	国务院关于文化产业发展工作情况的报告
	国务院关于加强道路交通安全管理工作情况的报告
	《中华人民共和国台湾同胞投资保护法》执法检查报告
6月（4项）	国务院关于2009年中央决算的报告
	国务院关于2009年度中央预算执行和其他财政收支的审计工作报告
	《中华人民共和国妇女权益保障法》执法检查报告
	《中华人民共和国科学技术进步法》执法检查报告
8月（4项）	国务院关于今年以来国民经济和社会发展计划执行情况的报告
	国务院关于今年以来预算执行情况的报告
	国务院关于国家粮食安全工作情况的报告
	《中华人民共和国清洁生产促进法》执法检查报告

续表

时间	听取和审议的报告
10月(4项)	最高人民法院关于民事审判工作的报告
	最高人民检察院关于研究处理全国人大常委会组成人员对渎职侵权检察工作报告审议意见,切实改进工作情况的报告
	《中华人民共和国农业技术推广法》执法检查报告
	部分重大公共投资项目实施情况的专题调研报告
12月(4项)	国务院关于加快少数民族和民族地区经济社会发展工作情况的报告
	国务院关于深化医药卫生体制改革工作情况的报告
	国务院关于加快发展服务业情况的报告
	《中华人民共和国节约能源法》执法检查报告

2010年常委会计划听取审议20个监督方面的报告,包括专项工作报告9个、执法检查报告6个、计划预算监督报告4个、专题调研报告1个。

二、常委会会议议程日程

第十一届全国人大常委会第十三次会议议程

2010 年 2 月 24 日至 26 日

（2010 年 2 月 24 日第十一届全国人民代表大会常务委员会第十三次会议第一次全体会议通过）

一、审议《中华人民共和国国防动员法（草案）》

二、审议《中华人民共和国保守国家秘密法（修订草案）》

三、审议国务院关于提请审议《中华人民共和国行政监察法修正案（草案）》的议案

四、审议国务院关于提请审议《中华人民共和国著作权法修正案（草案）》的议案

五、审议国务院关于提请审议批准《中华人民共和国和菲律宾共和国领事协定》的议案

六、审议全国人民代表大会常务委员会执法检查组关于检查《中华人民共和国食品安全法》实施情况的报告

七、审议《全国人民代表大会常务委员会工作报告（稿）》

八、审议第十一届全国人民代表大会常务委员会代表资格审查委员会关于个别代表的代表资格的报告

九、审议《第十一届全国人民代表大会第三次会议议程（草案）》

十、审议《第十一届全国人民代表大会第三次会议主席团和秘书长名单（草案）》

十一、审议《第十一届全国人民代表大会第三次会议列席人员名单（草案）》

十二、审议任免案

第十一届全国人大常委会第十三次会议日程

（2010 年 2 月 24 日至 26 日）

2 月 24 日（星期三）

上午 9 时 全体会议

1. 听取关于《中华人民共和国国防动员法（草案）》审议结果的报告
2. 听取关于《中华人民共和国保守国家秘密法（修订草案）》修改情况的汇报
3. 听取关于提请审议《中华人民共和国行政监察法修正案（草案）》的议案的说明
4. 听取关于提请审议《中华人民共和国著作权法修正案（草案）》的议案的说明
5. 听取关于提请审议批准《中华人民共和国和菲律宾共和国领事协定》的议案的说明
6. 听取全国人大常委会执法检查组关于检查《中华人民共和国食品安全法》实施情况的报告
7. 审议《全国人民代表大会常务委员会工作报告（稿）》
8. 听取代表资格审查委员会关于

个别代表的代表资格的报告
9. 审议《第十一届全国人民代表大会第三次会议议程(草案)》
10. 审议《第十一届全国人民代表大会第三次会议主席团和秘书长名单(草案)》
11. 审议《第十一届全国人民代表大会第三次会议列席人员名单(草案)》
12. 审议任免案

下午3时 分组审议国防动员法草案,著作权法修正案草案,国际条约,代表资格审查报告,十一届全国人大三次会议议程草案、主席团和秘书长名单草案、列席人员名单草案,任免案

2月25日(星期四)

上午9时 分组审议保守国家秘密法修订草案,全国人大常委会执法检查组关于检查《中华人民共和国食品安全法》实施情况的报告

下午3时 分组审议全国人大常委会工作报告稿

2月26日(星期五)

上午9时 分组审议拟提请表决的事项、行政监察法修正案草案

下午3时 全体会议
表决各项议案
闭 会

(闭会后,举办专题讲座第十四讲《迎接新科技革命挑战,引领和支撑中国可持续发展》)

第十一届全国人大常委会第十四次会议议程

2010年4月26日至29日

(2010年4月26日第十一届全国人民代表大会常务委员会第十四次会议第一次全体会议通过)

一、审议《中华人民共和国保守国家秘密法(修订草案)》

二、审议《全国人民代表大会常务委员会关于修改〈中华人民共和国国家赔偿法〉的决定(草案)》

三、审议《中华人民共和国石油天然气管道保护法(草案)》

四、审议国务院关于提请审议批准《战争遗留爆炸物议定书》的议案

五、审议国务院关于提请审议批准《中华人民共和国和印度尼西亚共和国引渡条约》的议案

六、审议国务院关于转移农村劳动力,保障农民工权益工作情况的报告

七、审议国务院关于文化产业发展工作情况的报告

八、审议国务院关于加强道路交通安全管理工作情况的报告

九、审议全国人民代表大会常务委员会执法检查组关于检查《中华人民共和国台湾同胞投资保护法》实施情况的报告

十、审议任免案

第十一届全国人大常委会第十四次会议日程

(2010年4月26日至29日)

4月26日(星期一)

下午3时 全体会议
1. 听取关于《中华人民共和国保守国家秘密法(修订草案)》审议结果的报告
2. 听取关于《全国人民代表大会常务委员会关于修改〈中华人民共和国国家赔偿法〉的决定(草

案)》修改情况的汇报

3. 听取关于《中华人民共和国石油天然气管道保护法(草案)》修改情况的汇报

4. 听取关于提请审议批准《战争遗留爆炸物议定书》的议案的说明

5. 听取关于提请审议批准《中华人民共和国和印度尼西亚共和国引渡条约》的议案的说明

6. 听取全国人大常委会执法检查组关于检查《中华人民共和国台湾同胞投资保护法》实施情况的报告

7. 审议任免案

4月27日(星期二)

上午9时　分组审议保守国家秘密法修订草案,全国人大常委会关于修改国家赔偿法的决定草案,国际条约,任免案

下午3时　分组审议石油天然气管道保护法草案,全国人大常委会执法检查组关于检查《中华人民共和国台湾同胞投资保护法》实施情况的报告

4月28日(星期三)

上午9时　全体会议

1. 听取国务院关于转移农村劳动力,保障农民工权益工作情况的报告

2. 听取国务院关于文化产业发展工作情况的报告

3. 听取国务院关于加强道路交通安全管理工作情况的报告

下午3时　分组审议国务院关于转移农村劳动力,保障农民工权益工作情况的报告和关于加强道路交通安全管理工作情况的报告

4月29日(星期四)

上午9时　分组审议拟提请表决的事项,国务院关于文化产业发展工作情况的报告

下午3时　全体会议

表决各项议案

闭　会

(闭会后,举办专题讲座第十五讲《关于我国互联网发展与管理》)

第十一届全国人大常委会第十五次会议议程

2010年6月22日至25日

(2010年6月22日第十一届全国人民代表大会常务委员会第十五次会议第一次全体会议通过)

一、审议《中华人民共和国石油天然气管道保护法(草案)》

二、审议《中华人民共和国行政监察法修正案(草案)》

三、审议《中华人民共和国村民委员会组织法(修订草案)》

四、审议国务院、中央军委关于提请审议《中华人民共和国预备役军官法修正案(草案)》的议案

五、审议国务院关于提请审议《中华人民共和国人民调解法(草案)》的议案

六、审议国务院关于提请审议批准《中华人民共和国和柬埔寨王国领事条约》的议案

七、审议国务院关于2009年中央决算的报告审查和批准2009年中央决算

八、审议国务院关于2009年度中央预算执行和其他财政收支的审计工作报告

九、审议全国人民代表大会常务委员会执法检查组关于检查《中华人民共和国妇女权益保障法》实施情况的报告

十、审议全国人民代表大会常务委员会执法检查组关于检查《中华人民共和国科学技术进步法》实施情况的报告

十一、审议任免案

第十一届全国人大常委会第十五次会议日程

（2010年6月22日至25日）

6月22日（星期二）

上午9时　全体会议

1. 听取关于《中华人民共和国石油天然气管道保护法（草案）》审议结果的报告
2. 听取关于《中华人民共和国行政监察法修正案（草案）》审议结果的报告
3. 听取关于审议《中华人民共和国村民委员会组织法（修订草案）》审议结果的报告
4. 听取关于提请审议《中华人民共和国预备役军官法修正案（草案）》议案的说明
5. 听取关于提请审议《中华人民共和国人民调解法（草案）》议案的说明
6. 听取关于提请审议批准《中华人民共和国和柬埔寨王国领事条约》议案的说明
7. 审议任免案

下午3时　分组审议石油天然气管道保护法草案，行政监察法修正案草案

6月23日（星期三）

上午9时　分组审议村民委员会组织法修订草案，国际条约，任免案

下午3时　全体会议

1. 听取国务院关于2009年中央决算的报告
2. 听取国务院关于2009年度中央预算执行和其他财政收支的审计工作报告
3. 听取全国人大财政经济委员会关于2009年中央决算审查结果的报告
4. 听取全国人大常委会执法检查组关于检查《中华人民共和国妇女权益保障法》实施情况的报告
5. 听取全国人大常委会执法检查组关于检查《中华人民共和国科学技术进步法》实施情况的报告

6月24日（星期四）

上午9时　分组审议国务院关于2009年中央决算的报告，国务院关于2009年度中央预算执行和其他财政收支的审计工作报告，全国人大财政经济委员会关于2009年中央决算审查结果的报告

下午3时　分组审议全国人大常委会执法检查组关于检查《中华人民共和国妇女权益保障法》实施情况的报告，全国人大常委会执法检查组关于检查《中华人民共和国科学技术进步法》实施情况的报告

6月25日（星期五）

上午9时　分组审议拟提请表决的事项，预备役军官法修正案草案，人民调解法草案

下午3时　全体会议

表决各项议案

闭　会

（闭会后，举办专题讲座第十六讲《农业转基因技术和安全管理》）

第十一届全国人大常委会第十六次会议议程

2010年8月23日至8月28日

（2010年8月23日第十一届全国人民代表大会常务委员会第十六次全体会议通过）

一、审议《中华人民共和国预备役军官法修正案（草案）》

二、审议《中华人民共和国人民调解法（草案）》

三、审议《中华人民共和国涉外民事关系法律适用法（草案）》

四、审议全国人民代表大会常务委员会委员长会议关于提请审议《中华人民共和国全国人民代表大会和地方各级人民代表大会代表法修正案（草案）》的议案

五、审议全国人民代表大会常务委员会委员长会议关于提请审议《中华人民共和国刑法修正案（八）（草案）》的议案

六、审议国务院关于提请审议《中华人民共和国非物质文化遗产法（草案）》的议案

七、审议国务院关于提请审议《中华人民共和国水土保持法（修订草案）》的议案

八、审议香港特别行政区行政长官曾荫权报请批准的《中华人民共和国香港特别行政区基本法附件一香港特别行政区行政长官的产生办法修正案（草案）》

九、审议香港特别行政区行政长官曾荫权报请备案的《中华人民共和国香港特别行政区基本法附件二香港特别行政区立法会的产生办法和表决程序修正案（草案）》

十、审议国务院关于提请审议批准《制止核恐怖主义行为国际公约》的议案

十一、审议国务院关于今年以来国民经济和社会发展计划执行情况的报告

十二、审议国务院关于今年以来预算执行情况的报告

十三、审议国务院关于国家粮食安全工作情况的报告

十四、审议全国人民代表大会常务委员会执法检查组关于检查《中华人民共和国清洁生产促进法》实施情况的报告

十五、听取全国人民代表大会常务委员会办公厅关于围绕编制“十二五”规划纲要开展专题调研工作情况的报告

十六、审议吴邦国委员长访问法国、塞尔维亚、瑞士三国并出席第三次世界议长大会情况的书面报告

十七、审议第十一届全国人民代表大会常务委员会代表资格审查委员会关于个别代表的代表资格的报告

十八、审议任免案

第十一届全国人大常委会第十六次会议日程

（2010年8月23日至28日）

8月23日（星期一）

上午9时　全体会议

1. 听取关于《中华人民共和国预备役军官法修正案（草案）》审议结果的报告
2. 听取关于《中华人民共和国人民调解法（草案）》修改情况的汇报
3. 听取关于《中华人民共和国涉外民事关系法律适用法（草案）》主要问题的汇报
4. 听取关于提请审议《中华人民共和国全国人民代表大会和地方各级人民代表大会代表法修正案（草案）》议案的说明

5. 听取关于提请审议《中华人民共和国刑法修正案(八)(草案)》议案的说明
6. 听取关于提请审议《中华人民共和国非物质文化遗产法(草案)》议案的说明
7. 听取关于提请审议《中华人民共和国水土保持法(修订草案)》议案的说明
8. 审议《中华人民共和国香港特别行政区基本法附件一香港特别行政区行政长官的产生办法修正案(草案)》
9. 审议《中华人民共和国香港特别行政区基本法附件二香港特别行政区立法会的产生办法和表决程序修正案(草案)》
10. 听取关于提请审议批准《制止核恐怖主义行为国际公约》议案的说明
11. 听取关于围绕编制"十二五"规划纲要开展专题调研工作情况的报告
12. 听取代表资格审查委员会关于个别代表的代表资格的报告
13. 审议任免案

下午 3 时　分组审议预备役军官法修正案草案,人民调解法草案,国际条约,代表资格审查报告,任免案

8 月 24 日(星期二)

上午 9 时　分组审议《中华人民共和国香港特别行政区基本法附件一香港特别行政区行政长官的产生办法修正案(草案)》,《中华人民共和国香港特别行政区基本法附件二香港特别行政区立法会的产生办法和表决程序修正案(草案)》,涉外民事关系法律适用法草案

下午 3 时　分组审议代表法修正案草案

8 月 25 日(星期三)

上午 9 时　分组审议刑法修正案(八)草案

下午 3 时　分组审议非物质文化遗产法草案

8 月 26 日(星期四)

上午 9 时　分组审议水土保持法修订草案

下午 3 时　全体会议

1. 听取国务院关于今年以来国民经济和社会发展计划执行情况的报告
2. 听取国务院关于今年以来预算执行情况的报告
3. 听取国务院关于国家粮食安全工作情况的报告
4. 听取全国人大常委会执法检查组关于检查《中华人民共和国清洁生产促进法》实施情况的报告
5. 审议吴邦国委员长访问法国、塞尔维亚、瑞士三国并出席第三次世界议长大会情况的书面报告
6. 听取全国人大法律委员会关于拟提请表决的法律草案修改意见的报告

8 月 27 日(星期五)

上午 9 时　联组审议国务院关于国家粮食安全工作情况的报告

下午 3 时　分组审议拟提请表决的事项,国务院关于今年以来国民经济和社会发展计划执行情况的报告,国务院关于今年以来预算执行情况的报告

8 月 28 日(星期六)

上午 9 时　分组审议全国人大常委会执法检查组关于检查《中华人民共和国清洁生产促进法》实施情况的报告,吴邦国委员长访问法国、塞尔维亚、瑞士并出席第三次世界议长大会的书面报告

下午 3 时　全体会议

表决各项议案

闭　会

(闭会后,举办专题讲座第十七讲《我国非物质文化遗产保护的若干问题》)

第十一届全国人大常委会第十七次会议议程

2010年10月25日至28日

（2010年10月25日第十一届全国人民代表大会常务委员会第十七次会议第一次全体会议通过）

一、审议《中华人民共和国社会保险法（草案）》

二、审议《中华人民共和国涉外民事关系法律适用法（草案）》

三、审议《中华人民共和国村民委员会组织法（修订草案）》

四、审议《中华人民共和国全国人民代表大会和地方各级人民代表大会代表法修正案（草案）》

五、审议国务院关于提请审议《中华人民共和国车船税法（草案）》的议案

六、审议最高人民法院关于民事审判工作情况的报告

七、审议最高人民检察院关于改进渎职侵权检察工作情况的报告

八、审议全国人民代表大会常务委员会执法检查组关于检查《中华人民共和国农业技术推广法》实施情况的报告

九、审议全国人民代表大会常务委员会专题调研组关于部分重大公共投资项目实施情况的跟踪调研报告

十、审议全国人民代表大会内务司法委员会关于第十一届全国人民代表大会第三次会议主席团交付审议的代表提出的议案审议结果的报告

十一、审议全国人民代表大会财政经济委员会关于第十一届全国人民代表大会第三次会议主席团交付审议的代表提出的议案审议结果的报告

十二、审议第十一届全国人民代表大会常务委员会代表资格审查委员会关于个别代表的代表资格的报告

十三、决定增补中华人民共和国中央军事委员会副主席人选

十四、任命全国人民代表大会专门委员会个别副主任委员、委员

十五、决定任免驻外大使

十六、任免最高人民法院审判委员会委员、副庭长、审判员

十七、任免最高人民检察院检察委员会委员、检察员

第十一届全国人大常委会第十七次会议日程

（2010年10月25日至28日）

10月25日（星期一）

上午9时　全体会议

1. 听取关于《中华人民共和国社会保险法（草案）》审议结果的报告
2. 听取关于《中华人民共和国涉外民事关系法律适用法（草案）》审议结果的报告
3. 听取关于《中华人民共和国村民委员会组织法（修订草案）》审议结果的报告
4. 听取关于《中华人民共和国全国人民代表大会和地方各级人民代表大会代表法修正案（草案）》修改情况的汇报
5. 听取关于提请审议《中华人民共和国车船税法（草案）》议案的说明
6. 听取全国人大常委会执法检查组关于检查《中华人民共和国农业技术推广法》实施情况的报告
7. 听取全国人大常委会专题调研组关于部分重大公共投资项目

实施情况的跟踪调研报告
8. 听取代表资格审查委员会关于个别代表的代表资格的报告
9. 审议任免案

下午3时 分组审议社会保险法草案，涉外民事关系法律适用法草案

10月26日（星期二）

上午9时 分组审议村民委员会组织法修订草案，代表法修正案草案，代表资格审查报告，任免案

下午3时 分组审议车船税法草案

10月27日（星期三）

上午9时 全体会议
1. 听取最高人民法院关于民事审判工作的报告
2. 听取最高人民检察院关于改进渎职侵权检察工作情况的报告
3. 听取全国人大内务司法委员会关于第十一届全国人民代表大会第三次会议主席团交付审议的代表提出的议案审议结果的报告
4. 听取全国人大财政经济委员会关于第十一届全国人民代表大会第三次会议主席团交付审议的代表提出的议案审议结果的报告

下午3时 分组审议最高人民法院关于民事审判工作的报告，最高人民检察院关于改进渎职侵权检察工作情况的报告

10月28日（星期四）

上午9时 分组审议拟提请表决的事项，全国人大常委会执法检查组关于检查《中华人民共和国农业技术推广法》实施情况的报告，全国人大常委会专题调研组关于部分重大公共投资项目实施情况的跟踪调研报告，全国人大内务司法委员会关于第十一届全国人民代表大会第三次会议主席团交付审议的代表提出的议案审议结果的报告，全国人大财政经济委员会关于第十一届全国人民代表大会第三次会议主席团交付审议的代表提出的议案审议结果的报告

下午3时 全体会议
表决各项议案
闭　会

（闭会后，举办专题讲座第十八讲《我国水土流失问题及防治对策》）

第十一届全国人大常委会第十八次会议议程

2010年12月20日至25日

（2010年12月20日第十一届全国人民代表大会常务委员会第十八次会议第一次全体会议通过）

一、审议《中华人民共和国水土保持法（修订草案）》

二、审议《中华人民共和国刑法修正案（八）（草案）》

三、审议《中华人民共和国非物质文化遗产法（草案）》

四、审议全国人民代表大会常务委员会委员长会议关于提请审议《全国人民代表大会常务委员会关于召开第十一届全国人民代表大会第四次会议的决定（草案）》的议案

五、审议国务院关于加快少数民族和民族地区经济社会发展工作情况的报告

六、审议国务院关于深化医药卫生体制改革工作情况的报告

七、审议国务院关于加快发展服务业工作情况的报告

八、审议全国人民代表大会常务委员会执法检查组关于检查《中华人民共和国节约能源法》实施情况的报告

九、审议全国人民代表大会民族委员会关于第

十一届全国人民代表大会第三次会议主席团交付审议的代表提出的议案审议结果的报告

十、审议全国人民代表大会法律委员会关于第十一届全国人民代表大会第三次会议主席团交付审议的代表提出的议案审议结果的报告

十一、审议全国人民代表大会教育科学文化卫生委员会关于第十一届全国人民代表大会第三次会议主席团交付审议的代表提出的议案审议结果的报告

十二、审议全国人民代表大会外事委员会关于第十一届全国人民代表大会第三次会议主席团交付审议的代表提出的议案审议结果的报告

十三、审议全国人民代表大会华侨委员会关于第十一届全国人民代表大会第三次会议主席团交付审议的代表提出的议案审议结果的报告

十四、审议全国人民代表大会环境与资源保护委员会关于第十一届全国人民代表大会第三次会议主席团交付审议的代表提出的议案审议结果的报告

十五、审议全国人民代表大会农业与农村委员会关于第十一届全国人民代表大会第三次会议主席团交付审议的代表提出的议案审议结果的报告

十六、听取全国人民代表大会常务委员会办公厅关于第十一届全国人民代表大会第三次会议代表建议、批评和意见办理情况的报告，民政部关于第十一届全国人民代表大会第三次会议代表建议、批评和意见办理情况的报告

十七、审议吴邦国委员长访问柬埔寨、印度尼西亚、泰国三国情况的书面报告

十八、审议第十一届全国人民代表大会常务委员会代表资格审查委员会关于个别代表的代表资格的报告

十九、任命全国人民代表大会专门委员会个别副主任委员、委员

二十、决定任免工业和信息化部部长

二十一、决定任免驻外大使

二十二、任免最高人民法院审判委员会委员、审判员

二十三、任免最高人民检察院检察员

第十一届全国人大常委会第十八次会议日程

（2010年12月20日至25日）

12月20日（星期一）

下午3时　全体会议

1. 听取关于《中华人民共和国水土保持法（修订草案）》审议结果的报告
2. 听取关于《中华人民共和国刑法修正案（八）（草案）》修改情况的汇报
3. 听取关于《中华人民共和国非物质文化遗产法（草案）》修改情况的汇报
4. 审议委员长会议关于提请审议《全国人民代表大会常务委员会关于召开第十一届全国人民代表大会第四次会议的决定（草案）》的议案
5. 听取全国人大常委会执法检查组关于检查《中华人民共和国节约能源法》实施情况的报告
6. 听取代表资格审查委员会关于个别代表的代表资格的报告
7. 审议任命全国人民代表大会专门委员会个别副主任委员、委员
8. 审议决定任免工业和信息化部部长
9. 审议决定任免驻外大使
10. 审议任免最高人民法院审判委员会委员、审判员
11. 审议任免最高人民检察院检察员

12月21日（星期二）

上午9时　分组审议水土保持法修订草案，非物质文化遗产法草案

下午3时　分组审议刑法修正案（八）草案，关于召开第十一届全国人民代表大会第四次会议的决定草案，代表资格审查报告，任命全国人民代表大会专门委员会个别副主任委员、委员，

民代表大会第三次会议主席团交付审议的代表提出的议案审议结果的报告

4. 听取全国人大外事委员会关于第十一届全国人民代表大会第三次会议主席团交付审议的代表提出的议案审议结果的报告

5. 听取全国人大华侨委员会关于第十一届全国人民代表大会第三次会议主席团交付审议的代表提出的议案审议结果的报告

6. 听取全国人大环境与资源保护委员会关于第十一届全国人民代表大会第三次会议主席团交付审议的代表提出的议案审议结果的报告

7. 听取全国人大农业与农村委员会关于第十一届全国人民代表大会第三次会议主席团交付审议的代表提出的议案审议结果的报告

8. 听取全国人大常委会办公厅关于第十一届全国人民代表大会第三次会议代表建议、批评和意见办理情况的报告，民政部关于第十一届全国人民代表大会第三次会议代表建议、批评和意见办理情况的报告

12月26日（星期六）

上午9时　分组审议全国人大民族委员会、法律委员会、教育科学文化卫生委员会、外事委员会、华侨委员会、环境与资源保护委员会、农业与农村委员会关于第十一届全国人民代表大会第三次会议主席团交付审议的代表提出的议案审议结果的报告，拟提请表决的事项

下午3时　全体会议

表决各项议案

闭　会

（闭会后，举办专题讲座第十九讲《贯彻落实中央经济工作会议精神　开创科学发展新局面》）

案的《中华人民共和国香港特别行政区基本法附件二香港特别行政区立法会的产生办法和表决程序修正案(草案)》进行了审议。法律委员会于8月24日召开会议，根据常委会组成人员的审议意见，对香港特别行政区基本法附件二修正案草案进行了审查。法律委员会认为，该修正案草案经香港特别行政区立法会全体议员三分之二多数通过，行政长官同意，符合《中华人民共和国香港特别行政区基本法》附件二第三条、《全国人民代表大会常务委员会关于〈中华人民共和国香港特别行政区基本法〉附件一第七条和附件二第三条的解释》和《全国人民代表大会常务委员会关于香港特别行政区2012年行政长官和立法会产生办法及有关普选问题的决定》，建议本次常委会会议同意予以备案，自公布之日起生效，并以公告方式公布该修正案。

以上报告是否妥当，请审议。

全国人民代表大会法律委员会

2010年8月26日

全国人民代表大会常务委员会关于召开第十一届全国人民代表大会第四次会议的决定

(2010年12月25日第十一届全国人民代表大会常务委员会第十八次会议通过)

第十一届全国人民代表大会常务委员会第十八次会议决定：中华人民共和国第十一届全国人民代表大会第四次会议于2011年3月5日在北京召开。建议会议的议程是：听取和审议政府工作报告；审查和批准国民经济和社会发展第十二个五年规划纲要；审查和批准2010年国民经济和社会发展计划执行情况与2011年国民经济和社会发展计划草案的报告，批准2011年国民经济和社会发展计划；审查和批准2010年中央和地方预算执行情况与2011年中央和地方预算草案的报告，批准2011年中央预算；听取和审议全国人民代表大会常务委员会工作报告；听取和审议最高人民法院工作报告；听取和审议最高人民检察院工作报告。

批准公约和条约

全国人民代表大会常务委员会关于批准《中华人民共和国和菲律宾共和国领事协定》的决定

（2010年2月26日第十一届全国人民代表大会常务委员会第十三次会议通过）

第十一届全国人民代表大会常务委员会第十三次会议决定：批准2009年10月29日由外交部部长杨洁篪代表中华人民共和国在马尼拉签署的《中华人民共和国和菲律宾共和国领事协定》。

中华人民共和国和菲律宾共和国领事协定

（中文本）

中华人民共和国和菲律宾共和国（以下称缔约双方），为发展两国的领事关系，以利于保护两国国家和两国国民的权利和利益，促进两国间的友好合作关系，决定缔结本协定，并议定下列各条：

第一章　定　义

第一条　定　义

就本协定而言，下列用语的含义是：

（一）"领馆"指总领事馆、领事馆、副领事馆或领事代理处；

（二）"领区"指为领馆执行领事职务而设定的区域；

（三）"领馆馆长"指派遣国委派领导一个领馆的总领事、领事、副领事或者领事代理人；

（四）"领事官员"指被委派执行领事职务的人员，包括领馆馆长在内；

（五）"领馆行政技术人员"指在领馆内从事行政或技术工作的人员；

（六）"领馆服务人员"指在领馆内从事服务工作的人员；

（七）"领馆成员"指领事官员、领馆行政技术人员和领馆服务人员；

（八）"私人服务人员"指领馆成员私人雇用的服务人员；

（九）"领馆馆舍"指专供领馆使用的建筑物或部分建筑物及其附属的土地，不论其所有权属谁；

（十）"领馆档案"指领馆的一切文书、文件、函电、簿籍、胶片、胶带和登记册，以及明密电码、纪录卡片、存储介质储存的资料和保护或保管它们的任何器具；

（十一）"派遣国国民"指具有派遣国国籍的自然人，适用时，也指法人；

（十二）"派遣国船舶"指按照派遣国法律悬挂派遣国国旗的船舶，不包括军用船舶；

（十三）"派遣国航空器"指在派遣国登记并标有其登记标志的航空器，不包括军用航空器。

第二章　领馆的设立和领馆成员的委派

第二条　领馆的设立

一、派遣国须经接受国同意方能在该国境内设立领馆。

二、派遣国和接受国经协商确定领馆的所在地、等级和领区，以及与此有关的任何变动。

第三条　领馆馆长的任命和承认

一、派遣国应通过外交途径向接受国递交任命领馆馆长的照会。照会中应载明领馆馆长的姓名、职衔、领馆所在地、等级和领区。

二、接受国在接到任命领馆馆长的照会后，应尽快以照会予以确认。接受国如拒绝确认，无须说明理由。

三、领馆馆长在接受国照会确认后即可执行职务。在此之前，经接受国同意，领馆馆长可临时执行职务。

四、接受国确认领馆馆长或准许其临时执行职务后，应立即通知领区内主管当局，并采取一切必要措施使领馆馆长能执行职务，并享受本协定规定的权利、便利、特权与豁免。

第四条 临时代理领馆馆长职务

一、领馆馆长因故不能执行职务或其职位暂时空缺时，派遣国可指派该领馆或驻接受国的其他领馆的一位领事官员或驻接受国使馆的一位外交人员担任代理领馆馆长。派遣国应事先将代理领馆馆长的姓名和原职衔通知接受国。

二、代理领馆馆长享有本协定规定的领馆馆长应享有的权利、便利、特权与豁免。

三、被指派为代理领馆馆长的外交人员继续享有其应享有的外交特权与豁免。

第五条 通知到达和离境

派遣国应在适当时间内将下列事项书面通知接受国：

（一）领馆成员的姓名、职衔和他们的到达、最后离境或职务终止，以及他们在领馆任职期间职务上的任何变更；

（二）领馆成员的家庭成员的姓名、国籍和他们的到达和最后离境，以及任何人成为或不再是领馆成员的家庭成员的事实；

（三）私人服务人员的姓名、国籍、职务和他们的到达和最后离境，以及任何人成为或不再是私人服务人员的事实。

第六条 身 份 证

接受国主管当局应按其规定发给领馆成员及其家庭成员相应的身份证件，但属接受国国民或永久居民者除外。

第七条 领馆成员和私人服务人员的国籍

一、领事官员只能是派遣国国民，且不得是接受国的永久居民。

二、领馆行政技术人员、领馆服务人员和私人服务人员应是派遣国国民或接受国国民。

第八条 宣告为不受欢迎的人

一、接受国可随时通过外交途径通知派遣国，宣告某一领馆成员为不受欢迎的人或不可接受，并无须说明理由。

二、遇本条第一款所述情况，派遣国应召回有关人员或终止其在领馆的工作。如派遣国未在适当期间内履行此义务，接受国有权撤销对有关人员的承认或不再视其为领馆成员。

第三章 领事职务

第九条 一般领事职务

领事官员有权执行下列职务：

（一）保护派遣国及其国民的权利和利益；

（二）增进派遣国和接受国之间的经济、贸易、科技、文化和教育关系，并在其他方面促进两国之间的友好合作；

（三）用一切合法手段调查接受国的经济、贸易、科技、文化和教育等方面的情况，并向派遣国政府报告；

（四）执行派遣国授权而不为接受国法律规章所禁止或不为接受国所反对的其他职务。

第十条 接受有关国籍的申请和民事登记

一、领事官员有权：

（一）接受有关国籍问题的申请；

（二）登记派遣国国民；

（三）登记派遣国国民的出生和死亡；

（四）办理派遣国国民间的婚姻手续并发给相应的证书。

二、本条第一款的规定不免除当事人遵守接受国法律规章的义务。

第十一条 颁发护照和签证

领事官员有权：

（一）受理派遣国国民的护照或其他旅行证件的申请，和向派遣国国民颁发护照或其他旅行证件，以及加注或吊销上述护照或证件；

（二）受理前往或途经派遣国的人员的签证申请，和向前往或途经派遣国的人员颁发签证，以及加注或吊销上述签证。

第十二条 公证和认证

一、领事官员有权：

（一）应任何国籍的个人要求，为其出具在派遣国使用的各种文书；

（二）应派遣国国民的要求，为其出具在派遣国境外使用的各种文书；

（三）把文书译成派遣国或接受国的官方文字，并证明译本与原文相符；

（四）执行派遣国授权而不为接受国所反对的其他公证职务；

（五）认证派遣国有关当局或接受国有关当局所颁发的文书上的签字和印章。

二、领事官员出具、证明或认证的文书如在接受国使用，只要它们符合接受国法律规章，应与接受国主管当局出具、证明或认证的文书具有同等效力。

三、在与接受国法律规章不相抵触的前提下，领事官员有权接受和临时保管派遣国国民的证件和文书。

第十三条　拘留、逮捕通知和探视

一、遇有派遣国国民在领区内被接受国主管当局拘留、逮捕或以任何其他方式剥夺自由时，不论其本人是否请求，该当局应于四日内通知领馆有关该国民被拘留、逮捕或以任何其他方式剥夺自由的事实并说明原因。

二、领事官员有权探视被拘留、逮捕或以任何其他方式剥夺自由的派遣国国民，使用被拘禁国民熟悉的任何语言或方言就个人状况和案情与其交谈或通信，为其提供法律协助。接受国主管当局应于通知领馆该国民被拘留、逮捕或剥夺自由后三日内尽速安排领事官员探视。经领事官员请求，探视可多次进行。但如被拘留、逮捕或以任何其他方式剥夺自由的派遣国国民书面明确表示反对探视时，领事官员应停止采取行动。

三、领事官员有权探视正在服刑的派遣国国民。

四、派遣国国民的家属同样有权在接受国法律规章允许的范围内探监。

五、接受国主管当局应将本条第一、二、三、四款的规定通知上述派遣国国民。

六、领事官员在执行本条职务时，应遵守接受国的有关法律规章。但接受国有关法律规章的适用不应限制本条规定的权利的实施。

第十四条　监护和托管

一、领区内包括未成年人在内的无行为能力或限制行为能力的派遣国国民需要指定监护人或托管人时，接受国主管当局应通知领馆。

二、领事官员有权在接受国法律规章允许的范围内保护包括未成年人在内的无行为能力或限制行为能力的派遣国国民的权利和利益，必要时可为他们推荐或指定监护人或托管人，并监督他们的监护或托管活动。

第十五条　协助派遣国国民

一、领事官员有权：

（一）在领区内同派遣国国民联系和会见，接受国不应限制派遣国国民同领馆联系及进入领馆；

（二）了解派遣国国民在接受国的居留和工作情况，并向他们提供一切必要的协助；

（三）请求接受国主管当局查寻派遣国国民的下落，接受国主管当局应尽可能提供有关情况；

（四）在不违反接受国法律规章的情况下，接受和临时保管派遣国国民的钱款和贵重物品。

二、遇有派遣国国民不在当地或由于其他原因不能及时保护自己的权利和利益时，领事官员可根据接受国法律规章在接受国法院或其他主管当局前代表该国民，或为其安排适当代理人，直至该国民指定了自己的代理人或本人能自行保护其权利和利益时为止。

第十六条　死亡通知

接受国主管当局获悉派遣国国民在接受国死亡时，应尽快通知领馆，并应领馆请求提供死亡证书或其他证明死亡的文件副本。

第十七条　有关处理遗产的职务

一、如死亡的派遣国国民在接受国遗有财产，但在接受国无继承人或遗嘱执行人时，接受国主管当局应尽速通知领馆。

二、当接受国主管当局清点和封存本条第一款所述遗产时，领事官员有权到场。

三、如派遣国某国民作为遗产继承人或受遗赠人有权继承或受领一位任何国籍的死者在接受国的遗产或遗赠，且该国民不在接受国境内，接受国主管当局应将该国民继承或受领遗产或遗赠的事宜通知领馆。

四、遇有派遣国国民有权或声称有权继承在接受国境内的某项遗产，但本人或其代理人不能在遗产继承程序中到场时，领事官员可在接受国法律规章允许的范围内，经该国民明确授权后在接受国法院或其他主管当局前代表该国民。

五、领事官员经非永久居住在接受国的派遣国国民明确授权后，有权代其接受在接受国应得的遗产或遗赠，并将该遗产或遗赠转交给该国民。

六、遇非永久居住在接受国的派遣国国民在接受国境内临时逗留时或过境时死亡，而其在接受国又无亲属或代理人时，领事官员有权立即临时保管该国民随身携带的所有文件、钱款和物品，以便转交给该国民的遗产继承人、遗嘱执行人或其他受权接受这些物品的人。

七、领事官员在执行本条第四、五、六款所规定的职务时，应遵守接受国的有关法律规章。

第十八条　协助派遣国船舶

一、领事官员有权对在接受国内水或领海的派遣国船舶及其船长和船员提供协助，并有权：

（一）在船舶获准同岸上自由往来后登访船舶，询问船长或船员，听取有关船舶、货物及航行的报告；

（二）在不妨害接受国主管当局权力的前提下，调查船舶航行期间所发生的事故；

（三）在派遣国法律规章许可范围内调解船长与船员之间的任何争端；

（四）接受船长和船员的访问，并在必要时为其安排就医或返回本国；

（五）接受、查验、出具、签署或认证与船舶有关的文书；

（六）办理派遣国主管当局委托的其他与船舶有关的事务。

二、船长与船员可同领事官员联系。在不违反接受国有关港口和外国人管理的法律规章的前提下，船长与船员可前往领馆。

第十九条　对派遣国船舶实行强制措施时的保护

一、接受国法院或其他主管当局如欲对派遣国船舶或在派遣国船舶上采取强制性措施或进行正式调查时，必须事先通知领馆，以便在采取行动时领事官员或其代表能到场。如情况紧急不能事先通知，接受国主管当局应在采取上述行动后立即通知领馆，并迅速提供所采取行动的全部情况。

二、本条第一款的规定也适用于接受国主管当局在岸上对船长或船员所采取的同样行动。

三、本条第一、二款的规定不适用于接受国主管当局进行的有关海关、港口管理、检疫或边防检查等事项的例行检查，也不适用于接受国主管当局为保障海上航行安全或防止水域污染所采取的措施。

四、除非应船长或领事官员的请求或征得其同意，接受国主管当局在接受国的安宁、安全及公共秩序未受破坏的情况下，不得干涉派遣国船舶上的内部事务。

第二十条　协助失事的派遣国船舶

一、遇派遣国船舶在接受国内水或领海失事，接受国主管当局应尽快通知领馆，并通知为抢救船上人员、船舶、货物及其他财产所采取的措施。

二、领事官员有权采取措施向失事的派遣国船舶、船员和旅客提供协助，并可为此请求接受国当局给予协助。

三、如果失事的派遣国船舶或属于该船的物品或所载的货物处于接受国海岸附近或被运进接受国港口，而船长、船舶所有人、船公司代理人和有关保险人均不在场或无法采取措施保存或处理时，接受国主管当局应尽速通知领馆。领事官员可代表船舶所有人采取适当的措施。

四、如失事的派遣国船舶及其货物和用品不在接受国境内出售或交付使用，接受国不应征收关税或类似费用。

第二十一条　派遣国航空器

本协定关于派遣国船舶的规定，同样适用于派遣国航空器，但任何此种适用不得违反派遣国和接受国之间生效的双边条约或双方参加的国际条约的规定，以及中华人民共和国香港特别行政区政府、中华人民共和国澳门特别行政区政府与菲律宾共和国政府签订的民用航空运输协定的规定。

第二十二条　转送司法文书

领事官员有权在接受国法律规章允许的范围内转送司法文书和司法外文书。如派遣国和接受国之间另有协议，则按协议办理。

第二十三条　执行领事职务的区域

领事官员只能在领区内执行职务。经接受国同意，领事官员也可在领区外执行职务。

第二十四条　同接受国当局联系

领事官员在执行职务时，可与其领区内的地方主管当局联系，必要时也可与接受国的中央主管当局联系，但以接受国的法律规章和惯例允许为限。

第四章　便利、特权与豁免

第二十五条　为领馆提供便利

一、接受国应为领馆执行职务提供充分的便利。

二、接受国对领馆成员应给予应有的尊重，并采取适当措施保证领馆成员顺利地执行职务和享受本协定规定的权利、便利、特权与豁免。

第二十六条 领馆馆舍和住宅的获得

一、在接受国法律规章允许的范围内,派遣国或其代表有权:

(一)购置、租用或以其他方式获得用作领馆馆舍和领馆成员住宅的建筑物或部分建筑物及其附属的土地,但领馆成员为接受国国民或永久居民的住宅除外;

(二)在已获得的土地上建造或修缮建筑物。

二、接受国应为派遣国获得领馆馆舍提供协助,必要时,应协助派遣国为其领馆成员获得适当的住宅。

三、派遣国或其代表在行使本条第一款规定的权利时,应遵守接受国有关土地、建筑和城市规划的法律规章。

第二十七条 国旗和国徽的使用

一、派遣国有权在领馆馆舍悬挂本国国徽和用派遣国与接受国文字书写的馆牌。

二、派遣国有权在领馆馆舍、领馆馆长寓邸和领馆馆长执行公务时所乘用的交通工具上悬挂本国国旗。

第二十八条 领馆馆舍和领事官员的住宅不受侵犯

一、领馆馆舍和领事官员的住宅不受侵犯。接受国当局人员未经领馆馆长或派遣国使馆馆长或他们两人中一人指定的人的同意,不得进入领馆馆舍和领事官员的住宅。遇有火灾或其他灾害须迅速采取保护行动时,可推定领馆馆长已经同意。

二、接受国应采取一切必要措施保护领馆馆舍和领事官员的住宅免受侵入或损害,防止扰乱领馆的安宁和损害领馆的尊严。

第二十九条 领馆馆舍免予征用

领馆馆舍和领馆的设备、财产和交通工具免予征用。

第三十条 领馆档案不受侵犯

领馆档案在任何时间和任何地点均不受侵犯。

第三十一条 通讯自由

一、接受国应准许并保护领馆为一切公务目的的通讯自由。领馆同派遣国政府、派遣国使馆和派遣国其他领馆进行通讯,可使用一切适当方法,包括明密码电信,外交信使或领事信使,外交邮袋或领事邮袋。但领馆须经接受国同意才能装置和使用无线电发报机。

二、领馆的来往公文不受侵犯。领事邮袋不得开拆或扣留。领事邮袋必须附有可资识别的外部标记,并以装载来往公文、公务文件及专供公务之用的物品为限。

三、领事信使只能是派遣国国民,且不得是接受国的永久居民。领事信使应持有证明其身份的官方文件。领事信使在接受国境内享有与外交信使相同的权利、便利、特权与豁免。

四、领事邮袋可委托派遣国航空器的机长或派遣国船舶的船长携带。该机长或船长应持有载明邮袋件数的官方文件,但不得视为领事信使。经与接受国有关当局商定,领馆成员可直接并自由地与机长或船长接交领事邮袋。

第三十二条 领事规费和手续费

一、领馆可在接受国境内根据派遣国法律规章收取领事规费和手续费。

二、本条第一款所述的规费和手续费的收入及其收据应被免除接受国的一切捐税。

三、接受国应准许领馆将本条第一款所述规费和手续费的收入汇回派遣国。

第三十三条 行动自由

除接受国法律规章禁止或限制进入的区域外,领馆成员在接受国享有行动及旅行自由。

第三十四条 领事官员人身不受侵犯

领事官员人身不受侵犯,不得对其予以任何形式的拘留或逮捕。接受国应采取适当措施防止领事官员的人身自由和尊严受到侵犯。

第三十五条 管辖豁免

一、领事官员免受接受国的司法或行政管辖,但下列民事诉讼除外:

(一)未明示以派遣国代表身份所订契约引起的诉讼;

(二)因车辆、船舶或航空器在接受国内造成损害,第三者要求损害赔偿的诉讼;

(三)在接受国境内的私有不动产的诉讼,但以派遣国代表身份所拥有的为领馆使用的不动产不在此限;

(四)私人继承所涉及的诉讼;

(五)公务范围外在接受国所进行的职业或商业活动所引起的诉讼。

二、除本条第一款所列案件外,接受国不得对领事官员采取执行措施。如对本条第一款所列案件采取执行措施，应不损害领事官员的人身和住宅不受侵犯权。

三、领馆行政技术人员和领馆服务人员执行公务的行为免受接受国司法或行政机关的管辖，但本条第一款第（一）、（二）项的民事诉讼除外。

第三十六条　作证的义务

一、领事官员无以证人身份作证的义务。

二、领馆行政技术人员和领馆服务人员可被请在接受国司法或行政程序中到场作证。除本条第三款所述情形外，领馆行政技术人员和领馆服务人员不得拒绝作证。

三、领馆行政技术人员和领馆服务人员没有义务就其执行职务所涉及事项作证，或提供有关的公文或文件。领馆行政技术人员和领馆服务人员有权拒绝以鉴定人身份就派遣国的法律提供证词。

四、接受国主管当局要求领馆行政技术人员和领馆服务人员作证时，应避免妨碍其执行职务。在可能情况下，可在其寓所或领馆馆舍录取证词，或接受其书面陈述。

第三十七条　劳务、外国人登记和居留许可的免除

一、领馆成员应免除接受国任何形式的个人劳务、公共服务及军事义务。

二、领事官员和领馆行政技术人员应免除接受国法律规章关于外国人登记和居留许可所规定的一切义务。

第三十八条　财产免税

一、在对等的基础上及接受国法律规章允许的范围内，接受国应免除下列项目的一切捐税：

（一）以派遣国或其代表名义获得的领馆馆舍和领馆成员的住宅及其有关的交易或契据；

（二）专用于职务目的而获得的领馆的设备和交通工具以及这些财产的获得、占有或维修。

二、本条第一款的规定不适用于：

（一）对特定服务的收费；

（二）与派遣国或其代表订立契约的人按照接受国法律规章应缴纳的捐税。

第三十九条　领馆成员的免税

一、领事官员和领馆行政技术人员应免纳接受国对人对物课征的一切国家、地方或市政的捐税，但下列项目除外：

（一）通常计入商品或劳务价格中的间接税；

（二）在接受国境内私有不动产的捐税，但本协定第三十八条第一款第（一）项的规定不在此限；

（三）遗产税、继承税和让与税，但本协定第四十三条的规定除外；

（四）在接受国取得的职务范围外的私人收入的所得税；

（五）为提供特定服务所收取的费用；

（六）注册费、法院手续费或记录费、抵押税及印花税，但本协定第三十八条第一款的规定除外。

二、领馆服务人员就其在领馆服务所得的工资，在接受国免纳捐税。

第四十条　关税和查验的免除

一、接受国依照本国法律规章应准许下列物品进出境，并免除一切关税，但保管、运输及类似服务费除外：

（一）领馆公务用品；

（二）领事官员的自用物品；

（三）领馆行政技术人员初到任时运入的自用物品，包括安家物品。

二、本条第一款第（二）、（三）项所述物品不得超过有关人员直接需要的数量。

三、领事官员的个人行李免受海关查验。接受国主管当局只有在有重大理由推定行李中装有不属于本条第一款第（二）项所述物品，或为接受国法律规章禁止进出境的物品，或为检疫法规所管制的物品时，才可查验。查验须在有关领事官员或其代表在场时进行。

第四十一条　家庭成员的特权与豁免

领事官员和领馆行政技术人员的家庭成员，分别享有领事官员和领馆行政技术人员根据本协定规定所享有的特权与豁免。领馆服务人员的家庭成员享有领馆服务人员根据本协定第三十七条第一款所享有的特权与豁免，但身为接受国国民或永久居民或在接受国从事私人有偿职业者除外。

第四十二条　不享受特权与豁免的人员

一、除本协定第三十六条第三款的规定外，身为接受国国民或永久居民的领馆行政技术人员和领馆服务人员不享有本协定规定的特权与豁免。

二、本条第一款所述人员的家庭成员不享有本协定规定的特权与豁免。

第四十三条　领馆成员的遗产

领馆成员或其家庭成员死亡时，接受国应：

（一）准许将死者的动产运出境外，但死者在接

受国境内获得的动产中，在其死亡时属于禁止出口的物品除外；

（二）免除死者的动产的遗产税和一切有关的捐税。

第四十四条　特权与豁免的开始及终止

一、领馆成员自进入接受国国境前往就任之时起享有本协定所规定的特权与豁免，其已在接受国境内的，自其就任领馆职务时起开始享有。

二、领馆成员的家庭成员自领馆成员享有特权与豁免之时起享有本协定规定的特权与豁免。如家庭成员在此之后才进入接受国或某人在此之后才成为其家庭成员，则自本人进入接受国国境之时起或成为家庭成员之时起享有。

三、领馆成员的职务如已终止，本人及其家庭成员的特权与豁免应于其离开接受国国境时或离境所需的合理期限完结时终止，以在先之时间为准。领馆成员的家庭成员如不再是其家庭成员时，其特权与豁免随即终止，但如该人打算在合理期间内离开接受国，其特权与豁免可延续至其离境时为止。

四、如某一领馆成员死亡，其家庭成员的特权与豁免应于该家庭成员离开接受国国境之时或该家庭成员离境所需合理期限完结时终止。

五、涉及领馆成员任职期间为履行职务而实施的行为，对其管辖豁免应继续有效，无时间限制。

第四十五条　特权与豁免的放弃

一、派遣国可放弃本协定第三十五条和第三十六条规定的有关人员所享有的任何一项特权与豁免。但每次放弃应明确表示，并书面通知接受国。

二、根据本协定规定享有管辖豁免的人员如就本可免受管辖的事项主动起诉，则不得对同本诉直接有关的反诉主张管辖豁免。

三、在民事或行政诉讼程序上放弃豁免，不得视为对司法判决执行的豁免亦默示放弃。放弃对司法判决执行的豁免必须另行书面通知。

第五章　一般条款

第四十六条　尊重接受国法律规章

一、根据本协定享有特权与豁免的人员，在其特权与豁免不受妨碍的情况下，均负有尊重接受国法律规章，包括交通管理的规章制度的义务。他们也负有不干涉接受国内政的义务。

二、领馆馆舍不得用作任何与执行领事职务不相符合的用途。

三、领馆和领馆成员及其家庭成员应遵守接受国有关交通工具保险的法律规章。

四、凡从派遣国派入接受国的领馆成员除了执行职务外，不得在接受国内从事其他职业或商业活动。

第四十七条　使馆执行领事职务

一、派遣国驻接受国使馆可执行领事职务。本协定规定的领事官员的权利和义务，适用于派遣国委派执行领事职务的外交人员。

二、派遣国使馆应将执行领事职务的外交人员的姓名和职衔通知接受国外交部。

三、被委派执行领事职务的外交人员继续享有按其外交身份所享有的权利、便利、特权与豁免。

第四十八条　其他国际协定的适用范围

缔约双方确认一九六三年四月二十四日在维也纳签订的《维也纳领事关系公约》的规定，并同意本协定未明文规定的所有事项应继续适用《维也纳领事关系公约》。

第四十九条　本协定的适用范围

本协定同时适用于中华人民共和国香港特别行政区和中华人民共和国澳门特别行政区。

第五十条　磋　　商

缔约双方同意不定期举行领事磋商，回顾领事关系。各方可在需要时就具体领事事务寻求磋商。

第六章　最后条款

第五十一条　批准、生效和终止

一、本协定须经批准，批准书在北京互换。本协定自互换批准书之日起第三十天开始生效。

二、除非缔约一方在六个月前以书面方式通知缔约另一方要求终止本协定，则本协定应无限期有效。

本协定于二〇〇九年十月二十九日在马尼拉签订，一式两份，每份都用中文和英文写成，两种文本同等作准。

中华人民共和国代表	菲律宾共和国代表
杨　洁　篪	阿尔韦托·罗慕洛
（签字）	（签字）

全国人民代表大会外事委员会审议《国务院关于提请审议批准〈中华人民共和国和菲律宾共和国领事协定〉的议案》的报告

全国人民代表大会常务委员会：

2010 年 1 月 22 日，第十一届全国人民代表大会外事委员会举行第二十四次全体会议，审议了《国务院关于提请审议批准〈中华人民共和国和菲律宾共和国领事协定〉的议案》。

外事委员会认为，2009 年 10 月 29 日由我国外交部部长杨洁篪和菲律宾外交部部长阿尔韦托·罗慕洛分别代表本国在马尼拉签署的《中华人民共和国和菲律宾共和国领事协定》符合我国法律的基本原则；批准该协定符合我国的利益。建议全国人大常委会决定批准该协定。

全国人民代表大会外事委员会

2010 年 1 月 22 日

全国人民代表大会常务委员会关于批准《战争遗留爆炸物议定书》的决定

（2010 年 4 月 29 日第十一届全国人民代表大会常务委员会第十四次会议通过）

第十一届全国人民代表大会常务委员会第十四次会议决定：批准 2003 年 11 月 28 日经《禁止或限制使用某些可被认为具有过分伤害力或滥杀滥伤作用的常规武器公约》缔约方会议通过的《战争遗留爆炸物议定书》。

战争遗留爆炸物议定书

（中文本）

各缔约方，

承认战争遗留爆炸物造成的严重的冲突后人道主义问题，

意识到需要缔结一项关于冲突后一般性补救措施的议定书，以便将战争遗留爆炸物的危害和影响减至最小，

并愿意通过遵守技术附件所载列的关于提高弹药可靠性的自愿性最佳操作规范而采取一般性预防措施，从而将产生战争遗留爆炸物的可能性减至最小，

兹议定如下：

第一条　一般规定和适用范围

1. 各缔约方按照《联合国宪章》和对它们适用的关于武装冲突的国际法规则，同意以单独和与其它缔约方合作的两种方式遵守本议定书规定的义务，在冲突后形势中将战争遗留爆炸物的危害和影响减至最小。

2. 本议定书应适用于各缔约方包括内水在内的陆地领土上的战争遗留爆炸物。

3. 本议定书应适用于经 2001 年 12 月 21 日修正后的《公约》第一条第 1 至第 6 款中所指的冲突后的情况。

4. 本议定书第三、第四、第五和第八条适用于除本议定书第二条第5款所界定的现存战争遗留爆炸物以外的战争遗留爆炸物。

第二条　定　义

为本议定书的目的，

1. "爆炸性弹药"是指含有炸药的常规弹药，但《公约》经1996年5月3日修正后的第二号议定书中界定的地雷、诱杀装置和其它装置除外。

2. "未爆炸弹药"是指已装设起爆炸药、装设引信、进入待发状态或以其它方式准备使用或实际在武装冲突中使用的爆炸性弹药。此种弹药可能已经发射、投放、投掷或射出，应该爆炸但未爆炸。

3. "被遗弃的爆炸性弹药"是指在武装冲突中没有被使用但被一武装冲突当事方留下来或倾弃而且已不再受将之留下来或倾弃的当事方控制的爆炸性弹药。被遗弃的爆炸性弹药可能已经或者可能尚未装设起爆药、装设引信、进入待发状态或以其它方式准备使用。

4. "战争遗留爆炸物"是指未爆炸弹药和被遗弃的爆炸性弹药。

5. "现存战争遗留爆炸物"是指在本议定书对缔约方生效之前已经在其领土上存在的未爆炸弹药和被遗弃的爆炸性弹药。

第三条　战争遗留爆炸物的清除、排除或销毁

1. 每一缔约方和武装冲突当事方对于在其控制区域内的所有战争遗留爆炸物应负有本条所规定的责任。对于不在造成战争遗留爆炸物的爆炸性弹药的使用者控制之下的区域，使用者应在现行敌对行动停止后并在可行的情况下，以双边方式或通过双方商定的第三方，包括通过联合国系统或其它有关组织，提供技术、资金、物资或人力等方面的援助，以便利标示、清除、排除或销毁这些战争遗留爆炸物。

2. 每一缔约方和武装冲突当事方应在现行敌对行动停止之后并在可行的情况下尽快标示、清除、排除或销毁其控制之下的受影响区域的战争遗留爆炸物。对于按照本条第3款被评估为造成严重人道主义危险的受战争遗留爆炸物影响的区域，应优先予以清除、排除或销毁。

3. 在现行敌对行动停止之后，每一缔约方和武装冲突当事方应在可行的情况下尽快在其控制的受影响区域内采取下列步骤，以减小战争遗留爆炸物所造成的危险：

(a) 调查和评估战争遗留爆炸物所造成的威胁；

(b) 评估在标示、清除、排除或销毁方面的需要和可行性并确定优先顺序；

(c) 标示、清除、排除或销毁战争遗留爆炸物；

(d) 采取步骤，为开展这些活动筹集资源。

4. 在开展上述活动时，各缔约方和武装冲突当事方应考虑到各项国际标准，包括国际排雷行动标准。

5. 各缔约方应酌情在相互之间以及与其它国家、有关区域组织及国际组织和非政府组织就提供技术、资金、物资和人力等方面的援助进行合作，包括适当时为执行本条规定进行必要的联合行动。

第四条　资料的记录、保存和提供

1. 各缔约方和武装冲突当事方应在实际可行的情况下最大限度地记录和保存关于使用爆炸性弹药或遗弃爆炸性弹药的资料，以便利迅速标示、清除、排除或销毁战争遗留爆炸物、开展危险性教育以及向控制有关区域的当事方和该区域的平民群体提供有关资料。

2. 在现行敌对行动停止之后，使用或遗弃了可能成为战争遗留爆炸物的爆炸性弹药的各缔约方和武装冲突当事方应毫不拖延地并在实际可行而且不损害其正当安全利益的情况下，以双边方式或通过双方商定的第三方，包括通过联合国等组织，将此种资料提供给控制受影响区域的当事方，或者根据请求，提供给提供方确信正在或将要在受影响区域从事危险性教育和战争遗留爆炸物的标示、清除、排除或销毁的其它有关组织。

3. 在记录、保存和提供此种资料时，各缔约方应该考虑到本议定书的技术附件第1部分。

第五条　保护平民群体、平民个体和民用物体免受战争遗留爆炸物危害和影响的其它预防措施

1. 各缔约方和武装冲突当事方应在其控制下的受战争遗留爆炸物影响的区域内采取一切可行的预防措施，使平民群体、平民个体和民用物体不受战争遗留爆炸物的危害和影响。可行的预防措

施是指考虑到当时所有情况，包括考虑到人道主义因素和军事因素而实际可行或实际上可能的预防措施。此种预防措施可包括按技术附件第2部分的规定向平民群体示警、开展危险性教育、竖立标志和栅栏及监视受战争遗留爆炸物影响的区域。

第六条　保护人道主义特派团和组织免受战争遗留爆炸物影响的规定

1. 每一缔约方和武装冲突当事方应：

(a)尽可能保护经该缔约方或武装冲突当事方准许而正在或将要在其控制的区域内开展活动的人道主义特派团或组织免受战争遗留爆炸物的影响；

(b)在此一人道主义特派团或组织提出请求时，尽可能提供其所掌握的关于该提出请求的人道主义特派团或组织将开展活动或正在开展活动的区域内所有战争遗留爆炸物位置的资料。

2. 本条的规定不妨害提供更高程度保护的现有的国际人道主义法或其它适用的国际文书或联合国安全理事会的决定。

第七条　在处理现存战争遗留爆炸物方面提供援助

1. 每一缔约方有权酌情请求并得到其它缔约方、非缔约国以及有关国际组织和机构的援助，以处理现存战争遗留爆炸物造成的问题。

2. 有能力这样做的每一缔约方应提供为处理现存战争遗留爆炸物造成的问题所必要且可行的援助。在这样做时，各缔约方还应考虑到本议定书的人道主义目标以及包括国际排雷行动标准在内的各项国际标准。

第八条　合作与援助

1. 有能力这样做的每一缔约方应除其它外通过联合国系统、其它有关国际、区域或国家组织或机构、红十字国际委员会、国家红十字会和红新月会及其国际联合会、非政府组织或在双边基础上为标示、清除、排除或销毁战争遗留爆炸物、对平民群体开展危险性教育及有关活动提供援助。

2. 有能力这样做的每一缔约方应为战争遗留爆炸物受害者提供照顾和康复以及重新融入社会经济生活方面的援助。除其它外，可通过联合国系统、有关国际、区域或国家组织或机构、红十字国际委员会、国家红十字会和红新月会及其国际联合会、非政府组织或在双边基础上提供此种援助。

3. 有能力这样做的每一缔约方应向联合国系统内建立的信托基金及其它有关信托基金提供捐款，以便利根据本议定书提供援助。

4. 每一缔约方应有权参加为本议定书的执行所必要的设备、物资以及科学和技术资料的尽可能充分的交换，但与武器有关的技术除外。各缔约方承诺根据其国家立法促进此种交换，不应对出于人道主义目的提供清除设备和有关技术资料施加不应有的限制。

5. 每一缔约方承诺向联合国系统内建立的有关排雷行动数据库提供资料，特别是关于清除战争遗留爆炸物的各种手段和技术的资料，以及与清除战争遗留爆炸物有关的专家、专家机构或本国联络点的名单，并在自愿的基础上提供相关类型的爆炸性弹药的技术资料。

6. 缔约方可向联合国、其它适当机构或其它国家提出辅以充分有关的资料的援助请求。此种请求可提交联合国秘书长，而联合国秘书长应将其转交所有缔约方及有关国际组织和非政府组织。

7. 如果向联合国提出请求，联合国秘书长可在其现有资源的范围内采取适当步骤，对情况作出评估，并与提出请求的缔约方和以上第三条所指负有责任的其它缔约方合作，建议宜提供何种援助。联合国秘书长也可向各缔约方报告任何此种评估的结果以及所需援助的类型和范围，包括联合国系统内建立的各信托基金可能提供的资助。

第九条　一般性预防措施

1. 考虑到不同的情况及能力，鼓励每一缔约方采取一般性预防措施，以尽可能减小产生战争遗留爆炸物的可能性，其中包括但不仅仅限于技术附件第3部分中提到的各项措施。

2. 每一缔约方可在自愿的基础上交换与促进和确立本条第1款所涉及的最佳操作规范的努力有关的资料。

第十条　缔约方的磋商

1. 各缔约方承诺在有关本议定书实施的一切问题上彼此进行协商与合作。为此目的，如果有过半数而且不少于 18 个缔约方如此议定,则应召开缔约方会议。

2. 缔约方会议的工作应包括:

(a)审查本议定书的现况和实施情况;

(b)审议与本议定书的国家履约有关的事项,包括每年提交或更新国家报告的问题;

(c)筹备审议会议。

3. 缔约方会议的费用应由各缔约方和参加会议的非缔约国按经过适当调整的联合国会费分摊比额表分摊。

第十一条　遵　守

1. 每一缔约方应要求其武装部队和有关机构或部门发布适当指令和作业程序,并要求其人员接受与本议定书的有关规定相符的培训。

2. 各缔约方承诺通过双边方式、联合国秘书长或其它适当国际程序彼此进行协商与合作,以解决在本议定书条款的解释和适用上可能产生的任何问题。

技术附件

本技术附件载有实现本议定书第四、第五和第九条目标的最佳操作规范建议。本技术附件供各缔约方在自愿的基础上执行。

1. 记录、存储及发布关于未爆炸弹药和被遗弃爆炸性弹药的资料

(a)资料的记录:对于可能成为未爆炸弹药的爆炸性弹药,一国应努力将下列情况尽可能准确地记录下来:

(一)使用了爆炸性弹药的目标区域的位置;

(二)在(一)所指的区域内使用的爆炸性弹药的大致数量;

(三)在(一)所指的区域内使用的爆炸性弹药的类型和性质;

(四)已知的和可能存在的未爆炸弹药的大致位置。

如果一国在活动过程中不得不遗弃爆炸性弹药,它应努力将被遗弃的弹药以安全稳当的方式留下,并记录该弹药的下列情况:

(五)被遗弃弹药的位置;

(六)每一具体地点的被遗弃弹药大致数量;

(七)每一具体地点的被遗弃弹药类型。

(b)资料的存储:如果一国按(a)款作了记录,资料的存储方式应使资料能够按(c)款的规定检索并随后发布。

(c)资料的发布:一国按(a)和(b)款所记录并存储的资料,应考虑到该资料提供国的安全利益和其它义务,按下列规定予以发布:

(一)内容:

关于未爆炸弹药,发布的资料应包含下列详细情况:

(1)已知的和可能存在的未爆炸弹药的大致位置;

(2)在目标区域内使用的爆炸性弹药类型和大致数量;

(3)爆炸性弹药的鉴别方法,包括颜色、大小和形状及其它相关标志;

(4)爆炸性弹药的安全处置方法。

关于被遗弃弹药,发布的资料应包含下列详细情况:

(5)被遗弃弹药的位置;

(6)每一具体地点的被遗弃弹药大致数量;

(7)每一具体地点的被遗弃弹药类型;

(8)被遗弃弹药的鉴别方法,包括颜色、大小和形状;

(9)被遗弃弹药的包装类型和方法;

(10)是否处于待爆炸状态;

(11)被遗弃弹药所在区域内已知存在的任何诱杀装置的位置和性质。

(二)接受者:资料应提供给控制受影响区域的缔约方,并提供给资料提供国确信在受影响区域内正在或将要参与清除未爆炸弹药或被遗弃弹药或对平民群体进行未爆炸弹药或被遗弃弹药的危险性教育的个人或机构。

(三)机制:一国应在可行的情况下利用国际上或当地为发布资料而建立的而且被资料提供国认为适当的机制,例如通过联合国排雷行动处、排雷行动信息管理系统和其它专家机构。

(四)时机:应尽快发布资料,但应考虑到在受影响区域内正在进行的任何军事活动和人道主义活动、资料是否能够获得和是否可靠以及有关的安全问题等。

2. 示警、开展危险性教育、竖立标志和栅栏及进行监视基本用语

(a)示警就是向平民群体及时发出警告,以求在受影响的区域尽可能减小战争遗留爆炸物所造

成的危险。

(b)对平民群体开展危险性教育应包括实施危险性教育方案，以促进受影响社区、政府当局和人道主义组织之间的信息交流，使受影响社区知道战争遗留爆炸物所造成的威胁。危险性教育方案通常是长期性活动。

示警和危险性教育最佳操作规范的要点

(c)所有示警方案和危险性教育方案都应尽可能考虑到现行的国家标准和国际标准，包括国际排雷行动标准。

(d)接受示警和危险性教育的受影响平民群体应包括居住在有战争遗留爆炸物的区域内或周围的平民以及会经过此种区域的平民。

(e)应依情况和能够获得的资料而定，尽快发出警告。应尽快以危险性教育方案替代示警方案。应尽早对受影响社区发出警告和开展危险性教育。

(f)冲突当事方若不具备开展有效的危险性教育所需要的资源和技术，应求助于第三方，诸如国际组织和非政府组织。

(g)冲突当事方若有可能，应为示警和危险性教育提供进一步的支助。此种支助可包括：后勤支助、危险性教育材料编制、财务支助和一般地图信息。

竖立标志和栅栏及对受战争遗留爆炸物影响的区域进行监视

(h)如果有可能，在冲突过程中和冲突结束后，任何时候只要有战争遗留爆炸物存在，冲突当事方即应按照以下的规定，尽早和尽其所能确保在有战争遗留爆炸物的区域竖立标志和栅栏及对此种区域进行监视，务必将平民有效排除在外。

(i)应使用以受影响社区可识别的标志方法制作的警告标志来标示可能有危险的区域。标志及其它危险区域的界标应尽可能可看见、可判读、耐久和耐受环境作用的影响，并应清楚标明界标的哪一边被认为位于受战争遗留爆炸物影响的区域内以及哪一边被认为属于安全区域。

(j)应建立一个适当的结构来负责监视和维护长期性和暂时性的标志系统，并与全国和当地的危险性教育方案结合实施。

3. 一般性预防措施

生产或购买爆炸性弹药的国家应尽可能酌情努力确保在爆炸性弹药寿命期间实行和遵守下列措施。

(a)弹药制造管理

(一)生产工序的设计应使弹药具有最大的可靠性。

(二)应对生产工序实行经过核证的质量控制措施。

(三)在生产爆炸性弹药的过程中，应实施国际公认的经过核证的质量保证标准。

(四)应通过各种条件下的实射试验或通过其它经过验证的程序进行验收试验。

(五)在爆炸性弹药的交易和转让过程中应订有高可靠性标准。

(b)弹药管理

为了确保爆炸性弹药具有尽可能高的长期可靠性，鼓励各国按照以下的规定，对爆炸性弹药的储存、运送、战地储存和处理实施最佳操作规范准则和作业程序。

(一)应视必要将爆炸性弹药储存在安全的设施中或适当的容器内，使爆炸性弹药及其部件在可受控制的环境中得到保护。

(二)一国在生产设施、储存设施和战地之间运送爆炸性弹药时，应尽可能防止弹药受损。

(三)一国在储存和运送爆炸性弹药时，应视必要使用适当的容器和可受控制的环境。

(四)应采用适当的储存安排，以尽量减小在储存期间发生爆炸的可能性。

(五)各国应实施适当的爆炸性弹药记录、追踪和试验程序，所记录的资料应包括每枚、每组或每批爆炸性弹药的制造日期以及爆炸性弹药的先前储存地点、储存条件和环境因素。

(六)应酌情对所储存的爆炸性弹药定期进行实射试验，以确保弹药能起预期的作用。

(七)应酌情对所储存的爆炸性弹药的组件进行实验室试验，以确保弹药能起预期的作用。

(八)根据记录、追踪和试验程序所产生的资料，必要时应采取适当的行动，包括调整弹药的预期储存期限，以保持所储存的爆炸性弹药的可靠性。

(c)培训

与处理、运送和使用爆炸性弹药有关的所有人员均接受适当的培训，是力求确保作业如预期的那样可靠的重要一环。因此，各国应制定和实行适当的培训方案，以确保这些人员在其所须处理的弹药方面接受适当的培训。

(d)转让

一国若计划将爆炸性弹药转让给另一国而该另一国先前不曾拥有过该类型的爆炸性弹药，则应努力确保接受国具有恰当储存、保养和使用该类型爆炸性弹药的能力。

(e)未来的生产

一国应探讨如何提高其所打算生产或购买的爆炸性弹药的可靠性,以求达到最大限度的可靠性。

全国人民代表大会外事委员会审议《国务院关于提请审议批准〈战争遗留爆炸物议定书〉的议案》的报告

全国人民代表大会常务委员会:

2010年4月6日,第十一届全国人民代表大会外事委员会举行第二十五次全体会议,审议了《国务院关于提请审议批准〈战争遗留爆炸物议定书〉的议案》。

外事委员会认为,2003年11月28日经《禁止或限制使用某些可被认为具有过分伤害力或滥杀滥伤作用的常规武器公约》缔约方会议通过的《战争遗留爆炸物议定书》(以下简称《议定书》),其内容与我国法律不相抵触;批准《议定书》符合我国的利益。建议全国人大常委会决定批准《议定书》。

全国人民代表大会外事委员会

2010年4月6日

全国人民代表大会常务委员会关于批准《中华人民共和国和印度尼西亚共和国引渡条约》的决定

(2010年4月29日第十一届全国人民代表大会常务委员会第十四次会议通过)

第十一届全国人民代表大会常务委员会第十四次会议决定:批准2009年7月1日由外交部部长杨洁篪代表中华人民共和国在北京签署的《中华人民共和国和印度尼西亚共和国引渡条约》。

中华人民共和国和印度尼西亚共和国引渡条约

(中文本)

中华人民共和国和印度尼西亚共和国(以下称双方),

希望在相互尊重主权和平等互利的基础上,促进两国在打击犯罪方面的有效合作,

达成协议如下:

第一条　引渡义务

双方有义务根据本条约的规定,相互引渡在一方境内发现的被另一方通缉的人员,以便对该人进行刑事诉讼或者执行刑罚。

第二条　可引渡的犯罪

一、只有在引渡请求所针对的行为根据双方法律均构成犯罪,并且符合下列条件之一时,才能同意引渡:

(一)为进行刑事诉讼而请求引渡的,根据双方法律,对于该犯罪均可判处一年以上有期徒刑或者更重的刑罚;

（二）为执行刑罚而请求引渡的，在提出引渡请求时，被请求引渡人尚未服完的刑期至少为6个月。

二、为本条目的，在确定某一行为是否根据双方法律均构成犯罪时：

（一）不应考虑双方法律是否将构成该犯罪的行为归入同一犯罪种类或者使用同一罪名；

（二）应当考虑被请求引渡人受到指控的行为的整体，而不必顾及双方法律规定的犯罪构成要件。

三、如果引渡请求涉及多项根据双方法律均应受到处罚的犯罪，但其中某些犯罪不符合本条第一款规定的其他条件，只要将会针对至少一项可引渡的犯罪引渡被请求引渡人，即可以针对上述所有犯罪同意引渡。

四、如果请求引渡系针对违反税收、关税、外汇管制或者其他财税方面的法律的犯罪，不得以被请求方法律未征收同类的税收或者关税，或者未包括和请求方法律中相同的税收、关税或者外汇管制的规定为理由拒绝引渡。

第三条　应当拒绝引渡的理由

根据本条约，有下列情形之一的，应当拒绝引渡：

（一）被请求方认为引渡请求所针对的犯罪是政治犯罪；

（二）被请求方有充分理由认为，请求引渡的目的是基于被请求引渡人的种族、宗教、国籍、民族、出身、政治见解、性别或者身份而对该人进行刑事诉讼或者执行刑罚，或者该人可能因为上述任何原因在司法程序中受到不公正待遇；

（三）根据被请求方法律，引渡请求所针对的犯罪仅构成军事犯罪；

（四）根据任何一方的法律，被请求引渡人由于时效已过或者被赦免等原因，已经不能被追诉或者不能被执行刑罚；

（五）被请求方已经对被请求引渡人就引渡请求所针对的犯罪作出最终裁决或者终止司法程序；

（六）请求方根据缺席判决提出引渡请求，除非请求方保证在引渡后，被请求引渡人有权在其出庭的情况下进行重新审判。

第四条　可以拒绝引渡的理由

有下列情形之一的，可以拒绝引渡：

（一）被请求方根据国内法对引渡请求所针对的犯罪具有刑事管辖权，并且正在对被请求引渡人就该犯罪进行刑事诉讼或者准备提起刑事诉讼；

（二）被请求方在考虑到犯罪的严重性和请求方利益的情况下，认为由于被请求引渡人的个人情况，引渡该人不符合人道主义的考虑。

第五条　国民不引渡

一、双方均有权拒绝引渡本国国民。

二、如果不同意引渡，被请求方应当根据请求方的请求，将该案件提交主管机关以便根据国内法提起刑事诉讼。为此目的，请求方应当向被请求方提供与该案件有关的文件和证据。

三、对被请求引渡人国籍的认定应当以引渡请求所针对的犯罪发生时的国籍为准。

第六条　联系途径

为本条约目的，双方应当通过外交途径进行联系。

第七条　引渡请求及所需文件

一、请求方应当提交引渡请求书。引渡请求书应当包括：

（一）请求机关的名称；

（二）被请求引渡人的姓名、年龄、性别、国籍、身份证件的号码、职业、可能的所在地点，所掌握的有关该人外表的描述及其照片和指纹，以及其他有助于确定和查找该人的信息；

（三）犯罪事实的简要说明，包括犯罪时间、地点、行为和结果的说明；

（四）有关定罪和对该犯罪可判处刑罚的法律条文，以及有关追诉或者执行刑罚的时效的法律条文。

二、旨在对犯罪嫌疑人或者被告人进行刑事诉讼的引渡请求应当附有请求方主管机关签发的逮捕证或者其他与逮捕证具有同等效力的文件的副本。

三、旨在对被请求引渡人执行刑罚的引渡请求应当附有可执行的判决书的副本和关于已经执行刑期的说明。

四、被请求方根据本条第一款、第二款和第三款提交的引渡请求书和其他相关文件应当由请求方主管机关正式签署或者盖章，并且应当附有被请求方文字的译文。

第八条　补充材料

如果被请求方认为，为支持引渡请求而提供的材料不充分，被请求方可以要求在30天内或者双方同意的时间内提交补充材料。请求方在上述期限内未提供补充材料的，应当被视为自愿放弃请求。但这不应妨碍请求方对该人就同一犯罪重新提出引渡请求。

第九条　临时羁押

一、在紧急情况下，请求方可以在提出引渡请求前请求临时羁押被请求引渡人。上述请求可以通过本条约第六条规定的途径、国际刑事警察组织或者双方同意的其他途径以书面形式提出。

二、临时羁押的请求应当包括本条约第七条第一款所列的内容，并说明已经备有第七条第二款或者第三款所列文件，以及即将提出正式引渡请求。

三、被请求方应当将处理该请求的结果及时通知请求方。

四、如果被请求方主管机关在羁押被请求引渡人之后的45天内未收到正式引渡请求，则应当解除临时羁押。

五、如果被请求方后来收到了正式引渡请求，则根据本条第四款解除的临时羁押不应妨碍对被请求引渡人再次羁押以及开始引渡程序。

第十条　对引渡请求作出决定

一、被请求方应当根据本国法律规定的程序处理引渡请求，并且及时通过外交途径将决定通知请求方。

二、如果被请求方全部或者部分拒绝引渡请求，应当将拒绝理由通知请求方。

第十一条　移交被引渡人

一、如果被请求方同意引渡，双方应当商定执行引渡的时间、地点和其他有关事宜。被请求方应当将被引渡人在移交之前已经被羁押的时间告知请求方。

二、如果请求方在商定的执行引渡之日后的30天内未接收被引渡人，被请求方应当立即释放该人，并且可以拒绝请求方重新提出的就同一犯罪引渡该人的请求，但本条第三款另有规定的除外。

三、一方如果因为无法控制的原因不能在商定的期间内移交或者接收被引渡人，应当立即通知另一方。双方应当再次商定执行引渡的时间、地点和其他有关执行引渡的事宜。在此情况下，应适用本条第二款的规定。

第十二条　暂缓引渡和临时移交

一、如果被请求引渡人正在被请求方因为引渡请求所针对的犯罪之外的犯罪被提起刑事诉讼或者服刑，被请求方可以在作出同意引渡的决定后，暂缓引渡该人直至诉讼终结或者服刑完毕。被请求方应当将暂缓引渡事项通知请求方。

二、如果暂缓引渡可能给请求方的刑事诉讼造成严重障碍，被请求方可以在不妨碍其正在进行的刑事诉讼，并且请求方保证在完成相关诉讼后立即无条件将该人送还被请求方的情况下，应请求方的请求，临时移交被请求引渡人。

第十三条　数国提出引渡请求

如果被请求国收到两个或者两个以上国家就同一人的相同犯罪或者不同犯罪提出的引渡请求，在决定向哪一国引渡该人时，被请求国应当考虑所有相关因素，其中包括：

（一）是否根据条约提出请求；

（二）犯罪的严重程度；

（三）犯罪发生的时间和地点；

（四）该人的国籍和惯常居住地；

（五）各项请求的提出日期；

（六）随后将该人引渡给第三国的可能性。

第十四条　特定规则

除同意引渡所针对的犯罪外，请求方对于根据本条约被引渡的人，不得针对该人在引渡前所实施的其他犯罪进行刑事诉讼或者执行刑罚，也不得将其引渡给第三国，但是有下列情况之一的除外：

（一）被请求方事先同意。为此目的，被请求方可以要求提供本条约第七条所规定的文件和资料，以及被引渡人就有关犯罪所作的陈述；

（二）该人在可以自由离开请求方领土之日后的30天内未离开该方领土。但是由于其无法控制的原因未能离开请求方领土的时间不计算在此期限内；

（三）该人在离开请求方领土后又自愿回到该方领土。

第十五条 移交财物

一、如果请求方提出请求，被请求方应当在本国法律允许的范围内，扣押在其境内发现的犯罪所得、犯罪工具以及可作为证据的其他财物，并且在同意引渡的情况下，将这些财物移交给请求方。

二、在同意引渡的情况下，即使因为被请求引渡人死亡、失踪、脱逃或者任何其他原因而无法执行引渡，本条第一款提到的财物仍然可以移交。

三、被请求方为审理未决的其他刑事诉讼案件，可以推迟移交上述财物直至诉讼终结，或者在请求方承诺返还的条件下临时移交这些财物。

四、移交上述财物不得损害被请求方或者任何第三人对该财物的合法权利。如果存在此种权利，请求方应当根据被请求方的要求，在诉讼结束之后尽快将被移交的财物无偿返还给被请求方。

第十六条 过 境

一、一方从第三国引渡人员需经过另一方领土时，应当请求另一方准许过境。如果使用航空运输并且没有在另一方领土内降落的计划，则无需提出过境请求。

二、被请求方在不违反本国法律的情况下，应当同意请求方提出的过境请求。

三、如果在另一方领土内发生计划外降落，过境应当依照第一款的规定办理。被请求方在收到过境请求前，可以在不违反本国法律的情况下，将被引渡人羁押48小时。

第十七条 通报结果

请求方应当及时向被请求方通报有关对被引渡人进行刑事诉讼、执行刑罚或者将该人再引渡给第三国的情况。

第十八条 费 用

在被请求方的引渡程序中产生的费用应当由被请求方承担。与移交和接收被引渡人有关的交通费用和过境费用应当由请求方承担。

第十九条 与其他条约的关系

本条约不影响缔约双方根据任何其他条约享有的权利和承担的义务。

第二十条 争议的解决

由于本条约的解释或者适用所产生的任何争议，应当通过外交途径协商解决。

第二十一条 修 正

本条约可以经双方书面协议随时予以修正。

第二十二条 生效和终止

一、双方完成使本条约生效的各自国内程序后，应当通过外交照会相互通知。本条约自后一份外交照会发出之日后第30天生效。

二、任何一方可以随时通过外交途径以书面形式通知终止本条约。本条约自该通知发出之日后第180天终止。本条约的终止不影响条约终止前已经开始的引渡程序。

三、条约适用于其生效后提出的任何请求，即使有关犯罪发生于本条约生效前。

下列签署人经各自政府正式授权，签署本条约，以昭信守。

本条约于二〇〇九年七月一日订于北京，一式两份，每份均用中文、印尼文和英文写成，三种文本同等作准。如遇解释上的分歧，以英文本为准。

中华人民共和国代表	印度尼西亚共和国代表
杨洁篪	哈桑·维拉尤达

全国人民代表大会外事委员会审议《国务院关于提请审议批准〈中华人民共和国和印度尼西亚共和国引渡条约〉的议案》的报告

全国人民代表大会常务委员会：

2010年4月6日，第十一届全国人民代表大会外事委员会举行第二十五次全体会议，审议了《国务院关于提请审议批准〈中华人民共和国和印度尼西亚共和国引渡条约〉的议案》。

外事委员会认为，2009年7月1日由我国外交部部长杨洁篪和印度尼西亚外交部部长哈桑·维拉尤达分别代表本国在北京签署的《中华人民共和国和印度尼西亚共和国引渡条约》符合我国法律的基本原则和司法实践；批准该条约符合我国的利益和实际需要。建议全国人大常委会决定批准该条约。

全国人民代表大会外事委员会

2010年4月6日

全国人民代表大会常务委员会关于批准《中华人民共和国和柬埔寨王国领事条约》的决定

（2010年6月25日第十一届全国人民代表大会常务委员会第十五次会议通过）

第十一届全国人民代表大会常务委员会第十五次会议决定：批准2010年2月25日由我国驻柬埔寨大使张金凤代表中华人民共和国在金边签署的《中华人民共和国和柬埔寨王国领事条约》。

中华人民共和国和柬埔寨王国领事条约

（中文本）

中华人民共和国和柬埔寨王国（以下称缔约双方），

为发展两国的领事关系，以利于保护两国国家和两国国民的权利和利益，促进两国间的友好合作关系，

决定缔结本条约，并议定下列各条：

第一章　定　　义

第一条　定　　义

就本条约而言，下列用语的含义是：

（一）“领馆”指总领事馆、领事馆、副领事馆或领事代理处；

（二）“领区”指为领馆执行领事职务而设定的区域；

（三）“领馆馆长”指派遣国委派领导一个领馆的总领事、领事、副领事或领事代理人；

（四）“领事官员”指总领事、副总领事、领事、副领事、领事随员及领事代理人；

（五）“领馆行政技术人员”指在领馆内从事行政或技术工作的人员；

（六）“领馆服务人员”指在领馆内从事服务工

作的人员；

（七）“领馆成员”指领事官员、领馆行政技术人员和领馆服务人员；

（八）“家庭成员”指与领馆成员共同生活的配偶和未成年子女；

（九）“私人服务人员”指领馆成员私人雇用的服务人员；

（十）“领馆馆舍”指专供领馆使用的建筑物或部分建筑物及其附属的土地，不论其所有权属谁；

（十一）“领馆档案”指领馆的一切文书、文件、函电、簿籍、胶片、胶带和登记册，以及明密电码、纪录卡片、存储介质储存的资料和保护或保管它们的任何器具；

（十二）“派遣国国民”指具有派遣国国籍的自然人，适用时，也指法人；

（十三）“派遣国船舶”指按照派遣国法律悬挂派遣国国旗的船舶，不包括军用船舶；

（十四）“派遣国航空器”指在派遣国登记并标有其登记标志的航空器，不包括军用航空器。

第二章　领馆的设立和领馆成员的委派

第二条　领馆的设立

一、派遣国须经接受国同意方能在该国境内设立领馆。

二、领馆所在地、等级和领区，以及与此有关的任何变动由派遣国决定，但须经接受国同意。

第三条　领馆馆长的任命和承认

一、派遣国应通过外交途径向接受国递交任命领馆馆长的照会。照会中应载明领馆馆长的姓名、职衔、领馆所在地、等级和领区。

二、接受国在接到任命领馆馆长的照会后，应尽快以照会予以确认。接受国如拒绝确认，无须说明理由。

三、领馆馆长在接受国照会确认后即可执行职务。在此之前，经接受国同意，领馆馆长可临时执行职务。

四、接受国确认领馆馆长或准许其临时执行职务后，应立即通知领区内主管当局，并采取一切必要措施使领馆馆长能执行职务，并享受本条约规定的权利、便利、特权与豁免。

第四条　临时代理领馆馆长职务

一、领馆馆长因故不能执行职务或其职位暂时空缺时，派遣国可指派该领馆或驻接受国的其他领馆的一位领事官员或驻接受国使馆的一位外交人员担任代理领馆馆长。派遣国应事先将代理领馆馆长的姓名和原职衔通知接受国。

二、代理领馆馆长享有本条约规定的领馆馆长应享有的权利、便利、特权与豁免。

三、被指派为代理领馆馆长的外交人员继续享有其应享有的外交特权与豁免。

第五条　通知到达和离境

派遣国应在适当时间内将下列事项书面通知接受国：

（一）领馆成员的姓名、职衔和他们的到达、最后离境或职务终止，以及他们在领馆任职期间职务上的任何变更；

（二）领馆成员的家庭成员的姓名、国籍和他们的到达和最后离境，以及任何人成为或不再是领馆成员的家庭成员的事实；

（三）私人服务人员的姓名、国籍、职务和他们的到达和最后离境。

第六条　身份证

接受国主管当局应按其法律规章发给领馆成员及其家庭成员相应的身份证件，但属接受国国民或永久居民者除外。

第七条　领馆成员和私人服务人员的国籍

一、领事官员只能是派遣国国民，且不得是接受国的永久居民。

二、领馆行政技术人员、领馆服务人员和私人服务人员应是派遣国国民或接受国国民。

第八条　宣告为不受欢迎的人

一、接受国可随时通过外交途径通知派遣国，宣告某一领馆成员为不受欢迎的人或不可接受，并无须说明理由。

二、遇本条第一款所述情况，派遣国应召回有关人员或终止其在领馆的工作。如派遣国未在适当期间内履行此义务，接受国有权撤销对有关人员的承认或不再视其为领馆成员。

第三章　领事职务

第九条　一般领事职务

领事官员有权执行下列职务：

（一）保护派遣国及其国民的权利和利益；

(二)增进派遣国和接受国之间的经济、贸易、科技、文化、旅游和教育关系,并在其他方面促进两国之间的友好合作;

(三)用一切合法手段调查接受国的经济、贸易、科技、文化、旅游和教育等方面的情况,并向派遣国政府报告;

(四)执行派遣国授权而不为接受国法律规章所禁止或不为接受国所反对的其他职务。

第十条　国籍申请和民事登记

一、领事官员有权:

(一)受理有关国籍的申请;

(二)登记派遣国国民;

(三)登记派遣国国民的出生和死亡;

(四)办理派遣国国民间的婚姻手续并发给相应的证书。

二、本条第一款的规定不免除当事人遵守接受国法律规章的义务。

第十一条　颁发护照和签证

领事官员有权:

(一)受理派遣国国民的护照或其他旅行证件的申请,和向派遣国国民颁发护照或其他旅行证件,以及加注或吊销或延期上述护照或证件;

(二)受理前往或途经派遣国的人员的签证申请,和向前往或途经派遣国的人员颁发签证,以及加注或吊销或延期上述签证。

第十二条　公证和认证

一、领事官员有权:

(一)应任何国籍的个人要求,为其出具在派遣国使用的各种文书;

(二)应派遣国国民的要求,为其出具在派遣国境外使用的各种文书;

(三)把文书译成派遣国或接受国的官方文字,并证明译本与原文相符;

(四)执行派遣国授权而不为接受国所反对的其他公证职务;

(五)认证派遣国有关当局或接受国有关当局所颁发的文书上的签字和印章。

二、领事官员出具、证明或认证的文书如在接受国使用,只要它们符合接受国法律规章,应与接受国主管当局出具、证明或认证的文书具有同等效力。

三、在与接受国法律规章不相抵触的前提下,领事官员有权接受和临时保管派遣国国民的证件和文书。

第十三条　拘留、逮捕通知和探视

一、遇有派遣国国民在领区内被拘留、逮捕或以任何其他方式剥夺自由时,接受国主管当局应尽速通知领馆。

二、领事官员有权探视被拘留、逮捕或以任何其他方式剥夺自由的派遣国国民,与其交谈或通信,为其提供法律协助。接受国主管当局应尽速安排领事官员对上述国民的探视。

三、领事官员有权探视正在服刑的派遣国国民。

四、接受国主管当局应将本条第一、二、三款的规定通知上述派遣国国民。

五、遇有派遣国国民在接受国受审判或其他诉讼时,应该国民请求,接受国主管当局应通知派遣国领事官员对该国民的指控及进行审判或其他诉讼的时间、日期和地点。领事官员有权依照接受国法律规章旁听对该国民的审判或其他诉讼。

六、领事官员在执行本条职务时,应遵守接受国的有关法律规章。但接受国有关法律规章的适用不应限制本条规定的权利的实施。

第十四条　监护和托管

一、领区内包括未成年人在内的无行为能力或限制行为能力的派遣国国民需要指定监护人或托管人时,接受国主管当局应通知领馆。

二、领事官员有权在接受国法律规章允许的范围内保护包括未成年人在内的无行为能力或限制行为能力的派遣国国民的权利和利益,必要时可为他们推荐或指定监护人或托管人,并监督他们的监护或托管活动。

第十五条　协助派遣国国民

一、领事官员有权:

(一)在领区内同派遣国国民联系和会见,接受国不应限制派遣国国民同领馆联系及进入领馆;

(二)了解派遣国国民在接受国的居留和工作情况,并向他们提供一切必要的协助;

(三)请求接受国主管当局查寻派遣国国民的下落,接受国主管当局应尽可能提供有关情况;

(四)在不违反接受国法律规章的情况下,接受和临时保管派遣国国民的钱款和贵重物品。

二、遇有派遣国国民不在当地或由于其他原因不能及时保护自己的权利和利益时,领事官员可根据接受国法律规章在接受国法院或其他主管当局前代表该国民,或为其安排适当代理人,直至该国民指定了自己的代理人或本人能自行保护其权利和利益时为止。

第十六条　死亡通知

接受国主管当局获悉派遣国国民在接受国死亡时，应尽快通知领馆，并应领馆请求提供死亡证书或其他证明死亡的文件副本。

第十七条　有关处理遗产的职务

一、如死亡的派遣国国民在接受国遗有财产，但在接受国无继承人或遗嘱执行人时，接受国主管当局应尽速通知领馆。

二、当接受国主管当局清点和封存本条第一款所述遗产时，领事官员有权到场。

三、如派遣国某国民作为遗产继承人或受遗赠人有权继承或受领一位任何国籍的死者在接受国的遗产或遗赠，且该国民不在接受国境内，接受国主管当局应将该国民继承或受领遗产或遗赠的事宜通知领馆。

四、遇有派遣国国民有权或声称有权继承在接受国境内的某项遗产，但本人或其代理人不能在遗产继承程序中到场时，领事官员可直接或通过其代表在接受国法院或其他主管当局前代表该国民。

五、领事官员有权代为接受非永久居住在接受国的派遣国国民在接受国应得的遗产或遗赠，并将该遗产或遗赠转交给该国民。

六、遇非永久居住在接受国的派遣国国民在接受国境内临时逗留或过境时死亡，而其在接受国又无亲属或代理人时，领事官员有权立即临时保管该国民随身携带的所有文件、钱款和物品，以便转交给该国民的遗产继承人、遗嘱执行人或其他受权接受这些物品的人。

七、领事官员在执行本条第四、五、六款所规定的职务时，应遵守接受国的有关法律规章。

第十八条　协助派遣国船舶、船长和船员

一、领事官员有权对在接受国内水或领海的派遣国船舶及其船长和船员提供协助，并有权：

（一）在船舶获准同岸上自由往来后登访船舶，询问船长或船员，听取有关船舶、货物及航行的报告；

（二）在不妨害接受国主管当局权力的前提下，调查船舶航行期间所发生的事故；

（三）调解船长与船员之间的争端，包括有关工资和劳务合同的争端；

（四）接受船长和船员的访问，并在必要时为其安排就医或返回本国；

（五）接受、查验、出具、签署或认证与船舶有关的文书；

（六）办理派遣国主管当局委托的其他与船舶有关的事务。

二、船长与船员可同领事官员联系。在不违反接受国有关港口和外国人管理的法律规章的前提下，船长与船员可前往领馆。

三、领事官员可与接受国主管当局联系，请求协助其履行与派遣国船舶、船长、船员和货物有关的职责。

四、领事官员有权依照接受国法律规章陪同船长或船员到接受国法庭或其他主管当局，以便向其提供协助。

第十九条　对派遣国船舶实行强制措施时的保护

一、接受国法院或其他主管当局如欲对派遣国船舶或在派遣国船舶上采取强制性措施或进行正式调查时，必须事先通知领馆，以便在采取行动时领事官员或其代表能到场。如情况紧急不能事先通知，接受国主管当局应在采取上述行动后立即通知领馆，并应领事官员的请求迅速提供所采取行动的全部情况。

二、本条第一款的规定也适用于接受国主管当局在岸上对船长或船员所采取的同样行动。

三、本条第一、二款的规定不适用于接受国主管当局进行的有关海关、港口管理、检疫或边防检查等事项的例行检查，也不适用于接受国主管当局为保障海上航行安全或防止水域污染所采取的措施。

四、除非应派遣国船舶的船长或领事官员的请求或征得其同意，接受国主管当局在接受国的安宁、安全及公共秩序未受破坏的情况下，不得干涉派遣国船舶上的内部事务。

第二十条　协助失事的派遣国船舶

一、遇派遣国船舶在接受国内水或领海失事，接受国主管当局应尽快通知领馆，并通知为抢救船上人员、船舶、货物及其他财产所采取的措施。

二、领事官员有权采取措施向失事的派遣国船舶、船员和旅客提供协助，并可为此请求接受国当局给予协助。

三、如果失事的派遣国船舶或属于该船的物品或所载的货物处于接受国海岸附近或被运进接受国港口，而船长、船舶所有人、船公司代理人和有关保险人均不在场或无法采取措施保存或处理时，接受国主管当局应尽速通知领馆。领事官员可代表船舶所有人采取适当的措施。

四、如失事的派遣国船舶及其货物和用品不在接受国境内出售或交付使用,接受国不应征收关税或类似费用。

第二十一条　派遣国航空器

本条约关于派遣国船舶的规定,同样适用于派遣国航空器,但任何此种适用不得违反派遣国与接受国之间生效的双边条约或双方参加的国际条约的规定,以及中华人民共和国香港特别行政区政府、中华人民共和国澳门特别行政区政府与柬埔寨王国政府签订的民用航空运输协定的规定。

第二十二条　转送司法文书

领事官员有权在接受国法律规章允许的范围内转送司法文书和司法外文书。如派遣国和接受国之间另有协议,则按协议办理。

第二十三条　执行领事职务的区域

领事官员只能在领区内执行职务。经接受国同意,领事官员也可在领区外执行职务。

第二十四条　同接受国当局联系

领事官员在执行职务时,可与其领区内的地方主管当局联系,必要时也可与接受国的中央主管当局联系,但以接受国的法律规章和惯例允许为限。

第四章　便利、特权与豁免

第二十五条 为领馆提供便利

一、接受国应为领馆执行职务提供充分的便利。

二、接受国对领馆成员应给予应有的尊重,并采取适当措施保证领馆成员顺利地执行职务和享受本条约规定的权利、便利、特权与豁免。

第二十六条　领馆馆舍和住宅的获得

一、在接受国法律规章允许的范围内,派遣国或其代表有权:

(一)购置、租用或以其他方式获得用作领馆馆舍和领馆成员住宅的建筑物或部分建筑物及其附属的土地,但领馆成员为接受国国民或永久居民的住宅除外;

(二)在已获得的土地上建造或修缮建筑物。

二、接受国应为派遣国获得领馆馆舍提供协助,必要时,应协助派遣国为其领馆成员获得适当的住宅。

三、派遣国或其代表在行使本条第一款规定的权利时,应遵守接受国有关土地、建筑和城市规划的法律规章。

第二十七条　国旗和国徽的使用

一、派遣国有权在领馆馆舍悬挂本国国徽和用派遣国与接受国文字书写的馆牌。

二、派遣国有权在领馆馆舍、领馆馆长寓邸和领馆馆长执行公务时所乘用的交通工具上悬挂本国国旗。

第二十八条　领馆馆舍和领事官员的住宅不受侵犯

一、领馆馆舍和领事官员的住宅不受侵犯。接受国当局人员未经领馆馆长或派遣国使馆馆长或他们两人中一人指定的人的同意,不得进入领馆馆舍和领事官员的住宅。

二、接受国应采取一切必要措施保护领馆馆舍和领事官员的住宅免受侵入或损害,防止扰乱领馆的安宁和损害领馆的尊严。

第二十九条　领馆馆舍免予征用

领馆馆舍和领馆的设备、财产和交通工具免予征用。

第三十条　领馆档案不受侵犯

领馆档案在任何时间和任何地点均不受侵犯。

第三十一条　通讯自由

一、接受国应准许并保护领馆为一切公务目的的通讯自由。领馆同派遣国政府、派遣国使馆和派遣国其他领馆进行通讯,可使用一切适当方法,包括明密码电信,外交信使或领事信使,外交邮袋或领事邮袋。但领馆须经接受国同意才能装置和使用无线电发报机。

二、领馆的来往公文不受侵犯。领事邮袋不得开拆或扣留。领事邮袋必须附有可资识别的外部标记,并以装载来往公文、公务文件及专供公务之用的物品为限。如接受国主管当局有重大理由认为领事邮袋装有上述物品以外的物品时,可要求派遣国授权代表在该当局前开拆。如派遣国授权代表拒绝此项要求,领事邮袋应予退回至原发送地点。

三、领事信使只能是派遣国国民,且不得是接受国的永久居民。领事信使应持有证明其身份的官方文件。领事信使在接受国境内享有与外交信使相同的权利、便利、特权与豁免。

四、领事邮袋可委托派遣国航空器的机长或派遣国船舶的船长携带。该机长或船长应持有载明邮袋件数的官方文件，但不得视为领事信使。经与接受国有关当局商定，领馆成员可直接并自由地与机长或船长接交领事邮袋。

第三十二条 领事规费和手续费

一、领馆可在接受国境内根据派遣国法律规章收取领事规费和手续费。

二、本条第一款所述的规费和手续费的收入及其收据应被免除接受国的一切捐税。

三、接受国应准许领馆将本条第一款所述规费和手续费的收入汇回派遣国。

第三十三条 行动自由

除接受国法律规章禁止或限制进入的区域外，领馆成员在接受国享有行动及旅行自由。

第三十四条 领事官员人身不受侵犯

领事官员人身不受侵犯，不得对其予以拘留或逮捕。接受国应采取适当措施防止领事官员的人身自由和尊严受到侵犯。

第三十五条 管辖豁免

一、领事官员免受接受国的司法或行政管辖，但下列民事诉讼除外：

（一）未明示以派遣国代表身份所订契约引起的诉讼；

（三）在接受国境内的私有不动产的诉讼，但以派遣国代表身份所拥有的为领馆使用的不动产不在此限；

（四）私人继承所涉及的诉讼；

（五）职务范围外在接受国所进行的职业或商业活动所引起的诉讼。

二、除本条第一款所列案件外，接受国不得对领事官员采取执行措施。如对本条第一款所列案件采取执行措施，应不损害领事官员的人身和住宅不受侵犯权。

三、领馆行政技术人员和领馆服务人员执行职务的行为免受接受国司法或行政机关的管辖，但本条第一款第（一）、（二）项的民事诉讼除外。

第三十六条 作证的义务

一、领事官员无以证人身份作证的义务。

二、领馆行政技术人员和领馆服务人员可被请在接受国司法或行政程序中到场作证。除本条第三款所述情形外，领馆行政技术人员和领馆服务人员不得拒绝作证。

三、领馆行政技术人员和领馆服务人员没有义务就其执行职务所涉及事项作证，或提供有关的公文或文件。领馆行政技术人员和领馆服务人员有权拒绝以鉴定人身份就派遣国的法律提供证词。

四、接受国主管当局要求领馆行政技术人员和领馆服务人员作证时，应避免妨碍其执行职务。在可能情况下，可在其寓所或领馆馆舍录取证词，或接受其书面陈述。

第三十七条 劳务、外国人登记和居留许可的免除

一、领馆成员应予免除接受国任何形式的个人劳务、公共服务及军事义务。

二、领事官员和领馆行政技术人员应予免除接受国法律规章关于外国人登记和居留许可所规定的一切义务。

第三十八条 财产免税

一、在对等的基础上及接受国法律规章允许的范围内，接受国应免除下列项目的一切捐税：

（一）以派遣国或其代表名义获得的领馆馆舍和领馆成员的住宅及其有关的交易或契据；

（二）专用于职务目的而获得的领馆的设备和交通工具以及这些财产的获得、占有或维修。

二、本条第一款的规定不适用于：

（一）对特定服务的收费；

（二）与派遣国或其代表订立契约的人按照接受国法律规章应缴纳的捐税。

第三十九条 领馆成员的免税

一、领事官员和领馆行政技术人员应免纳接受国对人对物课征的一切国家、地方或市政的捐税，但下列项目除外：

（一）通常计入商品或劳务价格中的间接税；

（二）在接受国境内私有不动产的捐税，但本条约第三十八条第一款第（一）项的规定不在此限；

（三）遗产税、继承税和让与税，但本条约第四十三条的规定除外；

（四）在接受国取得的职务范围外的私人收入的所得税；

（五）为提供特定服务所收取的费用；

（六）注册费、法院手续费或记录费、抵押税及印花税，但本条约第三十八条第一款的规定除外。

二、领馆服务人员就其在领馆服务所得的工资，在接受国免纳捐税。

第四十条　关税和查验的免除

一、接受国依照本国法律规章应准许下列物品进出境，并免除一切关税，但保管、运输及类似服务费除外：

（一）领馆公务用品；

（二）领事官员的自用物品；

（三）领馆行政技术人员初到任时运入的自用物品，包括安家物品。

二、本条第一款第（二）、（三）项所述物品不得超过有关人员直接需要的数量。

三、领事官员的个人行李免受海关查验。接受国主管当局只有在有重大理由推定行李中装有不属于本条第一款第（二）项所述物品，或为接受国法律规章禁止进出境的物品，或为检疫法规所管制的物品时，才可查验。查验须在有关领事官员或其代表在场时进行。

第四十一条　家庭成员的特权与豁免

领事官员和领馆行政技术人员的家庭成员，分别享有领事官员和领馆行政技术人员根据本条约规定所享有的特权与豁免。领馆服务人员的家庭成员享有领馆服务人员根据本条约第三十七条第一款所享有的特权与豁免，但身为接受国国民或永久居民或在接受国从事私人有偿职业者除外。

第四十二条　不享受特权与豁免的人员

一、除本条约第三十六条第三款的规定外，身为接受国国民或永久居民的领馆行政技术人员和领馆服务人员不享有本条约规定的特权与豁免。

二、本条第一款所述人员的家庭成员不享有本条约规定的特权与豁免。

第四十三条　领馆成员的遗产

领馆成员或其家庭成员死亡时，接受国应：

（一）准许将死者的动产运出境外，但死者在接受国境内获得的动产中，在其死亡时属于禁止出口的物品除外；

（二）免除死者的动产的遗产税和一切有关的捐税。

第四十四条　特权与豁免的开始及终止

一、领馆成员自进入接受国国境前往就任之时起享有本条约所规定的特权与豁免，其已在接受国境内的，自其就任领馆职务时起开始享有。

二、领馆成员的家庭成员自领馆成员享有特权与豁免之时起享有本条约规定的特权与豁免。如家庭成员在此之后才进入接受国或某人在此之后才成为其家庭成员，则自本人进入接受国国境之时起或成为家庭成员之时起享有。

三、领馆成员的职务如已终止，本人及其家庭成员的特权与豁免应于其离开接受国国境时或离境所需的合理期限完结时终止。领馆成员的家庭成员如不再是其家庭成员时，其特权与豁免随即终止，但如该人打算在合理期间内离开接受国，其特权与豁免可延续至其离境时为止。

四、如某一领馆成员死亡，其家庭成员的特权与豁免应于该家庭成员离开接受国国境之时或该家庭成员离境所需合理期限完结时终止。

第四十五条　特权与豁免的放弃

一、派遣国可放弃本条约第三十五条和第三十六条规定的有关人员所享有的任何一项特权与豁免。但每次放弃应明确表示，并书面通知接受国。

二、根据本条约规定享有管辖豁免的人员如就本可免受管辖的事项主动起诉，则不得对同本诉直接有关的反诉主张管辖豁免。

三、在民事或行政诉讼程序上放弃豁免，不得视为对司法判决执行的豁免亦默示放弃。放弃对司法判决执行的豁免必须另行书面通知。

第五章　一般条款

第四十六条　尊重接受国法律规章

一、根据本条约享有特权与豁免的人员，在其特权与豁免不受妨碍的情况下，均负有尊重接受国法律规章，包括交通管理的规章制度的义务。他们也负有不干涉接受国内政的义务。

二、领馆馆舍不得用作任何与执行领事职务不相符合的用途。

三、领馆和领馆成员及其家庭成员应遵守接受国有关交通工具保险的法律规章。

四、凡从派遣国派入接受国的领馆成员除了执行职务外，不得在接受国内从事其他职业或商业活动。

第四十七条　使馆执行领事职务

一、派遣国驻接受国使馆可执行领事职务。本条约规定的领事官员的权利和义务，适用于派遣国委派执行领事职务的外交人员。

二、派遣国使馆应将执行领事职务的外交人员的姓名和职衔通知接受国外交部。

三、被委派执行领事职务的外交人员继续享有按其外交身份所享有的权利、便利、特权与豁免。

第四十八条　其他国际条约的适用范围

缔约双方确认一九六三年四月二十四日在维也纳签订的《维也纳领事关系公约》的规定，并同意本条约未明文规定的所有事项应继续适用《维也纳领事关系公约》。

第四十九条　本条约的适用范围

本条约同时适用于中华人民共和国香港特别行政区和中华人民共和国澳门特别行政区。

第六章　最后条款

第五十条　批准、生效和终止

一、本条约须经批准，并自互换批准书之日后第30天生效。

二、除非缔约一方在6个月前以书面方式通知缔约另一方要求终止本条约，则本条约应持续有效。

本条约于二〇一〇年二月二十五日在金边签订，一式两份，每份均用中文、柬埔寨文和英文写成，三种文本同等作准。如遇解释上的分歧，以英文本为准。

中华人民共和国代表	柬埔寨王国代表
张　金　凤	龙维萨罗
（签字）	（签字）

全国人民代表大会外事委员会审议《国务院关于提请审议批准〈中华人民共和国和柬埔寨王国领事条约〉的议案》的报告

全国人民代表大会常务委员会：

2010年6月7日，第十一届全国人民代表大会外事委员会举行第二十七次全体会议，审议了《国务院关于提请审议批准〈中华人民共和国和柬埔寨王国领事条约〉的议案》。

外事委员会认为，2010年2月25日由我国驻柬埔寨大使张金凤与柬埔寨外交国际合作部国务秘书龙维萨罗分别代表本国在金边签署的《中华人民共和国和柬埔寨王国领事条约》符合我国法律的基本原则；批准该条约符合我国的利益。建议全国人大常委会决定批准该条约。

全国人民代表大会外事委员会

2010年4月6日

全国人民代表大会常务委员会关于批准《制止核恐怖主义行为国际公约》的决定

（2010年8月28日第十一届全国人民代表大会常务委员会第十六次会议通过）

第十一届全国人民代表大会常务委员会第十六次会议决定：批准2005年4月13日在第59届联合国大会上通过的《制止核恐怖主义行为国际公约》（以下简称《公约》），同时声明：

一、中华人民共和国不受《公约》第二十三条第一款规定的约束。

二、根据《公约》第九条第三款的规定，中华人民共和国确立《公约》第九条第二款规定的管辖权。

三、在中华人民共和国政府另行通知前，《公约》暂不适用于中华人民共和国香港特别行政区。

制止核恐怖主义行为国际公约

（中文本）

本公约缔约国，

铭记《联合国宪章》有关维护国际和平与安全及促进各国间睦邻和友好关系与合作的宗旨和原则，

回顾1995年10月24日《联合国50周年纪念宣言》，

确认所有国家享有为和平目的发展和利用核能的权利及其从和平利用核能获得潜在益处的合法利益，

铭记1980年《核材料实物保护公约》，

深切关注世界各地一切形式和表现的恐怖主义行为不断升级，

回顾大会1994年12月9日第49/60号决议所附《消除国际恐怖主义措施宣言》，其中除其他外，联合国会员国庄严重申毫不含糊地谴责恐怖主义的一切行为、方法和做法，包括那些危害国家间和人民间友好关系及威胁国家领土完整和安全的行为、方法和做法，不论在何处发生，也不论是何人所为，均为犯罪而不可辩护，

注意到该《宣言》还鼓励各国紧急审查关于防止、制止和消除一切形式和表现的恐怖主义的现行国际法律规定的范围，以期确保有一个涵盖这个问题的所有方面的全面法律框架，

回顾大会1996年12月17日第51/210号决议及其中所附的《补充1994年〈消除国际恐怖主义措施宣言〉的宣言》，

又回顾已按照大会第51/210号决议设立了一个特设委员会，以期除其他外，拟订一项制止核恐怖主义行为国际公约补充现有的相关国际文书，

注意到核恐怖主义行为可能带来最严重的后果并可能对国际和平与安全构成威胁，

又注意到现有多边法律规定不足以处理这些袭击，

深信迫切需要在各国之间加强国际合作，制定和采取有效和切实的措施，以防止这种恐怖主义行为，并起诉和惩罚行为人，

注意到国家军事部队的活动由本公约框架以外的国际法规则规定，某些行动被排除在本公约适用范围之外并非是容许不合法行为或使不合法行为合法化，或禁止根据其他法律提出起诉，

议定如下：

第一条

为本公约的目的：

一、“放射性材料”是指核材料和其他含有可自发蜕变（一个伴随有放射一种或多种致电离射线，如α粒子、β粒子、中子和γ射线的过程）核素的放射性物质，此种材料和物质，由于其放射或可裂变性质，可能致使死亡、人体受到严重伤害或财产或环境受到重大损害。

二、“核材料”是指钚，但钚—238同位素含量超过80%者除外；铀—233；富集了同位素235或233的铀；非矿石或矿渣形式的铀，其中同位素的比例与自然界存在的天然铀同位素混合的比例相同；或任何含有一种或多种上述物质的材料；

“富集了同位素235或233的铀”是指含有同位素235或233或兼含二者的铀，而这些同位素的总丰度与同位素238的丰度比大于自然界中同位素235与同位素238的丰度比。

三、“核设施”是指：

（一）任何核反应堆，包括装在船舶、车辆、飞行器或航天物体上，用作推动这种船舶、车辆、飞行器或航天物体的能源以及用于其他任何目的的反应堆；

（二）用于生产、储存、加工或运输放射性材料的任何工厂或运输工具。

四、“装置”是指：

（一）任何核爆炸装置；或

（二）任何散布放射性物质或释出辐射的装置，此种装置由于其放射性质，可能致使死亡、人体受到严重伤害或财产或环境受到重大损害。

五、“国家或政府设施”包括一国代表，政府、立法机关或司法机关成员，或一国或任何其他公共当局或实体的官员或雇员，或一个政府间组织的雇员或官员，因公务使用或占用的任何长期或临时设施或交通工具。

六、“一国军事部队”是指一国按照其国内法，

主要为国防或国家安全目的而组织、训练和装备的武装部队以及在其正式指挥、控制和负责下向其提供支助的人员。

第二条

一、本公约所称的犯罪是指任何人非法和故意：

（一）拥有放射性材料或制造或拥有一个装置：

1. 目的是致使死亡或人体受到严重伤害；或

2. 目的是致使财产或环境受到重大损害；

（二）以任何方式利用放射性材料或装置，或以致使放射性材料外泄或有外泄危险的方式利用或破坏核设施：

1. 目的是致使死亡或人体受到严重伤害；或

2. 目的是致使财产或环境受到重大损害；或

3. 目的是迫使某一自然人或法人、某一国际组织或某一国家实施或不实施某一行为。

二、任何人实施以下行为也构成犯罪：

（一）在显示威胁确实可信的情况下，威胁实施本条第一款第（二）项所述犯罪；或

（二）在显示威胁确实可信的情况下通过威胁，或使用武力，非法和故意索要放射性材料、装置或核设施。

三、任何人实施本条第一款所述犯罪未遂也构成犯罪。

四、任何人实施以下行为也构成犯罪：

（一）以共犯身份参加本条第一、第二或第三款所述犯罪；或

（二）组织或指使他人实施本条第一、第二或第三款所述犯罪；或

（三）以任何其他方式促进以共同目的行动的群体实施本条第一、第二或第三款所述犯罪；促进行动应当为故意的，并且是为了助长该群体的一般犯罪活动或目的，或明知该群体有意实施有关犯罪。

第三条

本公约不适用于犯罪仅在一国境内实施、被指控罪犯和被害人均为该国国民、被指控罪犯在该国境内被发现，而且没有其他国家具有根据第九条第一或第二款行使管辖权的基础的情况，但第七条、第十二条、第十四条、第十五条、第十六条和第十七条的规定应酌情适用于这些情况。

第四条

一、本公约的任何条款均不影响国际法特别是《联合国宪章》的宗旨和原则以及国际人道主义法规定的其他国家和个人的权利、义务和责任。

二、武装冲突中武装部队的活动，按照国际人道主义法所理解的意义，由国际人道主义法予以规定，不受本公约管辖；一国军事部队为执行公务而进行的活动，由国际法其他规则予以规定，因此不受本公约管辖。

三、本条第二款的规定不得被解释为容许不合法行为或使不合法行为合法化，或禁止根据其他法律提出起诉。

四、本公约不以任何方式涉及，也不能被解释为以任何方式涉及国家使用核武器或威胁使用核武器的合法性问题。

第五条

每一缔约国应酌情采取必要措施：

（一）在其国内法中将第二条所述犯罪定为刑事犯罪；

（二）根据这些犯罪的严重性质规定适当的刑罚。

第六条

每一缔约国应酌情采取必要措施，包括在适当时制定国内立法，以确保本公约范围内的犯罪行为，特别是故意或有意使公众、某一群体或特定个人产生恐怖感的犯罪行为，在任何情况下都不得以政治、思想、意识形态、种族、族裔、宗教或其他类似性质的考虑因素为之辩解，并受到与其严重性质相符的刑罚。

第七条

一、缔约国应以下列方式进行合作：

（一）采取一切切实可行的措施，包括在必要时修改其国内法，防止和制止在其境内为在其境内或境外实施第二条所述犯罪进行准备，包括采取措施禁止鼓励、唆使、组织、故意资助或故意以技术协助或情报支助，或从事实施这些犯罪的个人、团体和组织在其境内进行非法活动；

（二）依照其国内法，以本条规定的方式及遵照本条规定的条件，交换准确和经核实的情报，并协调酌情采取的行政及其他措施，以便侦查、防止、制止和调查第二条所述犯罪，以及对被控实施这些犯罪的人提起刑事诉讼。缔约国特别应采取适当措施，不加迟延地将有人实施第二条所述犯罪的情况，以及该国所了解的有关实施这些犯罪的准备活动通知第九条所述的其他国家，并斟酌情况通知国际组织。

二、缔约国应采取符合其国内法的适当措施，以保护由于本公约的规定而从另一缔约国得到的，或经由参与为执行本公约而进行的活动而得到的任何保密情报的机密性。如果缔约国向国际组织提供保密情报，应采取步骤确保保护此种情报的机密性。

三、本公约不应要求缔约国提供国内法规定不得传送或可能危及有关国家安全或核材料实物保护的任何情报。

四、缔约国应将本国负责发送和接收本条所述情报的主管机关和联络点告知联合国秘书长。联合国秘书长应将有关主管机关和联络点的信息通知所有缔约国和国际原子能机构。这些主管机关和联络点必须可随时联系。

第八条

为了防止本公约所述犯罪，缔约国应竭尽全力采取适当措施确保放射性材料受到保护，并考虑到国际原子能机构的相关建议和职能。

第九条

一、每一缔约国应酌情采取必要措施，在下列情况下确立对第二条所述犯罪的管辖权：

（一）犯罪在本国境内实施；或

（二）犯罪发生在犯罪实施时悬挂本国国旗的船舶或根据本国法律登记的航空器上；或

（三）犯罪行为人是本国国民。

二、在下列情况下，缔约国也可以确立对任何这些犯罪的管辖权：

（一）犯罪的对象是本国国民；或

（二）犯罪的对象是本国在国外的国家或政府设施，包括本国使馆或其他外交或领事馆舍；或

（三）犯罪行为人是其惯常居所在本国境内的无国籍人；或

（四）犯罪的意图是迫使本国实施或不实施某一行为；或

（五）犯罪发生在本国政府营运的航空器上。

三、每一缔约国在批准、接受、核准或加入本公约时，应通知联合国秘书长本国根据国内法，依照本条第二款规定确立的管辖权。遇有修改，有关缔约国应立即通知秘书长。

四、如果被指控罪犯在某一缔约国境内，而该缔约国不将该人引渡至根据本条第一和第二款确立了管辖权的缔约国，该缔约国也应酌情采取必要措施，确立其对第二条所述犯罪的管辖权。

五、本公约不阻止缔约国行使依照其国内法确立的任何刑事管辖权。

第十条

一、在收到关于有人在某一缔约国境内实施了或正在实施第二条所述的一种犯罪，或者实施或被指控实施这种犯罪的人可能在其境内的情报后，有关缔约国即应根据其国内法酌情采取必要措施，调查情报所述事实。

二、罪犯或被指控罪犯在其境内的缔约国，在确信情况有此需要时，应根据其国内法采取适当措施，确保该人在被起诉或引渡时在场。

三、对其采取本条第二款所述措施的人有权：

（一）毫不迟延地与其国籍国或有权保护其权利的国家之距离最近的适当代表联系，如果该人是无国籍人，则有权与其惯常居住地国的此种代表联系；

（二）接受该国代表探视；

（三）获告知其根据第（一）和第（二）项享有的权利。

四、本条第三款所述权利应按照罪犯或被指控罪犯所在地国的法律和法规行使，但这些法律和法规必须能使第三款所给予的权利的目的得以充分实现。

五、本条第三和第四款的规定不妨害依照第九条第一款第（三）项或第二款第（三）项的规定主张管辖权的缔约国邀请红十字国际委员会与被指控罪犯联系和前往探视的权利。

六、缔约国根据本条将某人拘留时，应立即直接或通过联合国秘书长将该人被拘留的事实和构成羁押理由的情况，通知已依照第九条第一和第二款规定确立管辖权的缔约国，及其认为适宜的任何其他有关缔约国。进行本条第一款所述调查的国

家应迅速将调查结果通知上述缔约国,并应表明是否有意行使管辖权。

第十一条

一、在第九条适用的情况下,被指控罪犯在其境内的缔约国,不将该人引渡的,无论犯罪是否在其境内实施,均有义务毫无例外地不作无理拖延,将案件送交其主管当局,以便通过该国法律规定的程序进行起诉。主管当局应以处理本国法律规定的任何其他严重犯罪的方式作出决定。

二、如果缔约国国内法允许引渡或移交一名本国国民,但条件是须将该人遣回本国服刑,以执行要求引渡或移交该人的审判或诉讼程序所判处的刑罚,而且该国与要求引渡该人的国家均同意这个办法及双方认为适当的其他条件,则此种有条件的引渡或移交应足以履行本条第一款所规定的义务。

第十二条

应保证根据本公约被拘留或对其采取任何其他措施或被起诉的人获得公平待遇,包括享有一切符合其所在国法律和包括国际人权法在内可适用的国际法规定的权利与保障。

第十三条

一、第二条所述犯罪应被视为包括在任何缔约国之间在本公约生效前已有的任何引渡条约中的可引渡罪行。缔约国承诺将此类犯罪作为可引渡罪行列入缔约国间以后缔结的每一项引渡条约中。

二、以订有条约为引渡条件的缔约国,在收到未与其订有引渡条约的另一缔约国的引渡请求时,被请求国可以自行选择,以本公约为就第二条所述犯罪进行引渡的法律依据。引渡应符合被请求国法律规定的其他条件。

三、不以订有条约为引渡条件的缔约国,在符合被请求国法律规定的条件下,应视第二条所述犯罪为它们之间的可引渡罪行。

四、为缔约国间引渡的目的,必要时应将第二条所述犯罪视为不仅在发生地实施,而且也在依照第九条第一和第二款的规定确立管辖权的国家的境内实施。

五、缔约国间关于第二条所述犯罪的所有引渡条约和安排的规定,凡是与本公约不符的,应视为已在缔约国间作了修改。

第十四条

一、对于就第二条所述犯罪进行的调查和提起的刑事诉讼或引渡程序,缔约国应相互提供最大程度的协助,包括协助取得本国所掌握的诉讼或引渡程序所需证据。

二、缔约国应按照它们之间可能存在的关于相互司法协助的任何条约或其他安排履行本条第一款规定的义务。如无此类条约或安排,缔约国应按照其国内法规定相互提供协助。

第十五条

为了引渡或相互司法协助的目的,第二条所述的任何犯罪不得视为政治罪、同政治罪有关的犯罪或由政治动机引起的犯罪。因此,就此种犯罪提出的引渡或相互司法协助的请求,不可只以其涉及政治罪、同政治罪有关的犯罪或由政治动机引起的犯罪为由而加以拒绝。

第十六条

如果被请求的缔约国有实质理由认为,请求为第二条所述犯罪进行引渡或请求就此种犯罪提供相互司法协助的目的,是为了基于某人的种族、宗教、国籍、族裔或政治观点而对该人进行起诉或惩罚,或认为接受这一请求将使该人的情况因任何上述理由受到损害,则本公约的任何条款均不应被解释为规定该国有引渡或提供相互司法协助的义务。

第十七条

一、被某一缔约国羁押或在该国境内服刑的人,如果被要求到另一缔约国作证、进行辨认或提供协助以取得调查或起诉本公约规定的犯罪所需的证据,在满足以下条件的情况下可予移送:

(一)该人自由表示知情同意;和

(二)两国主管当局均同意,但须符合两国认为适当的条件。

二、为本条的目的:

(一)受移送国应有权力和义务羁押被移送人,除非移送国另有要求或授权;

(二)受移送国应不加迟延地履行其义务,按照两国主管当局事先商定或另行商定的方式，将被移送人交回移送国羁押；

（三）受移送国不得要求移送国为交回被移送人提起引渡程序；

（四）被移送人在受移送国的羁押时间应折抵其在移送国所服刑期。

三、除非获得依照本条规定作出移送的缔约国的同意，无论被移送人国籍为何，不得因其在离开移送国国境前的行为或判罪而在受移送国境内受到起诉或羁押，或受到对其人身自由的任何其他限制。

第十八条

一、遇发生第二条所述犯罪，在收缴或以其他方式获得放射性材料、装置或核设施后，持有上述物项的缔约国即应：

（一）采取步骤使放射性材料、装置或核设施无害化；

（二）确保按照可适用的国际原子能机构保障监督条款保管任何核材料；和

（三）注意到国际原子能机构公布的实物保护建议以及健康和安全标准。

二、在与第二条所述犯罪有关的诉讼结束后，或按照国际法规定于结束之前，经与有关缔约国特别是就归还和储存的方式进行协商，任何放射性材料、装置或核设施，应归还其所属缔约国，或拥有这些放射性材料、装置或设施的自然人或法人为其国民或居民的缔约国，或物项在其境内被盗窃或非法获取的缔约国。

三、（一）如果国内法或国际法禁止某一缔约国归还或接受这些放射性材料、装置或核设施，或有关缔约国以符合本条第三款第（二）项规定的方式达成协议，则持有放射性材料、装置或核设施的缔约国应继续采取本条第一款所述步骤；这些放射性材料、装置或核设施应只用于和平目的；

（二）如果持有放射性材料、装置或核设施的缔约国依法不得持有这些物项，该国应确保尽快将其移交给可以合法持有并已酌情同该国磋商，提出了符合本条第一款的保证的国家，以使之无害化；这些放射性材料、装置或核设施应只用于和平目的。

四、如果本条第一和第二款所述放射性材料、装置或核设施不属于任何缔约国或缔约国国民或居民所有，或并非在某一缔约国境内被盗窃或非法获取，或没有国家愿意按照本条第三款的规定予以接受，则应在有关国家与任何相关国际组织协商后，另行作出处置的决定，但须符合本条第三款第（二）项的规定。

五、为本条第一、第二、第三和第四款的目的，持有放射性材料、装置或核设施的缔约国可请求其他缔约国，特别是有关缔约国，以及任何相关国际组织，特别是国际原子能机构给予协助和合作。鼓励缔约国和相关国际组织按照本款规定尽量提供协助。

六、根据本条规定参与处置或保存放射性材料、装置或核设施的缔约国应将这些物项的处置或保存方式通知国际原子能机构总干事。国际原子能机构总干事应将此种信息转送其他缔约国。

七、如果第二条所述犯罪涉及任何散布情况，本条的规定不影响规定核损害责任的国际法规则或其他国际法规则。

第十九条

起诉被指控罪犯的缔约国应依照其国内法或可适用的程序，将诉讼程序的终局结果通知联合国秘书长，由其将此情况转达其他缔约国。

第二十条

缔约国应直接或通过联合国秘书长，并在必要时通过国际组织的协助进行协商，以确保有效实施本公约。

第二十一条

缔约国应以符合各国主权平等和领土完整以及不干涉他国内政等原则的方式履行本公约规定的义务。

第二十二条

本公约的任何条款均不给予缔约国在另一缔约国境内行使管辖权和履行该另一缔约国当局根据其国内法拥有的专属职能的权利。

第二十三条

一、两个或多个缔约国之间有关本公约的解释或适用的争端，不能在合理时间内通过谈判解决的，经其中任何一方要求，应交付仲裁。如果自要求仲裁之日起六个月内，各当事方不能就仲裁的组成达成协议，其中任何一方可根据《国际法院规约》请求将争端提交国际法院。

二、每一国家在签署、批准、接受、核准或加入本公约时，可以声明本国不受本条第一款的约束。对于作出此种保留的任何缔约国，其他缔约国也不受第一款的约束。

三、依照本条第二款规定作出保留的缔约国，可以在任何时候通知联合国秘书长撤回保留。

第二十四条

一、本公约自 2005 年 9 月 14 日至 2006 年 12 月 31 日在纽约联合国总部开放供所有国家签字。

二、本公约须经批准、接受或核准。批准书、接受书或核准书应交存联合国秘书长。

三、本公约开放供任何国家加入。加入书应交存联合国秘书长。

第二十五条

一、本公约在第二十二份批准书、接受书、核准书或加入书交存联合国秘书长之日后第三十天生效。

二、对于在第二十二份批准书、接受书、核准书或加入书交存后批准、接受、核准或加入本公约的每一个国家，本公约在该国交存其批准书、接受书、核准书或加入书后第三十天生效。

第二十六条

一、缔约国可以对本公约提出修正案。提议的修正案应提交保存人，由保存人立即分发所有缔约国。

二、如果过半数缔约国请求保存人召开会议以审议提议的修正案，保存人应邀请所有缔约国出席这一会议。该会议不得在发出邀请后三个月内举行。

三、会议应作出一切努力，确保以协商一致方式通过修正案。无法取得协商一致时，应以全体缔约国的三分之二多数通过修正案。会议通过的任何修正案应由保存人迅速分发所有缔约国。

四、对于交存修正案批准书、接受书、加入书或核准书的各缔约国，依照本条第三款规定通过的修正案在三分之二缔约国将其有关文书交存保存人之日后第三十天生效。此后，修正案在有关缔约国交存其相关文书之日后第三十天对该缔约国生效。

第二十七条

一、任何缔约国可书面通知联合国秘书长退出本公约。

二、退出应在联合国秘书长接到通知之日起一年后生效。

第二十八条

本公约正本交存联合国秘书长，其阿拉伯文、中文、英文、法文、俄文和西班牙文文本同等作准。联合国秘书长应将本公约核对无误的副本分送所有国家。

本公约于 2005 年 9 月 14 日在纽约联合国总部开放供签字。下列签署人经各自政府正式授权在本公约上签字，以昭信守。

全国人民代表大会外事委员会审议《国务院关于提请审议批准〈制止核恐怖主义行为国际公约〉的议案》的报告

全国人民代表大会常务委员会：

2010 年 8 月 12 日，第十一届全国人民代表大会外事委员会举行第二十八次全体会议，审议了《国务院关于提请审议批准〈制止核恐怖主义行为国际公约〉的议案》。

外事委员会认为，2005 年 4 月 13 日由第 59 届联合国大会通过的《制止核恐怖主义行为国际公约》（以下简称《公约》），其内容与我国法律不相抵触；批准《公约》符合我国的利益和实际需要。建议全国人大常委会决定批准《公约》，同时声明：

一、中华人民共和国不受《公约》第二十三条第一款规定的约束。

二、根据《公约》第九条第三款的规定，中华人民共和国确立《公约》第九条第二款规定的管辖权。

三、在中华人民共和国政府另行通知前，《公约》暂不适用于中华人民共和国香港特别行政区。

全国人民代表大会外事委员会

2010年8月12日

监督工作

现了就地就近到二、三产业就业。

（六）扶持农民工返乡创业。2008 年，国务院办公厅转发促进以创业带动就业工作的指导意见，将返乡农民工纳入创业政策扶持范围。各地区、各有关部门在贷款发放、税费减免、工商登记、场地使用、创业指导等方面提供帮助，有条件的地方还设立专项基金，开辟创业园区。

（七）全力做好应对国际金融危机形势下的农村劳动力转移就业工作。2008 年底，受国际金融危机冲击，上千万农民工失去工作岗位并提前返乡。针对这一严峻形势，国务院办公厅印发了关于切实做好当前农民工工作的通知等文件，采取多种措施促进农民工就业。一是发挥政府投资和重点建设项目对农民工就业的促进作用，大量招用农民工。二是发挥十大产业振兴规划对农民工就业的吸纳作用，鼓励劳动密集型行业、中小企业和服务业多招用农民工。三是发挥“五缓四减三补贴”政策的援企稳岗作用，引导大型企业不裁或少裁农民工。四是发挥有能力的农民工返乡创业对就业的带动作用，一人创业，带动一批人就业。五是发挥返乡农民工投身新农村建设的开拓作用，把部分农民工的一技之长发挥到农村建设中去。六是发挥国际劳务输出对农民工就业的支持作用。在各地区、各有关部门的共同努力下，2009 年外出就业农民工比 2008 年增加 492 万人，有效地解决了集中返乡农民工的就业问题。

近年来，农村劳动力转移就业的规模、构成有新的变化：一是外出就业规模不断扩大。2005 年至 2009 年，外出 6 个月以上的农民工人数由 9809 万人增加至 14533 万人，年均增加 1181 万人。二是外出农民工以新生代为主，文化程度有所提高。2009 年，30 岁以下的新生代占 61.6%；接受过技能培训的占 48.9%；初中及以下文化程度的由 2005 年的 83.5% 下降到 76.5%，高中以上文化程度的由 16.5% 上升到 23.5%。三是输入地以东部地区为主，但比重有所下降。2009 年，在东部地区就业的外出农民工比重由 2005 年的 75.4% 下降到 62.5%，中部地区由 12.3% 上升到 17%，西部地区由 12% 上升到 20.2%。四是农民工收入水平逐年提高。外出农民工月均收入由 2005 年的 875 元提高到 2009 年的 1417 元，年均增长 15.5%。

二、保障农民工权益工作情况

各地区、各有关部门认真贯彻党中央、国务院关于解决农民工问题的重大政策措施，研究新情况、分析新问题、采取新措施，不断加大工作力度，国务院农民工工作联席会议 2006 年以来三次开展全国农民工工作督察，维护了农民工权益。

（一）采取有力措施，积极解决农民工工资拖欠问题。各地在建筑业推行工资保证金制度和工资支付监控制度，有些地方建立了行政司法联动机制和应急处置机制，人民银行将企业拖欠工资信息纳入征信系统，人力资源社会保障等有关部门每年开展专项检查，拖欠农民工工资的现象得到初步遏制。但在国际金融危机的冲击下，拖欠农民工工资的问题出现了反弹，为此，国务院办公厅印发了关于切实解决企业拖欠农民工工资问题的紧急通知，各地区、各有关部门积极开展农民工工资支付情况专项检查，维护了农民工工资权益。

（二）加强劳动管理，农民工劳动关系总体稳定。一是实施劳动合同法，规范企业用工。在每年的 3—5 月份农民工求职高峰期，开展农民工签订劳动合同“春暖行动”，推广使用简易劳动合同文本。二是在使用农民工较多的企业实施以协商工资为主的“彩虹计划”，扩大集体合同覆盖面。三是发挥协调劳动关系三方机制联合应对国际金融危机影响、稳定农民工劳动关系的作用。

（三）加强培训和执法，农民工职业安全卫生工作取得明显进展。一是国务院办公厅印发了国家职业病防治规划（2009—2015 年），安全监管部门和卫生部门先后印发了农民工安全生产工作指导意见、加强职业病诊断与鉴定管理工作的通知等政策文件。二是加强农民工安全培训工作。在高危行业推行全员培训合格上岗制度，对未依法进行安全培训的，不予审核和颁发安全生产许可证。2006 年到 2009 年，全国农民工安全培训 7261.1 万人次。三是开展以农民工为主要对象，以粉尘、高毒物品为重点的职业危害专项治理，严肃查处违法案件。

（四）扩大农民工参加社会保险覆盖面，养老保险关系转移接续有了突破性进展。一是基本完成了煤矿、非煤矿山等高风险企业农民工参加工伤保险的“平安计划”一期工程，启动实施了推进商贸、餐饮等服务行业参加工伤保险的“平安计划”二期工程。二是引导农民工根据具体情况有选择地参加城镇职工基本医疗保险、新型农村合作医疗或城镇居民基本医疗保险。三是国务院办公厅转发了城镇企业职工基本养老保险关系转移接续暂行办法，积极从制度建设上解决农民工因退保而权益受到损害的问题。四是督促企事业单位为农民工缴纳失业保险费，对符合条件的失业农民工，按规定及时支付一次性生活补助。2009 年底，全国参加工伤保险、医疗保险、城镇企业职工基本养老保险、失业保险的农民工分别为 5587 万人、4335 万人、2647 万人和 1643 万人。

（五）加强农民工劳动争议调解仲裁、监察执法和司法保障工作，为农民工维权畅通救济渠道。一是劳动争议调解仲裁机构认真贯彻劳动争议调解仲裁法，建立了方便农民工申诉的“绿色通道”，2009 年，共处理涉及农民工的劳动争议案件约 60 万件。二是人力资源社会保障、公安、监察、工商等有关部门联合开展清理整顿人力资源市场秩序和整治非法用工打击违法犯罪专项行动，促进了人力资源市场平稳、有序、健康地发展。三是司法行政部门出台方便农民工获得法律援助的十项措施，降低了农民工法律援助门槛，2009 年，各地共办理涉及农民工的法律援助案件 23.5 万件。

（六）各部门不断加大工作力度，为农民工提供公共服务。教育部门认真落实以输入地政府管理为主和以全日制公办中小学为主的政策，已有近 80% 的农民工随迁子女在城镇公办中小学免费接受义务教育。全国妇联牵头组织开展“共享蓝天”全国关爱农村留守流动儿童行动，努力改善农村留守和流动儿童的生活学习环境。住房城乡建设部指导各地建设农民工公寓，提供公共租赁住房，将农民工纳入经济适用房范围，并以大型施工项目为重点，开展“建筑工地农民工标准化宿舍行动”。卫生部门实施国家扩大免疫规划，积极开展以甲型 H1N1 流感、手足口病等为重点的农民工疾病预防控制及其适龄子女免疫工作。人口计划生育部门制定了全国流动人口计划生育服务管理规范，广泛开展农民工“关怀关爱”活动。民政部门贯彻国务院关于加强和改进社区服务工作的意见，实行农民工与户籍人口同宣传、同服务、同管理。公安部门进一步推进户籍制度改革，指导各地放宽中小城市和小城镇农民工落户条件。农业部门加强农民工土地承包经营权流转的管理和服务，开展了“农民工土地承包维权行动”。

（七）努力保障农民工依法享有民主政治权利，活跃精神文化生活。一批优秀农民工当选为各级人大代表参政议政。工会系统大力吸收农民工会员，2009 年底达到 8014.82 万人。民政部门积极推动农民工参加社区居委会换届选举工作，一批农民工担任了社区居委会干部。各级文化、民政部门以及工青妇组织免费开放文化馆、社区娱乐设施和各种活动场所，举办形式多样的文娱活动。浙江、江苏、湖北等地探索建立了农民工综合服务中心，提供“一站式”服务。

三、转移农村劳动力、保障农民工权益面临的突出问题

当前，转移农村劳动力、保障农民工权益面临着许多需要解决的问题，比较突出的是：

（一）关于农民工就业问题。从中长期看，农民工就业面临供大于求的压力。一是国际金融危机的影响尚未完全消除，可能给农民工就业带来一些难以预料的困难。二是经济发展方式的转变和产业结构的调整，提高了对劳动者职业技能的要求，部分企业“招工难”和相当数量农民工“就业难”并存的结构性矛盾突出。三是今后一个时期，我国需要转移的农村富余劳动力还有 1.2 亿人以上，如何使他们转移到城镇实现稳定就业，是一项艰巨任务。四是扶持农民工返乡创业和从事服务业的政策措施有待进一步加强和落实，公共就业服务投入仍需逐步加大，基层服务平台、信息网络建设还不适应农民工就业工作需要。

（二）关于保障农民工权益问题。目前，侵害农民工权益的突出问题尚未根本解决，主要表现为农民工劳动合同签订率、参加社会保险的比例以及工资收入水平仍然较低，工伤、职业病和劳动争议较多。尤其是部分行业、部分地区存在侵害农民工权益的“顽症”：一是拖欠农民工工资。一些地方拖欠农民工工资问题不断出现，企业主欠薪逃匿案件时有发生，有的地方甚至发生农民工讨薪时遭到伤害的恶性事件。二是不签订劳动合同。目前小企业中劳动合同签订率低。建筑领域中有些地方发包承包不规范导致用工不规范，建筑企业与劳务公司层层转包分包、规避劳动合同法律的现象较多。三是劳动条件差。在一些高危行业和污染企业，职业安全卫生问题突出，农民工工伤、职业病多发，有的甚至得不到及时救治。

（三）关于农民工公共服务问题。一是部分农民工随迁子女不能享受与城镇儿童同等的接受义务教育的权利。二是大多数地方尚未将农民工住房问题纳入城镇住房保障体系和城镇住房建设规划。三是鼓励农民工进城镇落户的具体政策和配套措施有待加快制定。

四、下一步工作措施

在下一步工作中，要按照城乡经济社会发展一体化的要求，深入贯彻中央一号文件精神，认真落实温家宝总理在政府工作报告中提出的有关农民工的政策措施，加强组织领导，完善体制机制，重点做好以下工作：

（一）以加强就业服务为重点，进一步促进农村劳动力转移就业。把农民工工作列入“十二五”规划。在经济平稳较快发展中增加农民工就业岗位。加快经济发展方式转变，调整优化经济结构，促进中小企业、服务业特别是家庭服务业发展，使其成为农民工就业的重要渠道。加快建立城乡统筹的人力资源市场，加强为农民工就业服务的基层平台和信息网络建设，推进跨地区劳务合作。

（二）以统筹规划为重点，加强农民工培训工作。贯彻落实国务院办公厅关于进一步做好农民工培训工作的指导意见，加大培训补贴力度，使有培训需求的农民工基本能够得到一次技能培训。对农民工培训资金统筹规划、集中使用、提高效益。创新培训方式，发挥技工学校、职业学校技能培训主渠道作用，探索培训经费直补用工企业的办法，实现培训与就业一体化。

（三）以制度建设为重点，扩大劳动合同覆盖面，有效解决拖欠农民工工资问题。继续开展农民工签订劳动合同“春暖行动”，组织实施“小企业劳动合同制度实施覆盖行动计划”，大力推广适用于农民工的简易劳动合同示范文本。继续实施以协商工资为主的“彩虹计划”，逐步建立农民工工资正常增长机制。加强企业农民工工资支付监控，在发生欠薪较多的建筑等重点行业普遍实行工资保证金制度，积极建立欠薪应急周转金制度。

（四）以加强职业危害治理为重点，保障农民工职业安全卫生权益。加强农民工安全培训，认真实行高危行业农民工经过培训持证上岗制度。落实国家职业病防治规划（2009—2015），加强农民工职业卫生监督检查工作，深入开展粉尘与高毒物品危害治理专项行动。

（五）以实施养老保险关系转移接续办法为重点，扩大农民工参保覆盖面。做好养老保险关系转移接续暂行办法的宣传和实施工作，扩大农民工参加养老保险覆盖面。大力实施“平安计划”二期工程，维护农民工工伤保险权益。推动农民工参加医疗保险，按规定参加失业保险。

（六）以畅通维权渠道为重点，加强农民工劳动纠纷处置工作。加强调解、快速仲裁，有效处理农民工劳动争议。推进劳动保障监察网格化、网络化管理工作，加大对侵害农民工权益行为的执法力度。扩大农民工法律援助覆盖面，建立农民工法律援助案件异地协作机制。

（七）以农民工子女平等接受义务教育为重点，加强农民工公共服务。全面落实以输入地政府管理为主和以全日制公办中小学为主的政策，保障农民工随迁子女平等接受义务教育。继续实施关爱农村留守流动儿童行动。组织开展“两看一上”活动，使农民工能够看报纸、看电视，有条件的能上网。围绕进城务工经商农民工的党组织建设和农民工计划生育、疾病防控、加入工会、参与社区生活等方面，加强公共服务工作。推动有条件的城市建立农民工综合服务中心。

（八）以改善农民工居住条件为重点，促进农民工在城镇落户。继续推动建筑施工企业重点解决简易工棚转变为适宜住宿的标准化宿舍问题。鼓励有条件的城市将有稳定职业并在城市居住一定年限的农民工逐步纳入城镇保障性住房体系，探索建立农民工公共租赁等住房制度，多渠道多形式改善农民工居住条件。加快落实放宽中小城市、小城镇特别是县城和中心镇落户条件的政策，促进符合条件的农民工在城镇落户并享有与当地城镇居民同等权益。

委员长、各位副委员长、秘书长、各位委员，转移农村劳动力、保障农民工权益是一项重要而艰巨的任务。我们要在党中央的正确领导下，在全国人大及其常委会的监督和支持下，通过各地区、各部门共同努力，全力做好这项工作，为经济社会发展和维护稳定大局作出新的贡献。

附件：

名 词 解 释

1. **阳光工程**：是农业部、财政部、人力资源和社会保障部、教育部、科技部、住房和城乡建设部等部门，从2003年起，按照"政府推动、学校主办、部门监管、农民受益"的原则，在粮食主产区、劳动力主要输出地区、贫困地区和革命老区开展的农村劳动力转移到非农领域就业前的职业技能培训项目。

2. **星火培训**：是科技部门为促进农村劳动力非农就业和城镇就业，提高农民就业能力和创业能力，从1986年起开展的培养农村实用技术和管理人才，提高农村劳动者整体素质的培训项目。"星火培训"是国家"星火计划"的重要内容之一。

3. **雨露计划**：是国务院扶贫部门为全面提高贫困地区人口素质，增强其就业和创业能力，通过转移就业和自主创业，努力增加贫困农民收入，改变贫困地区落后面貌，从2005年起，针对贫困地区的青壮年农民、复员退伍士兵、村干部和致富骨干，开展的多渠道、多层次、多形式引导性培训、职业技能培训、创业培训和农业实用技术培训。

4. **春风行动**：是人力资源和社会保障部为落实国务院关于进一步改善农民工进城就业环境的有关要求，从2005年起，于每年春节后农民工进城求职高峰期间，在全国组织开展的为进城务工农村劳动者提供就业服务、技能培训、权益维护"三位一体"的就业服务工作。让进城务工农村劳动者在外出务工前、进城后和求职期间都能享受到热忱服务。

5. **五缓四减三补贴**：是人力资源和社会保障部、财政部、税务总局为应对国际金融危机，于2008年底出台的一系列减轻企业负担、稳定就业局势的措施。主要包括：允许困难企业在一定期限内缓缴养老、失业、医疗、工伤、生育五项社会保险费；阶段性降低城镇职工基本医疗、失业、工伤、生育等四项社会保险费率；使用失业保险基金向困难企业支付社会保险补贴或岗位补贴、使用就业专项资金支持困难企业开展职工在岗培训。为保持积极就业政策的连续性和稳定性，这些政策的执行期均延长到2010年。

6. **春暖行动**：是人力资源和社会保障部为全面贯彻实施劳动合同法，推动各类用人单位依法与农民工签订劳动合同，从2008年起，在每年的3、4、5月份，以建筑业、住宿和餐饮业、制造业、采矿业、居民服务业为重点，督促用人单位依法与农民工签订并履行劳动合同，保障农民工合法权益的专项行动。

7. **彩虹计划**：是人力资源和社会保障部、全国总工会、中国企业联合会共同推动劳动关系双方开展集体协商，签订集体合同，搭建企业与劳动者沟通桥梁的工作计划。力争从2008年到2012年，基本实现各类企业建立集体协商和集体合同制度。

关于文化产业发展工作情况的报告

——2010年4月28日在第十一届全国人民代表大会常务委员会第十四次会议上

文化部部长 蔡 武

全国人民代表大会常务委员会：

受国务院委托，我向全国人大常委会报告近年来文化产业发展工作情况，请予审议。

一、促进文化产业发展的有关工作

目前，国际上对文化产业的定义、行业界定以及分类标准还没有形成统一的意见。欧盟、日本称为"内容产业"，英国、新加坡等国称为"创意产业"，美国称为"娱乐业"或"版权产业"，韩国称为"文化产业"。我国将文化产业界定为从事文化产品生产和提供文化服务的经营性行业。《国家"十一五"时期文化发展规划纲要》将影视制作业、出版业、发行业、印刷复制业、广告业、演艺业、娱乐业、文化会展业、数字内容和动漫产业等列为九个重点发展的文化产业门类。

近年来,国务院及其所属部门在重视发展公益性文化事业的同时,采取多种措施,推动我国文化产业加快发展。主要做了以下工作:

(一)推动文化建设理论创新,确立文化产业在文化建设和经济社会发展中的重要地位

党的十六大以来,党中央、国务院在文化建设方面提出了一系列具有指导性、针对性、实践性的判断和论述,在文化发展方向、目的、思路、战略等方面形成了新的理念,提升了文化建设以及文化产业的作用和地位。党的十六大指出:"当今世界,文化与经济和政治相互交融,在综合国力竞争中的地位和作用越来越突出。文化的力量,深深熔铸在民族的生命力、创造力和凝聚力之中",要"积极发展文化事业和文化产业"。同时指出:"文化产业是市场经济条件下繁荣社会主义文化、满足人民群众精神文化需求的重要途径"、"发展各类文化事业和文化产业都要贯彻发展先进文化的要求,始终把社会效益放在首位"。党的十七大站在新的历史起点上,确立了经济建设、政治建设、文化建设、社会建设"四位一体"的中国特色社会主义事业总体布局,做出了全面建设小康社会的战略部署,发出了"推动社会主义文化大发展大繁荣"、"兴起社会主义文化建设新高潮"的号召,明确提出要积极发展公益性文化事业,大力发展文化产业,并将"文化产业占国民经济比重明显提高、国际竞争力显著增强,适应人民需要的文化产品更加丰富"列入全面建设小康社会的奋斗目标。今年 2 月,胡锦涛总书记在省部级主要领导干部深入贯彻落实科学发展观加快经济发展方式转变专题研讨班开班式上发表重要讲话,把加快发展文化产业作为加快经济发展方式转变的八项重点工作之一,要求加快发展文化产业,在重视发展公益性文化事业的同时,坚持经济效益与社会效益相统一,深化文化体制改革,加快公共文化服务体系建设,加快发展经营性文化产业,加快开拓文化市场。今年 3 月,温家宝总理在十一届全国人大三次会议上作政府工作报告时深刻指出:"国家发展、民族振兴,不仅需要强大的经济力量,更需要强大的文化力量。文化是一个民族的精神和灵魂,是一个民族真正有力量的决定性因素,可以深刻影响一个国家发展的进程,改变一个民族的命运。没有先进文化的发展,没有全民族文明素质的提高,就不可能真正实现现代化"。

(二)深化文化体制改革,培育文化市场主体

文化体制改革是文化产业发展的动力。2003 年 6 月,党中央召开了文化体制改革试点工作会议。2005 年 12 月,党中央、国务院做出部署,要求在试点的基础上,全面深化文化体制改革,推进文化事业单位改革、深化文化企业改革、培育现代文化市场体系以及健全宏观管理体制等。

目前,全国共有 123 家文化系统国有文艺院团完成转企改制,其中 2009 年转企改制的有 69 家,超过了过去六年的总和。2009 年,中国东方歌舞团、文化部文化市场发展中心等四家文化部直属事业单位转企,起到了示范作用,推动了文化系统体制改革向纵深推进,向面上拓展。电影制片、发行、放映单位转企改制步伐加快,24 家需转制的电影制片厂已完成 22 家,29 家需转制的省级电影公司已完成 26 家。中国电视剧制作中心等 45 家电视剧制作单位完成转企改制。全国 18 万家印刷单位和 30 家省级新华书店系统已全部转制为企业,580 家图书出版社除保留事业体制的少数出版社外,其他将于今年年底前全部改制为企业,1069 家非时政类报刊出版单位转制或登记为企业法人。

同时,国务院发布了《关于非公有资本进入文化产业的若干决定》,为非公有制文化企业发展创造了良好的政策环境和平等竞争机会。2005 年,文化部、财政部、原人事部、税务总局联合印发了《关于鼓励发展民营文艺表演团体的意见》。2009 年,文化部发布《关于促进民营文艺表演团体发展的若干意见》,进一步鼓励社会资本投资兴办民营文艺表演团体。目前,在演出、娱乐、艺术品、网络文化、动漫游戏、出版物发行、印刷复制等领域,基本实现了对国内非公有资本全方位、全过程开放。

(三)实施《文化产业振兴规划》,推动文化产业成为国家战略性产业

在全球性金融危机中,我国文化产业逆势而上,受到了党和政府以及社会各界的高度关注。党中央、国务院领导同志指出,要使文化产业成为应对金融危机的一个新增长点,要让中国的文化走向世界,向世界展示中国的优秀文化。在这样的背景下,国务院于去年 7 月通过了《文化产业振兴规划》,标志着文化产业上升为国家的战略性产业。

《文化产业振兴规划》要求,"在重视发展公益性文化事业的同时,加快振兴文化产业,充分发挥文化产业在调整结构、扩大内需、增加就业、推动发展中的重要作用"。按照中央"保增长、扩内需、

调结构、促改革、惠民生”的精神,《文化产业振兴规划》明确了文化产业发展的指导思想、基本原则和目标,明确了发展重点文化产业、实施重大项目带动战略、培育骨干文化企业、加快文化产业园区和基地建设、扩大文化消费、建设现代文化市场体系、发展新兴文化业态、扩大对外文化贸易等八项重点任务,提出了降低准入门槛、加大政府投入、落实税收政策、加大金融支持、加强组织领导、深化文化体制改革、培养文化产业人才、加强立法工作等一系列政策措施和保障条件。《文化产业振兴规划》的发布实施,极大地提振了文化产业界应对金融危机、实现平稳发展的信心和决心,为文化产业在金融危机中逆势而上、做强做大带来了机遇。

(四)加大政策支持力度,努力营造良好的发展环境

2006 年,中共中央办公厅、国务院办公厅印发了《国家“十一五”时期文化发展规划纲要》,这是新中国成立以来发布实施的第一个国家文化发展规划。2008 年,国务院办公厅印发了有关经营性文化事业单位转制为企业和支持文化企业发展的文件,有关政策涉及国有文化资产管理、资产和土地处置、收入分配、社会保障、人员分流安置、财政税收、法人登记、工商管理等方面。国务院所属相关部门也单独或联合出台了一系列支持文化产业发展的政策文件。

在财政支持方面,中央财政设立了“扶持文化产业发展专项资金”。全国有 26 个省(区、市)设立了文化产业发展专项资金,省级财政投入约 25 亿元。江苏、上海、天津、陕西等 10 多个省市已经或正在抓紧设立文化产业投资基金或投资公司。目前,有关部门正在积极筹备设立中国文化产业投资基金。

在税收优惠方面,为促进文化产业发展,国家对出版业给予了降低增值税税率、出版物增值税先征后退、县以下新华书店免征增值税等税收优惠政策。动漫、电影企业也享受到了国家减免增值税、营业税等税收优惠政策。

在金融支持方面,宣传、财政、人民银行、文化、广电、新闻出版等部门联合下发了《关于金融支持文化产业振兴和发展繁荣的指导意见》。文化部、广电总局、新闻出版总署等部门分别与中国银行、中国工商银行、中国农业银行、中国进出口银行等金融机构签订了合作协议,为文化企业向银行贷款创造便利条件。银行业针对文化产业的金融创新不断推出,招商银行以票房收益为质押为电影《集结号》发放项目贷款 5000 万元;中国建设银行深圳分行通过“联贷联保”,解决了深圳大芬油画村内文化企业贷款抵押不足的问题;北京银行、交通银行北京分行对文化企业开辟贷款绿色通道,并推出无形资产质押贷款试点。证监会等金融监管机构鼓励支持文化企业在国家政策允许的条件下,充分利用上市融资、发行企业债券、引进境内外战略投资等多种渠道融资。目前,在 A 股主板、创业板和 H 股上市的文化企业有 18 家。

二、文化产业发展的基本情况

随着文化体制改革的不断深入和人民群众精神文化需求的不断增强,我国文化产业已经从探索、起步、培育的初级阶段,进入快速发展的新时期,呈现出朝气蓬勃的新局面。

(一)文化产业快速增长,新兴业态迅猛发展

据统计,2004 年以来,全国文化产业年均增长速度在 15% 以上,比同期国内生产总值增速高 6 个百分点,保持了高速增长的势头。2008 年—2009 年,面对金融危机的冲击,文化产业逆势上扬,其消耗少、污染低、附加值高等优势进一步凸显,成为经济寒冬中的一股暖流。2008 年,全国文化部门艺术表演团体总收入 80.3 亿元,比 2007 年增长 16%。全国广播影视创收收入 1350.6 亿元,比 2007 年增长 18%。2009 年上半年,我国文化产业增速为 17%,大大超过国内生产总值和第三产业的增速。2009 年,国产故事片产量 456 部,城市影院票房收入 62 亿元,同比增长超过 40%。新闻出版业总产值突破 1 万亿元,同比增长 20%。其中,日报年出版总量 440 亿份,出版规模已连续 9 年位居世界首位;年出版图书 27.57 万种,总销售额 1456 亿元,出版品种与销售总额位居世界第二位;印刷复制业总产值 5746 亿元,位居世界第三位。总体看来,文化产业增长势头强劲,对国民经济的贡献率不断上升、促进作用日益凸显。

随着网络、数字、信息技术的发展,动漫游戏、数字音乐、数字电影、网络视频、移动多媒体广播电视、公共视听载体、数字出版、网络出版、手机出版等新兴文化产业迅速崛起,拓宽了文化产业的领域。2009 年,全国动画片创作生产数量 322 部 17 万分钟,比 2008 年增长 31%。原创动画片《喜羊羊与灰太狼》票房过亿元,刷新了国产动画电影票房纪录;网络游戏市场规模 258 亿元,比 2008 年增长

39.5%;数字出版总产值750亿元,年增长50%以上;国产电纸书、电子阅读器销售量71.6万台,承载图书3000多万册,销售总额超过25亿元;网络视频市场规模5.83亿元,网络视频用户近2.4亿户。我国自主创新的移动多媒体广播电视取得了突破性进展,城市的主流的商业数字电影银幕已达2000块,农村电影数字化放映全面推广。

(二)文化产业成为地方经济发展新亮点,在加快经济发展方式转变中的作用日益突出

现在,不少地方文化产业的增长速度高于国民经济的整体增长速度,成为提供就业机会的重要行业、产业结构优化的朝阳行业和经济增长的支柱产业,为促进当地经济增长、加快经济发展方式转变做出了积极贡献。北京、上海、广东、湖南、云南等省市文化产业增加值占国内生产总值的比重超过5%。湖南省文化产业增加值占国内生产总值的比重,由1990年的1.4%上升到2008年的5.1%,文化产业对经济增长的贡献率由2003年的2.3%上升到2007年的6.5%。云南省2008年文化产业增加值300亿元,占国内生产总值比重为5.8%。近五年来,深圳市文化产业增加值以年均约20%的速度增长,占全市国内生产总值比重达7%。

(三)文化产品和服务日益丰富,文化产业成为满足人民群众精神文化需求的重要途径

文化产业的快速发展,调动了全社会参与文化建设的积极性,打破了计划经济体制下国办文化的单一局面,形成了多门类、多层次、多样化的文化生产和服务体系。截至2008年,全国共有各类文艺表演团体近万家,演出经纪机构1305个,文化娱乐场所84356家,县级广播电视台1969座,地级以上电台257座、电视台277座,公共广播节目2436套,公共电视节目3199套,各类广播电视节目制作经营机构3343家,主流电影院线34条,院线内影院1545家,银幕4097块,报纸1943种,期刊9821种,图书出版社580家,音像出版社378家,电子出版单位240家,出版物发行单位12万家,印刷单位18万家。随着文化市场主体的日益增多,文化产品和服务的数量更加丰富,质量不断提升,人们多样化、多层次的文化需求进一步得到满足。

(四)文化产品和服务"走出去"步伐不断加快,中华文化国际影响力日益提升

2009年,我国境外商业演出团组数约为426个,演出场次16373场,实现演出收益约7685万元。国产影片海外销售收入4亿美元左右,各类电视节目出口超过1万小时,外销金额共约5898万美元。2009年1—11月,我国核心文化产品出口94亿美元,图书版权进出口比例由2003年的9:1下降为2009年的3.4:1。成功举办的法兰克福国际书展中国主宾国活动,实现版权输出2417项。以天创国际演艺制作交流有限公司、中国国际电视总公司、安徽出版集团有限责任公司等为代表的文化企业加快"走出去"步伐,增强了国际竞争力。

(五)文化产业投资和文化资源开发持续升温,文化产业集群不断形成

我国是具有5000年悠久历史的文明古国,发展文化产业的历史文化资源非常丰厚,资源优势转化为产业优势的潜力巨大。文化产业高附加值的特性吸引了投资者的目光,大量资本和人力资源涌进文化领域,文化产业成为社会资本追逐的新热点。如以电子制造业和电子专业市场为主导产业的深圳华强集团,大规模投资文化产业,成为国内文化主题公园的新锐。化工企业广西维尼纶集团有限公司参与投资制作的全球第一部山水实景演出《印象·刘三姐》,成为广西文化旅游的名片。以房地产开发为主导产业的大连万达集团,文化产业已上升为企业的四大支柱产业之一,旗下的电影院线公司拥有400块电影银幕,2009年电影院线票房收入居全国第一。

随着社会资本的大量进入和政府支持力度的加强,许多文化产业园区相继建设和投入使用,文化产业集群化发展趋势日益明显。北京市已有文化产业集聚区21个,文化企业8000多家。上海市有文化产业园区75家,集聚了2500多家文化企业和2万多名高层创意人才。江苏省建成或在建的文化产业园区有60多家。文化部和北京市、天津市分别共建的中国动漫游戏城和国家动漫产业综合示范园正式启动,国家中影数字制作基地建设工程顺利实施,新闻出版总署与上海市共同推进张江数字出版基地建设,与重庆市共同建设北部新区数字出版基地,有力地推动了我国文化产业的快速发展。

(六)社会资本进入步伐加快,文化产业多元化投资格局开始形成

随着文化体制改革的不断深入,国有文化市场主体逐步壮大,成为发展文化产业的主导力量。中国对外文化集团公司、上海文广演艺(集团)有限公司、江苏演艺集团有限公司、中国电影集团公司、中国国际电视总公司、中国出版集团公司、江苏凤凰出版传媒集团公司、北方出版传媒(集团)股份有限公司等一大批国有或国有控股文化企业的整体实

力不断增强。

目前，全国共有民营文艺表演团体近7000家，民营电视节目制作企业2800余家，民营电影制片发行公司近400家，全国性民营出版物连锁经营企业8家，民营出版物发行企业11万个，中外合资、合作或外商投资书报刊发行企业40多家，印刷企业2500多家，期刊版权合作50多家，中外图书合作年均600多种。上海盛大网络发展有限公司、深圳华强文化科技集团、华谊兄弟传媒公司等一批民营文化企业成为发展文化产业的生力军，以公有制为主体、多种所有制共同发展的文化产业格局正在形成。

三、当前文化产业发展中存在的问题

当前文化产业发展中还存在一些问题和困难。具体表现在：

(一)文化产业总量还不够大、水平还不够高

随着我国经济的快速发展，人民群众精神文化需求呈现快速增长态势，特别是随着文化程度的提高和闲暇时间的增多，人民群众对文化产品和服务的需求更加多样化。相比之下，文化产品和服务的供需矛盾和“结构性短缺”突出，“有效供给”相对不足，与人民群众快速增长的精神文化生活需求还有一定差距。

尽管国际社会尚未形成统一的文化产业划分标准，各国文化产业的统计口径还不一致，但也可以看出，我国文化产业总量还不够大、水平还不够高，文化产业在整个国民经济中所占的份额相对较小，对经济结构的调整作用发挥不够，对国民经济的贡献及影响远远低于美国、日本等发达国家。文化产业要真正成为国民经济的支柱产业，还有待采取有力措施加以推进。

(二)文化产业集中度不高，缺乏骨干企业和知名品牌

由于起步较晚和文化领域条块分割、市场壁垒等原因，我国的文化企业“软小散滥”问题比较突出，规模普遍偏小，产业规模化和集约化程度不高，产业布局不均衡，大规模、高水平、产业链完整的龙头企业少，缺少文化领域的战略投资者和骨干企业。文化企业的自主创新能力不高、核心竞争力不足，知识产权的作用发挥不充分，企业的创意、研发、制作水平较低，内涵深刻、风格独特、形式新颖、技术先进的精品力作和知名的文化品牌较少，参与国际竞争的能力有待进一步提高。

(三)政策、法规体系不健全，投入、人才保障不完善

近年来，国家出台了一系列扶持和促进文化产业发展的政策措施，但从总体上看还不够完善。文化立法比较薄弱，文化产业发展缺乏强有力的法制保障，产业政策还需进一步增强针对性和可操作性。对文化产业的行政管理仍然存在一些体制性、政策性障碍，产业规划不明晰，行业管理不规范，特别是对网络文化等新兴业态的管理仍然依赖传统的管理经验和模式。盗版侵权问题仍比较突出，知识产权保护有待加强。

虽然各级财政对文化建设的投入不断增加，但由于长期以来文化建设经费基数低、底子薄、基础条件差，财政投入的增长与文化发展的需求之间仍有不小的差距，对文化投入总量仍显不足，文化产业发展基础条件薄弱。

文化产业的创意人才、经营管理人才、技术开发人才、市场营销人才，尤其是既懂文化又懂经营的复合型高级人才短缺，人才培养和激励保障机制有待加强。文化产业统计工作刚刚起步，统计指标体系还在完善，统计工作尚未全面覆盖从事文化产业的所有单位和个人。现代科技与文化的融合愈加紧密，但传统文化产业利用新技术的动力不强、活力不足。文化产业标准化体系建设比较滞后，影响了产业发展水平提升和规模扩大。

(四)文化贸易逆差仍然较大，文化产业“走出去”步伐有待进一步加快

近年来，虽然我国文化产品和服务出口数量有所增长，但文化贸易逆差的现象仍未得到根本改变，文化产品和服务出口渠道比较狭窄，出口价格远远低于进口的同类产品，我国文化产品的国际竞争力和传播力还有待于进一步提升。以演艺产品为例，我国引进和派出的文艺演出每场收入比约为10∶1，我国全部海外商业演出的年收入不到1亿美元，不及国外一个著名马戏团一年的海外演出收入。

(五)盲目发展的苗头一定程度存在，规划、引导和调控有待进一步加强

目前，各地发展文化产业热情高涨，竞相上马大型文化产业项目，文化产业园区基地遍布各地，各种资本也纷纷涌入文化产业。这一方面体现了各界对文化产业发展的良好预期，也是加快文化产业发展的重要前提，对产业发展起到了积极推动作用，但另一方面，盲目发展、资源浪费、同质化竞争的问题已经出现，需要引起重视。如全国有几十个城市已开工或准备建设大型动漫主题公园或文化

主题公园；不少风景区都拟上马大型实景演出；有的文化产业项目以文化之名搞房地产开发。这些势头如不及时加以规划、引导和调控，很可能影响到文化产业的科学发展。

四、加快文化产业发展的工作计划

当前和今后一个时期，加快文化产业发展的总的指导思想是，全面贯彻党的十七大精神，坚持以邓小平理论和“三个代表”重要思想为指导，深入贯彻落实科学发展观，自觉将文化产业发展融入转变经济发展方式的全局，贯彻落实《文化产业振兴规划》，坚持社会效益优先、经济效益与社会效益相统一，深化文化体制改革，转变发展方式，优化产业结构，培育市场主体，推进产业创新，扩大文化消费，实现文化产业又好又快发展。

文化产业发展的主要目标是，文化产品和服务更加丰富多彩，社会主义核心价值观得到进一步弘扬，人民群众精神文化需求得到进一步满足；文化产业发展速度明显高于同期国内生产总值增长速度，在国民经济中所占比重逐步提高；文化市场主体活力显著增强，文化创新能力显著提升，形成一批具有较强实力的文化企业和企业集团，文化产业结构更加优化、布局更加合理；文化产品市场和要素市场更加健全，文化市场秩序更加规范，文化产业发展保障体系更加完备；文化产品和服务出口额明显提高，中国文化产品的国际影响力和竞争力明显增强。

（一）全面落实《文化产业振兴规划》，研究制定“十二五”时期文化产业发展规划

认真落实《文化产业振兴规划》，积极进行文化产业的资源整合和结构调整，巩固文化产业逆势上扬的良好态势，做到结构好、布局好、效益好、可持续，不断增强文化产业的整体实力和国际竞争力。按照科学发展观的要求，将文化产业发展纳入经济社会发展总体规划，建立相关的考核、评价和责任制度，作为评价地区发展水平、衡量发展质量和领导干部工作实绩的重要内容。进一步将文化产业发展融入转变经济发展方式的全局，以文化产业的发展促进经济发展方式转变。

对《国家“十一五”时期文化发展规划纲要》执行情况进行督促检查，推动重大计划、重点工程、重大项目如期完成。认真总结近年来文化产业发展的成功经验，结合国家“十二五”时期经济社会发展规划的编制工作，研究制定“十二五”时期文化产业发展规划，提高规划的指导性、操作性、约束性。指导、推动各地做好本地区文化发展规划的研究编制工作。

（二）着力推进文化体制改革，增强文化产业微观活力

以转企改制、重塑市场主体为中心环节，加快推进经营性新闻出版单位转企改制和兼并重组，加快电影制片、发行、放映单位和文艺院团转企改制，抓好广播电视节目制播分离改革。通过把经营性文化事业单位转制为规范的文化企业，为文化产业发展奠定坚实的微观基础。着力培育一批骨干文化企业，增强我国文化产业的整体实力和国际竞争力。坚持政府引导、市场运作，科学规划、合理布局，在重点文化产业中选择一批成长性好、竞争力强的文化企业或企业集团加大政策扶持力度，培育一批骨干文化企业和战略投资者。打破行业垄断和地区封锁，推动跨地区、跨行业、跨媒体、跨所有制联合或兼并重组，壮大企业规模，提高集约化经营水平，促进文化领域资源整合和结构调整。鼓励多种类型、多种所有制文化企业的协调发展，落实国家关于非公有资本、外资进入文化产业的有关规定，积极吸收社会资本进入文化创意、影视制作、演艺娱乐、动漫、印刷、出版物分销等领域，逐步实现以股份制企业为主体、国有企业为骨干、民营企业为依托，互为补充、充满生机的文化产业格局。

（三）加强文化产业园区基地建设与管理，发挥重大项目带动作用

加强对文化产业园区和基地建设的统筹规划，坚持标准、突出特色、提高水平，促进资源合理配置和产业分工，防止一哄而上、盲目建设。有选择地建立和完善若干个集创意研发、产业孵化、产品交易、人才培训为一体的示范园区，为文化企业提供技术、信息、交易、展示平台，为文化产业规模化、集约化、专业化发展创造条件、奠定基础，提升产业集中度和创新能力。对符合规划的园区和基地，在基础设施建设、土地使用、税收政策等方面给予支持。建设一批文化创意、影视制作、出版发行、印刷复制、演艺娱乐和动漫等产业示范基地，支持和加快发展具有地域和民族特色的文化产业群，建设一批提供研发设计、信息咨询、生产制作、合作交流等服务的公共服务平台。

发展重点文化产业，实施重大项目带动战略。以演艺娱乐、影视制作、出版发行、文化会展、网络文化、数字内容和动漫等产业为重点，加大扶持力度，实现跨越式发展。以文化企业为主体，充分调

动社会各方面力量，加快组织实施一批成熟度高、成长性好、具有先导性、示范性和产业拉动作用的重大工程和重点项目，推进中国动漫游戏城、国家中影数字电影制作基地建设工程二期、国家“知识资源数据库”出版工程等重大文化产业项目。

（四）加大政府投入和金融支持，增强产业发展后劲

中央和地方各级人民政府将加大对文化产业的投入，通过贷款贴息、项目补贴、补充资本金等方式，支持国家级文化产业基地建设，支持文化产业重点项目及跨区域整合，支持国有控股文化企业股份制改造，支持文化产业基础设施建设，支持新产品、新技术研发。大幅增加中央财政“扶持文化产业发展专项资金”规模，不断加大支持力度。落实人民银行等九部门《关于金融支持文化产业振兴和发展繁荣的指导意见》，开发适合文化产业特点的信贷产品，加大有效信贷投放，完善授信模式，合理确定贷款期限和利率，鼓励和引导文化企业面向资本市场融资，扩大文化企业的直接融资规模，促进金融资本、社会资本与文化资源的对接，建立和完善文化资产评估体系，发挥好文化产权交易所作用。设立中国文化产业投资基金，由中央财政注资引导，吸收国有骨干文化企业、大型国有企业和金融机构认购，通过股权投资等方式，推动资源重组和结构调整。

（五）加强各项基础性工作，为产业发展提供强有力支撑

加快文化产业立法进程，着手起草《文化产业促进法》，推动尽快出台《电影产业促进法》，为文化产业发展提供法制保障。加快完善支持文化产业发展的财政、金融、税收、土地等方面的政策措施。加强文化产业统计工作，制定产业投资指导目录，加快推动文化产业标准化体系建设。

进一步转变政府职能，建立适应文化产业发展要求的宏观管理体制。进一步理顺对新兴文化业态的管理体制。整合行政和执法资源，建立统一高效的文化市场综合执法机构，提高管理能力，加大“扫黄打非”和版权执法工作力度，依法查处和制裁破坏文化市场秩序的非法经营行为，净化文化市场，维护诚信、公平、竞争有序的市场秩序。充分发挥驻外使领馆文化处（组）、海外中国文化中心等驻外文化机构作用，积极协助文化企业开拓海外市场，构建通往国际市场的平台和渠道。

培养文化产业人才，着力加强领军人物和各类专门人才的培养。建立健全业务培训和继续教育，培养懂文化、善创意、会经营的高端复合型人才和各类操作型、技能型、实用型人才。完善文化产业人才职称评定制度，完善公平竞争和分配激励机制，鼓励和支持优秀拔尖人才脱颖而出。吸引财经、金融、科技等领域的优秀人才进入文化产业领域，注重海外文化创意、研发、管理等高端人才的引进，为文化产业发展提供强有力的人才保障。指导组建全国性、区域性文化产业行业组织，发挥好行业组织作用。

（六）建设现代文化市场体系，发挥市场机制的基础性作用

建立健全门类齐全的文化产品市场和文化要素市场，促进文化产品和生产要素的合理流动，充分发挥市场在资源配置过程中的基础性作用。着力构建传输快捷、覆盖广泛的文化传播体系，在演艺、影视、图书等领域，大力发展统一配送和连锁经营，培育一批辐射力强的全国性和区域性文化产品流通企业，建设若干辐射全国的区域文化产品物流中心，减少流通环节、降低交易成本。发展文艺演出院线，覆盖主要城市演出场所，支持全国文化票务网络建设。推进有线电视网络整合，组建国家级有线电视网络公司。推进电影院线跨地区整合以及数字影院的建设和改造。支持国有出版发行企业跨地区兼并重组，扶持农村出版物市场和连锁网点建设，建立贯通城乡的新闻出版产业流通网络。发展文化中介机构。

（七）扩大文化消费，拉动文化内需

不断适应城乡居民消费结构的新变化和审美、娱乐、休闲的新需求，创新文化产品和服务，培育新的消费热点。加强原创，打造具有核心竞争力的知名文化品牌。努力降低成本，完善流通网络，扩大传播覆盖，提供价格合理、丰富多彩的文化产品和服务。支持建设和改造电影院、剧院等文化消费的基础设施，为文化消费创造必要的物质条件。引导个性化、时尚化、品牌化消费，促进节假日和会展的文化消费。推动文化产业与旅游融合发展，以文化提升旅游，以旅游传播文化。促进文化与商贸、通信、会展、教育培训、健身、休闲等行业相结合，促进服务性消费，带动相关产业发展。大力发展平面设计、外观设计等艺术创意和设计产业，推动在轻工、纺织等制造业中进一步融入文化元素，提高制造业的文化内涵和审美效果，促进文化创意衍生品生产，扩大和带动家具、家电、家纺、家饰等消费。

（八）加强科技支撑，推动文化产业升级

充分发挥科技对文化产业发展的支撑作用，运

用数字、网络等高新技术促进文化创意、动漫、数字立体电影、数字出版等新兴文化业态发展。发展网络文化、移动多媒体广播电视，开发移动文化信息服务、数字娱乐产品等业务，为各种便携显示终端提供内容服务。加快广播电视数字化和电影放映数字化进程。提高信息化水平，制定和完善网络标准，推动信息技术创新和应用，促进互联互通和资源共享，推进宽带通信网、数字电视网、下一代互联网三网融合。发展纸质有声读物、电子书、手机报和网络出版物等新兴新闻出版业态，发展高新技术印刷。加强核心技术研发，运用高新技术改造提升传统演艺、娱乐、电影等设施和技术。

（九）扩大对外文化贸易，推动中国文化走向世界

落实鼓励和支持文化产品和服务出口的优惠政策，在市场开拓、技术创新、海关通关等方面给予支持。大力扶持具有民族特色的音乐舞蹈杂技、展览、广播影视、出版物、动漫游戏等产品和服务的出口，打造一批国际知名文化品牌。鼓励文化企业通过独资、合资、控股、参股等多种形式在境外兴办实体、设立分支机构，实现文化企业在境外的落地经营。办好中国（深圳）国际文化产业博览会、中国国际广播影视博览会、北京国际图书博览会等重点文化会展，支持文化企业参加境外艺术节、影视展、图书展等国际文化展会和活动。

委员长、各位副委员长、秘书长、各位委员，在社会主义市场经济体制条件下，文化建设既是社会主义精神文明建设的重要组成部分，也是经济建设的重要组成部分。因此，必须遵循文化发展的客观规律，适应社会主义市场经济的客观要求，坚持文化事业和文化产业双轮驱动、两翼齐飞的思路。文化事业发展必须坚持“以政府为主导，以公共财政为支撑，以公益性文化事业单位为骨干，以基层为重点，鼓励全社会积极参与，创新公共文化服务体系”的方针，构建覆盖城乡的公共文化服务体系，体现公益性、均等性、基本性和便利性，以保障人民群众的基本文化权益，满足人民群众的基本文化需求。文化产业发展则必须坚持发挥市场在资源配置中的基础性作用，按照“创新体制、转换机制、面向市场、增强活力”的要求，坚持体制机制改革和创新，提高文化产业的整体实力和国际竞争力，努力满足人民群众日益多元化、多层次、多方面的文化消费需求。无论是文化事业还是文化产业，都必须坚持社会主义先进文化的方向，坚持社会效益优先，努力实现社会效益与经济效益相统一。

全国人大常委会听取和审议关于文化产业发展工作情况的报告，体现了对文化建设的关心和支持，必将有力地推进我国文化产业发展。我们将认真研究和落实全国人大常委会领导同志和各位委员的意见和建议，不断改进工作，努力推动我国文化产业又好又快发展。

关于加强道路交通安全管理工作情况的报告

——2010年4月28日在第十一届全国人民代表大会常务委员会第十四次会议上

国务委员兼公安部部长　孟建柱

全国人民代表大会常务委员会：

受国务院委托，我向全国人大常委会报告贯彻实施《中华人民共和国道路交通安全法》，加强道路交通安全管理工作的有关情况，请予审议。

一、关于道路交通安全法实施以来的主要工作情况

道路交通是国民经济的大动脉，也是体现经济社会发展程度的重要标志之一。全国人大常委会对道路交通安全工作十分重视，于2003年10月审议通过了《道路交通安全法》，并于2007年12月进行了修正。各位委员和人大代表深入实际调查研究，提出了许多议案和建议，有力推动了我国道路交通安全工作。国务院多次召开常务会议、专题会议和全国电视电话会议，就贯彻落实《道路交通安全法》、加强和改进道路交通安全工作制定了一系列政策措施。各地区、各部门按照国务院的统一部署，认真贯彻实施《道路交通安全法》，坚持标本兼治、综合治理，加强领导，落实责任，狠抓各项措施

的落实,有力地促进了道路交通安全形势的持续稳定好转,确保了奥运会等重大活动和应对汶川地震等重特大自然灾害的道路安全畅通。主要抓了以下几个方面工作。

(一)制定完善配套法规规章,推进道路交通安全工作法制化。为确保《道路交通安全法》的顺利实施,国务院于2004年4月30日颁布了《道路交通安全法实施条例》,明确了贯彻落实道路交通安全法的实施细则;制定了《机动车交通事故责任强制保险条例》,建立了机动车交通事故强制保险制度。各地区、各部门围绕实施《道路交通安全法》,先后制订、修订了50多个地方法规、规章,60多个部门规章,150多个国家和行业技术标准。财政部等部门联合发布了《道路交通事故社会救助基金管理试行办法》,加大交通事故受伤人员的应急救治力度。工业和信息化部印发了《关于加强汽车产品质量建设促进汽车产业健康发展的指导意见》,进一步强化了汽车产品质量监管。2010年4月初,公安部修订施行了《机动车驾驶证申领和使用规定》,对酒后驾驶,高速公路倒车、逆行、掉头,使用伪造、变造机动车牌证等严重违法行为作了加重处罚的规定,并提高了相应的违法记分分值。

(二)完善管理体制机制,形成道路交通安全工作合力。国务院安委会每年对道路交通安全工作作出专门部署,由公安部会同18个部门和单位组成的全国道路交通安全工作部际联席会议,制定实施了道路交通安全"五整顿"(整顿驾驶员队伍、整顿路面行车秩序、整顿交通运输企业、整顿机动车生产改装企业、整顿危险路段)、"三加强"(加强责任制、加强宣传教育、加强执法检查)的工作措施。公安、交通运输、气象部门建立了道路交通气象信息共享和发布机制,及时发布公路交通气象信息和交通安全预警信息。交通运输部门构建了部、省两级公路网管理与应急处置平台,加强了路网运行监测与路况信息发布工作。公安、卫生部门建立了道路交通事故救援绿色通道,完善了道路交通事故快速抢救机制。公安部制定了高速公路交通应急管理规定,建立了以消防、交警为主的应急救援队伍,完善了部门、警种联动协作机制和应急救援预案。国务院安委会办公室完善了指导和督促检查机制,对发生重特大道路交通事故的省份及时进行通报和约谈。有关部门建立并落实了道路交通事故调查处理和责任追究机制,2003年以来,对1145名负有领导或者直接责任的政府机关工作人员给予了党纪政纪处分,责成12个因一年内发生一次死亡30人以上或者3起一次死亡10人以上重特大道路交通事故的省份向国务院作出了检查。

(三)深入开展专项整治,全力维护道路交通秩序。六年来,各地公安机关会同有关部门持续不断地组织开展了一系列集中整治行动,从严查处超速、超员、酒后驾驶、疲劳驾驶、无证驾驶等突出交通违法行为,其中年均查处超速行驶1900万起、酒后驾驶100万起、无证驾驶320万起,因超速行驶、酒后驾驶等交通违法行为导致的交通事故年均下降10%以上;深入开展了校园周边及校车交通安全专项整治行动,校车和涉及学生的道路交通事故年均下降17%;集中开展了交通肇事逃逸案件专项侦破工作,2009年交通肇事逃逸案件侦破率达到87.9%,其中致人死亡案件侦破率达到90.2%。积极实施城市交通管理畅通工程,有效缓解城市交通拥堵问题,全国660个城市已有29个达到畅通工程一等管理水平,166个达到二等管理水平。

(四)强化源头治理,努力夯实道路交通安全基础。各地区、各有关部门依法履行道路交通安全责任,着力解决影响道路交通安全的深层次、源头性问题。狠抓驾驶人队伍整顿,先后取消了1900多所不符合条件的机动车和拖拉机驾驶培训学校,清退了9700多名不符合条件的教练员;全面实施驾驶员素质教育工程,严格机动车驾驶人考试,着力提高驾驶员安全意识和操作技能。2003年以来,3年以下驾龄机动车驾驶人交通肇事率年均下降5.5%。全面审查运输企业经营资格,严把营运车辆技术状况关和从业人员资格关,健全道路运输质量信誉考核机制,淘汰了一批不符合安全生产条件的运输车辆,吊销了234家企业的经营许可证,运输企业的安全管理水平逐步提高。深入整顿汽车生产和改装企业,对4000多家非法改装企业进行了取缔或吊销执照,撤销了2.9万个型号已不符合国家标准的机动车产品,清理了300万辆"大吨小标"车辆,召回了320万辆存在隐患的机动车;集中治理货车违法超限超载,全国干线公路货车超限率下降到6%左右;开展了拖拉机登记和驾驶证申领专项整治工作,清理了一批违规办理的拖拉机号牌和驾驶证。全面推进"平安畅通县区"创建活动,从源头上加强了农村道路交通管理工作,2005年以来全国已有1826个县区被评为平安畅通县区,占总数的63.8%。

(五)加大安全投入,大力提高科技装备保障能力。在加快道路建设的同时,持续加大道路交通安全投入,积极推进科研攻关和技术装备保障建设。实施了公路安全保障工程,累计投入资金147.4亿元,整治隐患路段42.4万处、13.4万公里。高速公路、重要国省干道安装了超速监测系统以及行车安全提示系统。实施国家道路交通安全科技行动计划,运用交通工程和技术手段积极开展预防重特大道路交通事故的研究和探索,依法在危险化学品运输、长途客运等营运汽车上安装使用行驶记录仪,强化了对重点车辆和驾驶人的安全动态监管。成立了道路交通安全研究中心,进一步加强道路交通科技研究与应用,着力破解道路交通安全中的一些重点、难点问题。全国有568个城市建成了集接处警、信息采集、交通控制于一体的交通指挥中心,390个城市主干道实现了交通信号智能控制。

(六)广泛开展宣传教育,着力增强全民交通安全意识。各地区、各有关部门围绕贯彻实施《道路交通安全法》,广泛深入地开展了道路交通安全宣传教育活动,将道路交通安全内容纳入了中小学生教学大纲,将道路交通安全法律知识纳入了全民普法教育活动,部署开展了"平安农机"创建活动,深入开展了交通安全宣传进农村、进社区、进企业、进学校、进家庭"五进"活动,实施了"保护生命、平安出行"交通安全宣传教育工程。今年初,又实施了为期三年的"文明交通行动计划",倡导文明交通行为,摒弃交通陋习,抵制危险驾驶行为,完善道路安全及管理设施,并将实施情况纳入文明城市评选。通过宣传教育,全民交通安全意识、法制意识、文明意识都有了进一步提高。

(七)加大监督执法力度,不断提高交通安全管理与服务水平。各级公安机关不断规范执法行为,完善执法制度,强化执法监督。开展了执法大教育、大培训活动,教育民警既要严格、公正、规范执法,又要理性、平和、文明执法。集中整治乱罚款、违规办理机动车牌证等群众反映突出的问题。建立了道路交通业务管理信息系统,实现了各项业务的网上管理和监督。广泛应用道路交通监控设备,科学引导交通流量,公正查处交通违法行为。2005年以来,群众对道路交通管理方面的投诉大幅减少,信访率下降了80%以上。坚持管理与服务并重,结合《道路交通安全法》的贯彻实施,先后推出了允许残疾人驾驶汽车、实行机动车号牌号码自编自选、设立社区交通管理服务站、建立交通事故理赔服务中心等100多项服务措施。为配合汽车摩托车下乡政策的落实,2009年在汽车摩托车销售点设立了2145个机动车登记服务站,共办理车辆登记600多万辆,受到了群众的欢迎。

经过各方面共同努力,在道路通车里程和机动车、驾驶人数量以及交通流量持续大幅度增长的情况下,全国道路交通安全形势保持了总体平稳,道路交通事故高发态势得到了有力遏制。《道路交通安全法》实施前的2003年底,全国公路通车里程180.9万公里,其中高速公路通车里程2.9万公里,机动车保有量9600万辆,驾驶人数量1.03亿。到2009年底,全国公路通车里程已达382.8万公里,其中高速公路通车里程6.5万公里,机动车保有量达1.87亿辆,驾驶人数量接近2亿,分别比2003年底增加了111.5%、118.9%、93.4%和94.4%。与此同时,全国道路交通事故从2003年的66.7万起下降到2009年的23.8万起,死亡人数从10.4万人下降到6.8万人,万车死亡率从10.8下降到3.6。特别是一次死亡10人以上特大道路交通事故下降尤为明显,从近年来最高的2004年的55起下降到2009年的24起。取得这样的成绩,实属不易,这是党中央、国务院和地方各级党委、政府高度重视、正确领导,各部门齐抓共管、综合治理的结果,也是全国人大和各级人大关心、支持特别是出台实施《道路交通安全法》的结果,体现了我国的政治优势和社会制度优势,体现了社会主义法治建设的力量和作用。同时,这些成绩的取得,也凝聚着全国广大执法工作者特别是广大公安交通民警的心血和汗水。据统计,2003年以来,全国有435名公安交警牺牲在工作岗位上。

二、当前道路交通安全工作存在的主要问题

尽管全国道路交通安全形势保持了总体平稳态势,但是,我们也清醒地认识到,当前影响道路交通安全的因素依然很多,道路交通安全形势依然严峻。一方面,我国正处于城市化、工业化快速发展阶段,道路交通依法规划建设、依法履行职责、依法提供保障的能力有待进一步提高,国民整体安全意识、法制意识也有待进一步加强。另一方面,机动车快速增长与道路基础设施建设水平、交通参与者文明素质、道路交通管理力量和管理水平的矛盾越来越突出,影响和制约道路交通安全的一些问题尚未得到全面解决,工作上稍有放松,道路交通安全形势就可能发生反弹。具体来说,当

前道路交通安全工作存在的问题主要体现在以下五个方面：

（一）道路交通科学规划工作有待加强。由于历史等各方面原因，一些城市缺乏科学规划，道路建设滞后，公交分担率低，道路、停车供需矛盾突出。一些地方注重短期建设，忽视长期影响，新建、改建、扩建工程不进行交通影响评价，造成一些道路交通拥堵"瓶颈"和安全隐患路段。

（二）安全隐患还比较突出。有的载货汽车侧后防护装置被非法改装，强度大大减弱；汽车安全气囊尚没有国家标准；"大吨小标"现象虽有所遏制，但依然存在。一些临水、邻崖、坡陡、弯急路段，事故多发。一些交通运输企业挂靠经营问题突出，不履行对驾驶人的安全管理和教育职责，驾驶人聘用把关不严。据统计，在一次死亡 10 人以上重特大道路交通事故中，80% 是由营运车辆及其驾驶人交通违法行为导致的。

（三）农村道路交通安全薄弱。农村拖拉机、三轮汽车、低速货车无牌无证、违法载人现象普遍，事故多发。农村公路标准低，安全防护设施落后。2003 年以来发生的一次死亡 10 人以上的重特大道路交通事故中，发生在农村公路的占 54%。

（四）管理水平和执法能力仍有待提高。道路交通科学管理的理念、机制、手段、方法，以及管理人员的素质、能力还不适应经济社会发展的需要，交警警力不足的问题比较突出，特别是农村和高速公路警力不足问题更加严重。到 2009 年底，全国农村公路达 333.6 万公里，但管理农村公路的警力只有 2.1 万人，人均管理近 160 公里；有的新建高速公路虽已开通，但交警警力配备没有同步跟上。

（五）公民交通安全意识有待强化。机动车交通违法违规行为仍很突出，自行车、行人遵守交通规则意识淡薄。近年来因机动车未礼让行人导致事故致死人数年均增长 5%。交通安全宣传教育的责任和义务还没有得到很好地落实，尚未形成全社会交通安全宣传教育工作格局，特别是公益宣传相对较少。

三、关于进一步加强道路交通安全工作的意见措施

当前和今后一个时期，进一步加强道路交通安全工作的总体思路是，以邓小平理论和"三个代表"重要思想为指导，深入贯彻落实科学发展观，坚持安全发展理念，进一步推动《道路交通安全法》的贯彻实施，加强统筹规划，加强科学管理，加大安全投入，强化综合治理，不断加强和改进道路交通安全工作，努力走出一条具有中国特色的道路交通安全管理工作新路子，确保道路交通安全形势继续保持平稳，特大道路交通事故进一步减少，为促进经济社会发展、保障人民群众平安出行创造良好的道路交通环境。下一步，拟重点抓好以下工作：

（一）进一步强化组织领导和责任落实。进一步加强对道路交通安全工作的组织领导，加强统筹协调，加大投入保障。进一步完善国家、省、市、县、乡五级道路交通安全工作组织领导机构，健全安全生产责任制，按照"谁主管、谁负责，谁审批、谁负责"的原则，将预防道路交通运输事故的责任落实到地方政府、落实到部门、落实到运输企业，强化企业主体责任和行业部门监管责任。

（二）进一步整治道路交通安全隐患。继续开展以"消除隐患、珍视生命"为主题的公路安全保障工程，对国省干线公路上急弯、陡坡、视距不良、路侧险要等危险路段实施综合治理，并将公路安全保障工程逐步向农村公路延伸。继续下大力气抓好道路交通安全隐患排查整治工作，对重大隐患实行挂牌督办，限期整改。注重加强人行道、自行车道、行人过街设施、公交港湾、公交专用车道（路）的建设，减少行人、自行车与机动车的互相影响，防止产生新的安全隐患。建立道路安全隐患动态监控及预警预报体系，及时发现和整治安全隐患，严格查处交通运输企业超员、超限、超负荷运营和非法载客运货现象。修订完善《机动车运行安全技术条件》等国家标准，进一步提高大中型客车、公共汽车、重型载货汽车的安全性能，引导、鼓励发展厢式货车。研究制定电动自行车发展政策和技术标准，加强对违规生产超标电动自行车的监管和治理。

（三）进一步加大安全保障投入。坚持规划先行，将道路交通安全纳入国民经济和社会发展总体规划以及城市建设总体规划，制订全国道路交通安全专项规划，统筹安排道路交通安全设施、车辆安全性能、交通运输企业安全监管和交通安全管理手段等方面的建设。加强城市道路基础设施的建设及维护，加大道路交通安全基础设施建设投入，集中整治道路安全隐患。研究推广使用信息化技术和先进管理方法，在所有公路营运客车和危险化学品、易燃易爆物品运输车辆上强制安装使用行驶记录仪，提高道路交通管理科技含量。完善道路交通

警务保障机制，根据机动车、驾驶人、公路通车里程的发展变化和交通管理实际需求，研究制定交警警力配置标准和经费保障意见。针对交通管理工作高污染、高强度、高风险的特点，为一线交警执勤创造更好的条件。

（四）进一步强化农村道路交通安全工作。加大农村道路安全监管力度，强化拖拉机安全监管，重点整治低速货车、三轮汽车和拖拉机无牌无证、违法载人等违法行为，维护农村道路交通秩序。加快农村公路建设，完善安全防护设施，落实管理养护责任，改善农村道路通行条件。加大农村客运扶持力度，进一步解决广大农村群众出行难问题，让他们坐上“安全车、放心车、便捷车”。强化县、乡、村道路交通安全责任，充分发挥农村基层组织的作用，加强农村道路交通安全宣传教育和县、乡、村道路交通管理。

（五）进一步完善有关道路交通安全制度和措施。加快修订机动车强制报废规定和报废汽车回收管理办法，进一步完善缺陷机动车召回的相关法规和措施。研究建立科学的道路交通安全工作评估机制，从制度、机制、措施、效果等方面科学设置交通安全工作考核指标，全面、科学、客观地评价工作成效。建立驾驶员交通违法、肇事信息查询平台，完善道路交通事故、驾驶员违法行为通报制度，提高安全管理效率和水平。健全汽车生产及改装企业行业管理制度，建立和完善国家车辆生产和管理信用体系，研究加强对专业运输驾驶人安全驾驶行为动态监管的措施。依法加快道路交通事故社会救助基金制度建设，制定并完善实施细则，确保道路交通事故受伤人员的应急救治。针对事故高发、多发态势，对酒后驾驶、使用假牌假证、违法高速驾驶机动车竞逐、客车超员等严重交通违法行为，研究增加拘留处罚措施，提高财产罚、资格罚幅度；同时，研究在《刑法》中增设“危险驾驶机动车罪”，将醉酒驾驶机动车、在城镇违法高速驾驶机动车竞逐等严重危害公共安全的交通违法行为纳入《刑法》，并提高交通肇事罪的法定最高刑。恳请全国人大常委会在适当时候，对各地区、各部门贯彻实施《道路交通安全法》，依法履行道路交通安全工作职责的情况，组织开展一次专项执法监督检查活动，以进一步推动《道路交通安全法》的深入实施。

（六）进一步严格道路交通安全执法管理。公安机关是道路交通管理的职能部门，将严格执行《道路交通安全法》，充分发挥职能作用，认真履行职责，进一步抓好道路交通安全管理各项措施的落实，全力以赴防事故、保安全、保畅通。要加强道路交通秩序管理，深入开展公路交通秩序示范创建活动，集中整治严重交通违法行为；加强重特大道路交通事故预防和道路交通应急管理，最大限度地减少道路交通事故导致的人员伤亡和对道路通行的影响，切实保障道路安全畅通；加强执法规范化建设，进一步健全执法制度，细化执法标准，改进执法方式，强化执法监督，切实提高道路交通执法能力和服务水平。

（七）进一步增强全民道路交通安全意识。严格按照《道路交通安全法》的规定，落实各级政府和相关部门交通安全宣传教育的责任、义务，建立健全政府领导、部门负责、社会参与的交通安全宣传教育工作格局。以运输企业驾驶人、农村群众、中小学生为重点，进一步深化交通安全宣传教育，深入推进交通安全宣传“五进”活动和交通安全宣传教育工程，抓好“文明交通行动计划”，大力倡导文明交通、告别交通陋习，养成良好的道路交通行为习惯。完善和落实交通安全公益宣传制度，进一步加大公益宣传力度，不断增强全民交通安全意识、法制意识和文明意识。

委员长、各位副委员长、秘书长、各位委员，全国人大常委会专门听取关于加强道路交通安全管理工作情况的汇报，加强对道路交通安全工作的监督指导，充分体现了全国人大常委会对道路交通安全工作的重视、关心和支持，这对深入贯彻实施《道路交通安全法》、进一步加强和改进道路交通安全工作，必将产生重大推动作用。我们将按照全国人大常委会的审议意见，进一步抓好各项工作意见的整改和落实，把道路交通安全工作提高到一个新水平，为促进经济社会全面协调发展、保障人民群众生命财产安全创造一个安全、有序、畅通的道路交通环境。

关于国家粮食安全工作情况的报告

——2010年8月26日在第十一届全国人民代表大会常务委员会第十六次会议上

国家发展和改革委员会主任 张 平

全国人民代表大会常务委员会:

我受国务院委托,向全国人大常委会报告近几年保障国家粮食[1]安全的工作情况,请予以审议。

一、近年保障粮食安全采取的主要措施及成效

党中央、国务院历来高度重视国家粮食安全,坚持立足国内保障粮食基本自给的方针,千方百计促进粮食生产,较好地解决了十几亿人口的吃饭问题,取得了举世公认的成就。特别是近年来,国家进一步加强粮食安全工作,着力健全和完善强农惠农与粮食宏观调控政策体系,经过各方面的共同努力,在粮食生产和流通等各环节都取得了明显成效。

(一)大力强化农业基础建设,不断提升粮食综合生产能力。以粮食主产区为重点,积极推进大型商品粮生产基地建设,认真抓好优质粮食产业工程和粮食丰产科技工程等项目的实施。实行最严格的耕地保护制度,强化省级政府耕地保护责任目标考核,严格耕地占补平衡管理,开展国家土地督察,加大土地整治力度。实施大中型灌区续建配套与节水改造、大型灌溉排水泵站更新改造,发展节水灌溉,加强小型农田水利建设,完善田间基础设施,大力改造中低产田,提升农田产出能力。积极推进病险水库除险加固工作,提升农业应对洪涝及干旱等灾害的能力,2004年以来,共安排中央补助资金487亿元,用于8150座病险水库的除险加固。其中,为落实2007年中央关于用3年时间完成大中型水库和重点小型水库除险加固任务的部署,编制了《全国病险水库除险加固专项规划》,共安排投资510亿元(其中中央投资277亿元),将6240座(大型86座、中型1096座、小(1)型5058座)病险水库纳入规划,全部任务将在今年年底前完成。加强农业科技创新体系建设,强化粮食科技工作,加强关键技术集成创新,加大良种良法选育推广力度,加强农业物质装备能力建设,提升农业科技支撑水平。2004—2009年,全国新增农田灌溉面积6700万亩,新增节水灌溉面积7500万亩,良种覆盖率达到95%以上,耕种收综合机械化水平达到49.1%、提高15个百分点,粮食亩均产量达到649斤、提高33斤,水稻、小麦、玉米和大豆等4大粮食作物综合优质率达到70%、提高20多个百分点。粮食综合生产能力稳步提高,近3年粮食总产量连续稳定在1万亿斤以上。

(二)进一步加强政策扶持引导,调动农民种粮和地方政府抓粮的积极性。全面取消农业税、牧业税、除烟叶外农业特产税、屠宰税,实施粮食直补、农资综合补贴、良种补贴、农机购置补贴,逐年加大补贴力度,初步建立了对种粮农民的补贴机制。实行粮食最低收购价、临时收储等保护性收购政策,稳步提高粮食最低收购价格水平。实行产粮大县奖励政策,完善粮食风险基金制度,逐步减少主产区粮食风险基金地方配套资金,不断加大对粮食主产区的转移支付力度。设立现代农业生产发展资金,以粮食主产区为重点,支持做大做强粮食等优势特色产业。这些政策措施切实让农民得到了实惠,有效地调动了农民种粮积极性。2009年,粮食播种面积达到16.35亿亩,比2003年增加了1.44亿亩。

(三)不断深化粮食流通体制改革,逐步完善粮食市场流通体系。2004年,全面放开粮食收购市场和价格,积极稳妥推进粮食流通体制改革。目前,粮食购销市场化和市场主体多元化的格局基本实现,以市场供求为基础的粮食价格形成机制逐步建立,统一、开放、竞争、有序的粮食市场体系初步形成。加快国有粮食企业改革,转换经营机制,提高企业市场竞争能力,在粮食收购中继续发挥主渠道作用。发展粮食产销合作关系,发挥

---

① 粮食包括谷物(含小麦、稻谷、玉米)、豆类(含大豆)和薯类;分用途包括城乡居民口粮、饲料用粮、工业用粮以及种子和其他用粮。

粮食现货市场和期货市场的功能，促进粮食产业化经营，提高粮食流通规模化、组织化程度。编制实施《全国粮食现代物流发展规划》，加大粮食仓储和物流设施建设投入，仓储物流现代化水平有所提高。

（四）进一步加强粮油市场调控，不断健全粮食储备制度。完善粮食省长负责制，强化了省级人民政府在粮食生产、流通、调控方面的责任。制定国家、省级粮食应急预案，初步建立粮食应急保障机制。加强对玉米、大豆加工业调控，制止玉米深加工和大豆压榨产能盲目扩张。加强粮食进出口品种调剂，促进粮食供需总量平衡。建立健全中央和地方粮食储备制度，完善中央储备粮垂直管理体系，充实储备库存。2009年，开展全国粮食清仓查库，进一步摸清了粮食库存家底。国家粮食储备体系逐步完善、库存充裕，在近年来自然灾害频发、国际农产品市场出现大幅波动的情况下，为保持国内粮食供求平衡和价格基本稳定发挥了重要作用。

（五）进一步加强粮食法制建设，加快制定粮食安全战略规划。公布施行《粮食流通管理条例》、《中央储备粮管理条例》，在粮食市场放开条件下，加强了对全社会粮食流通的监管，依法管粮取得重要进展。2008年8月，国务院发布《国家粮食安全中长期规划纲要（2008—2020年）》，明确了中长期保障粮食安全的指导思想、目标和主要任务。在此基础上，着手编制粮食生产、流通、储备、加工等方面的专项规划。其中，《全国新增1000亿斤粮食生产能力规划（2009—2020年）》已于2009年7月由国务院办公厅印发实施，对各地区今后一个时期的粮食生产能力建设作了具体部署，2010年，安排中央投资65亿元用于规划内田间工程及农技服务体系建设，规划的各项工作正在抓紧开展。

由于党中央、国务院采取了一系列正确的政策措施，在工业化和城镇化快速发展、耕地面积逐年减少的情况下，2004年以来，我国粮食连续6年增产，2009年粮食总产量达到10616亿斤，比2003年增产2002亿斤，粮食自给率保持在95%以上，保证了居民食物消费和经济社会发展对粮食的基本需求；为妥善应对历史罕见低温雨雪冰冻灾害、汶川和玉树特大地震等重大突发事件及自然灾害，以及世界粮食危机、国际金融危机冲击等严重挑战，提供了重要支撑；为保持经济平稳较快发展、维护社会和谐稳定奠定了重要基础，发挥了重要作用。

二、当前我国粮食安全面临的主要问题

当前我国粮食安全形势总体良好，但在我国城镇化、工业化不断发展和人口增加的背景下，粮食需求增长、耕地减少、淡水资源紧张的趋势不会改变，粮食增产的难度大，保障粮食安全面临严峻挑战。

（一）粮食产需缺口扩大。综合考虑人口增长、人民生活水平提高、经济发展等因素，预测2020年，我国粮食需求总量11450亿斤。按照粮食自给率95%以上测算，2020年粮食综合生产能力需要达到10800亿斤以上。目前，粮食供需区域性和结构性矛盾仍比较突出。粮食生产重心北移，南方销区粮食产需缺口扩大，资源条件较差的西部及西南部分地区也存在缺口。从国际市场看，粮食供求总体也是偏紧的，我国利用国际市场来弥补国内个别品种供给不足的难度加大。上述这些因素，都将加大粮食供需总量平衡和市场调控的难度。

（二）水土资源约束增强。我国人均水资源占有量约2100立方米，仅为世界平均水平的28%，且水资源时空分布不均衡。降水主要集中在夏季，春耕和秋冬种期间用水矛盾突出；淮河以北地区耕地面积约占全国的2/3，而水资源量不足全国的1/5；北方部分地区已出现地下水严重超采。尽管实行最严格的耕地保护制度，但受农业结构调整、生态退耕、自然灾害损毁、非农建设占用等因素影响，耕地数量仍逐年减少。目前，人均耕地面积仅为1.38亩，约为世界平均水平的40%。耕地质量总体偏差，中、低产田约占67%，且水土流失、土地沙化、土壤退化、“三废”污染等问题严重。宜耕耕地后备资源匮乏，可开垦成耕地的不足7000万亩。

（三）农田水利基础设施薄弱。我国水利建设尚不能满足现代农业发展的需要，尤其是部分地区小型农田水利建设严重滞后，病险水库除险加固任务仍十分繁重。近年来，随着农村外出务工人数增加，农民对水利建设的投工、投劳锐减，新的小型农田水利建设投入和管护机制还没有建立。目前，农田有效灌溉面积所占比重为48%，部分灌区工程设施老化失修严重，配套差，末级渠系建设滞后，缺少基本灌排条件，洪涝干旱防灾减灾能力脆弱。此外，受全球气候变暖影响，突发性极端天气增多，病虫害多发、频发、重发，旱涝灾害特别是干旱缺水状况呈加重趋势，对稳定粮食生产发展构成严重威胁。

（四）农业科技支撑能力不强。目前，我国农业科技进步贡献率为48%，比发达国家低20个百分点左右。农业科研与生产结合不紧密，基础性研究比较薄弱，创新能力不强，科技到位率低。种子产业发展存在育繁推脱节、育种水平低、种子企业缺乏竞争力、市场监管技术和手段落后等问题。

（五）种粮比较效益长期偏低。尽管近几年粮食价格稳步上升，但农民种粮收入仍然不高，特别是与从事其他产业相比，种粮比较效益明显偏低，一些地区出现了粮食“副业化”等趋势。从发展趋势看，随着农资价格上涨、人工费用增加，种粮成本将逐步上升。同时，农村留守的劳动力接受新知识、新技术的能力相对偏弱，连续增产后有的地方出现了放松农业和粮食生产的倾向，都对进一步稳定和发展粮食生产造成不利影响。如何进一步完善粮食市场调控体系和种粮补贴制度、建立健全主产区利益补偿长效机制，充分调动农民种粮、地方政府重农抓粮积极性，还需要作进一步研究探索。

此外，我国加入世界贸易组织后，随着农业领域对外开放和粮食流通市场化改革的不断深化，在促进国内农业和粮食产业发展的同时，也带来了一些挑战。一是国内外市场关联度越来越强，大豆、食用植物油等对外依存度高的品种，国际市场波动对国内市场的影响加剧，增加了市场调控的难度。二是我国农业和粮食产业与发达国家相比，在技术、经营管理等方面都存在一定差距，面临的国际竞争压力日益增大。在坚持对外开放的原则下，如何采取既符合世界贸易组织规则，又能有效引导进口和规范外资企业经营行为的措施，以趋利避害，促进和保护国内农业和粮食产业健康发展，需抓紧研究。

三、进一步保障国家粮食安全的措施意见

粮食安全是关系我国经济发展、社会稳定和国家自立的全局性重大战略问题，是治国安邦的头等大事。下一步，我们将以科学发展观为指导，按照全面建设小康社会、构建社会主义和谐社会和建设社会主义新农村的战略部署和总体要求，坚持工业反哺农业、城市支持农村，加快转变农业发展方式，着力发展现代农业，按照中央的决策部署和《国家粮食安全中长期规划纲要（2008—2020年）》要求，坚持立足于基本靠国内保障粮食供给，进一步加大政策和投入支持力度，严格保护耕地，依靠科技进步，着力提高粮食综合生产能力，完善粮食流通体系，加强粮食宏观调控，提高种粮比较效益，加快构建供给稳定、储备充足、调控有力、运转高效、适应社会主义市场经济发展要求和符合我国国情的粮食安全保障体系。

（一）进一步加强粮食综合生产能力建设。一是全面实施《全国新增1000亿斤粮食生产能力规划（2009—2020年）》，以产粮大县为重点，加快改善农业基础条件，充分挖掘增产潜力，努力增加商品粮调出量，力争到2020年粮食综合生产能力达到11000亿斤以上。二是加强以农田水利为重点的农业基础设施建设。加快实施大中型灌区续建配套和节水改造、排灌泵站更新改造和抗旱应急水源工程建设，推广高效节水灌溉，大力发展节水型农业。继续抓紧开展病险水库除险加固工作，计划到2012年年底前，对尚未实施除险加固的5400余座小（1）型病险水库完成除险加固，同时积极开展小（2）型水库的安全状况调查，并分期分批予以除险加固。加强以小型农田水利设施为基础的田间工程建设，配套实施土地平整、机耕道建设和土壤改良、测土配方施肥、旱作节水等技术措施，改造中低产田，建设区域化、规模化、集中连片的商品粮生产基地。力争到2020年改造灌区面积1.8亿亩，改造产粮大县中低产田3亿亩。三是推广优良品种和高产栽培技术。加强规模化、标准化、专业化良种繁育基地建设，大力选育推广高产、广适的优良品种。继续实施粮食丰产科技工程，深入开展粮食高产创建活动，启动粮食增产增收创新能力专项。加强技术培训和指导，引导农民进行全过程规范化、标准化种植。到2020年，力争商品化供种水平由目前的80%提高到85%，良种覆盖率稳定在95%以上。四是改进耕种方式。鼓励北方地区发展保护性耕作，南方地区加大冬闲田开发力度。加快推进粮食作物生产全程机械化，配套推广深松、免耕播种、秸秆还田、稻草旋埋、化肥深施等技术。力争到2020年，主要作物耕种收综合机械化水平达到65%，比2009年提高约16个百分点。五是加强防灾减灾体系建设。完善防洪、除涝和抗旱工程体系建设和管理，提高防灾减灾能力。加强农业有害生物预警与控制站建设，推进联防联控和专业化统防统治，提高有害生物应急防控和扑灭能力。完善农业气象监测站网，加强农业灾害性天气预报预警与评估，提高农业气象灾害监测和防御能力。六是合理开发利用非粮食物资源。大力发展木本粮油产业和节粮型畜牧业，积极发展水产养殖业和远洋渔业，增

加食物供给。

（二）进一步加大投入和政策扶持力度。一是增加粮食生产投入。加快健全农业投入保障机制和保护体系，调整国民收入分配格局，优化财政支出、固定资产投资、信贷投放结构，较大幅度增加对农业的投入，重点向粮食主产区和产粮大县倾斜。建立健全以公共财政为主体的多元化投入机制，落实优惠政策，吸引社会资金投向粮食生产。加大农田水利建设资金整合力度，增加中央和省级财政小型农田水利设施建设补助专项资金规模。用好“一事一议”政策，创新投资机制，采取以奖代补等形式，鼓励和支持广泛开展小型农田水利设施建设和管护。二是完善财政奖补政策。健全农业补贴制度，完善粮食直补、农资综合补贴、良种补贴和农机购置补贴办法。落实和完善农资综合补贴动态调整机制。健全完善粮食主产区利益补偿机制，加大对主产区（县）转移支付力度，2011年底前全部取消粮食风险基金主产区地方配套；完善产粮（油）大县奖励制度，加大奖励力度，向商品粮调出量大、对国家粮食安全贡献突出的产粮（油）大县倾斜。增加现代农业生产发展资金，继续向粮食主产区倾斜。三是完善粮食最低收购价政策。继续稳步提高最低收购价格，引导市场粮价保持在合理水平。继续通过采取价格支持、增加补贴等多种方式，逐步提高种粮的比较效益。四是加大土地整治资金投入力度。统筹各项土地整治资金，整体推进农村土地整治，实施农村土地整治重大工程和示范项目。五是加大金融支持力度。创新农村金融体制，加快培育小型农村金融机构。大力发展小额信贷，鼓励发展适合粮食生产需要的微型金融服务。创新粮食信贷担保方式，扩大质押品范围。健全农业保险和再保险体系，研究建立财政支持的巨灾风险分散机制。稳步发展农产品期货市场。

（三）严格保护耕地和淡水等粮食生产资源。一是稳定和完善土地承包经营关系。建立健全土地承包经营权流转市场，按照依法自愿有偿原则，引导土地承包经营权流转，发展多种形式的适度规模经营。加快发展种粮农民专业合作社，促进粮食生产专业化分工和产业化经营。二是坚持最严格的耕地保护制度。层层落实目标责任，坚决守住十八亿亩耕地红线。切实加强基本农田保护，划定粮食生产区域并予以永久固定。强化土地利用总体规划管理，实行最严格的节约用地制度，从严控制城乡建设用地总规模。严格执行耕地占补平衡、先补后占制度，不得占优补劣。加强耕地后备资源保护。完善耕地保护监督和惩罚机制，加强土地督察和执法监察，坚决遏制土地违规违法行为。加强草原等其他农用土地的保护与建设。三是强化水资源保护与管理。按照粮食生产必须与水资源承载能力相适应的原则，坚持走节水增产的道路，统筹水资源配置，严格实行灌溉用水总量控制和定额管理，提高农业用水效率。北方地区优化井渠结合的灌溉模式，西北地区发展旱作节水农业。抓好水土保持和生态建设，搞好重点区域水土保持建设和小流域综合治理，加大农业面源污染防治力度，加强地下水保护。

（四）加强农业科技及相关产业支撑。一是增加农业科研投入。积极推进建立以政府为主导的多元化、多渠道农业科研投入机制，支持与粮食生产相关的基础性、前沿性科学技术以及流通领域先进技术研究和应用。继续安排农业科技成果转化资金，加快农业技术成果的集成创新、中试熟化和推广普及。二是健全农业科技创新和技术推广体系。整合科研院所及相关院校力量，搭建基础性、公益性研究平台，抓紧推进粮食增产增收国家工程实验室项目建设。建立农业科技创新基金，积极鼓励涉农企业成为农业技术创新主体。加强农业科技国际合作交流，增强自主创新能力。支持基层农技推广公共服务机构建设，做好基层农技推广体系改革和建设示范实施工作。引导和鼓励涉农企业、农民专业合作组织开展农业粮食技术创新和推广活动。完善农民科技培训体系，提高农民科学种田水平。三是推进种子产业健康发展。加大对生物育种自主创新和产业化的支持力度，在继续组织实施转基因生物新品种培育科技重大专项的基础上，抓紧开发具有重要应用价值和自主知识产权、安全可靠的新品种，进一步掌握生物育种关键核心技术，加快产业化进程。加快推进种业体制改革，抓紧培育有核心竞争力的大型种子企业。严格种子市场准入，规范区域试验和品种审定，强化种子市场监管。四是发展化肥、农药和农机装备制造等农用工业。优化氮肥企业结构，积极开发钾肥资源，加快发展复合肥、生物肥料等。严格农药生产行业准入，鼓励发展高效、低毒、低残留品种。推进农机工业行业改革，增强农机工业科技创新能力，着力解决农机产品结构性矛盾，提升制造水平和产品质量。

（五）促进现代粮食流通和加工产业发展。一是健全粮食市场体系。完善区域性、专业性粮油批发市场，发展城镇粮油供应网络和农村粮食集贸市场。继续深化国有粮食企业改革,鼓励粮食购销、加工骨干企业向上下游延伸产业链条,发展产业化经营。继续培育和规范多种粮食市场主体,活跃粮食流通。二是加强物流体系建设。继续实施粮食现代物流发展规划,加快改造跨省粮食物流通道,提高粮食物流"四散化"①水平。统筹规划,加大主产区仓储设施建设与维修改造力度,推进实施农户科学储粮专项,改善仓储条件。三是完善粮食加工体系。加强科学规划,抓紧修订产业结构调整指导目录并尽快公布,引导粮油食品加工向规模化和集约化方向发展。改进粮油食品生产技术工艺,提高资源利用效率。完善质量标准体系,强化检验检测手段,提高产品质量和安全水平。按照"不与粮争地、不与人争粮"的原则,适度发展粮食深加工,其中玉米要优先满足饲养业发展需要。大力推进油脂加工品种多元化,着力发展以花生、菜籽、棉籽、油茶等国产油料为原料的食用油加工,提高食用油自给水平。四是完善粮食流通产业政策。按照坚持对外开放和市场化改革的原则,进一步完善粮食市场准入制度。加强粮食流通领域外商投资管理,促进粮食流通产业健康发展。

(六)加强和改善粮食市场调控。一是健全储备调控机制。完善政策性粮油收储办法,健全收储产品拍卖机制,防止谷贱伤农,保证市场供应。进一步完善粮油储备体系,优化中央和地方储备粮油品种结构和区域布局,健全中央储备粮吞吐轮换机制,提高储备调控效率。二是加强粮食进出口调控。合理利用国际市场,进行品种调剂。三是完善粮食应急保障体系。认真落实《国家粮食应急预案》各项要求,形成布局合理、运转高效的粮食应急网络。加强对大中城市及其他重点地区的粮食应急加工、储运和供应等设施的建设和维护。完善对特殊群体的粮食供应保障制度。四是健全粮食市场调控机制。完善粮食生产、流通、消费统计监测制度,改进统计调查手段,健全粮食监测预警体系和市场信息会商发布机制。五是引导科学节粮。按照建设资源节约型社会的要求,强化从收获、运输、储存、加工和消费全过程的节粮措施,减少粮食浪费和损耗。

(七)强化粮食安全责任。保障粮食安全是各级政府共同的责任。建立健全中央和地方粮食安全分级责任制,在国家宏观调控下,全面落实粮食省长负责制。中央政府负责全国的耕地和水资源保护、粮食总量平衡,统一管理粮食进出口,健全中央粮食储备,调控全国粮食市场和价格,支持各地发展粮食生产,不断完善各项强农惠农政策措施,促进和保护国内农业和粮食产业发展。省级人民政府负责本地水土资源保护、粮食生产、流通、储备和市场调控工作。进一步明确和落实粮食发展目标,切实把中央强农举措不折不扣贯彻到基层,惠农政策不缩不减落实到农户,引导农民发展粮食生产。主产区要进一步提高粮食生产能力,为全国提供稳定的商品粮源。主销区和产销平衡区要确保稳定现有自给水平,坚决防止和纠正放松粮食生产、忽视粮食生产能力建设的倾向,巩固和提高粮食生产能力,加强产销衔接,完善粮食储备,提高保供稳价能力。

(八)加快推进粮食立法。十一届全国人大常委会将粮食法列为五年立法规划一类项目,要求任期内提请审议。按照国务院部署,发展改革委和粮食局组织相关部门成立了粮食法起草领导小组、工作组和专家组,正在积极开展相关工作,将按期拿出法律草案。粮食法通过后,抓紧制(修)订相关配套法规,并加大执法力度。

长期以来,全国人大常委会高度重视粮食工作,人大代表对粮食调控、立法工作积极献言献策,为政府部门做好粮食工作提出了宝贵意见和建议。在此,我们向全国人大常委会表示衷心感谢!今后,我们将继续在全国人大监督下,坚决贯彻执行中央关于粮食安全的战略部署,切实把各项政策措施落到实处。

① "四散化"是指粮食在储存、运输、装载、卸货等环节始终保持散装化形态的物流模式。相对于包装化物流方式,散粮物流方式更有利于提高粮食流通效率,减少损耗,降低流通成本。

全国人民代表大会常务委员会办公厅关于围绕编制“十二五”规划纲要开展专题调研工作情况的报告

——2010年8月23日在第十一届全国人民代表大会常务委员会第十六次会议上

全国人大常委会副秘书长　王万宾

全国人民代表大会常务委员会：

吴邦国委员长在十一届全国人大三次会议作的全国人大常委会工作报告中提出，要以增强监督实效为核心，进一步完善监督工作方式方法，今年要在三个方面加以推进。其中很重要的一个方面，就是围绕编制“十二五”规划纲要开展专题调研工作。从3月中旬到7月下旬，有关专门委员会、工作委员会和常委会办公厅精心组织，密切配合，圆满完成了调研任务，取得积极成果。受委员长会议委托，现将开展专题调研工作情况报告如下。

一、开展专题调研工作的基本情况

“十二五”时期是我国全面建设小康社会的关键时期，是深化改革开放、加快转变经济发展方式的攻坚时期。深刻认识并全面把握国内外形势新变化新特点，科学编制国民经济和社会发展“十二五”规划，对于继续抓住和用好我国发展的重要战略机遇期、保持经济平稳较快发展，对于夺取全面建设小康社会新胜利、开创中国特色社会主义事业新局面，具有十分重要的意义。

围绕国民经济和社会发展五年规划编制进行专题调研，是在党的十七届五中全会召开之前，党中央将提出编制“十二五”规划建议的背景下展开的，这在全国人大常委会工作史上还是第一次。全国人大常委会领导同志对做好专题调研工作高度重视，进行了全面周密的部署。吴邦国委员长多次听取汇报，亲自审定工作方案，及时作出重要指示和批示，要求“通过调研，形成一些有水平的专题调研报告，为‘十二五’规划制订出谋划策，为‘十二五’规划审定做准备”。王兆国副委员长主持召开专题调研工作安排会议并发表重要讲话，强调要突出重点，明确方向，加强调查研究，着力在提出有分量的意见和建议上下功夫。路甬祥、华建敏、陈至立副委员长亲自带队深入各地调查研究。李建国副委员长兼秘书长多次召开秘书长办公会和工作协调会，部署组织实施工作。常委会其他领导同志都十分关心专题调研工作，给予及时有力的指导。

全国人大财政经济委员会、教育科学文化卫生委员会、环境与资源保护委员会、农业与农村委员会和常委会预算工作委员会认真落实十一届全国人大三次会议精神和常委会领导同志重要指示，积极做好专题调研工作。石秀诗、白克明、汪光焘、王云龙、高强等主要负责同志亲自精心组织安排，亲自带队进行调查研究，亲自动手撰写调研报告。78位常委会和专门委员会组成人员(92人次)、部分全国人大代表，分赴全国22个省、自治区、直辖市开展工作，历时4个多月，有的专门委员会工作半年以上，规模是前所未有的。

专题调研工作的展开，大体为三个阶段：

第一，精心制订专题调研方案。去年底，财政经济委员会、常委会办公厅就遵照常委会领导同志的指示精神开展前期工作，牵头研究起草了《关于开展“十二五”规划纲要编制工作若干重要问题专题调研工作方案》，上报常委会领导同志批准。随后，有关专门委员会、工作委员会迅速制订了具体实施方案，作出专门安排，做到“任务、人员、时间”三落实。根据总体工作方案的部署，确定对14个重大课题展开专题调研。其中，财政经济委员会承担了国民收入分配、经济结构调整、就业和社会保障、民生(福祉)指数指标体系等4个课题；教育科学文化卫生委员会承担了教育经费投入、科技创新政策及重点科技项目安排、城乡医疗保障等3个课题；环境与资源保护委员会承担了以科技进步促进循环经济发展、依法从源头削减污染促进清洁生产等2个课题；农业与农村委员会承担了粮食安全和现代农业建设、农民增收和基本消除绝对贫困现象、坚持走中国特色城镇化发展道路等3个课题；预算工作委员会承担了财政体制改革和税收制度改革等2个课题。

第二，深入扎实开展调查研究。吴邦国委员长多次强调，深入开展调查研究是做好人大工作的基本功。专题调研中，大家不辞劳苦，坚持向基层学习、向专家学习、向群众学习，深入了解实际情况，认真倾听群众呼声，广泛集中各方智慧。一是调研范围广。各调研组分赴各地，深入城镇农村、企业车间、科研院所，与人大代表、工人农民、专家学者进行座谈，广泛听取各方面特别是基层群众的意见，掌握了大量第一手资料。二是工作方式新。各参加单位通过召开座谈会、实地考察等多种方式深入调研，结合常委会年度工作计划的落实，创造性地开展工作。比如，有的调研组结合常委会开展执法检查、听取审议专项工作报告进行专题调研，有的通过问卷调查等形式广泛收集各方面意见和建议。三是分析研究深。参加调研的各专门委员会、工作委员会都十分重视发挥人才荟萃、知识密集的优势，围绕国家经济社会发展的重大问题深入进行研究分析，提出许多切实可行的意见和建议。有的调研组还委托地方人大进行专题调研，组织科研院所的专家学者开展相关专题研究，为各专题调研成果具有全局性、系统性、前瞻性打下了坚实基础。

第三，认真撰写专题调研报告。各参加单位认真学习领会中央文件和常委会领导同志指示精神，综合研究调研材料，深入分析讨论问题，抓紧形成调研报告。一是主要负责同志认真组织精干力量起草调研报告。各调研组领导同志亲自撰写提纲，参加报告的起草修改，提出许多重要观点和具体意见，保证了调研报告的高质量。二是广泛征求意见。在报告起草过程中，相关专门委员会、工作委员会主动加强与国务院及其有关部门的沟通联系，邀请有关方面负责同志参加调研，通过座谈会等多种形式交换意见，使调研报告的意见和建议努力体现各方面的共识。三是认真组织审议讨论。参加调研的各专门委员会、工作委员会及时召开全体会议或主任办公会议，充分发扬民主，认真审议讨论，反复修改完善，形成了质量和水平都较高的调研报告。

全国人大常委会开展的这次专题调研活动，得到了国务院及其有关部门、地方各级人大常委会和政府的大力支持，他们认真介绍情况，积极配合，共同研究；许多科研机构的专家学者应邀参与研究论证、问卷调查和数据分析等工作，提出具有建设性的意见和建议。应当说，这次专题调研成果凝聚了各方面的心血，是集体智慧的结晶。

二、专题调研报告提出的主要意见和建议

经过各方面的共同努力，共形成8个方面14个重大课题的15个专题调研报告。这些报告内容丰富，重点突出，分析透彻，为科学编制“十二五”规划纲要提出了许多重要的意见和建议。

财政经济委员会形成的国民收入分配问题专题调研报告，深入分析了居民收入、劳动报酬占比下降，城乡、区域、行业间收入分配差距扩大，收入分配秩序不规范等问题的深层次原因。提出了尽快制定出台收入分配体制改革方案、建立健全有利于居民收入合理增长和缩小收入分配差距的体制机制、逐步提高居民收入在国民收入分配中的比重和劳动报酬在初次分配中的比重、逐步形成中等收入者占多数的分配格局等意见。同时，提出了调整收入分配结构、整顿收入分配秩序、健全社会保障体系、强化税收调节等方面的具体建议。关于经济结构调整问题的专题调研报告认为，我国经济粗放型发展方式难以为继，加快转变经济发展方式刻不容缓。建议“十二五”时期经济社会发展要以转变经济发展方式、调整经济结构为主线，在形成有利于科学发展的体制机制上多下功夫，推动经济发展方式转变取得实质性进展。提出了合理确定经济结构调整预期目标、完善预期性和约束性指标体系、做好节能减排和应对气候变化工作、统筹规划重大项目建设和战略性新兴产业、着力提高自主创新能力、促进中小企业和非公有制经济发展、推进城乡区域公共服务均等化等方面的具体建议。关于促进就业问题的专题调研报告，提出了大力发展服务业和劳动密集型产业以及中小企业、加强职业教育培训、尽快推行调查失业率制度、建立覆盖城乡的公共就业服务体系、继续做好高校毕业生和困难群体等方面就业工作、加强劳动就业法制建设、切实维护劳动者合法权益等建议。关于社会保障工作的专题调研报告提出，要遵循“广覆盖、保基本，多层次、可转移，高效能、可持续”的原则，加快建立具有中国特色的比较完善的社会保障体系，力争“十二五”期末形成统筹城乡的社会保障制度体系。提出了继续提高社会保障支出比重、将国有资本经营预算主要部分用于补充社保资金来源、以城镇企业职工基本养老保险为突破口推进基础养老

金部分全国统筹等建议。财政经济委员会还提交了民生(福祉)指数指标体系的调研成果。

教育科学文化卫生委员会就"十二五"期间加大教育经费投入,特别是确保到 2012 年国家财政性教育经费占国内生产总值的比例达到 4% 进行专题分析,提出了继续加大中央财政投入、进一步拓宽财政性教育经费渠道、建立调动地方政府和全社会投入教育积极性的激励机制、切实提高教育经费使用效益等建议。关于"十二五"期间科技创新政策及重点科技项目安排问题的专题调研报告提出,要进一步深化科技体制改革、强化企业技术创新主体地位、加快科技成果向现实生产力转化,加大科技投入、优化投入结构、加快培育和发展战略性新兴产业、加强基础研究和前沿技术研究、超前部署一批重点任务、尽快攻克核心关键技术,重视培养和引进科技人才、集中力量形成若干优势学科领域、激发科技人员的创新热情和创造活力。关于"十二五"期间基本医疗保障体系建设的专题调研报告建议,对各项基本医疗保险的参保率、筹资水平、统筹层次、保障水平、管理服务标准等进行科学测算,明确目标,量化指标,落实进度,提出了统一医疗保障管理体制、统筹城乡居民医疗保险、继续扩大医保覆盖面、稳步提高保障水平、逐步缩小待遇差别、理顺医疗保险关系等建议。

环境与资源保护委员会的专题调研报告指出,"十二五"时期资源环境对经济社会发展的约束将日益突出,编制"十二五"规划应围绕建设资源节约型、环境友好型社会的要求,大力发展循环经济,大力推进清洁生产,大力发展清洁能源,逐步实现从试点示范向大规模推广应用转变,从生产领域向生产、流通、消费等领域转变;把发展循环经济、实施清洁生产同促进节能减排、加强环境保护有机结合起来,全面落实循环经济促进法、清洁生产促进法的要求。提出了加强统筹规划、从源头上削减污染、提高资源利用效率、完善财税金融政策和配套法规、加大资金投入、集中力量开展关键共性技术攻关、加快先进适用技术示范和推广应用、健全发展循环经济和推进清洁生产的市场机制、倡导健康文明环保的消费理念和消费模式等建议。

农业与农村委员会的专题调研报告,深入分析了加快转变农业和农村经济发展方式,着力保障和改善民生,坚持走中国特色的城镇化发展道路等重大问题。在粮食安全和现代农业建设方面,提出了认真落实严格的耕地保护制度、进一步加大对农业基础设施建设的投入力度、减少或取消农业生产项目的地方配套、建立粮食主产区利益补偿机制、建立合理的农产品价格形成机制、加强农业社会化服务体系建设、加快农业科技进步、逐步健全社会化服务体系等建议。针对当前农民增收方面的制约因素,提出了把增加农民收入逐步缩小城乡收入差距作为调整国民收入分配的重点、通过扩大农村劳动力转移就业等增加农民工资性收入、通过积极推进农村产权制度改革等增加农民财产性收入、根据贫困地区实际情况和致贫返贫因素采取不同扶贫政策等建议。针对当前我国城镇化、工业化加速推进的现状,对坚持走中国特色的城镇化发展道路,努力形成城乡经济社会发展一体化新格局作了较深入的分析。提出了解决农村转移人口在城镇就业和落户问题、搞好城镇规划、加强土地管理、防止城区过度扩张和浪费资源、完善征地补偿制度、保护农民合法权益等建议。

预算工作委员会关于财政体制改革的专题调研报告,围绕完善公共财政体系,建设有利于科学发展的财政体制机制,增强财政在发展经济、改善民生和促进社会和谐方面的作用等方面,深入研究了"十二五"期间财政体制改革的主要目标和政策措施等重要问题。建议配合国民收入分配结构调整与改革,合理确定政府性收入的总规模和总收入,实现政府收入、企业收入和居民收入的合理均衡增长;科学界定市场经济条件下政府财政支出范围,划清中央和地方各级政府支出责任,建立与支出责任相匹配的财力保障机制,适当加大中央财政支出责任,健全县级政府基本财力保障机制;规范财政转移支付制度,优化转移支付结构,提高一般性转移支付所占比例,减少并规范专项转移支付项目安排;加强政府债务管理,规范政府投融资行为,逐步化解地方政府债务风险。关于推进税收制度改革的专题调研报告,建议精简归并某些性质相近、功能相似或重复征收的税种,增设有利于促进经济结构调整和调节居民收入分配的税种;加强个人所得税征收管理,健全税收征信体系,改革银行现金管理制度,准确掌握居民实际收入,加强对企业高管人员收入监管,适当提高居民生活费用扣除标准;改革完善增值税、营业税、资源税和消费税制度;进一步健全税收法律制度,争取将规范各主要税种的行政法规上升为法律;实现内外资企业税收全面统一;按照"正税清费"的原则,加快政府性基金和收费制度改革,大力清理各类政府性非税收入,减轻企业和居民负担;研究推动税收征管体制和机构改革,赋予地方部分税收管理权,建立税务征收、稽查相制约的管理制度。

围绕编制"十二五"规划纲要开展专题调研，是全国人大常委会完善监督工作方式、提高监督工作水平、增强监督工作实效的又一次有益尝试，取得了积极成效，积累了新的经验。关于这次专题调研的后续工作，提出以下两点建议：

一是建议常委会领导同志将15个专题调研报告批请中央有关方面参阅。

二是建议认真总结这次开展专题调研的经验，不断完善人大监督工作方式方法，紧紧围绕国民经济和社会发展的重大问题开展工作，努力使人大监督工作更具实效。

关于民事审判工作情况的报告

——2010年10月27日在第十一届全国人民代表大会常务委员会第十七次会议上

最高人民法院院长　王胜俊

全国人民代表大会常务委员会：

现在，我代表最高人民法院报告人民法院民事审判工作情况，请予审议。

一、近年来民事审判工作的进展和成效

民事审判是通过司法手段调整平等民事主体之间财产关系和人身关系的一项重要司法工作，与刑事审判、行政审判共同构成人民法院审判工作的主干。近年来，随着我国改革开放和经济社会的快速发展，民事审判工作呈现许多新特点：一是涉及范围广。包括婚姻家庭、权属纠纷、债权债务、损害赔偿等传统民事审判，公司、金融、证券、房地产等商事审判，专利、商标、著作权等知识产权审判，以及涉外商事、海事海商审判，涉及经济社会发展的诸多方面。二是案件数量大。2008年至今年上半年，全国法院共审结各类民事案件1493.95万件，占人民法院全部诉讼案件的85.77%，结案标的额20528.51亿元。三是增长速度快。2008年至今年上半年，全国法院年均审结各类民事案件597.58万件，比前五年年均结案数增长了22.82%。四是新型案件多。随着我国经济社会深刻变革，科学技术日新月异，公民权利意识日益增强，新类型案件大量出现，涉及劳动争议、知识产权、不正当竞争等多个方面。五是审理难度大。民事审判关乎群众切身利益，涉及诸多利益冲突，实现利益平衡和案结事了的难度很大。

多年来，全国各级法院始终坚持以社会主义法治理念为指导，牢固树立能动司法、为民司法、平等保护、注重效果等司法理念，在促进经济社会有序发展、保护群众切身利益、维护社会公平正义等方面发挥了不可替代的作用。

（一）坚持能动司法，着力服务党和国家工作大局

积极应对国际金融危机，依法促进经济平稳较快发展。2008年以来，针对国内外经济环境和宏观经济政策出现的新变化，最高人民法院及时向全国法院提出能动司法的新要求，先后制定下发了《关于为维护国家金融安全和经济全面协调可持续发展提供司法保障和法律服务的若干意见》等37个有关民事审判的司法解释和指导性文件。今年以来，为确保党中央关于加快经济发展方式转变、保持经济平稳较快发展战略部署的贯彻落实，最高人民法院及时制定了《关于为加快经济发展方式转变提供司法保障和服务的若干意见》等指导性文件，指导地方各级法院妥善审理在调结构、促转变、扩内需中发生的各类纠纷。地方各级法院认真贯彻最高人民法院的部署要求，结合本地实际推出了许多好的举措，取得了良好的社会效果。2008年至今年上半年，全国法院共审结公司、借款、保险、破产等民事案件379.37万件，结案标的额9889.85亿元，在维护国家金融安全、促进经济结构调整、维护公平交易秩序等方面发挥了积极作用。

大力加强知识产权审判，依法促进自主创新。根据《国家知识产权战略纲要》的要求，最高人民法院及时制定贯彻意见，采取切实措施，着力发挥司法保护知识产权的主导作用。注重解决知识产权权利冲突，规范驰名商标保护，明确专利侵权判定标准；连续开展"司法护权、激励创新"知识产权司法保护行动月活动和"优化自主创新司法环境"年

度主题活动;定期发布《知识产权案件年度报告》和典型案例,加强审判监督指导;推进知识产权裁判文书上网工作,提高知识产权审判透明度;妥善审理涉奥运会、世博会知识产权案件,保障奥运会、世博会顺利举办。2008 年至今年上半年,全国法院共审结知识产权案件 66872 件,与前五年相比年均增长 112.66%,为激励自主创新、提高国家核心竞争力发挥了应有的作用。

认真审理涉外商事海事案件,依法促进改革开放。各级法院依法行使涉外商事、海事司法管辖权,平等保护中外当事人的合法权益;深入开展“涉外商事海事审判精品年”活动,提升涉外商事、海事审判的国际影响力和社会公信度;规范涉及外商投资企业案件的审理,优化投资环境;制定审理船舶碰撞等纠纷的司法解释,维护良好的航运秩序。2008 年至今年上半年,共审结涉外商事案件 2.66 万件,比前五年年均增长 58.41%;审结海事海商案件 1.90 万件,比前五年年均增长 22.89%。注重维护港澳台同胞的合法权益,促进内地与港澳地区、大陆与台湾地区经贸交往持续健康发展。2008 年至今年上半年,审结涉港民商事案件 15596 件、涉澳案件 769 件、涉台案件 9022 件,分别比前五年年均增长 24.03%、8.92% 和 11.87%。

(二)坚持为民司法,着力服务民生

各级人民法院坚持依法妥善处理与人民群众生产生活密切相关的案件,切实保障群众权益。针对汶川特大地震灾害、婴幼儿奶粉事件和玉树特大地震灾害等突发事件,最高人民法院及时制定相关司法政策,指导地方各级法院依法妥善审理因公共突发事件引发的各类民事纠纷。2008 年至今年上半年,全国各级法院共审结婚姻、赡养、抚养、继承等案件 330.94 万件,劳动争议案件 72.35 万件,人身损害赔偿案件 153.77 万件,电信、服务及产品责任案件 80.70 万件。为落实党的农村政策,更好地服务“三农”工作,2008 年 12 月,最高人民法院制定《关于为推进农村改革发展提供司法保障和法律服务的若干意见》,指导各级法院依法审理涉及土地承包经营权流转、土地征收征用、农民外出务工、返乡创业以及汽车、家电、农机具下乡等案件,2008 年至今年上半年,共审结涉农民事案件 54.27 万件,比前五年年均增长 45.29%。为更好地听取群众意见,2009 年 4 月,最高人民法院下发《关于进一步加强民意沟通工作的意见》,推行邀请人大代表、政协委员及各界人士旁听案件制度,法院开放日制度,新闻发布制度以及人民法院工作年度报告制度,畅通民意沟通渠道。为更好地方便群众诉讼,2009 年 2 月,最高人民法院制定《关于进一步加强司法便民工作的若干意见》,指导各级法院不断完善民事审判远程立案、预约办案、视频审判、电子签章等工作规范;在偏远地区设立巡回办案点,就地审理案件,减轻当事人的奔波劳苦;加强民族地区双语法官培养,方便少数民族当事人诉讼;加快诉讼场所无障碍建设,方便残疾人诉讼;完善对经济困难当事人缓、减、免交诉讼费的条件与程序,加强司法救助工作。

(三)坚持促进社会和谐,着力加强调解工作

各级人民法院引导广大法官强化调解意识,树立调解能力是高水平司法能力的观念,带着对当事人的真挚感情去做调解工作,努力实现办案法律效果与社会效果的有机统一。2008 年至今年上半年,经人民法院调解,当事人达成和解或撤诉的案件共 828.53 万件,占审结民事案件的 61.39%,今年上半年达到 65.78%。人民法院民事审判呈现出调解结案率和服判息诉率“两上升”,涉诉信访率和强制执行率“两下降”的良好局面。今年 6 月,最高人民法院制定《关于贯彻“调解优先、调判结合”工作原则的若干意见》,要求各级法院把调解作为处理民事案件的首选方式,同时进一步规范好调解工作,对不能调解及调解不成的,及时依法裁判。2009 年 7 月,最高人民法院制定《关于建立健全诉讼与非诉讼相衔接的矛盾纠纷解决机制的若干意见》,推动建立诉讼调解与人民调解、行政调解、行业调解相衔接的大调解格局,在推进社会矛盾化解和社会管理创新中发挥了积极作用。

(四)坚持推进改革创新,着力完善民事审判制度和工作机制

认真落实《人民法院第三个五年改革纲要》,大力加强民事审判制度和机制建设。2009 年 12 月,最高人民法院制定《关于司法公开的六项规定》,就完善公开审判制度提出具体要求。完善人民陪审工作机制,加强陪审员选任和培训工作,充分发挥人民陪审员密切联系群众、监督审判活动的作用。2008 年至今年上半年,全国人民陪审员共参与审理案件 1393771 件。针对民事案件总量大、增速快、办案压力大的状况,完善民事案件繁简分流机制,做到当繁则繁,宜简则简,加快审判进度,减轻当事人讼累。2008 年至今年上半年,全国法院按照简易程序快速处理的民事案件已占一审民事案件的 67.32%。最高人民法院下发《关于调整高级人民法院和中级人民法院管辖第一审民商事案件标准

的通知》,把更多的案件交由中级、基层法院审理,使上级法院有更多的时间和精力加强审判监督指导,提高整体司法水平。积极推动知识产权审判庭统一受理知识产权民事、行政和刑事案件试点工作,及时调整知识产权案件管辖布局。大力推进环境资源司法保护体系建设,许多法院设立环保法庭,进一步发挥了司法在环境保护中的积极作用。

（五）坚持重心下移,着力加强基层基础建设

根据民事诉讼法的规定,绝大多数一审民事案件由3122个基层法院和1万多个派出法庭审理,占人民法院各类一审案件的85%以上。2008年至今年上半年,全国基层法院共审结民事案件1331.32万件,结案标的额14444.02亿元;人民法庭共审结民事案件504.37万件,结案标的额2107.64亿元。最高人民法院确立"面向基层、服务基层、建设基层"的基层工作方针,着力完善基层工作机制,提高基层司法能力,改善基层司法环境,确保基层法院、人民法庭成为化解矛盾、维护稳定、促进和谐的重要防线。最高人民法院将"公正、廉洁、为民"确定为人民法庭庭训,作为人民法院干警的思想准则和行动指南;积极解决西部边远地区、民族地区法庭布局不合理问题,大力推广巡回审判方式;改革人员招录办法,为西部法院定向培养法律和双语人才,缓解法官断层状况;加大教育培训力度,去年以来已完成对三千多名基层法院院长的轮训工作,目前正在开展对一万余名人民法庭庭长的轮训,着重提高院长和庭长把握工作大局、善于做群众工作、依法调处矛盾纠纷的能力;在党中央、全国人大和国务院的关心支持下,积极推进法院经费保障体制改革,建立公用经费正常增长机制,改善了基层法院经费保障状况。

（六）坚持公正廉洁司法,着力加强民事审判队伍建设

为提高审判队伍的整体素质,各级法院大力开展"人民法官为人民"主题实践活动,强化社会主义法治理念教育,大力弘扬公正、廉洁、为民的司法核心价值观;加强民事审判队伍司法能力建设,着力提高广大法官化解矛盾纠纷、开展群众工作、解决实际问题的能力和水平;大力改进司法作风,倡导法官深入基层,深入群众,调查研究,及时发现新情况,解决新问题;制定下发并严格落实《关于"五个严禁"的规定》,大力开展司法廉洁教育,严肃查处违纪违法案件,建立健全对民事审判工作的监督制约机制;大力宣传推广宋鱼水、陈燕萍、任秋华等优秀法官的先进事迹和工作方法,激励广大法官更好地为大局服务、为人民司法。

人民法院民事审判工作的发展进步,是各级党委正确领导,人大有力监督,政府、政协、有关部门及社会各界大力支持的结果。借此机会,我代表最高人民法院,对全国人大和地方各级人大及其常委会,对各级人大代表以及所有关心、支持人民法院工作的领导和同志们,表示衷心的感谢!

二、当前民事审判工作面临的问题和困难

在看到成绩的同时,我们也清醒地认识到,在改革开放日益深化、人民群众司法需求日益增长、社会主义法治实践日益丰富的新形势下,人民法院民事审判工作还存在许多问题和不足:

一是民事审判队伍建设有待进一步加强。有的法官对能动司法的认识不到位,不善于把民事审判置于党和国家工作大局中去思考、去谋划;有的法官对司法的人民性认识不到位,工作方法简单,办案效果不好;有的法官对新的法律法规、司法解释、审判政策把握得不够好,不善于辨法析理,不善于解决新情况、新问题;有的法官没有树立正确的世界观、权力观、价值观,有的法院内部监督制约不到位,制度不健全,致使队伍中发生违纪违法情况。这些问题虽然只存在于极少数人和少数法院,但严重削弱了民事审判的公信力,损害了人民法院和人民法官的形象。

二是民事审判体制机制有待进一步创新。面对新形势新任务,面对实现人民法院科学发展的新要求,民事审判体制机制还有许多不适应的地方,民事诉讼程序及证据制度有待进一步完善,民事审判管理有待进一步加强。特别是民事诉讼法修订后,申请再审案件的审查管辖权上提一级,客观上带来高级人民法院、最高人民法院办案数量大幅上升、办案压力急剧增大、息诉罢访任务空前繁重的新问题。同时,由于新时期经济体制深刻变革、利益格局深刻调整,各类矛盾纠纷易发多发,人民法院收案数量总体上逐年上升,全国从事民事审判的法官年均结案达到94.19件,东南沿海地区和中心城市法院的法官年均结案多达数百件,办案压力大,工作强度高,案多人少的矛盾非常突出,不利于民事审判工作的持续健康发展。如何更好地划定四级法院的职能分工,科学配置司法资源,有效加强民事审判管理,是当前迫切需要解决的重要问题。

三是人民法院的基层基础建设有待进一步加

强。基层法院及人民法庭办理的案件,80%以上是民事案件。民事审判工作成效如何,关键在基层。当前影响基层法院发挥职能作用的问题较多,主要是:由于工作和生活压力较大,职级待遇较低,一些基层法院队伍不够稳定,人才流失现象严重,特别是在西部边远、民族地区和经济欠发达地区更为突出;有的基层法院在人财物等司法资源配置上不够科学合理,有的基层法院、人民法庭的物质装备和经费保障严重滞后于民事审判工作需要,制约了民事审判工作的发展;有的基层法院外部干扰因素较多,不利于依法独立公正行使审判权,等等。

四是人民法院的司法权威有待进一步树立。司法权威体现的是法律权威和法治权威,主要靠人民法院公正高效为民的司法活动来树立,同时也需要各级党委、人大、政府和社会各界来共同维护。从当前的司法实践来看,民事审判中常常会遇到各种外部干扰,生效裁判尚未得到应有的尊重,个别当事人甚至采取极端手段暴力抗法、哄闹法庭、残害法官,基层法官的人格尊严得不到维护,人身安全面临较大威胁,这在很大程度上影响了人民法院的司法权威。

三、进一步加强民事审判工作的措施和建议

面对民事审判工作中存在的问题和困难,我们要立足自身,迎难而上,始终坚持能动司法,牢固树立公正、廉洁、为民的司法核心价值观,进一步完善司法政策,强化审判管理,依法审理好各类民事案件,更好地为大局服务,为人民司法。当前,要切实加强以下几方面工作:

一是坚定不移地抓好思想政治和司法能力建设,进一步提高民事审判水平。以开展"创先争优"活动和"人民法官为人民"主题实践活动为载体,进一步深化社会主义法治理念教育,切实增强广大法官对"三个至上"工作指导思想、"为大局服务、为人民司法"工作主题的认同。继续加强司法能力建设,着力提高法官认识和把握大局、认识和把握社会矛盾、认识和把握社情民意、认识和把握法律精神、认识和把握新情况解决新问题的能力,促进民事审判公正高效。

二是坚定不移地推进民事审判方式改革,进一步完善民事审判制度和工作机制。针对民事案件绝大部分在中级、基层人民法院的现实,进一步明确全国四级法院的职能定位,合理配置审判资源。尊重民事审判规律,创新和加强民事审判管理,进一步提升民事审判质量和效率。继续完善合议制度、人民陪审制度、繁简分流机制和小额案件速裁机制。进一步完善民事诉讼证据制度。认真贯彻执行新近通过的人民调解法,加强对人民调解委员会的指导。落实"调解优先、调判结合"工作原则,健全诉讼与非诉讼相衔接的矛盾纠纷解决机制,推动建立大调解格局。进一步加强上级法院对下监督指导工作,实现审判环节协调有序、审判质量控制有效、审判行为监督有力的工作目标。

三是坚定不移地加强人民法院的基层建设,进一步夯实民事审判工作基础。针对基层案多人少矛盾突出,物质装备、经费保障不足的现实情况,要在司法资源上向基层倾斜,优先保障基层办案需要。继续坚持"面向农村、面向基层、面向群众"和为民、利民、便民的司法工作原则,进一步完善人民法庭设置,大力推广巡回审判方式,切实满足人民群众日益增长的司法需求。要把基层法院特别是人民法庭作为锻炼人才、培养人才的基地,逐步实行上级法院法官从下级法院择优选拔制度,形成有利于基层法官脱颖而出的人才选拔机制。

四是坚定不移地加强司法作风和司法廉政建设,进一步提高司法公信力。切实增强广大法官对人民群众的深厚感情,不断拓宽人民法院与人民群众的联系渠道,努力使广大民事法官的为民意识更加牢固、便民措施更加完善、惠民效果更加显著。继续强化司法廉政建设,大力开展警示教育,切实加强对民事审判权的内部监督制约,严格执行"五个严禁"的规定,严肃查处违纪违法行为,进一步完善司法公开制度、回避制度和问责制度,努力实现司法公正、廉洁、为民。

针对民事审判工作中存在的实际困难,提出三点建议:一要加强对公民法治意识、诚信意识和责任意识的教育。鉴于当前民事审判实践中存在的部分当事人依法维权意识强、履行义务意识弱,对胜诉的期望值过高、对败诉的承受力过低等特点,要在全社会进一步加大宣传力度,提高公民的法律意识,让更多的群众了解、理解人民法院的审判工作,增强诉讼权利与诉讼义务相统一的意识,尊重和自觉履行人民法院的生效裁判,在全社会营造重视、支持人民法院工作的良好氛围。二要加快民事诉讼法修订工作。进一步完善审判监督制度,确保最高人民法院和高级人民法院对下监督指导职能的充分发挥,构建有利于强化中级、基层人民法院自我纠错能力的体制、机制;进一步完善民事简易程

序，建立小额案件一裁终局的速裁制度，节省司法资源，提高审判效率；进一步改革和完善民事诉讼证据制度，建立既尊重司法规律又符合中国国情的民事证据制度；加快民事强制执行法的立法工作，为彻底解决“执行难”提供制度支持。三要加大对民事审判工作的保障力度。对民事审判任务重的法院，特别是对西部边远地区、民族地区以及经济欠发达地区法院，要在编制、待遇、装备及经费保障等方面给予更多的关心支持，保障民事审判工作健康发展。

人民法院民事审判工作事关社会矛盾化解，事关社会管理创新，事关人民群众根本利益，任务艰巨、使命光荣、责任重大。我们要在以胡锦涛同志为总书记的党中央坚强领导下，在全国人大及其常委会有力监督下，深入贯彻落实科学发展观，严格执行民事法律，认真贯彻党的十七届五中全会精神，认真落实本次人大常委会的审议意见，始终不渝地为大局服务、为人民司法，为夺取全面建设小康社会新胜利做出更大的贡献！

关于改进渎职侵权检察工作情况的报告

——2010年10月27日在第十一届全国人民代表大会常务委员会第十七次会议上

最高人民检察院检察长　曹建明

全国人民代表大会常务委员会：

现在，我代表最高人民检察院报告研究落实全国人大常委会审议意见、改进渎职侵权检察工作的情况，请予审议。

一、认真学习贯彻全国人大常委会审议意见，明确改进渎职侵权检察工作的思路和措施

2009年10月，十一届全国人大常委会第十一次会议听取和审议了《最高人民检察院关于加强渎职侵权检察工作、促进依法行政和公正司法情况的报告》。常委会组成人员在审议中，既肯定了渎职侵权检察工作取得的成绩，又指出了存在的问题和不足，提出了许多重要的富有建设性的意见。最高人民检察院高度重视，多次学习研究，认为全国人大常委会审议意见实事求是，中肯、务实、全面，具有很强的针对性和指导性，全国人大内务司法委员会的调研报告提出了许多重要、具体的意见和建议，为进一步加强和改进渎职侵权检察工作指明了方向。一年来，全国检察机关把研究落实审议意见作为一项重要任务，并以此为契机和动力，努力把渎职侵权检察工作提高到新水平。

（一）认真传达学习，研究落实措施。最高人民检察院深入研究讨论，明确加强和改进渎职侵权检察工作的思路，系统提出7个方面30项工作任务；将审议意见印发全国检察机关，要求深入学习讨论，对照查摆工作中存在的问题，认真整改落实；先后派出多个工作组深入调研，征求地方人大代表和有关方面意见，制定了《关于加强和改进新形势下惩治和预防渎职侵权犯罪工作若干问题的决定》。

（二）加强对下指导，不断推动落实。最高人民检察院还先后在全国检察长会议、学习贯彻全国“两会”精神电视电话会议上，对落实全国人大常委会审议意见、加强和改进渎职侵权检察工作全面部署。今年7月又召开查办和预防职务犯罪工作会议、全国检察长座谈会，进行再部署、再推动。各级检察机关认真落实全国人大常委会审议意见，着力在加大办案力度、健全办案机制、重视犯罪预防、加强工作协调、强化队伍建设、推动完善法制上下功夫，取得了积极成效。

（三）争取重视支持，解决突出问题。去年底，最高人民检察院向中央政法委专题报告了落实常委会审议意见的措施和需要解决的问题，中央领导同志和中央政法委高度重视。周永康同志作出重要批示，要求进一步加强渎职侵权检察工作，不断提高执法水平，切实维护法制权威。在全国人大内务司法委员会、全国人大常委会法制工作委员会的大力支持下，最高人民检察院会同中央纪委、中央政法委、中央组织部、最高人民法院、公安部、监察部、司法部、国务院法制办公室，于今年9月联合签署《关于加大惩治和预防渎职侵权违法犯罪工作力度的若干意见》，对严肃查办和积极预防渎职侵权违法犯罪提出明确要求，特别是针对查办渎职侵权

案件发现难、立案难、查证难、处理难等问题，统一思想认识，强化职能部门之间的协调配合，建立健全重大复杂案件专案调查、行政执法与刑事司法相衔接、国家机关工作人员非法干预办案情况沟通和处理等工作机制，为依法惩治和有效预防渎职侵权违法犯罪提供有力的政策支持和制度保障。

二、切实加大办案力度，依法严肃查处渎职侵权犯罪

常委会组成人员在审议中明确要求，进一步加大渎职侵权案件的查办力度，坚决遏制一些领域腐败现象易发多发势头，确保犯罪行为依法受到追究。最高人民检察院把加大办案力度作为首要任务，针对一些地方检察机关不敢办案、不善办案等问题，明确责任，加强督导，强化举报宣传、线索管理、内外协作和指挥协调，进一步加大办案力度。去年 11 月至今年 8 月，共立案侦查渎职侵权犯罪案件 6375 件 8840 人，同比分别增加 6% 和 10.6%，其中重特大案件 3019 件，同比增加 9%；查处县处级以上国家机关工作人员 298 人，同比增加 8%；通过办案，为国家和集体挽回经济损失 11.2 亿元。

（一）着力查办重点领域渎职侵权犯罪案件。坚持围绕党和国家工作大局，紧紧抓住渎职侵权犯罪多发的重点领域，切实加大查办案件力度，保障和促进中央关于转变经济发展方式、保持经济平稳较快发展等重大决策部署的落实。一是深入开展工程建设领域突出问题专项治理，以政府投资和使用国有资金、城乡基础设施建设特别是扩大内需项目为重点，严肃查办国家机关工作人员在项目决策、规划审批、招标投标、质量安全管理中滥用职权、玩忽职守，以及严重浪费造成国有资产重大损失等渎职犯罪案件 997 件 1262 人。二是针对国土资源领域腐败现象易发多发状况，加大查办这一领域渎职犯罪案件力度，共立案侦查国家机关工作人员在国土资源管理和执法监察中不作为、乱作为等渎职犯罪案件 590 件 781 人。今年 8 月，最高人民检察院又与中央纪委、监察部、国土资源部联合部署开展了国土资源领域腐败问题专项治理工作。三是认真总结近两年开展查办涉农职务犯罪、查办危害能源资源和生态环境渎职犯罪专项工作的经验，要求进一步做到专项工作常态化，并继续列为办案重点，立案侦查涉农渎职侵权犯罪案件 1448 件 1950 人，破坏能源资源和生态环境的渎职犯罪案件 1730 件 2206 人。四是针对去年以来地震等重特大自然灾害频发的情况，积极预防和依法查办在救灾款物管理使用、恢复重建工程建设中严重失职渎职的犯罪案件，保障抢险救灾和灾后恢复重建的顺利进行。

（二）突出查办侵害群众切身利益、影响社会和谐稳定的渎职侵权犯罪案件。加强与行政机关在重大事故调查处理中的协调配合，同步介入 1657 起重大安全生产事故、重大食品药品安全事件调查，立案侦查事故涉及的渎职等职务犯罪案件 707 件 944 人。加强对公民人身权利、民主权利的司法保护，立案侦查国家机关工作人员利用职权实施的非法拘禁、报复陷害、破坏选举等侵权犯罪案件 212 件 459 人。认真贯彻中央关于深入推进三项重点工作的部署，针对一些渎职侵权犯罪直接给人民群众生命财产造成重大损失、容易引发社会矛盾的特点，高度重视、坚决查办企业改制、征地拆迁、招生考试等领域严重侵害群众利益案件和群体性事件背后的案件。注意改进执法方式方法，加强法制宣传、释法说理等工作，努力使执法办案过程成为化解矛盾纠纷、理顺群众情绪、促进和谐稳定的过程。

（三）严肃查办司法工作人员渎职侵权犯罪案件。坚决惩治司法领域中的腐败，立案侦查涉嫌渎职侵权犯罪的司法工作人员 1651 人。会同最高人民法院、公安部、国家安全部、司法部制定《关于对司法工作人员在诉讼活动中的渎职行为加强法律监督的若干规定（试行）》，明确规定检察机关对诉讼中的违法行为可以进行调查，进一步完善发现和查处司法不公背后渎职犯罪的工作机制。针对社会各界特别是媒体高度关注的重大冤错案件和在押人员非正常死亡事件，检察机关及时介入调查，在查明事实、分清责任的基础上，对涉嫌刑讯逼供、玩忽职守等犯罪的司法工作人员依法严肃查处。

三、更加重视犯罪预防，努力从源头上减少渎职侵权犯罪

常委会审议意见突出强调，加强预防是有效遏制渎职侵权犯罪的治本之策。各级检察机关更加自觉地把预防渎职侵权犯罪工作纳入党委领导下的惩治和预防腐败体系建设，努力提高预防工作水平、增强预防犯罪实效。

（一）紧密结合办案加强预防。各级检察机关注意从查办的渎职侵权犯罪案件入手，帮助发案单位开展警示教育，完善制度，堵塞漏洞。共提出预防渎职侵权犯罪的检察建议 10650 件，向有关单位

提供预防咨询20434次，对国家机关工作人员进行警示教育248万余人次。最高人民检察院还制定了《关于推进职务犯罪侦查和预防一体化工作机制建设的指导意见》，加强侦查部门与预防部门的协作配合，建立侦查和预防信息交流共享、预防部门介入侦查活动等机制，促进预防工作与侦查工作紧密衔接。

（二）集中开展专项预防活动。根据中央关于开展工程建设领域突出问题专项治理和深入推进三项重点工作的决策部署，最高人民检察院于今年7月部署开展"预防工程建设领域职务犯罪、推进社会管理创新"专项工作，要求各级检察机关结合查办的案件，综合运用个案预防、类案预防、行业预防、制度预防等方式，推动建立健全工程建设领域信用机制和管理制度。截至8月底，已在3298个工程建设项目中开展预防。

（三）建立职务犯罪预防年度报告制度。为拓展预防工作的广度和深度，最高人民检察院要求各级检察机关在广泛搜集职务犯罪信息、积极开展预防调查、深入剖析典型案件的基础上，对辖区内渎职侵权等职务犯罪总体形势、规律特点、演变趋势等进行全面分析，提出防范对策和建议，每年形成职务犯罪预防年度综合报告，为党委、政府和有关部门决策提供参考。

四、健全工作机制，提高渎职侵权检察工作水平

坚持改革创新，是推动渎职侵权检察工作发展的必由之路。最高人民检察院认真落实常委会审议意见，结合深化司法体制和工作机制改革，积极创新和完善执法办案机制，努力破解渎职侵权犯罪发现难、立案难、查证难、处理难等问题。

（一）完善犯罪信息收集和线索管理机制。拓展群众举报渠道，建立健全电话、信访、网络"三位一体"的举报平台。探索建立侦查信息数据库。推动完善与行政执法机关的联网互查、信息共享机制。规范举报线索受理、移送、审查、交办程序，实行案件线索价值评估、初查管理制度，严格执行不立案报上一级检察院审查制度，完善督察、反馈等机制，防止线索积压、有案不办。

（二）完善上下级检察院之间、本院不同职能部门之间办案一体化机制。规范案件管辖制度，强化上下级检察院之间办理重大复杂案件、跨地区案件的指挥协调，完善上下级检察院之间交办、提办、参办、异地办理等办案模式。健全检察机关本院内部协作机制，建立渎职侵权检察、控告申诉、侦查监督、公诉等部门协作会议制度，落实线索移送、介入侦查、情况通报、结果反馈等衔接措施，探索建立渎职侵权犯罪专门公诉人制度，增强办理渎职侵权案件的合力。

（三）完善对执法办案活动的监督制约机制。加强内部执法监督，落实立案报上一级检察院备案、省级以下检察院逮捕职务犯罪嫌疑人报上一级检察院审查决定、讯问犯罪嫌疑人全程同步录音录像、撤案和不起诉报上一级检察院批准制度。落实人民监督员制度，完善选任方式，扩大监督范围，规范监督程序，强化人民群众对执法办案活动的监督。大力推行"阳光执法"，公开执法办案流程，解读渎职侵权犯罪案件立案标准，完善和落实当事人权利义务告知、法律文书说理等制度，增强执法透明度。

（四）完善以办案力度、侦查效率、案件质量效果和办案规范为主要内容的考核评价机制。最高人民检察院统一制定考核评价各省（自治区、直辖市）检察业务工作规范，把渎职侵权检察工作作为业务考评的重要内容，科学综合考评办案数量、质量、效率和效果，促进公正执法、文明办案。

五、加强队伍建设，提升队伍素质和反渎职侵权能力

最高人民检察院专门制定《关于加强职务犯罪侦查队伍执法公信力建设、确保公正廉洁执法的意见》，认真落实《关于加强反渎职侵权能力建设的决定》，要求各级检察机关按照全国人大常委会审议意见，不断加强渎职侵权检察队伍的思想政治建设、能力建设和反腐倡廉建设，努力提高队伍的综合素质。

（一）切实加强思想政治建设。加强中国特色社会主义理论体系、社会主义法治理念、检察职业道德教育，认真开展创先争优等活动，引导检察人员牢记法律赋予的职责，深刻认识渎职侵权犯罪的危害性和加强渎职侵权检察工作的重要性，不断增强敢于办案、秉公办案、依法办案的勇气和信心。

（二）大力开展能力建设。强化岗位素能全员培训，在全国检察机关渎职侵权检察部门开展为期一年，以侦查取证、组织指挥、文书制作等为主要内容的岗位练兵和业务竞赛活动，不断提高检察人员主动发现线索、侦查突破案件、收集固定证据、运用法律政策等能力。加强专项业务培训，重点对省市两级检察院反渎局长、新任反渎局长、西部地区渎

职侵权检察业务骨干进行了集中培训。健全全国和省、市三级侦查人才库,加强针对性的培训和动态管理,着力培养业务精通、经验丰富、善于攻坚克难的侦查专家和办案能手。

(三)深入推进反腐倡廉建设。举办全国检察机关自身反腐倡廉教育展览,集中开展“反特权思想、反霸道作风”专项教育活动,加强对检察人员特别是职务犯罪侦查等重点岗位人员的纪律作风和反腐倡廉教育。深刻吸取近年来侦查人员违法违纪案件的教训,明确提出“十个严禁”的要求。实行反渎局长重大事项报告制度,全面推行领导干部廉政档案制度和干警执法档案制度,对不适合从事侦查工作的人员坚决予以调整。健全违法办案投诉、督察、查究、反馈机制,强化上级检察院对侦查人员违法违纪行为的调查处理,有效遏制了违法违纪行为发生。

六、紧紧依靠党委领导、人大监督和社会各界支持,推动渎职侵权检察工作深入开展

渎职侵权检察工作难度大、困难多,离不开社会各方面的关心和支持。各级检察机关坚持在党委领导和人大监督下,加强工作协调,推动完善法制,大力开展宣传,促进形成全社会支持、参与惩治和预防渎职侵权犯罪的工作格局。

(一)积极争取党委、人大、政府的重视和支持。最高人民检察院组织开展渎职侵权检察机构和办案保障建设专题调研,推动解决机构、编制、保障等方面的实际困难。在各级党委、人大、政府的关心支持下,全国已有94.8%的渎职侵权检察部门更名设局,一年来共新增编制311名、新增人员947名。坚持把渎职侵权检察工作置于人大监督之下,许多地方人大常委会专门听取渎职侵权检察工作专项报告,有的作出关于加强渎职侵权检察工作的决定。全国检察机关普遍开展了邀请人大代表、政协委员视察渎职侵权检察工作的活动,诚恳听取建议、批评和意见。

(二)完善渎职侵权检察工作协调机制。检察机关与纪检监察、行政执法和公安、法院等部门的协调配合得到加强。行政执法与刑事司法相衔接、检察机关同步介入重特大事故事件调查、重大复杂案件专案调查等逐步形成制度。最高人民检察院与国务院17个部(委、局)相关部门建立起联席会议、信息共享、办案协作、专案调查、共同预防等工作机制。

(三)推动完善反渎职侵权法律制度。按照全国人大常委会组成人员提出的渎职罪定罪量刑标准、徇私舞弊及其损失后果认定、侦查管辖、刑罚结构、缓刑免刑适用条件、侦查手段、渎职侵权犯罪案件轻刑化等问题,最高人民检察院单独或与中央纪委、最高人民法院联合组成调研组,深入基层调研,研究制定相关司法解释,论证完善立法建议,有针对性地解决问题。

(四)加大反渎职侵权宣传力度。更加重视运用广播、电视、报刊、互联网等传播手段,深入开展各种形式的宣传活动,提高渎职侵权检察工作的社会认知度。为宣传党和国家惩治和预防渎职侵权犯罪的方针政策、法律法规,教育国家机关工作人员依法履职、勤政廉政,进一步争取全社会支持,今年9月13日至27日,最高人民检察院在北京首次举办以“法治与责任”为主题的全国检察机关惩治和预防渎职侵权犯罪展览,吴邦国、贺国强、周永康、王乐泉、张德江等中央领导同志和部分在京全国人大代表、全国政协委员以及中央和北京市国家机关、军队、国有企事业单位等共1000多家单位10万多人次参观了展览。展览选用62个典型案例,以大量图片、视频、文字资料,充分揭示了渎职侵权犯罪的严重危害性,受到中央领导和社会各界的肯定与好评。目前展览正准备在全国巡回展出。

在各级党委领导、人大监督和社会各方面的关心、支持下,一年来渎职侵权检察工作取得了新进展,一些影响和制约工作开展的突出问题正在逐步得到解决。同时,我们也清醒地认识到,我们的工作与常委会的要求和人民群众的期待还有不小的差距。一是办案力度有待进一步加大。查办案件工作存在不平衡、不平稳的问题,一些地方不敢办案、不善办案的现象依然存在,对滥用职权造成国家、集体重大经济损失和资源浪费的渎职案件的查处仍是薄弱环节。有的不能正确处理办案数量、质量、效率、效果的关系,执法办案水平仍然不高。二是内外部工作机制有待进一步完善。有的机制尚处于探索创建阶段,实际成效还未显现。有的机制涉及部门较多,认识上仍存在差距,需要做大量协调工作。破解渎职侵权犯罪案件发现难、立案难、查证难、处理难的难题,还需作长期不懈的努力。三是渎职侵权检察队伍的整体素质和办案能力有待进一步提高。一些检察人员对渎职侵权犯罪特点把握不准,对办案规律研究不够,侦查取证、突破

制定地方规范性文件，加强政策指导，强化监督管理，落实各部门在项目申报、规划审批、资金筹措、施工组织和监督检查等方面的责任，做到有章可循，规范管理。

（二）完善规划，加大投入。国务院组织有关部门编制了2010—2012年保障性安居工程建设规划和"十二五"住房保障规划。各级政府进一步认识到住房保障工作的长期性和艰巨性，在编制地方规划时，强调实事求是、量力而行、因地制宜、统筹安排，提高保障性安居工程建设规划的科学性和可行性。国务院制定了国家中长期教育改革和发展规划纲要，有关部门编制了社区卫生服务中心建设规划和精神卫生防治体系建设规划。《全国病险水库除险加固专项规划》中确定的建设项目已全部开工。各级政府进一步加大对中央公共投资项目的投入。中央对财政困难地区廉租住房建设的补助数额，从330亿元增加到447亿元。中央新增37亿元投资用于高等教育"211"三期工程、新疆"双语"幼儿园、民汉合校、内地新疆西藏班、民族院校等项目建设。新增20亿元用于精神卫生防治体系建设，安排370亿元用于全国6240座大中型和重点小型病险水库除险加固工程。陕西省财政对市县廉租住房建设的补助标准，由每平方米200元提高到400元。吉林省千方百计扩大社会融资，加大对企业技术改造的支持。

（三）改进管理，加强监督。国务院进一步健全部门协调机制，加强投资主管部门和行业管理部门的分工合作，完善投资安排的会商协调机制。改进技术改造、科技创新、教育、卫生等项目的补助资金下达方式，由中央有关部门切块下达到各省级政府，再由地方根据实际情况安排具体建设项目，发挥了地方的积极性，提高了资金使用效率。有些地方推进小型农田水利产权制度改革，明晰产权、规范流转，引导用水农户通过合作组织等形式投工投劳，管理维护工程，发挥政府资金的引导作用。各地将重大公共投资项目完成情况纳入政府及相关部门的工作考核目标，重点围绕规划落实、资金筹措、工程进度以及问题整改等情况，加强审计监督，加大问责力度，确保工作落实。湖南省对保障性住房建设项目实行旬报表制度和月督查制度。黑龙江省政府将水管体制改革纳入省政府督办计划，由省政府督查室牵头对全省水管体制改革工作进行督办检查。

（四）创新机制，讲求实效。各地在项目建设过程中，积极探索，勇于实践，高度重视机制创新，积累了一些有益经验。吉林、山东等省将棚户区改造与廉租住房保障统筹安排，有效解决了棚户区内低收入困难家庭的住房问题。有些地方对教育、卫生等民生工程的建筑安装、设备购置与配套设施建设等统筹安排，确保建设项目充分发挥经济效益和社会效益。山东省强化产学研合作创新，与多所全国重点院校共建研发中心，启动产业技术创新战略联盟，加快科技成果转化。四川省积极推行专利权质押贷款，支持高新技术产业发展。黑龙江省探索形成了适应分散经营或现代化农业经营的四种不同的节水灌溉运行模式。

（五）进度加快，成效显著。2009年，全国已完成新建、改扩建各类保障性住房200万套，各类棚户区改造130万户，农村危房改造76.9万户。中央预算安排投资195亿元，支持技术改造项目4667个，拉动社会固定资产投资6787亿元。2009年，中央财政安排小型农田水利设施建设资金45亿元，启动了400个小型农田水利重点县和1230个小型农田水利专项工程建设，截至2010年3月初，全国小型农田水利重点县建设项目总体工程建设进度56%，完成工程总投资55%。

到今年8月底，中央财政年初安排的692亿元（含去年结转的50亿元）和追加安排的100亿元保障性住房建设资金，已全部下达；全国城镇保障性住房建设项目和各类棚户区改造项目已开工410万套，占计划的70%；农村危房改造已开工68万户，占计划的56%。解决6467万农村人口饮水安全问题，新增农村电网线路42.3万公里，建成农村公路约11.85万公里，建成农村沼气项目320万个，水利设施新建及加固堤防4612公里、治理水土流失面积1.25万平方公里。建成2.02万个基层医疗卫生机构，5500多个基层计划生育服务网点。改造农村初中校舍面积768万平方米，建成中等职业学校和特殊教育学校校舍394万平方米。4760个产业调整振兴和技术改造项目稳步实施，345个自主创新和高技术产业化项目有序推进。

总的看，近两年实施的重大公共投资项目，在国务院及其有关部门和各级地方政府的有效组织和有力推动下，建设情况总体较好，在保增长、调结构、促改革、惠民生中发挥了积极作用。一是拉动了投资和经济增长。2009年，全社会固定资产投资完成224846亿元，同比增长30.1%，经济增速下滑趋势迅速扭转，当年增长9.1%。今年前9个月，投资增长为24%，经济增长10.6%，促进了经济平稳较快发展。二是增加就业岗位，有效扩大了就业。据有关部门测算，近两年的政府新增投资计划，可

附件:部分重大公共投资项目跟踪调研分报告

(一)关于保障性住房建设项目实施情况的跟踪调研报告

根据全国人大常委会2010年监督工作计划安排,今年7月至9月,全国人大常委会预算工作委员会组成调研组,对山东、湖南、吉林、陕西、重庆等五省(市)的保障性住房建设实施情况开展了专题调研。调研组先后听取了五省(市)政府及其有关部门的情况介绍,到10个市(区)、7个县,与当地政府和有关部门座谈,深入城区和农村保障性住房建设工地实地考察,并探访了部分廉租住房、棚户区和农村危房住户。此次调研,是对去年保障性住房建设情况进行专题调研之后的一次跟踪调研。除继续了解各地保障性住房建设规划制订、资金筹集、建设进度和居民入住等工作情况外,还重点围绕建立我国基本住房保障制度,实现党的十七大提出的"住有所居"目标等深层次问题,与地方人大、政府及有关部门的同志进行了广泛深入探讨和研究。现将调研情况报告如下。

一、保障性住房建设取得了积极进展

2008年四季度以来,为应对国际金融危机、拉动经济增长,国务院启动实施了保障性安居工程,并将改善城乡居民的住房条件与实现中央提出的"保增长、保稳定、保民生"战略决策紧密结合在一起。2009年,全国人大常委会组织专题调研组对保障性住房建设实施情况开展了实地调研,在总结各地保障性住房建设工作经验的同时,也针对实施过程中存在的问题,提出了明确工作目标、科学编制规划、尊重群众意愿、落实政府责任、完善相关政策、加强住房保障制度建设等改进工作的建议。十一届全国人大常委会第十一次会议听取和审议了专题调研报告,提出了重要的审议意见。国务院对此高度重视,责成国家发展改革委等部门逐项认真研究,并采取了提高中央对地方廉租住房建设补助标准、督促地方完善建设规划、指导地方根据经济发展水平和财力状况确定保障范围和建设标准等措施,有效推进了工作的开展。

今年以来,国务院进一步加大了保障性住房建设工作力度,明确提出了加快廉租住房建设、公共租赁住房建设和全面推进城市棚户区和国有工矿棚户区改造等任务。国务院组织有关部门编制2010—2012年保障性安居工程建设规划和"十二五"住房保障规划。2010年中央财政安排692亿元资金(含去年结转资金50亿元),支持地方保障性安居工程建设。住房和城乡建设部代表国务院保障性安居工程协调小组与各省(区、市)政府签订了2010年住房保障工作目标责任书,确定今年全国保障性安居工程目标任务为798.92万套/户,并将目标任务分解落实到各省、自治区、直辖市。

在调研过程中,我们深深感到,各级党委、政府对于贯彻落实中央关于加强保障性住房建设的战略部署,态度积极,措施有力,全面部署,大力推进,取得了明显成效。

(一)加强组织领导,完善建设规划。五省(市)党委、政府高度重视保障性住房工作,成立了以省(市)长或副省(市)长为组长的保障性住房建设领导小组或协调小组,加强组织领导,强化责任意识,将保障性住房建设作为改善民生的一项重要指标,纳入各级政府年度工作考核目标。五省(市)政府多次召开专题会议研究部署住房保障工作,强化组织协调和指导监督。各级政府结合本地实际,编制保障性住房建设规划。湖南省制定的2009—2011年廉租住房保障规划,明确到2011年底,新增廉租住房28.4万套,新增租赁补贴7.1万户,用三年时间基本解决现有城市低收入住房困难家庭的住房问题。陕西省制定的2009—2011年廉租住房保障规划,明确到2011年底,实现全省26万户现有城镇低收入住房困难家庭实物配租的目标。山东省编制的2010—2012年城市和国有工矿的棚户区改造规划,明确用三年时间基本完成城市和国有工矿棚户区改造任务。吉林省编制的2010—2012年保障性住房建设规划,明确用三年时间基本解决全省农村的泥草房改造问题。重庆市编制的2010—2012年公共租赁住房建设规划,计划从2010年起的三年内每年建设1000万平方米公共租赁住房,解决50

多万户中低收入住房困难群众的住房问题。五省(市)政府都认识到住房保障工作的长期性和艰巨性，在编制规划时，强调因地制宜、统筹安排、分级负责、逐步推进的原则，将保障性住房建设规划与城市发展规划、农村发展规划、土地利用规划等结合起来，提高规划的科学性与可行性。

(二)健全规章制度，加强监督管理。五省(市)政府都制定了保障性住房建设的指导性文件和规章制度，明确工作要求、规范工作程序、强化监督管理、加大问责力度，推动住房保障工作的顺利开展。湖南省政府制定了廉租住房保障办法、经济适用住房管理办法等政策性文件，在资金筹措、土地供应、税费优惠等方面建立保障性住房建设的长效机制。陕西省政府提出了加快保障性住房建设的意见，将省级财政对市县政府廉租住房建设的补助标准由每平方米200元提高到400元。山东省青岛市政府制定了发展公共租赁住房的实施办法，并投入5亿元资金，全面推进公共租赁住房建设。吉林省提出了加快城市棚户区改造的实施意见和城镇低收入住房困难家庭廉租住房保障办法等指导性文件，对项目管理、工程质量、房屋拆迁、土地供应、税费减免、资金使用、档案管理等提出了规范性措施，有针对性地破解保障性住房建设中面临的难题。重庆市出台了公共租赁住房管理暂行办法，对规划建设、资金来源、准入退出、监督管理等作了明确规定，推动公共租赁住房建设的顺利开展。各地还建立了保障性住房建设年度目标责任制，省与市、市与县区政府分解任务、量化目标，形成了"省级政府负总责，县市区政府抓落实"的工作格局。各地加强对保障性住房建设情况的监督检查，重点围绕规划落实、资金筹措、工程进度、群众满意度以及问题整改等情况，强化行政问责，狠抓工作落实。

(三)创新工作模式，确保群众受益。各地在大力推进保障性住房建设的过程中，注重机制创新，积极探索有益经验。吉林省将棚户区改造和廉租住房保障统筹安排，有效解决了棚户区内低收入困难家庭的住房问题。湖南省各市县积极探索廉租住房建设与棚户区改造、危旧房改造、房地产开发等有机结合的模式，实现廉租住房建设和棚户区改造同步进行。陕西省明确规定，在普通商品房中廉租住房的配建比例不低于5%、在经济适用房中的配建比例不低于15%、在棚户区改造中配建比例不低于30%。重庆市着力解决既不能享受廉租住房保障、又买不起商品房的"夹心人群"的住房困难问题，实行公共租赁住房、廉租住房、经济适用住房一体化，不再单独新建廉租住房和经济适用住房。对符合廉租住房保障对象的家庭，可以申请租住公租房，按廉租住房租金标准支付租金。公租房租满5年后，符合条件的承租人可以按成本价购买，不再缴纳租金。公租房不能上市，购买者如需转让，由政府公租房管理机构以原购房价款加利息的价格回购，再作为公租房流转使用。各地积极落实提取土地出让金净收益、减免税收、规费等政策。有些地方还通过资产置换、盘活土地、公有住房出售收入、住房公积金贷款等多种形式筹措建设资金。有些地方积极探索廉租住房共有产权制度，有效化解廉租住房建设筹措资金难、缺口大等问题，为解决廉租住房退出难和使用管理难等问题开辟了新途径。

(四)坚持因地制宜，避免贪多求大。各地加强了对城市低收入家庭住房情况的摸底调查，根据群众的实际需求和当地财力状况开展保障性住房建设。湖南省长沙市针对当地房价较低、居民住房自有率较高、租赁市场发展较好的实际情况，坚持实事求是和灵活多样的廉租住房保障方式，坚持以发放租赁补贴为主，解决低收入居民住房问题。吉林省长春市在棚户区改造中，坚持先建回迁房，后建商品房，并在棚户区改造项目中配建廉租住房。陕西省咸阳市旬邑县在农村危房改造过程中，针对不同类型的危房户，分别采取集中搬迁、就地新建、就近置换、修缮改造等保障方式。山东省提出，让城市低收入家庭根据自身经济状况，自主选择住房保障方式，"宜购则购，宜租则租"。

(五)加快工程进度，取得一定成效。据住房和城乡建设部统计，2009年，全国新建、改扩建各类保障性住房200万套，各类棚户区改造130万户，改造农村危房76.9万户。据我们调查，截止2010年8月底，2009年中央投资补助的新建廉租住房项目，山东省已完成投资25.6亿元，占计划总投资的69%；湖南省已完成投资29亿元，占计划总投资的73%；吉林省已完成投资38.7亿元，占计划总投资的82%；陕西省已完成投资18.2亿元，占计划总投资的46%；重庆市已完成投资20.1亿元，占计划总投资的65%。

据住房和城乡建设部有关数据显示，截止2010年8月底，中央财政年初安排的692亿元和追加安排的100亿元保障性住房建设资金，已全部下达；全国城镇保障性住房建设项目和各类棚户区改造项目已开工410万套，占计划的70%；农村危房改造已开工68万户，占计划的56%。

和具体工作安排，依据重点产业调整和振兴规划配套发布的技术进步和技术改造投资方向，重点支持产业发展亟需突破的关键环节。

（四）创新工作方法，着力搞好体制机制建设。一是深化产学研合作创新，加快科技成果转化。山东省与多所全国重点院校签订了长期合作协议，共建研发中心，启动产业技术创新战略联盟，并积极开展国际产学研联合。从 1991 年开始，每年组织召开产学研展洽会，截至目前已累计签订产学研合同 6000 多项，促使 2000 多项重大高新技术成果实现产业化，为企业解决了 1000 多项关键共性技术难题，新增经济效益 600 多亿元。二是推动金融创新，提升对科技创新的金融服务。四川省积极推动专利权质押贷款，支持高新技术产业发展，鼓励商业银行成立科技服务专营机构，重点扶持高新技术企业发展。中国建设银行四川省分行和成都银行均成立了重点服务高新技术企业的科技支行，成都银行科技支行已开展知识产权质押贷款业务。三是重视加强科技创新平台建设。山东省 60% 以上的大中型企业建立了多种形式的技术开发机构，国家级企业技术中心和企业国家重点实验室分别为 85 家和 10 家，位居全国第一。四是一些地区通过建立机制对技术改造坚持常抓不懈，取得了较好效果。山东省一直以来高度重视推动企业实施技术改造，不仅在全省保留技改投资的统计指标，而且明确提出技改投资占固定资产投资比重的目标。2009 年，全省累计完成技改投资 6508.3 亿元，同比增长 28.9%，达到全省工业固定资产投资的 69.8%，技术改造对产业优化升级的作用持续增强。

在实施中央政府投资技术改造和科技创新项目过程中，国务院相关部门和各地区组织有序，措施得力，项目实施情况总体上是好的，取得了应对国际金融危机冲击的预期效果，显现出促进我国经济结构调整和发展方式转变的积极作用。一是较好带动了社会投资。初步测算，去年中央政府技术改造专项资金对社会投资的拉动达到 28 倍，山东省达到 41.6 倍。在投资的带动下，四川省技术改造投资对 GDP 增长的拉动由 2008 年的 3 个百分点上升到 2009 年的 3.7 个百分点，对工业增加值增长的拉动由 2008 年的 6.7 个百分点上升到 2009 年的 9.1 个百分点，对保持经济平稳较快发展发挥了积极作用。二是有效拉动了就业。2008 年底至 2009 年，国家批复的山东省重点产业振兴和技术改造专项项目，共创造就业岗位 39.5 万个，其中中央政府投资创造就业岗位 1.3 万个。三是显著提升了企业自主创新能力。通过支持自主创新公共服务平台建设，完善以企业为主体、市场为导向、产学研相结合的技术创新体系，在工业领域取得了一大批喜人成果。研发出数控重型桥式龙门五轴联动车铣复合机床、12 英寸 65 纳米刻蚀机等，打破了国外垄断，提升了我国关键领域的核心竞争力。武汉纺织大学自主研发的"嵌入式"纺纱技术荣获国家科技进步一等奖，为湖北省纺织产业技术升级和技术进步带来革命性的历史机遇。四是有力促进了产业结构调整。中央政府技术改造和科技创新的投资重点，对产业发展发挥了有效引导和"四两拨千斤"的带动作用，一方面，通过大范围大力度实施技术改造，使传统产业焕发出新的生机和活力。山东省淄博市从 2008 年开始全面实施"5 年 1500 亿元"技改计划，准备用 5 年时间，对机电、纺织、冶金等传统产业普遍进行改造，使重点企业技术装备 80% 达到国内领先水平，40% 以上达到国际领先水平，加快传统产业优化升级。另一方面，加快了新材料、新能源、节能环保、生物制药等领域战略性新兴产业的培育和发展。湖北省已将光电子信息产业发展成国内同行业中最大的产业集群，在全球产业分工中占有一席之地。"武汉·中国光谷"正在成为我国重要的新一代信息技术高地和产业发展聚集区。

二、落实全国人大常委会调研报告要求和国务院领导批示的情况

2009 年 9 月，全国人大常委会、国务院领导同志相继在全国人大常委会专题调研组《关于中央政府投资技术改造和科技创新项目实施情况的专题调研报告》上作出重要批示，要求有关部门统筹研究，深入实际、总结经验、发现问题，继续推进技术改造、科技创新与结构调整相结合。去年 10 月，第十一届全国人大常委会第十一次会议同时听取并审议了国务院关于中央政府投资安排及实施情况的报告和常委会专题调研组关于部分重大公共投资项目实施情况的调研报告，提出了审议意见。国家发展改革委、科技部、工业信息化部和财政部积极落实中央领导同志批示，结合常委会组成人员审议意见，对推进技术改造、科技创新与结构调整相结合，促进经济可持续发展的问题进行了认真专题研究，并于 2010 年 3 月联合向国务院报送了《关于推进技术改造、科技创新、重大专项与结构调整相

结合有关情况及工作思路的报告》(以下简称“报告”),提出七个方面的意见和建议:一是将产业结构调整作为2010年投资重点;二是建立产业结构调整的工作协调机制;三是加快培育战略性新兴产业;四是加大科技重大专项与产业结构调整的结合力度;五是提高技术改造项目的管理效率和水平;六是加快科技体制创新,引导创新资源围绕产业结构调整目标的集聚利用;七是加大对产业结构调整的宏观调控力度,淘汰落后产能。围绕上述要点近期重点开展了三方面工作:一是继续将重点产业调整和振兴作为中央投资支持的重点,安排200亿元支持重点产业企业的技术创新和技术改造。二是加强科技重大专项与高技术产业化项目的衔接。三是加快推动培育战略性新兴产业的有关工作,研究起草《关于加快培育和发展战略性新兴产业的决定》和《战略性新兴产业发展“十二五”规划》。

各地认真落实中央领导同志批示精神,认真分析研究2009年全国人大常委会专题调研组提出的意见,不断加大技术改造和科技创新力度。湖北省结合自身实际,积极落实全国人大常委会专题调研组去年在湖北调研时提出的意见和建议,注重加强政策指导和规划引导,促进产业结构调整和优化;加强项目建设和资金引导,促进科技创新成果向现实生产力转化;加强基地建设和投融资体系建设,促进科技创新体制机制形成;加强自主创新能力建设,促进关键领域核心技术取得突破。在全省上下共同努力下,2009年湖北省工业经济同比增速达到20.1%,重点项目建设进展顺利,高新技术产业和新兴产业迅速发展,共取得省部级以上重大科技成果740项,技术改造和科技创新工作得到有效加强。

三、问题与建议

(一)进一步提高认识,把推动技术改造和科技创新作为转变发展方式、调整经济结构的重要着力点,促进国民经济又好又快发展

2010年技术改造专项资金仍为200亿元,但其中需要安排2009年结转项目40亿元,本年实际可用的技术改造专项资金仅160亿元,技术改造投资占中央政府公共投资的比重由2009年的2.2%下降到2010年的2.01%。在具体执行中,对技术改造的界定不够明晰,科技创新关键重点不够突出,有限的资金要兼顾不同地区和行业的项目,投入分散的问题很难避免。加强技术改造、推动科技创新直接有利于抑制产能过剩,推动节能减排,增强企业竞争力,提升国民经济整体素质,实现经济又好又快发展。当前,中央关于应对国际金融危机冲击的一揽子计划,正按预期目标有序推进,今年底可望完成投资计划,大规模投资政策措施将逐渐淡出,转入常态。加强技术改造、推动科技创新既是应对国际金融危机的应急之策,更是推动发展方式转变、促进结构调整的重要着力点,是一项长期任务,不能随着新增中央投资完成而退出,而应该继续加强和深化。建议有关部门继续认真落实中央领导同志有关批示精神及常委会组成人员有关审议意见,合理调整政府投资结构,增加对技术改造和科技创新的投入,逐步提高技术改造和科技创新投资占全部中央投资的比重,切实使政府投资发挥好引导作用,服务于调结构、转方式的大局。同时,在制订“十二五”规划时,抓紧研究提出依靠技术改造和科技创新推动经济结构调整、发展方式转变的总体思路和政策措施,明确任务和重点,制定具体操作办法,将技术改造相关指标列入“十二五”结构调整类指标体系。要把技术改造与科技创新紧密结合起来,以关键技术升级为突破口,择优扶强,推动技术改造工作,增强加工增值能力。一方面把科技创新作为技术改造的源泉,着力提升企业自主创新能力,为技术改造提供支撑;另一方面把技术改造作为实现科技创新的途径,推进企业自主研发的新技术新成果实现产业化,实现科技创新和技术改造的相互促进、良性互动。

(二)进一步破解体制和机制难题,更好地发挥科技创新对经济社会发展的支撑引领作用

“十二五”时期,我国仍然面临着一些制约科技创新的深层次体制机制难题。“十一五”我国研究与试验发展(R&D)经费支出占GDP比重2009年为1.62%,比2005年仅提高0.32个百分点,2010年年度计划确定的目标为1.75%,难以完成“十一五”期末达到2%的目标。企业研发投入偏低,创新主体的地位仍难以确立。科技创新公共服务平台建设取得进展,但还难以真正发挥作用。科技管理体制条块分割、科技成果产业化率不高、人才引进和使用的激励机制不完善等问题还普遍存在,创新对经济的支撑作用亟待加强。要完善财政科技投入稳定增长机制,充分发挥财政投入和财税政策对企业投入的引导作用,建立多元化、多渠道的科技投入体系。财政科技投入应重点支持基础研究、前沿技术研究、重大共性关键技术研究开发等公共科技活动。中试和工程化环节需要成主体工程投入运用验收或者竣工验收项目 2665 座，占规划项目总数的 42.7%。

3. 小型农田水利重点县建设情况。2009 年，中央财政在全国 31 个省、区、市和新疆兵团、农业部垦区安排小型农田水利设施建设资金 45 亿元，带动地方投入建设资金 76 亿元，在全国范围内，启动了 400 个小型农田水利重点县和 1230 个小型农田水利专项工程建设。截至 2010 年 3 月初，全国小型农田水利重点县建设项目总体工程建设进度 56%，完成工程总投资 55%。全国小型农田水利专项工程建设项目总体工程建设进度 61%。2010 年新增 400 个重点县建设。

（二）各地主要做法及取得成绩

1. 制定相关政策法规。今年，各省关于加强“三农”工作的文件都提出，要增加投入，加大小型农田水利工程实施力度，积极探索农田水利建设与管理新机制。河南、浙江等省分别制定了小型农田水利重点县建设管理实施办法、建设补助专项资金管理实施细则等地方规章。黑龙江省于今年 2 月起实施《黑龙江省农田水利条例》，这是全国第一部省级农田水利专项法规。

2. 加大投入力度，加快工程实施进度。随着国家各项工程投入的增加，各地也加大了相应的配套资金等投入力度。江苏省编制了 2010 年千亿斤粮食田间工程及农技服务体系建设项目实施方案，项目总投资 3.88 亿元，其中睢宁、海安等县的 27 个田间工程项目总投资 3 亿元，申请中央投资 2.4 亿元，地方配套 6000 万元。2009 年中央下达江苏省小农水建设资金 1.95 亿元，其中 1.52 亿元用于 19 个小农水重点县建设，截至今年 5 月，配套资金已全部落实，完成投资 5.54 亿元，占工程总体进度 85%。

3. 继续深化农田水利建设体制和管理机制改革。一是各地按照国务院关于水利工程管理体制改革实施意见的要求深化改革，推进事企分开，管养分离。黑龙江省政府将水管体制改革纳入省政府督办计划，由省政府督察室牵头对全省水管体制改革工作进行督办检查，已全部完成水管体制改革任务。二是推进小型农田水利产权制度改革。通过“民办公助”等形式发挥政府资金的引导作用，鼓励农民用水合作组织建设，通过明晰产权、规范流转，引导用水户通过合作组织等形式投工投劳，管理和维护工程。三是加快推进水价改革。

4. 探索新型的节水灌溉模式。黑龙江省经过实践形成了四种节水灌溉发展模式：一是适合一家一户分散经营的“甘南旱田节水灌溉模式”，二是适合现代化农业发展的“依安节水灌溉模式”，三是大庆市的膜下滴灌模式，四是采取综合节水措施的“庆安县水田节水灌溉模式”。截至 2009 年底，全省工程节水灌溉面积达到 1900 万亩，约占全省耕地面积的十分之一。

二、存在的问题

（一）投入与需求相比仍显不足。一是农田水利设施长期欠账严重，政府投入的稳定增长机制尚未建立。按照国家 2000 年的大型灌区续建配套与节水改造规划，安排河南省 38 处大型灌区总投资 107 亿元，实际年度安排投资 1 亿元左右，需要 95 年才能完成。浙江省反映，由于城市开发建设大量占用了有效灌溉农田，“占补平衡”挤占了大部分农田水利投入，使得用于现有工程更新改造的资金减少，近十多年来，工程更新改造进度滞后，全省有效灌溉面积始终徘徊在 2100 万亩左右。

二是“两工”取消之后，农村“一事一议”制度在一些地方被片面理解为“农民自主决定，自行筹资举办”。虽然政府通过“民办公助”、“以奖代补”等形式进行补贴，但“最后一公里”仍然是最薄弱环节。据河南省测算，取消“两工”后，尽管近几年各级政府和群众都加大了投入，每年仍有 30—40 亿的缺口。驻马店市 1997 年至 2003 年 7 年间，全市水利建设投资 25.8 亿元，其中“两工”折资 21 亿元，占 81.3%，乡村投资约 0.3 亿元，即乡以下投入占总投资的 87.2%。税费改革后，占农村水利工程总量近 90% 的跨村、跨乡工程失去了原有的投入主渠道。另外，目前国家千亿斤粮食生产能力建设规划已经启动，但对于农田水利的末级渠系没有明确专项项目。

三是农村水利资金分属多个部门管理，缺乏有效的沟通与协调，投资效益较低。

（二）粮食主产省（区）财政配套困难。据水利部数据，截至今年 5 月，全国病险水库除险加固平均地方配套资金到位率为 68.4%，有的省份地方资金到位率仅为 30% 左右，影响到工程的顺利实施。江苏省 2009 年度 19 个小农水重点县建设项目总投资 6.5 亿元，其中中央和省级财政共 3.07 亿元，其余为市县财政配套和群众自筹。

（三）项目前期准备较为仓促，后期运行维护机制尚未建立。调研中苏州市反映，专项资金项目和重点县建设项目的前期准备不足。由于中央、省级多万户中低收入住房困难群众的住房问题。五省(市)政府都认识到住房保障工作的长期性和艰巨性,在编制规划时,强调因地制宜、统筹安排、分级负责、逐步推进的原则,将保障性住房建设规划与城市发展规划、农村发展规划、土地利用规划等结合起来,提高规划的科学性与可行性。

(二)健全规章制度,加强监督管理。五省(市)政府都制定了保障性住房建设的指导性文件和规章制度,明确工作要求、规范工作程序、强化监督管理、加大问责力度,推动住房保障工作的顺利开展。湖南省政府制定了廉租住房保障办法、经济适用住房管理办法等政策性文件,在资金筹措、土地供应、税费优惠等方面建立保障性住房建设的长效机制。陕西省政府提出了加快保障性住房建设的意见,将省级财政对市县政府廉租住房建设的补助标准由每平方米200元提高到400元。山东省青岛市政府制定了发展公共租赁住房的实施办法,并投入5亿元资金,全面推进公共租赁住房建设。吉林省提出了加快城市棚户区改造的实施意见和城镇低收入住房困难家庭廉租住房保障办法等指导性文件,对项目管理、工程质量、房屋拆迁、土地供应、税费减免、资金使用、档案管理等提出了规范性措施,有针对性地破解保障性住房建设中面临的难题。重庆市出台了公共租赁住房管理暂行办法,对规划建设、资金来源、准入退出、监督管理等作了明确规定,推动公共租赁住房建设的顺利开展。各地还建立了保障性住房建设年度目标责任制,省与市、市与县区政府分解任务、量化目标,形成了"省级政府负总责,县市区政府抓落实"的工作格局。各地加强对保障性住房建设情况的监督检查,重点围绕规划落实、资金筹措、工程进度、群众满意度以及问题整改等情况,强化行政问责,狠抓工作落实。

(三)创新工作模式,确保群众受益。各地在大力推进保障性住房建设的过程中,注重机制创新,积极探索有益经验。吉林省将棚户区改造和廉租住房保障统筹安排,有效解决了棚户区内低收入困难家庭的住房问题。湖南省各市县积极探索廉租住房建设与棚户区改造、危旧房改造、房地产开发等有机结合的模式,实现廉租住房建设和棚户区改造同步进行。陕西省明确规定,在普通商品房中廉租住房的配建比例不低于5%、在经济适用房中的配建比例不低于15%、在棚户区改造中配建比例不低于30%。重庆市着力解决既不能享受廉租住房保障、又买不起商品房的"夹心人群"的住房困难问题,实行公共租赁住房、廉租住房、经济适用住房一体化,不再单独新建廉租住房和经济适用住房。对符合廉租住房保障对象的家庭,可以申请租住公租房,按廉租住房租金标准支付租金。公租房租满5年后,符合条件的承租人可以按成本价购买,不再缴纳租金。公租房不能上市,购买者如需转让,由政府公租房管理机构以原购房价款加利息的价格回购,再作为公租房流转使用。各地积极落实提取土地出让金净收益、减免税收、规费等政策。有些地方还通过资产置换、盘活土地、公有住房出售收入、住房公积金贷款等多种形式筹措建设资金。有些地方积极探索廉租住房共有产权制度,有效化解廉租住房建设筹措资金难、缺口大等问题,为解决廉租住房退出难和使用管理难等问题开辟了新途径。

(四)坚持因地制宜,避免贪多求大。各地加强了对城市低收入家庭住房情况的摸底调查,根据群众的实际需求和当地财力状况开展保障性住房建设。湖南省长沙市针对当地房价较低、居民住房自有率较高、租赁市场发展较好的实际情况,坚持实事求是和灵活多样的廉租住房保障方式,坚持以发放租赁补贴为主,解决低收入居民住房问题。吉林省长春市在棚户区改造中,坚持先建回迁房,后建商品房,并在棚户区改造项目中配建廉租住房。陕西省咸阳市旬邑县在农村危房改造过程中,针对不同类型的危房户,分别采取集中搬迁、就地新建、就近置换、修缮改造等保障方式。山东省提出,让城市低收入家庭根据自身经济状况,自主选择住房保障方式,"宜购则购,宜租则租"。

(五)加快工程进度,取得一定成效。据住房和城乡建设部统计,2009年,全国新建、改扩建各类保障性住房200万套,各类棚户区改造130万户,改造农村危房76.9万户。据我们调查,截止2010年8月底,2009年中央投资补助的新建廉租住房项目,山东省已完成投资25.6亿元,占计划总投资的69%;湖南省已完成投资29亿元,占计划总投资的73%;吉林省已完成投资38.7亿元,占计划总投资的82%;陕西省已完成投资18.2亿元,占计划总投资的46%;重庆市已完成投资20.1亿元,占计划总投资的65%。

据住房和城乡建设部有关数据显示,截止2010年8月底,中央财政年初安排的692亿元和追加安排的100亿元保障性住房建设资金,已全部下达;全国城镇保障性住房建设项目和各类棚户区改造项目已开工410万套,占计划的70%;农村危房改造已开工68万户,占计划的56%。

二、存在的困难和问题

在调研中我们发现，今年各地的保障性住房建设与去年相比，有了明显的改进，但仍然存在不少困难和问题，有些去年存在的问题至今还没有完全解决。

（一）认识不够统一。各地对保障性住房建设的目标认识不一，少数地方甚至存在偏差。有的地方认为，保障性住房建设只是应对金融危机、拉动经济增长的应急之策，没有认识到这是一项长期的社会保障工程；有的地方认为，保障性住房建设是推进旧城改造、美化城市环境的难得机遇，没有坚持宜修则修、宜建则建的原则，盲目追求扩建、新建，摊子铺得很大；也有的地方囿于财政困难，财力不足，对保障性住房建设积极性不高。这些认识都不利于保障性住房建设的可持续发展。

（二）实施不够规范。一些地方反映，目前保障性安居工程项目种类较多，既有廉租住房、经济适用房、公共租赁房、限价商品房，还有棚户区改造房、农村危房改造、游牧民定居工程等，需要在投资政策、经营管理等方面进一步完善和规范。有的地方同志反映，今年扩大保障范围，推行公共租赁住房建设，建设规模和资金需求更大，不仅需要政府加大投入力度，也应研究制定鼓励企业投资建设和运营管理的财政政策和货币政策。有些地方对于廉租住房的共有产权、日常维护和退出机制等，进行了有益的探索，但国家政策尚未明确作出规定。

（三）规划不够严谨。科学确定保障范围、准确掌握保障需求，是制定保障性住房建设规划的基础。有些地方制定的建设规划不够严谨、细致，对保障需求缺乏准确的调查统计，简单地根据中央补助资金情况或依靠抽样调查结果编制建设规划，造成规划和实际需求不够一致。有些地方的建设规划不够细致，只有建设规模和资金需求，对各级政府承担的资金数额和比例等没有提出明确要求，建设资金来源也没有完全细化落实，导致规划难以有效实施。也有些地方对保障性住房建设任务要求过急，提出廉租住房规划“三年任务两年完成”的目标。个别地方将保障性住房建设作为招商引资的条件，一年建设规模超过了三年建设规划的要求。个别项目因水、电、路等配套设施建设滞后，使保障性住房建成后，居民迟迟不能入住。还有个别地方将保障性住房建在城市郊区，教育、医疗、交通等设施不配套，给居民的工作、生活、出行等带来不便。有的地方保障标准过高，容易引起未享受保障群众的不满，引发新的社会矛盾。

（四）责任不够到位。各省级政府与各市区县政府虽然都签订了目标责任书，但对投资、土地划拨、施工、工程进度等责任，规定得不够明确。总的趋势，是下级申报、上级审批、基层落实，形成上级政府责任轻，基层政府责任重的状况。今年中央提高了廉租住房建设资金补助标准，但每套住房平均仅补助2.37万元，相当于投资额的30%左右，地方反映仍然偏低。许多地方省级财政补助数额很少，筹资压力和建设责任主要落在市、县、区政府身上，基层政府普遍反映压力很大。有些地方反映，目前中央对地方的廉租房建设补助资金分别来自于不同的部门，地方政府不能统筹使用。各级政府成立的保障性安居工程协调小组，对有关部门的职责分工不够明确，问责制执行得不够严格。也有个别地方在拆迁过程中，出现了廉价征用农民土地或违背居民意愿拆迁原有住房等问题，影响社会稳定。有些地方没有明确划分政府与企业在保障性住房建设中的责任和义务。个别地方将企业职工住房也纳入保障性住房建设范围，造成政企职责不分，加重了政府负担。

（五）地方财政风险加大。由于市县政府保障性住房建设的筹资压力加大，负担沉重，不少地方靠银行贷款融资，或大量拖欠工程款。不少地方缺乏资金回收计划和融资还贷计划，存在财政金融风险。也有的地方反映，今年银行对贷款有所控制，筹资出现困难，使有些在建项目的资金供应难以为继。

三、建议与思考

住房是人民生活的基本需求。住房保障事关民生改善、社会和谐与经济发展，意义重大。从两年调研情况看，要从根本上解决保障性住房建设中存在的问题，不仅要大力推动保障性住房项目建设，更要对保障性住房建设中的一些重大问题进行深入、细致、系统的研究。应该从建立健全我国基本住房保障制度的高度，对我国住房保障的目标和原则，住房保障的范围和标准，住房保障的责任和义务，住房保障的方式和途径等作出明确规定，用制度保证这项工作的可持续发展。

（一）关于住房保障的目标和原则。党的十七大提出：到2020年实现“住有所居”，这是今后10年我国住房保障制度建设必须实现的基本目标。

我国的所有居民，不论在城市，还是在农村，都应当享有“住有所居”的权利。这一目标，经济发展快和居民收入高的地方，可以率先实现；而经济发展和居民收入水平低的地方，则应该扎实推进、稳步发展。

住房保障的原则应当是，保基本、广覆盖、多渠道、可持续。保基本，就是根据我国经济发展水平、政府和群众的承受能力，确定居民住房保障的基本标准。凡是居民住房低于基本住房标准的，应当纳入保障范围，逐步予以解决；凡是居民住房已经高于基本住房标准的，则不再列入保障范围。广覆盖，就是按照公共服务均等化的要求，住房保障不仅要覆盖城市户籍居民，也要覆盖没有户籍的常住居民；不仅要覆盖低收入困难家庭，也要覆盖中等收入家庭；不仅要为城市居民提供基本住房保障，也要为农村居民提供基本住房保障。多渠道，就是住房保障不仅要靠政府的努力，也要靠全社会和居民的共同努力，充分发挥政府、企业和居民的积极性，建立政府主导、企业投资和居民参与的保障机制；保障的方式是居民可以租房，也可以购房，对租房或购房有困难的低收入居民，由政府给予一定的资金补助。可持续，就是坚持住房保障与我国经济发展水平相适应，从政府、企业和居民的承受能力出发，既要积极又要稳妥；既不能长期滞后，又不能急于求成，以实现保障性住房建设的长期、可持续发展。

（二）关于保障的范围和标准。要改变目前一些地方只考虑有当地户籍居民的住房保障，不考虑外地户籍人口的住房保障；只考虑城市居民的住房保障，不考虑农村居民的住房保障；只考虑低收入家庭的住房保障，不考虑中等收入家庭的住房保障等有失社会公平、公正的问题，防止有些居民既买不起商品房，又享受不到保障房，引发新的社会矛盾。在基本住房保障制度中应当提出原则性的保障标准，既要重视建新房又不能忽视修旧房，对于一些经过修缮仍可以居住的房屋应当充分利用，避免不符合实际的“大拆大建”，造成资源浪费。基本住房保障标准应该根据国家经济发展水平和政府、居民承受能力，按照安全、适用、简朴、方便的原则确定。

（三）关于保障方式和途径。应当改变目前保障性住房种类过多的状况，逐步建立起比较统一的保障方式。与养老、医疗等其他社会保障相比，基本住房保障对经济发展的影响更大，需要投入的资金更多，任务也更艰巨。政府不应当也不可能大包大揽，大量直接投资建设向居民提供保障性住房，而应当明确划分政府与市场的职责，充分发挥政府、企业、居民等多方面积极性。在房源筹集上，应坚持宜修则修，宜建则建。建设投资应以政府引导、社会投入为主。在保障方式上，应坚持货币补贴与实物保障相结合，既可以发放租赁补贴，增强低收入居民承租住房的能力；也应鼓励有条件的居民购买限价保障性住房，防止住房建设资金长期沉淀。在资金筹措上，实行金融扶持为主，财政投入主要用于对低收入困难家庭购房或租房的定额补助。在住房分配上，应根据居民现有住房条件，优先解决无房户或缺房户。

（四）关于保障的责任与义务。建立基本住房保障制度，应当明确划分政府、企业和居民的责任和义务，处理好政府与市场的关系，形成合力。政府在基本住房保障建设中，应当承担主导责任，其主要职责是制订建设规划、划拨建设用地、减免相关税费、控制住房价格和加强质量监管。国有房地产企业应该成为保障性住房投资建设和运营管理的主体，充分运用市场机制，在政府的政策扶持下，投资建设和运营管理保障性住房。广大居民也应当承担各自的责任，充分利用自己的力量，改善住房条件，不能过分依赖政府和社会。各级政府之间应当明确划分责任和义务。中央政府的责任，主要是制订宏观指导规划和相关政策措施，提供一定的财力支持并组织监督检查。省、市、县级政府的主要责任，是制订本地区建设规划，落实国家制订的有关政策，保障土地供应，组织引导国有房地产企业投入和建设，并控制保障性住房价格。各级政府都应加强住房保障资金投入，并在资金分配上向基层政府倾斜。各级政府都应该加强住房保障能力建设，健全管理职责和手段，促进基本住房保障制度的健全与完善。

（五）关于制订好“十二五”住房保障发展规划。“十二五”时期，是实现党的十七大提出的“住有所居”宏伟目标的关键时期，也是我国基本住房保障制度建设的关键时期。这项工作政策性、社会性很强，广大群众高度关注。各级政府要加强领导，统筹协调，制定规划，稳步推进。各有关部门要加强调查研究，准确掌握住房保障需求和房源基本情况，建立起互联互通的信息网络，既要防止保障缺位，又要防止超标准保障或重复保障。在周密测算资金投入、土地供应和群众的承受能力的基础上，实事求是地制定“十二五”基本住房保障发展规划和年度计划，明确保障范围、保障标准、保障方式和保障责任，将建设布局、建设规模、资金筹集、建设用地、土地税费政策以及保障性住房价格等，纳入各地国民经济和社会发展“十二五”发展规划，防止边规划、边筹资、边拆迁、边建设。对保障性住房建设融资，要制订资金回收计划和还贷计划，防止出现坏账、呆账，防范财政风险和金融风险。在完善基本住房保障制度的基础上，加快基本住房保障立法进程，尽快将基本住房保障纳入法制化轨道。

全　国　人　大　常　委　会

保障性住房建设专题调研小组

2010 年 10 月 13 日

(二)关于教育、卫生项目实施情况的跟踪调研报告

根据全国人大常委会 2010 年监督工作计划和对部分重大公共投资项目实施情况继续开展专题调研的总体部署，全国人大教育科学文化卫生委员会开展了中央政府重大公共投资教育、卫生项目实施情况的跟踪调研。现将有关情况报告如下。

一、调研工作和项目总体情况

2010 年 8 月，白克明主任委员主持召开主任办公会议听取了教育部、卫生部关于 2008 年以来中央政府重大公共投资教育、卫生项目实施情况和常委会专题调研报告及审议意见所提意见建议的落实情况的汇报。5—8 月，宋法棠、唐天标、任茂东副主任委员分别率调研组赴苏、赣、甘、晋四省调研，王文荣、朱文泉、刘德培等委员参加。调研组听取了四省及其 23 个市县政府的情况介绍，与政府有关部门、项目建设单位负责人、学校和医疗机构工作人员及部分群众进行座谈，并实地考察了部分中小学校、高等院校、职业教育学校、医院、乡镇卫生院等中央政府重大公共投资教育、卫生项目单位。

2008 年第四季度以来，中央公共投资计划共安排资金 837.445 亿元用于教育、卫生项目。其中，教育 307.145 亿元，主要用于中西部农村初中校舍改造工程(100 亿)、中西部地区特殊教育学校建设工程(14 亿)、中等职业教育基础能力建设项目(50 亿)、全国中小学校舍安全工程(90 亿)、高等教育“211 工程”三期建设(20 亿)等 10 个项目。卫生方面 530.3 亿元，分别用于基层医疗卫生服务体系建设(448 亿)、精神卫生防治体系建设(20 亿)、地市级以上重点中医医院业务用房建设(38.3 亿)和基层计划生育服务体系建设(24 亿)。从调研情况看，教育、卫生方面中央公共投资项目的投资计划下达迅速，中央资金拨付及时、到位率高，工作责任比较落实，监管制度比较健全，有关方面重视项目监督检查，工程进展比较顺利。项目的实施明显改善了教育、卫生项目单位的条件和环境，提高了服务能力和水平。

二、落实整改工作取得的成绩

2009 年 10 月，第十一届全国人大常委会第十一次会议听取并审议了国务院关于中央政府投资安排及实施情况的报告和全国人大常委会专题调研组关于部分重大公共投资项目实施情况的调研报告。国务院及其有关部门认真研究了专题调研报告和常委会审议意见提出的问题和建议，积极整改，切实改进和加强了中央政府公共投资安排及项目实施工作。

(一)改进项目规划工作。国务院及其有关部门结合“十二五”专项规划编制工作，进一步加强规划论证、审核，充分发挥规划对投资安排、项目建设、项目储备的指导作用，努力做到科学合理规划、统筹建设布局。为科学指导各地开展健全基层医疗服务体系建设工作，国务院有关部门编制了《社区卫生服务中心建设规划》和《健全农村医疗卫生服务体系建设方案》。针对常委会专题调研报告反映的县级医院项目安排忽视地区差异、未充分考虑服务人口等因素的问题，国务院有关部门提出了改进方案，明确中央可以支持 150 万人口以上的县建设 2 所县级医院，同时要求建设项目要按照建设标准，以改、扩建为主，不搞重复建设和形象工程，建设内容主要为业务用房改扩建和设备配置，加强应急救治能力、急诊、产科等功能建设，完善辅助设施。

(二)加强建设标准体系建设和技术论证。教育、卫生部门进一步完善建设标准体系，编印设计图集，为各级各类学校和医疗卫生机构建设提供技

术指导和依据。目前,《农村普通中小学校建设标准》已印发,城市普通中小学校校舍建设标准和幼儿园、中等职业教育学校及特殊教育学校建设标准正在编制或修订中,预计2012年完成各级各类学校建设标准的本轮修订和完善工作。《乡镇卫生院设计样图》、《精神卫生防治机构设计参考图集》已印发各地参考,《县医院建筑设计方案参考图集》、《社区卫生服务中心建筑设计参考图集》即将印发。卫生部明确要求所有中央支持建设的医疗卫生机构建设项目设计方案必须经过卫生等部门组织专家论证,审查通过后方可组织实施。尤其是县级医院和精神卫生专业机构建设项目必须经过省级卫生部门组织专家论证。

(三)扩大中央投资项目实施范围。由于教育、卫生事业历史欠账较多,中西部地区尤甚,国务院在2010年的中央投资计划中,加大了教育、卫生等民生领域薄弱环节的投入。教育方面,结合国家中长期教育改革和发展规划纲要的贯彻实施,新增37.275亿元中央投资用于高等教育"211"三期工程、新疆"双语"幼儿园、民汉合校、内地新疆西藏班、民族院校等项目建设,中西部农村学前教育机构建设试点项目也于近期启动。卫生方面,国务院有关部门按照医改确定的近期重点工作任务,编制了《精神卫生防治体系建设与发展规划》,并于2010年安排中央专项投资20亿元启动建设,将卫生投资项目的实施范围由基层医疗卫生机构扩大到公共卫生服务机构。卫生监督、食品安全风险监测体系建设等专项规划也在编制过程中。

(四)注重配套建设和后续安排。2010年的中央政府投资安排严格控制新上项目,重点安排续建、投产和收尾项目,打足资金,防止形成"半拉子工程"。对于地方事权范围内的民生项目后续维护支出困难问题,中央财政继续加大转移支付力度,并督促地方财政妥善加以解决。对教育、卫生等民生工程的土建、设备购置与配套设施建设等进行通盘考虑,确保建设项目能够充分发挥经济效益和社会效益。针对常委会专题调研报告反映的基层部分教师和医务人员只能靠租房或占用业务用房解决居住困难的问题,国务院近期拟安排专项投资用于支持农村中小学教师和中西部地区乡镇卫生院职工生活周转住房建设,重点解决老少边穷地区中小学校教师、乡镇卫生院职工和支教(医)人员的生活用房和周转宿舍问题。目前,国务院有关部门正在就周转住房的规划布局、建设标准、筹资方式、分配和管理办法等进行研究。

(五)强化投资管理和监督检查。2009年以来,各地区、各部门及时建立完善了中央投资项目组织领导、政策支持、监督管理三大保障体系。在投资管理方面,国务院有关部门进一步健全部门协调机制,继续加强投资主管部门和行业管理部门的分工合作,加强投资安排的会商协调;改进投资管理方式,针对教育、卫生项目点多、面广、单项资金少的特点,切块下达投资计划由地方安排具体项目,扩大地方在项目安排上的自主权,调动地方积极性,并允许省级政府根据实际情况,对分布在基层的项目进行合理整合建设,提高资金使用效率。在项目监管方面,继续加强对投资安排、项目管理、资金使用、实施效果的监督检查,加强审计监督,重点开展对执行中央政府投资方向、项目前期工作、地方配套资金落实和项目建设进度以及对过去发现问题整改情况的检查。

三、问题和建议

调研发现,教育、卫生方面中央投资项目安排及实施工作中仍然存在一些问题,去年常委会专题调研报告和审议意见提出的有些意见和建议还没有得到很好的落实,需要国务院及其有关方面进一步做好落实整改工作。

(一)继续加大对教育、卫生事业的公共投资力度。教育、卫生事业关系国家的长远发展,关系亿万人民的健康和幸福,是公共财政的重点保障领域。但长期以来,教育、卫生的投入特别是基本建设投入水平偏低,欠账较多。2008年第四季度以来,中央总计下达扩大内需资金7762亿元,用于教育、卫生项目的资金分别为307.145亿元、530.3亿元,占总资金的比例分别为3.96%、6.83%。去年的专题调研报告和审议意见均建议在今后的中央投资中,加大对教育、卫生等项目的投入力度,体现教育、卫生事业作为重点民生工程的优先性。从2010年的总体安排来看,用于教育、卫生项目的资金总量未见明显增加。实际上,从2008年第四季度、2009年和2010年的投资计划来看,教育项目所占资金比例逐年下降,分别为4.89%、4.13%和3.60%。卫生项目投资由2009年的226亿元增加到2010年的236.3亿元,但所占资金比例由8.07%下降到5.96%。同时,此次教育、卫生投资计划有的是将既有项目资金提前下达,项目整体投资并未增加。

调研组认为,中央政府重大公共投资教育、卫生项目的实施在一定程度上缓解了部分地区在教育、卫生事业发展与教育、卫生基本建设投入不足的矛盾,但从目前教育、卫生项目在年度中央预算内投资总盘子的比例看,还远不能体现教育、卫生事业作为重点民生工程的优先性,特别是教育、卫生事业过去欠账多,基本建设资金供需矛盾很大,更应加大投入力度。《国家中长期教育改革和发展规划纲要(2010—2020 年)》提出,"财政资金优先保障教育投入,公共资源优先满足教育和人力资源开发需要"。《中共中央、国务院关于深化医药卫生体制改革的意见》中提出,确立政府在提供公共卫生和基本医疗服务中的主导地位,建立和完善政府卫生投入机制。要切实按照这些要求,进一步加大教育、卫生事业的公共投资力度。一是重点支持教育事业中的农村学前教育、义务教育学校达标建设、中小学校舍安全、中等职业教育基础能力建设,卫生事业中的基层医疗卫生服务体系建设、传染病防治、妇幼保健、卫生监督、应急救援等薄弱环节。二是大幅增加中央教育、卫生基本建设投入资金,提高教育、卫生项目占中央预算内投资的比重。三是妥善处理项目分期建设和后续发展的关系,做好项目的续建、收尾工作。

(二)抓紧落实地方配套资金。到目前为止,配套资金未能足额落实的现象仍比较突出。据卫生部反映,2009 年基层卫生服务体系项目安排中央资金 200 亿元,要求地方配套资金 211 亿元,地方计划安排 102 亿元,其余资金由项目单位自筹。截至 2010 年 7 月底,地方配套资金仅有 67 亿元落实到位,到位率不到 1/3。调研中了解到,许多省份这个问题解决得都不够好。配套资金不落实,将会造成工程难以收尾、项目单位新增债务等问题。而教育、医疗卫生事业的公共属性决定了教育、卫生项目单位运转不能以营利为目的,依靠项目单位自身力量是难以解决债务问题的。特别是乡镇卫生院等基层卫生服务机构,作为完善基层医疗卫生服务体系的重要环节,如果长期负债运行,不利于提高医疗服务水平,解决基层群众看病难、看病贵问题,不仅使项目实施效果大打折扣,也会影响到医药卫生体制改革总目标的实现。此外,一些地方利用政府融资平台解决配套资金问题,造成一定投资风险。

2009 年以来,国务院及其有关部门出台了一系列政策措施,提高地方政府配套能力,督促地方抓紧落实配套资金,取得了一定效果。调研组建议,有关方面应确保这些措施落实,妥善解决地方配套资金不到位问题。同时,应密切关注地方政府融资平台风险对教育、卫生项目的影响,控制项目单位的新增债务,做实还款来源,防范投资风险。中央在资金投入和政策制定方面应当继续向农村地区、边远贫困地区和少数民族地区倾斜,减轻地方的民生项目配套压力。

(三)保证项目规划的科学性和严肃性。在项目规划和执行中,一些地方对区域内的教育、卫生资源配置缺乏科学规划,或者不严格执行批复的项目规划,造成资源配置效益低下。例如,有的地方不严格控制项目规模和标准,超规模、超标准建设。有的地方在新城区建设中,大搞形象工程、政绩工程,盲目迁建,给当地群众看病就医、子女就学带来不便,也造成资源的严重浪费。

调研组认为,编制教育、卫生项目规划,既要符合事业发展布局调整,也要从实际出发,充分考虑各地在城镇化进程、服务人口、已有资源等方面的差异,并适当预留发展空间。国务院及其有关部门、各级地方政府应结合"十二五"规划的编制和执行工作,优先考虑教育、卫生事业发展,并积极引导地方结合已开展的重大工程和改革试点,统筹规划,合理布局,保证项目的实施效益。要坚持政府投资量力而行,充分考虑地方财政承受能力、社会发展水平和群众实际需求,科学制定投资计划,实事求是申报项目,提高资源利用效率。

(四)继续加强对项目实施指导和监督检查工作。调研发现,部分已完成的项目在设计时未能充分考虑到教育、卫生项目特点,功能分区不合理,设计不符合教学、医疗流程,难以满足教育教学、医疗卫生服务功能的需求。有些项目实施中还存在安全隐患。由于中小学校舍安全工程大多属于改建、加固项目,只能在寒暑假抓紧进行,为了按时开学,一些地方将尚未完全竣工的校舍投入使用,对师生健康和安全造成一定威胁。有些地方还存在着变更项目用途,调整建设规模,资金拨付不及时,项目未能如期开工、进展缓慢等问题。

调研组建议,一是要加强项目的设计指导。要坚持安全、科学、实用、经济的原则,不断完善各项基本建设标准,逐步推进标准化建设。二是加强项目实施的监督检查。国务院及有关部门要加大监督力度,督促各地严格执行批复标准,加强项目设计、进度和资金管理,确保工程质量和安全。三是总结项目投资和管理经验,提高项目设计和实施水平,促进项目规范建设,力争使每一个项目发挥最大效益。

全 国 人 大 常 委 会
教育、卫生等民生工程专题调研小组
2010 年 9 月 19 日

(三)关于技术改造和科技创新项目实施情况的跟踪调研报告

根据全国人大常委会2010年监督工作计划,在华建敏副委员长的率领下,由全国人大财政经济委员会彭小枫副主任委员任组长,财政经济委员会尹中卿副主任委员、马之庚委员、吕薇委员,教育科学文化卫生委员会吴忠泽委员和部分全国人大代表组成的全国人大常委会专题调研组,于今年7月下旬至9月上旬,先后赴四川、山东、吉林和湖北省,对中央政府重大公共投资技术改造和科技创新项目实施情况进行了跟踪调研。国家发展改革委、科技部、工业信息化部、财政部相关司局负责同志参加了调研。赴地方之前,调研组听取了国务院有关部门的情况汇报。在所到省市,调研组听取了当地政府及其有关部门的情况介绍,召开了企业座谈会,实地考察了技术改造和科技创新项目,并与省人大、政府交换了意见。同时,专题调研组还委托辽宁省、上海市、陕西省人大财政经济委员会、教育科学文化卫生委员会组织相应跟踪调研并提交了调研报告。现将有关情况报告如下。

一、项目实施情况

各地区、各部门认真贯彻落实党中央、国务院重大决策部署,大力推进中央政府投资技术改造和科技创新项目建设。2010年中央政府公共投资预算9927亿元中,共安排技术改造、科技创新项目资金742亿元,截至8月底,共下达预算503亿元。中央财政2009年和2010年每年安排200亿元专项资金支持技术改造项目。2009年共支持技术改造项目4667个,安排中央预算内投资194.95亿元(其余5亿元为能源装备项目),拉动社会固定资产投资6787亿元。截至今年8月底,2010年共下达技术改造项目1948个,安排中央预算内投资135.3亿元,总投资达到4822.9亿元。项目基本都已开工建设,总体进展顺利。截至2010年7月底,10个民口重大科技专项"十一五"任务已基本落实到位,2008年和2009年分别已拨款10.35亿元和139.43亿元,2010年已拨款261.41亿元。为了更加有效地推进相关项目建设,国务院有关部门和各地区在去年工作的基础上,及时总结经验,创新工作方法,做了大量富有成效的工作。

(一)落实完善配套政策,强化工作机制。围绕重点产业调整和振兴规划,配套发布产业技术进步和企业技术改造指南,进一步明确技术改造的方向和重点。联合印发《关于做好重点产业振兴和技术改造投资项目监督管理工作的通知》,对项目建设、工程施工、资金使用、竣工验收等工作做出明确规定。2009年各地已出台并正在实施的财政、金融、土地、产业升级等技术改造相关配套政策文件有100多项。加大相关政策落实力度,全国近一半省市执行了企业研发费用加计扣除政策,激励企业加大了研发投入。四川省委、省政府将技术改造列入对市(州)政府、省级相关部门的考核指标,在全国率先制定出台了《四川省企业技术创新条例》,将技术创新工作纳入法制化轨道。

(二)加大资金投入,优化资金使用结构。地方财政增加扶持资金规模,据不完全统计,2009年各地财政安排技术改造专项资金规模超过200亿元。有23个地区编制了当年或三年滚动技术改造投资导向计划,加大技术改造投资鼓励和引导力度。部分地区积极拓展筹资渠道,多方筹措项目资金。吉林省积极发展债券融资、私募股权融资,同时还积极参与设立创投试点工作,省内大企业集团通过发行短期融资券获得资金100多亿元。中央有关部门及时对项目进行集中评审,抓紧下达项目计划。2010年安排重点产业振兴和技术改造专项资金更加注重优化区域结构,东部、中部和西部地区切块资金占全国的比重分别为49.4%、24.2%和26.4%,与2009年相比,中部地区提高0.4个百分点,西部地区提高4.7个百分点,进一步支持中西部地区加快发展。

(三)加强项目管理,注重提高效率。从严把好企业技术改造项目审核关,进一步加强对高耗能、高排放和产能过剩行业企业技术改造项目的审批管理。加大对中小企业技术改造项目的支持,2009年安排的4441项技术改造项目中,中小企业项目数占89%,安排专项资金占66%,有力支持了中小企业实施技术改造。针对2009年项目数量多、重点不够集中的问题,有关部门年初提出了年度工作重点和具体工作安排，依据重点产业调整和振兴规划配套发布的技术进步和技术改造投资方向，重点支持产业发展亟需突破的关键环节。

(四)创新工作方法，着力搞好体制机制建设。一是深化产学研合作创新，加快科技成果转化。山东省与多所全国重点院校签订了长期合作协议，共建研发中心，启动产业技术创新战略联盟，并积极开展国际产学研联合。从1991年开始，每年组织召开产学研展洽会，截至目前已累计签订产学研合同6000多项，促使2000多项重大高新技术成果实现产业化，为企业解决了1000多项关键共性技术难题，新增经济效益600多亿元。二是推动金融创新，提升对科技创新的金融服务。四川省积极推动专利权质押贷款，支持高新技术产业发展，鼓励商业银行成立科技服务专营机构，重点扶持高新技术企业发展。中国建设银行四川省分行和成都银行均成立了重点服务高新技术企业的科技支行，成都银行科技支行已开展知识产权质押贷款业务。三是重视加强科技创新平台建设。山东省60%以上的大中型企业建立了多种形式的技术开发机构，国家级企业技术中心和企业国家重点实验室分别为85家和10家，位居全国第一。四是一些地区通过建立机制对技术改造坚持常抓不懈，取得了较好效果。山东省一直以来高度重视推动企业实施技术改造，不仅在全省保留技改投资的统计指标，而且明确提出技改投资占固定资产投资比重的目标。2009年，全省累计完成技改投资6508.3亿元，同比增长28.9%，达到全省工业固定资产投资的69.8%，技术改造对产业优化升级的作用持续增强。

在实施中央政府投资技术改造和科技创新项目过程中，国务院相关部门和各地区组织有序，措施得力，项目实施情况总体上是好的，取得了应对国际金融危机冲击的预期效果，显现出促进我国经济结构调整和发展方式转变的积极作用。一是较好带动了社会投资。初步测算，去年中央政府技术改造专项资金对社会投资的拉动达到28倍，山东省达到41.6倍。在投资的带动下，四川省技术改造投资对GDP增长的拉动由2008年的3个百分点上升到2009年的3.7个百分点，对工业增加值增长的拉动由2008年的6.7个百分点上升到2009年的9.1个百分点，对保持经济平稳较快发展发挥了积极作用。二是有效拉动了就业。2008年底至2009年，国家批复的山东省重点产业振兴和技术改造专项项目，共创造就业岗位39.5万个，其中中央政府投资创造就业岗位1.3万个。三是显著提升了企业自主创新能力。通过支持自主创新公共服务平台建设，完善以企业为主体、市场为导向、产学研相结合的技术创新体系，在工业领域取得了一大批喜人成果。研发出数控重型桥式龙门五轴联动车铣复合机床、12英寸65纳米刻蚀机等，打破了国外垄断，提升了我国关键领域的核心竞争力。武汉纺织大学自主研发的“嵌入式”纺纱技术荣获国家科技进步一等奖，为湖北省纺织产业技术升级和技术进步带来革命性的历史机遇。四是有力促进了产业结构调整。中央政府技术改造和科技创新的投资重点，对产业发展发挥了有效引导和“四两拨千斤”的带动作用，一方面，通过大范围大力度实施技术改造，使传统产业焕发出新的生机和活力。山东省淄博市从2008年开始全面实施“5年1500亿元”技改计划，准备用5年时间，对机电、纺织、冶金等传统产业普遍进行改造，使重点企业技术装备80%达到国内领先水平，40%以上达到国际领先水平，加快传统产业优化升级。另一方面，加快了新材料、新能源、节能环保、生物制药等领域战略性新兴产业的培育和发展。湖北省已将光电子信息产业发展成国内同行业中最大的产业集群，在全球产业分工中占有一席之地。“武汉·中国光谷”正在成为我国重要的新一代信息技术高地和产业发展聚集区。

二、落实全国人大常委会调研报告要求和国务院领导批示的情况

2009年9月，全国人大常委会、国务院领导同志相继在全国人大常委会专题调研组《关于中央政府投资技术改造和科技创新项目实施情况的专题调研报告》上作出重要批示，要求有关部门统筹研究，深入实际、总结经验、发现问题，继续推进技术改造、科技创新与结构调整相结合。去年10月，第十一届全国人大常委会第十一次会议同时听取并审议了国务院关于中央政府投资安排及实施情况的报告和常委会专题调研组关于部分重大公共投资项目实施情况的调研报告，提出了审议意见。国家发展改革委、科技部、工业信息化部和财政部积极落实中央领导同志批示，结合常委会组成人员审议意见，对推进技术改造、科技创新与结构调整相结合，促进经济可持续发展的问题进行了认真专题研究，并于2010年3月联合向国务院报送了《关于推进技术改造、科技创新、重大专项与结构调整相

结合有关情况及工作思路的报告》(以下简称“报告”),提出七个方面的意见和建议:一是将产业结构调整作为2010年投资重点;二是建立产业结构调整的工作协调机制;三是加快培育战略性新兴产业;四是加大科技重大专项与产业结构调整的结合力度;五是提高技术改造项目的管理效率和水平;六是加快科技体制创新,引导创新资源围绕产业结构调整目标的集聚利用;七是加大对产业结构调整的宏观调控力度,淘汰落后产能。围绕上述要点近期重点开展了三方面工作:一是继续将重点产业调整和振兴作为中央投资支持的重点,安排200亿元支持重点产业企业的技术创新和技术改造。二是加强科技重大专项与高技术产业化项目的衔接。三是加快推动培育战略性新兴产业的有关工作,研究起草《关于加快培育和发展战略性新兴产业的决定》和《战略性新兴产业发展“十二五”规划》。

各地认真落实中央领导同志批示精神,认真分析研究2009年全国人大常委会专题调研组提出的意见,不断加大技术改造和科技创新力度。湖北省结合自身实际,积极落实全国人大常委会专题调研组去年在湖北调研时提出的意见和建议,注重加强政策指导和规划引导,促进产业结构调整和优化;加强项目建设和资金引导,促进科技创新成果向现实生产力转化;加强基地建设和投融资体系建设,促进科技创新体制机制形成;加强自主创新能力建设,促进关键领域核心技术取得突破。在全省上下共同努力下,2009年湖北省工业经济同比增速达到20.1%,重点项目建设进展顺利,高新技术产业和新兴产业迅速发展,共取得省部级以上重大科技成果740项,技术改造和科技创新工作得到有效加强。

三、问题与建议

（一）进一步提高认识,把推动技术改造和科技创新作为转变发展方式、调整经济结构的重要着力点,促进国民经济又好又快发展

2010年技术改造专项资金仍为200亿元,但其中需要安排2009年结转项目40亿元,本年实际可用的技术改造专项资金仅160亿元,技术改造投资占中央政府公共投资的比重由2009年的2.2%下降到2010年的2.01%。在具体执行中,对技术改造的界定不够明晰,科技创新关键重点不够突出,有限的资金要兼顾不同地区和行业的项目,投入分散的问题很难避免。加强技术改造、推动科技创新直接有利于抑制产能过剩,推动节能减排,增强企业竞争力,提升国民经济整体素质,实现经济又好又快发展。当前,中央关于应对国际金融危机冲击的一揽子计划,正按预期目标有序推进,今年底可望完成投资计划,大规模投资政策措施将逐渐淡出,转入常态。加强技术改造、推动科技创新既是应对国际金融危机的应急之策,更是推动发展方式转变、促进结构调整的重要着力点,是一项长期任务,不能随着新增中央投资完成而退出,而应该继续加强和深化。建议有关部门继续认真落实中央领导同志有关批示精神及常委会组成人员有关审议意见,合理调整政府投资结构,增加对技术改造和科技创新的投入,逐步提高技术改造和科技创新投资占全部中央投资的比重,切实使政府投资发挥好引导作用,服务于调结构、转方式的大局。同时,在制订“十二五”规划时,抓紧研究提出依靠技术改造和科技创新推动经济结构调整、发展方式转变的总体思路和政策措施,明确任务和重点,制定具体操作办法,将技术改造相关指标列入“十二五”结构调整类指标体系。要把技术改造与科技创新紧密结合起来,以关键技术升级为突破口,择优扶强,推动技术改造工作,增强加工增值能力。一方面把科技创新作为技术改造的源泉,着力提升企业自主创新能力,为技术改造提供支撑;另一方面把技术改造作为实现科技创新的途径,推进企业自主研发的新技术新成果实现产业化,实现科技创新和技术改造的相互促进、良性互动。

（二）进一步破解体制和机制难题,更好地发挥科技创新对经济社会发展的支撑引领作用

“十二五”时期,我国仍然面临着一些制约科技创新的深层次体制机制难题。“十一五”我国研究与试验发展(R&D)经费支出占GDP比重2009年为1.62%,比2005年仅提高0.32个百分点,2010年年度计划确定的目标为1.75%,难以完成“十一五”期末达到2%的目标。企业研发投入偏低,创新主体的地位仍难以确立。科技创新公共服务平台建设取得进展,但还难以真正发挥作用。科技管理体制条块分割、科技成果产业化率不高、人才引进和使用的激励机制不完善等问题还普遍存在,创新对经济的支撑作用亟待加强。要完善财政科技投入稳定增长机制,充分发挥财政投入和财税政策对企业投入的引导作用,建立多元化、多渠道的科技投入体系。财政科技投入应重点支持基础研究、前沿技术研究、重大共性关键技术研究开发等公共科技活动。中试和工程化环节需要

大量资金,企业往往难以独立负担,政府要增加关键领域的中试投入,特别是要加强中试基础设施和公共平台的建设。加强鼓励创新的需求政策,对于高科技企业研制成功并得到市场认可的产品,可以通过政府采购、对购买节能环保产品适当补贴等措施来扩大市场规模。不断利用金融创新加强对科技创新的服务,充分发挥创业投资基金和产业投资引导基金的作用,加大投入力度,支持基于创新的创业投资。建立知识产权流通平台,推广知识产权质押贷款。加快发展科技保险。要明确科技创新的内涵,研究制定战略性新兴产业、高技术企业具体标准,完善相应统计指标体系。进一步强化企业技术创新主体地位,切实落实鼓励企业增加创新投入的各项政策,重点落实企业R&D 支出的所得税加计扣除政策,逐步建立以企业为主体的引人、用人机制,探索建立股权激励机制,吸引技术、人才、资源等各种生产要素向优质企业集聚,发挥企业创新主体、投资主体的作用。

(三)进一步完善配套政策,加强基础工作,形成有利于推动技术改造工作的合理体制和长效机制

调研中,有的地方和部门同志反映,近些年由于机构改革、认识不同等种种原因,技术改造投资纳入固定资产投资项目进行统计,与一般扩大再生产以及技术水平相对落后的固定资产投资不加以区分,缺乏有效的评价指标,技术改造工作受到了一定影响。在实施本轮中央政府投资技术改造项目中,地方政府和各地企业争取获得中央技术改造专项资金的积极性很高,但有少数同志对于实施技术改造的内涵仍存在模糊认识,一些地区在执行中把简单的扩大产能项目也作为技术改造项目予以补贴。有的企业仍然认为新增技改投资只是应对国际金融危机的权宜之计,特别是两年新增中央预算投资结束后,中央财政继续支持技术改造的方式还不明确,致使有的地区和企业对后续投资信心不足,缺乏持续支持和实施技术改造的稳定预期和动力。要适应新形势新时期的需要,特别是适应加入WTO 的要求,进一步创新政府支持技术改造的方式方法,避免过多使用对项目无偿补助的方式,探索形成既符合国际通行规则又有利于长期推动我国技术改造的可行办法,逐步建立推动技术改造工作的长效体制机制。明确新时期技改工作的内涵和政府职责,中央财政建立工业转型升级专项资金,引导和支持企业加强技术改造,建立与技改需求相适应的投入增长机制。制定财政、金融、土地、规划、环保等方面的配套政策,构建支持企业技术改造的配套政策体系,条件成熟时起草国家层面加强技术改造的指导意见。支持和指导地方先行先试,积极开展技术改造的地方法规立法工作。鼓励各地逐步建立重点技术改造项目库,明确支持实施技术改造的投资方向。逐步恢复技术改造投资统计,并不断完善相关统计指标,加强对技术改造投资的研究分析和投资效果评估。

(四)进一步加强和改善项目管理,切实提高投资效益

在项目实施中,有的地区还存在着重项目申报审批、轻后期管理的问题,招投标、竣工验收、后评价等方面需要进一步加强。有的地方反映,今年以来中央部门项目审批管理工作有了很大改进,但由于技术改造管理体制还没有很好理顺,主管部门职责不够明晰,在一定程度上仍存在着程序复杂、协调难度大、上下关系不顺的问题。有关部门在做好技术改造项目组织、审批的同时,要更加重视在建项目管理,管好用好资金,促进项目早日竣工、投产、达效,切实提高项目资金的效益。中央投资科技创新项目应进一步突出重点,抓住制约我国产业发展的薄弱环节,集中力量突破关键核心技术。要集中优势科技资源,加大攻关力度,加强基础研究,大型重点项目由中央财政支持到位。要进一步理顺技术改造项目管理体制,投资主管部门和行业管理部门要加强沟通协调和衔接配合,继续发挥工业主管部门技术改造管理的优势,完善项目和资金的管理方式,进一步理顺工作机制,优化政策环境,提高管理效率,共同做好技术改造工作。

附表:2010 年 1 至 8 月四省技术改造和科技创新中央投资项目进度情况表

全国人大常委会
技术改造和科技创新专题调研小组
2010 年 10 月 11 日

附表：

吉林、山东、湖北和四川省2010年1至8月技术改造和科技创新中央投资项目进度情况表

省份	项目个数	总投资（亿元）	中央投资（亿元）	中央投资占总投资比重（%）	已完成投资（亿元）	已完成投资占总投资比重（%）
吉林	177	102.2921	3.3374	3.26	65.8967	64.42
山东	188	283.7	7.52	2.65	179.7	63.34
湖北	162	135.3772	4.9	3.6	90.5052	66.85
四川	105	57.3574	3.1476	6	42.064	74

注：根据四省政府有关部门提供数据汇总。

（四）关于农田水利建设项目实施情况的跟踪调研报告

按照全国人大常委会2010年监督工作计划，对部分重大公共投资项目实施情况开展专题跟踪调研，全国人大农业与农村委员会负责农田水利建设项目实施情况的内容。全国人大农业与农村委员会对此次跟踪调研十分重视，王云龙主任委员于5月5日，主持召开会议听取了国家发展改革委、水利部、农业部的汇报。5至7月，王云坤、孙文盛、张中伟、李乾元、符廷贵、尹成杰、索丽生、刘振伟副主任委员和乌兰巴特尔、马昌裔、王明义、张晓山、苟天林、包克辛、任正隆、孙其信、李殿仁、梁衡委员分别组成调研组，先后到山东、河南、吉林、黑龙江、内蒙古、江西、江苏、浙江、湖北、湖南、重庆、四川、贵州、甘肃等省（区、市）进行了专题调研。

这次跟踪调研确定五个重点，一是落实2010年中央"以农田水利为重点，加强农业基础设施建设"总体要求的相关政策措施，中央、地方财政安排农田水利建设投入和落实情况；二是扩大小型农田水利重点县建设情况；三是规划内6240座大中型和重点小型病险水利除险加固任务完成情况；四是农田水利建设体制和管理机制改革进展情况；五是农田水利建设中存在的主要问题和改进意见。现将调研情况汇报如下：

一、基本情况

去年以来，国务院及有关部门、地方各级政府根据2010年中央"以农田水利为重点，加强农业基础设施建设"总体要求，结合全国人大常委会的审议意见，进一步加大了农田水利工作的投入和建设力度，工作取得了新的进展。

（一）农田水利投资计划落实总体情况

1. 2010年中央农田水利建设投入和执行情况。一是安排投资70亿元，用于全国大型灌区续建配套节水改造、节水灌溉示范、新建大型灌区和大型灌排泵站更新改造工程建设，较2009年增加23亿元；二是安排投资65亿元，用于《全国新增1000亿斤粮食生产能力规划（2009—2020年）》确定的800个产粮大县的田间工程及农技服务体系建设。

2.《全国病险水库除险加固专项规划》内6240座大中型和重点小型病险水库除险加固工作情况。据国家发展改革委和水利部数据，全国规划内6240座大中型和重点小型病险水库除险加固工程估算投资510亿元，截至5月，共安排中央投资370.4亿元。规划内项目已全部开工实施，主体工程完工或全面完工4252座，占规划项目总数的68.1%；已完

成主体工程投入运用验收或者竣工验收项目2665座,占规划项目总数的42.7%。

3. 小型农田水利重点县建设情况。2009年,中央财政在全国31个省、区、市和新疆兵团、农业部垦区安排小型农田水利设施建设资金45亿元,带动地方投入建设资金76亿元,在全国范围内,启动了400个小型农田水利重点县和1230个小型农田水利专项工程建设。截至2010年3月初,全国小型农田水利重点县建设项目总体工程建设进度56%,完成工程总投资55%。全国小型农田水利专项工程建设项目总体工程建设进度61%。2010年新增400个重点县建设。

(二)各地主要做法及取得成绩

1. 制定相关政策法规。今年,各省关于加强"三农"工作的文件都提出,要增加投入,加大小型农田水利工程实施力度,积极探索农田水利建设与管理新机制。河南、浙江等省分别制定了小型农田水利重点县建设管理实施办法、建设补助专项资金管理实施细则等地方规章。黑龙江省于今年2月起实施《黑龙江省农田水利条例》,这是全国第一部省级农田水利专项法规。

2. 加大投入力度,加快工程实施进度。随着国家各项工程投入的增加,各地也加大了相应的配套资金等投入力度。江苏省编制了2010年千亿斤粮食田间工程及农技服务体系建设项目实施方案,项目总投资3.88亿元,其中睢宁、海安等县的27个田间工程项目总投资3亿元,申请中央投资2.4亿元,地方配套6000万元。2009年中央下达江苏省小农水建设资金1.95亿元,其中1.52亿元用于19个小农水重点县建设,截至今年5月,配套资金已全部落实,完成投资5.54亿元,占工程总体进度85%。

3. 继续深化农田水利建设体制和管理机制改革。一是各地按照国务院关于水利工程管理体制改革实施意见的要求深化改革,推进事企分开,管养分离。黑龙江省政府将水管体制改革纳入省政府督办计划,由省政府督察室牵头对全省水管体制改革工作进行督办检查,已全部完成水管体制改革任务。二是推进小型农田水利产权制度改革。通过"民办公助"等形式发挥政府资金的引导作用,鼓励农民用水合作组织建设,通过明晰产权、规范流转,引导用水户通过合作组织等形式投工投劳,管理和维护工程。三是加快推进水价改革。

4. 探索新型的节水灌溉模式。黑龙江省经过实践形成了四种节水灌溉发展模式:一是适合一家一户分散经营的"甘南旱田节水灌溉模式",二是适合现代化农业发展的"依安节水灌溉模式",三是大庆市的膜下滴灌模式,四是采取综合节水措施的"庆安县水田节水灌溉模式"。截至2009年底,全省工程节水灌溉面积达到1900万亩,约占全省耕地面积的十分之一。

二、存在的问题

(一)投入与需求相比仍显不足。一是农田水利设施长期欠账严重,政府投入的稳定增长机制尚未建立。按照国家2000年的大型灌区续建配套与节水改造规划,安排河南省38处大型灌区总投资107亿元,实际年度安排投资1亿元左右,需要95年才能完成。浙江省反映,由于城市开发建设大量占用了有效灌溉农田,"占补平衡"挤占了大部分农田水利投入,使得用于现有工程更新改造的资金减少,近十多年来,工程更新改造进度滞后,全省有效灌溉面积始终徘徊在2100万亩左右。

二是"两工"取消之后,农村"一事一议"制度在一些地方被片面理解为"农民自主决定,自行筹资举办"。虽然政府通过"民办公助"、"以奖代补"等形式进行补贴,但"最后一公里"仍然是最薄弱环节。据河南省测算,取消"两工"后,尽管近几年各级政府和群众都加大了投入,每年仍有30—40亿的缺口。驻马店市1997年至2003年7年间,全市水利建设投资25.8亿元,其中"两工"折资21亿元,占81.3%,乡村投资约0.3亿元,即乡以下投入占总投资的87.2%。税费改革后,占农村水利工程总量近90%的跨村、跨乡工程失去了原有的投入主渠道。另外,目前国家千亿斤粮食生产能力建设规划已经启动,但对于农田水利的末级渠系没有明确专项项目。

三是农村水利资金分属多个部门管理,缺乏有效的沟通与协调,投资效益较低。

(二)粮食主产省(区)财政配套困难。据水利部数据,截至今年5月,全国病险水库除险加固平均地方配套资金到位率为68.4%,有的省份地方资金到位率仅为30%左右,影响到工程的顺利实施。江苏省2009年度19个小农水重点县建设项目总投资6.5亿元,其中中央和省级财政共3.07亿元,其余为市县财政配套和群众自筹。

(三)项目前期准备较为仓促,后期运行维护机制尚未建立。调研中苏州市反映,专项资金项目和重点县建设项目的前期准备不足。由于中央、省级部门从项目下达到项目上报的时间较短，缺乏合理的编制申报工作周期，要在3天左右完成项目的选择、可行性研究的编制以及申报等工作，质量受到一定影响。

此外，水利工程管理方式粗放，责、权、利不明确，重建轻管现象仍较为普遍。“集体建设、集体所有、集体管理”含糊不清，工程产权不明晰，维护管理责任不落实，农民参与管理缺乏积极性和行之有效的组织机制。浙江省反映，虽然各重点县在项目实施时已对项目落实了管护主体，制定了管护制度，但由于末级渠系和小型泵站等其他面广、量大的小型农田水利工程建后管护资金尚无落实渠道，工程长效运行机制还未建立。同时，水费征收困难也影响到工程的运行维护。另外，农田水利设施盗窃破坏现象时有发生，如浙江省嘉善县2004—2006年3年间，被盗的农田水利设施价值480余万元。

（四）山丘区、牧区水利发展滞后。我国山丘区面积占国土面积的69%，特别是西部山区面积比例更大。西北地区水资源贫乏、多又不具备修建大型水利工程的条件；西南地区降水量大，但修建水利工程十分困难，区域性、季节性干旱缺水问题严重，骨干水源工程和塘坝、小水窖（池）等雨水积蓄工程严重不足。去年入秋以来，一些地区发生了严重的旱灾，特别是去冬今春西南五省（区、市）发生了特大旱灾。今年年初，我委在云南、广西调研时对旱情进行了解，这次旱灾造成大部分地方小春作物绝收，大春作物受到严重影响，人畜饮水困难，暴露了农田水利基础设施建设的薄弱。

今年我委进行草原生态建设调研中了解到，国家发展改革委和水利部已组织开展牧区水利建设，但尚处于试点阶段，与发展饲草料基地、改进草原牧业生产方式、改善草原生态的要求有很大差距，亟待加强。

（五）基层水利服务体系弱化。近年来相当一部分乡镇水管站被撤并、裁减，职能不断弱化，从机构设置和经费保障方面都不能满足农村水利建设工作的要求。据水利部数据，全国乡镇水利站中自筹经费占到90.81%。

（六）水资源利用效率低、结构不合理的现象仍然严重。我国灌溉水有效利用系数本就不高，与世界先进水平有较大差距，而许多用水量大的粮食主产区这一问题也很突出。如黑龙江省农田亩均用水量为595立方米，远高于全国平均水平448立方米。2009年，全省5554万亩灌溉面积中，有4050万亩利用地下水灌溉，造成部分地区地下水超采。

三、政策建议

尽管近两年农村水利投入大大增加，建设体制和管理机制改革也在不断推进，但与农田水利建设的实际需求相比，仍然差距巨大。当前，关系全局而又最为薄弱的是粮食主产区的农田水利建设。农业连续六年丰收，掩盖了农田水利建设投入严重不足的问题。今春的西南特大旱导致夏粮有所减产，虽然量不大，但也给我们敲响了警钟。如果旱灾发生在北方粮食主产区或西北干旱地区，其后果不堪设想。农田水利建设是关系到国家基础产业发展的大事，必须放在重中之中的地位，从长计议，未雨绸缪。要从保证国民经济平稳较快发展、保证国家长治久安的高度，认识农田水利建设的重要性。把抓好农田水利建设作为传统农业向现代农业转型的先决条件。特别要在“十二五”规划中，把农田水利建设作为加强农业基础设施建设的重点，力争在“十二五”期间使农田水利建设滞后局面有根本性的改变。结合调研中各地提出的意见和建议，我们认为需要做好以下几方面的工作：

（一）由于农田水利设施具有很强的公益性质，建议明确以各级财政投入为主、农民投入为辅的农田水利投入责任，将农田水利建设纳入地方预算和基本建设范畴，建立稳定增长的投入机制。应尽快建立适应当前农村形势的农田水利投入机制，一方面充实和完善中央水利建设基金，保障各项重点建设任务的顺利实施；另一方面要加快健全中央和地方财力与事权相匹配的体制，增强地方政府特别是基层政府提供小型农田水利设施等公共服务的能力，解决“两工”取消以及农民投入能力弱等问题带来的资金缺口问题。

（二）加强规划和统筹，整合投资渠道。按照县级农田水利建设规划编制大纲的有关要求，以县为单位，进一步自下而上认真做好农田水利建设规划编制工作，以规划为依据，整体推进农田水利工程的建设和管理。在审批县级农田水利建设规划的同时，整合有关部门资金，统一使用。要按照职权法定、权责一致的原则，着力解决当前农田水利建设资金渠道分散、多头管理、缺乏统筹协调等问题，提高政府投资管理效率和效益。

（三）着力加强粮食主产省区的农田水利建设，减免配套资金。要加强粮食核心区骨干水源、控制性枢纽和防洪除涝抗旱工程建设，保障粮食生产的稳定增长；同时，要坚持走节水增效的路子，合理配置水资源，做到增产少增地、增地少增水、不断提高农业灌溉用水效率和效益。对于粮食主产省区大多为财政较困难地区，为保障国家粮食安全放弃了比较效益较高的二、三产业，建议进一步给予农田水利设施配套资金的减免优惠。

（四）大力发展农业节水灌溉。节水灌溉关系到农业的可持续发展。要大力普及推广节水灌溉技术，建立节水服务推广体系，做好技术指导和服务，引导农民改变灌溉模式，积极发展微灌、喷灌、滴灌，走节水灌溉之路。要积极发展节水旱作农业，采取财政补贴等政策措施大力推广使用节水抗旱的优良农作物品种，节约淡水资源。要把发展节水灌溉作为农田水利建设的重要内容来抓，灌区的农田水利建设要以节水为中心进行灌溉基础设施改造，加强水渠防渗工程建设，重视工程节水和管理节水，使有限的水资源得到高效利用。

（五）加快推进体制改革，促进小型农田水利设施的良性运行。要进一步深化小型农田水利产权制度改革，大力扶持以农民用水户协会为主的农民用水合作组织建设，调动农民群众用水、管水和加强水利设施维护的积极性。加强公益性的基层水利管理机构和技术服务组织建设，按照国务院关于水利工程管理体制改革实施意见的规定给予资金支持，提高其服务农田水利建设的能力和水平。地方建议，参照财政部关于建立农业综合开发项目运行管护制度和相应的资金渠道的做法，研究制定小型农田水利工程建后管护补助政策，从“以建为主”向“建管并重”转变，发挥工程的长远效益。

全国人大常委会
农田水利建设专题调研小组
2010年10月13日

关于加快少数民族和民族地区经济社会发展工作情况的报告

——2010年12月22日在第十一届全国人民代表大会常务委员会第十八次会议上

国家民族事务委员会主任　杨　晶

全国人民代表大会常务委员会：

我受国务院委托，向全国人大常委会报告近年来加快少数民族和民族地区经济社会发展工作情况，请予审议。

一、始终站在全局和战略高度，不断采取有力措施，大力促进少数民族和民族地区加快发展

我国是统一的多民族国家，少数民族人口一亿多，民族自治地方占国土总面积的64%，西部和边疆绝大多数地区都是少数民族聚居区。这一基本国情决定了少数民族和民族地区的发展在我国经济社会发展全局中占有极其重要的地位。加快少数民族和民族地区经济社会发展，是我国现阶段解决民族问题的根本任务，不仅关系我国区域发展总体战略的实施，关系全面建设小康社会奋斗目标的实现，而且关系民族团结、社会稳定和边防巩固，关系国家的长治久安。

党和国家历来高度重视加快少数民族和民族地区的发展。特别是党的十六大以来，以胡锦涛同志为总书记的党中央，站在落实“两个大局”战略思想的高度，把加快少数民族和民族地区经济社会发展摆在更加突出的位置，作出了一系列重大决策部署，采取了一系列重要举措，确立了各民族共同团结奋斗、共同繁荣发展的民族工作主题，召开了新世纪新阶段第一次中央民族工作会议，作出了我们党关于民族工作全局的第一个决定，即《中共中央国务院关于进一步加强民族工作加快少数民族和民族地区经济社会发展的决定》（中发〔2005〕10号），发布了实施民族区域自治法的第一部行政法规，即《国务院实施〈中华人民共和国民族区域自治法〉若干规定》（以下简称《若干规定》），召开了中央第五次西藏工作座谈会和中央新疆工作座谈会，出台了支持广西、宁夏等民族地区加快发展的政策文件。这一系列重大决策部署，一个最突出的特点就是把发展作为第一要务，

把支持少数民族和民族地区加快发展作为一贯方针，重点在政策、资金、体制机制上采取有力措施，务求在促进科学发展、改善民生上取得明显成效。几年来，我们按照中央的重大决策部署，认真履行职责，主要做了以下工作：

（一）不断加大政策扶持力度。深入实施西部大开发战略，不断促进民族地区加快发展。国家将5个自治区、30个自治州的全部，120个自治县中的绝大多数，都纳入西部大开发范围。对其他未列入西部大开发范围的自治县，也比照西部大开发政策予以扶持。10年来，我国少数民族和民族地区充分享受到了西部大开发带来的成果和变化。此外，国家还先后出台了一系列支持少数民族和民族地区经济社会发展的政策性文件，仅“十一五”期间就有14个。既有涵盖整个民族地区的全局性重大举措，如中发〔2005〕10号文件和《若干规定》，又有针对各个民族地区实际，因地制宜制定的专项政策，如促进西藏、新疆、宁夏、广西、云南边境地区以及青海等省藏区发展的政策文件；既有促进经济快速发展的优惠政策，如扶持民族贸易和民族特需商品生产的优惠政策，又有支持社会事业发展的具体举措，如关于繁荣发展少数民族文化事业的若干意见等。同时还有针对少数民族专业技术人才队伍建设的专项培养政策，如在新疆、西藏开展少数民族科技骨干特殊培养工作，实施“青海三江源人才培养工程”等。这些政策举措，针对性、操作性都很强，“含金量”也很高，为加快少数民族和民族地区经济社会发展注入了强大动力。比如，国家不断加大对边疆地区经济社会发展的支持力度，2009年推进兴边富民行动覆盖了全国所有136个边境县和新疆生产建设兵团58个边境团场，累计投入资金22亿多元，有效加快了边疆地区建设步伐。

（二）切实加强规划指导。国家在制定实施“十一五”规划时，明确要求总体规划和各地区各部门的发展规划都要重点向民族地区倾斜。同时，积极编制支持民族地区加快发展的各种专项规划。据统计，仅国家制定实施或支持地方实施的专项规划就有28个，包括《扶持人口较少民族发展规划（2005—2010年）》、《兴边富民行动“十一五”规划》、《少数民族事业“十一五”规划》以及《新疆南疆三地州抗震安居工程建设规划》、《云南省扶持莽人克木人发展总体规划》、《阿合奇边境扶贫试点规划》等。这些规划，对于有重点、有步骤地推进少数民族和民族地区经济社会发展发挥了重要作用。比如，扶持人口较少民族发展规划实施以来，共投入扶持资金37亿多元，安排项目1万多个，使重点扶持的640个人口较少民族聚居村绝大多数都提前实现了规划目标。与此同时，国家还批准实施了广西北部湾经济区、海南国际旅游岛、长吉图开发开放先导区建设等重点区域发展规划，有效带动了民族地区经济社会发展。

（三）不断强化资金项目支持。国家通过提高转移支付系数、增加特殊支出项目等办法，不断加大对民族地区的财政转移支付力度。从2006年起，中央财政在对8个民族省区、30个自治州实施民族地区转移支付的基础上，又将53个非民族省区、非民族自治州所辖的自治县纳入了中央财政转移支付的范围。此外，还在扶贫、教育、文化、卫生等方面，加大了专项资金投入的力度。“十一五”以来，累计安排民族8省区财政扶贫资金342.4亿元，年均增长15%，高于同期中央财政补助地方扶贫资金的增幅；安排少数民族发展资金30.4亿，年均增长28.9%，高于同期财政扶贫资金总量的增幅；累计安排5个自治区的投资规模1190多亿元，年均增长32%；通过对民族贸易和民族特需商品生产贷款实施贷款优惠利率累计贴息34.09亿元，带动金融机构向民贸民品企业放贷1200多亿元。这些资金投入，帮助建成了一批机场、公路、港口、水利枢纽等基础设施项目和重点产业项目，对加快少数民族和民族地区经济社会发展发挥了至关重要的作用。

（四）进一步加大对口支援力度。国家坚持推动对口支援不断向纵深发展，东部15省市对口帮扶西部10省区的机制不断完善，中央各部门对口帮扶贫困地区的力度不断加大。同时，有关省区市还结成了良好的扶贫协作关系，有力地推动了民族地区开发建设。国家先后组织60多个中央国家机关、18个省市、17个中央企业对口支援西藏，截至2008年底，累计投入对口援藏资金110多亿元，建设项目6000多个。对口援疆工作扎实推进，累计投入援疆资金39亿元。中央第五次西藏工作座谈会和新疆工作座谈会，又进一步完善了对口援藏、对口援疆办法，建立了援助资金稳定增长机制，实施干部、人才、经济、科技、教育、医疗卫生全面支援。2008年汶川地震发生后，20个省市对口支援灾后重建，援建资金达到674亿元。上海市对口支援云南人口较少民族德昂族，2006年以来，共投入扶持资金2860多万元，安排项目350多个，推动德昂族聚居村基础设施建设跨越式发展，群众生活已接近或达到当地中等水平。

二、少数民族和民族地区发展成就举世瞩目，各民族共同团结奋斗的物质基础不断巩固，但当前加快发展面临的困难和问题也比较突出，必须引起高度重视

总的看，经过几十年的艰苦努力，少数民族和民族地区经济社会发展取得了举世瞩目的成就，城乡面貌发生了翻天覆地的变化。特别是最近五年，可以说是发展最快、变化最大、各族群众得到实惠最多的五年，也是各民族大团结不断巩固、中华民族凝聚力显著增强的五年。

（一）经济持续快速发展，综合实力显著提升。“十一五”以来，民族地区的地区生产总值、财政收入每年均以两位数的速度增长，高于全国平均增速，综合经济实力大幅提升。2009 年，民族 8 省区地区生产总值达到 34619 亿元，年均增长 13.1%；人均地区生产总值达到 18014 元，占全国的比重比 2005 年提高了 5.1 个百分点。城镇居民人均可支配收入 14070 元、农民人均纯收入 3931 元，分别比 2005 年提高 5328 元和 1654 元。内蒙古自治区经济增长速度自 2002 年以来连续八年保持全国第一，地区生产总值在全国排名由第 24 位上升到第 15 位。

（二）基础设施建设得到加强，生产生活条件明显改善。“十一五”以来，国家共投入 1670 多亿元支持民族地区公路、水运、铁路等基础设施建设，是“十五”时期的 2.2 倍。到 2009 年底，民族地区公路总里程达到 88 万公里，乡镇通公路比重达到 98%，建制村通公路比重达到 88%。青藏铁路、南疆铁路等一批重点工程相继建成并投入运营，新建铁路里程达到 1 万公里以上。其中，2006 年青藏铁路建成通车，结束了西藏没有铁路的历史。通信基础设施和信息化建设跨越式发展。目前除西藏部分地区外，边疆省区已全部实现行政村通电话。实施邮政局所改造，邮政普遍服务能力有效改善。2006 年以来，中央用于民族地区的水利建设投资 251 亿元，一批大型水利工程相继建成并发挥效益。其中，2007 年竣工的宁夏沙坡头水利枢纽工程，结束了当地灌区两千多年无坝引水的历史。

（三）经济结构加快调整，特色优势产业进一步壮大。在经济快速发展的同时，民族地区产业结构不断调整、优化。2005 年，民族地区三次产业的比重为 19：42：39，到 2009 年调整为 15：46：39。农牧业比重明显下降，工业比重显著上升，经济发展的后劲进一步增强。特色优势产业不断发展壮大，形成了一批特色农产品加工业、优势矿产资源开发利用、重大装备制造和高新技术产业基地。新疆的石油、天然气产量，分别居全国第三位和第一位，棉花产量居全国首位。内蒙古的乳业和羊绒制品多年稳居全国第一位，同时已成为我国重要的煤电能源基地。广西是全国最大的蔗糖、蚕茧生产和综合利用基地，产糖量约占全国的 60%，产蚕量占全国的 30%，居全国之首。云南的花卉产业，年产值达 200 亿元，出口创汇 1 亿美元以上，成为亚洲最大的花卉生产基地。青海成为全国最大的钾肥生产基地。广西、贵州、宁夏已成为我国铝产业的重要省份。旅游业已成为西藏、云南、新疆、广西等省区的支柱产业。

（四）社会建设扎实推进，保障和改善民生取得显著成效。国家率先在民族地区实行“两免一补”政策。目前，民族地区“两基”人口覆盖率达到 98.5%，高等院校发展到 160 多所。社会保险覆盖面不断扩大，待遇水平不断提高。新型农村社会养老保险制度试点在全国覆盖面平均为 24%，而 5 个自治区中西藏已经实现全覆盖、新疆覆盖面达 66%、宁夏覆盖面达 63%，30 个自治州中已有 11 个实现全覆盖，120 个自治县中已有 49 个纳入试点县范围。新型农村合作医疗制度已经覆盖民族地区所有县（市、区、旗）。2006 年以来，中央投入专项资金 150 多亿元，改善民族地区基层医疗卫生条件。支持民族地区全面建立了农村最低保障制度，5 个自治区享受低保的群众达 330 万人。扶贫工作成效显著。2009 年，民族 8 省区的农村贫困人口已从 2001 年的 3076.8 万人下降到 1452 万人。西部地区 9400 多万人的饮水难和饮水安全问题得到了解决。文化基础设施明显改善，全国文化信息资源共享工程、乡镇综合文化站建设项目、广播电视村村通工程、西新工程、农（牧）家书屋建设工程等文化惠民工程扎实推进，广播、电视覆盖率大幅提高，少数民族语言文字出版工作得到加强，农牧民群众看得懂、用得上的出版物品种数量大幅增加。保护和弘扬少数民族文化遗产力度加大。民族地区吃饭难、上学难、看病难、听广播看电视难等问题得到有效缓解。

（五）生态环境建设力度加大，局部生态明显改善。国家高度重视民族地区的生态保护和建设。全国生态建设规划的重点地区和重点工程绝大多

重要、复杂案件的立案，应当报本级人民政府和上一级监察机关备案。

第三十二条　监察机关对于立案调查的案件，经调查认定不存在违反行政纪律事实的，或者不需要追究行政纪律责任的，应当予以撤销，并告知被调查单位及其上级部门或者被调查人员及其所在单位。

重要、复杂案件的撤销，应当报本级人民政府和上一级监察机关备案。

第三十三条　监察机关立案调查的案件，应当自立案之日起六个月内结案；因特殊原因需要延长办案期限的，可以适当延长，但是最长不得超过一年，并应当报上一级监察机关备案。

第三十四条　监察机关在检查、调查中应当听取被监察的部门和人员的陈述和申辩。

第三十五条　监察机关作出的重要监察决定和提出的重要监察建议，应当报经本级人民政府和上一级监察机关同意。国务院监察机关作出的重要监察决定和提出的重要监察建议，应当报经国务院同意。

第三十六条　监察决定、监察建议应当以书面形式送达有关单位、人员。

监察机关对违反行政纪律的人员作出给予处分的监察决定，由人民政府人事部门或者有关部门按照人事管理权限执行。

人民政府人事部门或者有关部门应当将监察机关作出的给予处分的监察决定及其执行的有关材料归入受处分人员的档案。

第三十七条　有关单位和人员应当自收到监察决定或者监察建议之日起三十日内将执行监察决定或者采纳监察建议的情况通报监察机关。

第三十八条　国家行政机关公务员和国家行政机关任命的其他人员对主管行政机关作出的处分决定不服的，可以自收到处分决定之日起三十日内向监察机关提出申诉，监察机关应当自收到申诉之日起三十日内作出复查决定；对复查决定仍不服的，可以自收到复查决定之日起三十日内向上一级监察机关申请复核，上一级监察机关应当自收到复核申请之日起六十日内作出复核决定。

复查、复核期间，不停止原决定的执行。

第三十九条　监察机关对受理的不服主管行政机关处分决定的申诉，经复查认为原决定不适当的，可以建议原决定机关予以变更或者撤销；监察机关在职权范围内，也可以直接作出变更或者撤销的决定。

法律、行政法规规定由监察机关受理的其他申诉，依照有关法律、行政法规的规定办理。

第四十条　对监察决定不服的，可以自收到监察决定之日起三十日内向作出决定的监察机关申请复审，监察机关应当自收到复审申请之日起三十日内作出复审决定；对复审决定仍不服的，可以自收到复审决定之日起三十日内向上一级监察机关申请复核，上一级监察机关应当自收到复核申请之日起六十日内作出复核决定。

复审、复核期间，不停止原决定的执行。

第四十一条　上一级监察机关认为下一级监察机关的监察决定不适当的，可以责成下一级监察机关予以变更或者撤销，必要时也可以直接作出变更或者撤销的决定。

第四十二条　上一级监察机关的复核决定和国务院监察机关的复查决定或者复审决定为最终决定。

第四十三条　对监察建议有异议的，可以自收到监察建议之日起三十日内向作出监察建议的监察机关提出，监察机关应当自收到异议之日起三十日内回复；对回复仍有异议的，由监察机关提请本级人民政府或者上一级监察机关裁决。

第四十四条　监察机关在办理监察事项中，发现所调查的事项不属于监察机关职责范围内的，应当移送有处理权的单位处理；涉嫌犯罪的，应当移送司法机关依法处理。

接受移送的单位或者机关应当将处理结果告知监察机关。

第六章　法律责任

第四十五条　被监察的部门和人员违反本法规定，有下列行为之一的，由主管机关或者监察机关责令改正，对部门给予通报批评；对负有直接责任的主管人员和其他直接责任人员依法给予处分：

（一）隐瞒事实真相、出具伪证或者隐匿、转移、篡改、毁灭证据的；

（二）故意拖延或者拒绝提供与监察事项有关的文件、资料、财务帐目及其他有关材料和其他必要情况的；

（三）在调查期间变卖、转移涉嫌财物的；

（四）拒绝就监察机关所提问题作出解释和说明的；

（五）拒不执行监察决定或者无正当理由拒不采纳监察建议的；

（六）有其他违反本法规定的行为，情节严重的。

第四十六条　泄露举报事项、举报受理情况以及与举报人相关的信息的，依法给予处分；构成犯罪的，依法追究刑事责任。

第四十七条　对申诉人、控告人、检举人或者监察人员进行报复陷害的，依法给予处分；构成犯罪的，依法追究刑事责任。

第四十八条　监察人员滥用职权、徇私舞弊、玩忽职守、泄露秘密的，依法给予处分；构成犯罪的，依法追究刑事责任。

第四十九条　监察机关和监察人员违法行使职权，侵犯公民、法人和其他组织的合法权益，造成损害的，应当依法赔偿。

第七章　附　　则

第五十条　监察机关对法律、法规授权的具有公共事务管理职能的组织及其从事公务的人员和国家行政机关依法委托从事公共事务管理活动的组织及其从事公务的人员实施监察，适用本法。

第五十一条　本法自公布之日起施行。1990 年 12 月 9 日国务院发布的《中华人民共和国行政监察条例》同时废止。

关于《中华人民共和国行政监察法修正案（草案）》的说明

——2010 年 2 月 24 日在第十一届全国人民代表大会常务委员会第十三次会议上

监察部部长　马　驭

全国人民代表大会常务委员会：

我受国务院委托，现对《中华人民共和国行政监察法修正案（草案）》作说明。

《中华人民共和国行政监察法》（以下称现行行政监察法）自 1997 年 5 月 9 日公布施行以来，对于保证政令畅通、维护行政纪律、促进廉政建设、提高行政效能，发挥了重要作用。随着依法行政进程的加快和行政管理体制改革的深化，行政监察的对象、方式、程序以及监察机关的职责等需要充实完善，因此有必要修改现行行政监察法。监察部在认真总结实施经验的基础上，起草了《中华人民共和国行政监察法（修订草案送审稿）》，于 2008 年 4 月报请国务院审议。经过国务院法制办广泛征求意见和认真审查修改，形成了《中华人民共和国行政监察法修正案（草案）》（以下简称修正案草案）。这个修正案草案已经国务院第 100 次常务会议讨论通过。现就修正案草案的主要内容说明如下：

一、进一步明确了行政监察对象

现行行政监察法规定，行政监察对象是国家行政机关、国家公务员和国家行政机关任命的其他人员。2006 年 1 月 1 日开始实施的公务员法将“国家公务员”改称“公务员”，“公务员”的范围除行政机关工作人员外，还包括在中国共产党的机关、人大机关、政协机关、审判机关、检察机关和民主党派机关工作的人员。行政监察对象范围是否需要根据公务员法确定的公务员范围做相应的扩大，是各方面比较关注的一个问题。现在的考虑是，在现有监察体制不变的情况下，应当维持现有的行政监察对象范围，不宜将公务员法规定的其他六类机关及其公务员纳入。据此，修正案草案将行政监察对象进一步明确规定为“国家行政机关及其公务员和国家行政机关任命的其他人员”。

二、明确了行政监察方式

现行行政监察法对行政监察方式未作规定。在近年来的行政监察实践中，各级监察机关积极探索新的工作方式方法，执法监察、廉政监察、效能监察已经成为监察机关开展工作、履行职能的有效方式，对这些经实践检验证明行之有效的行政监察方式，应当在法中予以明确。据此，修正案草案规定：监察机关通过执法监察、廉政监察、效能监察等方式行使监察职能，履行职责。

三、增加了提出监察建议的情形

在总结近年来行政监察工作实践经验的基础上，修正案草案增加规定了监察机关可以提出监察建议的两种情形：

一是“需要进行停职检查、引咎辞职、责令辞职等问责处理的”情形。问责处理是惩处违法违纪行为的有效手段。对有些违法违纪的行政监察对象在依法给予处分的同时，监察机关还可以提出监察建议，要求有关单位依照《关于实行党政领导干部问责的暂行规定》进行停职检查、引咎辞职、责令辞职等问责处理。

二是“需要完善廉政、勤政制度的”情形。完善制度是从源头上防治腐败的根本举措。监察机关在履行职责过程中发现被监察单位存在制度不完善的问题，依法提出监察建议，有利于被监察单位及时堵塞漏洞，防止违法违纪行为的再次发生。

四、完善了相关制度

为了适应行政监察工作的发展需要，修正案草案还对举报制度、派驻机构管理体制、监察机关职责、行政监察程序等内容作了修改：

一是完善了举报制度，规定：“监察机关依法受理举报，对实名举报的予以回复；对举报事项、受理举报情况以及与举报人相关的信息予以保密，保护举报人的合法权益。”

二是理顺了派驻机构管理体制，规定：“监察机关派出的监察机构或者监察人员，对派出的监察机关负责并报告工作，由派出的监察机关实行统一管理。”

三是增加了监察机关承担纠风工作的职责，规定：“监察机关承担国务院确定的纠正损害群众利益的不正之风等项工作的组织协调、检查指导等职责。”

四是增加了处分的执行、解除程序，规定：“监察机关对违反行政纪律的人员作出给予处分的监察决定，由人民政府人事部门或者有关部门按照人事管理权限执行。”“受到监察机关作出的开除以外的处分，在受处分期间有悔改表现，并且没有再发生违反行政纪律行为的，处分期满后，由监察机关解除处分并以书面形式通知本人及其所在单位，以及处分执行部门或者单位。”

此外，修正案草案还对现行行政监察法作了部分文字修改，对条文顺序作了相应调整。

《中华人民共和国行政监察法修正案（草案）》和以上说明是否妥当，请审议。

全国人民代表大会法律委员会关于《中华人民共和国行政监察法修正案（草案）》审议结果的报告

——2010 年 6 月 22 日在第十一届全国人民代表大会常务委员会第十五次会议上

全国人大法律委员会副主任委员　刘锡荣

全国人民代表大会常务委员会：

常委会第十三次会议对行政监察法修正案（草案）进行了初次审议。会后，法制工作委员会将草案印发各省（区、市）和中央有关部门等单位征求意见。中国人大网站全文公布草案，向社会征求意见。法律委员会、内务司法委员会和法制工作委员会联合召开座谈会，听取有关部门和专家的意见。法律委员会、法制工作委员会还到广东省和陕西省调研，并就主要问题同有关部门交换意见，共同研究。法律委员会于 6 月 2 日召开会议，根据常委会组成人员的审议意见和各方面的意见，对修正案草案进行了逐条审议。内务司法委员会和国务院法制办、监察部的负责同志列席了会议。6 月 12 日，法律委员会召开会议，再次进行了审议。法律委员会认为，行政监察法自实施以来，对于加强监察工作，保证政令通，维护行政纪律，促进廉政建设，提高行政效能，起到了重要的作用。随着行政管理体制改革不断深化，行政监察法在实施中也出现了些新情况和新问题，因此，对行政监察法进行修改是必要的，修正案草案总体上是可行的；同时，对草案提出以下主要修改意见：

一、修正案草案第一条将行政监察对象规定为国家行政机关及其公务员和国家行政机关任命的其他人员，维持了现行行政监察法的行政监察对象范围。有些常委委员和地方、部门、专家提出，现行行政监察法规定的监察对象范围偏窄，建议扩大到法律、法规授权和行政机关依法委托的具有公共事务管理职能的组织及其工勤人员以外的工作人员。法律委员会经同内务司法委员会和国务院法制办、监察部研究，建议在附则一章中增加一条，规定："监察机关对法律、法规授权的具有公共事务管理职能的组织及其从事公务的人员，国家行政机关依法委托从事公共事务管理活动的组织及其从事公务的人员实施监察，适用本法。"

二、修正案草案第二条对举报制度作出了规定。有些常委委员和地方、部门、专家提出，该条对举报的规定比较原则。在实践中时常发生举报人的有关信息透露给被举报单位和被举报人，使举报人受到打击报复的情况。因此，对举报人的保护应该更加严格，应明确对举报的处理程序以及泄密的法律责任。法律委员会经同内务司法委员会和国务院法制办、监察部研究，建议将这一条中对监察机关受理举报的处理程序修改为："监察机关应当受理举报，依法调查处理；对实名举报的，应当将处理结果等情况予以回复。""监察机关应当对举报事项、受理举报情况以及与举报人相关的信息予以保密，保护举报人的合法权益。"并相应增加法律责任的规定："泄露举报事项、受理举报情况以及与举报人相关信息的，依法给予处分；构成犯罪的，依法追究刑事责任。"

三、修正案草案第三条第二款对监察机关派驻机构的管理体制作了规定。有些常委委员和地方、部门、专家提出，为了更好地发挥派驻机构的作用，除应对派驻机构实行统一管理外，还应对监察人员实行交流制度。法律委员会经同内务司法委员会和国务院法制办、监察部研究，建议将这一款修改为："监察机关派出的监察机构或者监察人员，对派出的监察机关负责并报告工作。监察机关对派出的监察机构和监察人员实行统一管理，对派出的监察人员实行交流制度。"

四、有的常委委员和地方提出，推行政务公开，保障人民群众的知情权，是推动依法行政的重要举措，为保证这一制度更好地执行，建议增加监察机关监督政务公开情况的规定；与此相对应，建议增加有关监察结果公开的规定。法律委员会经同内务司法委员会和国务院法制办、监察部研究，建议将修正案草案第四条第二款修改为："监察机关按照国务院的规定，组织协调、检查指导政务公开工作和纠正损害群众利益的不正之风工作。"并在监察机关的权限一章增加一条规定："监察机关应当依法公开监察工作信息。"

此外，还对修正案草案作了一些文字修改。

法律委员会已按上述意见提出了全国人大常委会关于修改行政监察法的决定（草案），建议本次常委会会议审议通过。

修改决定（草案）和以上报告是否妥当，请审议。

全国人民代表大会法律委员会关于《全国人民代表大会常务委员会关于修改〈中华人民共和国行政监察法〉的决定（草案）》修改意见的报告

——2010 年 6 月 25 日在第十一届全国人民代表大会常务委员会第十五次会议上

全国人民代表大会常务委员会：

本次常委会会议于 6 月 22 日下午对关于修改行政监察法的决定（草案）进行了分组审议。普遍认为，草案已经比较成熟，建议进一步修改后，提请本次会议表决通过；同时，有些常委会组成人员还提出了一些修改意见。法律委员会于6月23日上午召开会议，逐条研究了常委会组成人员的审议意见，对草案进行了审议。内务司法委员会和国务院法制办公室、监察部的负责同志列席了会议。法律委员会认为，草案是可行的，同时提出以下主要修改意见：

草案第三条第二款对保护举报人的合法权益作了规定。有的常委委员提出，草案对保护举报人合法权益作出规定是必要的，同时建议对有关程序作出规定。法律委员会经同内务司法委员会和国务院法制办公室、监察部研究，建议将这一款修改为："监察机关应当对举报事项、举报受理情况以及与举报人相关的信息予以保密，保护举报人的合法权益，具体办法由国务院规定。"

有些常委委员提出，本法有的规定比较原则，建议增加相应具体规定。法律委员会经同内务司法委员会和国务院法制办公室、监察部研究认为，现行行政监察法实施条例在本法修改后，将相应进行修改，有关具体操作的内容，可在行政监察法实施条例修改时研究规定。

此外，根据常委会组成人员的审议意见，还对草案作了个别文字修改。

草案建议表决稿已按上述意见作了修改，法律委员会建议本次常委会会议通过。

草案建议表决稿和以上报告是否妥当，请审议。

中华人民共和国主席令

第三十三号

《全国人民代表大会常务委员会关于修改〈中华人民共和国预备役军官法〉的决定》已由中华人民共和国第十一届全国人民代表大会常务委员会第十六次会议于2010年8月28日通过，现予公布，自公布之日起施行。

中华人民共和国主席　胡锦涛

2010年8月28日

全国人民代表大会常务委员会关于修改《中华人民共和国预备役军官法》的决定

（2010年8月28日第十一届全国人民代表大会常务委员会第十六次会议通过）

第十一届全国人民代表大会常务委员会第十六次会议决定对《中华人民共和国预备役军官法》作如下修改：

一、增加一条，作为第三条："预备役军官是国防后备力量的重要组成部分，是战时补充现役军官的主要来源之一。

"预备役军官履行法律赋予的职责，享有与其职责相应的地位和荣誉。国家依法保障预备役军官的合法权益和相应待遇。"

二、将第三条改为第四条，第一款修改为："预备役军官按照职务性质分为军事军官、政治军官、后勤军官、装备军官和专业技术军官。"根据本条的修改，对第十四条第一款、第二十条第一款第一项、第二十一条第二款作相应修改。

三、将第四条改为第五条，第二款修改为："军区、省军区（卫戍区、警备区）、军分区（警备区）政治部负责本区域的预备役军官管理工作。军兵种政治部负责军兵种部队预备役军官的有关管理工作。"

四、增加一条，作为第七条："人民解放军总政治部、军区政治部、省军区（卫戍区、警备区）政治部、军分区（警备区）政治部和县人民武装部会同有关政府部门，建立健全军地预备役军官工作联席会议制度，定期召开军队和地方有关部门、当地预备役部队和预编预备役军官的现役部队参加的联席会议，协调解决预备役军官工作中的有关问题。有特殊需要时，可以临时召集会议。

“联席会议议定的事项，军队和地方有关部门应当按照各自的职责办理。”

五、删除第八条。

六、将第九条改为第十条，第二款修改为：“对在预备役军官工作中做出突出成绩的单位和个人，依照有关规定给予表彰或者奖励。”

七、将第二章章名修改为“预备役军官的条件、来源和选拔”。

八、将第十条改为第十二条，修改为：“预备役军官从下列人员中选拔：

“（一）退出现役的军官和文职干部；

“（二）退出现役的士兵；

“（三）专职人民武装干部和民兵干部；

“（四）普通高等学校毕业学生；

“（五）非军事部门的专业技术人员；

“（六）符合预备役军官基本条件的其他公民。”

九、将第十三条改为第十四条，第二款第二项修改为：“选拔服第一类军官预备役的，由有关预备役部队或者现役部队会同县人民武装部共同审核确认人选，选拔服第二类军官预备役的，由县人民武装部审核确认人选。”

十、增加一条，作为第二十条：“国家实行预备役军官军衔制度。

“预备役军官军衔是区分预备役军官等级、表明预备役军官身份的称号、标志和国家给予预备役军官的荣誉。”

十一、增加一条，作为第二十四条：“预备役军官参加军事训练、执行军事勤务期间，军衔高的预备役军官为军衔低的预备役军官的上级；军衔高的预备役军官在职务上隶属于军衔低的预备役军官的，职务高的为上级。”

十二、将第二十二条改为第二十五条，修改为：“评定和授予预备役军官军衔，以预备役军官职务等级、工作（任职）年限、德才表现和工作实绩为依据。”

十三、将第五章章名修改为“预备役军官的登记”。

十四、将第三十二条改为第三十五条，第二款修改为：“退出现役被确定转服军官预备役的人员，应当自到达安置地之日起三十日内，到县人民武装部办理预备役军官登记；其他人员在被确定服军官预备役的同时办理预备役军官登记。”

增加一款，作为第四款：“县人民武装部办理预备役军官登记时，应当向被确定服军官预备役的人员当面核实其身份、经历等有关情况，说明有关事项，并将预备役军官登记情况通知其所在单位。”

十五、将第三十三条改为第三十六条，增加一款，作为第二款：“县人民武装部办理服第一类军官预备役的人员转出、转入手续的，应当通报预备役军官所在部队。”

十六、将第三十八条改为第四十条，增加两款，分别作为第二、三款：“服第一类军官预备役的人员，每晋升一级指挥职务，应当经过相应的培训，具备任职所需的组织指挥能力。

“担任专业技术职务的预备役军官，应当接受相关的专业技术培训。”

十七、将第四十条改为第四十二条，修改为：“预备役军官的军事训练和政治教育大纲，由人民解放军总参谋部、总政治部、总后勤部、总装备部制定。

“负有预备役军官培训职责的单位应当根据预备役军官的军事训练和政治教育大纲，按照职责分工，制定实施计划。”

十八、将第四十一条改为第四十三条，修改为：“服第一类军官预备役的人员的培训，由省军区（卫戍区、警备区）或者所在部队组织实施；服第二类军官预备役的人员的培训，由省军区（卫戍区、警备区）、军分区（警备区）和县人民武装部组织实施。人民解放军总参谋部、总政治部和军兵种、军区根据需要组织预备役军官的培训。

“预备役军官所在单位和当地人民政府应当支持和协助预备役军官培训工作，保证培训任务的完成。

“军队院校、预备役军官训练机构、现役部队、预备役部队和有关的普通高等学校，应当按照国家有关规定，承担预备役军官的培训任务。”

十九、增加一章，作为第七章，章名为“预备役军官的征召”。

二十、增加一条，作为第四十四条：“省军区（卫戍区、警备区）、军分区（警备区）和县人民武装部应当根据国防动员的需要，会同县级以上地方人民政府有关部门制定预备役军官征召预案，其中，服第一类军官预备役的人员的征召预案，应当会同有关预备役部队、现役部队制定。

“省军区（卫戍区、警备区）、军分区（警备区）、县人民武装部以及预备役部队和预编预备役军官的现役部队，应当组织征召演练，县级以上地方人民政府有关部门应当支持和协助。”

二十一、增加一条，作为第四十五条：“国家决定实施国防动员后，县人民武装部应当根据上级的命令迅速向被确定为征召对象的预备役军官下达征召通知；必要时，预备役部队和预编预备役军官的现役部队也可以直接向所属的被确定为征召对象的预备役军官下达征召通知，并通报预备役军官登记地的县人民武装部。”

二十二、增加一条，作为第四十七条：“国家决定实施国防动员后，尚未被征召的预备役军官，未经其所在部队或者登记地的县人民武装部批准，不得离开预备役登记地；已经离开的，接到征召通知，应当按照通知要求立即返回或者到指定地点报到。”

二十三、增加一条，作为第四十八条：“被征召的预备役军官转服现役的，按照战时现役军官任免权限下达任职命令，改授现役军官军衔，履行现役军官相应的职责；未转服现役的，按照上级下达的任务履行职责。”

二十四、增加一条，作为第四十九条：“被征召的预备役军官所在单位应当协助兵役机关做好预备役军官的征召工作。”

二十五、增加一条，作为第五十条：“国家解除国防动员的实施措施后，被征召转服现役的预备役军官，除根据部队需要继续服现役的，应当退出现役。”

二十六、将第四十二条改为第五十一条，修改为：“预备役军官履行兵役义务的工作实绩，应当作为所在单位对其考核评定、晋升职务及工资等级的依据之一；立功或者被授予荣誉称号的，享受国家和地方给予同等立功受奖者的奖励和优待。”

二十七、将第四十五条改为第五十四条，修改为：“对按照规定参加军事训练、执行军事勤务的预备役军官，按照参加军事训练、执行军事勤务的时间及其职务等级发给补贴。补贴标准由财政部和人民解放军总参谋部、总政治部、总后勤部制定，所需经费由中央财政保障。”

二十八、将第四十八条改为第五十七条，修改为：“预备役军事、政治、后勤、装备军官平时服预备役的最高年龄：

“担任师级职务的，五十五岁；

“担任团级职务的，五十岁；

“担任营级职务的，四十五岁；

“担任连级职务的，四十岁；

“担任排级职务的，三十五岁。

“服第一类军官预备役的人员确因工作需要，经过批准，平时服预备役的最高年龄可以适当延长，但是延长的年龄不得超过五岁。”

二十九、增加一条，作为第六十一条：“预备役军官退出预备役时，根据其服预备役的时间和贡献，颁发相应的荣誉证章。”

三十、将第五十二条改为第六十二条，修改为：“预备役军官参加军事训练、执行军事勤务期间，违反纪律的，依照有关规定给予处分；构成犯罪的，依法追究刑事责任。”

三十一、将第五十三条改为第六十三条，修改为：“预备役军官有下列行为之一的，由县级人民政府责令限期改正；逾期不改正的，由县级以上地方人民政府强制其履行兵役义务；属于国家工作人员的，依法给予处分；构成犯罪的，依法追究刑事责任：

“（一）拒绝或者逃避预备役登记的；

“（二）拒绝或者逃避军事训练、执行军事勤务的；

“（三）拒绝、逃避征召的。”

三十二、将第五十四条改为第六十四条，修改为：“在预备役军官管理工作中，收受贿赂、徇私舞弊，或者玩忽职守致使预备役工作遭受严重损失，构成犯罪的，依法追究刑事责任；未构成犯罪的，依法给予处分。

“阻挠预备役军官参加军事训练、执行军事勤务，或者履行其他兵役义务的，由县级以上地方人民政府责令限期改正；拒不改正的，对直接负责的主管人员和其他直接责任人员依法给予处分。”

三十三、将第十五条第三款第一项、第二十三条第二项和第二十六条第二项中的“大军区”修改为“军区”。

本决定自公布之日起施行。

《中华人民共和国预备役军官法》根据本决定作相应的修改并对章的序号和条款顺序作相应调整，重新公布。

中华人民共和国预备役军官法

（1995 年 5 月 10 日第八届全国人民代表大会常务委员会第十三次会议通过　根据 2010 年 8 月 28 日第十一届全国人民代表大会常务委员会第十六次会议《关于修改〈中华人民共和国预备役军官法〉的决定》修正）

目　录

第一章　总　　则

第一条　为了健全预备役军官制度，完善国家武装力量动员体制，加强国防后备力量建设，根据宪法和兵役法，制定本法。

第二条　本法所称预备役军官是被确定为人民解放军预备役排级以上职务等级或者初级以上专业技术职务等级，被授予相应的预备役军官军衔，并经兵役机关登记的预备役人员。

第三条　预备役军官是国防后备力量的重要组成部分，是战时补充现役军官的主要来源之一。

预备役军官履行法律赋予的职责，享有与其职责相应的地位和荣誉。国家依法保障预备役军官的合法权益和相应待遇。

第四条　预备役军官按照职务性质分为军事军官、政治军官、后勤军官、装备军官和专业技术军官。

军官预备役按照平时管理和战时动员的需要，分为两类：在预备役部队任职的和预编到现役部队的预备役军官为第一类军官预备役；其他预备役军官为第二类军官预备役。

第五条　全国的预备役军官管理工作在国务院、中央军事委员会领导下，由人民解放军总政治部主管。

军区、省军区（卫戍区、警备区）、军分区（警备区）政治部负责本区域的预备役军官管理工作。军兵种政治部负责军兵种部队预备役军官的有关管理工作。

县、自治县、不设区的市、市辖区人民武装部（以下统称县人民武装部）负责本行政区域预备役军官的具体管理工作。

第六条　国务院有关部门、地方各级人民政府应当根据职责分工，依照本法和有关法律、法规的规定，做好预备役军官的有关管理工作。

第七条　人民解放军总政治部、军区政治部、省军区（卫戍区、警备区）政治部、军分区（警备区）政治部和县人民武装部会同有关政府部门，建立健全军地预备役军官工作联席会议制度，定期召开军队和地方有关部门、当地预备役部队和预编预备役军官的现役部队参加的联席会议，协调解决预备役军官工作中的有关问题。有特殊需要时，可以临时召集会议。

联席会议议定的事项，军队和地方有关部门应当按照各自的职责办理。

第八条　预备役军官所在的工作单位，应当支持预备役军官参加军事训练、执行军事勤务和履行其他兵役义务，协助做好预备役军官管理工作。

第九条　预备役军官应当遵守宪法和法律、法规以及军队的有关规章、制度，参加军事训练和军事勤务活动，接受政治教育，增强组织指挥能力和专业技能，随时准备应召服现役。

第十条　对在履行兵役义务过程中做出突出贡献的预备役军官，应当依照中央军事委员会的有关规定给予嘉奖、记功或者授予荣誉称号。

对在预备役军官工作中做出突出成绩的单位和个人，依照有关规定给予表彰或者奖励。

第二章 预备役军官的条件、来源和选拔

第十一条 预备役军官应当具备下列基本条件：

（一）忠于祖国，遵守宪法和法律、法规；

（二）服从命令，听从指挥；

（三）符合本法规定的服军官预备役的年龄；

（四）退出现役或者接受过军事专业培训并经考核合格，具有与其职务相应的科学文化知识、组织指挥能力或者专业技能；

（五）身体健康。

第十二条 预备役军官从下列人员中选拔：

（一）退出现役的军官和文职干部；

（二）退出现役的士兵；

（三）专职人民武装干部和民兵干部；

（四）普通高等学校毕业学生；

（五）非军事部门的专业技术人员；

（六）符合预备役军官基本条件的其他公民。

第十三条 选拔预备役军官的计划，由中央军事委员会确定，人民解放军总政治部会同有关部门组织实施。

第十四条 依照本法第十二条的规定，从退出现役的军官和文职干部中选拔的预备役军官，由部队团级以上单位政治机关提出转服军官预备役的意见，按照规定的权限批准后，到安置地的县人民武装部办理预备役军官登记。

从前款规定以外的其他人员中选拔预备役军官，按照下列程序办理：

（一）基层人民武装部或者所在单位按照上级下达的计划和规定的条件推荐；

（二）选拔服第一类军官预备役的，由有关预备役部队或者现役部队会同县人民武装部共同审核确认人选，选拔服第二类军官预备役的，由县人民武装部审核确认人选；

（三）承训单位组织培训；

（四）按照规定的权限审批；

（五）县人民武装部办理预备役军官登记。

第三章 预备役军官的职务等级和职务

第十五条 预备役军事、政治、后勤、装备军官的职务等级设置为：正师职、副师职、正团职、副团职、正营职、副营职、正连职、副连职、排职。

预备役专业技术军官的职务等级设置为：高级专业技术职务、中级专业技术职务、初级专业技术职务。

第十六条 对被确定服军官预备役的人员，应当确定职务等级。

退出现役转服军官预备役的人员，其职务等级的确定依照现役军官相应职务等级的任免权限办理。

前款规定以外的其他服军官预备役的人员，其职务等级的确定依照下列规定的权限批准：

（一）师级军官职务等级和高级专业技术军官职务等级的确定，由军区级单位正职首长批准；

（二）团级军官职务等级和中级专业技术军官职务等级的确定，由有军官职务任免权的军级单位正职首长批准；

（三）营级以下军官职务等级和初级专业技术军官职务等级的确定，由有军官职务任免权的师级单位正职首长批准。

第十七条 在预备役部队和预编到现役部队任职的预备役军官，除依照本法第十六条的规定确定职务等级外，其职务依照下列规定的权限任免：

（一）营级以上军官职务和高级、中级、初级专业技术军官职务的任免权限，依照本法第十六条第三款规定执行；

（二）正连职、副连职、排职军官职务，由有军官职务任免权的团级单位正职首长任免。

第十八条 对预备役军官应当进行考核。考核工作由预备役军官所在部队或者兵役机关会同地方有关部门，根据国家有关规定，按照职责分工，共同组织实施。考核结果作为任免预备役军官职务的主要依据。

第十九条 预备役军官职务等级的确定和职务的任免，按照中央军事委员会规定的程序办理。

第四章 预备役军官的军衔

第二十条 国家实行预备役军官军衔制度。

预备役军官军衔是区分预备役军官等级、表明预备役军官身份的称号、标志和国家给予预备役军官的荣誉。

第二十一条 预备役军官军衔设下列三等八级：

（一）预备役将官：预备役少将；

（二）预备役校官：预备役大校、上校、中校、少校；

（三）预备役尉官：预备役上尉、中尉、少尉。

第二十二条 预备役军官军衔分为：

（一）预备役军事、政治、后勤、装备军官：预备役少将、大校、上校、中校、少校、上尉、中尉、少尉；

（二）预备役专业技术军官：预备役专业技术少将、大校、上校、中校、少校、上尉、中尉、少尉。

海军、空军预备役军官，在军衔前分别冠以“海军”、“空军”。

第二十三条 预备役军官实行职务等级编制军衔。

预备役军事、政治、后勤、装备军官实行下列职务等级编制军衔：

正师职：预备役大校、少将；

副师职：预备役上校、大校；

正团职：预备役上校、中校；

副团职：预备役中校、少校；

正营职：预备役少校、中校；

副营职：预备役上尉、少校；

正连职：预备役上尉、中尉；

副连职：预备役中尉、上尉；

排职：预备役少尉、中尉。

预备役专业技术军官实行下列职务等级编制军衔：

高级专业技术职务：预备役专业技术少将、大校、上校、中校、少校；

中级专业技术职务：预备役专业技术大校、上校、中校、少校、上尉；

初级专业技术职务：预备役专业技术中校、少校、上尉、中尉、少尉。

第二十四条 预备役军官参加军事训练、执行军事勤务期间，军衔高的预备役军官为军衔低的预备役军官的上级；军衔高的预备役军官在职务上隶属于军衔低的预备役军官的，职务高的为上级。

第二十五条 评定和授予预备役军官军衔，以预备役军官职务等级、工作（任职）年限、德才表现和工作实绩为依据。

第二十六条 授予预备役军官军衔，依照下列规定的权限批准：

（一）预备役少将、大校，由中央军事委员会主席批准授予；

（二）预备役上校，由军区级单位正职首长批准授予；

（三）预备役中校、少校，由有军官职务任免权的军级单位正职首长批准授予；

（四）预备役上尉、中尉、少尉，由有军官职务任免权的师级单位正职首长批准授予。

第二十七条 转服军官预备役的军官和文职干部，其预备役军官军衔，按照其原现役军官军衔等级或者文职干部级别确定。

第二十八条 预备役军官军衔，依照下列规定晋级：

（一）被批准退出现役转服军官预备役的军官，其军衔已满晋升年限，符合规定条件的，其预备役军官军衔可以比其原现役军官军衔等级高一级；

（二）预备役军官由于职务等级提升，其军衔低于新任职务等级编制军衔的最低军衔的，提前晋升至新任职务等级编制军衔的最低军衔；

（三）预备役少尉至预备役上校军官，符合规定条件和晋升年限的，可以在职务等级编制军衔范围内，逐级晋升预备役军官军衔；

（四）预备役大校晋升预备役少将，实行选升；

（五）预备役军官在履行兵役义务过程中有突出功绩的，其预备役军官军衔可以提前晋级。

晋升预备役军官军衔的条件、年限和程序，由中央军事委员会规定。

第二十九条 预备役军官军衔的晋级，按照下列规定的权限批准：

（一）预备役大校晋升预备役少将、预备役上校晋升预备役大校，由中央军事委员会主席批准；

（二）预备役中校晋升预备役上校，由军区级单位正职首长批准；

（三）预备役少校晋升预备役中校、预备役上尉晋升预备役少校，由有军官职务任免权的军级单位正职首长批准；

（四）预备役中尉晋升预备役上尉、预备役少尉晋升预备役中尉，由有军官职务任免权的师级单位正职首长批准。

第三十条 预备役军官违反军纪的，按照中央军事委员会的有关规定，可以给予军衔降级处分。批准预备役军官军衔降级的权限，与批准授予该级预备役军官军衔的权限相同。

预备役军官军衔降级不适用于预备役少尉军官。

第三十一条 对被取消预备役军官身份的人员，应当取消其预备役军官军衔。批准取消预备役军官军衔的权限，与批准授予该级预备役军官军衔的权限相同。

第三十二条 预备役军官犯罪，被依法判处剥夺政治权利或者三年以上有期徒刑的，应当剥夺其预备役军官军衔。批准剥夺预备役军官军衔的权限，与批准授予该级预备役军官军衔的权限相同。

第三十三条 预备役军官退出预备役后，其预备役军官军衔予以保留，在其军衔前冠以“退役”。

第三十四条 预备役军官军衔的肩章、符号标志式样及佩带办法，由中央军事委员会颁布。

第五章 预备役军官的登记

第三十五条 预备役军官的登记，由县人民武装部办理。

退出现役被确定转服军官预备役的人员，应当自到达安置地之日起三十日内，到县人民武装部办理预备役军官登记；其他人员在被确定服军官预备役的同时办理预备役军官登记。

被确定服军官预备役的在国家机关、社会团体、企业事业单位工作的人员，到工作单位所在地的县人民武装部办理预备役军官登记；被确定服军官预备役的其他人员，到户籍所在地的县人民武装部办理预备役军官登记。

县人民武装部办理预备役军官登记时，应当向被确定服军官预备役的人员当面核实其身份、经历等有关情况，说明有关事项，并将预备役军官登记情况通知其所在单位。

第三十六条 预备役军官因工作调动或者迁居需要变更预备役军官登记地的，应当办理转出手续，并自到达新的工作单位或者居住地之日起三十日内，到所在地的县人民武装部办理转入手续。

县人民武装部办理服第一类军官预备役的人员转出、转入手续的，应当通报预备役军官所在部队。

第三十七条 预备役军官有下列情形之一的，应当由县人民武装部注销其预备役军官登记：

（一）退出预备役的；

（二）出国定居的；

（三）死亡的；

（四）被取消预备役军官身份的。

第三十八条 县人民武装部必须按照规定对在本行政区域内登记的预备役军官，每年进行一次核对，并逐级统计上报。

第六章 预备役军官的培训

第三十九条 未服过现役或者未接受过军事专业培训的人员，被选拔为预备役军官的，在确定预备役军官职务等级前，应当接受军事专业培训。

第四十条 预备役军官在服预备役期间，应当依照兵役法和本法的规定接受军事训练和政治教育。

服第一类军官预备役的人员，每晋升一级指挥职务，应当经过相应的培训，具备任职所需的组织指挥能力。

担任专业技术职务的预备役军官，应当接受相关的专业技术培训。

第四十一条 国务院和中央军事委员会在必要的时候，可以决定对预备役军官实施应急训练。预备役军官必须按照规定接受应急训练。

第四十二条 预备役军官的军事训练和政治教育大纲，由人民解放军总参谋部、总政治部、总后勤部、总装备部制定。

负有预备役军官培训职责的单位应当根据预备役军官的军事训练和政治教育大纲，按照职责分工，制定实施计划。

第四十三条 服第一类军官预备役的人员的培训，由省军区（卫戍区、警备区）或者所在部队组织实施；服第二类军官预备役的人员的培训，由省军区（卫戍区、警备区）、军分区（警备区）和县人民武装部组织实施。人民解放军总参谋部、总政治部和军兵种、军区根据需要组织预备役军官的培训。

预备役军官所在单位和当地人民政府应当支持和协助预备役军官培训工作，保证培训任务的完成。

军队院校、预备役军官训练机构、现役部队、预备役部队和有关的普通高等学校，应当按照国家有关规定，承担预备役军官的培训任务。

第七章 预备役军官的征召

第四十四条 省军区（卫戍区、警备区）、军分区（警备区）和县人民武装部应当根据国防动员的需要，会同县级以上地方人民政府有关部门制定预备役军官征召预案，其中，服第一类军官预备役的人员的征召预案，应当会同有关预备役部队、现役部队制定。

省军区（卫戍区、警备区）、军分区（警备区）、县人民武装部以及预备役部队和预编预备役军官的现役部队，应当组织征召演练，县级以上地方人民政府有关部门应当支持和协助。

第四十五条 国家决定实施国防动员后，县人民武装部应当根据上级的命令迅速向被确定为征召对象的预备役军官下达征召通知；必要时，预备役部队和预编预备役军官的现役部队也可以直接向所属的被确定为征召对象的预备役军官下达征召通知，并通报预备役军官登记地的县人民武装部。

第四十六条 预备役军官接到征召的通知后，必须按照规定时间到指定地点报到，由于伤病等原因暂时不能应召的，经县人民武装部核实，并报上一级兵役机关批准，可以暂缓应召。

第四十七条 国家决定实施国防动员后，尚未被征召的预备役军官，未经其所在部队或者登记地的县人民武装部批准，不得离开预备役登记地；已经离开的，接到征召通知，应当按照通知要求立即返回或者到指定地点报到。

第四十八条 被征召的预备役军官转服现役的，按照战时现役军官任免权限下达任职命令，改授现役军官军衔，履行现役军官相应的职责；未转服现役的，按照上级下达的任务履行职责。

第四十九条 被征召的预备役军官所在单位应当协助兵役机关做好预备役军官的征召工作。

第五十条 国家解除国防动员的实施措施后，被征召转服现役的预备役军官，除根据部队需要继续服现役的，应当退出现役。

第八章 预备役军官的待遇

第五十一条 预备役军官履行兵役义务的工作实绩，应当作为所在单位对其考核评定、晋升职务及工资等级的依据之一；立功或者被授予荣誉称号的，享受国家和地方给予同等立功受奖者的奖励和优待。

第五十二条 预备役军官参加军事训练、执行军事勤务期间，应当按照规定着装；参加国庆节、建军节或者其他重大庆典活动的，可以着预备役军官制式服装，并佩带预备役军官军衔肩章、符号标志。

第五十三条 预备役军官参加军事训练、执行军事勤务期间，其工作单位是国家机关、社会团体、企业事业单位的，由其所在单位照发工资和奖金，其享受的福利待遇不变。

前款规定以外的其他预备役军官参加军事训练、执行军事勤务期间，应当给予误工补贴，具体办法和标准由省、自治区、直辖市人民政府规定。

预备役军官参加军事训练、执行军事勤务按照国家规定给予伙食补助，报销往返差旅费。

第五十四条 对按照规定参加军事训练、执行军事勤务的预备役军官，按照参加军事训练、执行军事勤务的时间及其职务等级发给补贴。补贴标准由财政部和人民解放军总参谋部、总政治部、总后勤部制定，所需经费由中央财政保障。

第五十五条 预备役军官在参加军事训练、执行军事勤务等军事活动中牺牲、伤残的，参照国家关于军人抚恤优待的规定办理。

第九章 预备役军官的退役

第五十六条 预备役军官达到平时服预备役最高年龄时，应当退出预备役。

第五十七条 预备役军事、政治、后勤、装备军官平时服预备役的最高年龄：

担任师级职务的，五十五岁；

担任团级职务的，五十岁；

担任营级职务的，四十五岁；

担任连级职务的，四十岁；

担任排级职务的，三十五岁。

服第一类军官预备役的人员确因工作需要，经过批准，平时服预备役的最高年龄可以适当延长，但是延长的年龄不得超过五岁。

第五十八条 预备役专业技术军官平时服预备役的最高年龄：

担任高级专业技术职务的，六十岁；

担任中级专业技术职务的，五十五岁；

担任初级专业技术职务的，五十岁。

第五十九条 未达到平时服预备役最高年龄的预备役军官，由于伤病残或者其他原因不能继续服预备役的，应当退出预备役。

第六十条 预备役军官退出预备役的批准权限，与本法第十六条第三款规定的权限相同。

第六十一条 预备役军官退出预备役时，根据其服预备役的时间和贡献，颁发相应的荣誉证章。

第十章 法律责任

第六十二条 预备役军官参加军事训练、执行军事勤务期间，违反纪律的，依照有关规定给予处分；构成犯罪的，依法追究刑事责任。

第六十三条 预备役军官有下列行为之一的，由县级人民政府责令限期改正；逾期不改正的，由县级以上地方人民政府强制其履行兵役义务；属于国家工作人员的，依法给予处分；构成犯罪的，依法追究刑事责任：

（一）拒绝或者逃避预备役登记的；

（二）拒绝或者逃避军事训练、执行军事勤务的；

（三）拒绝、逃避征召的。

第六十四条　在预备役军官管理工作中，收受贿赂、徇私舞弊，或者玩忽职守致使预备役工作遭受严重损失，构成犯罪的，依法追究刑事责任；未构成犯罪的，依法给予处分。

阻挠预备役军官参加军事训练、执行军事勤务，或者履行其他兵役义务的，由县级以上地方人民政府责令限期改正；拒不改正的，对直接负责的主管人员和其他直接责任人员依法给予处分。

第十一章　附　　则

第六十五条　中国人民武装警察部队退出现役的人员，服人民解放军军官预备役的，适用本法。

第六十六条　本法自1996年1月1日起施行。

关于《中华人民共和国预备役军官法修正案（草案）》的说明

——2010年6月22日在第十一届全国人民代表大会常务委员会第十五次会议上

中央军委委员、总政治部主任　李继耐

全国人民代表大会常务委员会：

我受国务院、中央军委的委托，现就《中华人民共和国预备役军官法修正案（草案）》作说明。

总政治部在总结预备役军官队伍建设经验，深入调查研究，广泛征求意见的基础上，起草了《中华人民共和国预备役军官法修正案（草案）》（以下简称修正案草案）。修正案草案已经国务院常务会议和中央军委常务会议讨论通过。

一、修改预备役军官法的必要性

现行的《中华人民共和国预备役军官法》（以下简称预备役军官法），自1995年5月10日第八届全国人民代表大会常务委员会第十三次会议通过、1996年1月1日正式施行以来，对于贯彻党管武装的根本原则，建立健全预备役军官制度，保持预备役军官储备规模，提高预备役军官队伍素质，加强国防后备力量建设，发挥了重要作用。随着我军在新的起点上军事斗争准备的扎实推进，执行多样化军事任务的增多，需要对预备役军官法中的一些内容，诸如预备役军官的储备结构、选拔配备、动员征召、教育培训等规定进行修改完善，同时，由于我国的各项改革深入发展，分配方式、利益关系等发生变化，这部法律的一些内容也需要作相应调整，以适应新的形势和任务的需要。

二、修改的指导思想和原则

这次修改预备役军官法，坚持以马克思列宁主义、毛泽东思想、邓小平理论和“三个代表”重要思想为指导，深入贯彻落实科学发展观，认真贯彻胡锦涛主席关于新形势下国防和军队建设重要论述，以《中华人民共和国国防法》和《中华人民共和国兵役法》为依据，以健全和完善预备役军官制度，进一步提高国防动员能力为目标，遵循党管武装、平战结合、分类建设、与时俱进的原则，从我国国情和军情出发，总结预备役军官法实施10多年来的实践经验，借鉴国外预备役军官制度建设的有益做法，对预备役军官法进行修改和完善。在修改中，注意把握和处理当前与长远、需要与可能、继承与发展、本法与其他法律的关系，使修正案草案更加适应国防建设与经济建设协调发展的需要，适应军事斗争准备的要求。

三、修改的主要内容

修正案草案在保持现行法律整体结构基本不变的情况下，将原来的10章56条调整为11章65条，并对部分条文进行了修改。

（一）充实完善了动员征召的规定。修正案草案增加了“预备役军官的征召”一章，对预备役军官战时征召的组织领导、职责分工、征召程序、重点环节等作了明确。

增设本章，主要依据《中华人民共和国国防法》和《中华人民共和国兵役法》的有关规定，同时借鉴国外预备役军官战时征召的有益做法，其主要目的：一是充分体现国防法律的特色，增强法律对战时军事行为的调整功能，为预备役军官战时征召提供充足的法律依据，确保依法动员、依法征召。二是注重征召内容的完整性，对战时征召工作进行规范，为制定相关配套政策提供依据。三是着眼于强化预备役军官的使命意识，使他们随时准备依法应召，遂行作战任务，履行保卫国家安全的神圣义务。

（二）规范了预备役军官的管理制度。修正案草案将军兵种政治部纳入了预备役军官管理部门之中；建立了预备役军官管理工作中的军地联席会议制度。

作这样的调整，主要考虑到军兵种预备役部队已经组建，有必要在法律层面将军兵种政治部纳入到预备役军官管理的实施主体之中。同时，鉴于预备役军官亦军亦民，加强对他们的管理是军地双方的共同职责，因而需要从立法层面上建立相应的管理协调工作机制。

（三）调整了预备役军官的退役年龄。修正案草案将团职以下预备役军官平时服预备役的最高年龄普遍下调5岁，同时规定延长平时服预备役最高年龄的，只适用于服第一类军官预备役的人员。

作这样的调整，主要基于三个方面的原因：一是预备役军官来源比较充足，仅退出现役转服军官预备役的就有一定数量。二是控制预备役军官的储备规模。目前全国登记的预备役军官总体规模偏大，与建设一支精干的预备役军官队伍的需求不相适应，有必要通过修改法律压减规模。三是下调团以下预备役军官平时服预备役最高年龄，有利于改善预备役军官队伍的年龄和素质结构，有效发挥退出现役时间较短人员的军事潜能。师职预备役军官的最高服役年龄之所以不作调整，主要考虑到这部分人员数量较少，且在地方的职务等级较高，维持师职干部服役的最高年龄与退休年龄基本接近，有利于增加遴选的余地，更好地发挥他们的作用，同时也使师、团职预备役军官的最高服役年龄拉开了档次。

（四）增加了对预备役军官的褒奖内容。修正案草案规定预备役军官退出预备役时，根据其服预备役的时间和贡献，颁发荣誉证章。

对预备役军官在服役期间所做的贡献，通过国家法律予以肯定和褒奖，有利于激发他们履行兵役义务的荣誉感和责任感，也有利于营造全社会关心、支持预备役军官队伍建设的良好环境和导向。

此外，修正案草案还对部分条文的文字作了适当修改，并对条文顺序作了相应调整。

《中华人民共和国预备役军官法修正案（草案）》和以上说明是否妥当，请审议。

全国人民代表大会法律委员会关于《中华人民共和国预备役军官法修正案（草案）》审议结果的报告

——2010年8月23日在第十一届全国人民代表大会常务委员会第十六次会议上

全国人大法律委员会副主任委员　胡彦林

全国人民代表大会常务委员会：

常委会第十五次会议对预备役军官法修正案（草案）进行了初次审议。会后，法制工作委员会将修正案草案印发各省（区、市）、中央有关部门和部分高等院校、法学研究机构征求意见。中国人大网站全文公布修正案草案，向社会征求意见。法律委员会、法制工作委员会联合召开座谈会，听取中央有关部门、部分企业和专家学者的意见。法律委员会、法制工作委员会还到南京军区、沈阳军区调研，听取军地有关部门对修正案草案的意见。8月10日，法律委员会召开会议，根据常委会组成人员的审议意见和各方面的意见，对修正案草案逐条进行了审议。国务院法制办、总政治部、中央军委法制局的有关负责同志列席了会议。8月17日，法律委员会召开会议，再次进行了审议。法律委员会认为，预备役军官法施行以来，对建立健全预备役军官制度，提高预备役军官队伍素质，加强国防后备力量建设，发挥了重要作用。随着我军现代化建设在新起点上的扎实推进，执行多样化军事任务的增多，对预备役军官法中的一些内容进行修改是必要的，修正案草案总体上是可行的。同时，提出以下主要修改意见：

一、修正案草案第一条对预备役军官享有与其履行职责相应的地位、荣誉以及合法权益受保障作出了规定。有的常委委员提出，预备役军官在做好本职工作的同时，还要履行法律赋予的职责，为了体现国家对预备役军官的关心，应当对国家保障预备役军官享有的待遇作出规定。法律委员会经同国务院法制办、总政治部、中央军委法制局研究，赞同上述意见，建议在该条第二款中“国家依法保障预备役军官的合法权益”之后增加“和相应待遇”。

二、修正案草案第四条对军地召开联席会议研究预备役军官管理工作作了规定。有的常委委员、部队和地方提出，召开预备役军官工作联席会议，是协调解决预备役军官工作中有关问题的一种好的工作制度，但各地在这方面的做法还不规范，应当将这一有效做法规范化。法律委员会经同国务院法制办、总政治部、中央军委法制局研究，赞同上述意见，建议将该条第一款修改为：“人民解放军总政治部、军区政治部、省军区（卫戍区、警备区）政治部、军分区（警备区）政治部和县人民武装部会同有关政府部门，建立健全预备役军官工作军地联席会议制度，定期召开军队和地方有关部门、当地预备役部队和预编预备役军官的现役部队参加的联席会议，协调解决预备役军官工作中的有关问题。有特殊需要时，可以临时召集会议。”

三、修正案草案第十四条对被确定服军官预备役的人员的登记作了规定。有的常委委员、部队、地方和专家提出，实践中，一些地方对预备役军官登记不够规范，造成一些预备役军官对自己的职责不够了解，其所在单位对预备役军官登记情况也不清楚，修正案草案应当对如何登记作出具体规定。法律委员会经同国务院法制办、总政治部、中央军委法制局研究，建议在该条中增加一款，规定：“县人民武装部办理预备役军官登记时，应当向被确定服军官预备役的人员当面核实其身份、经历等有关情况，说明有关事项，并将预备役军官登记情况通知其所在单位。”

四、修正案草案第十七条对预备役军官的军事训练和政治教育大纲的制定作了规定。有的常委委员、部门和地方提出，应进一步充实有关预备役军官培训的规定。法律委员会经同国务院法制办、总政治部、中央军委法制局研究，建议在该条中增加一款，规定：“负有预备役军官培训职责的单位应当根据预备役军官的军事训练和政治教育大纲，按照职责分工，制定实施计划。”

五、有的常委委员、部队和地方提出，预备役军官履行兵役义务的工作实绩，不仅应当作为所在单位对其晋升职务及工资等级的依据，还应当作为考核评定的依据之一。法律委员会经同国务院法制办、总政治部、中央军委法制局研究，建议增加一条修正案，将预备役军官法第四十二条改为第五十一条，修改为：“预备役军官履行兵役义务的工作实绩，应当作为所在单位对其考核评定、晋升职务及工资等级的依据之一；立功或者被授予荣誉称号的，享受国家和地方给予同等立功受奖者的奖励和优待。”

此外，还对修正案草案作了一些文字修改。

法律委员会已按上述意见提出了《全国人民代表大会常务委员会关于修改〈中华人民共和国预备役军官法〉的决定（草案）》，建议本次常委会会议审议通过。

修改决定草案和以上报告是否妥当，请审议。

全国人民代表大会法律委员会关于《全国人民代表大会常务委员会关于修改〈中华人民共和国预备役军官法〉的决定(草案)》修改意见的报告

——2010 年 8 月 26 日在第十一届全国人民代表大会常务委员会第十六次会议上

全国人大法律委员会主任委员　胡康生

全国人民代表大会常务委员会：

本次常委会会议于 8 月 23 日下午对关于修改预备役军官法的决定(草案)进行了分组审议。常委会组成人员普遍认为，草案已经比较成熟，建议进一步修改后，提请本次会议表决通过；同时，有的常委委员还提出了一些修改意见。法律委员会于 8 月 24 日下午召开会议，逐条研究了常委会组成人员的审议意见，对草案进行了审议。国务院法制办、中央军委法制局、总政干部部的负责同志列席了会议。法律委员会认为，草案是可行的，同时，提出以下修改意见：

一、修改决定草案第一条第一款对预备役军官的性质和作用作了规定。有的常委委员提出，除预备役军官外，现役士兵也是战时补充现役军官的主要来源，建议将第一款中预备役军官"是战时补充现役军官的主要来源"修改为"是战时补充现役军官的主要来源之一"。法律委员会经同国务院法制办、中央军委法制局、总政干部部研究，赞同上述意见，建议对草案规定作相应修改。

二、修改决定草案第二十八条将预备役军官法第四十七条改为第五十六条，在预备役军官达到平时服预备役最高年龄退出预备役之后，增加一款规定颁发相应的荣誉证章。有的常委委员提出，除上述退役人员外，对预备役军官法第五十条规定的未达到平时服预备役最高年龄，但因伤病残等原因退役的预备役军官，也应当发放荣誉证章。法律委员会经同国务院法制办、中央军委法制局、总政干部部研究，赞成上述意见，建议将增加的一款单列一条，作为第六十一条，规定："预备役军官退出预备役时，根据其服预备役的时间和贡献，颁发相应的荣誉证章。"这样就包括了上述两种情况。

有些常委委员提出，预备役军官法修改后，有关部门应当抓紧制定和完善相关配套法规，加强宣传学习，提高国防意识，确保这部法律的有效实施。法律委员会建议有关方面组织做好这项工作。

此外，根据常委会组成人员的审议意见，还对修改决定草案作了一些文字修改。

修改决定草案建议表决稿已按上述意见作了修改，法律委员会建议本次常委会会议通过。

修改决定草案建议表决稿和以上报告是否妥当，请审议。

中华人民共和国主席令

第三十四号

《中华人民共和国人民调解法》已由中华人民共和国第十一届全国人民代表大会常务委员会第十六次会议于 2010 年 8 月 28 日通过，现予公布，自 2011 年 1 月 1 日起施行。

中华人民共和国主席　胡锦涛

2010 年 8 月 28 日

中华人民共和国人民调解法

（2010年8月28日第十一届全国人民代表大会常务委员会第十六次会议通过）

目　录

第一章　总　　则

第一条　为了完善人民调解制度，规范人民调解活动，及时解决民间纠纷，维护社会和谐稳定，根据宪法，制定本法。

第二条　本法所称人民调解，是指人民调解委员会通过说服、疏导等方法，促使当事人在平等协商基础上自愿达成调解协议，解决民间纠纷的活动。

第三条　人民调解委员会调解民间纠纷，应当遵循下列原则：

（一）在当事人自愿、平等的基础上进行调解；

（二）不违背法律、法规和国家政策；

（三）尊重当事人的权利，不得因调解而阻止当事人依法通过仲裁、行政、司法等途径维护自己的权利。

第四条　人民调解委员会调解民间纠纷，不收取任何费用。

第五条　国务院司法行政部门负责指导全国的人民调解工作，县级以上地方人民政府司法行政部门负责指导本行政区域的人民调解工作。

基层人民法院对人民调解委员会调解民间纠纷进行业务指导。

第六条　国家鼓励和支持人民调解工作。县级以上地方人民政府对人民调解工作所需经费应当给予必要的支持和保障，对有突出贡献的人民调解委员会和人民调解员按照国家规定给予表彰奖励。

第二章　人民调解委员会

第七条　人民调解委员会是依法设立的调解民间纠纷的群众性组织。

第八条　村民委员会、居民委员会设立人民调解委员会。企业事业单位根据需要设立人民调解委员会。

人民调解委员会由委员三至九人组成，设主任一人，必要时，可以设副主任若干人。

人民调解委员会应当有妇女成员，多民族居住的地区应当有人数较少民族的成员。

第九条　村民委员会、居民委员会的人民调解委员会委员由村民会议或者村民代表会议、居民会议推选产生；企业事业单位设立的人民调解委员会委员由职工大会、职工代表大会或者工会组织推选产生。

人民调解委员会委员每届任期三年，可以连选连任。

第十条　县级人民政府司法行政部门应当对本行政区域内人民调解委员会的设立情况进行统计，并且将人民调解委员会以及人员组成和调整情况及时通报所在地基层人民法院。

第十一条　人民调解委员会应当建立健全各项调解工作制度，听取群众意见，接受群众监督。

第十二条　村民委员会、居民委员会和企业事业单位应当为人民调解委员会开展工作提供办公条件和必要的工作经费。

第三章　人民调解员

第十三条　人民调解员由人民调解委员会委员和人民调解委员会聘任的人员担任。

第十四条　人民调解员应当由公道正派、热心人民调解工作，并具有一定文化水平、政策水平和法律知识的成年公民担任。

县级人民政府司法行政部门应当定期对人民

上，完善了人民调解组织形式。

一是明确了人民调解委员会是依法设立的调解民间纠纷的群众性组织。

二是进一步规范了村民委员会、居民委员会、企业事业单位的人民调解委员会的设立、组成和推选程序。草案规定：村民委员会、居民委员会设立人民调解委员会。企业事业单位根据需要设立人民调解委员会。人民调解委员会由委员3至9人组成，设主任1人，必要时，可以设副主任若干人。村民委员会、居民委员会的人民调解委员会委员由村民会议、居民会议推选产生；企业事业单位设立的人民调解委员会委员由职工代表大会或者工会组织推选产生。人民调解委员会委员每届任期3年，可以连选连任。

三是进一步扩大了人民调解组织的范围。草案规定：乡镇、城市街道以及社会团体或者其他组织根据需要可以参照本法有关规定设立人民调解委员会，调解民间纠纷。

二、明确了人民调解员的范围、条件、行为规范和保障

为了提高人民调解员队伍的整体素质，优化人民调解员的队伍结构，以适应人民调解工作的发展要求，草案对人民调解员规定了以下制度：

一是规定了人民调解员的范围和条件。草案规定：人民调解员包括经推选产生的人民调解委员会委员和人民调解委员会根据需要聘任的符合本法规定条件的调解员。人民调解员应当由公道正派、善于联系群众、热心人民调解工作，并具有一定文化水平、政策水平和法律知识的成年公民担任。县级人民政府司法行政部门应当定期对人民调解员进行业务培训。

二是规定了人民调解员的行为规范。草案规定：人民调解员在调解工作中有强迫调解的、偏袒一方当事人的、侮辱当事人的、收取财物或者取得其他利益的以及泄露当事人的个人隐私、商业秘密的行为之一的，由其所在的人民调解委员会给予批评教育，或者由推选或者聘任单位予以罢免或者解聘。

三是规定了在人民调解工作岗位上致伤致残或牺牲的人民调解员及其家属的国家救助和抚恤制度。

三、规范了人民调解程序

草案将实践中行之有效的经验、措施总结提炼上升为法律制度，用以指导、规范人民调解工作实践。

一是规定了人民调解的申请程序。草案规定：当事人自愿通过人民调解方式解决民间纠纷的，应当共同向人民调解委员会提出申请；一方当事人申请调解的，人民调解委员会应当在征得他方当事人同意后进行调解。当事人没有申请的，人民调解委员会也可以主动调解，但是，各方或者一方当事人拒绝调解的除外。

二是规定了调解员的选择和调解的方法步骤。草案规定：人民调解委员会根据调解纠纷的需要，可以安排一名或者数名人民调解员进行调解，也可以由当事人自主选择一名或者数名人民调解员进行调解。人民调解员根据调解纠纷的需要，在征得当事人的同意后，可以邀请当事人的亲属、邻里、同事参与调解，也可以邀请具有专门知识、特定经验的人员参与调解。人民调解员调解民间纠纷，应当坚持原则，明法析理，明辨是非，主持公道。调解民间纠纷，应当及时、就地进行。人民调解员主持调解民间纠纷应当告知当事人调解规则；请当事人陈述纠纷事实；向当事人宣讲有关法律、政策规定；在当事人认可事实、分清责任、互谅互让、协商一致的基础上，提出纠纷解决方案；对当事人自愿达成调解协议的，制作调解协议书。

三是规定了当事人在调解中的权利义务。草案规定：当事人在人民调解活动中享有下列权利：共同接受或者共同选择人民调解员；接受调解或者要求终止调解；自主表达意愿、自愿达成调解协议。当事人在人民调解活动中履行下列义务：如实陈述纠纷事实，不得提供虚假情况；遵守调解现场秩序，尊重人民调解员；不得阻挠、限制对方当事人行使权利。

四、确立了人民调解与其他纠纷解决方式之间的衔接机制

为贯彻调解优先原则，草案规定了人民调解与司法纠纷解决机制的衔接制度。草案规定：基层人民法院对适宜通过人民调解方式解决的纠纷，可以在受理前动员当事人向人民调解委员会申请调解。根据《最高人民法院关于建立健全诉讼与非诉讼相衔接的矛盾纠纷解决机制的若干意见》，确立了对人民调解协议的司法确认制度。草案规定：经人民调解委员会调解达成的具有民事权利、义务内容的

调解协议，当事人可以自调解协议书生效之日起30日内共同向有管辖权的人民法院申请司法确认。人民法院应当及时对调解协议进行审查，依法确认调解协议是否合法有效。人民法院依法确认调解协议内容部分或者全部无效的，当事人可以通过人民调解方式变更原调解协议或者签订新的调解协议，也可以就原纠纷向人民法院提起诉讼。经人民法院确认合法有效的调解协议书，一方当事人拒绝履行或者未全部履行的，他方当事人可以向人民法院申请强制执行。

五、加强了对人民调解工作的指导和保障

为确保人民调解工作正常开展，调动广大人民调解员积极性，落实国家对人民调解工作的支持保障责任，草案规定：国家鼓励和支持人民调解工作，县级以上地方人民政府对人民调解工作所需经费应当给予必要的支持，对有突出贡献的人民调解委员会和人民调解员按照国家有关规定给予表彰奖励。村民委员会、居民委员会和企业事业单位应当为人民调解委员会开展工作提供办公条件和必要的工作经费。草案还规定：国务院司法行政部门负责指导全国的人民调解工作，县级以上地方人民政府司法行政部门负责指导本行政区域的人民调解工作。基层人民法院对人民调解工作进行业务指导。

《中华人民共和国人民调解法（草案）》和以上说明是否妥当，请审议。

全国人民代表大会法律委员会关于《中华人民共和国人民调解法（草案）》修改情况的汇报

——2010年8月23日在第十一届全国人民代表大会常务委员会第十六次会议上

全国人大法律委员会副主任委员　李重庵

全国人民代表大会常务委员会：

常委会第十五次会议对人民调解法（草案）进行了初次审议。会后，法制工作委员会将草案印发各省（区、市）、中央有关部门和部分法学研究机构征求意见。中国人大网站全文公布草案，向社会征求意见。法律委员会、内务司法委员会和法制工作委员会联合召开座谈会，听取有关部门和专家的意见。法律委员会和法制工作委员会还到黑龙江、内蒙古调研草案有关问题。法律委员会于8月10日召开会议，根据常委会组成人员的审议意见和各方面的意见，对草案进行了逐条审议。内务司法委员会和国务院法制办、司法部、最高人民法院的负责同志列席了会议。8月17日，法律委员会召开会议，再次进行了审议。现就主要问题修改情况汇报如下：

一、草案第三条第一款第二项规定："依据法律、法规、规章和政策进行调解，也可以在不违背法律、法规、规章和政策规定的前提下，遵循社会公德或者参考村规民约、社区公约、企业事业单位规章制度和社会善良习俗进行调解。"有些常委委员提出，本条规定的是人民调解委员会调解应遵循的原则，调解原则应当体现调解特点，简明扼要，便于操作，有利于化解纠纷，建议作出修改。法律委员会经同内务司法委员会和国务院法制办、司法部研究，建议将这一项修改为："不违背法律、法规的强制性规定。"

二、草案第五条规定，国家鼓励和支持人民调解工作。县级以上地方人民政府对人民调解工作所需经费应当给予必要的支持。有的常委委员提出，国家对人民调解工作只讲支持不够，应当保障人民调解工作所需经费。内务司法委员会也提出，财政部和司法部有关文件已对人民调解工作的经费问题有所规定，本法应予明确，以解决人民调解工作中的实际困难。法律委员会经同内务司法委员会和国务院法制办、司法部研究，建议将这一条修改为："县级以上地方人民政府对人民调解工作所需经费应当给予必要的支持和保障。"

三、草案第七条规定了人民调解委员会的组成人员。一些常委委员、有关部门提出，为了便于开展调解工作，人民调解委员会中应当有妇女和少数

第一章　总　则

第一条　为了规范社会保险关系，维护公民参加社会保险和享受社会保险待遇的合法权益，使公民共享发展成果，促进社会和谐稳定，根据宪法，制定本法。

第二条　国家建立基本养老保险、基本医疗保险、工伤保险、失业保险、生育保险等社会保险制度，保障公民在年老、疾病、工伤、失业、生育等情况下依法从国家和社会获得物质帮助的权利。

第三条　社会保险制度坚持广覆盖、保基本、多层次、可持续的方针，社会保险水平应当与经济社会发展水平相适应。

第四条　中华人民共和国境内的用人单位和个人依法缴纳社会保险费，有权查询缴费记录、个人权益记录，要求社会保险经办机构提供社会保险咨询等相关服务。

个人依法享受社会保险待遇，有权监督本单位为其缴费情况。

第五条　县级以上人民政府将社会保险事业纳入国民经济和社会发展规划。

国家多渠道筹集社会保险资金。县级以上人民政府对社会保险事业给予必要的经费支持。

国家通过税收优惠政策支持社会保险事业。

第六条　国家对社会保险基金实行严格监管。

国务院和省、自治区、直辖市人民政府建立健全社会保险基金监督管理制度，保障社会保险基金安全、有效运行。

县级以上人民政府采取措施，鼓励和支持社会各方面参与社会保险基金的监督。

第七条　国务院社会保险行政部门负责全国的社会保险管理工作，国务院其他有关部门在各自的职责范围内负责有关的社会保险工作。

县级以上地方人民政府社会保险行政部门负责本行政区域的社会保险管理工作，县级以上地方人民政府其他有关部门在各自的职责范围内负责有关的社会保险工作。

第八条　社会保险经办机构提供社会保险服务，负责社会保险登记、个人权益记录、社会保险待遇支付等工作。

第九条　工会依法维护职工的合法权益，有权参与社会保险重大事项的研究，参加社会保险监督委员会，对与职工社会保险权益有关的事项进行监督。

第二章　基本养老保险

第十条　职工应当参加基本养老保险，由用人单位和职工共同缴纳基本养老保险费。

无雇工的个体工商户、未在用人单位参加基本养老保险的非全日制从业人员以及其他灵活就业人员可以参加基本养老保险，由个人缴纳基本养老保险费。

公务员和参照公务员法管理的工作人员养老保险的办法由国务院规定。

第十一条　基本养老保险实行社会统筹与个人账户相结合。

基本养老保险基金由用人单位和个人缴费以及政府补贴等组成。

第十二条　用人单位应当按照国家规定的本单位职工工资总额的比例缴纳基本养老保险费，记入基本养老保险统筹基金。

职工应当按照国家规定的本人工资的比例缴纳基本养老保险费，记入个人账户。

无雇工的个体工商户、未在用人单位参加基本养老保险的非全日制从业人员以及其他灵活就业人员参加基本养老保险的，应当按照国家规定缴纳基本养老保险费，分别记入基本养老保险统筹基金和个人账户。

第十三条　国有企业、事业单位职工参加基本养老保险前，视同缴费年限期间应当缴纳的基本养老保险费由政府承担。

基本养老保险基金出现支付不足时，政府给予补贴。

第十四条　个人账户不得提前支取，记账利率不得低于银行定期存款利率，免征利息税。个人死亡的，个人账户余额可以继承。

第十五条　基本养老金由统筹养老金和个人账户养老金组成。

基本养老金根据个人累计缴费年限、缴费工资、当地职工平均工资、个人账户金额、城镇人口平均预期寿命等因素确定。

第十六条　参加基本养老保险的个人，达到法定退休年龄时累计缴费满十五年的，按月领取基本养老金。

参加基本养老保险的个人，达到法定退休年龄时累计缴费不足十五年的，可以缴费至满十五年，按月领取基本养老金；也可以转入新型农村社会养老保险或者城镇居民社会养老保险，按照国务院规定享受相应的养老保险待遇。

第十七条　参加基本养老保险的个人，因病或者非因工死亡的，其遗属可以领取丧葬补助金和抚恤金；在未达到法定退休年龄时因病或者非因工致残完全丧失劳动能力的，可以领取病残津贴。所需资金从基本养老保险基金中支付。

第十八条　国家建立基本养老金正常调整机制。根据职工平均工资增长、物价上涨情况，适时提高基本养老保险待遇水平。

第十九条　个人跨统筹地区就业的，其基本养老保险关系随本人转移，缴费年限累计计算。个人达到法定退休年龄时，基本养老金分段计算、统一支付。具体办法由国务院规定。

第二十条　国家建立和完善新型农村社会养老保险制度。

新型农村社会养老保险实行个人缴费、集体补助和政府补贴相结合。

第二十一条　新型农村社会养老保险待遇由基础养老金和个人账户养老金组成。

参加新型农村社会养老保险的农村居民，符合国家规定条件的，按月领取新型农村社会养老保险待遇。

第二十二条　国家建立和完善城镇居民社会养老保险制度。

省、自治区、直辖市人民政府根据实际情况，可以将城镇居民社会养老保险和新型农村社会养老保险合并实施。

第三章　基本医疗保险

第二十三条　职工应当参加职工基本医疗保险，由用人单位和职工按照国家规定共同缴纳基本医疗保险费。

无雇工的个体工商户、未在用人单位参加职工基本医疗保险的非全日制从业人员以及其他灵活就业人员可以参加职工基本医疗保险，由个人按照国家规定缴纳基本医疗保险费。

第二十四条　国家建立和完善新型农村合作医疗制度。

新型农村合作医疗的管理办法，由国务院规定。

第二十五条　国家建立和完善城镇居民基本医疗保险制度。

城镇居民基本医疗保险实行个人缴费和政府补贴相结合。

享受最低生活保障的人、丧失劳动能力的残疾人、低收入家庭六十周岁以上的老年人和未成年人等所需个人缴费部分，由政府给予补贴。

第二十六条　职工基本医疗保险、新型农村合作医疗和城镇居民基本医疗保险的待遇标准按照国家规定执行。

第二十七条　参加职工基本医疗保险的个人，达到法定退休年龄时累计缴费达到国家规定年限的，退休后不再缴纳基本医疗保险费，按照国家规定享受基本医疗保险待遇；未达到国家规定年限的，可以缴费至国家规定年限。

第二十八条　符合基本医疗保险药品目录、诊疗项目、医疗服务设施标准以及急诊、抢救的医疗费用，按照国家规定从基本医疗保险基金中支付。

第二十九条　参保人员医疗费用中应当由基本医疗保险基金支付的部分，由社会保险经办机构与医疗机构、药品经营单位直接结算。

社会保险行政部门和卫生行政部门应当建立异地就医医疗费用结算制度，方便参保人员享受基本医疗保险待遇。

第三十条　下列医疗费用不纳入基本医疗保险基金支付范围：

（一）应当从工伤保险基金中支付的；

（二）应当由第三人负担的；

（三）应当由公共卫生负担的；

（四）在境外就医的。

医疗费用依法应当由第三人负担，第三人不支付或者无法确定第三人的，由基本医疗保险基金先行支付。基本医疗保险基金先行支付后，有权向第三人追偿。

第三十一条　社会保险经办机构根据管理服务的需要，可以与医疗机构、药品经营单位签订服务协议，规范医疗服务行为。

医疗机构应当为参保人员提供合理、必要的医疗服务。

第三十二条　个人跨统筹地区就业的，其基本医疗保险关系随本人转移，缴费年限累计计算。

第四章 工伤保险

第三十三条 职工应当参加工伤保险，由用人单位缴纳工伤保险费，职工不缴纳工伤保险费。

第三十四条 国家根据不同行业的工伤风险程度确定行业的差别费率，并根据使用工伤保险基金、工伤发生率等情况在每个行业内确定费率档次。行业差别费率和行业内费率档次由国务院社会保险行政部门制定，报国务院批准后公布施行。

社会保险经办机构根据用人单位使用工伤保险基金、工伤发生率和所属行业费率档次等情况，确定用人单位缴费费率。

第三十五条 用人单位应当按照本单位职工工资总额，根据社会保险经办机构确定的费率缴纳工伤保险费。

第三十六条 职工因工作原因受到事故伤害或者患职业病，且经工伤认定的，享受工伤保险待遇；其中，经劳动能力鉴定丧失劳动能力的，享受伤残待遇。

工伤认定和劳动能力鉴定应当简捷、方便。

第三十七条 职工因下列情形之一导致本人在工作中伤亡的，不认定为工伤：

（一）故意犯罪；

（二）醉酒或者吸毒；

（三）自残或者自杀；

（四）法律、行政法规规定的其他情形。

第三十八条 因工伤发生的下列费用，按照国家规定从工伤保险基金中支付：

（一）治疗工伤的医疗费用和康复费用；

（二）住院伙食补助费；

（三）到统筹地区以外就医的交通食宿费；

（四）安装配置伤残辅助器具所需费用；

（五）生活不能自理的，经劳动能力鉴定委员会确认的生活护理费；

（六）一次性伤残补助金和一至四级伤残职工按月领取的伤残津贴；

（七）终止或者解除劳动合同时，应当享受的一次性医疗补助金；

（八）因工死亡的，其遗属领取的丧葬补助金、供养亲属抚恤金和因工死亡补助金；

（九）劳动能力鉴定费。

第三十九条 因工伤发生的下列费用，按照国家规定由用人单位支付：

（一）治疗工伤期间的工资福利；

（二）五级、六级伤残职工按月领取的伤残津贴；

（三）终止或者解除劳动合同时，应当享受的一次性伤残就业补助金。

第四十条 工伤职工符合领取基本养老金条件的，停发伤残津贴，享受基本养老保险待遇。基本养老保险待遇低于伤残津贴的，从工伤保险基金中补足差额。

第四十一条 职工所在用人单位未依法缴纳工伤保险费，发生工伤事故的，由用人单位支付工伤保险待遇。用人单位不支付的，从工伤保险基金中先行支付。

从工伤保险基金中先行支付的工伤保险待遇应当由用人单位偿还。用人单位不偿还的，社会保险经办机构可以依照本法第六十三条的规定追偿。

第四十二条 由于第三人的原因造成工伤，第三人不支付工伤医疗费用或者无法确定第三人的，由工伤保险基金先行支付。工伤保险基金先行支付后，有权向第三人追偿。

第四十三条 工伤职工有下列情形之一的，停止享受工伤保险待遇：

（一）丧失享受待遇条件的；

（二）拒不接受劳动能力鉴定的；

（三）拒绝治疗的。

第五章 失业保险

第四十四条 职工应当参加失业保险，由用人单位和职工按照国家规定共同缴纳失业保险费。

第四十五条 失业人员符合下列条件的，从失业保险基金中领取失业保险金：

（一）失业前用人单位和本人已经缴纳失业保险费满一年的；

（二）非因本人意愿中断就业的；

（三）已经进行失业登记，并有求职要求的。

第四十六条 失业人员失业前用人单位和本人累计缴费满一年不足五年的，领取失业保险金的期限最长为十二个月；累计缴费满五年不足十年的，领取失业保险金的期限最长为十八个月；累计缴费十年以上的，领取失业保险金的期限最长为二十四个月。重新就业后，再次失业的，缴费时间重新计算，领取失业保险金的期限与前次失业应当领取而尚未领取的失业保险金的期限合并计算，最长不超过二十四个月。

第四十七条 失业保险金的标准，由省、自治区、直辖市人民政府确定，不得低于城市居民最低生活保障标准。

第四十八条　失业人员在领取失业保险金期间，参加职工基本医疗保险，享受基本医疗保险待遇。

失业人员应当缴纳的基本医疗保险费从失业保险基金中支付，个人不缴纳基本医疗保险费。

第四十九条　失业人员在领取失业保险金期间死亡的，参照当地对在职职工死亡的规定，向其遗属发给一次性丧葬补助金和抚恤金。所需资金从失业保险基金中支付。

个人死亡同时符合领取基本养老保险丧葬补助金、工伤保险丧葬补助金和失业保险丧葬补助金条件的，其遗属只能选择领取其中的一项。

第五十条　用人单位应当及时为失业人员出具终止或者解除劳动关系的证明，并将失业人员的名单自终止或者解除劳动关系之日起十五日内告知社会保险经办机构。

失业人员应当持本单位为其出具的终止或者解除劳动关系的证明，及时到指定的公共就业服务机构办理失业登记。

失业人员凭失业登记证明和个人身份证明，到社会保险经办机构办理领取失业保险金的手续。失业保险金领取期限自办理失业登记之日起计算。

第五十一条　失业人员在领取失业保险金期间有下列情形之一的，停止领取失业保险金，并同时停止享受其他失业保险待遇：

（一）重新就业的；

（二）应征服兵役的；

（三）移居境外的；

（四）享受基本养老保险待遇的；

（五）无正当理由，拒不接受当地人民政府指定部门或者机构介绍的适当工作或者提供的培训的。

第五十二条　职工跨统筹地区就业的，其失业保险关系随本人转移，缴费年限累计计算。

第六章　生育保险

第五十三条　职工应当参加生育保险，由用人单位按照国家规定缴纳生育保险费，职工不缴纳生育保险费。

第五十四条　用人单位已经缴纳生育保险费的，其职工享受生育保险待遇；职工未就业配偶按照国家规定享受生育医疗费用待遇。所需资金从生育保险基金中支付。

生育保险待遇包括生育医疗费用和生育津贴。

第五十五条　生育医疗费用包括下列各项：

（一）生育的医疗费用；

（二）计划生育的医疗费用；

（三）法律、法规规定的其他项目费用。

第五十六条　职工有下列情形之一的，可以按照国家规定享受生育津贴：

（一）女职工生育享受产假；

（二）享受计划生育手术休假；

（三）法律、法规规定的其他情形。

生育津贴按照职工所在用人单位上年度职工月平均工资计发。

第七章　社会保险费征缴

第五十七条　用人单位应当自成立之日起三十日内凭营业执照、登记证书或者单位印章，向当地社会保险经办机构申请办理社会保险登记。社会保险经办机构应当自收到申请之日起十五日内予以审核，发给社会保险登记证件。

用人单位的社会保险登记事项发生变更或者用人单位依法终止的，应当自变更或者终止之日起三十日内，到社会保险经办机构办理变更或者注销社会保险登记。

工商行政管理部门、民政部门和机构编制管理机关应当及时向社会保险经办机构通报用人单位的成立、终止情况，公安机关应当及时向社会保险经办机构通报个人的出生、死亡以及户口登记、迁移、注销等情况。

第五十八条　用人单位应当自用工之日起三十日内为其职工向社会保险经办机构申请办理社会保险登记。未办理社会保险登记的，由社会保险经办机构核定其应当缴纳的社会保险费。

自愿参加社会保险的无雇工的个体工商户、未在用人单位参加社会保险的非全日制从业人员以及其他灵活就业人员，应当向社会保险经办机构申请办理社会保险登记。

国家建立全国统一的个人社会保障号码。个人社会保障号码为公民身份号码。

第五十九条　县级以上人民政府加强社会保险费的征收工作。

社会保险费实行统一征收，实施步骤和具体办法由国务院规定。

第六十条　用人单位应当自行申报、按时足额缴纳社会保险费，非因不可抗力等法定事由不得缓缴、减免。职工应当缴纳的社会保险费由用人单位代扣代缴,用人单位应当按月将缴纳社会保险费的明细情况告知本人。

无雇工的个体工商户、未在用人单位参加社会保险的非全日制从业人员以及其他灵活就业人员,可以直接向社会保险费征收机构缴纳社会保险费。

第六十一条 社会保险费征收机构应当依法按时足额征收社会保险费,并将缴费情况定期告知用人单位和个人。

第六十二条 用人单位未按规定申报应当缴纳的社会保险费数额的,按照该单位上月缴费额的百分之一百一十确定应当缴纳数额;缴费单位补办申报手续后,由社会保险费征收机构按照规定结算。

第六十三条 用人单位未按时足额缴纳社会保险费的,由社会保险费征收机构责令其限期缴纳或者补足。

用人单位逾期仍未缴纳或者补足社会保险费的,社会保险费征收机构可以向银行和其他金融机构查询其存款账户;并可以申请县级以上有关行政部门作出划拨社会保险费的决定,书面通知其开户银行或者其他金融机构划拨社会保险费。用人单位账户余额少于应当缴纳的社会保险费的,社会保险费征收机构可以要求该用人单位提供担保,签订延期缴费协议。

用人单位未足额缴纳社会保险费且未提供担保的,社会保险费征收机构可以申请人民法院扣押、查封、拍卖其价值相当于应当缴纳社会保险费的财产,以拍卖所得抵缴社会保险费。

第八章 社会保险基金

第六十四条 社会保险基金包括基本养老保险基金、基本医疗保险基金、工伤保险基金、失业保险基金和生育保险基金。各项社会保险基金按照社会保险险种分别建账,分账核算,执行国家统一的会计制度。

社会保险基金专款专用,任何组织和个人不得侵占或者挪用。

基本养老保险基金逐步实行全国统筹,其他社会保险基金逐步实行省级统筹,具体时间、步骤由国务院规定。

第六十五条 社会保险基金通过预算实现收支平衡。

县级以上人民政府在社会保险基金出现支付不足时,给予补贴。

第六十六条 社会保险基金按照统筹层次设立预算。社会保险基金预算按照社会保险项目分别编制。

第六十七条 社会保险基金预算、决算草案的编制、审核和批准,依照法律和国务院规定执行。

第六十八条 社会保险基金存入财政专户,具体管理办法由国务院规定。

第六十九条 社会保险基金在保证安全的前提下,按照国务院规定投资运营实现保值增值。

社会保险基金不得违规投资运营,不得用于平衡其他政府预算,不得用于兴建、改建办公场所和支付人员经费、运行费用、管理费用,或者违反法律、行政法规规定挪作其他用途。

第七十条 社会保险经办机构应当定期向社会公布参加社会保险情况以及社会保险基金的收入、支出、结余和收益情况。

第七十一条 国家设立全国社会保障基金,由中央财政预算拨款以及国务院批准的其他方式筹集的资金构成,用于社会保障支出的补充、调剂。全国社会保障基金由全国社会保障基金管理运营机构负责管理运营,在保证安全的前提下实现保值增值。

全国社会保障基金应当定期向社会公布收支、管理和投资运营的情况。国务院财政部门、社会保险行政部门、审计机关对全国社会保障基金的收支、管理和投资运营情况实施监督。

第九章 社会保险经办

第七十二条 统筹地区设立社会保险经办机构。社会保险经办机构根据工作需要,经所在地的社会保险行政部门和机构编制管理机关批准,可以在本统筹地区设立分支机构和服务网点。

社会保险经办机构的人员经费和经办社会保险发生的基本运行费用、管理费用,由同级财政按照国家规定予以保障。

第七十三条 社会保险经办机构应当建立健全业务、财务、安全和风险管理制度。

社会保险经办机构应当按时足额支付社会保险待遇。

第七十四条 社会保险经办机构通过业务经办、统计、调查获取社会保险工作所需的数据,有关单位和个人应当及时、如实提供。

社会保险经办机构应当及时为用人单位建立档案,完整、准确地记录参加社会保险的人员、缴费等社会保险数据，妥善保管登记、申报的原始凭证和支付结算的会计凭证。

社会保险经办机构应当及时、完整、准确地记录参加社会保险的个人缴费和用人单位为其缴费，以及享受社会保险待遇等个人权益记录，定期将个人权益记录单免费寄送本人。

用人单位和个人可以免费向社会保险经办机构查询、核对其缴费和享受社会保险待遇记录，要求社会保险经办机构提供社会保险咨询等相关服务。

第七十五条　全国社会保险信息系统按照国家统一规划，由县级以上人民政府按照分级负责的原则共同建设。

第十章　社会保险监督

第七十六条　各级人民代表大会常务委员会听取和审议本级人民政府对社会保险基金的收支、管理、投资运营以及监督检查情况的专项工作报告，组织对本法实施情况的执法检查等，依法行使监督职权。

第七十七条　县级以上人民政府社会保险行政部门应当加强对用人单位和个人遵守社会保险法律、法规情况的监督检查。

社会保险行政部门实施监督检查时，被检查的用人单位和个人应当如实提供与社会保险有关的资料，不得拒绝检查或者谎报、瞒报。

第七十八条　财政部门、审计机关按照各自职责，对社会保险基金的收支、管理和投资运营情况实施监督。

第七十九条　社会保险行政部门对社会保险基金的收支、管理和投资运营情况进行监督检查，发现存在问题的，应当提出整改建议，依法作出处理决定或者向有关行政部门提出处理建议。社会保险基金检查结果应当定期向社会公布。

社会保险行政部门对社会保险基金实施监督检查，有权采取下列措施：

（一）查阅、记录、复制与社会保险基金收支、管理和投资运营相关的资料，对可能被转移、隐匿或者灭失的资料予以封存；

（二）询问与调查事项有关的单位和个人，要求其对与调查事项有关的问题作出说明、提供有关证明材料；

（三）对隐匿、转移、侵占、挪用社会保险基金的行为予以制止并责令改正。

第八十条　统筹地区人民政府成立由用人单位代表、参保人员代表，以及工会代表、专家等组成的社会保险监督委员会，掌握、分析社会保险基金的收支、管理和投资运营情况，对社会保险工作提出咨询意见和建议，实施社会监督。

社会保险经办机构应当定期向社会保险监督委员会汇报社会保险基金的收支、管理和投资运营情况。社会保险监督委员会可以聘请会计师事务所对社会保险基金的收支、管理和投资运营情况进行年度审计和专项审计。审计结果应当向社会公开。

社会保险监督委员会发现社会保险基金收支、管理和投资运营中存在问题的，有权提出改正建议；对社会保险经办机构及其工作人员的违法行为，有权向有关部门提出依法处理建议。

第八十一条　社会保险行政部门和其他有关行政部门、社会保险经办机构、社会保险费征收机构及其工作人员，应当依法为用人单位和个人的信息保密，不得以任何形式泄露。

第八十二条　任何组织或者个人有权对违反社会保险法律、法规的行为进行举报、投诉。

社会保险行政部门、卫生行政部门、社会保险经办机构、社会保险费征收机构和财政部门、审计机关对属于本部门、本机构职责范围的举报、投诉，应当依法处理；对不属于本部门、本机构职责范围的，应当书面通知并移交有权处理的部门、机构处理。有权处理的部门、机构应当及时处理，不得推诿。

第八十三条　用人单位或者个人认为社会保险费征收机构的行为侵害自己合法权益的，可以依法申请行政复议或者提起行政诉讼。

用人单位或者个人对社会保险经办机构不依法办理社会保险登记、核定社会保险费、支付社会保险待遇、办理社会保险转移接续手续或者侵害其他社会保险权益的行为，可以依法申请行政复议或者提起行政诉讼。

个人与所在用人单位发生社会保险争议的，可以依法申请调解、仲裁，提起诉讼。用人单位侵害个人社会保险权益的，个人也可以要求社会保险行政部门或者社会保险费征收机构依法处理。

第十一章　法律责任

第八十四条　用人单位不办理社会保险登记的，由社会保险行政部门责令限期改正；逾期不改正的，对用人单位处应缴社会保险费数额一倍以上三倍以下的罚款，对其直接负责的主管人员和其他直接责任人员处五百元以上三千元以下的罚款。

第八十五条 用人单位拒不出具终止或者解除劳动关系证明的，依照《中华人民共和国劳动合同法》的规定处理。

第八十六条 用人单位未按时足额缴纳社会保险费的，由社会保险费征收机构责令限期缴纳或者补足，并自欠缴之日起，按日加收万分之五的滞纳金；逾期仍不缴纳的，由有关行政部门处欠缴数额一倍以上三倍以下的罚款。

第八十七条 社会保险经办机构以及医疗机构、药品经营单位等社会保险服务机构以欺诈、伪造证明材料或者其他手段骗取社会保险基金支出的，由社会保险行政部门责令退回骗取的社会保险金，处骗取金额二倍以上五倍以下的罚款；属于社会保险服务机构的，解除服务协议；直接负责的主管人员和其他直接责任人员有执业资格的，依法吊销其执业资格。

第八十八条 以欺诈、伪造证明材料或者其他手段骗取社会保险待遇的，由社会保险行政部门责令退回骗取的社会保险金，处骗取金额二倍以上五倍以下的罚款。

第八十九条 社会保险经办机构及其工作人员有下列行为之一的，由社会保险行政部门责令改正；给社会保险基金、用人单位或者个人造成损失的，依法承担赔偿责任；对直接负责的主管人员和其他直接责任人员依法给予处分：

（一）未履行社会保险法定职责的；

（二）未将社会保险基金存入财政专户的；

（三）克扣或者拒不按时支付社会保险待遇的；

（四）丢失或者篡改缴费记录、享受社会保险待遇记录等社会保险数据、个人权益记录的；

（五）有违反社会保险法律、法规的其他行为的。

第九十条 社会保险费征收机构擅自更改社会保险费缴费基数、费率，导致少收或者多收社会保险费的，由有关行政部门责令其追缴应当缴纳的社会保险费或者退还不应当缴纳的社会保险费；对直接负责的主管人员和其他直接责任人员依法给予处分。

第九十一条 违反本法规定，隐匿、转移、侵占、挪用社会保险基金或者违规投资运营的，由社会保险行政部门、财政部门、审计机关责令追回；有违法所得的，没收违法所得；对直接负责的主管人员和其他直接责任人员依法给予处分。

第九十二条 社会保险行政部门和其他有关行政部门、社会保险经办机构、社会保险费征收机构及其工作人员泄露用人单位和个人信息的，对直接负责的主管人员和其他直接责任人员依法给予处分；给用人单位或者个人造成损失的，应当承担赔偿责任。

第九十三条 国家工作人员在社会保险管理、监督工作中滥用职权、玩忽职守、徇私舞弊的，依法给予处分。

第九十四条 违反本法规定，构成犯罪的，依法追究刑事责任。

第十二章 附 则

第九十五条 进城务工的农村居民按照本法规定参加社会保险。

第九十六条 征收农村集体所有的土地，应当足额安排被征地农民的社会保险费，按照国务院规定将被征地农民纳入相应的社会保险制度。

第九十七条 外国人在中国境内就业的，参照本法规定参加社会保险。

第九十八条 本法自 2011 年 7 月 1 日起施行。

关于《中华人民共和国社会保险法（草案）》的说明

——2007 年 12 月 23 日在第十届全国人民代表大会常务委员会第三十一次会议上

劳动和社会保障部部长 田成平

全国人民代表大会常务委员会：

社会保险制度是完善社会主义市场经济体制、构建社会主义和谐社会和全面建设小康社会的重要支柱性制度。党中央、国务院高度重视社会保险制度建设，先后制定了一系列社会保险的方针、政策，国务院制定了《失业保险条例》、《工伤保险条例》和《社会保险费征缴暂行条例》，对推动社会保险工作发挥了重要作用。随着我国社会主义市场经济体制的日趋完善，社会各界对制定社会保险法的呼声越来越高。

根据全国人大和国务院领导同志的批示和要求，国务院有关部门加快了工作进程。在先后4次广泛征求意见和实地调研的基础上，经过反复研究、修改，形成了《中华人民共和国社会保险法（草案）》（以下简称草案）。草案于2007年11月28日提请国务院第197次常务会议审议并讨论通过。

一、关于草案总体思路

草案从我国社会主义初级阶段的基本国情和深入贯彻落实科学发展观、构建社会主义和谐社会、全面建设小康社会的目标和要求出发，坚持以下总体思路：

一是，社会保险水平与我国经济社会发展水平相适应。草案在扩大社会保险覆盖范围的同时，对具体制度设计充分考虑我国经济社会发展的承受能力，体现"广覆盖、保基本、多层次、可持续"的方针。

二是，立足当前，着眼长远，为改革留有余地。对那些在社会保险制度改革中行之有效的制度，草案予以明确规定；对那些实践经验尚不成熟但符合改革发展方向的探索性做法，草案作了倡导性、指向性规定；对某些情况比较复杂、实践经验不足，或者有关方面分歧较大、无法形成一致意见的内容，草案作了授权性规定。

三是，分类规范，逐步完善。鉴于我国在相当长时间内仍然存在城乡二元经济差异的情况，同时考虑到就业形式、劳动关系的复杂多样性，草案对社会保险的各险种及其适用作了分类规范。

根据上述总体思路，草案确立了我国社会保险制度的基本法律框架，重点对社会保险的原则、各险种的覆盖范围、社会保险待遇项目和享受条件、社会保险经办机构、社会保险基金监督等内容作了规范。

二、关于本法适用范围

为了建立覆盖城乡的社会保障体系，草案规定："社会保险制度坚持广覆盖、保基本、多层次、可持续的方针，社会保险水平应当与经济社会发展水平相适应。""国家建立基本养老保险、基本医疗保险、工伤保险、失业保险、生育保险等社会保险制度，保障公民在年老、患病、工伤、失业、生育等情况下获得必要的物质帮助"。"中华人民共和国境内的单位和个人依法缴纳社会保险费；个人依法享受社会保险待遇"。同时，考虑到城镇居民、农村居民的社会保险正处于试点阶段的实际情况，草案规定："国家逐步建立和完善城镇居民基本医疗保险、农村养老保险和新型农村合作医疗制度，具体办法由国务院规定"。

三、关于社会保险费缴纳

草案对基本养老保险、基本医疗保险、工伤保险、失业保险、生育保险等险种的缴费对象作了明确规定：

一是，基本养老保险、失业保险适用于除公务员之外的所有单位全日制从业人员。草案规定："企业、民办非企业单位、有雇工的个体工商户及其职工，机关、团体、事业单位及其不适用公务员法管理的人员，应当缴纳基本养老保险费、失业保险费。"同时规定："无雇工的个体工商户、非全日制从业人员可以参加基本养老保险，缴纳基本养老保险费"。

二是，基本医疗保险适用于所有单位的从业人员。草案规定："机关、团体、企业、事业单位、民办非企业单位、有雇工的个体工商户及其职工，无雇工的个体工商户、非全日制从业人员，应当缴纳基本医疗保险费"。

三是，工伤保险、生育保险适用于除公务员之外的所有从业人员，但个人不缴费。草案规定："企业、民办非企业单位、有雇工的个体工商户应当为其职工缴纳工伤保险费和生育保险费，机关、团体、事业单位应当为其不适用公务员法管理的人员缴纳工伤保险费和生育保险费。""个人不缴纳工伤保险费、生育保险费"。

同时，草案对社会保险登记制度作了规定。

四、关于社会保险费征收

草案对社会保险费的征收主要作了以下规定：

一是，社会保险费的缴费基数和费率，按照国务院有关规定执行。

二是，社会保险费的征收机构和征收办法由国

增加基本养老保险基金“逐步实行全国统筹”的规定。

四、关于政府对社会保险事业的支持

草案第五条第二款规定国家多渠道筹集社会保险资金。县级以上人民政府应当对社会保险事业给予必要的经费支持。草案第二十五条第二款又规定，县级以上人民政府应当在社会保险基金不敷支出时，给予补助。有的常委委员、人大代表和地方、部门提出，目前国家财政对基本养老保险是支持的。比如2007年中央和地方财政补助了近1200亿元，用于做实个人账户、承担改制成本和弥补支付不足。但草案只规定政府在社会保险基金不敷支出时给予补助是不够的。建议进一步明确政府支持的事项。法律委员会经同财政经济委员会、国务院法制办、人力资源和社会保障部、全国总工会研究，建议作以下补充规定：(1)国有企业、事业单位职工参加基本养老保险前视同缴费年限期间应当缴纳的基本养老保险费由政府承担。(2)城镇居民基本医疗保险和新型农村合作医疗实行家庭缴费和政府补助相结合。享受最低生活保障的人、丧失劳动能力的重度残疾人、低收入家庭六十周岁以上的老年人等所需家庭缴费部分，由政府给予补助。

五、关于社会保险基金监管

草案第五十二条规定统筹地区可以成立社会保险监督委员会，对社会保险基金的收支、管理和投资运营情况进行社会监督。许多常委委员、人大代表和地方、部门认为，社会保险基金是老百姓的“保命钱”，国家应当对其实行严格的监管。法律委员会经同财政经济委员会、国务院法制办、人力资源和社会保障部、全国总工会研究，建议在草案第六条增加规定：“国家对社会保险基金实行严格监管。”“县级以上人民政府应当采取措施，鼓励和支持社会各方面参与社会保险的监督。”并将草案第五十二条修改为：“统筹地区人民政府应当成立由参加社会保险的用人单位代表、个人代表，以及工会代表、法律专家、精算专家等组成的社会保险监督委员会，掌握、分析社会保险基金的收支、管理和投资运营情况，对社会保险工作提出咨询意见和建议，实施社会监督。”“社会保险经办机构应当按季度向社会保险监督委员会汇报社会保险基金的收支、管理和投资运营情况。社会保险监督委员会可以聘请会计师事务所对社会保险基金的收支、管理和投资运营情况进行年度审计和专项审计。审计结果应当向社会公开。”

这里还有一个问题需要汇报，目前用人单位缴纳的五项社会保险费总计超过本单位职工工资总额的百分之三十，加上职工个人缴费，社会保险费超过职工工资总额的百分之四十。各方面普遍认为缴费费率过高，单位和个人负担较重。另一方面，五项社会保险基金已有不少结余。因此，建议降低缴费费率并在草案中作出明确规定。法律委员会经同财政经济委员会、国务院法制办、人力资源和社会保障部、全国总工会研究，考虑到目前社会保险统筹的层次比较低，各地经济发展不平衡，社会保险覆盖面还不够宽，基本养老保险缴费与享受保险的人口比例不同，待遇水平差异较大，缴费费率也不一致。解决上述问题需要一个过程，可由国务院根据实际情况对缴费费率适时作出调整。

此外，还对草案作了一些文字修改。

草案二次审议稿已按上述意见作了修改，法律委员会建议提请常委会第六次会议继续审议。

草案二次审议稿和以上汇报是否妥当，请审议。

全国人民代表大会法律委员会关于《中华人民共和国社会保险法(草案)》修改情况的汇报

——2009 年 12 月 22 日在第十一届全国人民代表大会常务委员会第十二次会议上

全国人大法律委员会副主任委员 张柏林

全国人民代表大会常务委员会:

十一届全国人大常委会第六次会议对社会保险法(草案二次审议稿)进行了审议。会后,草案二次审议稿向社会公开征求意见,共收到意见七万多条。法律委员会、法制工作委员会先后到重庆、浙江、河南进行调研,同时将草案二次审议稿印发各省、自治区、直辖市和较大的市人大常委会,以及中央有关部门、社会团体、高等院校和研究机构进一步征求意见,并就草案二次审议稿的修改,多次与国务院法制办、人力资源和社会保障部、财政部、卫生部、全国总工会、全国企业联合会、全国工商联、全国社会保障基金理事会等方面交换意见,共同研究。法律委员会于 12 月 3 日、8 日召开会议,根据常委会组成人员的审议意见和各方面的意见,对草案进行了审议。财政经济委员会和国务院法制办、人力资源和社会保障部、卫生部的负责同志列席了会议。12 月 15 日,法律委员会召开会议,再次进行了审议。现将修改情况汇报如下:

一、有些常委委员和社会公众提出,草案规定社会保险管理的内容比较多,规定用人单位和参保人员权利的内容比较少,社会保险法应当增加规定用人单位和参保人员的监督等权利。法律委员会经同国务院法制办、人力资源和社会保障部研究,建议将草案二次审议稿第四条修改为:"中华人民共和国境内的用人单位和个人依法缴纳社会保险费,有权查询缴费记录、个人权益记录,要求社会保险经办机构提供社会保险咨询等相关服务。""个人依法享受社会保险待遇,有权监督本单位为其缴费情况。"增加一条规定:"社会保险费征收机构应当按时足额征收社会保险费,并将缴费情况定期告知用人单位和个人。"

二、有些常委委员、地方提出,按照现行做法,享受基本养老保险待遇的最低缴费年限为十五年,缴费不足十五年的,退休后不享受基础养老金,其个人账户储存额一次支付给本人,这样不尽合理,社会保险法应当总结一些地方好的经验,允许缴费不足十五年的延续缴费或者一次性缴费至十五年,或者将其基本养老金一次性支付给本人。法律委员会经同国务院法制办、人力资源和社会保障部研究,建议增加规定:"参加基本养老保险的个人,达到法定退休年龄时累计缴费不足十五年的,可以缴费至满十五年,按月领取基本养老金;也可以领取一次性养老保险待遇。"

三、有的常委委员提出,国务院《关于开展新型农村社会养老保险试点的指导意见》已出台,2009 年起开展新型农村社会养老保险试点,2020 年之前覆盖全国所有的农村适龄居民。建立新型农村社会养老保险制度,实现了城乡居民在社会养老保险方面的制度平等,社会保险法应当对此作出规定。法律委员会经同国务院法制办、人力资源和社会保障部研究,建议增加规定:"新型农村社会养老保险实行个人缴费、集体补助和政府补贴相结合。""新型农村社会养老保险待遇由基础养老金和个人账户养老金组成。""参加新型农村社会养老保险的农村居民,符合国家规定条件的,按月领取新型农村社会养老保险待遇。"

目前一些地方开展了城镇居民社会养老保险工作,新型农村社会养老保险试点开始后,有些地方将新型农村社会养老保险和城镇居民社会养老保险统筹安排,统一实施。法律委员会经同国务院法制办、人力资源和社会保障部研究,建议增加规定:"省、自治区、直辖市人民政府根据实际情况,可以将城镇居民社会养老保险和新型农村社会养老保险合并实施。"

四、草案二次审议稿第二十四条第二款对城镇居民基本医疗保险和新型农村合作医疗合并实施作了原则规定。有些常委委员和部门提出,这两项社会保险险种的具体实施问题,不宜在法律中作出规定。法律委员会经同国务院法制办、卫生部、人力资源和社会保障部研究,建议删去这一款,同时增加规定："新型农村合作医疗的管理办法，由国务院规定。"

五、草案二次审议稿第二十六条规定应当由第三人负担的医疗费用不纳入基本医疗保险基金支付范围。有的地方提出，实践中由第三人侵害发生的医疗费用，有的第三人拒不支付或者无法确定第三人，参保人员的医疗费用只能由自己承担，建议明确医疗保险基金的先行支付义务，同时对工伤保险中相应的第三人问题作出规定。法律委员会经同国务院法制办、人力资源和社会保障部研究，建议增加规定："医疗费用依法应当由第三人负担，第三人拒不支付或者无法确定第三人的，由基本医疗保险基金先行支付；基本医疗保险基金先行支付后，有权向第三人追偿。""由于第三人的原因造成工伤的，第三人拒不支付工伤医疗费用或者无法确定第三人的，由工伤保险基金先行支付；工伤保险基金先行支付后，有权向第三人追偿。"

六、草案二次审议稿第五十七条第二款规定，社会保险费的征收机构和征收办法由国务院规定。有些常委会组成人员和部门、地方提出，现在有的地方不同险种的社会保险费征收机构不统一，影响了征缴效率，增加了征收成本，同时也不方便单位和个人缴费，建议草案作出更明确的规定。法律委员会经同国务院法制办、人力资源和社会保障部研究，建议将这一款修改为："社会保险费实行统一征收，实施步骤和具体办法由国务院规定。"

七、有的常委会组成人员和全国社会保障基金理事会提出，全国社会保障基金作为社会保障的战略性储备保障资金，在社会保险法中应当加以规定。法律委员会经同国务院法制办、人力资源和社会保障部、全国社会保障基金理事会研究，建议增加规定："国家设立全国社会保障基金，由中央财政预算拨款以及国务院批准的其他方式筹集的资金构成，用于社会保障支出的补充、调剂。全国社会保障基金由全国社会保障基金管理运营机构负责管理运营，在保证安全的前提下实现保值增值。""全国社会保障基金应当定期向社会公布收支、管理和投资运营的情况。国务院财政部门、社会保险行政部门、审计机关对全国社会保障基金的收支、管理和投资运营情况进行监督。"

八、有的常委委员和部门、地方提出，对社会保险基金的监督是全社会十分关注的问题，应当加强人大对社会保险基金的监督。法律委员会经同国务院法制办、人力资源和社会保障部研究，建议增加规定："各级人民代表大会常务委员会听取和审议本级人民政府对社会保险基金的收支、管理和投资运营情况进行监督检查的专项工作报告，组织对本法实施情况的执法检查等，依法行使监督职权。"

同时，为进一步明确社会保险监督委员会的职责，法律委员会经同国务院法制办、人力资源和社会保障部研究，建议增加规定："社会保险监督委员会发现社会保险基金收支、管理和投资运营中存在问题的，有权提出改正建议；对社会保险经办机构及其工作人员的违法行为，有权向有关部门提出依法处理建议。"

这里还有一个问题需要汇报，有的常委委员提出，有的参保人员达到法定退休年龄累计缴费不足十五年，没有能力按照规定缴费至满十五年，也应当按照少缴少得的原则领取养老保险待遇。有关主管部门则认为，这样做现在尚无实践，涉及的人员数量不清楚，担心难以操作。法律委员会建议这个问题可进一步审议研究。

此外，还对草案二次审议稿作了一些文字修改。

草案三次审议稿已按上述意见作了修改，法律委员会建议本次常委会会议继续审议。

草案三次审议稿和以上汇报是否妥当，请审议。

全国人民代表大会法律委员会关于《中华人民共和国社会保险法（草案）》审议结果的报告

——2010年10月25日在第十一届全国人民代表大会常务委员会第十七次会议上

全国人大法律委员会副主任委员　张柏林

全国人民代表大会常务委员会：

常委会第十二次会议对社会保险法（草案三次审议稿）进行了审议。会后，法律委员会、法制工作委员会组织了专题调研和座谈会，听取地方和专家、企业的意见，并就草案三次审议稿的修改多次与国务院法制办、人力资源和社会保障部交换意见，共同研究。法律委员会于9月28日召开会议，根据常委会组成人员的审议意见和各方面的意见，对草案进行了审议。财政经济委员会和国务院法制办、人力资源和社会保障部的负责同志列席了会议。10月15日，法律委员会召开会议，再次进行审议。法律委员会认为，社会保险法是关系国计民生的重要法律，制定社会保险法，对于规范社会保险关系，促进社会保险事业的发展，保障全体公民共享发展成果，维护社会和谐稳定，具有十分重要的意义，草案经过三次审议修改，已经比较成熟。同时，提出以下主要修改意见：

一、草案三次审议稿第十六条第二款规定，参加基本养老保险的个人，达到法定退休年龄时累计缴费不足十五年的，可以缴费至满十五年，按月领取基本养老金；也可以领取一次性养老保险待遇。有些常委委员、代表提出，养老保险的目的是保障退休人员的基本生活，一次性领取养老保险待遇起不到养老保障的作用，也不能体现社会公平，应当允许按照“多缴多得、少缴少得”的原则享受养老保险待遇。人力资源和社会保障部经研究后提出，对于缴费不足十五年的，可以采取转入新型农村社会养老保险或者城镇居民社会养老保险的办法，解决其养老保障问题。法律委员会经同财政经济委员会和国务院法制办、人力资源和社会保障部研究后认为，目前我国新型农村社会养老保险正在积极推进，城镇居民社会养老保险也在许多地方开始实施，一些地方已经采取这种转移接续办法，效果是好的。据此，建议将草案第十六条第二款修改为：“参加基本养老保险的个人，达到法定退休年龄时累计缴费不足十五年的，可以缴费至满十五年，按月领取基本养老金；也可以转入新型农村社会养老保险或者城镇居民社会养老保险，按照国务院规定享受相应的养老保险待遇。”

二、有的常委委员提出，目前存在异地就医难的问题，其中一个重要原因是异地就医报销医疗费难，影响了参保人员享受基本医疗保险待遇，应当予以规范。考虑到有关部门正在大力推进基本医疗保险区域统筹，并建立异地协作机制，方便确需异地就医参保人员的医疗费用结算，法律委员会经同财政经济委员会和国务院法制办、人力资源和社会保障部研究，建议增加规定：“社会保险行政部门和卫生行政部门应当建立异地就医医疗费用结算制度，方便参保人员享受基本医疗保险待遇。”

三、有的常委委员提出，目前社会保险基金累积结存数额较大，又比较分散，为了保障基金安全，应当严格规范，加强监管。法律委员会经同财政经济委员会和国务院法制办、人力资源和社会保障部研究，建议增加规定：“社会保险基金不得违规投资运营，不得用于平衡其他政府预算，不得用于兴建、改建办公场所和支付人员经费、运行费用、管理费用，或者违反法律、行政法规规定挪作其他用途。”

四、有的常委委员提出，用人单位和个人的信息安全是社会普遍关注的问题。社会保险行政部门、社会保险经办机构和社会保险费征收机构及其工作人员掌握用人单位和参保人员大量信息，对于这些信息，应当保密，不得泄露。法律委员会经同财政经济委员会和国务院法制办、人力资源和社会保障部研究，建议增加规定：“社会保险行政部门和其他有关行政部门、社会保险经办机构、社会保险费征收机构及其工作人员，应当依法为用人单位和个人的信息保密，不得以任何形式泄露。”“社会保险行政部门和其他有关行政部门、社会保险经办机构、社会保险费征收机构及其工作人员泄露用人单位和个人信息的，对直接负责的主管人员和其他直接责任人员依法给予处分；给用人单位或者个人造成损失的，依法承担赔偿责任。”

五、有的常委委员、部门提出，近年来，随着对外开放的扩大，外国人在我国境内就业的情况有所增多，应当对在我国境内就业的外国人参加社会保险作出规定，这也是国际上的通常做法。法律委员会经同财政经济委员会和国务院法制办、人力资源和社会保障部研究，建议增加规定：“外国人在中国境内就业的，参照本法规定参加社会保险。”

还有一个问题需要说明，审议过程中有些常委委员提出，草案对社会保险的一些重要制度授权较多，操作性不强。考虑到社会保险制度正在建立健全过程中，有些制度需要根据经济社会的发展逐步完善，立法要给今后的改革和发展留下空间，草案可以规定得原则一些。为了保证这部法律的贯彻实施，建议国务院抓紧制定、修改相关的配套法规。

此外，还对草案三次审议稿作了一些文字修改。

草案四次审议稿已按上述意见作了修改，法律委员会建议本次常委会会议审议通过。

草案四次审议稿和以上报告是否妥当，请审议。

全国人民代表大会法律委员会关于《中华人民共和国社会保险法(草案四次审议稿)》修改意见的报告

——2010 年 10 月 28 日在第十一届全国人民代表大会常务委员会第十七次会议上

全国人民代表大会常务委员会:

本次常委会会议于 10 月 25 日下午对社会保险法(草案四次审议稿)进行了分组审议。普遍认为,草案经过四次审议,已经比较成熟,建议进一步修改后,提请本次会议表决通过。同时,有些常委会组成人员还提出了一些修改意见。法律委员会于 10 月 26 日下午召开会议,逐条研究了常委会组成人员的审议意见,对草案进行了审议。财政经济委员会和国务院法制办、人力资源和社会保障部的负责同志列席了会议。法律委员会认为,草案是可行的,同时提出以下主要修改意见:

一、草案第九条规定了工会在社会保险中的作用。有的常委委员和部门提出,应当进一步加强工会在社会保险监督中的作用。法律委员会经同财政经济委员会、国务院法制办、人力资源和社会保障部研究,建议将这一条修改为:“工会依法维护职工的合法权益,有权参与社会保险重大事项的研究,参加社会保险监督委员会,对与职工社会保险权益有关的事项进行监督。”

二、草案六十四条第三款规定基本养老保险基金实行省级统筹,逐步实行全国统筹。有些常委委员提出,目前各地方已基本实现基本养老保险基金省级统筹,关键是要明确逐步实行全国统筹的目标。法律委员会经同财政经济委员会、国务院法制办、人力资源和社会保障部研究,建议将这一款修改为:“基本养老保险基金逐步实行全国统筹,其他社会保险基金逐步实行省级统筹,具体时间、步骤由国务院规定。”

三、草案第七十条规定社会保险经办机构应当定期向社会公布社会保险基金的收入、支出、结余和收益情况。有的常委委员和部门提出,社会保险的参保情况等信息也应当公布。法律委员会经同财政经济委员会、国务院法制办、人力资源和社会保障部研究,建议将这一条修改为:“社会保险经办机构应当定期向社会公布参加社会保险情况以及社会保险基金的收入、支出、结余和收益情况。”

四、草案第七十二条规定社会保险经办机构可以在本统筹地区设立分支机构,在社区、街道、乡镇设立工作站点。有的常委委员提出,为了提高服务质量和效率,节约资源,建议改为在基层设立“服务网点”。法律委员会经同财政经济委员会、国务院法制办、人力资源和社会保障部研究,建议将这一条修改为:“统筹地区设立社会保险经办机构。社会保险经办机构根据工作需要,经所在地的社会保险行政部门和机构编制管理机关批准,可以在本统筹地区设立分支机构和服务网点。”

五、草案第八十三条第三款规定个人与所在用人单位发生社会保险争议的,可以依法申请仲裁,提起诉讼。有的常委委员提出,个人与所在用人单位发生社会保险争议,除可以依法申请仲裁,提起诉讼外,还可以申请调解。法律委员会经同财政经济委员会、国务院法制办、人力资源和社会保障部研究,建议将这一条修改为:“个人与所在用人单位发生社会保险争议的,可以依法申请调解、仲裁,提起诉讼。用人单位侵害个人社会保险权益的,个人也可以要求社会保险行政部门或者社会保险费征收机构依法处理。”

还有一个问题需要说明,有些常委会组成人员提出,应当进一步扩大社会保险的覆盖面,尽快实现基本养老保险基金全国统筹;有的提出,应推动有利于城乡统筹的社会保险制度建设,地方可以根据实际情况将新型农村合作医疗与城镇居民基本医疗保险合并实施;还有的提出增加一些具体操作性规定,法律委员会建议国务院及有关部门予以认真研究。

此外,根据常委会组成人员的审议意见,还对草案作了一些文字修改。

草案建议表决稿已按上述意见作了修改,法律委员会建议本次常委会会议通过。

草案建议表决稿和以上报告是否妥当,请审议。

中华人民共和国主席令

第三十六号

《中华人民共和国涉外民事关系法律适用法》已由中华人民共和国第十一届全国人民代表大会常务委员会第十七次会议于2010年10月28日通过，现予公布，自2011年4月1日起施行。

中华人民共和国主席　胡锦涛

2010年10月28日

中华人民共和国涉外民事关系法律适用法

（2010年10月28日第十一届全国人民代表大会常务委员会第十七次会议通过）

目　录

第一章　一般规定

第一条　为了明确涉外民事关系的法律适用，合理解决涉外民事争议，维护当事人的合法权益，制定本法。

第二条　涉外民事关系适用的法律，依照本法确定。其他法律对涉外民事关系法律适用另有特别规定的，依照其规定。

本法和其他法律对涉外民事关系法律适用没有规定的，适用与该涉外民事关系有最密切联系的法律。

第三条　当事人依照法律规定可以明示选择涉外民事关系适用的法律。

第四条　中华人民共和国法律对涉外民事关系有强制性规定的，直接适用该强制性规定。

第五条　外国法律的适用将损害中华人民共和国社会公共利益的，适用中华人民共和国法律。

第六条　涉外民事关系适用外国法律，该国不同区域实施不同法律的，适用与该涉外民事关系有最密切联系区域的法律。

第七条　诉讼时效，适用相关涉外民事关系应当适用的法律。

第八条　涉外民事关系的定性，适用法院地法律。

第九条　涉外民事关系适用的外国法律，不包括该国的法律适用法。

第十条　涉外民事关系适用的外国法律，由人民法院、仲裁机构或者行政机关查明。当事人选择适用外国法律的，应当提供该国法律。

不能查明外国法律或者该国法律没有规定的，适用中华人民共和国法律。

第二章　民事主体

第十一条　自然人的民事权利能力，适用经常居所地法律。

第十二条　自然人的民事行为能力，适用经常居所地法律。

自然人从事民事活动，依照经常居所地法律为无民事行为能力，依照行为地法律为有民事行为能力的，适用行为地法律，但涉及婚姻家庭、继承的除外。

第十三条　宣告失踪或者宣告死亡，适用自然人经常居所地法律。

第十四条　法人及其分支机构的民事权利能力、民事行为能力、组织机构、股东权利义务等事项,适用登记地法律。

法人的主营业地与登记地不一致的,可以适用主营业地法律。法人的经常居所地,为其主营业地。

第十五条 人格权的内容,适用权利人经常居所地法律。

第十六条 代理适用代理行为地法律,但被代理人与代理人的民事关系,适用代理关系发生地法律。

当事人可以协议选择委托代理适用的法律。

第十七条 当事人可以协议选择信托适用的法律。当事人没有选择的,适用信托财产所在地法律或者信托关系发生地法律。

第十八条 当事人可以协议选择仲裁协议适用的法律。当事人没有选择的,适用仲裁机构所在地法律或者仲裁地法律。

第十九条 依照本法适用国籍国法律,自然人具有两个以上国籍的,适用有经常居所的国籍国法律;在所有国籍国均无经常居所的,适用与其有最密切联系的国籍国法律。自然人无国籍或者国籍不明的,适用其经常居所地法律。

第二十条 依照本法适用经常居所地法律,自然人经常居所地不明的,适用其现在居所地法律。

第三章　婚姻家庭

第二十一条 结婚条件,适用当事人共同经常居所地法律;没有共同经常居所地的,适用共同国籍国法律;没有共同国籍,在一方当事人经常居所地或者国籍国缔结婚姻的,适用婚姻缔结地法律。

第二十二条 结婚手续,符合婚姻缔结地法律、一方当事人经常居所地法律或者国籍国法律的,均为有效。

第二十三条 夫妻人身关系,适用共同经常居所地法律;没有共同经常居所地的,适用共同国籍国法律。

第二十四条 夫妻财产关系,当事人可以协议选择适用一方当事人经常居所地法律、国籍国法律或者主要财产所在地法律。当事人没有选择的,适用共同经常居所地法律;没有共同经常居所地的,适用共同国籍国法律。

第二十五条 父母子女人身、财产关系,适用共同经常居所地法律;没有共同经常居所地的,适用一方当事人经常居所地法律或者国籍国法律中有利于保护弱者权益的法律。

第二十六条 协议离婚,当事人可以协议选择适用一方当事人经常居所地法律或者国籍国法律。当事人没有选择的,适用共同经常居所地法律;没有共同经常居所地的,适用共同国籍国法律;没有共同国籍的,适用办理离婚手续机构所在地法律。

第二十七条 诉讼离婚,适用法院地法律。

第二十八条 收养的条件和手续,适用收养人和被收养人经常居所地法律。收养的效力,适用收养时收养人经常居所地法律。收养关系的解除,适用收养时被收养人经常居所地法律或者法院地法律。

第二十九条 扶养,适用一方当事人经常居所地法律、国籍国法律或者主要财产所在地法律中有利于保护被扶养人权益的法律。

第三十条 监护,适用一方当事人经常居所地法律或者国籍国法律中有利于保护被监护人权益的法律。

第四章　继　承

第三十一条 法定继承,适用被继承人死亡时经常居所地法律,但不动产法定继承,适用不动产所在地法律。

第三十二条 遗嘱方式,符合遗嘱人立遗嘱时或者死亡时经常居所地法律、国籍国法律或者遗嘱行为地法律的,遗嘱均为成立。

第三十三条 遗嘱效力,适用遗嘱人立遗嘱时或者死亡时经常居所地法律或者国籍国法律。

第三十四条 遗产管理等事项,适用遗产所在地法律。

第三十五条 无人继承遗产的归属,适用被继承人死亡时遗产所在地法律。

第五章　物　权

第三十六条 不动产物权,适用不动产所在地法律。

第三十七条 当事人可以协议选择动产物权适用的法律。当事人没有选择的,适用法律事实发生时动产所在地法律。

第三十八条 当事人可以协议选择运输中动产物权发生变更适用的法律。当事人没有选择的,适用运输目的地法律。

第三十九条 有价证券,适用有价证券权利实现地法律或者其他与该有价证券有最密切联系的法律。

第四十条　权利质权，适用质权设立地法律。

第六章　债　权

第四十一条　当事人可以协议选择合同适用的法律。当事人没有选择的，适用履行义务最能体现该合同特征的一方当事人经常居所地法律或者其他与该合同有最密切联系的法律。

第四十二条　消费者合同，适用消费者经常居所地法律；消费者选择适用商品、服务提供地法律或者经营者在消费者经常居所地没有从事相关经营活动的，适用商品、服务提供地法律。

第四十三条　劳动合同，适用劳动者工作地法律；难以确定劳动者工作地的，适用用人单位主营业地法律。劳务派遣，可以适用劳务派出地法律。

第四十四条　侵权责任，适用侵权行为地法律，但当事人有共同经常居所地的，适用共同经常居所地法律。侵权行为发生后，当事人协议选择适用法律的，按照其协议。

第四十五条　产品责任，适用被侵权人经常居所地法律；被侵权人选择适用侵权人主营业地法律、损害发生地法律的，或者侵权人在被侵权人经常居所地没有从事相关经营活动的，适用侵权人主营业地法律或者损害发生地法律。

第四十六条　通过网络或者采用其他方式侵害姓名权、肖像权、名誉权、隐私权等人格权的，适用被侵权人经常居所地法律。

第四十七条　不当得利、无因管理，适用当事人协议选择适用的法律。当事人没有选择的，适用当事人共同经常居所地法律；没有共同经常居所地的，适用不当得利、无因管理发生地法律。

第七章　知识产权

第四十八条　知识产权的归属和内容，适用被请求保护地法律。

第四十九条　当事人可以协议选择知识产权转让和许可使用适用的法律。当事人没有选择的，适用本法对合同的有关规定。

第五十条　知识产权的侵权责任，适用被请求保护地法律，当事人也可以在侵权行为发生后协议选择适用法院地法律。

第八章　附　　则

第五十一条　《中华人民共和国民法通则》第一百四十六条、第一百四十七条，《中华人民共和国继承法》第三十六条，与本法的规定不一致的，适用本法。

第五十二条　本法自2011年4月1日起施行。

全国人民代表大会法律委员会关于《中华人民共和国涉外民事关系法律适用法（草案）》主要问题的汇报

——2010年8月23日在第十一届全国人民代表大会常务委员会第十六次会议上

全国人大法律委员会主任委员　胡康生

全国人民代表大会常务委员会：

涉外民事关系法律适用法是民法的重要组成部分。一般说来，发生涉外婚姻家庭、继承、物权、债权、知识产权等民事争议后，需要确定具体适用哪个国家的法律。涉外民事关系法律适用法旨在明确涉外民事关系的法律适用，为解决涉外民事争议，维护当事人合法权益提供依据。

涉外民事关系法律适用法作为民法草案的一编，已经2002年12月九届全国人大常委会第三十一次会议初次审议。民法草案共9编、1200多条，由于涉及面广，内容复杂，一并研究修改历时较长，全国人大常委会采取分编审议的方式。物权法草案经十届全国人大常委会六次审议，已由十届全国人大五次会议通过。侵权责任法草案经十一届全国人大常委会三次审议，已由十一届全国人大常委会第十二次会议审议通过。根据十一届全国

定。法律委员会经同最高人民法院和有关专家研究，建议将这一条修改为："通过网络或者采用其他方式侵害姓名权、肖像权、名誉权、隐私权等人格权的，适用被侵权人经常居所地法律。"

四、草案二次审议稿第五十一条规定，知识产权适用权利保护地法律，也可以适用权利来源地法律。有的常委委员、最高人民法院和专家提出，草案这一条规定中"知识产权"的内涵不够清楚，应当进一步明确，以利于妥善解决知识产权纠纷。法律委员会经同最高人民法院等有关部门和有关专家研究，建议将这一条修改为："知识产权的归属和内容，适用被请求保护地法律。"

五、有的常委委员、最高人民法院、专家和社会公众提出，草案在民法通则、继承法等法律规定的基础上，根据实践发展对民事主体、婚姻家庭、继承等法律适用问题作了规定，这些规定总体上和民法通则、继承法等法律的规定是一致的，但也有个别条文作了不同规定，规定不一致时怎么适用，应予明确。法律委员会经同最高人民法院研究，建议在附则中增加一条规定："《中华人民共和国民法通则》第一百四十六条、第一百四十七条，《中华人民共和国继承法》第三十六条，与本法的规定不一致的，适用本法。"

还有一个问题需要说明。有的常委委员和专家建议在本法中规定国际条约的适用问题。法律委员会经同最高人民法院和有关专家研究，国际条约涉及面广，情况复杂，对国际条约的适用问题，各方面有不同意见，实践中也有不同做法。在本法中对国际条约的适用问题不作规定为宜。本法对该问题不作规定，民法通则、民事诉讼法等法律中有关规定仍然适用，以后在其他法律中还可以再作规定。据了解，国外一般也不在法律适用法中规定国际条约的适用问题。

此外，还对草案二次审议稿作了一些文字修改。

草案三次审议稿已按上述意见作了修改，法律委员会建议本次常委会会议审议通过。

草案三次审议稿和以上报告是否妥当，请审议。

全国人民代表大会法律委员会关于《中华人民共和国涉外民事关系法律适用法（草案三次审议稿）》修改意见的报告

——2010年10月28日在第十一届全国人民代表大会常务委员会第十七次会议上

全国人民代表大会常务委员会：

本次常委会会议于10月25日下午对涉外民事关系法律适用法进行了分组审议。普遍认为，草案已经比较成熟，建议进一步修改后，提请本次会议表决通过。同时，有的常委委员还提出了一些修改意见。法律委员会于10月26日下午召开会议，逐条研究了常委委员的审议意见，对草案进行了审议。最高人民法院的负责同志列席了会议。法律委员会认为，草案是可行的，同时提出以下主要修改意见：

有的常委委员和部门提出，仲裁协议是当事人达成的解决争议方式的依据，对其法律适用问题应当作出专门规定。法律委员会经同最高人民法院研究，建议增加一条规定："当事人可以协议选择仲裁协议适用的法律。当事人没有选择的，适用仲裁机构所在地法律或者仲裁地法律。"

此外，根据常委委员的审议意见，还对草案三次审议稿作了个别文字修改。

草案建议表决稿已按上述意见作了修改，法律委员会建议本次常委会会议通过。

草案建议表决稿和以上报告是否妥当，请审议。

中华人民共和国主席令

第三十七号

《中华人民共和国村民委员会组织法》已由中华人民共和国第十一届全国人民代表大会常务委员会第十七次会议于2010年10月28日修订通过，现将修订后的《中华人民共和国村民委员会组织法》公布，自公布之日起施行。

中华人民共和国主席 胡锦涛

2010年10月28日

中华人民共和国村民委员会组织法

（1998年11月4日第九届全国人民代表大会常务委员会第五次会议通过 2010年10月28日第十一届全国人民代表大会常务委员会第十七次会议修订）

目 录

第一章 总 则

第一条 为了保障农村村民实行自治，由村民依法办理自己的事情，发展农村基层民主，维护村民的合法权益，促进社会主义新农村建设，根据宪法，制定本法。

第二条 村民委员会是村民自我管理、自我教育、自我服务的基层群众性自治组织，实行民主选举、民主决策、民主管理、民主监督。

村民委员会办理本村的公共事务和公益事业，调解民间纠纷，协助维护社会治安，向人民政府反映村民的意见、要求和提出建议。

村民委员会向村民会议、村民代表会议负责并报告工作。

第三条 村民委员会根据村民居住状况、人口多少，按照便于群众自治，有利于经济发展和社会管理的原则设立。

村民委员会的设立、撤销、范围调整，由乡、民族乡、镇的人民政府提出，经村民会议讨论同意，报县级人民政府批准。

村民委员会可以根据村民居住状况、集体土地所有权关系等分设若干村民小组。

第四条 中国共产党在农村的基层组织，按照中国共产党章程进行工作，发挥领导核心作用，领导和支持村民委员会行使职权；依照宪法和法律，支持和保障村民开展自治活动、直接行使民主权利。

第五条 乡、民族乡、镇的人民政府对村民委员会的工作给予指导、支持和帮助，但是不得干预依法属于村民自治范围内的事项。

村民委员会协助乡、民族乡、镇的人民政府开展工作。

第二章 村民委员会的组成和职责

第六条 村民委员会由主任、副主任和委员共三至七人组成。

村民委员会成员中，应当有妇女成员，多民族村民居住的村应当有人数较少的民族的成员。

对村民委员会成员，根据工作情况，给予适当补贴。

第七条 村民委员会根据需要设人民调解、治安保卫、公共卫生与计划生育等委员会。村民委员会成员可以兼任下属委员会的成员。人口少的村的村民委员会可以不设下属委员会，由村民委员会成员分工负责人民调解、治安保卫、公共卫生与计划生育等工作。

第八条　村民委员会应当支持和组织村民依法发展各种形式的合作经济和其他经济，承担本村生产的服务和协调工作，促进农村生产建设和经济发展。

村民委员会依照法律规定，管理本村属于村农民集体所有的土地和其他财产，引导村民合理利用自然资源，保护和改善生态环境。

村民委员会应当尊重并支持集体经济组织依法独立进行经济活动的自主权，维护以家庭承包经营为基础、统分结合的双层经营体制，保障集体经济组织和村民、承包经营户、联户或者合伙的合法财产权和其他合法权益。

第九条　村民委员会应当宣传宪法、法律、法规和国家的政策，教育和推动村民履行法律规定的义务、爱护公共财产，维护村民的合法权益，发展文化教育，普及科技知识，促进男女平等，做好计划生育工作，促进村与村之间的团结、互助，开展多种形式的社会主义精神文明建设活动。

村民委员会应当支持服务性、公益性、互助性社会组织依法开展活动，推动农村社区建设。

多民族村民居住的村，村民委员会应当教育和引导各民族村民增进团结、互相尊重、互相帮助。

第十条　村民委员会及其成员应当遵守宪法、法律、法规和国家的政策，遵守并组织实施村民自治章程、村规民约，执行村民会议、村民代表会议的决定、决议，办事公道，廉洁奉公，热心为村民服务，接受村民监督。

第三章　村民委员会的选举

第十一条　村民委员会主任、副主任和委员，由村民直接选举产生。任何组织或者个人不得指定、委派或者撤换村民委员会成员。

村民委员会每届任期三年，届满应当及时举行换届选举。村民委员会成员可以连选连任。

第十二条　村民委员会的选举，由村民选举委员会主持。

村民选举委员会由主任和委员组成，由村民会议、村民代表会议或者各村民小组会议推选产生。

村民选举委员会成员被提名为村民委员会成员候选人，应当退出村民选举委员会。

村民选举委员会成员退出村民选举委员会或者因其他原因出缺的，按照原推选结果依次递补，也可以另行推选。

第十三条　年满十八周岁的村民，不分民族、种族、性别、职业、家庭出身、宗教信仰、教育程度、财产状况、居住期限，都有选举权和被选举权；但是，依照法律被剥夺政治权利的人除外。

村民委员会选举前，应当对下列人员进行登记，列入参加选举的村民名单：

（一）户籍在本村并且在本村居住的村民；

（二）户籍在本村，不在本村居住，本人表示参加选举的村民；

（三）户籍不在本村，在本村居住一年以上，本人申请参加选举，并且经村民会议或者村民代表会议同意参加选举的公民。

已在户籍所在村或者居住村登记参加选举的村民，不得再参加其他地方村民委员会的选举。

第十四条　登记参加选举的村民名单应当在选举日的二十日前由村民选举委员会公布。

对登记参加选举的村民名单有异议的，应当自名单公布之日起五日内向村民选举委员会申诉，村民选举委员会应当自收到申诉之日起三日内作出处理决定，并公布处理结果。

第十五条　选举村民委员会，由登记参加选举的村民直接提名候选人。村民提名候选人，应当从全体村民利益出发，推荐奉公守法、品行良好、公道正派、热心公益、具有一定文化水平和工作能力的村民为候选人。候选人的名额应当多于应选名额。村民选举委员会应当组织候选人与村民见面，由候选人介绍履行职责的设想，回答村民提出的问题。

选举村民委员会，有登记参加选举的村民过半数投票，选举有效；候选人获得参加投票的村民过半数的选票，始得当选。当选人数不足应选名额的，不足的名额另行选举。另行选举的，第一次投票未当选的人员得票多的为候选人，候选人以得票多的当选，但是所得票数不得少于已投选票总数的三分之一。

选举实行无记名投票、公开计票的方法，选举结果应当当场公布。选举时，应当设立秘密写票处。

登记参加选举的村民，选举期间外出不能参加投票的，可以书面委托本村有选举权的近亲属代为投票。村民选举委员会应当公布委托人和受委托人的名单。

具体选举办法由省、自治区、直辖市的人民代表大会常务委员会规定。

第十六条　本村五分之一以上有选举权的村民或者三分之一以上的村民代表联名，可以提出罢免村民委员会成员的要求，并说明要求罢免的理由。被提出罢免的村民委员会成员有权提出申辩意见。

罢免村民委员会成员，须有登记参加选举的村民过半数投票，并须经投票的村民过半数通过。

第十七条　以暴力、威胁、欺骗、贿赂、伪造选票、虚报选举票数等不正当手段当选村民委员会成员的，当选无效。

对以暴力、威胁、欺骗、贿赂、伪造选票、虚报选举票数等不正当手段，妨害村民行使选举权、被选举权，破坏村民委员会选举的行为，村民有权向乡、民族乡、镇的人民代表大会和人民政府或者县级人民代表大会常务委员会和人民政府及其有关主管部门举报，由乡级或者县级人民政府负责调查并依法处理。

第十八条　村民委员会成员丧失行为能力或者被判处刑罚的，其职务自行终止。

第十九条　村民委员会成员出缺，可以由村民会议或者村民代表会议进行补选。补选程序参照本法第十五条的规定办理。补选的村民委员会成员的任期到本届村民委员会任期届满时止。

第二十条　村民委员会应当自新一届村民委员会产生之日起十日内完成工作移交。工作移交由村民选举委员会主持，由乡、民族乡、镇的人民政府监督。

第四章　村民会议和村民代表会议

第二十一条　村民会议由本村十八周岁以上的村民组成。

村民会议由村民委员会召集。有十分之一以上的村民或者三分之一以上的村民代表提议，应当召集村民会议。召集村民会议，应当提前十天通知村民。

第二十二条　召开村民会议，应当有本村十八周岁以上村民的过半数，或者本村三分之二以上的户的代表参加，村民会议所作决定应当经到会人员的过半数通过。法律对召开村民会议及作出决定另有规定的，依照其规定。

召开村民会议，根据需要可以邀请驻本村的企业、事业单位和群众组织派代表列席。

第二十三条　村民会议审议村民委员会的年度工作报告，评议村民委员会成员的工作；有权撤销或者变更村民委员会不适当的决定；有权撤销或者变更村民代表会议不适当的决定。

村民会议可以授权村民代表会议审议村民委员会的年度工作报告，评议村民委员会成员的工作，撤销或者变更村民委员会不适当的决定。

第二十四条　涉及村民利益的下列事项，经村民会议讨论决定方可办理：

（一）本村享受误工补贴的人员及补贴标准；

（二）从村集体经济所得收益的使用；

（三）本村公益事业的兴办和筹资筹劳方案及建设承包方案；

（四）土地承包经营方案；

（五）村集体经济项目的立项、承包方案；

（六）宅基地的使用方案；

（七）征地补偿费的使用、分配方案；

（八）以借贷、租赁或者其他方式处分村集体财产；

（九）村民会议认为应当由村民会议讨论决定的涉及村民利益的其他事项。

村民会议可以授权村民代表会议讨论决定前款规定的事项。

法律对讨论决定村集体经济组织财产和成员权益的事项另有规定的，依照其规定。

第二十五条　人数较多或者居住分散的村，可以设立村民代表会议，讨论决定村民会议授权的事项。村民代表会议由村民委员会成员和村民代表组成，村民代表应当占村民代表会议组成人员的五分之四以上，妇女村民代表应当占村民代表会议组成人员的三分之一以上。

村民代表由村民按每五户至十五户推选一人，或者由各村民小组推选若干人。村民代表的任期与村民委员会的任期相同。村民代表可以连选连任。

村民代表应当向其推选户或者村民小组负责，接受村民监督。

第二十六条　村民代表会议由村民委员会召集。村民代表会议每季度召开一次。有五分之一以上的村民代表提议，应当召集村民代表会议。

村民代表会议有三分之二以上的组成人员参加方可召开，所作决定应当经到会人员的过半数同意。

第二十七条　村民会议可以制定和修改村民自治章程、村规民约，并报乡、民族乡、镇的人民政府备案。

村民自治章程、村规民约以及村民会议或者村民代表会议的决定不得与宪法、法律、法规和国家的政策相抵触，不得有侵犯村民的人身权利、民主权利和合法财产权利的内容。

村民自治章程、村规民约以及村民会议或者村民代表会议的决定违反前款规定的，由乡、民族乡、镇的人民政府责令改正。

第二十八条 召开村民小组会议，应当有本村民小组十八周岁以上的村民三分之二以上，或者本村民小组三分之二以上的户的代表参加，所作决定应当经到会人员的过半数同意。

村民小组组长由村民小组会议推选。村民小组组长任期与村民委员会的任期相同，可以连选连任。

属于村民小组的集体所有的土地、企业和其他财产的经营管理以及公益事项的办理，由村民小组会议依照有关法律的规定讨论决定，所作决定及实施情况应当及时向本村民小组的村民公布。

第五章 民主管理和民主监督

第二十九条 村民委员会应当实行少数服从多数的民主决策机制和公开透明的工作原则，建立健全各种工作制度。

第三十条 村民委员会实行村务公开制度。

村民委员会应当及时公布下列事项，接受村民的监督：

（一）本法第二十三条、第二十四条规定的由村民会议、村民代表会议讨论决定的事项及其实施情况；

（二）国家计划生育政策的落实方案；

（三）政府拨付和接受社会捐赠的救灾救助、补贴补助等资金、物资的管理使用情况；

（四）村民委员会协助人民政府开展工作的情况；

（五）涉及本村村民利益，村民普遍关心的其他事项。

前款规定事项中，一般事项至少每季度公布一次；集体财务往来较多的，财务收支情况应当每月公布一次；涉及村民利益的重大事项应当随时公布。

村民委员会应当保证所公布事项的真实性，并接受村民的查询。

第三十一条 村民委员会不及时公布应当公布的事项或者公布的事项不真实的，村民有权向乡、民族乡、镇的人民政府或者县级人民政府及其有关主管部门反映，有关人民政府或者主管部门应当负责调查核实，责令依法公布；经查证确有违法行为的，有关人员应当依法承担责任。

第三十二条 村应当建立村务监督委员会或者其他形式的村务监督机构，负责村民民主理财，监督村务公开等制度的落实，其成员由村民会议或者村民代表会议在村民中推选产生，其中应有具备财会、管理知识的人员。村民委员会成员及其近亲属不得担任村务监督机构成员。村务监督机构成员向村民会议和村民代表会议负责，可以列席村民委员会会议。

第三十三条 村民委员会成员以及由村民或者村集体承担误工补贴的聘用人员，应当接受村民会议或者村民代表会议对其履行职责情况的民主评议。民主评议每年至少进行一次，由村务监督机构主持。

村民委员会成员连续两次被评议不称职的，其职务终止。

第三十四条 村民委员会和村务监督机构应当建立村务档案。村务档案包括：选举文件和选票，会议记录，土地发包方案和承包合同，经济合同，集体财务账目，集体资产登记文件，公益设施基本资料，基本建设资料，宅基地使用方案，征地补偿费使用及分配方案等。村务档案应当真实、准确、完整、规范。

第三十五条 村民委员会成员实行任期和离任经济责任审计，审计包括下列事项：

（一）本村财务收支情况；

（二）本村债权债务情况；

（三）政府拨付和接受社会捐赠的资金、物资管理使用情况；

（四）本村生产经营和建设项目的发包管理以及公益事业建设项目招标投标情况；

（五）本村资金管理使用以及本村集体资产、资源的承包、租赁、担保、出让情况，征地补偿费的使用、分配情况；

（六）本村五分之一以上的村民要求审计的其他事项。

村民委员会成员的任期和离任经济责任审计，由县级人民政府农业部门、财政部门或者乡、民族乡、镇的人民政府负责组织，审计结果应当公布，其中离任经济责任审计结果应当在下一届村民委员会选举之前公布。

第三十六条 村民委员会或者村民委员会成员作出的决定侵害村民合法权益的，受侵害的村民可以申请人民法院予以撤销，责任人依法承担法律责任。

村民委员会不依照法律、法规的规定履行法定义务的，由乡、民族乡、镇的人民政府责令改正。

乡、民族乡、镇的人民政府干预依法属于村民自治范围事项的，由上一级人民政府责令改正。

第六章　附　　则

第三十七条　人民政府对村民委员会协助政府开展工作应当提供必要的条件；人民政府有关部门委托村民委员会开展工作需要经费的，由委托部门承担。

村民委员会办理本村公益事业所需的经费，由村民会议通过筹资筹劳解决；经费确有困难的，由地方人民政府给予适当支持。

第三十八条　驻在农村的机关、团体、部队、国有及国有控股企业、事业单位及其人员不参加村民委员会组织，但应当通过多种形式参与农村社区建设，并遵守有关村规民约。

村民委员会、村民会议或者村民代表会议讨论决定与前款规定的单位有关的事项，应当与其协商。

第三十九条　地方各级人民代表大会和县级以上地方各级人民代表大会常务委员会在本行政区域内保证本法的实施，保障村民依法行使自治权利。

第四十条　省、自治区、直辖市的人民代表大会常务委员会根据本法，结合本行政区域的实际情况，制定实施办法。

第四十一条　本法自公布之日起施行。

关于《中华人民共和国村民委员会组织法（修订草案）》的说明

——2009 年 12 月 22 日在第十一届全国人民代表大会常务委员会第十二次会议上

民政部部长　李学举

全国人民代表大会常务委员会：

《中华人民共和国村民委员会组织法》（以下简称《村民委员会组织法》）自 1998 年 11 月公布施行以来，对推进以民主选举、民主决策、民主管理和民主监督为主要内容的村民自治发挥了重要作用，村民自治制度已经发展成为中国特色的社会主义民主政治的重要组成部分。随着农村经济社会的发展，特别是城乡户籍制度、农村税费制度改革的深化，在实行村民自治中也遇到一些新的情况和问题，有必要在总结实践经验的基础上，尽快修订《村民委员会组织法》。

民政部、国务院法制办在总结《村民委员会组织法》实施经验的基础上，多次征求中央有关部门和地方人民政府和专家、学者的意见，经过反复研究修改，形成了《中华人民共和国村民委员会组织法（修订草案）》（以下简称修订草案）。修订草案已经 2009 年 12 月 2 日国务院第 90 次常务会议讨论通过。修订草案的主要内容如下：

一、进一步完善了村民委员会成员的选举和罢免程序

村民委员会选举是实行村民自治的重要环节。修订草案依据近几年村民委员会选举工作实践经验，对村民委员会选举作了以下三个方面的完善：

一是完善了村民选举委员会的组成和推选程序。修订草案规定：村民选举委员会由主任和委员组成，由村民会议、村民代表会议或者各村民小组会议推选产生。村民选举委员会成员被提名为村民委员会成员候选人的，退出村民选举委员会，缺额按照原推选结果依次递补，也可以另行推选。村民选举委员会成员不履行职责的，经村民会议、村民代表会议或者各村民小组会议讨论同意予以免职，缺额按照原推选结果依次递补，也可以另行推选。

二是增加了选民登记的内容。修订草案规定：村民委员会选举前，应当对下列参加选举的村民进行登记：（一）户籍在本村并且在本村居住的村民；（二）户籍在本村，登记参加选举或者选举期间不在本村居住，接到村民选举委员会通知表示参加选举或者书面委托他人投票的村民；（三）户籍不在本村，在本村居住一年以上，本人申请参加选举，并且经村民会议或者村民代表会议同意参加选举的公民。参加选举的村民名单应当在选举日的 20 日前由村民选举委员会公布。对登记参加选举的村民名单有异议的，应当自名单公布之日起 3 日内向村

司法委员会、国务院法制办、民政部研究，建议在本条增加一款，作为第三款，规定："村民自治章程、村规民约以及村民会议或者村民代表会议讨论决定的事项违反前款规定的，由乡、民族乡、镇的人民政府责令改正。"

六、修订草案第三十一条第二款对村民委员会成员被评议不称职的处理作了规定。一些常委委员、部门、地方和公众提出，应当进一步畅通民主评议不称职的村委会成员的退出机制。法律委员会经同内务司法委员会、国务院法制办、民政部研究，建议将该款规定中村委会成员连续两次被评议不称职的，"应当主动辞职；拒不辞职的，应当启动罢免程序"的规定，修改为"其职务终止"。

这里还有一个问题需要汇报，即村委会和村集体经济组织之间的关系问题。修订草案规定，涉及村民利益的重大事项如土地承包经营方案、宅基地使用方案等，应当经村民会议讨论决定方可办理。农业部提出，村委会、村集体经济组织是两个不同性质的组织，属于土地承包经营方案、宅基地使用方案等事务，应当由村集体经济组织成员讨论决定。据农业部介绍，全国有约60%的行政村的村委会和村集体经济组织是合一的，有近40%的行政村另有村集体经济组织。法律委员会经研究认为，这个问题涉及的情况比较复杂，各地做法也有差异，拟在进一步调研的基础上提出意见。

另外，从草案的部分内容修改看，对村委会组织法的修改，是采取修订形式还是提出修正案由常委会作出修改决定，拟根据审议修改情况统筹考虑。

此外，根据有些常委委员的意见，还对修订草案作了一些文字修改。

修订草案二次审议稿已按上述意见作了修改，法律委员会建议提请常委会第十五次会议继续审议。

修订草案二次审议稿和以上汇报是否妥当，请审议。

全国人民代表大会法律委员会关于《中华人民共和国村民委员会组织法（修订草案）》审议结果的报告

——2010年10月25日在第十一届全国人民代表大会常务委员会第十七次会议上

全国人大法律委员会副主任委员　刘锡荣

全国人民代表大会常务委员会：

常委会第十五次会议对村民委员会组织法（修订草案二次审议稿）进行了审议。会后，法律委员会、法制工作委员会先后召开了村民人大代表座谈会、有关专家座谈会，听取来自14个省（区、市）农村基层的人大代表和有关专家的意见。法律委员会和法制工作委员会到山东就修订草案中几个重点问题进行调研，听取地方的意见。法律委员会于9月29日召开会议，根据常委会组成人员的审议意见和各方面的意见，对修订草案进行了审议。内务司法委员会和国务院法制办、民政部的有关负责同志列席了会议。10月15日，法律委员会召开会议，再次进行了审议。法律委员会认为，修订草案总体上是可行的，经过常委会两次审议修改，已经比较成熟。同时，提出以下主要修改意见：

一、修订草案二次审议稿第一条规定了本法的立法目的。有些常委委员提出，立法目的还应体现维护村民的合法权益。法律委员会经同内务司法委员会、国务院法制办、民政部研究，赞成上述意见，建议在第一条中增加"维护村民的合法权益"的内容。

二、修订草案二次审议稿第十四条第二款规定，对登记参加选举的村民名单有异议的，应当自名单公布之日起三日内向村民选举委员会申诉。有些常委委员提出，对登记参加选举的村民名单提出异议，三日的申诉期限较短，建议适当延长。法律委员会经同内务司法委员会、国务院法制办、民政部研究，赞成上述意见，建议将申诉期限由"自名单公布之日起三日内"修改为"自名单公布之日起五日内"。

三、修订草案二次审议稿第十五条第一款对村民委员会成员候选人条件提出了要求。有些常委委员、代表和地方提出，按照村民委员会成员胜任工作的需要，除对候选人要有“德”的要求外，还应当在“才”的方面有所要求。法律委员会经同内务司法委员会、国务院法制办、民政部研究，赞成上述意见，建议在第十五条第一款对村民委员会成员候选人要求的规定中增加“具有一定文化水平和工作能力”的内容。

四、修订草案二次审议稿第十五条第四款对委托投票作了规定。有些常委会组成人员、代表和地方提出，目前不少地方农村的情况是，户多人口少，即户数增多，同一户口内家庭成员少，加上外出打工等因素，如将委托投票的范围限定在同一家庭户口内其他成员，不好操作，建议适当予以放宽，同时对受委托人应规定限制条件。法律委员会经同内务司法委员会、国务院法制办、民政部研究，赞成上述意见，建议将第十五条第四款修改为：“登记参加选举的村民，选举期间外出不能参加投票的，可以书面委托本村有选举权的近亲属代为投票。”

五、修订草案二次审议稿第十六条规定，表决对村民委员会成员罢免要求的村民会议，由村民选举委员会主持。有些常委委员和地方提出，村民选举委员会不是常设组织，难以受理和主持对村民委员会成员的罢免，各地情况不同，实践中也有多种做法，建议对此再作研究。法律委员会经同内务司法委员会、国务院法制办、民政部研究认为，上述意见有道理，对罢免村民委员会成员的程序事项，本法不作具体规定为宜，可由各地根据具体情况在实施办法中予以明确。建议删去第十六条第二款中“表决罢免要求的村民会议由村民选举委员会主持”的规定。

六、修订草案二次审议稿第二十三条第三款对村民会议讨论决定涉及集体经济组织财产和成员权益事项的办理程序作了特别规定。有些常委委员、部门和地方提出，涉及集体经济财产及其权益的事项，物权法、农村土地承包法和土地管理法等法律，都规定了相应的要求和程序，修订草案应当与这些法律的规定作好衔接。法律委员会、法制工作委员会就这个问题作了进一步调研，认为这里主要涉及村民委员会与村集体经济组织的关系，特别是要考虑到现实中一些地方村集体经济组织与村民委员会分设的情况。法律委员会经同内务司法委员会、国务院法制办、民政部研究，建议将第二十三条第三款修改为：“本村集体经济组织与村民委员会分设的，法律对讨论决定集体经济组织财产和成员权益的事项另有规定的，依照其规定。”

七、修订草案二次审议稿第二十四条第一款规定，村民代表应当占村民代表会议组成人员的三分之二以上。有的地方提出，村民委员会成员占村民代表会议组成人员的比例过高，不利于发挥村民代表的作用，建议提高村民代表在村民代表会议中的比例。法律委员会经同内务司法委员会、国务院法制办、民政部研究，赞成上述意见，建议将第二十四条第一款中村民代表应当占村民代表会议组成人员的“三分之二以上”修改为“五分之四以上”。

八、修订草案二次审议稿第三十一条规定，村应当建立村务监督机构。有些常委委员和地方提出，实践中部分地方已经制定地方性法规，在农村建立了不同形式的村务监督机构，有的称村务监督委员会，有的称村务监督小组、村民理财小组等。法律委员会经同内务司法委员会、国务院法制办、民政部研究认为，为了进一步强化村民群众监督，规范村务监督机构的设立，建议将第三十一条中“村应当建立村务监督机构”修改为“村应当建立村务监督委员会或者其他形式的监督机构”。

九、修订草案二次审议稿第三十四条第一款规定了对村民委员会成员的审计事项。有些常委会列席人员和地方提出，征地补偿费的使用、分配情况也应纳入审计范围。法律委员会经同内务司法委员会、国务院法制办、民政部、农业部研究，赞成上述意见，建议在第三十四条第一款第五项中增加“征地补偿费的使用、分配情况”的内容。

还有一个问题需要说明。目前，一些地方在城市化过程中，将乡镇改为街道，撤销村民委员会，建立居民委员会。实际情况是，不少撤村后改称居民委员会的，其居民仍从事农业生产，仍承包原有的土地，集体经济的性质与形态基本未变。需要明确，对于这类过渡阶段的新建居民委员会，在一定时期内仍应适用村民委员会组织法和其他相关法律的规定。

此外，还对修订草案二次审议稿作了一些文字修改。

修订草案三次审议稿已按上述意见作了修改，法律委员会建议本次常委会会议审议通过。

修订草案三次审议稿和以上报告是否妥当，请审议。

全国人民代表大会法律委员会关于《中华人民共和国村民委员会组织法（修订草案三次审议稿）》修改意见的报告

——2010 年 10 月 28 日在第十一届全国人民代表大会常务委员会第十七次会议上

全国人民代表大会常务委员会：

本次常委会会议于 10 月 26 日上午对村民委员会组织法（修订草案三次审议稿）进行了分组审议。普遍认为，修订草案经过三次审议，已经比较成熟，建议进一步修改后，提请本次会议表决通过。同时，有些常委会组成人员还提出了一些修改意见。法律委员会于 10 月 26 日下午召开会议，逐条研究了常委会组成人员的审议意见，对修订草案进行了审议。内务司法委员会、国务院法制办、民政部的有关负责同志列席了会议。法律委员会认为，修订草案是可行的，同时提出以下主要修改意见：

一、修订草案第十五条第四款对委托投票作了规定。有些常委委员提出，为了保证委托投票能够反映委托人的真实意愿，防止滥用，应当提高委托投票的透明度。法律委员会经同内务司法委员会、国务院法制办、民政部研究，赞成上述意见，建议在这一条第四款中增加规定“村民选举委员会应当公布委托人和受委托人的名单”。

二、修订草案第三十条第二款对村务公开的事项作了规定。有的常委委员提出，村务公开的事项应当与村民会议、村民代表会议讨论决定事项和审计事项相衔接。法律委员会经同内务司法委员会、国务院法制办、民政部研究，建议将这一条第二款第一项修改为：“本法第二十三条、第二十四条规定的由村民会议、村民代表会议讨论决定的事项及其实施情况；”将第三项修改为：“政府拨付和接受社会捐赠的救灾救助、补贴补助等资金、物资的管理使用情况”。

三、修订草案第三十四条对村务档案作了规定。有的常委会组成人员提出，在推进农村精神文明建设中建立的公益性设施等，也应当建立档案，加强维护和管理。法律委员会经同内务司法委员会、国务院法制办、民政部研究，赞成上述意见，建议在这一条中增加“公益设施基本资料”。

此外，根据常委会组成人员的审议意见，还对修订草案作了一些文字修改。

修订草案建议表决稿已按上述意见作了修改，法律委员会建议本次常委会会议通过。

修订草案建议表决稿和以上报告是否妥当，请审议。

中华人民共和国主席令

第三十八号

《全国人民代表大会常务委员会关于修改〈中华人民共和国全国人民代表大会和地方各级人民代表大会代表法〉的决定》已由中华人民共和国第十一届全国人民代表大会常务委员会第十七次会议于 2010 年 10 月 28 日通过，现予公布，自公布之日起施行。

中华人民共和国主席　胡锦涛

2010 年 10 月 28 日

全国人民代表大会常务委员会关于修改《中华人民共和国全国人民代表大会和地方各级人民代表大会代表法》的决定

（2010年10月28日第十一届全国人民代表大会常务委员会第十七次会议通过）

第十一届全国人民代表大会常务委员会第十七次会议决定对《中华人民共和国全国人民代表大会和地方各级人民代表大会代表法》作如下修改：

一、增加一条，作为第三条："代表享有下列权利：

"（一）出席本级人民代表大会会议，参加审议各项议案、报告和其他议题，发表意见；

"（二）依法联名提出议案、质询案、罢免案等；

"（三）提出对各方面工作的建议、批评和意见；

"（四）参加本级人民代表大会的各项选举；

"（五）参加本级人民代表大会的各项表决；

"（六）获得依法执行代表职务所需的信息和各项保障；

"（七）法律规定的其他权利。"

二、将第三条、第四条改为第四条，修改为："代表应当履行下列义务：

"（一）模范地遵守宪法和法律，保守国家秘密，在自己参加的生产、工作和社会活动中，协助宪法和法律的实施；

"（二）按时出席本级人民代表大会会议，认真审议各项议案、报告和其他议题，发表意见，做好会议期间的各项工作；

"（三）积极参加统一组织的视察、专题调研、执法检查等履职活动；

"（四）加强履职学习和调查研究，不断提高执行代表职务的能力；

"（五）与原选区选民或者原选举单位和人民群众保持密切联系，听取和反映他们的意见和要求，努力为人民服务；

"（六）自觉遵守社会公德，廉洁自律，公道正派，勤勉尽责；

"（七）法律规定的其他义务。"

三、将第六条改为第五条，增加一款，作为第三款："代表不脱离各自的生产和工作。代表出席本级人民代表大会会议，参加闭会期间统一组织的履职活动，应当安排好本人的生产和工作，优先执行代表职务。"

四、将第五条改为第六条和第四十七条。第六条："代表受原选区选民或者原选举单位的监督。"

第四十七条："选民或者选举单位有权依法罢免自己选出的代表。被提出罢免的代表有权出席罢免该代表的会议提出申辩意见，或者书面提出申辩意见。"

五、将第七条修改为："代表应当按时出席本级人民代表大会会议。代表因健康等特殊原因不能出席会议的，应当按照规定请假。

"代表在出席本级人民代表大会会议前，应当听取人民群众的意见和建议，为会议期间执行代表职务做好准备。"

六、将第八条第一款修改为："代表参加大会全体会议、代表团全体会议、小组会议，审议列入会议议程的各项议案和报告。"

增加一款，作为第三款："代表应当围绕会议议题发表意见，遵守议事规则。"

七、在第九条中增加一款，作为第二款："代表依法提出的议案，由本级人民代表大会主席团决定是否列入会议议程，或者先交有关的专门委员会审议、提出是否列入会议议程的意见，再决定是否列入会议议程。"

八、将第十一条第四款修改为："乡、民族乡、镇的人民代表大会代表有权依照法律规定的程序提出本级人民代表大会主席、副主席和人民政府领导人员的人选，并有权对本级人民代表大会主席团和代表依法提出的上述人员的人选提出意见。"

九、将第十五条第三款修改为："乡、民族乡、镇的人民代表大会代表有权依照法律规定的程序提出对本级人民代表大会主席、副主席和人民政府领导人员的罢免案。"

十、将第十八条修改为："代表有权向本级人民代表大会提出对各方面工作的建议、批评和意见。

建议、批评和意见应当明确具体，注重反映实际情况和问题。”

十一、在第十九条中增加一款，作为第三款：“乡、民族乡、镇的人民代表大会主席、副主席负责组织本级人民代表大会代表开展闭会期间的活动。”

十二、增加一条，作为第二十条：“代表在闭会期间的活动以集体活动为主，以代表小组活动为基本形式。代表可以通过多种方式听取、反映原选区选民或者原选举单位的意见和要求。”

十三、增加一条，作为第二十三条：“县级以上的各级人民代表大会代表根据安排，围绕经济社会发展和关系人民群众切身利益、社会普遍关注的重大问题，开展专题调研。”

十四、增加一条，作为第二十四条：“代表参加视察、专题调研活动形成的报告，由本级人民代表大会常务委员会办事机构转交有关机关、组织。对报告中提出的意见和建议的研究处理情况应当向代表反馈。”

十五、将第二十三条改为第二十六条，修改为：“县级以上的各级人民代表大会代表可以应邀列席本级人民代表大会常务委员会会议，参加本级人民代表大会常务委员会组织的执法检查和其他活动。全国人民代表大会代表，省、自治区、直辖市、自治州、设区的市的人民代表大会代表可以应邀列席本级人民代表大会各专门委员会会议。”

十六、将第二十七条改为第二十九条，修改为：“县级以上的各级人民代表大会代表在本级人民代表大会闭会期间，有权向本级人民代表大会常务委员会提出对各方面工作的建议、批评和意见。建议、批评和意见应当明确具体，注重反映实际情况和问题。”

十七、将第二十八条改为第三十条，修改为：“乡、民族乡、镇的人民代表大会代表在本级人民代表大会闭会期间，根据统一安排，开展调研等活动；组成代表小组，分工联系选民，反映人民群众的意见和要求。”

十八、将第三十条改为第三十二条，增加一款，作为第三款：“人民代表大会主席团或者常务委员会受理有关机关依照本条规定提请许可的申请，应当审查是否存在对代表在人民代表大会各种会议上的发言和表决进行法律追究，或者对代表提出建议、批评和意见等其他执行职务行为打击报复的情形，并据此作出决定。”

十九、将第三十三条改为第三十五条，修改为：“代表的活动经费，应当列入本级财政预算予以保障，专款专用。”

二十、将第三十四条改为第三十六条，修改为：“县级以上的各级人民代表大会常务委员会应当采取多种方式同本级人民代表大会代表保持联系，扩大代表对本级人民代表大会常务委员会活动的参与。”

二十一、增加一条，作为第三十八条：“县级以上的各级人民代表大会常务委员会，各级人民政府和人民法院、人民检察院，应当及时向本级人民代表大会代表通报工作情况，提供信息资料，保障代表的知情权。”

二十二、增加一条，作为第三十九条：“县级以上的各级人民代表大会常务委员会应当有计划地组织代表参加履职学习，协助代表全面熟悉人民代表大会制度、掌握履行代表职务所需的法律知识和其他专业知识。

“乡、民族乡、镇的人民代表大会代表可以参加上级人民代表大会常务委员会组织的代表履职学习。”

二十三、将第三十六条改为第四十条，修改为：“县级以上的各级人民代表大会常务委员会的办事机构和工作机构是代表执行代表职务的集体服务机构，为代表执行代表职务提供服务保障。”

二十四、增加一条，作为第四十二条：“有关机关、组织应当认真研究办理代表建议、批评和意见，并自交办之日起三个月内答复。涉及面广、处理难度大的建议、批评和意见，应当自交办之日起六个月内答复。

“有关机关、组织在研究办理代表建议、批评和意见的过程中，应当与代表联系沟通，充分听取意见。

“代表建议、批评和意见的办理情况，应当向本级人民代表大会常务委员会报告，并印发下一次人民代表大会会议。”

二十五、将第二十五条改为第四十五条，修改为：“代表应当采取多种方式经常听取人民群众对代表履职的意见，回答原选区选民或者原选举单位对代表工作和代表活动的询问，接受监督。

“由选民直接选举的代表应当以多种方式向原选区选民报告履职情况。”

二十六、增加一条，作为第四十六条：“代表应当正确处理从事个人职业活动与执行代表职务的关系，不得利用执行代表职务干涉具体司法案件或者招标投标等经济活动牟取个人利益。”

二十七、将第四十条改为第四十八条，第一款修改为："代表有下列情形之一的，暂时停止执行代表职务，由代表资格审查委员会向本级人民代表大会常务委员会或者乡、民族乡、镇的人民代表大会报告：

"（一）因刑事案件被羁押正在受侦查、起诉、审判的；

"（二）被依法判处管制、拘役或者有期徒刑而没有附加剥夺政治权利，正在服刑的。"

二十八、将第四十一条改为第四十九条，增加一项，作为第七项："（七）丧失行为能力的"。

此外，将第五章的章名修改为"对代表的监督"，并对条文顺序作相应调整。

本决定自公布之日起施行。

《中华人民共和国全国人民代表大会和地方各级人民代表大会代表法》根据本决定作相应修改，重新公布。

中华人民共和国全国人民代表大会和地方各级人民代表大会代表法

（1992 年 4 月 3 日第七届全国人民代表大会第五次会议通过　根据 2009 年 8 月 27 日第十一届全国人民代表大会常务委员会第十次会议《关于修改部分法律的决定》第一次修正　根据 2010 年 10 月 28 日第十一届全国人民代表大会常务委员会第十七次会议《关于修改〈中华人民共和国全国人民代表大会和地方各级人民代表大会代表法〉的决定》第二次修正）

目　录

第一章　总　　则

第一条　为保证全国人民代表大会和地方各级人民代表大会代表依法行使代表的职权，履行代表的义务，发挥代表作用，根据宪法，制定本法。

第二条　全国人民代表大会和地方各级人民代表大会代表依照法律规定选举产生。

全国人民代表大会代表是最高国家权力机关组成人员，地方各级人民代表大会代表是地方各级国家权力机关组成人员。

全国人民代表大会和地方各级人民代表大会代表，代表人民的利益和意志，依照宪法和法律赋予本级人民代表大会的各项职权，参加行使国家权力。

第三条　代表享有下列权利：

（一）出席本级人民代表大会会议，参加审议各项议案、报告和其他议题，发表意见；

（二）依法联名提出议案、质询案、罢免案等；

（三）提出对各方面工作的建议、批评和意见；

（四）参加本级人民代表大会的各项选举；

（五）参加本级人民代表大会的各项表决；

（六）获得依法执行代表职务所需的信息和各项保障；

（七）法律规定的其他权利。

第四条　代表应当履行下列义务：

（一）模范地遵守宪法和法律，保守国家秘密，在自己参加的生产、工作和社会活动中，协助宪法和法律的实施；

（二）按时出席本级人民代表大会会议，认真审议各项议案、报告和其他议题，发表意见，做好会议期间的各项工作；

（三）积极参加统一组织的视察、专题调研、执法检查等履职活动；

（四）加强履职学习和调查研究，不断提高执行代表职务的能力；

（五）与原选区选民或者原选举单位和人民群众保持密切联系，听取和反映他们的意见和要求，努力为人民服务；

（六）自觉遵守社会公德，廉洁自律，公道正派，勤勉尽责；

（七）法律规定的其他义务。

第五条 代表依照本法的规定在本级人民代表大会会议期间的工作和在本级人民代表大会闭会期间的活动，都是执行代表职务。

国家和社会为代表执行代表职务提供保障。

代表不脱离各自的生产和工作。代表出席本级人民代表大会会议，参加闭会期间统一组织的履职活动，应当安排好本人的生产和工作，优先执行代表职务。

第六条 代表受原选区选民或者原选举单位的监督。

第二章 代表在本级人民代表大会会议期间的工作

第七条 代表应当按时出席本级人民代表大会会议。代表因健康等特殊原因不能出席会议的，应当按照规定请假。

代表在出席本级人民代表大会会议前，应当听取人民群众的意见和建议，为会议期间执行代表职务做好准备。

第八条 代表参加大会全体会议、代表团全体会议、小组会议，审议列入会议议程的各项议案和报告。

代表可以被推选或者受邀请列席主席团会议、专门委员会会议，发表意见。

代表应当围绕会议议题发表意见，遵守议事规则。

第九条 代表有权依照法律规定的程序向本级人民代表大会提出属于本级人民代表大会职权范围内的议案。议案应当有案由、案据和方案。

代表依法提出的议案，由本级人民代表大会主席团决定是否列入会议议程，或者先交有关的专门委员会审议、提出是否列入会议议程的意见，再决定是否列入会议议程。

列入会议议程的议案，在交付大会表决前，提出议案的代表要求撤回的，经主席团同意，会议对该项议案的审议即行终止。

第十条 全国人民代表大会代表，有权依照宪法规定的程序向全国人民代表大会提出修改宪法的议案。

第十一条 代表参加本级人民代表大会的各项选举。

全国人民代表大会代表有权对主席团提名的全国人民代表大会常务委员会组成人员的人选，中华人民共和国主席、副主席的人选，中央军事委员会主席的人选，最高人民法院院长和最高人民检察院检察长的人选，全国人民代表大会各专门委员会的人选，提出意见。

县级以上的地方各级人民代表大会代表有权依照法律规定的程序提出本级人民代表大会常务委员会的组成人员，人民政府领导人员，人民法院院长，人民检察院检察长以及上一级人民代表大会代表的人选，并有权对本级人民代表大会主席团和代表依法提出的上述人员的人选提出意见。

乡、民族乡、镇的人民代表大会代表有权依照法律规定的程序提出本级人民代表大会主席、副主席和人民政府领导人员的人选，并有权对本级人民代表大会主席团和代表依法提出的上述人员的人选提出意见。

各级人民代表大会代表有权对本级人民代表大会主席团的人选，提出意见。

代表对确定的候选人，可以投赞成票，可以投反对票，可以另选他人，也可以弃权。

第十二条 全国人民代表大会代表参加决定国务院组成人员和中央军事委员会副主席、委员的人选。

全国人民代表大会和省、自治区、直辖市、自治州、设区的市的人民代表大会代表参加表决通过本级人民代表大会各专门委员会组成人员的人选。

第十三条 代表在审议议案和报告时，可以向本级有关国家机关提出询问。有关国家机关应当派负责人或者负责人员回答询问。

第十四条 全国人民代表大会会议期间，一个代表团或者三十名以上的代表联名，有权书面提出对国务院和国务院各部、各委员会，最高人民法院，最高人民检察院的质询案。

县级以上的地方各级人民代表大会代表有权依照法律规定的程序提出对本级人民政府及其所属各部门，人民法院，人民检察院的质询案。

乡、民族乡、镇的人民代表大会代表有权依照法律规定的程序提出对本级人民政府的质询案。

质询案应当写明质询对象、质询的问题和内容。

质询案按照主席团的决定由受质询机关答复。提出质询案的代表半数以上对答复不满意的，可以要求受质询机关再作答复。

第十五条 全国人民代表大会代表有权依照法律规定的程序提出对全国人民代表大会常务委

员会组成人员，中华人民共和国主席、副主席，国务院组成人员，中央军事委员会组成人员，最高人民法院院长，最高人民检察院检察长的罢免案。

县级以上的地方各级人民代表大会代表有权依照法律规定的程序提出对本级人民代表大会常务委员会组成人员，人民政府组成人员，人民法院院长，人民检察院检察长的罢免案。

乡、民族乡、镇的人民代表大会代表有权依照法律规定的程序提出对本级人民代表大会主席、副主席和人民政府领导人员的罢免案。

罢免案应当写明罢免的理由。

第十六条 县级以上的各级人民代表大会代表有权依法提议组织关于特定问题的调查委员会。

第十七条 代表参加本级人民代表大会表决，可以投赞成票，可以投反对票，也可以弃权。

第十八条 代表有权向本级人民代表大会提出对各方面工作的建议、批评和意见。建议、批评和意见应当明确具体，注重反映实际情况和问题。

第三章 代表在本级人民代表大会闭会期间的活动

第十九条 县级以上的各级人民代表大会常务委员会组织本级人民代表大会代表开展闭会期间的活动。

县级以上的地方各级人民代表大会常务委员会受上一级人民代表大会常务委员会的委托，组织本级人民代表大会选举产生的上一级人民代表大会代表开展闭会期间的活动。

乡、民族乡、镇的人民代表大会主席、副主席负责组织本级人民代表大会代表开展闭会期间的活动。

第二十条 代表在闭会期间的活动以集体活动为主，以代表小组活动为基本形式。代表可以通过多种方式听取、反映原选区选民或者原选举单位的意见和要求。

第二十一条 县级以上的各级人民代表大会代表，在本级或者下级人民代表大会常务委员会协助下，可以按照便于组织和开展活动的原则组成代表小组。

县级以上的各级人民代表大会代表，可以参加下级人民代表大会代表的代表小组活动。

第二十二条 县级以上的各级人民代表大会代表根据本级人民代表大会常务委员会的统一安排，对本级或者下级国家机关和有关单位的工作进行视察。

代表按前款规定进行视察，可以提出约见本级或者下级有关国家机关负责人。被约见的有关国家机关负责人或者由他委托的负责人员应当听取代表的建议、批评和意见。

代表可以持代表证就地进行视察。县级以上的地方各级人民代表大会常务委员会根据代表的要求，联系安排本级或者上级的代表持代表证就地进行视察。

代表视察时，可以向被视察单位提出建议、批评和意见，但不直接处理问题。

第二十三条 县级以上的各级人民代表大会代表根据安排，围绕经济社会发展和关系人民群众切身利益、社会普遍关注的重大问题，开展专题调研。

第二十四条 代表参加视察、专题调研活动形成的报告，由本级人民代表大会常务委员会办事机构转交有关机关、组织。对报告中提出的意见和建议的研究处理情况应当向代表反馈。

第二十五条 代表有权依照法律规定的程序提议临时召集本级人民代表大会会议。

第二十六条 县级以上的各级人民代表大会代表可以应邀列席本级人民代表大会常务委员会会议，参加本级人民代表大会常务委员会组织的执法检查和其他活动。全国人民代表大会代表，省、自治区、直辖市、自治州、设区的市的人民代表大会代表可以应邀列席本级人民代表大会各专门委员会会议。

第二十七条 全国人民代表大会代表，省、自治区、直辖市、自治州、设区的市的人民代表大会代表可以列席原选举单位的人民代表大会会议，并可以应邀列席原选举单位的人民代表大会常务委员会会议。

第二十八条 县级以上的各级人民代表大会代表根据本级人民代表大会或者本级人民代表大会常务委员会的决定，参加关于特定问题的调查委员会。

第二十九条 县级以上的各级人民代表大会代表在本级人民代表大会闭会期间，有权向本级人民代表大会常务委员会提出对各方面工作的建议、批评和意见。建议、批评和意见应当明确具体，注重反映实际情况和问题。

第三十条 乡、民族乡、镇的人民代表大会代表在本级人民代表大会闭会期间，根据统一安排，开展调研等活动;组成代表小组,分工联系选民,反映人民群众的意见和要求。

第四章　代表执行职务的保障

第三十一条　代表在人民代表大会各种会议上的发言和表决,不受法律追究。

第三十二条　县级以上的各级人民代表大会代表,非经本级人民代表大会主席团许可,在本级人民代表大会闭会期间,非经本级人民代表大会常务委员会许可,不受逮捕或者刑事审判。如果因为是现行犯被拘留,执行拘留的机关应当立即向该级人民代表大会主席团或者人民代表大会常务委员会报告。

对县级以上的各级人民代表大会代表,如果采取法律规定的其他限制人身自由的措施,应当经该级人民代表大会主席团或者人民代表大会常务委员会许可。

人民代表大会主席团或者常务委员会受理有关机关依照本条规定提请许可的申请,应当审查是否存在对代表在人民代表大会各种会议上的发言和表决进行法律追究,或者对代表提出建议、批评和意见等其他执行职务行为打击报复的情形,并据此作出决定。

乡、民族乡、镇的人民代表大会代表,如果被逮捕、受刑事审判、或者被采取法律规定的其他限制人身自由的措施,执行机关应当立即报告乡、民族乡、镇的人民代表大会。

第三十三条　代表在本级人民代表大会闭会期间,参加由本级人民代表大会或者其常务委员会安排的代表活动,代表所在单位必须给予时间保障。

第三十四条　代表按照本法第三十三条的规定执行代表职务,其所在单位按正常出勤对待,享受所在单位的工资和其他待遇。

无固定工资收入的代表执行代表职务,根据实际情况由本级财政给予适当补贴。

第三十五条　代表的活动经费,应当列入本级财政预算予以保障,专款专用。

第三十六条　县级以上的各级人民代表大会常务委员会应当采取多种方式同本级人民代表大会代表保持联系,扩大代表对本级人民代表大会常务委员会活动的参与。

第三十七条　县级以上的地方各级人民代表大会常务委员会,应当为本行政区域内的代表执行代表职务提供必要的条件。

第三十八条　县级以上的各级人民代表大会常务委员会,各级人民政府和人民法院、人民检察院,应当及时向本级人民代表大会代表通报工作情况,提供信息资料,保障代表的知情权。

第三十九条　县级以上的各级人民代表大会常务委员会应当有计划地组织代表参加履职学习,协助代表全面熟悉人民代表大会制度、掌握履行代表职务所需的法律知识和其他专业知识。

乡、民族乡、镇的人民代表大会代表可以参加上级人民代表大会常务委员会组织的代表履职学习。

第四十条　县级以上的各级人民代表大会常务委员会的办事机构和工作机构是代表执行代表职务的集体服务机构,为代表执行代表职务提供服务保障。

第四十一条　为了便于代表执行代表职务,各级人民代表大会可以为本级人民代表大会代表制发代表证。

第四十二条　有关机关、组织应当认真研究办理代表建议、批评和意见,并自交办之日起三个月内答复。涉及面广、处理难度大的建议、批评和意见,应当自交办之日起六个月内答复。

有关机关、组织在研究办理代表建议、批评和意见的过程中,应当与代表联系沟通,充分听取意见。

代表建议、批评和意见的办理情况,应当向本级人民代表大会常务委员会报告,并印发下一次人民代表大会会议。

第四十三条　少数民族代表执行代表职务时,有关部门应当在语言文字、生活习惯等方面给予必要的帮助和照顾。

第四十四条　一切组织和个人都必须尊重代表的权利,支持代表执行代表职务。

有义务协助代表执行代表职务而拒绝履行义务的,有关单位应当予以批评教育,直至给予行政处分。

阻碍代表依法执行代表职务的,根据情节,由所在单位或者上级机关给予行政处分,或者适用《中华人民共和国治安管理处罚法》第五十条的处罚规定;以暴力、威胁方法阻碍代表依法执行代表职务的,依照刑法有关规定追究刑事责任。

对代表依法执行代表职务进行打击报复的,由所在单位或者上级机关责令改正或者给予行政处分；国家工作人员进行打击报复构成犯罪的，依照刑法有关规定追究刑事责任。

第五章　对代表的监督

第四十五条　代表应当采取多种方式经常听取人民群众对代表履职的意见，回答原选区选民或者原选举单位对代表工作和代表活动的询问，接受监督。

由选民直接选举的代表应当以多种方式向原选区选民报告履职情况。

第四十六条　代表应当正确处理从事个人职业活动与执行代表职务的关系，不得利用执行代表职务干涉具体司法案件或者招标投标等经济活动牟取个人利益。

第四十七条　选民或者选举单位有权依法罢免自己选出的代表。被提出罢免的代表有权出席罢免该代表的会议提出申辩意见，或者书面提出申辩意见。

第四十八条　代表有下列情形之一的，暂时停止执行代表职务，由代表资格审查委员会向本级人民代表大会常务委员会或者乡、民族乡、镇的人民代表大会报告：

（一）因刑事案件被羁押正在受侦查、起诉、审判的；

（二）被依法判处管制、拘役或者有期徒刑而没有附加剥夺政治权利，正在服刑的。

前款所列情形在代表任期内消失后，恢复其执行代表职务，但代表资格终止者除外。

第四十九条　代表有下列情形之一的，其代表资格终止：

（一）地方各级人民代表大会代表迁出或者调离本行政区域的；

（二）辞职被接受的；

（三）未经批准两次不出席本级人民代表大会会议的；

（四）被罢免的；

（五）丧失中华人民共和国国籍的；

（六）依照法律被剥夺政治权利的；

（七）丧失行为能力的。

第五十条　县级以上的各级人民代表大会代表资格的终止，由代表资格审查委员会报本级人民代表大会常务委员会，由本级人民代表大会常务委员会予以公告。

乡、民族乡、镇的人民代表大会代表资格的终止，由代表资格审查委员会报本级人民代表大会，由本级人民代表大会予以公告。

第六章　附　　则

第五十一条　省、自治区、直辖市的人民代表大会及其常务委员会可以根据本法和本行政区域的实际情况，制定实施办法。

第五十二条　本法自公布之日起施行。

关于《中华人民共和国全国人民代表大会和地方各级人民代表大会代表法修正案（草案）》的说明

——2010年8月23日在第十一届全国人民代表大会常务委员会第十六次会议上

全国人大常委会法制工作委员会主任　李适时

全国人民代表大会常务委员会：

我受委员长会议的委托，作关于《中华人民共和国全国人民代表大会和地方各级人民代表大会代表法修正案（草案）》的说明。

一、代表法修改的必要性和工作情况

代表法是规范和保障人大代表依法行使权力，履行职责的重要法律。代表法自1992年颁布施行18年来，对保障代表依法履行职责，坚持和完善人民代表大会制度起到了重要作用，总体上是适应代表履职和代表工作需要的。各级人大代表肩负人民的重托，代表人民的利益和意志，依法执行代表职务，参加行使国家权力，在国家政治生活中发挥了重要的作用。但随着我国经济社会和社会主义民主法制建设的发展，代表的构成、素质以及履职

表职务干涉招标投标等活动，这与代表职务不符，负面影响也较多，建议作出明确规定。对此建议规定，代表应当严格区分从事个人职业活动与执行代表职务，不得利用执行代表职务干涉具体司法案件或者招标投标等经济活动，不得利用执行代表职务牟取个人利益。

第二，代表因刑事案件被羁押正在受侦查、起诉、审判的；被依法判处管制、拘役或者有期徒刑而没有附加剥夺政治权利，正在服刑的，原选区选民或者原选举单位可以依法予以罢免。

第三，代表丧失行为能力的，代表资格终止。

此外，修正案草案还根据地方组织法等法律的规定，作了一些衔接性规定。

修正案草案和以上说明是否妥当，请审议。

全国人民代表大会法律委员会关于《中华人民共和国全国人民代表大会和地方各级人民代表大会代表法修正案（草案）》审议结果的报告

——2010 年 10 月 25 日在第十一届全国人民代表大会常务委员会第十七次会议上

全国人大法律委员会副主任委员　乔晓阳

全国人民代表大会常务委员会：

常委会第十六次会议对代表法修正案（草案）进行了初次审议。会后，法制工作委员会将草案印发各省（区、市）、中央有关部门、社会团体和法学教学研究机构等单位，广泛征求意见。中国人大网站全文公布草案，向社会征求意见。9 月，第六期全国人大代表专题学习班在上海举行期间，法律委员会、法制工作委员会专门听取了参加学习的 160 名全国人大代表和 19 个省（区、市）人大常委会有关工作部门负责同志的意见。9 月 25 日，又联合召开座谈会，听取部分法学专家的意见。法律委员会于 9 月 28 日召开会议，根据常委会组成人员的审议意见和各方面的意见，对修正案草案进行了逐条审议。内务司法委员会有关负责同志列席了会议。其后，法制工作委员会将经法律委员会审议后提出的修改决定草案，印送各位全国人大代表，进一步征求意见。10 月 15 日，法律委员会召开会议，再次进行了审议。法律委员会认为，为了进一步支持、规范和保障各级人大代表依法履行职责，充分发挥人大代表作用，坚持和完善人民代表大会制度，在总结实践经验的基础上对代表法进行修改是必要的，修正案草案总体上是可行的。同时，提出以下主要修改意见：

一、修正案草案第一条对代表享有的权利作了规定。一些常委委员、代表提出，知情知政是代表履行职务的重要保障，为了更好地保障代表知情知政，建议在代表享有的权利中予以明确。经研究，建议将草案第一条第六项修改为：“获得依法执行代表职务所需的信息和各项保障”。

二、修正案草案第十二条规定，代表在闭会期间的活动以集体活动为主，以代表小组活动为基本形式。有的常委委员、代表、一些地方和社会公众提出，代表在闭会期间除了参加集体活动外，实践中还以多种形式与原选区选民或者原选举单位保持密切联系，建议予以体现。经研究，赞成这一意见，建议在上述规定之后，增加规定：“代表可以通过多种方式听取、反映原选区选民或者原选举单位的意见和要求。”

三、修正案草案第十四条规定，代表参加视察、专题调研形成的报告，由本级人民代表大会常务委员会办事机构转交有关机关、组织研究处理。有的常委委员、代表、一些地方和社会公众提出，为了充分发挥有关报告的作用，增强代表视察、专题调研的实效，建议增加有关机关、组织向代表反馈研究处理情况的规定。经研究，建议在上述规定之后，增加规定：“研究处理的情况应当向代表反馈。”

四、修正案草案第十八条第二款规定，对县级以上各级人大代表采取逮捕或者刑事审判以及其他限制人身自由的措施，“在本级人民代表大会常务委员会闭会期间，在紧急情况下，可以由委员长会议或者主任会议决定许可，报下一次人民代表大会常务委员会会议确认”。有的常委委员、一些地方提出，根据以往的实践，可以只规定在紧急情况下由地方各级人大常委会的主任会议决定许可，报下一次常委会会议确认。经研究，赞成这一意见，建议对修正案草案第十八条第二款作相应修改。

五、有的常委委员、代表和一些地方提出，为了加强对代表履职情况的监督，建议根据许多地方人大已经形成的做法，对基层人大代表报告履职情况作出规定。经研究，代表报告履职情况可以先从直接选举产生的代表做起，逐步积累经验，建议在草案第二十五条增加一款作为第二款，规定：“由选民直接选举的代表应当以多种形式向原选区选民报告履职情况。”

六、修正案草案第二十六条规定，代表应当严格区分从事个人职业活动与执行代表职务，不得利用执行代表职务干涉具体司法案件或者招标投标等经济活动，不得利用执行代表职务牟取个人利益。有的常委委员、代表和一些地方提出，代表参加国家权力机关的工作，履行代表职务，行使的是公权力，应当强调不得从中牟取个人利益；同时，有的代表的本职工作与代表职务又有密切联系，关键是要正确处理好两者的关系。经研究，建议将这一条修改为：“代表应当正确处理从事个人职业活动与执行代表职务的关系，不得利用执行代表职务干涉具体司法案件或者招标投标等经济活动，从中牟取个人利益。”

七、代表法第四十条规定：“代表有下列情形之一的，暂时停止执行代表职务：（一）因刑事案件被羁押正在受侦查、起诉、审判的；（二）被依法判处管制、拘役或者有期徒刑而没有附加剥夺政治权利，正在服刑的。”有的常委委员、代表和一些地方提出，暂时停止执行代表职务的程序如何办理，应当予以明确。经研究，赞成这一意见，建议在该条第一款中增加规定：“由代表资格审查委员会向本级人民代表大会常务委员会或者乡、民族乡、镇的人民代表大会报告”，暂时停止执行代表职务。修正案草案第二十七条规定，代表有上述暂时停止执行代表职务的情形的，“原选区选民或者原选举单位可以依法予以罢免”。有的常委委员、代表和一些地方提出，选举法对罢免代表的具体程序作了规定，在什么情况下可以罢免代表，应由原选区选民或者原选举单位决定，没有必要规定对哪些代表可以罢免。经研究，赞成这一意见，建议将上述有关规定删去。

此外，还对修正案草案作了一些文字修改。

法律委员会已按上述意见提出了全国人民代表大会常务委员会关于修改《中华人民共和国全国人民代表大会和地方各级人民代表大会代表法》的决定（草案）。法律委员会建议，修改决定草案经本次常委会会议审议，如果意见比较一致，作进一步修改后，由本次常委会会议审议通过。

修改决定草案和以上报告是否妥当，请审议。

全国人民代表大会法律委员会关于《全国人民代表大会常务委员会关于修改〈中华人民共和国全国人民代表大会和地方各级人民代表大会代表法〉的决定（草案）》修改意见的报告

——2010年10月28日在第十一届全国人民代表大会常务委员会第十七次会议上

全国人民代表大会常务委员会：

本次常委会会议于10月26日上午对关于修改代表法的决定（草案）进行了分组审议。普遍认为，决定草案已经比较成熟，建议进一步修改后，提请本次会议表决通过。同时，有些常委会组成人员还提出了一些修改意见。此前，法制工作委员会将决定草案发送各位全国人大代表进一步征求意见，一些代表作了书面反馈，对草案普遍赞成，同时也提出了一些意见。法律委员会于10月26日下午召开会议，逐条研究了常委会组成人员的审议意见和全国人大代表的反馈意见，对草案进行了审议。内务司法委员会和常委会办公厅有关负责同志列席会议。法律委员会认为，草案是可行的，同时提出以下主要修改意见：

一、有的常委委员提出，代表法和选举法对罢免代表都作了规定，但在表述上不尽一致，建议予以统一。法律委员会经研究，赞成上述意见，建议将决定草案第四条第二款修改为："选民或者选举单位有权依法罢免自己选出的代表。被提出罢免的代表有权出席罢免该代表的会议提出申辩意见，或者书面提出申辩意见。"

二、决定草案第十四条中对向代表反馈有关报告的研究处理情况作了规定。有的常委委员和代表建议明确对报告提出的意见和建议进行反馈。法律委员会经研究，赞成上述意见，建议将这一条规定修改为："代表参加视察、专题调研活动形成的报告，由本级人民代表大会常务委员会办事机构转交有关机关、组织。对报告中提出的意见和建议的研究处理情况应当向代表反馈。"

三、决定草案第十七条规定，乡、民族乡、镇的人民代表大会代表分工联系选民，依法组成代表小组，反映人民群众的意见和要求。有的常委委员和代表提出，为了发挥乡镇人大代表的作用，应当充实乡镇人大代表闭会期间的活动内容。法律委员会经研究，建议将这一条规定修改为："乡、民族乡、镇的人民代表大会代表在本级人民代表大会闭会期间，根据统一安排，开展调研等活动；组成代表小组，分工联系选民，反映人民群众的意见和要求。"

四、决定草案第十八条第二款规定，对县级以上各级人大代表采取逮捕或者刑事审判以及其他限制人身自由的措施，"在本级人民代表大会常务委员会闭会期间，在紧急情况下，可以由主任会议决定许可，报下一次人民代表大会常务委员会会议确认。"有的常委委员、代表和一些地方提出，代表法的现行规定在实践中通过做好有关工作，是可行的，决定草案可以不作此项修改。法律委员会经研究，建议删去这一规定。

此外，根据常委会组成人员的审议意见和代表意见，还对决定草案作了一些文字修改。

决定草案建议表决稿已按上述意见作了修改，法律委员会建议本次常委会会议通过。

决定草案建议表决稿和以上报告是否妥当，请审议。

中华人民共和国主席令

第三十九号

《中华人民共和国水土保持法》已由中华人民共和国第十一届全国人民代表大会常务委员会第十八次会议于 2010 年 12 月 25 日修订通过，现将修订后的《中华人民共和国水土保持法》公布，自 2011 年 3 月 1 日起施行。

中华人民共和国主席　胡锦涛

2010 年 12 月 25 日

中华人民共和国水土保持法

（1991 年 6 月 29 日第七届全国人民代表大会常务委员会第二十次会议通过　根据 2009 年 8 月 27 日第十一届全国人民代表大会常务委员会第十次会议《关于修改部分法律的决定》修正　2010 年 12 月 25 日第十一届全国人民代表大会常务委员会第十八次会议修订）

目　录

第五章　监测和监督
第六章　法律责任
第七章　附　　则

第一章　总　　则

第一条　为了预防和治理水土流失，保护和合理利用水土资源，减轻水、旱、风沙灾害，改善生态环境，保障经济社会可持续发展，制定本法。

第二条　在中华人民共和国境内从事水土保持活动，应当遵守本法。

本法所称水土保持，是指对自然因素和人为活动造成水土流失所采取的预防和治理措施。

第三条　水土保持工作实行预防为主、保护优先、全面规划、综合治理、因地制宜、突出重点、科学管理、注重效益的方针。

第四条　县级以上人民政府应当加强对水土保持工作的统一领导，将水土保持工作纳入本级国民经济和社会发展规划，对水土保持规划确定的任务，安排专项资金，并组织实施。

国家在水土流失重点预防区和重点治理区，实行地方各级人民政府水土保持目标责任制和考核奖惩制度。

第五条　国务院水行政主管部门主管全国的水土保持工作。

国务院水行政主管部门在国家确定的重要江河、湖泊设立的流域管理机构（以下简称流域管理机构），在所管辖范围内依法承担水土保持监督管理职责。

县级以上地方人民政府水行政主管部门主管本行政区域的水土保持工作。

县级以上人民政府林业、农业、国土资源等有关部门按照各自职责，做好有关的水土流失预防和治理工作。

第六条　各级人民政府及其有关部门应当加强水土保持宣传和教育工作，普及水土保持科学知识，增强公众的水土保持意识。

第七条　国家鼓励和支持水土保持科学技术研究，提高水土保持科学技术水平，推广先进的水土保持技术，培养水土保持科学技术人才。

第八条　任何单位和个人都有保护水土资源、预防和治理水土流失的义务，并有权对破坏水土资源、造成水土流失的行为进行举报。

第九条　国家鼓励和支持社会力量参与水土保持工作。

对水土保持工作中成绩显著的单位和个人，由县级以上人民政府给予表彰和奖励。

第二章　规　　划

第十条　水土保持规划应当在水土流失调查结果及水土流失重点预防区和重点治理区划定的基础上，遵循统筹协调、分类指导的原则编制。

第十一条　国务院水行政主管部门应当定期组织全国水土流失调查并公告调查结果。

省、自治区、直辖市人民政府水行政主管部门负责本行政区域的水土流失调查并公告调查结果，公告前应当将调查结果报国务院水行政主管部门备案。

第十二条　县级以上人民政府应当依据水土流失调查结果划定并公告水土流失重点预防区和重点治理区。

对水土流失潜在危险较大的区域，应当划定为水土流失重点预防区；对水土流失严重的区域，应当划定为水土流失重点治理区。

第十三条　水土保持规划的内容应当包括水土流失状况、水土流失类型区划分、水土流失防治目标、任务和措施等。

水土保持规划包括对流域或者区域预防和治理水土流失、保护和合理利用水土资源作出的整体部署，以及根据整体部署对水土保持专项工作或者特定区域预防和治理水土流失作出的专项部署。

水土保持规划应当与土地利用总体规划、水资源规划、城乡规划和环境保护规划等相协调。

编制水土保持规划，应当征求专家和公众的意见。

第十四条　县级以上人民政府水行政主管部门会同同级人民政府有关部门编制水土保持规划，报本级人民政府或者其授权的部门批准后，由水行政主管部门组织实施。

水土保持规划一经批准，应当严格执行；经批准的规划根据实际情况需要修改的，应当按照规划编制程序报原批准机关批准。

第十五条　有关基础设施建设、矿产资源开发、城镇建设、公共服务设施建设等方面的规划，在实施过程中可能造成水土流失的，规划的组织编制机关应当在规划中提出水土流失预防和治理的对策和措施，并在规划报请审批前征求本级人民政府水行政主管部门的意见。

第三章 预 防

第十六条 地方各级人民政府应当按照水土保持规划，采取封育保护、自然修复等措施，组织单位和个人植树种草，扩大林草覆盖面积，涵养水源，预防和减轻水土流失。

第十七条 地方各级人民政府应当加强对取土、挖砂、采石等活动的管理，预防和减轻水土流失。

禁止在崩塌、滑坡危险区和泥石流易发区从事取土、挖砂、采石等可能造成水土流失的活动。崩塌、滑坡危险区和泥石流易发区的范围，由县级以上地方人民政府划定并公告。崩塌、滑坡危险区和泥石流易发区的划定，应当与地质灾害防治规划确定的地质灾害易发区、重点防治区相衔接。

第十八条 水土流失严重、生态脆弱的地区，应当限制或者禁止可能造成水土流失的生产建设活动，严格保护植物、沙壳、结皮、地衣等。

在侵蚀沟的沟坡和沟岸、河流的两岸以及湖泊和水库的周边，土地所有权人、使用权人或者有关管理单位应当营造植物保护带。禁止开垦、开发植物保护带。

第十九条 水土保持设施的所有权人或者使用权人应当加强对水土保持设施的管理与维护，落实管护责任，保障其功能正常发挥。

第二十条 禁止在二十五度以上陡坡地开垦种植农作物。在二十五度以上陡坡地种植经济林的，应当科学选择树种，合理确定规模，采取水土保持措施，防止造成水土流失。

省、自治区、直辖市根据本行政区域的实际情况，可以规定小于二十五度的禁止开垦坡度。禁止开垦的陡坡地的范围由当地县级人民政府划定并公告。

第二十一条 禁止毁林、毁草开垦和采集发菜。禁止在水土流失重点预防区和重点治理区铲草皮、挖树兜或者滥挖虫草、甘草、麻黄等。

第二十二条 林木采伐应当采用合理方式，严格控制皆伐；对水源涵养林、水土保持林、防风固沙林等防护林只能进行抚育和更新性质的采伐；对采伐区和集材道应当采取防止水土流失的措施，并在采伐后及时更新造林。

在林区采伐林木的，采伐方案中应当有水土保持措施。采伐方案经林业主管部门批准后，由林业主管部门和水行政主管部门监督实施。

第二十三条 在五度以上坡地植树造林、抚育幼林、种植中药材等，应当采取水土保持措施。

在禁止开垦坡度以下、五度以上的荒坡地开垦种植农作物，应当采取水土保持措施。具体办法由省、自治区、直辖市根据本行政区域的实际情况规定。

第二十四条 生产建设项目选址、选线应当避让水土流失重点预防区和重点治理区；无法避让的，应当提高防治标准，优化施工工艺，减少地表扰动和植被损坏范围，有效控制可能造成的水土流失。

第二十五条 在山区、丘陵区、风沙区以及水土保持规划确定的容易发生水土流失的其他区域开办可能造成水土流失的生产建设项目，生产建设单位应当编制水土保持方案，报县级以上人民政府水行政主管部门审批，并按照经批准的水土保持方案，采取水土流失预防和治理措施。没有能力编制水土保持方案的，应当委托具备相应技术条件的机构编制。

水土保持方案应当包括水土流失预防和治理的范围、目标、措施和投资等内容。

水土保持方案经批准后，生产建设项目的地点、规模发生重大变化的，应当补充或者修改水土保持方案并报原审批机关批准。水土保持方案实施过程中，水土保持措施需要作出重大变更的，应当经原审批机关批准。

生产建设项目水土保持方案的编制和审批办法，由国务院水行政主管部门制定。

第二十六条 依法应当编制水土保持方案的生产建设项目，生产建设单位未编制水土保持方案或者水土保持方案未经水行政主管部门批准的，生产建设项目不得开工建设。

第二十七条 依法应当编制水土保持方案的生产建设项目中的水土保持设施，应当与主体工程同时设计、同时施工、同时投产使用；生产建设项目竣工验收，应当验收水土保持设施；水土保持设施未经验收或者验收不合格的，生产建设项目不得投产使用。

第二十八条 依法应当编制水土保持方案的生产建设项目，其生产建设活动中排弃的砂、石、土、矸石、尾矿、废渣等应当综合利用；不能综合利用，确需废弃的，应当堆放在水土保持方案确定的专门存放地，并采取措施保证不产生新的危害。

第二十九条 县级以上人民政府水行政主管部门、流域管理机构，应当对生产建设项目水土保持方案的实施情况进行跟踪检查，发现问题及时处理。

第四章　治　理

第三十条　国家加强水土流失重点预防区和重点治理区的坡耕地改梯田、淤地坝等水土保持重点工程建设，加大生态修复力度。

县级以上人民政府水行政主管部门应当加强对水土保持重点工程的建设管理，建立和完善运行管护制度。

第三十一条　国家加强江河源头区、饮用水水源保护区和水源涵养区水土流失的预防和治理工作，多渠道筹集资金，将水土保持生态效益补偿纳入国家建立的生态效益补偿制度。

第三十二条　开办生产建设项目或者从事其他生产建设活动造成水土流失的，应当进行治理。

在山区、丘陵区、风沙区以及水土保持规划确定的容易发生水土流失的其他区域开办生产建设项目或者从事其他生产建设活动，损坏水土保持设施、地貌植被，不能恢复原有水土保持功能的，应当缴纳水土保持补偿费，专项用于水土流失预防和治理。专项水土流失预防和治理由水行政主管部门负责组织实施。水土保持补偿费的收取使用管理办法由国务院财政部门、国务院价格主管部门会同国务院水行政主管部门制定。

生产建设项目在建设过程中和生产过程中发生的水土保持费用，按照国家统一的财务会计制度处理。

第三十三条　国家鼓励单位和个人按照水土保持规划参与水土流失治理，并在资金、技术、税收等方面予以扶持。

第三十四条　国家鼓励和支持承包治理荒山、荒沟、荒丘、荒滩，防治水土流失，保护和改善生态环境，促进土地资源的合理开发和可持续利用，并依法保护土地承包合同当事人的合法权益。

承包治理荒山、荒沟、荒丘、荒滩和承包水土流失严重地区农村土地的，在依法签订的土地承包合同中应当包括预防和治理水土流失责任的内容。

第三十五条　在水力侵蚀地区，地方各级人民政府及其有关部门应当组织单位和个人，以天然沟壑及其两侧山坡地形成的小流域为单元，因地制宜地采取工程措施、植物措施和保护性耕作等措施，进行坡耕地和沟道水土流失综合治理。

在风力侵蚀地区，地方各级人民政府及其有关部门应当组织单位和个人，因地制宜地采取轮封轮牧、植树种草、设置人工沙障和网格林带等措施，建立防风固沙防护体系。

在重力侵蚀地区，地方各级人民政府及其有关部门应当组织单位和个人，采取监测、径流排导、削坡减载、支挡固坡、修建拦挡工程等措施，建立监测、预报、预警体系。

第三十六条　在饮用水水源保护区，地方各级人民政府及其有关部门应当组织单位和个人，采取预防保护、自然修复和综合治理措施，配套建设植物过滤带，积极推广沼气，开展清洁小流域建设，严格控制化肥和农药的使用，减少水土流失引起的面源污染，保护饮用水水源。

第三十七条　已在禁止开垦的陡坡地上开垦种植农作物的，应当按照国家有关规定退耕，植树种草；耕地短缺、退耕确有困难的，应当修建梯田或者采取其他水土保持措施。

在禁止开垦坡度以下的坡耕地上开垦种植农作物的，应当根据不同情况，采取修建梯田、坡面水系整治、蓄水保土耕作或者退耕等措施。

第三十八条　对生产建设活动所占用土地的地表土应当进行分层剥离、保存和利用，做到土石方挖填平衡，减少地表扰动范围；对废弃的砂、石、土、矸石、尾矿、废渣等存放地，应当采取拦挡、坡面防护、防洪排导等措施。生产建设活动结束后，应当及时在取土场、开挖面和存放地的裸露土地上植树种草、恢复植被，对闭库的尾矿库进行复垦。

在干旱缺水地区从事生产建设活动，应当采取防止风力侵蚀措施，设置降水蓄渗设施，充分利用降水资源。

第三十九条　国家鼓励和支持在山区、丘陵区、风沙区以及容易发生水土流失的其他区域，采取下列有利于水土保持的措施：

（一）免耕、等高耕作、轮耕轮作、草田轮作、间作套种等；

（二）封禁抚育、轮封轮牧、舍饲圈养；

（三）发展沼气、节柴灶，利用太阳能、风能和水能，以煤、电、气代替薪柴等；

（四）从生态脆弱地区向外移民；

（五）其他有利于水土保持的措施。

第五章　监测和监督

第四十条　县级以上人民政府水行政主管部门应当加强水土保持监测工作，发挥水土保持监测工作在政府决策、经济社会发展和社会公众服务中的作用。县级以上人民政府应当保障水土保持监测工作经费。

国务院水行政主管部门应当完善全国水土保持监测网络，对全国水土流失进行动态监测。

第四十一条　对可能造成严重水土流失的大中型生产建设项目，生产建设单位应当自行或者委托具备水土保持监测资质的机构，对生产建设活动造成的水土流失进行监测，并将监测情况定期上报当地水行政主管部门。

从事水土保持监测活动应当遵守国家有关技术标准、规范和规程，保证监测质量。

第四十二条　国务院水行政主管部门和省、自治区、直辖市人民政府水行政主管部门应当根据水土保持监测情况，定期对下列事项进行公告：

（一）水土流失类型、面积、强度、分布状况和变化趋势；

（二）水土流失造成的危害；

（三）水土流失预防和治理情况。

第四十三条　县级以上人民政府水行政主管部门负责对水土保持情况进行监督检查。流域管理机构在其管辖范围内可以行使国务院水行政主管部门的监督检查职权。

第四十四条　水政监督检查人员依法履行监督检查职责时，有权采取下列措施：

（一）要求被检查单位或者个人提供有关文件、证照、资料；

（二）要求被检查单位或者个人就预防和治理水土流失的有关情况作出说明；

（三）进入现场进行调查、取证。

被检查单位或者个人拒不停止违法行为，造成严重水土流失的，报经水行政主管部门批准，可以查封、扣押实施违法行为的工具及施工机械、设备等。

第四十五条　水政监督检查人员依法履行监督检查职责时，应当出示执法证件。被检查单位或者个人对水土保持监督检查工作应当给予配合，如实报告情况，提供有关文件、证照、资料；不得拒绝或者阻碍水政监督检查人员依法执行公务。

第四十六条　不同行政区域之间发生水土流失纠纷应当协商解决；协商不成的，由共同的上一级人民政府裁决。

第六章　法律责任

第四十七条　水行政主管部门或者其他依照本法规定行使监督管理权的部门，不依法作出行政许可决定或者办理批准文件的，发现违法行为或者接到对违法行为的举报不予查处的，或者有其他未依照本法规定履行职责的行为的，对直接负责的主管人员和其他直接责任人员依法给予处分。

第四十八条　违反本法规定，在崩塌、滑坡危险区或者泥石流易发区从事取土、挖砂、采石等可能造成水土流失的活动的，由县级以上地方人民政府水行政主管部门责令停止违法行为，没收违法所得，对个人处一千元以上一万元以下的罚款，对单位处二万元以上二十万元以下的罚款。

第四十九条　违反本法规定，在禁止开垦坡度以上陡坡地开垦种植农作物，或者在禁止开垦、开发的植物保护带内开垦、开发的，由县级以上地方人民政府水行政主管部门责令停止违法行为，采取退耕、恢复植被等补救措施；按照开垦或者开发面积，可以对个人处每平方米二元以下的罚款、对单位处每平方米十元以下的罚款。

第五十条　违反本法规定，毁林、毁草开垦的，依照《中华人民共和国森林法》、《中华人民共和国草原法》的有关规定处罚。

第五十一条　违反本法规定，采集发菜，或者在水土流失重点预防区和重点治理区铲草皮、挖树兜、滥挖虫草、甘草、麻黄等的，由县级以上地方人民政府水行政主管部门责令停止违法行为，采取补救措施，没收违法所得，并处违法所得一倍以上五倍以下的罚款；没有违法所得的，可以处五万元以下的罚款。

在草原地区有前款规定违法行为的，依照《中华人民共和国草原法》的有关规定处罚。

第五十二条　在林区采伐林木不依法采取防止水土流失措施的，由县级以上地方人民政府林业主管部门、水行政主管部门责令限期改正，采取补救措施；造成水土流失的，由水行政主管部门按照造成水土流失的面积处每平方米二元以上十元以下的罚款。

第五十三条　违反本法规定，有下列行为之一的，由县级以上人民政府水行政主管部门责令停止违法行为，限期补办手续；逾期不补办手续的，处五万元以上五十万元以下的罚款；对生产建设单位直接负责的主管人员和其他直接责任人员依法给予处分：

（一）依法应当编制水土保持方案的生产建设项目，未编制水土保持方案或者编制的水土保持方案未经批准而开工建设的；

（二）生产建设项目的地点、规模发生重大变化，未补充、修改水土保持方案或者补充、修改的水土保持方案未经原审批机关批准的；

（三）水土保持方案实施过程中，未经原审批机关批准，对水土保持措施作出重大变更的。

第五十四条　违反本法规定，水土保持设施未经验收或者验收不合格将生产建设项目投产使用的，由县级以上人民政府水行政主管部门责令停止生产或者使用，直至验收合格，并处五万元以上五十万元以下的罚款。

第五十五条　违反本法规定，在水土保持方案确定的专门存放地以外的区域倾倒砂、石、土、矸石、尾矿、废渣等的，由县级以上地方人民政府水行政主管部门责令停止违法行为，限期清理，按照倾倒数量处每立方米十元以上二十元以下的罚款；逾期仍不清理的，县级以上地方人民政府水行政主管部门可以指定有清理能力的单位代为清理，所需费用由违法行为人承担。

第五十六条　违反本法规定，开办生产建设项目或者从事其他生产建设活动造成水土流失，不进行治理的，由县级以上人民政府水行政主管部门责令限期治理；逾期仍不治理的，县级以上人民政府水行政主管部门可以指定有治理能力的单位代为治理，所需费用由违法行为人承担。

第五十七条　违反本法规定，拒不缴纳水土保持补偿费的，由县级以上人民政府水行政主管部门责令限期缴纳；逾期不缴纳的，自滞纳之日起按日加收滞纳部分万分之五的滞纳金，可以处应缴水土保持补偿费三倍以下的罚款。

第五十八条　违反本法规定，造成水土流失危害的，依法承担民事责任；构成违反治安管理行为的，由公安机关依法给予治安管理处罚；构成犯罪的，依法追究刑事责任。

第七章　附　　则

第五十九条　县级以上地方人民政府根据当地实际情况确定的负责水土保持工作的机构，行使本法规定的水行政主管部门水土保持工作的职责。

第六十条　本法自2011年3月1日起施行。

关于《中华人民共和国水土保持法（修订草案）》的说明

——2010年8月23日在第十一届全国人民代表大会常务委员会第十六次会议上

水利部副部长　周　英

全国人民代表大会常务委员会：

我受国务院的委托，现对《中华人民共和国水土保持法（修订草案）》作说明。

我国是世界上水土流失最为严重的国家之一，水土流失面积大、分布广、危害重、治理难，严重威胁着我国的生态安全、粮食安全和防洪安全，已经成为制约经济社会可持续发展的重要因素之一。1991年《中华人民共和国水土保持法》（以下称现行水土保持法）公布施行以后，对于预防和治理水土流失，改善农业生产条件和生态环境，促进我国经济社会可持续发展发挥了重要作用：大规模生产建设活动造成的水土流失加剧趋势得到缓解，人为新增水土流失得到有效遏制；水土流失综合治理力度不断加大，治理速度进一步加快；水土保持基础设施建设不断加强，管理服务水平进一步提高；水土保持效益进一步体现，生态环境明显改观。但是，随着经济社会的迅速发展和人们对生态环境要求的不断提高，水土保持工作也遇到了一些新的问题，需要通过修改现行水土保持法加以解决：一是水土保持工作统筹规划不够，在一定程度上影响了水土保持工作的开展；二是水土流失预防和治理的措施不够完善，不能完全适应水土流失预防和治理的要求；三是各类生产建设活动大量增加，水土流失重点预防和治理的区域及对象已不限于现行水土保持法规定的区域和范围；四是水土保持监测体系和监督措施不够完善，不能满足新形势下水土保持监督管理工作的需要。因此，有必要在全面总结实践经验的基础上，对现行水土保持法进行修订。

水利部在深入总结和分析现行水土保持法实施近20年实践经验的基础上，研究起草了《中华人民共和国水土保持法(修订草案送审稿)》报国务院审批。国务院法制办收到此件后,先后两次送国务院有关部门和各省、自治区、直辖市人民政府征求意见,邀请专家进行论证,并到四川、广东两省作了调研,在此基础上,经反复研究、修改,形成了《中华人民共和国水土保持法(修订草案)》(以下简称修订草案)。修订草案共六十二条,分为总则、规划、预防、治理、监测和监督、法律责任、附则七章。修订草案已经国务院常务会议通过。现就修订的主要内容说明如下:

一、关于水土保持规划

水土保持规划是对水土保持工作的总体部署,规划的编制、落实直接关系水土保持工作的综合、长远成效。针对水土保持工作统筹规划不够的问题,修订草案新增"规划"一章,对水土保持规划的编制依据、编制主体、规划种类、编制要求等作了规定。

一是规定了水土流失调查制度。修订草案规定:国务院水行政主管部门和省级人民政府水行政主管部门负责水土流失调查;县级以上人民政府依据水土流失调查结果划定并公告水土流失重点预防区和重点治理区。

二是规定了水土保持规划的编制机关和程序。修订草案规定:县级以上人民政府水行政主管部门会同有关部门编制水土保持规划,报本级人民政府或者其授权的部门批准后,由水行政主管部门组织实施。

三是规定了水土保持规划的种类及编制要求。修订草案规定:水土保持规划分为整体规划和专项规划,规划内容包括水土流失状况和成因及规律、水土流失类型区划分、水土流失防治目标和措施等,规划编制应当服从国民经济和社会发展总体规划,并与土地利用总体规划、水资源规划、城乡规划和环境保护规划等相协调。

二、关于水土流失预防

针对水土流失预防措施不够完善的问题,修订草案进一步完善了水土流失的各项预防措施。

一是完善了特定区域的水土保护措施。修订草案规定:在水土流失严重、生态脆弱的地区,应当限制可能造成水土流失的生产建设活动。禁止在25度以上陡坡地开垦种植农作物,种植经济林应当科学选择品种、合理确定规模;禁止毁林、毁草开垦,禁止在水土流失严重的地区或者植被破坏后难以恢复的地区铲草皮、挖树兜、采集发菜或者滥挖虫草、甘草、麻黄等。

二是完善了对生产建设活动造成水土流失的预防措施。修订草案规定:对生产建设活动中排弃的砂、石、土等应当综合利用,确需废弃的,应当堆放在专门存放地;生产建设项目选址、选线应当避让水土流失重点预防区和重点治理区,无法避让的,应当提高防治标准,优化施工工艺,减少地表扰动和植被损坏范围。

三是完善了生产建设项目水土保持方案管理制度。修订草案规定:在山区、丘陵区、风沙区以及容易发生水土流失的其他区域开办可能造成水土流失的生产建设项目的,应当编报水土保持方案;水土保持方案应当包括水土流失预防和治理的范围、目标、措施和投资等内容;未编制水土保持方案或者水土保持方案未经批准的,生产建设项目不得开工建设。

四是增加了水土保持设施的管护要求。修订草案规定:水土保持设施的所有权人或者使用权人应当加强对水土保持设施的管理与维护,落实管护责任,保障其功能正常发挥。

三、关于水土流失治理

针对水土流失治理措施不够完善的问题,修订草案进一步完善了水土流失的治理措施,并强化了对不同类型水土流失的综合治理。

一是鼓励社会力量参与水土流失治理。修订草案规定:国家鼓励公民、法人和其他组织参与水土流失治理;承包治理荒山、荒沟、荒丘、荒滩的,应当签订承包治理合同,国家保护合同当事人的合法权益;承包治理所种植的林木及其果实归承包者所有,承包治理的土地由承包者使用。

二是完善了水土流失治理和补偿制度。修订草案规定:生产建设活动造成水土流失的,应当进行治理;不治理或者无力治理,以及治理后仍不能恢复原有水土保持功能的,治理责任人应当缴纳水土保持补偿费,专项用于水土流失预防和治理。

三是细化了不同类型地区的水土流失治理措施。修订草案规定:在水力侵蚀地区、风力侵蚀地区和重力侵蚀地区,应当采取工程措施、植物措施和保护性耕作等措施,建立防风固沙防护体系和监测、预报、预警体系;在饮用水水源保护区应当配套建设植物过滤带，控制化肥和农药的使用，减少水土流失引起的面源污染，保护饮用水水源。

四是明确了生产建设活动的水土保持要求。修订草案规定：在生产建设活动中，对所占用土地的地表土应当进行分层剥离，减少地表扰动范围；在生产建设活动结束后，对取土场和开挖面的裸露土地应当植树种草、恢复植被，对闭库的尾矿库应当复垦。

五是加强了水土保持重点工程的建设和管护。修订草案规定：县级以上人民政府水行政主管部门应当加强对水土保持重点工程的建设管理，建立和完善运行管护制度。

四、关于水土保持监测和监督

针对水土保持监测体系和监督措施不够完善的问题，修订草案作了修订和完善。

一是完善了水土保持监测和公告制度。修订草案规定：国务院水行政主管部门应当完善国家水土保持监测网络，对全国水土流失进行动态监测；省级以上人民政府水行政主管部门应当根据水土保持监测情况，定期公告水土流失类型、面积、强度、分布状况、变化趋势以及水土流失造成的危害、水土流失预防治理等情况。

二是明确了生产建设单位水土流失监测义务。修订草案规定：对可能造成严重水土流失的大中型生产建设项目，生产建设单位应当加强对水土流失的监测，并将监测情况定期报当地水行政主管部门。

三是细化了监督检查措施。修订草案规定：执法人员依法实施监督检查，有权要求被检查单位或者个人提供有关文件资料、对有关情况作出说明，可以进入现场进行调查、取证；被检查单位或者个人拒不停止违法行为，造成严重水土流失的，报经水行政主管部门批准，可以查封、扣押实施违法行为的工具及施工机械、设备等。

四是完善了水土流失纠纷解决机制。修订草案规定：水土流失纠纷，可以通过协商、请求水行政主管部门调解、向人民法院起诉等方式解决。

此外，为了适应新形势的要求，严肃执法和加大对水土保持违法行为的处罚力度，使水土流失预防和治理措施落到实处，修订草案对法律责任作了全面修订，补充规定了水行政主管部门和其他有关部门及其工作人员不依法履行职责的法律责任；细化了管理相对人水土保持违法行为的法律责任。

《中华人民共和国水土保持法（修订草案）》和以上说明是否妥当，请审议。

全国人民代表大会法律委员会关于《中华人民共和国水土保持法（修订草案）》审议结果的报告

——2010年12月20日在第十一届全国人民代表大会常务委员会第十八次会议上

全国人大法律委员会副主任委员　洪　虎

全国人民代表大会常务委员会：

常委会第十六次会议对水土保持法（修订草案）进行了初次审议。会后，法制工作委员会将草案印发各省（区、市）、中央有关部门和部分高等院校、法学研究机构等单位征求意见。中国人大网站全文公布草案，向社会征求意见。法律委员会、环境与资源保护委员会和法制工作委员会联合召开座谈会，听取有关部门和专家的意见。法律委员会、法制工作委员会还到一些地方调研，并就主要问题同有关部门交换意见，共同研究。法律委员会于12月2日召开会议，根据常委会组成人员的审议意见和各方面的意见，对修订草案进行了逐条审议。环境与资源保护委员会和国务院法制办公室、水利部有关负责同志列席了会议。12月14日，法律委员会召开会议，再次进行了审议。法律委员会认为，水土保持法是1991年制定的，针对水土保持工作出现的新情况、新问题，对水土保持法进行修改是必要的，修订草案基本可行。同时，提出以下主要修改意见：

一、修订草案第三条对水土保持工作的方针作了规定。有些常委委员、人大代表和社会公众提出，水土流失的预防、治理还应遵循“保护优先”、“突出重点”的方针。法律委员会经同环境与资源保护委员会和国务院法制办公室、水利部研究，建议在水土保持工作的方针中增加这些内容，将这一条修改为：“水土保持工作实行预防为主、保护优先、全面规划、综合治理、因地制宜、突出重点、科学管理、注重效益的方针。”

二、修订草案第五条中规定，县级以上人民政府水行政主管部门主管水土保持工作；其他有关部门按照各自职责，做好有关的水土流失预防和治理工作。有些常委委员和地方、部门、社会公众提出，水土保持工作综合性较强，做好水土保持工作需要水行政主管部门与林业、农业、国土资源等有关部门认真履行职责、加强协调配合。法律委员会经同环境与资源保护委员会和国务院法制办公室、水利部研究，建议将这一条中的“其他有关部门”明确为“林业、农业、国土资源等有关部门”。

三、有些常委会组成人员和地方提出，修订草案第二章有关水土保持规划的规定层次不够清晰、内容不够完整。有的常委委员和地方提出，编制水土保持规划应征求专家、公众的意见。法律委员会经同环境与资源保护委员会和国务院法制办公室、水利部研究，赞成上述意见，建议对修订草案第二章有关规划编制、审批的规定进行适当梳理，并增加规定：“水土保持规划应当在水土流失调查结果及水土流失重点预防区和重点治理区划定的基础上，遵循统筹协调、分类指导的原则编制。”“编制水土保持规划，应当征求专家和公众的意见。”

四、修订草案第三十三条中规定，生产建设活动造成水土流失的，应当进行治理；不治理或者无力治理以及治理后仍不能恢复原有水土保持功能的，治理责任人应当缴纳水土保持补偿费。一些地方提出，上述规定对地方多年的实际做法作了改变，不够妥当。法律委员会经同环境与资源保护委员会和国务院法制办公室、水利部研究，建议将上述规定修改为：生产建设活动造成水土流失的，应当进行治理。在山区、丘陵区、风沙区以及水土保持规划确定的容易发生水土流失的其他区域进行生产建设活动，损坏水土保持设施、地貌植被，不能恢复原有水土保持功能的，应当缴纳水土保持补偿费，专项用于水土流失预防和治理。同时，在法律责任一章中增加规定：“违反本法规定，开办生产建设项目或者从事其他生产建设活动造成水土流失，不进行治理的，由县级以上人民政府水行政主管部门责令限期治理；逾期仍不治理的，县级以上人民政府水行政主管部门可以指定有治理能力的单位代为治理，所需费用由违法行为人承担。”

五、有些常委委员和地方、部门提出，修订草案第三十五条有关承包荒山、荒沟、荒丘、荒滩治理水土流失的规定，应与土地管理法、农村土地承包法等法律相衔接，在水土流失严重地区承包农村土地也要承担防治水土流失的责任，并应在签订土地承包合同的时候明确相应的责任；同时对承包治理“四荒”的，国家应当给予鼓励和支持。法律委员会经同环境与资源保护委员会和国务院法制办公室、水利部研究，建议将这一条修改为：“国家鼓励和支持承包治理荒山、荒沟、荒丘、荒滩，防治水土流失，保护和改善生态环境，促进土地资源的合理开发和可持续利用，并依法保护土地承包合同当事人的合法权益。”“承包治理荒山、荒沟、荒丘、荒滩和承包水土流失严重地区农村土地的，在依法签订的土地承包合同中应当包括预防和治理水土流失责任的内容。”

六、修订草案第四十八条第二款对单位、个人之间水土流失纠纷的解决程序作了规定。有的常委委员提出，单位、个人之间水土流失纠纷属于平等民事主体之间的纠纷，其纠纷的解决程序适用民事诉讼法，本法对此可以不作规定。法律委员会经同环境与资源保护委员会、国务院法制办公室、水利部研究，建议删去这一款。

此外，还对修订草案作了一些文字修改。

修订草案二次审议稿已按上述意见作了修改，法律委员会建议本次常委会会议审议通过。

修订草案二次审议稿和以上报告是否妥当，请审议。

全国人民代表大会法律委员会关于《中华人民共和国水土保持法(修订草案二次审议稿)》修改意见的报告

——2010年12月24日在第十一届全国人民代表大会常务委员会第十八次会议上

全国人民代表大会常务委员会:

本次常委会会议于12月21日上午对水土保持法(修订草案二次审议稿)进行了分组审议,普遍认为,修订草案已经比较成熟,建议进一步修改后,提请本次会议通过。同时,有些常委委员还提出了一些修改意见。法律委员会于12月21日下午召开会议,逐条研究了常委委员的审议意见,对修订草案进行了审议。环境与资源保护委员会和国务院法制办公室、水利部的负责同志列席了会议。法律委员会认为,修订草案是可行的,同时,提出以下修改意见:

一、修订草案二次审议稿第十八条第一款规定,水土流失严重、生态脆弱的地区,应当限制可能造成水土流失的生产建设活动。有的常委委员提出,在上述区域有些情况下应当"禁止"可能造成水土流失的生产建设活动。法律委员会经同环境与资源保护委员会和国务院法制办公室、水利部研究,赞成这一意见,建议将这一款修改为:"水土流失严重、生态脆弱的地区,应当限制或者禁止可能造成水土流失的生产建设活动,严格保护植物、沙壳、结皮、地衣等。"

二、修订草案二次审议稿第二十一条中规定,"禁止在水土流失严重的地区铲草皮、挖树兜、采集发菜或者滥挖虫草、甘草、麻黄等"。有的常委委员提出,这些行为不应仅限于在水土流失严重的地区,还应包括其他水土流失地区。法律委员会经同环境与资源保护委员会和国务院法制办公室、水利部研究,建议将上述规定修改为:禁止采集发菜。禁止在水土流失重点预防区和重点治理区铲草皮、挖树兜或者滥挖虫草、甘草、麻黄等。

三、修订草案二次审议稿第二十三条第二款规定,在禁止开垦坡度以下、五度以上的荒坡地开垦种植农作物,应当采取水土保持措施,并经县级政府水行政主管部门批准。有的常委委员提出,各地情况差异较大,不宜统一规定经县级政府水行政主管部门批准,建议采取修订草案二次审议稿第二十条第二款规定的办法,由省、自治区、直辖市根据本行政区域的实际情况作出规定。法律委员会经同环境与资源保护委员会和国务院法制办公室、水利部研究,建议将这一款修改为:"在禁止开垦坡度以下、五度以上的荒坡地开垦种植农作物,应当采取水土保持措施。具体办法由省、自治区、直辖市根据本行政区域的实际情况规定。"同时,相应删去法律责任中的有关规定。

四、有些常委委员提出,修订草案二次审议稿法律责任中对有些违法行为的处罚规定较轻。法律委员会经同环境与资源保护委员会和国务院法制办公室、水利部研究,建议在修订草案二次审议稿第四十八条有关对崩塌、滑坡危险区和泥石流易发区从事取土、挖砂、采石等可能造成水土流失的行政处罚规定中增加"没收违法所得";将修订草案二次审议稿第五十五条违反水土保持方案的编制、审批等规定的行政处罚由"五万元以上二十万元以下"修改为"五万元以上五十万元以下"。

审议中,有些常委委员建议,在修订草案中增加水土保持规划应与林业保护等相关规划相协调、水土保持规划应当进行环境影响评价等内容。鉴于上述问题相关法律已有规定,法律委员会建议本法可不再作规定。有的常委委员还提出,水土保持法修改后,有关部门应抓紧制定和完善相关配套法规,加强学习宣传。法律委员会建议有关方面组织做好这些工作。

此外,根据常委委员的审议意见,还对修订草案二次审议稿作了个别文字修改。

修订草案建议表决稿已按上述意见作了修改,法律委员会建议本次常委会会议通过。

修订草案建议表决稿和以上报告是否妥当,请审议。

全国人民代表大会常务委员会关于批准《中华人民共和国香港特别行政区基本法附件一香港特别行政区行政长官的产生办法修正案》的决定

（2010年8月28日第十一届全国人民代表大会常务委员会第十六次会议通过）

第十一届全国人民代表大会常务委员会第十六次会议决定：

根据《中华人民共和国香港特别行政区基本法》附件一、《全国人民代表大会常务委员会关于〈中华人民共和国香港特别行政区基本法〉附件一第七条和附件二第三条的解释》和《全国人民代表大会常务委员会关于香港特别行政区2012年行政长官和立法会产生办法及有关普选问题的决定》，批准香港特别行政区提出的《中华人民共和国香港特别行政区基本法附件一香港特别行政区行政长官的产生办法修正案》。

《中华人民共和国香港特别行政区基本法附件一香港特别行政区行政长官的产生办法修正案》自批准之日起生效。

中华人民共和国香港特别行政区基本法附件一香港特别行政区行政长官的产生办法修正案

（2010年8月28日第十一届全国人民代表大会常务委员会第十六次会议批准）

一、二〇一二年选举第四任行政长官人选的选举委员会共1200人，由下列各界人士组成：

工商、金融界　300人

专业界　300人

劳工、社会服务、宗教等界　300人

立法会议员、区议会议员的代表、乡议局的代表、香港特别行政区全国人大代表、香港特别行政区全国政协委员的代表　300人

选举委员会每届任期五年。

二、不少于一百五十名的选举委员可联合提名行政长官候选人。每名委员只可提出一名候选人。

关于提请全国人民代表大会常务委员会批准《中华人民共和国香港特别行政区基本法附件一香港特别行政区行政长官的产生办法修正案（草案）》的报告

全国人民代表大会常务委员会：

根据香港特别行政区基本法附件一第七条的

规定和2007年12月29日全国人民代表大会常务委员会《关于香港特别行政区2012年行政长官和立法会产生办法及有关普选问题的决定》的规定，香港特别行政区政府于2010年6月7日以议案方式向香港特别行政区立法会提交了《中华人民共和国香港特别行政区基本法附件一香港特别行政区行政长官的产生办法修正案(草案)》，该修正案(草案)已于2010年6月24日获得立法会46票赞成，即经立法会全体议员三分之二多数通过。

作为行政长官，我认为上述修正案(草案)符合香港特别行政区基本法和全国人民代表大会常务委员会的有关决定，并已于2010年6月29日依据香港特别行政区基本法附件一第七条，对上述修正案(草案)签署了同意书。

我现根据香港特别行政区基本法附件一第七条和全国人民代表大会常务委员会的有关决定，向全国人民代表大会常务委员会提交《中华人民共和国香港特别行政区基本法附件一香港特别行政区行政长官的产生办法修正案(草案)》，报请全国人民代表大会常务委员会批准。

香港特别行政区行政长官　曾荫权

2010年7月28日

关于《中华人民共和国香港特别行政区基本法附件一香港特别行政区行政长官的产生办法修正案(草案)》和《中华人民共和国香港特别行政区基本法附件二香港特别行政区立法会的产生办法和表决程序修正案(草案)》的说明

全国人民代表大会常务委员会：

我现对《中华人民共和国香港特别行政区基本法附件一香港特别行政区行政长官的产生办法修正案(草案)》和《中华人民共和国香港特别行政区基本法附件二香港特别行政区立法会的产生办法和表决程序修正案(草案)》作说明。

根据《中华人民共和国香港特别行政区基本法》("《基本法》")附件一第七条的规定，香港特别行政区行政长官产生办法如需修改，须经立法会全体议员三分之二多数通过，行政长官同意，并报全国人民代表大会常务委员会批准。根据《基本法》附件二第三条的规定，香港特别行政区立法会产生办法如需修改，须经立法会全体议员三分之二多数通过，行政长官同意，并报全国人民代表大会常务委员会备案。

根据2004年4月6日第十届全国人民代表大会常务委员会第八次会议通过的《全国人民代表大会常务委员会关于〈中华人民共和国香港特别行政区基本法〉附件一第七条和附件二第三条的解释》("《解释》")，行政长官的产生办法和立法会的产生办法是否需要进行修改，行政长官应向全国人民代表大会常务委员会提出报告，由全国人民代表大会常务委员会依照《基本法》第四十五条和第六十八条规定，根据香港特别行政区的实际情况和循序渐进的原则确定。

香港特别行政区政府在2007年7月11日发表了《政制发展绿皮书》，就行政长官及立法会普选方案、路线图和时间表广泛咨询公众。2007年12月12日，行政长官按照《解释》的有关规定，向全国人民代表大会常务委员会提交了《关于香港特别行政区政制发展咨询情况及2012年行政长官和立法会产生办法是否需要修改的报告》("《报告》")。

第十届全国人民代表大会常务委员会第三十一次会议审议了上述《报告》，并于2007年12月29日通过全国人民代表大会常务委员会《关于香港特别行政区2012年行政长官和立法会产生办法及有关普选问题的决定》("《决定》")。

《决定》订明："2012年香港特别行政区第四任行政长官的选举，不实行由普选产生的办法。2012年香港特别行政区第五届立法会的选举，不实行全部议员由普选产生的办法，功能团体和分区直选产生的议员各占半数的比例维持不变，立法会对法案、议案的表决程序维持不变。在此前提下，2012年香港特别行政区第四任行政长官的具体产生办法和2012年香港特别行政区第五届立法会的具体产生办法，可按照《中华人民共和国香港特别行政区基本法》第四十五条、第六十八条的规定和附件一第七条、附件二第三条的规定作出符合循序渐进原则的适当修改。”

全国人民代表大会常务委员会作出《决定》后，香港特别行政区政府在策略发展委员会下成立了政制发展专题小组，透过委员会的工作推动社会讨论2012年两个产生办法。为了更广泛收集社会各界对2012年两个产生办法的意见，香港特别行政区政府于2009年11月18日发表了《2012年行政长官及立法会产生办法咨询文件》，就2012年两个产生办法的重要元素，提出认为可考虑的方向，并开展为期三个月的公众咨询。

在公众咨询期间，香港特别行政区政府透过不同的渠道，广泛听取了市民、不同界别团体和人士、立法会以及区议会就如何修改2012年两个产生办法的意见。我们共收到约47200份书面意见和超过160万个签名。我们亦密切留意各个学术、民间和传媒机构进行的相关民意调查，并视之为反映民意的重要方式之一。总括而言，社会上的主流意见相当清晰：(1)市民普遍希望2012年政制向前发展，不要原地踏步；(2)六成市民支持咨询文件提出的2012年两个产生办法的主要元素；(3)过半数市民支持立法会通过政府建议的2012年政改方案。

在充分考虑所收到的意见，香港特别行政区政府在2010年4月14日提出了一套关于2012年行政长官及立法会产生办法的建议方案。建议方案是按照《基本法》和《决定》，在符合循序渐进的原则下，提升2012年两个选举的民主成分。就《基本法》附件一有关行政长官产生办法的修订，我们建议：(1)2012年选举委员会人数由800人增加至1200人，四大界别以相同比例增加委员名额，即每个界别增加100个议席，维持均衡参与的原则；(2)行政长官候选人提名人数维持在选举委员会人数的八分之一，即不少于150名的选举委员可联合提名行政长官候选人。我们亦向公众表明四大界别中政界的新增议席，大部分会给予区议会的民选议员，以增加选举办法的民主成分，具体安排透过本地立法处理。

就《基本法》附件二有关立法会产生办法的修订，我们建议2012年立法会议席数目由60席增加至70席，分区直选和功能界别各占35席。新增的10个议席当中，直选和功能议席各占一半。我们亦表明新增的5个功能议席将分配予区议会功能界别，以增加立法会的民主成分，具体安排透过本地立法处理。

香港特别行政区政府把建议方案分作两个修正案（草案），即《中华人民共和国香港特别行政区基本法附件一香港特别行政区行政长官的产生办法修正案（草案）》和《中华人民共和国香港特别行政区基本法附件二香港特别行政区立法会的产生办法和表决程序修正案（草案）》，并在2010年6月7日以议案方式提交香港特别行政区立法会。

为了积极争取市民支持建议方案，香港特别行政区政府高层主动进入社区接触市民。此外，为了争取立法会通过两项议案，使香港民主得以向前发展，香港特别行政区政府亦在立法会就议案进行表决前，继续积极与立法会不同党派沟通，并就新增的5个区议会功能界别议席的选举细节提出修订建议，最后成功推动立法会多个党派和独立议员为香港的整体利益就2012年两个产生办法达成跨党派共识。

立法会在2010年6月23日就上述两项议案开始进行动议辩论，并分别在6月24及25日就有关修改行政长官和立法会产生办法的议案作表决。结果两项议案均获得立法会46票赞成，反对票则分别为13及12票，即经立法会全体议员三分之二多数通过。

作为行政长官，我认为上述两项修正案（草案）符合《基本法》和全国人民代表大会常务委员会的有关决定，并于2010年6月29日依据《基本法》附件一第七条及附件二第三条对两项修正案（草案）签署了同意书。

这次是香港特别行政区回归后首次在香港特区之内根据《基本法》附件的规定，通过行政长官和立法会产生办法的修改，这使香港民主能往前发展，亦对落实《基本法》规定达至普选最终目标有积极意义。通过2012年两个产生办法的修订，是符合政制循序渐进的要求，回应了主流民意，亦为按照《决定》在2017年实行行政长官普选和在行政长官由普选产生以后实行立法会普选创造有利条件。

我现根据《基本法》附件一第七条和全国人民代表大会常务委员会的有关决定，向全国人民代表大会常务委员会提交《中华人民共和国香港特别行政区基本法附件一香港特别行政区行政长官的产生办法修正案（草案）》，报请全国人民代表大会常务委员会批准。

我亦根据《基本法》附件二第三条和全国人民

代表大会常务委员会的有关决定，向全国人民代表大会常务委员会提交《中华人民共和国香港特别行政区基本法附件二香港特别行政区立法会的产生办法和表决程序修正案（草案）》，报请全国人民代表大会常务委员会予以备案。

香港特别行政区行政长官　曾荫权
2010年7月28日

全国人民代表大会法律委员会关于《中华人民共和国香港特别行政区基本法附件一香港特别行政区行政长官的产生办法修正案（草案）》审议结果的报告

——2010年8月26日在第十一届全国人民代表大会常务委员会第十六次会议上

全国人大法律委员会主任委员　胡康生

全国人民代表大会常务委员会：

本次会议对香港特别行政区行政长官报请批准的《中华人民共和国香港特别行政区基本法附件一香港特别行政区行政长官的产生办法修正案（草案）》进行了审议。法律委员会于8月24日召开会议，根据常委会组成人员的审议意见，对香港特别行政区基本法附件一修正案草案进行了审议。法律委员会认为，该修正案草案经香港特别行政区立法会全体议员三分之二多数通过，行政长官同意，符合《中华人民共和国香港特别行政区基本法》附件一第七条、《全国人民代表大会常务委员会关于〈中华人民共和国香港特别行政区基本法〉附件一第七条和附件二第三条的解释》和《全国人民代表大会常务委员会关于香港特别行政区2012年行政长官和立法会产生办法及有关普选问题的决定》，建议本次常委会会议作出批准该修正案的决定。

以上报告是否妥当，请审议。

全国人民代表大会常务委员会公告

〔十一届〕第十五号

根据《中华人民共和国香港特别行政区基本法》附件二、《全国人民代表大会常务委员会关于〈中华人民共和国香港特别行政区基本法〉附件一第七条和附件二第三条的解释》和《全国人民代表大会常务委员会关于香港特别行政区2012年行政长官和立法会产生办法及有关普选问题的决定》，全国人民代表大会常务委员会对《中华人民共和国香港特别行政区基本法附件二香港特别行政区立法会的产生办法和表决程序修正案》予以备案，现予公布。

《中华人民共和国香港特别行政区基本法附件二香港特别行政区立法会的产生办法和表决程序修正案》自公布之日起生效。

特此公告。

全国人民代表大会常务委员会
2010年8月28日

中华人民共和国香港特别行政区基本法附件二香港特别行政区立法会的产生办法和表决程序修正案

（2010年8月28日第十一届全国人民代表大会常务委员会第十六次会议予以备案）

二〇一二年第五届立法会共70名议员，其组成如下：

功能团体选举的议员	35人
分区直接选举的议员	35人

关于向全国人民代表大会常务委员会报送《中华人民共和国香港特别行政区基本法附件二香港特别行政区立法会的产生办法和表决程序修正案（草案）》备案的报告

全国人民代表大会常务委员会：

根据香港特别行政区基本法附件二第三条的规定和2007年12月29日全国人民代表大会常务委员会《关于香港特别行政区2012年行政长官和立法会产生办法及有关普选问题的决定》的规定，香港特别行政区政府于2010年6月7日以议案方式向香港特别行政区立法会提交了《中华人民共和国香港特别行政区基本法附件二香港特别行政区立法会的产生办法和表决程序修正案（草案）》，该修正案（草案）已于2010年6月25日获得立法会46票赞成，即经立法会全体议员三分之二多数通过。

作为行政长官，我认为上述修正案（草案）符合香港特别行政区基本法和全国人民代表大会常务委员会的有关决定，并已于2010年6月29日依据香港特别行政区基本法附件二第三条，对上述修正案（草案）签署了同意书。

我现根据香港特别行政区基本法附件二第三条和全国人民代表大会常务委员会的有关决定，向全国人民代表大会常务委员会提交《中华人民共和国香港特别行政区基本法附件二香港特别行政区立法会的产生办法和表决程序修正案（草案）》，报请全国人民代表大会常务委员会予以备案。

香港特别行政区行政长官　曾荫权

2010年7月28日

全国人民代表大会法律委员会关于《中华人民共和国香港特别行政区基本法附件二香港特别行政区立法会的产生办法和表决程序修正案（草案）》审查意见的报告

（2010年8月28日第十一届全国人民代表大会常务委员会第十六次会议通过）

全国人民代表大会常务委员会：

本次会议对香港特别行政区行政长官报请备

三、任命高新亭为第十一届全国人民代表大会内务司法委员会委员。

四、任命刘东辉为第十一届全国人民代表大会教育科学文化卫生委员会委员。

五、任命杨永茂为第十一届全国人民代表大会农业与农村委员会委员。

全国人民代表大会常务委员会决定任免的名单

（2010年12月25日第十一届全国人民代表大会常务委员会第十八次会议通过）

免去李毅中的工业和信息化部部长职务；

任命苗圩为工业和信息化部部长。

全国人民代表大会常务委员会任免名单

（2010年12月25日第十一届全国人民代表大会常务委员会第十八次会议通过）

一、任命孔祥俊、周峰、郑学林、胡云腾、裴显鼎、戴长林为最高人民法院审判委员会委员。

二、任命王晓东、吴毛旦、张华、陈宜芳（女）为最高人民法院审判员。

三、免去任卫华、高憬宏的最高人民法院审判委员会委员职务。

全国人民代表大会常务委员会任免名单

（2010年12月25日第十一届全国人民代表大会常务委员会第十八次会议通过）

一、任命曹红虹（女）、刘桂平（女）、张华昌、李世明、郑立新（女）、芦庆辉、马援、范文喜、张振东、马锐、张立新（女）、熊少敏、柳晞春、殷毅、卢宇蓉、杨洪川、穆爱华（女）、方剑明、李满旺为最高人民检察院检察员。

二、免去王京（女）的最高人民检察院检察员职务。

全国人民代表大会常务委员会决定任免的名单

（2010年12月25日第十一届全国人民代表大会常务委员会第十八次会议通过）

免去郑清典的中华人民共和国驻阿富汗伊斯兰共和国特命全权大使职务；

任命徐飞洪为中华人民共和国驻阿富汗伊斯兰共和国特命全权大使。

（2011年4月2日国家主席胡锦涛根据全国人大常委会的决定召回和派遣）

免去张国庆的中华人民共和国驻马里共和国特命全权大使职务；

任命曹忠明为中华人民共和国驻马里共和国特命全权大使。

（2011年4月2日国家主席胡锦涛根据全国人大常委会的决定召回和派遣）

免去周欲晓的中华人民共和国驻利比里亚共和国特命全权大使职务；

任命赵鉴华为中华人民共和国驻利比里亚共和国特命全权大使。

（2011年4月2日国家主席胡锦涛根据全国人大常委会的决定召回和派遣）

免去高德毅的中华人民共和国驻莱索托王国特使全权大使职务；

任命胡定贤为中华人民共和国驻莱索托王国特使全权大使。

（2011年4月2日国家主席胡锦涛根据全国人大常委会的决定召回和派遣）

附：

全国人民代表大会常务委员会决定任免的名单

（2009年12月26日第十一届全国人民代表大会常务委员会第十二次会议通过）

免去任小萍（女）的中华人民共和国驻纳米比亚共和国特命全权大使职务；

任命魏瑞兴为中华人民共和国驻纳米比亚共和国特命全权大使。

（2010年6月10日国家主席胡锦涛根据全国人大常委会的决定召回和派遣）

免去武春华的中华人民共和国驻阿拉伯埃及共和国特命全权大使职务；

任命宋爱国为中华人民共和国驻阿拉伯埃及共和国特命全权大使。

（2010年10月25日国家主席胡锦涛根据全国人大常委会的决定召回和派遣）

注：这是2010年6月10日、10月25日国家主席胡锦涛决定任免的第十一届全国人大常委会第十二次会议通过的驻外大使名单。

代表工作

一、代表议案处理

全国人民代表大会内务司法委员会关于第十一届全国人民代表大会第三次会议主席团交付审议的代表提出的议案审议结果的报告

（2010 年 10 月 28 日第十一届全国人民代表大会常务委员会第十七次会议通过）

全国人民代表大会常务委员会：

第十一届全国人民代表大会第三次会议主席团交付内务司法委员会审议的代表提出的议案 63 件，要求制定法律 12 部，修改法律 15 部，共涉及 27 项立法；建议开展执法检查 2 项。

我委切实履行法定职责，积极改进办理方式，将代表议案办理工作与内务司法方面的立法和监督工作相结合，召开了有关部门座谈会，沟通协调，同时邀请提出相关议案的代表参加调研、执法检查，听取意见。各有关部门对我委转交的代表议案都很重视，在认真研究的基础上提出了办理意见。内务司法委员会于 2010 年 9 月 29 日召开第 12 次会议，对代表议案进行了审议。现将审议结果报告如下：

一、4 件议案提出的 2 项立法，已经提请全国人大常委会会议审议通过

1.2. 关于制定人民调解法的议案 3 件，制定调解法的议案 1 件。国务院提请审议的《中华人民共和国人民调解法》已经十一届全国人大常委会第十六次会议审议通过。在提请常委会初审前，我委提出了审议意见。代表议案中提出的一些具体建议，在人民调解法中有所体现。

二、14 件议案提出的 5 项立法，已经列入十一届全国人大常委会立法规划或 2010 年立法工作计划

3. 关于制定慈善事业法的议案 6 件。制定慈善事业法已列入十一届全国人大常委会立法规划和 2010 年立法工作计划。国务院法制办正在对民政部报送的草案进行审查修改。建议国务院法制办抓紧工作，尽快报国务院提请全国人大常委会审议。

4. 关于制定社会救助法的议案 3 件。制定社会救助法已列入十一届全国人大常委会立法规划和 2010 年立法工作计划。国务院法制办正在对民政部报送的草案进行审查修改。建议国务院法制办抓紧工作，尽快报国务院提请全国人大常委会审议。

5. 关于修改老年人权益保障法的议案 1 件。老年人权益保障法（修订）已列入十一届全国人大常委会立法规划。民政部、全国老龄办于 2007 年启动该法修订工作，目前已形成修订草案稿。建议国务院有关部门抓紧修订工作，适时将修订草案报国务院提请全国人大常委会审议。

6.7. 关于修改城市居民委员会组织法的议案 3 件，制定社区法的议案 1 件。城市居民委员会组织法（修订）已列入十一届全国人大常委会立法规划。该法修改中涉及的一些问题，与我国经济、社会的发展关系重大，需要认真研究论证。建议国务院有关部门根据最近中央印发的关于加强和改进居委会建设的文件精神，认真研究代表议案提出的意见，抓紧居委会组织法的修改工作。

居委会组织法是与社区密切相关的一部法律，目前我国社区建设尚处在不断探索发展过程中，可暂不考虑制定社区法。建议民政部对社区建设中出现的新情况进行深入研究。

三、5件议案提出的2项立法，建议条件成熟时列入全国人大常委会立法工作计划

8. 关于修改监狱法的议案3件。随着我国经济、社会的发展，监狱工作出现了许多新情况新变化，修改监狱法确有必要。建议司法部认真研究代表提出的意见，结合刑事执行制度改革，抓紧研究监狱法修改问题，待条件成熟时列入全国人大常委会立法工作计划。

9. 关于修改工会法的议案2件。工会法自2001年修改以来，贯彻实施情况总体是好的。全国人大常委会高度重视工会法的贯彻实施，于2004年和2009年两次对工会法贯彻实施情况进行检查。我委将与全国总工会等有关单位加强沟通，深入研究，待条件成熟时向全国人大常委会提出修改工会法的建议。

四、38件议案提出的18项立法（其中单独立法7项，修改法律11项），目前条件尚不成熟，建议暂不考虑单独立法或修改法律

10. 关于制定志愿服务法的议案5件。近年来我国志愿服务工作取得了长足进展，同时也存在一些问题。为规范志愿服务活动，促进志愿服务事业健康发展，进行全国性立法是必要的。今年我委对志愿服务立法问题进行了调研。考虑到志愿服务是一项新生事物，建议先由国务院制定行政法规，并在立法中认真研究吸纳代表议案中提出的建议。

11. 关于制定基本生活保障法的议案1件。代表议案中提出的建议有些已在社会救助法草案中有所体现，有些应在其他有关社会保障法律法规中作出规定，建议暂不单独制定基本生活保障法。

12. 关于制定法律救助法的议案1件。国务院制定法律援助条例后，有关部门也联合制定了一些规范性文件。《关于开展刑事被害人救助工作的若干意见》印发后，刑事被害人司法救助工作已在全国全面开展。议案提出的法律援助，既有诉讼过程中的问题，也有诉讼之外的问题，不宜都由司法渠道解决，可以研究通过社会救助渠道解决的可行性。当前应着重做好有关法规、文件的贯彻落实工作，健全完善机制，不断积累经验，建议待条件成熟时再考虑立法问题。

13. 关于制定陪审法的议案1件。全国人大常委会关于完善人民陪审员制度的决定实施以来，人民陪审员制度实行情况总体是好的。由于决定实施时间尚短，制度的健全完善需要一定时间积累经验，目前制定专门法律的条件尚不具备。

14. 关于制定预防职务犯罪法的议案2件。我国现行法律法规对预防职务犯罪已有一系列规定，关键是各主管部门要认真履行法定职能，严格执法，保证违法犯罪行为得到及时查处。建议有关部门进一步总结预防职务犯罪工作经验，对完善预防职务犯罪立法问题进行认真研究论证。

15. 关于制定社区矫正法的议案7件。今年8月提请全国人大常委会审议的刑法修正案（八）（草案），已明确规定对管制、缓刑、假释等犯罪分子实行社区矫正，其他改革工作也在进行当中。建议有关部门结合代表议案中提出的意见，对制定社区矫正法进行认真研究论证。

16. 关于制定反家庭暴力法的议案2件。当前有效防治家庭暴力问题应当立足于有关部门积极配合，执行好现行的法律法规，加大预防和反家庭暴力工作力度。对是否制定专门的反家庭暴力法，我委将积极会同有关部门在深入调研的基础上进一步研究论证。

17. 关于修改公务员法的议案1件。代表议案建议在公务员法中对各级政府正副职领导人的辞职程序作出规定，鉴于有关组织法对这一问题已有规定，可以不对公务员法进行修改。

18.19. 关于修改人民法院组织法的议案1件，修改人民检察院组织法的议案3件。代表议案中提出的建议，涉及司法体制改革。建议最高人民法院、最高人民检察院和中央有关部门根据司法体制改革进程，对法院组织法、检察院组织法修改问题进行研究论证。

20.21. 关于修改法官法的议案1件，修改检察官法的议案1件。代表议案提出的修改法官、检察官任职条件的建议，有的在相关规范性文件中已有所体现，有的仍需进行深入研究论证。建议最高人民法院、最高人民检察院对代表提出的有关建议，结合司法职业特点、法律从业人员状况等，进行深入研究论证，建议暂不对法官法、检察官法进行修改。

22. 关于修改人民警察法的议案1件。人民警察法已经颁布实施十多年，建议公安部抓紧对人民警察法实施情况进行调研，并认真研究代表议案提出的意见和建议，适时启动人民警察法修改工作。

23. 关于修改治安管理处罚法的议案1件。代表议案提出的关于现行法律对故意损毁公私财物行为处罚过重的问题，治安管理处罚法和有关解释对这类行为已规定可以调解处理和根据情节给予减轻或不予处罚。建议公安机关继续加强执法规范化建设，建议暂不对治安管理处罚法进行修改。

24. 关于修改道路交通安全法的议案3件。代表议案提出的道路交通安全法存在的问题，有的在其他法律法规中已有规定，有的还需进一步研究论证。建议公安部认真研究代表议案提出的意见和建议，进一步完善配套规章，改进执法工作，建议在刑法修正案（八）审议通过前，暂不对道路交通安全法进行修改。

25. 关于修改居民身份证法的议案4件。代表议案提出的关于修改居民身份证法的一些具体建议，主要应通过进一步完善配套规定和加强执法加以解决。建议公安部认真研究居民身份证法实施过程中出现的问题，进一步完善配套规章，严格执法，建议暂不对居民身份证法进行修改。

26. 关于修改公证法的议案1件。代表议案提出的因公证机构只有核实权却无调查权而导致的一些问题，主要是属于执行中的问题。建议司法部加强对公证法实施过程中新情况新问题的调查研究，完善有关制度，建议暂不对公证法进行修改。

27. 关于修改妇女权益保障法的议案2件。代表议案提出的就业性别歧视、违法鉴定胎儿性别等问题，现行法律法规中已有禁止性规定，关键在于严格执法。建议有关部门进一步加大执法力度，加强对法律实施情况的监督检查，推动法律切实得到落实。

五、2件议案提出的2项执法检查

28. 关于对律师法进行执法检查的议案1件。全国人大常委会于2005年对律师法的实施情况进行了执法检查，根据检查发现的问题，对律师法进行了修订。最近，中办、国办转发了司法部关于进一步加强和改进律师工作的意见，要求切实加强对律师工作的领导，为律师事业又好又快发展提供有力保障，开创我国律师工作新局面。我委将根据“两办”通知精神，督促有关部门统一认识，加强宣传，严格执行律师法，待法律再实施一段时间后，根据情况和常委会执法检查工作的总体部署，适时提出开展律师法执法检查的建议。

29. 关于检查妇女权益保障法实施情况的议案1件。全国人大常委会历来高度重视妇女权益保障法的贯彻实施，2010年对该法的执行情况进行了检查。我委将依法督促有关部门落实执法检查报告中提出的意见和建议，进一步推动妇女权益保障法的实施。

上述63件议案的主要内容及具体审议意见，请详见附件。

以上报告，请予审议。

附件：全国人民代表大会内务司法委员会关于第十一届全国人民代表大会第三次会议主席团交付审议的代表提出的议案的审议意见

全国人民代表大会内务司法委员会

2010年10月27日

附件：

全国人民代表大会内务司法委员会关于第十一届全国人民代表大会第三次会议主席团交付审议的代表提出的议案的审议意见

第十一届全国人民代表大会第三次会议主席团交付内务司法委员会审议的代表提出的议案63件，要求制定法律12部，修改法律15部，共涉及27项立法；建议开展执法检查2项。审议意见如下：

一、4件议案提出的2项立法，已经提请全国人大常委会会议审议通过

1.2. 姜健、徐景龙、周晓光等92名代表提出关于制定人民调解法的议案3件（第7、158、280号），戴仲川等30名代表提出制定调解法的议案1件（第332号）。议案提出，应该制定一部专门的人民调解法或大调解法，全面规范、协调和指导各项调解工作。

今年8月，国务院提请审议的《中华人民共和国人民调解法》已经十一届全国人大常委会第十六次会议审议通过。在提请常委会初审前，我委提出了审议意见。代表议案中提出的一些具体建议，已经在人民调解法中有所体现。

二、14件议案提出的5项立法，已经列入十一届全国人大常委会立法规划或2010年立法工作计划

3. 姜健、刘卫星、郑杰、郝萍、周洪宇、邢克智等189名代表提出关于制定慈善事业法的议案6件（第8、68、93、111、216、246号）。议案提出，慈善事业是我国社会保障体系的重要组成部分，但目前相关立法与经济社会发展不相适应，需要通过立法解决体制机制问题，以规范慈善机构运行，使捐赠款物的流向更加透明，建议尽快制定慈善事业法。

制定慈善事业法已列入十一届全国人大常委会立法规划和2010年立法工作计划。目前，国务院法制办正在对民政部报送的草案进行审查修改。代表在议案中提出的关于规范慈善组织、完善监督制度、明确税收优惠政策等建议，将在草案修改过程中认真研究。

近年来，我委多次参加有关部门组织的慈善立法调研及座谈、研讨，并于今年组织了相关考察。建议国务院法制办抓紧审查修改，尽快报国务院提请全国人大常委会审议。

4. 汪夏、王保存、邹峰晶等96名代表提出关于制定社会救助法的议案3件（第69、108、411号）。议案提出，我国虽已初步建立社会救助制度，但社会救助法律体系尚未形成，社会救助经费没能与国民经济的发展同步增长，社会救助缺乏制度保障和责任规范。

制定社会救助法已列入十一届全国人大常委会立法规划和2010年立法工作计划。民政部于2007年12月将社会救助法草案送审稿报国务院，2009年11月，国务院第86次常务会议进行了审议，要求对该项立法作进一步研究论证。目前，国务院法制办正在对民政部报送的草案进行审查修改。代表议案中提出的建议，将在今后的社会救助立法工作中一并研究。

我委认为，社会救助是社会保障体系的重要组成部分，社会救助法是一项重要的起支架作用的民生立法。建议国务院法制办抓紧审查修改，尽快报国务院提请全国人大常委会审议。

5. 张孝荣等31名代表提出关于修改老年人权益保障法的议案1件（第311号）。议案提出，随着我国人口老龄化的快速发展，现行老年人权益保障法对养老服务等内容的规定已经不适应社会现实需要，建议予以修改。

老年人权益保障法（修订）已列入十一届全国人大常委会立法规划。民政部、全国老龄办于2007年启动该法修订工作，目前已形成修订草案稿，拟对草案稿作进一步修改，并经民政部部务会讨论通过后报国务院。修订草案稿吸纳了代表建议，针对我国高龄老年群体迅速扩大，以及老年人家庭小型化、空巢化的实际，强化了国家责任和社会养老的力度，细化了社会保障的内容。国务院法制办表示，待民政部将送审稿报送国务院后，将抓紧做好审查修改工作。

我委今年进行了老年人权益保障法执法调研，为进一步促进法律实施和修改工作，我委将建议全国人大常委会在2011年对老年人权益保障法进行执法检查。建议国务院有关部门抓紧修改，适时将修订草案报国务院提请全国人大常委会审议。

6.7. 康厚明、朱国萍、汪惠芳等93名代表提出关于修改城市居民委员会组织法的议案3件（第70、94、285号），马克宁等30名代表提出关于制定社区法的议案1件（第117号）。议案提出，城市居民委员会组织法颁布实施20多年来，我国城市的社会结构、社会管理方式已经发生了很大变化，现行法律的一些规定已不能适应社会发展的形势，建议尽快修订。有的议案提出，居民委员会组织法的修订应当与社区法的制定统筹考虑。

城市居民委员会组织法（修订）已列入十一届全国人大常委会立法规划。民政部在2005年4月已将该法修订草案送审稿报送国务院。国务院法制办审查后认为，城市居委会组织法的修改尚需对相关问题进行深入研究，并建议民政部在认真

研究代表议案所提意见的基础上对草案作进一步修改完善。民政部将在该法修订工作中，对代表议案中提出的一些具体问题和建议予以充分考虑。

关于将居委会组织法和村委会组织法合并的建议，民政部认为，农村村民委员会和城市居民委员会虽然性质相同、与基层政府的关系相同，但由于城乡二元结构、户籍制度等原因，将二者合二为一的条件目前尚不成熟。目前，村民委员会组织法（修订草案）已由全国人大常委会向社会各界全文公布征求意见，并已进行了二审，相关修订工作正在稳步推进。

关于制定社区法的建议，民政部认为，城市居民委员会组织法是与我国城市社区密切相关的一部重要法律，虽然其中有些条款已不适应当前实际，但可以通过修订法律来完善和解决，没有必要再另立一部法律。对于议案中提出的方案和措施，民政部将在指导居民委员会工作中予以充分考虑。

我委认为，居委会组织法是与社区密切相关的一部法律，目前我国社区建设尚处在不断探索发展过程中，可暂不考虑制定社区法。建议民政部根据最近中央印发的关于加强和改进居委会建设的文件精神，认真研究代表议案提出的意见，对社区建设中出现的新情况进行深入研究，抓紧居委会组织法的修改工作。

三、5件议案提出的2项立法，建议条件成熟时列入全国人大常委会立法工作计划

8. 海南代表团、宁夏代表团和阿曼杷依·达吾提等36名代表提出关于修改监狱法的议案3件（第41、185、363号）。议案提出，监狱法中有些规定与刑法、刑事诉讼法的规定不一致，为适应刑事执行制度的改革和发展，建议对监狱法进行修改。

司法部认为，随着我国经济社会的发展，监狱工作出现了许多新情况新变化，修改现行监狱法确有必要。司法部正在就监狱法的修改进行前期研究。

我委赞成根据监狱工作改革中出现的新情况适时对监狱法进行修改。建议国务院司法行政部门认真研究代表议案中提出的意见，结合刑事执行制度改革，抓紧研究监狱法修改问题，待条件成熟时列入全国人大常委会立法工作计划。

9. 周晓光、秦希燕等60名代表提出关于修改工会法的议案2件（第281、453号）。议案提出，现行工会法存在工会职责不够明确、基层工会组建和职工加入工会的规定可操作性不强等方面的问题，建议对工会法进行修改，同时，强化地方工会支持基层工会开展维权工作的法律规定，强化工会组织对安全生产进行监督的职责和权力。

全国总工会认为，代表议案中提出的部分问题确实存在，一定程度上制约了工会特别是基层工会职责的履行和作用的发挥。随着我国经济社会的深刻变革，工会法的一些规定已经不能完全适应形势发展的要求，建议尽快将修订工会法列入全国人大常委会工作日程。

我委认为，工会法自2001年修订以来，贯彻实施情况总体是好的。全国人大常委会高度重视工会法的贯彻实施，于2004年和2009年两次对工会法贯彻实施情况进行检查，提出了多项整改意见和建议。今年6月，内务司法委员会又对人力资源和社会保障部代表国务院向全国人大常委会报送的落实工会法执法检查报告及审议意见的报告进行了审议，督促政府有关部门和相关单位进一步解决执法检查报告和审议意见中提出的问题，落实整改要求。我委将与全国总工会等有关单位加强沟通，深入研究，待条件成熟时向全国人大常委会提出修改工会法的建议。

四、38件议案提出的18项立法（其中单独立法7项，修改法律11项），目前条件尚不成熟，建议暂不考虑单独立法或修改法律

10. 郝萍、刘庆宁、周晓光、周洪宇、谭晶等155名代表提出关于制定志愿服务法的议案5件（第110、194、279、360、447号）。议案提出，在志愿服务快速发展过程中，影响我国志愿服务的问题也逐步显现，包括志愿服务缺乏有效的协调机制、志愿者与服务对象之间的关系不够明确、志愿者权益受到侵害的情况时有发生、志愿者组织和志愿服务缺乏必要的经费、志愿服务责任不明确等。针对这些问题，建议尽快进行志愿服务立法，将志愿服务纳入法制化轨道。

我委和民政部、国务院法制办、共青团中央一致认为，近年来我国志愿服务工作取得了长足进展，同时也存在一些问题。为规范志愿服务活动，

促进志愿服务事业健康发展，进行全国性立法是必要的。今年上半年，我委会同民政部、团中央对志愿服务立法进行了调研，召开了立法研讨会。考虑到志愿服务是一项新生事物，根据常委会领导同志的批示精神，建议先由国务院制定行政法规，并在立法中认真研究吸纳代表议案中提出的建议。

11. 卢亦愚等 31 名代表提出关于制定基本生活保障法的议案 1 件（第 495 号）。议案提出，我国的基本生活保障与国际社会相比还存在一定的差距，覆盖的领域需要确定和扩大，保护力度有待增强，基本生活保障方面的法律尚为空白。建议制定基本生活保障法，以保障公民的基本生活权益，促进社会的安定团结与和谐发展。

民政部提出，目前正在拟定的社会救助法草案设置专章，分别规范了最低生活保障、教育救助、医疗救助、住房救助等内容，对公民在这些方面获得基本保障作出了规定。此外，城市居民最低生活保障条例已纳入国务院 2010 年立法工作计划，涉及城乡医疗救助、农村最低生活保障等方面的文件也相继出台。

我委认为，代表议案中提出的建议有些已在社会救助法草案中有所体现，有些应在其他有关社会保障法律、法规中作出规定，建议暂不单独制定基本生活保障法。

12. 张立勇等 30 名代表提出关于制定法律救助法的议案 1 件（第 389 号）。议案提出，法律援助与司法救助制度衔接缺乏法律保障。建议制定一部统一的法律救助法，规范救助对象、经费保障等问题。

司法部表示，近年来司法部高度重视法律援助工作，加强法律援助与司法救助的衔接，扩大法律援助覆盖范围，完善配套机制，增强法律援助保障能力。下一步将加强调研，总结法律援助条例实施经验，与立法、司法部门配合，不断健全完善法律援助制度。

最高人民法院建议将刑事被害人救助纳入国家立法。

我委认为，为经济困难的当事人提供法律援助和司法救助是司法制度的重要内容，经过多年的实践有了很大发展。国务院制定法律援助条例后，有关部门也联合制定了一些规范性文件。2009 年 3 月，按照“先政策、后法律、两步走”的改革思路，《关于开展刑事被害人救助工作的若干意见》印发后，刑事被害人司法救助工作在全国全面开展。议案提出的法律救助既有诉讼过程中的问题，也有诉讼之外的问题，不宜都由司法渠道解决，可以研究通过社会救助渠道解决的可行性。当前应着重做好贯彻落实有关法规、文件的贯彻落实工作，健全完善机制，不断积累经验，建议待条件成熟时再考虑立法问题。

13. 刘庆宁等 31 名代表提出关于制定陪审法的议案 1 件（第 193 号）。议案提出，关于完善人民陪审员制度的决定不足以解决部分法院陪审员人数少、陪审案件数量少、经费保障困难等问题，不利于司法公正，建议制定陪审法。

最高人民法院提出，全国人大常委会关于完善人民陪审员制度的决定实施以来，最高人民法院和地方各级人民法院高度重视，制定多项相关制度，积极主动开展工作。各级司法行政机关也做了许多相应的协助工作。全国人大有关专门委员会专门听取了有关部门的专题报告，督促解决人民陪审员制度实施过程中的困难和问题。决定实施五年来，人民陪审员的作用得到进一步发挥，人民陪审员制度的影响力和认同度不断增强，人民陪审员制度实行情况总体是好的。由于决定实施时间尚短，制度的健全完善需要一定时间积累经验，目前制定专门法律的条件尚不具备。

我委赞成最高人民法院的意见。

14. 汪夏、谭艳等 62 名代表提出关于制定预防职务犯罪法的议案 2 件（第 65、222 号）。议案提出，应制定预防职务犯罪法，对预防职务犯罪工作的原则、职责、措施、监督和保障等作出规定，推动反腐工作进一步深入和规范。

最高人民检察院提出，检察机关作为预防和查办职务犯罪的职能部门，正积极开展预防职务犯罪立法调研、论证和相关法律草案的起草工作，推动预防职务犯罪法制化建设的进程。

我委认为，我国现行法律、法规对预防职务犯罪已有一系列规定，关键是各主管部门要认真履行法定职能，严格执法，保证违法犯罪行为得到及时查处。建议有关部门进一步总结预防职务犯罪工作经验，对完善预防职务犯罪立法问题进行认真研究论证。

15. 吴江林、陈旭、朱维芳、周晓光、刘玲、俞学文、陈昆忠等 211 名代表提出关于制定社区矫正法的议案 7 件（第 66、95、159、286、470、493、494 号）。议案提出，社区矫正制度试点工作取得了良好的法律和社会效果，但仍存在法律依据不足、执法主体不明等法律障碍和制约瓶颈，建议加快制定社区矫正法，进一步规范和推动社区矫正工作。

司法部和国务院法制办提出，中央有关部门已就建立社区矫正法律制度达成共识，方案已获中央司法体制改革领导小组批准并正在实施，将通过修改刑法和刑事诉讼法对有关非监禁刑执行和暂予监外执行的规定进行修改，在基本法律层面确立社区矫正法律制度。公检法司机关正在研究制定《社区矫正执行办法》，对社区矫正的适用程序、矫正方式、监督管理措施及机构和人员设置等方面作出明确规定。

我委认为，今年8月提请全国人大常委会审议的刑法修正案（八）（草案），已明确规定对管制、缓刑、假释等犯罪分子实行社区矫正，其他改革工作也在进行当中。建议有关部门结合代表议案中提出的意见，对制定社区矫正法进行认真研究论证。

16. 李清林、陈秀榕等62名代表提出关于制定反家庭暴力法的议案2件（第73、331号）。议案提出，目前家庭暴力在我国社会普遍存在，对于个人、家庭以及社会等各方面都产生严重的负面影响。世界上已有60多个国家和地区有专门的反家庭暴力法，我国27个省区市出台了预防和制止家庭暴力地方性法规或政策。建议尽快将反家庭暴力法列入常委会立法计划。

公安部和全国妇联认为，家庭暴力是发生在家庭领域的严重侵权行为，不仅直接侵犯受害人权益，而且引发诸多社会问题。现有的关于预防和制止家庭暴力的法律法规尚不够系统完善，有关保护妇女、儿童的法律可操作性不强。当前，我国立法和司法实践为反家庭暴力专门立法奠定了基础，已经具备了进行反家庭暴力专门立法的条件，建议全国人大常委会将反家庭暴力法列入立法工作计划。

我委认为，我国宪法、婚姻法、妇女权益保障法、刑法、治安管理处罚法以及刑事诉讼法、民事诉讼法等多部法律对反家庭暴力问题作了原则的和具体的规定，很多地方也制定了相应的地方性法规，基本上做到了有法可依。当前有效防治家庭暴力问题应当立足于有关部门积极配合，执行好现行的法律、法规，加大预防和制止家庭暴力工作力度。对是否制定专门的反家庭暴力法，我委将积极会同有关部门在深入调研的基础上进一步研究论证。

17. 秦希燕等31名代表提出关于修改公务员法的议案1件（第223号）。议案提出，为进一步增加人事任免的透明度，强化人大对政府的监督，建议修改公务员法第八十六条，增加"各级政府正副职领导，应当向各所属人大常委会做当面辞职报告"的规定。

人力资源和社会保障部认为，公务员法第三条规定，法律对公务员中的领导成员的任免另有规定的，从其规定。根据《地方各级人民代表大会和地方各级人民政府组织法》第二十七条规定，县级以上的地方各级人民政府领导人员，可以向本级人民代表大会提出辞职，由大会决定是否接受辞职；大会闭会期间，可以向本级人民代表大会常务委员会提出辞职，由常务委员会决定是否接受辞职。另外，公务员法第四条规定，公务员制度坚持党管干部原则。按照《党政领导干部选拔任用工作条例》和《党政领导干部辞职暂行规定》，由人民代表大会或者人大常委会选举、任命、决定任命的领导干部辞职，应按照干部管理权限，由党委（党组）集体研究决定后，再依照法律的有关规定办理。因此，各级政府正副职领导的辞职程序，不属于公务员法规范的内容，不宜通过修改公务员法来调整。

我委赞同人力资源和社会保障部的意见，可以不对公务员法进行修改。

18. 19. 买世蕊等30名代表提出关于修改人民法院组织法的议案1件（第109号），孙桂华、孙建国、幕平等93名代表提出关于修改人民检察院组织法的议案3件（第80、284、319号）。议案提出，法院的经费应由国家财政保证，人事权要独立于地方政府，在各级人大应设立"司法人事、编制委员会"，决定司法机关内部机构的设置和人员编制；人民检察院组织法中关于检察院的任务和职权、机构设置和人员任免以及行使职权的程序等规定需要进一步完善，建议修改人民法院组织法和人民检察院组织法。

最高人民法院提出，2006年中央印发了《中共中央关于进一步加强人民法院、人民检察院工作的决定》，要求加大上级人民法院党组协管干部工作的力度。2007年中央组织部、最高人民法院党组、最高人民检察院党组制定下发了《关于进一步加强地方各级人民法院、人民检察院领导干部选拔任用工作有关问题的意见》，对人民法院领导班子成员的提名、考察、审批等有关工作提出了具体要求。代表议案提出的由地方各级人民代表大会进行差额选举产生人民法院院长的建议，虽然与现行的干部管理方式存在不同之处，但对人民法院进一步研究干部管理制度提供了新的思路。关于在各级人大设立"司法人事、编制委员会"，决定司法机关内部机构设置、司法人员编制的建议，最高人民法院将深入研究有关情况，并积极向有关部门反映。

最高人民检察院提出，议案中提出的将预防职务犯罪作为检察院的重要任务、增加民事行政检察和刑事立案监督职能、最高人民检察院行使司法解释权以及检察长列席审委会等建议，符合中央关于加强对司法权监督制约的精神和检察工作发展的实际，应当在人民检察院组织法中作出相应规定。关于恢复检察机关的机动侦查权、改革领导体制和人员任免、录用等建议，修改条件尚未成熟，待相关改革取得成熟经验时再考虑总结上升到立法中作出规定。

我委认为，代表议案中提出的意见，不仅涉及司法制度，还涉及人事制度、财政制度等方面，有的内容已在改革当中。建议最高人民法院、最高人民检察院和中央有关部门根据司法体制改革进程，对法院组织法、检察院组织法修改问题进行研究论证。

20.21. 迟夙生等30名代表提出关于修改法官法的议案1件（第378号），迟夙生等30名代表提出关于修改检察官法的议案1件（第379号）。议案提出，公务员法的实施和国家统一司法考试制度的建立使法官、检察官的任职条件发生了变化，建议对法官法第九条、检察官法第十条进行修改。

最高人民法院提出，2008年中央组织部和“两高”下发了《关于印发〈公开选拔初任法官、检察官任职人选暂行办法〉的通知》，规定了面向社会公开选拔初任法官的条件、考试考核和任命程序等，用省级以上公务员主管部门与同级人民法院共同组织的选拔考试取代了公务员考试。据此，从符合条件的人员中（含律师）选拔法官可以不再通过公务员考试。2009年，“两高”联合印发的《关于将取得律师资格人员列入法官、检察官遴选范围问题的通知》，规定对具备法官任职条件并已通过律师考试的执业律师和其他法律工作人员，可视为通过国家统一司法考试，列入法官的遴选范围。关于将法官任职年龄改为年满30周岁等建议，基于我国国情及法律、司法职业、法律人员的现状，此问题仍需进行深入的研究论证。

最高人民检察院提出，如将现行检察官法第十条第（六）项修改为“从事过律师职业两年以上”，则排斥了其他从事法律工作的人员担任检察官的资格，与立法原意不符，也限制了从事其他法律工作的人员进入检察官队伍。对检察官任职学历条件的规定不能完全等同于参加司法考试的条件，参加司法考试的条件不能替代担任检察官的条件。关于将检察官任职年龄改为年满30周岁的建议，将进行充分的研究论证。

我委赞成最高人民法院、最高人民检察院的意见。建议最高人民法院、最高人民检察院对代表提出的有关建议，结合司法职业特点、法律从业人员状况等，进行深入研究论证，建议暂不对法官法、检察官法进行修改。

22. 张庆伟等30名代表提出关于修改人民警察法的议案1件（第133号）。议案提出，当前人民警察工作存在一些实际困难，迫切需要修改完善人民警察法。建议明确人民警察的性质和任务，改革领导管理体制，改进组织管理，改善警务保障，加强对人民警察合法权益的保护。

公安部认为，人民警察法自1995年颁布实施以来，我国社会政治、经济、文化形势和社会环境等都发生了很大变化。刑法、刑事诉讼法、治安管理处罚法以及公安机关组织管理条例等法律、法规相继修订、颁布，对人民警察的执法、人员素质和警务保障等提出了更高的要求。公安部正在认真研究人民警察法执法中的问题，为修改人民警察法做准备。

我委赞同公安部的意见，建议公安部抓紧对人民警察法实施情况进行调研，并认真研究代表议案提出的意见和建议，适时启动人民警察法修改工作。

23. 孙建国等30名代表提出关于修改治安管理处罚法的议案1件（第283号）。议案提出，现行法律关于故意损毁公私财物行为的处罚过重，不利于化解矛盾，建议对第四十九条进行修改，增加警告或者罚款处罚。

公安部认为，依照治安管理处罚法的规定和公安部2006、2007年对公安机关执行治安管理处罚法有关问题的解释，对于因民间纠纷引起的故意损毁公私财物案件，情节较轻的，公安机关应当在收集证据、查明事实、分清责任的基础上本着化解矛盾纠纷、维护社会稳定、构建和谐社会的要求，依法尽量予以调解处理。调解无法达成一致的，也并非必须作出拘留处罚，如果符合治安管理处罚法第十二、十三、十四、十九条等有关减轻或者不予处罚规定的，应当依法减轻或者不予处罚。公安机关将继续大力开展执法规范化建设，进一步推动治安调解工作，努力化解社会矛盾，促进社会和谐。

我委赞同公安部的意见。建议公安机关继续加强执法规范化建设，建议暂不对治安管理处罚法进行修改。

24. 云南代表团和屈雅君、冯燕等60名代表提出关于修改道路交通安全法的议案3件（第104、208、380号）。议案提出，对道路交通安全法进行修改，统一交通事故城乡居民死亡赔偿金标准，提高违反道路通行规定行为的罚款幅度，加大无证驾驶、酒后驾驶、肇事逃逸、飙车、超速、超载、超员等违法行为和违规专业运输单位的处罚力度等。

公安部提出，关于交通事故死亡赔偿金问题，2010年7月1日起实施的侵权责任法解决了同一交通事故中城乡居民死亡赔偿金的差异问题，但不属同一交通事故的，问题仍然存在。关于提高违反道路通行规定行为的罚款幅度问题，道路交通安全法第九十条的规定，相比1988年道路交通安全条例规定的幅度已有了较大提高，将罚款幅度再次提高的必要性和可行性尚需进一步研究论证。关于加大对无证驾驶、肇事逃逸以及超速、超载、超员等违法行为的处罚，道路交通安全法对上述行为规定的罚款幅度是综合考虑违法行为性质、我国经济社会发展水平、处罚实际效果和社会承受度等因素确定的，各地根据本地区实际制定了地方性法规，在法律规定的幅度内规定了具体执行标准，是否加大处罚力度，需要进一步研究论证。关于加大对违规专业运输单位的处罚，公安部表示赞同。另外，代表议案中提出的关于规范电子眼执法、增加交通信号设置条件等问题，法规、规章、国家强制标准及地方性法规已有明确规定。关于加大酒后驾驶、飙车等严重违法行为处罚问题，今年8月提请全国人大常委会审议的刑法修正案（八）（草案）已将醉酒驾车、飙车等危险驾驶行为纳入刑法处罚范围，修改完善道路交通安全法以加大行政处罚的工作也在抓紧研究中。

我委赞同代表议案对道路交通安全工作中存在问题的看法和公安部改进道路交通执法工作的考虑，建议公安部认真研究代表议案提出的意见和建议，进一步完善配套规章，改进执法工作，建议在刑法修正案（八）审议通过前，暂不对道路交通安全法进行修改。

25. 徐景龙、刘卫星、李开喜、陈先岩等124名代表提出关于修改居民身份证法的议案4件（第19、67、454、471号）。议案提出，随着经济社会的发展和信息技术的提高，居民身份证法逐渐显现出一些不足之处，建议修改居民身份证法，增加登记项目、指纹信息，加大对公民身份信息的保护，规定户口迁移需换领身份证，完善身份证丢失后处理规范，删除现役军人、警察申领和发放居民身份证的规定等。

公安部提出，居民身份证登记信息的内容是按照其证明持证人身份这一主要功能设计的，现行居民身份证法规定的项目已能较好的完成证明功能。刑法修正案（七）对非法提供或出售公民个人信息的行为作出了刑罚规定，公安机关将依法严厉打击此类违法犯罪行为。对于因身份证丢失导致的冒用问题，公安机关将进一步健全居民身份证核查、使用制度，落实社会相关用证部门对居民身份证的人、证一致性审核职责，依法严厉打击冒用他人身份证的违法犯罪行为。公民办理常住户口迁移后是否换证，应遵循自愿原则。为现役军人和人民武装警察发放身份证是为了更好地保障其合法权益，便于其以公民身份进行社会活动，国务院和中央军委专门制定了《现役军人和人民武装警察居民身份证申领发放办法》，明确规定证件地址栏不得填写部队单位名称、部队番号等，故不会泄露国防秘密。代表在议案中提出的其他建议，公安部将继续深入研究，在制定有关工作办法中认真考虑。

我委同意公安部的意见。建议公安部认真研究居民身份证法实施过程中出现的问题，进一步完善配套规章，严格执法，建议暂不对居民身份证法进行修改。

26. 孙桂华等30名代表提出关于修改公证法的议案1件（第81号）。议案提出，公证法将原公证暂行条例中公证机构的调查权改为核实权，难以保证公证书的真实、合法，建议修改恢复公证机构的调查权。

司法部提出，建议在调研论证的基础上，考虑修改完善公证法，或者通过立法解释完善第二十九条的规定。

我委认为，为确保公证事项的真实性、合法性，公证法要求当事人承担举证责任、公证机构履行核实责任，并分别在第二十七条、第二十九条作了规定。公证法还要求，对于公证机构的核实，“有关单位或者个人应当依法予以协助”，当事人“提供虚假证明材料，骗取公证书的”应当承担民事责任甚至刑事责任。这些规定符合公证机构的性质，符合公证制度改革的方向。代表在议案中提出的问题主要是属于执行中的问题。建议司法部加强对公证法实施过程中新情况新问题的调查研究，完善有关制度，建议暂不对公证法进行修改。

27. 周晓光、刘玲等60名代表提出关于修改妇女权益保障法的议案2件（第282、472号）。议案提出，现行妇女权益保障法在保障妇女合法权益，促进男女平等，充分发挥妇女在中国特色社会主义现代化建设中的作用等方面发挥了积极作用，但具体条文规定存在一些不足，需要进一步修改完善。

全国妇联认为，代表所提议案涉及妇女的劳动与社会保障权益、婚姻家庭权益、人身权益等突出问题，反映了现实存在的就业性别歧视、退休不平等、违法鉴定胎儿性别以及重婚、包二奶等违法行为和社会丑恶现象。对这些问题现行法律已有禁止性规定，关键在于严格执法。建议有关部门进一步加大执法力度，加强对法律实施情况的监督检查，推动法律切实得到落实。

我委赞成全国妇联的意见。

五、2 件议案提出的 2 项执法检查

28. 林荫茂等 30 名代表提出关于对律师法进行执法检查的议案 1 件（第 96 号）。议案提出，律师法贯彻实施中还存在一些问题，表现为存在不同程度的会见难、取证难、阅卷难，社会对律师执业权利义务了解不够、个别律师违法违纪等问题。建议对律师法进行执法检查。

全国人大常委会非常重视律师法的贯彻实施工作，2005 年十届全国人大常委会对律师法的实施情况进行了检查。根据执法检查发现的问题，对律师法进行了修订，在保障律师的会见权、阅卷权和调查取证权方面，作了较详细的规定。律师法修订以来，贯彻实施情况总体是好的，但也存在对律师法与相关诉讼法规定认识不一致，一些地方、单位以执行刑事诉讼法为由拒绝律师依法履行职务等问题。全国人大常委会有关部门正在研究刑事诉讼法与相关法律的衔接问题。最近，中办、国办转发了司法部关于进一步加强和改进律师工作的意见，要求切实加强对律师工作的领导，为律师事业又好又快发展提供有力保障，开创我国律师工作新局面。我委将根据“两办”通知精神，督促有关部门统一认识，加强律师法的宣传，提高社会对律师制度的认识，严格执行律师法，加强律师队伍建设，规范律师执业行为，依法保障律师执业权利，待法律再实施一段时间后，根据情况和常委会执法检查工作的总体部署，适时提出开展律师法执法检查的建议。

29. 姜健等 31 名代表提出关于检查妇女权益保障法实施情况的议案 1 件（第 6 号）。议案提出，妇女权益保障法的贯彻实施还存在一些问题，主要表现在妇女的参政状况与妇女在经济社会中的地位和作用不相适应；妇女劳动权益受侵害现象依然存在；家庭暴力现象时有发生等几个方面，建议全国人大常委会通过执法检查推动该法的真正落实。

全国人大常委会历来高度重视妇女权益保障法的贯彻实施，2010 年对该法的执行情况进行了检查。检查覆盖了 31 个省（区、市），重点检查了 2005 年妇女权益保障法修改以来，妇女政治权利、劳动权益以及财产权益的保障情况。依据监督法的规定，2010 年 12 月，有关部门还要向全国人大常委会报告对执法检查报告及审议意见的研究处理情况。我委将依法督促有关部门落实执法检查报告中提出的意见和建议，进一步推动妇女权益保障法的实施。

全国人民代表大会财政经济委员会关于第十一届全国人民代表大会第三次会议主席团交付审议的代表提出的议案审议结果的报告

（2010 年 10 月 28 日第十一届全国人民代表大会常务委员会第十七次会议通过）

全国人民代表大会常务委员会：

第十一届全国人民代表大会第三次会议主席团交付财政经济委员会审议的代表提出的议案 156 件，其中要求制定法律的 92 件、修改法律的 62 件，要求开展执法检查的 2 件，将内容相同或相近的合并后，有 97 个立法项目。议案的内容涵盖国家基本经济制度、社会主义市场经济基本制度、广大人民群众高度关注的民生问题等。2010 年 3 月 16 日，财政经济委员会召开会议，邀请国务院 24 个部门和全国人大常委会预算工作委员会的负责同志，商议议案办理工作，委托相关部门提出初步建议。之后，在部门意见和调查研究的基础上，对议案分别提出了处理意见。10 月 9 日，财政经济委员会召开第 40 次全体会议，对议案处理意见进行了审议。现

将审议结果报告如下：

一、35 件议案提出的 12 个立法项目已列入全国人大常委会立法规划，建议起草单位认真研究吸收议案的具体意见

要求修改法律的议案

1. 关于修改城市房地产管理法的议案 4 件。
2. 关于修改预算法的议案 3 件。
3. 关于修改消费者权益保护法的议案 4 件。
4. 关于修改税收征收管理法的议案 2 件。
5. 关于修改广告法的议案 6 件。
6. 关于修改商标法的议案 2 件。
7. 关于修改证券投资基金法的议案 2 件。
8. 关于修改保险法的议案 1 件。

要求制定法律的议案

9. 关于制定能源法的议案 1 件。
10. 关于制定电信法的议案 2 件。
11. 关于制定住房保障法的议案 6 件。
12. 关于制定期货交易法的议案 2 件。

二、对 24 件议案提出的 14 个立法项目，建议有关部门加强调研起草工作，待草案成熟时，争取列入全国人大常委会立法计划

要求修改法律的议案

13. 关于修改反不正当竞争法的议案 3 件。
14. 关于修改煤炭法的议案 1 件。
15. 关于修改产品质量法的议案 1 件。
16. 关于修改计量法的议案 2 件。
17. 关于修改标准化法的议案 3 件。
18. 关于修改个人所得税法的议案 2 件。
19. 关于修改拍卖法的议案 1 件。
20. 关于修改票据法的议案 1 件。

要求制定法律的议案

21. 关于制定旅游法的议案 2 件。
22. 关于制定特种设备安全法的议案 3 件。
23. 关于制定航空法的议案 2 件。
24. 关于制定军人保险法的议案 1 件。
25. 关于制定国债法的议案 1 件。
26. 关于制定军民融合促进法的议案 1 件。

三、对 95 件议案提出的 71 个立法项目，建议国务院及其有关部门制定或修改有关行政法规、规章或实施办法解决议案所提问题，或对立法开展全面深入的调研论证

（一）对 61 件议案提出的 40 个立法项目，建议通过制定或修改有关行政法规、规章或实施办法解决议案所提问题

27. 关于制定城市地下空间管理法的议案 1 件。建议在《城市地下管线管理条例》起草中研究吸收议案的意见。

28. 关于修改建筑法的议案 6 件。建议在《建筑市场管理条例》和城乡规划法配套法规、规章的制定修改工作中落实代表的要求。

29. 关于制定业主委员会组织法的议案 1 件。建议通过有关部门研究制定指导性政策解决当前业主委员会成立和工作中的特殊问题。

30. 关于制定核能法的议案 1 件。建议先通过正在起草的《核电管理条例》解决议案的立法要求。

31. 关于修改台湾同胞投资保护法的议案 2 件。建议通过修订该法实施细则解决代表所提问题。

32. 关于制定第三方支付管理法的议案 1 件。建议通过《非金融机构支付服务管理办法》的实施和修改，解决议案所提问题。

33. 关于制定现金管理法的议案 1 件。建议通过修订《现金管理暂行条例》解决议案所提问题。

34. 关于制定信用担保机构法的议案 1 件。建议通过《融资性担保公司管理暂行办法》的实施和修改，解决议案所提问题。

35. 关于修改招标投标法的议案 1 件。建议通过正在制定的《招标投标法实施条例》解决议案的立法要求。

36. 关于制定低碳经济促进法的议案 3 件。目前国家发展改革委正在开展应对气候变化立法前期调研，建议先通过制定和修改相关法规规章解决议案所提问题。

37. 关于制定互联网法、网络信息安全法、国家信息安全法规范互联网活动的议案 3 件。建议先通过制定《信息安全条例》等专项法规解决议案所提问题，同时就互联网立法问题展开深入调研，在条

例实施和立法调研的基础上，提出综合性的立法方案，解决当前互联网缺乏法律规范的问题。

38. 关于制定境外投资法的议案2件。目前国务院有关部门正在制定《境外投资条例》，建议在起草工作中研究吸收议案的意见。

39. 关于制定工资法、农民工工资保障法的议案2件。建议通过正在制定的《企业工资条例》解决议案所提问题。

40. 关于制定电子商务法或电子商务交易法的议案3件。建议先通过正在起草的《网上交易管理办法》解决议案所提问题。

41. 关于制定存款保险法的议案2件。建议在《存款保险条例》起草工作中研究吸收议案的具体建议。

42. 关于修改劳动法的议案3件。建议先通过制定社会保险、劳动标准等单行法律及劳动法配套法规规章，解决议案所提问题。

43. 关于制定物业管理法的议案2件。建议通过完善物权法等的配套法规规章规范物业管理活动。

44. 关于制定竞业限制法的议案1件。建议通过制定完善劳动合同法等的配套法规规章，解决议案所提问题。

45. 关于修改城乡规划法的议案1件。建议有关部门加快配套部门规章的制定，推动城乡规划法的实施，解决代表提出的问题。

46. 关于制定城市商业网点规划法的议案1件。建议在《城市商业网点条例》起草中，研究吸收议案的具体意见。

47. 关于制定住房公积金管理法的议案1件。建议在《住房公积金管理条例》修改中，研究吸收议案的意见。

48. 关于制定集体土地房屋拆迁法、国有土地上房屋征收法、房屋征收征用法的议案3件。建议在土地管理法修改、城市房地产管理法修改、《国有土地上房屋征收与补偿条例》的起草工作中，解决议案所提的问题。

49. 关于制定道路车辆法的议案1件。建议通过制定《道路机动车辆管理条例》，解决议案所提问题。

50. 关于制定汽车租赁法的议案2件。建议通过有关部门研究制定关于汽车租赁的单行规定，解决现存问题。

51. 关于制定住宅装修法的议案1件。建议通过完善《建设工程质量管理条例》、《民用建筑节能条例》等相关法规，解决议案所提问题。

52. 关于制定典当法的议案1件。建议先通过制定《典当管理条例》解决议案的立法要求。

53. 关于制定房屋质量法的议案1件。建议通过完善城市房地产管理法、工程建设的国家标准和行业标准等相关法律法规或法律文件，解决议案所提问题。

54. 关于制定对外劳务管理法的议案1件。建议在《对外劳务合作管理条例》的起草工作中，研究吸收议案的意见，解决议案所提问题。

55. 关于制定市政公用事业法的议案1件。国务院目前已制定了关于城市道路、绿化、市场和环境卫生的行政法规，有关供气、排水、污水处理、公共交通等法规的制定工作也已列入2010年立法工作计划。建议先在市政公用事业相关条例的制定工作中研究吸收议案的具体意见。

56. 关于制定银行卡管理法的议案1件。《银行卡条例》起草工作已经启动，建议先通过制定条例解决议案所提问题。

57. 关于制定社会信用法的议案1件。建议先通过制定《征信管理条例》解决议案的立法要求。

58. 关于制定行业协会商会法的议案1件。建议在《行业协会商会条例》中研究吸收议案的意见。

59. 关于制定民间融资法的议案1件。建议先通过正在开展的《贷款通则》修订工作，解决议案的立法要求。

60. 关于要求完善个人境外投资的法律法规的议案1件。建议以外汇支出管理为中心，通过制定修改个人境外投资监管的法律法规，解决议案所提问题。

61. 关于修改企业国有资产法的议案1件。建议在正在起草的《企业国有资产基础管理条例》和企业国有资产法实施工作中，解决议案所提问题。

62. 关于制定反就业歧视法的议案1件。建议通过正在制定的《人力资源市场条例》、《就业服务与就业管理规定》和强化执法监督，解决议案关注的问题。

63. 关于制定农业保险法的议案1件。建议先通过正在制定的《政策性农业保险条例》满足议案的立法要求。

64. 关于建议制定道路运输法的议案1件。建议先通过修订《道路运输条例》、制定《城市公共交通条例》、研究制定出租汽车管理综合措施，解决议案所提问题。

65. 关于制定酒法的议案1件。建议在《酒类管理条例》的立法前期准备工作中研究吸收议案的意见。

66. 关于制定反假冒伪劣商品法的议案1件。建议通过完善消费者权益保护法、产品质量法等现有法律及配套法规，解决议案提出的问题。

(二)34件议案提出的31个立法项目，建议继续开展立法调研论证，同时通过改进工作解决议案关注的问题

67. 关于修改证券法的议案2件。建议有关方面加强市场监管执法和司法工作，切实保护投资者合法权益，并在今后修改证券法时统筹考虑议案所提问题。

68. 关于修改烟草专卖法的议案1件。烟草专卖局认为，烟草专卖法的规定，符合我国社会经济文化发展现状，建议以不做修改为宜。

69. 关于制定财政监督法的议案1件。财政监督十分重要，应进一步加强。建议先通过完善执法，改进工作解决议案所提问题。同时就制定财政监督法作进一步研究，适时提出具体建议。

70. 关于制定农村公路法的议案1件。建议在正在开展的农村公路立法试点工作中研究吸收议案的意见，待积累经验后再结合我国公路立法总体情况解决农村公路立法问题。

71. 关于制定建筑节能法的议案1件。建议在现行有关建筑节能的法律法规实施一段时间后，再研究论证制定建筑节能法的问题。

72. 关于制定石油天然气法的议案1件。建议对石油天然气立法存在的问题进行充分研究，适时提出立法建议。

73. 关于制定物流法的议案2件。国家发展改革委正在研究制定物流业产业政策，开展物流立法前期调研。建议待上述工作取得成果后，再研究物流立法事宜。

74. 关于修改就业促进法，鼓励依托互联网进行创业就业的议案1件。建议有关部门进一步做好促进以创业带动就业工作，并针对议案提出的依托互联网进行创业就业的要求，研究制定相应的措施。

75. 关于制定航运法的议案1件。建议有关部门对航运法立法进行详细深入的论证，适时提出立法意见。

76. 关于对公司法变更登记程序进行修改的议案1件。建议通过司法程序和制定实施办法解决议案所提问题。

77. 关于制定商业秘密保护法的议案1件。建议通过实施反不正当竞争法和《关于禁止侵犯商业秘密行为的若干规定》，解决议案关注的问题。

78. 关于制定社区投资法解决中小企业、弱势群体与"三农"融资难问题的议案1件。国家为解决议案所提融资难问题已采取了一系列措施，建议根据这些措施的实施结果再考虑是否制定社区投资法。

79. 关于制定民族地区义务教育投入保障法的议案1件。由于各民族地区具体情况不同，为增强针对性和可操作性，建议由中央和相关地方根据现有法律制定完善的具体制度或办法。

80. 关于制定国有企业改制法的议案1件。建议继续依法推进国有企业改革，逐步解决国有企业改制中存在的问题。

81. 关于制定统一的BOT法律的议案1件。BOT是基础设施特许经营的一种方式，建议国务院有关部门充分研究论证基础设施特许经营的立法事宜。

82. 关于修改反垄断法的议案1件。建议通过加强政府职能部门的沟通协作，解决议案关注的问题。

83. 关于制定宏观经济调控法的议案1件。通过立法对政府的宏观经济调控行为进行规范是必要的，建议有关方面在现有工作的基础上，进一步加快对宏观经济调控体制的立法研究论证。

84. 关于制定社会保障法的议案1件。建议待社会保险法出台实施后，根据实施情况研究是否制定社会保障法的问题。

85. 关于制定保税港区管理法的议案1件。建议加强协调，通过正在开展的六类海关特殊监管区域整合工作，解决好议案所提的保税港区管理问题。

86. 关于制定商品专业批发市场法的议案1件。建议进一步对商品专业批发市场开展立法调查和研究论证。

87. 关于制定环境税法的议案1件。国务院有关部门正在开展环境税法的调研工作，是否立法与何时立法应与国务院税费改革的进度统筹考虑。

88. 关于制定市场流通法的议案1件。建议有关部门进一步做好已开展的市场流通立法调研论证工作。

89. 关于制定证券无纸化法的议案1件。证券无纸化立法涉及证券法等现行法律的修改，建议有关部门先行开展深入的研究论证。

90. 关于修改港口法有关港口行政管理体制条款的议案1件。建议有关部门对港口行政管理体制进一步开展深入的研究和论证，为港口法的修订做好准备。

91. 关于修改中小企业促进法的议案1件。建议总结中小企业促进法与有关政策措施的实施情况，争取将议案的建议和其他相关内容早日纳入法律。

92. 关于制定合作银行法发挥民间资本潜力的议案1件。建议待刚起步的各类社会资本新型农村金融机构取得实践经验后，再研究制定合作金融立法问题。

93. 关于制定教育经费法、教育投入保障法的议案2件。教育法、义务教育法、职业教育法、高等教育法等均设专章对教育投入和经费保障作了规定，建议通过严格落实现有法律规定，解决议案关注的问题。

94. 关于修改劳动争议调解仲裁法的议案1件。建议有关执法部门和司法机关在工作中高度重视议案提出的劳动者维权问题，切实保护好劳动者合法权益。

95. 关于制定新建小区教育配套建设与交付使用法的议案1件。建议有关部门加强协调、改进工作，解决议案所提问题。

96. 关于制定电信网、广播电视网和互联网三网融合管理法律法规的议案1件。建议在当前电信法、广播电视传输保障法等的起草论证工作中，认真研究议案提出的三网融合问题。

97. 关于修改中外合资经营企业法允许境内自然人成为中外合资企业股东的议案1件。议案所提要求与我国现行法律规定不尽一致，建议有关部门做好与相关法律的衔接工作。

四、2件议案建议开展执法检查，建议全国人大常委会在研究制定以后年度执法检查工作计划时统筹安排

98. 关于建议开展反垄断法执法检查的议案1件。

99. 关于建议开展就业促进法执法检查的议案1件。

上述156件议案的主要内容及具体审议意见，详见附件。

以上报告，请予审议。

附件：全国人民代表大会财政经济委员会关于第十一届全国人民代表大会第三次会议主席团交付审议的代表提出的议案的审议意见

全国人民代表大会财政经济委员会

2010年10月27日

附件：

全国人民代表大会财政经济委员会关于第十一届全国人民代表大会第三次会议主席团交付审议的代表提出的议案的审议意见

一、35件议案提出的12个立法项目已列入全国人大常委会立法规划，建议起草单位认真研究吸收议案的具体意见

要求修改法律的议案

1. 任玉奇等30名代表、马克宁等31名代表、王茜等30名代表、曹大正等32名代表（第35号、第120号、第210号、第253号议案）提出，现行城市房地产管理法存在一些缺陷，如征收国有土地上房屋拆迁程序不够规范、商品房预售制度不完善、监管存在漏洞等，导致土地和房屋价格上涨过快，购房者利益受损等后果，影响社会稳定。建议尽快修改城市房地产管理法，完善商品房预售制度，强化对房地产企业融资行为的监督，提高土地闲置费等。住房和城乡建设部认为，城市房地产管理法修改已列为十一届全国人大常委会立法规划，该部正组织力量积极开展法律修订工作，并已形成修改草案征求意见稿。议案提出的意见和建议，有些已在征求意见稿中作了规定，有些拟在相关法律或条例中予以吸收。财政经济委员会同意住房和城乡建设部的意见，建议在草案修订过程中，认真吸收代表所

提意见。

2. 孙桂华等31名代表、周晓光等30名代表、王晶等30名代表(第85号、第292号、第338号议案)提出,现行预算法比较原则、笼统,与目前公共财政体系建设和预算管理的实际需要不相适应,建议修改,增加部门预算、政府采购、国库集中支付、收支两条线等内容,强化对预算编制、执行、变更、决算等全过程的监督。全国人大常委会预算工作委员会同意代表的意见,并指出,十一届全国人大常委会已将预算法修改列入立法规划,由预算工作委员会与财政部共同组织起草。目前正就预算法修改稿全面征求意见。修改稿对议案所提大部分问题已有相应规定,并拟在下一步修订工作中充分吸收其他修改意见。财政经济委员会同意预算工作委员会的意见。

3. 张兆安等30名代表、刘庆宁等31名代表、孙建国等30名代表、高晓明等30名代表(第99号、第203号、第293号、第336号议案)提出,消费者权益保护法颁布时间较早,对许多新情况、新问题缺乏规定,有必要尽快加以修改完善,建议扩大调整范围,规范网络消费等新型消费模式,推行举证责任倒置制度,建立缺陷产品召回制度和最低赔偿金制度,明确消费者维权组织的法律地位和经费来源等。国家工商总局认为,消费者权益保护法修订已列入十一届全国人大常委会立法规划。目前该局已形成修订送审稿,上报国务院。国务院法制办正进行后期修改工作。财政经济委员会同意国家工商总局的意见,建议有关部门在修订草案起草工作中认真吸收议案内容。

4. 罗毅平等34名代表、孙桂华等30名代表(第121号、第179号议案)建议,在税收征收管理法中尽快明确税务分局执法主体资格,明确行使代位权、撤销权的程序、方法,尽快解决与刑法修正案(七)相关规定不衔接等问题。国家税务总局认为,2001年实施的税收征收管理法在执行过程中确实存在部分制度缺失、与相关法律法规衔接不够等问题,亟须进行修改。目前,税收征收管理法修改工作已列入十一届全国人大常委会立法规划,国家税务总局已全面启动法律修订工作。代表们提出的有关执法主体资格、代位权、撤销权等方面的修改建议,对法律修改完善具有重要参考作用,起草组将会在下一步立法工作中予以研究采纳。财政经济委员会同意国家税务总局的意见,建议在法律修订工作中认真研究吸收代表意见。

5. 赵家军等31名代表、刘庆宁等31名代表、秦希燕等30名代表、赵静等30名代表、蒋海鹰等34名代表、谢子龙等30名代表(第137号、第204号、第233号、第342号、第409号、第505号议案)提出,现行广告法已与现实情况不相适应,建议修改广告法,取消医药广告,增加广告分级制度,限时播出未成年人不宜广告,将网络广告纳入调整范围等。国家工商总局认为,广告法修订已列入十一届全国人大常委会立法规划,2009年8月该局向国务院报送了广告法修订送审稿,在调整范围、未成年人保护、广告代言人法律责任,互联网等新媒体的广告活动规则、行业自律、加大监管执法力度等方面提出了具体立法意见,涵盖了议案的主要内容。财政经济委员会同意国家工商总局的意见。

6. 宗庆后等41名代表(第168号议案)提出,现行商标法在驰名、著名商标以及民族品牌的保护方面略显不足,与当前我国经济社会发展状况以及鼓励发展具有自主知识产权的民族品牌、民族企业的目标不相符。建议在商标法中增设专章予以规定。秦希燕等30名代表(第229号议案)提出,目前社会上存在为谋取不正当利益,冒用名人姓名注册商品或服务商标的现象,使得名人姓名权和声誉遭受极大损害,同时也给社会公众造成误导,影响极坏。建议修改商标法,增加对名人姓名权的特殊保护条款。国家工商总局提出,2003年该局启动商标法修订工作,并已于2009年将送审稿报送国务院法制办。送审稿充分考虑了目前我国商标注册与保护方面存在的问题,对议案所提问题均有规定。财政经济委员会同意国家工商总局的意见。

7. 许金和等33名代表、左红等31名代表(第341号、第480号议案)提出,随着我国资本市场和证券投资基金业的快速发展,基金资产规模快速扩张,基金新产品和新业务不断出现,特别是近年来国家对资本市场、基金业的改革发展作出了一系列重大决策,使证券投资基金法规范的客观环境发生了重大变化,有些内容已不适应基金监管和行业发展的需要。建议修改证券投资基金法,扩大调整范围、完善对股东和从业人员的法律规制、放宽基金运作方式和投资范围、强化基金销售机构的责任和义务等。财政经济委员会提出,目前财政经济委员会正会同国务院有关部门组成修改证券投资基金法修改起草组,着手对该法进行修改,议案提出的扩大基金法调整范围、进一步完善基金运作和管理制度等问题正是当前修改工作应关注的重点问题。下一步,修改工作小组拟在具体的修改工作中深入研究采纳议案所提意见。

8. 刘锡潜等33名代表(第422号议案)提出,目前存在保险公司利用保险格式条款损害投保人利益的问题,建议修改保险法,增加"长寿养老保险"合同不得设定投保人领取保险金额低于实交保险费金额的条款。保监会认为,一次性领取保险金额低于已交总保费与该保险产品的特性和客户选择领取方式有关;出现议案所提问题一定程度源于客户对保险产品真实情况的认识和理解存在偏差。保险诚信建设的滞后也是制约保险业发展的重要因素。今后保险监管将更加注重保护被保险人利益,强化市场行为监管,加强保险诚信建设,督促保险公司加强合同解释。议案所提立法要求,建议在下一次保险法修订过程中统筹研究。财政经济委员会同意保监会的意见。

要求制定法律的议案

9. 徐景龙等31名代表(第1号议案)提出,我国面临严峻的能源供需形势,为提高能源利用效率,保障国家能源安全和储备,建议尽快制定能源法。国家能源局提出,能源法已列入十一届全国人大常委会立法规划和国务院2010年立法计划,根据规划和计划安排,目前已形成能源法修改稿,该稿已基本反映议案所提立法建议。财政经济委员会同意国家能源局意见,建议有关部门继续结合议案深入开展调查研究,进一步做好起草工作。

10. 郑杰等30名代表(第98号议案)提出,为确保电信市场公平有序竞争和电信设施建设顺利开展,建议加快电信法立法进程,在电信法中增加关于保障电信设施建设和保护电信市场有序竞争的内容。张新建等30名代表(第507号议案)建议,在目前正在起草完善的电信法草案关于三网融合的条款中,增加有关加强网络统筹规划、防止低水平重复建设、推进有线电视与电信运营企业全面合作的规定。工业和信息化部认为,电信法已列入十一届全国人大常委会立法规划,目前正在积极起草中。关于维护电信市场竞争秩序、保障电信设施建设的内容是立法重点问题。关于推进网络融合的问题也作了若干制度性规定。工业和信息化部将结合议案内容,继续做好相关起草工作。财政经济委员会同意工业和信息化部的意见。

11. 张兆安等30名代表、褚君浩等30名代表、杨亚达等30名代表、宗庆后等40名代表、迟夙生等30名代表、杨伟程等33名代表(第100号、第103号、第154号、第167号、第382号、第424号议案)提出,我国现行有关住房保障制度的规定大都属于政策性规定,存在随意性和不稳定性。目前市场化商品房制度无法满足中低收入家庭的住房需求。建议加快住房保障法立法进程,建立完善的住房保障体系和法律制度。住房和城乡建设部认为,住房保障法的起草已列入十一届全国人大常委会立法规划和国务院2010年立法计划,并已形成基本住房保障法征求意见稿。该稿规定了城镇基本住房保障的标准、范围、方式,保障性住房的规划、建设与管理,住房租赁补贴,土地、财政、税收与金融支持,基本住房保障的组织落实,农村住房保障制度。目前正在征求各方意见,对征求意见稿进行修改、完善。财政经济委员会建议在法律起草过程中,认真研究吸收议案具体意见。

12. 张庆伟等30名代表、王晶等30名代表(第138号、第340号议案)提出,目前规范国内期货市场的法规主要是在过去期货市场高速、盲目和不规范运作的背景下制定的,具有明显的过渡性,有些条款难以适应变化了的市场环境,甚至制约了期货市场的可持续发展,建议制定期货交易法。财政经济委员会认为,期货交易法列入十届、十一届全国人大常委会立法规划,由我委会同中国证监会等部门起草,目前已拟出草案。前两年考虑到期货交易法应调整所有期货交易,特别是金融期货,而当时股指类金融期货尚未推出,故草案未提请审议。目前股指期货已正式推出,并除散户投资者外,证券公司、基金公司、QFII等机构投资者已开始参与。起草组拟在深入研究股指期货实施经验的基础上,进一步修改完善法律草案,争取尽早提请全国人大常委会审议。

二、对24件议案提出的14个立法项目,建议有关部门加强调研起草工作,待草案成熟时,争取列入全国人大常委会立法计划

要求修改法律的议案

13. 黄志明等31名代表、赖鞍山等30名代表、郑晓燕等30名代表(第15号、第335号、第395号议案)提出,随着我国市场经济的不断发展和市场竞争的日趋激烈,现行反不正当竞争法的若干规定需要修改,如扩大调整范围,提高有奖销售奖金额度等。国家工商总局认为,该局于2003年开始反不正当竞争法修订工作,2008年形成反不正当竞争法修订稿,并报请国务院审查,代表所提建议将在下

一步修订工作中予以吸收。财政经济委员会同意国家工商总局的意见。

14. 杨庚宇等32名代表（第46号议案）提出，1996年颁布实施的煤炭法，有些规定滞后于现实需要，迫切需要修改，如煤矿规划、安全、节能、企业权益和责任等。国家能源局同意代表所提意见，并指出，国家发展改革委于2005年开展煤炭法修改工作，并于2007年形成修订草案报送国务院。目前国务院法制办正对煤炭法修订稿进行审查修改。财政经济委员会同意国家能源局的意见，建议认真做好煤炭法修订工作，待草案成熟时列入全国人大常委会立法规划或立法计划。

15. 袁昌玉等31名代表（第58号议案）提出，目前我国伪劣产品生产和销售屡禁不止，行政机关缺乏必要执法手段。产品质量问题不但关系人民群众的切身利益，而且成为影响中国国际形象和国家信誉的重要因素。建议修订产品质量法。国家质检总局赞成议案的意见，认为可在条件成熟情况下启动产品质量法修订工作。目前可以先行组织有关部门启动立法调研工作。财政经济委员会同意国家质检总局的意见，同时建议将产品质量法修订列入全国人大常委会立法规划或立法计划。

16. 吴江林等31名代表、杜民等32名代表（第59号、第333号议案）提出，计量工作是国民经济和社会发展的重要技术基础，随着我国经济社会的不断发展，计量法出现了一些新的情况和问题，需要修改完善，如扩大计量法调整范围，改革量传体制和监管体制，修改与行政许可法、WTO规则不符合的条款，修改法律责任条款等。国家质检总局认为，随着社会主义市场经济体制的建立和科学技术的发展，现行计量法部分规定已不能满足实际需要，确有修改必要。该局已于2000年正式启动了修订工作，目前已完成计量法送审稿，并正式提请国务院审议。代表在议案中所提问题，基本都在送审稿中有所体现。财政经济委员会同意国家质检总局的意见，建议相关部门积极开展法律修订工作，争取早日提请审议。

17. 吴江林等31名代表、马杰等33名代表、于文等30名代表（第60号、第257号、第367号议案）提出，现行标准化法中的一些内容已不能适应新时期、新形势的要求，存在立法宗旨滞后、调整范围过窄、标准化工作管理体制和标准体制不适应实际需要、标准属性的划分与世贸组织的《技术性贸易壁垒协议》有关内容不协调、标准制定程序透明度不强等问题，建议尽快修订。国家质检总局提出，现行标准化法是1988年颁布，1989年正式实施的，部分内容已难以适应我国社会发展和加入世贸组织的需要。该局于2002年启动了标准化法修订工作，并已于2006年形成标准化法修订草案送审稿报送国务院。议案大部分建议已在草案中作了相应规定。财政经济委员会同意国家质检总局的意见，建议将该法修订列入全国人大常委会立法规划或年度立法计划。

18. 任正隆等30名代表、邢克智等32名代表（第190号、第256号议案）提出，目前个人所得税法对工薪阶层和中低收入者存在税率偏高、税负过重的问题，建议修改个人所得税法，降低税率或提高工资薪金所得个税起征点。财政部认为，全国人大常委会于2005年、2007年两次修订个人所得税法，提高了工资、薪金所得费用扣除标准，使纳税人工资、薪金所得实际税负明显降低。但目前我国个人所得税制度仍处于改革过程，且在执行中也存在一些问题，最终我国的个人所得税制度将采取何种方案尚需进一步调研论证。财政经济委员会认为，个人所得税制度是调节国民收入分配的重要手段，完善这一制度在当前具有重要的意义，建议有关部门根据议案意见和居民基本生活费用等情况的变化适时调整工资薪金所得费用扣除标准，加强个人所得税方案的调研论证，及时启动个人所得税法修改工作。

19. 钱念孙等37名代表（第399号议案）提出，当前文物艺术品拍卖活动中拍卖赝品现象严重，建议将拍卖法第六十一条第二款修改为拍卖人对拍卖标的所做的文字说明应承担相应责任，拍卖人、委托人在拍卖前对具体拍卖标的声明不能保证真伪或者品质的，不承担瑕疵担保责任。商务部认为，为维护文物艺术品拍卖交易秩序，促进拍卖市场规范发展，商务部组织有关单位制定了《文物艺术品拍卖规程》和行业标准。该规程规定了拍卖活动应遵守的基本原则、基本程序和操作规范等内容，对代表所提建议也有采纳。同时，该部正在积极研究论证拍卖法修订工作，拟在时机成熟时建议纳入全国人大常委会立法规划。财政经济委员会同意议案和商务部的意见，建议尽快启动拍卖法修订工作，通过立法解决议案所提问题。

20. 孙工声等32名代表（第478号议案）提出，现行票据法未确立电子票据、票据影像、支付密码的法律地位，制约了票据业务和市场的发展，建议修改。中国人民银行认为，随着信息化技术的广泛运用，对票据相关法律制度提出了新的挑战，有关票据立法理念和制度有必要根据市场需求和技术进步情况作进一步调整。目前中国人民银行已开展修改票据法前期研究工作,争取在总结相关法规规章以及实践经验的基础上,适时提出立法建议。财政经济委员会同意中国人民银行的意见,建议认真研究代表议案内容,尽早启动法律修订工作。

要求制定法律的议案

21. 袁昌玉等 32 名代表、周洪宇等 32 名代表(第 57 号、第 219 号议案)提出,当下我国旅游市场存在许多问题,阻碍了旅游业进一步发展,亟须制定旅游法,规范旅游市场秩序、保护旅游者和市场经营者合法权益。国家旅游局赞同代表议案的主要内容,并认为,旅游业已发展成为我国国民经济的重要产业,成为推动经济转型、结构调整的重要力量,应当尽快立法。2009 年该局已配合全国人大财政经济委员会组织成立了旅游法起草组,目前正在积极开展草案完善工作。财政经济委员会同意国家旅游局意见,建议继续就草案稿征求代表意见,争取尽快完成起草工作,提请常委会审议。

22. 仇小乐等 31 名代表、许振超等 30 名代表、张红等 32 名代表(第 218 号、第 423 号、第 474 号议案)提出,为确保特种设备安全运行,防范事故发生,保障人民生命财产安全,维护社会稳定和促进经济发展,建议制定特种设备安全法,规定生产、使用许可制度、安全义务、监督检查、事故调查处理、法律责任等内容。财政经济委员会和国家质检总局认为,特种设备的生产和使用直接关系广大人民生命财产安全,如何对其进行有效监督管理需要通过立法规范。十届、十一届全国人大财政经济委员会和国家质检总局均十分重视特种设备安全法立法工作,目前已起草出草案初稿,争取对初稿修改完善后,尽早提请常委会审议。

23. 罗群辉等 30 名代表、张涛等 32 名代表(第 361 号、第 403 号议案)提出,当前航空需求日益增长,涉外航空日趋频繁,飞行矛盾日显突出,为处理涉外航空纠纷、规范航空事项、协调航空与其他相关领域的活动,实现我国由航空大国到航空强国的转变,改变我国民用运输航空和军用航空相对较强,通用航空薄弱的非正常状况,建议制定航空法。国家空管委和中国民用航空局认为,由于历史原因,我国目前规范全国航空活动的法律法规主要是民用航空法和飞行基本规则,尚无统一规范全国所有航空活动的航空法,且存在调整范围窄、法律位阶低、效力不足等问题。为此,国家空管委正会同有关部门积极开展航空法起草工作,目前已制订出草案初稿,拟尽快修改完善后按程序上报国务院和全国人大。财政经济委员会同意国家空管委和民用航空局的意见。

24. 郑功成等 30 名代表(第 381 号议案)提出,军人保险是面向军人的一项保险制度,是国家社会保障体系必要组成部分,是社会主义市场经济条件下维护军人福利权益的重要制度安排。现我国面向军人的保险制度仍停留在落后状态,直接影响军人福利,不利于国防与军队建设,而且会拖延整个社保体系建设的步伐。建议制定军人保险法。财政经济委员会认为,军人的任务是巩固国防,抵抗侵略,保护国家和人民生命财产安全,军人因职务活动而构成的风险或损失应由国家统一承担或给予补偿。军人在职期间配偶就业、退役后的养老、医疗保险衔接等问题也应在军人保险制度中规定。下一步,财政经济委员会拟在继续调研相关情况的基础上,建议将该法补充纳入立法规划和立法计划。

25. 刘沧龙等 30 名代表(第 442 号议案)提出,现行有关国债的法律,只有国务院、财政部、中国人民银行等颁布的行政法规和部门规章,且颁布时间较早,可操作性较差。建议制定国债法,对国债的发行、偿还、利率、交易、规模等作出系统规定。财政部认为,近年来我国国债市场快速发展,参与主体日益多元,需要调节的利益关系渐趋复杂,国债法律制度建设相对滞后的问题日益突出,需要及时修订。为此,财政部正在抓紧研究《国库券条例》修订工作,同时将根据预算法修改(已列入十一届人大常委会立法规划第一类项目)的进展情况,择机建议全国人大适时启动国债法立法工作。财政经济委员会同意财政部的意见,同时建议有关部门在预算法修改、国库券条例修订过程中认真研究吸收议案的具体意见。

26. 赵可铭等 45 名代表(第 449 号议案)提出,党的十七大报告提出,必须站在国家安全和发展战略全局的高度,统筹经济建设和国防建设,走出一条中国特色军民融合式发展路子,在全面建设小康社会进程中实现富国和强军的统一。在新世纪、新阶段、新形势下积极推进军民融合发展,是贯彻落实科学发展观、实现国防建设和经济建设协调发展的必然选择,是社会主义市场经济条件下加强国防建设的内在要求,是适应新技术革命和中国特色军事变革的现实需要,是世界主要国家国防和军队现代化建设的共同趋势。建议制定军民融合促进法。工业和信息化部赞同该项立法工作。该部在积极推进军民融合发展各项工作的同时,组织力量对现有法律法规体系进行了认真研究,会同国务院和军队有关部门研究制订规章和政策性意见，在军民融合发展政策法规建设方面进行了积极探索。今后将全力支持和配合综合部门，推进立法工作进程。财政经济委员会同意工业和信息化部的意见。

三、对95件议案提出的71个立法项目，建议国务院及其有关部门制定或修改有关行政法规、规章或实施办法解决议案所提问题，或对立法开展全面深入的调研论证

（一）对61件议案提出的40个立法项目，建议通过制定或修改有关行政法规、规章或实施办法解决议案所提问题

27. 徐景龙等31名代表（第9号议案）提出，充分、合理开发利用城市地下空间已成为我国目前城市建设的重要工作，但目前我国城市地下空间资源开发利用缺乏统一规划、统一标准、统一管理。建议尽快制定城市地下空间管理法，规范地下空间工程建设主管部门及其职能、地下空间所有权、地下建筑物产权、地下空间现状的调查与信息管理、地下空间规划管理、地下空间开发利用的管理协调等内容。住房和城乡建设部认为，当前有关城市地下空间开发利用的部门规章有《城市地下空间开发利用管理规定》、《城市地下管线工程档案管理办法》、《城市规划编制办法》等。以上规章对城市地下空间的规划、建设，城市地下管线的档案管理等问题作了明确规定。住房和城乡建设部起草的《城市地下管线管理条例（征求意见稿）》，对地下管线的测量、规划、维护、信息管理等内容作出了规定。下一步，该部将认真研究议案内容，积极与有关部门沟通，加快条例起草工作。财政经济委员会同意住房和城乡建设部的意见。

28. 任玉奇等30名代表、袁敬华等30名代表、熊德荣等33名代表、秦希燕等30名代表、李宝元等30名代表、努斯来提等34名代表（第25号、第139号、第217号、第230号、第308号、第364号议案）提出，建筑法中某些规定已与当前实际情况不适应，存在适用范围偏窄，可操作性较差，监督管理体制不顺，对阴阳合同、任意拖欠工程款行为缺乏制约，执业人员、中介组织等法律主体权利、义务和责任规定不明晰，缺乏节能减排条款等，建议尽快进行修改。住房和城乡建设部认为，建筑法修订是十届全国人大常委会立法规划项目，在征求意见时，因有关部门对草案存在意见分歧，修订工作因此停滞。议案所提意见部分已在正在起草中的《建筑市场管理条例》中吸收，部分可在城乡规划法配套法规、规章中予以落实。财政经济委员会同意住房和城乡建设部的意见。

29. 徐景龙等31名代表（第28号议案）提出，业主委员会对改善业主与物业公司关系、促进社会和谐发展有重要作用。但由于目前缺少对业主委员会性质、地位、活动机制等的相关法律规定，导致业主委员会成立、开展工作等无法可依。建议制定业主委员会组织法，明确业主委员会的法人地位、登记制度、缴费制度、业主代表大会议事规则等。住房和城乡建设部认为，议案所提建议，有些已在《物业管理条例》、《社会团体登记管理条例》中作了规定，有些可在物权法中找到法律依据。该部拟进一步加大相关法律法规宣传力度，使业主了解自己的合法权益，并加强对业主大会、业主委员会成立运作的指导规范，保障业主权益。财政经济委员会同意住房和城乡建设部的意见。

30. 徐景龙等31名代表（第29号议案）提出，为保障核能利用健康快速发展，建议尽快制定核能法，对核电规划、核电站建设、科技研发、装备制造、核安全保障、税收政策、核电站退役基金等制度予以法律规范。国家能源局认为，核电是安全、高效的能源，发展核电是保障能源安全、调整能源结构、保护生态环境的重要选择，目前，我国政府开发利用核电的步伐正在加快，依法规范核电开发利用活动是保障核电健康快速发展的重要手段。国家能源局一向重视核能立法工作，2008年即开始组织起草《核电管理条例》，2010年该条例列入国务院立法计划，草案拟包括规划、投资、建设、运营等内容，对核电开发利用进行了全面规范。财政经济委员会同意国家能源局的意见，建议认真研究议案内容，立法时予以吸收。

31. 李欲晞等30名代表、台湾代表团（第31号、第365号议案）提出，随着国际形势、两岸关系和台湾岛内形势的发展变化，台湾同胞投资保护法在某些方面已不能适应日益发展的两岸关系的要求，建议修改，增加有关扩大投资领域，放宽投资形式、转投资和隐名投资情况等的规定。商务部认为，台湾同胞投资保护法自1994年实施以来，为台湾同胞来大陆投资提供了法律保障。但随着两岸经贸交流与合作的不断发展，需要修订，以进一步加强两岸之间的经济交流与合作，促进两岸关系和平发展。财政经济委员会认为，全国人大常委会高

度重视台湾同胞投资保护工作,2010 年初全国人大常委会专门对台湾同胞投资保护法进行了执法检查并对检查报告进行了审议,对法律实施中存在的问题提出了全面的意见。根据执法检查结果,对于该法实施中的一些具体问题,建议通过修订实施细则予以解决。

32. 刘卫星等 32 名代表(第 61 号议案)提出,第三方支付是指以非金融机构的第三方支付公司为信用中介,通过与银行签订有关协议,进行某种形式的数据交换和相关信息确认,在消费者与银行以及最终收款人或商家之间建立的支付流程。这种交易模式在一定程度上保证了交易双方的可靠性,增加了交易方对网上交易的信心。但第三方支付面临着法律定位、资金风险、非法资金转移等问题,建议制定第三方支付管理法。中国人民银行认为,随着非金融机构支付服务业务范围、规模的不断扩大和新的支付工具推广,第三方支付行为面临着法律依据不明晰、制度不完善、风险增加等问题,需要进行有效监管。中国人民银行已于 2010 年 6 月正式发布了《非金融机构支付服务管理办法》,明确了非金融机构支付服务市场的准入条件、业务申请与审批程序、支付机构的责任与义务,以及人民银行的监管职责等。考虑到我国制定法律的长期性和复杂性,目前制定一步专门的第三方支付管理法条件尚不成熟,拟根据办法实施情况及时对相关制度进行修改和完善,条件成熟后再适时将办法上升到法律层面。财政经济委员会同意中国人民银行的意见。

33. 刘卫星等 31 名代表(第 62 号议案)提出,国务院《现金管理暂行条例》、中国人民银行《现金管理暂行条例实施细则》是我国规范现金使用的主要法律依据,自 1988 年沿用至今,已严重滞后于现实需要,且法律层级不高,在现金使用等方面规范不力。建议制定现金管理法,有效规范我国现金使用行为,减少现金流通量。中国人民银行同意代表提出的建议,并表示,目前中国人民银行正会同国务院有关部门对该条例进行修订,代表所提意见在《现金管理条例(建议修改稿)》中已有体现。财政经济委员会同意中国人民银行的意见,建议先修订《现金管理暂行条例》,解决议案所提问题。

34. 刘卫星等 31 名代表(第 63 号议案)提出,信用担保业存在立法缺位、缺乏统一监管、业务运作不规范、潜在风险大等问题,建议制定信用担保机构法。银监会认为,2010 年 3 月 8 日,以银监会、国家发展改革委、工业和信息化部、财政部、商务部、中国人民银行和工商总局联合部门规章形式公布实施的《融资性担保公司管理暂行办法》对融资性担保业提出了相对全面、统一的规范要求,代表提出的法规框架及内容在该办法中得以初步体现。银监会建议在办法实施一段时间、取得经验后再对其进行修改完善或制定相关法律法规。财政经济委员会同意银监会的意见。

35. 袁昌玉等 31 名代表(第 64 号议案)提出,现行招标投标法中的部分规定不能适应当前经济社会发展需要,亟须修改,建议进一步完善行政监督制度、招标质疑投诉制度、投标人申述制度等。国家发展改革委认为,招标投标法确需修改,但目前在一些具体问题上存在认识分歧。该委正在组织起草《招标投标法实施条例》,并力争在年内颁布实施。代表提出的增设行政监督、投诉等制度的建议已根据实际情况予以采纳。财政经济委员会同意国家发展改革委的意见,建议通过制定实施条例解决议案的立法要求。

36. 黄河等 30 名代表、徐景龙等 31 名代表、周洪宇等 30 名代表(第 76 号、第 152 号、第 362 号议案)提出,低碳经济的实质是能源高效利用、清洁能源开发、追求绿色 GDP,核心是能源技术和减排技术创新、产业结构和制度创新以及人类生存发展观念的根本性转变,建议制定低碳经济促进法,把应对气候变化、发展低碳经济纳入法制轨道。国家发展改革委认为,我国制定和修订了多部与应对气候变化相关的法律法规以及相关规划,但从全局和长远看,需要制定一部应对气候变化的专门法律。目前该项工作正稳步推进,国家发展改革委已将应对气候变化立法作为 2010 至 2012 年开展的重点立法项目之一,立法前期调研工作正有序进行。代表提出的具体建议,将在立法进程中予以吸收。财政经济委员会同意国家发展改革委的意见,建议先通过制定和修改相关法规规章解决议案所提问题。

37. 盛亚飞等 30 名代表、邵峰晶等 32 名代表、周晓光等 30 名代表(第 101 号、第 410 号、第 496 号议案)提出,当前,网络信息安全问题日益突出,通过网络破坏信息系统,传播淫秽、色情、赌博、暴力等信息,窃取信息、名誉侵权等行为屡禁不止,严重扰乱社会秩序,影响国家信息安全,建议制定互联网法、网络信息安全法、国家信息安全法。工业和信息化部、公安部认为,当前规范信息安全的法律法规有宪法、刑法、国家安全法、保守国家秘密法、治安管理处罚法、电子签名法、《全国人民代表大会常务委员会关于维护互联网安全的决定》以及数十部部门规章等。这些法律法规或规章对加强信息安全发挥了积极作用,但也存在内容分散、相互交叉甚至抵触的现象,影响了立法效力和执法严肃性,对信息安全监督管理造成不利影响。为此,需要制定一部内容综合、法律效力较高的法律或行政法规。目前,工业和信息化部已完成《信息安全条例(报送稿)》,其中对信息网络环境下法律主体的权利、义务,各种危害网络与信息系统安全行为,网络科技创新,加强国际兼容等内容作了规定。财政经济委员会同意工业和信息化部、公安部的意见,认为,互联网信息活动亟须法律规范,但网络世界形成的各类社会关系也是当前现实世界的各类社会关系,涉及多方面的法律规范,不可能通过一部法律进行调整。建议先通过制定《信息安全条例》等专项法规解决议案所提问题,同时就互联网立法问题展开深入调研,在条例实施和立法调研的基础上,提出综合性的立法方案,解决当前互联网缺乏法律规范的问题。

38. 马克宁等30名代表、左延安等30名代表(第119号、第402号议案)提出,当前我国对企业境外投资的立法大多停留在行政规章层面,存在缺乏总体规划,审批制度繁琐,相关服务制度、鼓励制度、保险制度以及应对风险制度欠缺等问题,建议尽快制定境外投资法,对境外投资予以宏观调控,建立统一的审批机构,改革审批程序,全面调整和规范我国境外投资关系,为企业境外投资营造良好环境,保护企业资产安全等。商务部认为,为促进我国对外投资健康发展,加强立法工作很有必要。2002年原外经贸部曾会同原国家计委联合制定《境外投资管理暂行条例(送审稿)》,但因当时有关部门在境外投资的基本原则、指导思想等方面存在分歧,条例未能出台。目前该部已在过去工作的基础上,研究起草出《境外投资条例(初稿)》,正在修改完善。财政经济委员会同意商务部的意见,建议在制定条例工作中认真研究吸收议案意见。

39. 袁敬华等30名代表(第134号议案)提出,当前我国存在机关事业单位工资发放随意性大、缺乏法律依据,部分行业企业工资水平过高,高管年薪制度不完善等问题,建议制定工资法予以规范。朱雪芹等30名代表(第184号议案)提出,一些企业拖欠农民工工资现象时有发生,主要集中在建筑业和餐饮业。拖欠工资的行为,不仅侵害了农民工的合法权益,不利于统筹城乡发展的大局,由此引发的矛盾还影响社会稳定,建议制定农民工工资保障法。人力资源和社会保障部认为,当前党中央、国务院高度重视工资问题,正在组织研究拟订公务员工资制度改革方案和深化事业单位收入分配制度改革的工作方案,待方案出台后,即积极开展相应立法工作。对高管年薪以及垄断行业职工工资过高问题,该部拟会同财政部、审计署等有关部门加强监管规范,在工作取得一定经验后,适时提出立法建议。为保障农民工工资支付,该部正在指导和督促各地建立健全企业工资支付监控制度、工资保证金制度和群体性事件应急工作机制等。同时,《企业工资条例》已列入国务院二类立法计划,该部还拟在条例中对工资宏观调控和管理问题作重点规定。财政经济委员会同意人力资源和社会保障部的意见,建议有关部门加快相关立法进程,解决代表议案所提问题。

40. 俞书伟等31名代表、徐龙等35名代表、周晓光等30名代表(第135号、第174号、第289号议案)提出,近年来,电子商务发展迅速,引发了新的法律问题,建议制定电子商务法或电子商务交易法。商务部赞同代表所提建议,正在积极推动电子商务立法工作,组织起草《网上交易管理办法》等规章。同时建议全国人大常委会将该法列入立法规划。财政经济委员会认为,电子商务具有较强的技术性,涉及合同法、消费者权益保护法、电子签名法等多部法律法规,建议有关部门根据议案要求,对完善电子商务法律法规问题进行全面研究,提出综合性方案,解决现存问题。

41. 张庆伟等30名代表、杨子强等30名代表(第140号、第142号议案)提出,存款保险制度有利于消除银行与存款人之间的信息不对称,树立储蓄者信心,有效防范银行挤兑和恐慌,是中央银行最后贷款人手段的前置制度安排,建议制定存款保险法,建立适合我国国情的存款保险制度。中国人民银行认为,设立功能完善、权责统一、运作有效的存款保险制度,能够增强金融企业、存款人的风险意识、保护存款人的合法权益。但目前制定专门的存款保险法对配套的法律制度要求较高,立法条件尚不成熟。国务院法制办已将《存款保险条例》列入国务院2010年立法工作计划。财政经济委员会同意中国人民银行的意见,建议相关部门在《存款保险条例》起草工作中研究吸收议案的具体建议。

42. 袁敬华等30名代表、王茜等30名代表、郭成志等30名代表(第141号、第209号、第309号议案)提出,现行劳动法关于农民工社会保障、职工工作时间、用人单位缴纳社会保险费义务、劳动者休假制度等问题的规定均需完善。建议修改劳动法,明确规定职工工作时间每周不得超过40小时，专门建立符合农民工实际情况的社保制度，侍候病危直系长辈享有带薪假期等内容。人力资源和社会保障部认为，社会保险法现正在审议过程中，其中赋予了社会保险费征收机构加强征缴的措施和手段，将农民工纳入了社会保险覆盖范围，下一步该部还将研究拟订该法的配套法规，对农民工社会保险问题作出详细规定。对于职工工作时间规定问题，属于行政法规与法律不一致情况，待修改劳动法时一并解决。关于侍候病危长辈休假权的建议，建议利用现有休假制度，与用人单位协商加以解决。财政经济委员会同意人力资源和社会保障部的意见，建议先通过制定社会保险、劳动标准等单行法律及劳动法配套法规规章，解决议案所提问题。

43. 杨亚达等31名代表、任玉奇等30名代表（第153号、第459号议案）提出，为规范物业管理活动，维护业主和物业服务企业的合法权益，促进我国物业服务行业健康持续发展，建议制定物业管理法，明确立法宗旨和原则、业主大会与业主委员会制度、业主公约、物业管理人等内容。住房和城乡建设部认为，2007年修订实施的《物业管理条例》对于规范物业管理活动，维护业主和物业服务企业合法权益，改善人民群众生活和工作环境发挥了一定作用，但仍存在部分法律制度不完善、可操作性较差、法律责任弹性过大等问题，需要加强实施力度，不断完善配套规章。住房和城乡建设部还将继续认真研究代表意见，争取适时提出把《物业管理条例》上升为法律的立法建议。财政经济委员会认为物业管理中的基本法律关系已在物权法等法律中作了规定，建议通过不断完善实施配套法规规章规范物业管理活动。

44. 邱玫等32名代表（第176号议案）提出，目前竞争企业之间通过挖对方员工方式破坏项目进程的现象比较普遍。建议制定竞业限制法，保护科技人才队伍、人才环境和科技创新企业。人力资源和社会保障部认为，与竞业限制有关的规则散见于民法通则、劳动法、合同法、公司法、反不正当竞争法以及刑法等法律中，特别是劳动合同法关于竞业限制的规定有较强的操作性。该部将不断总结和积累经验，推动有关法律法规的实施。财政经济委员会同意人力资源和社会保障部的意见，建议通过制定完善劳动合同法等的配套法规规章、改进工作，解决议案所提问题。

45. 秦希燕等30名代表（第227号议案）提出，现行城乡规划法仍然缺乏有效的民主决策和监督制度，致使城市规划缺乏科学性、连续性、前瞻性，"政绩工程"、"形象工程"屡禁不止，建议对城乡规划法做相应修改，增加公众听证、专家评估制度等规定。住房和城乡建设部认为，代表议案提出的问题，有的是制度本身方面的原因，有的是执法不到位造成的。住房和城乡建设部一方面拟加大监督检查力度，督促各地贯彻落实城乡规划法，强化城乡规划的严肃性和权威性，另一方面将加快配套部门规章的制定工作，解决代表所提问题。财政经济委员会同意住房和城乡建设部的意见。

46. 王填等32名代表（第228号议案）提出，近年来我国城市商业网点开发在一定程度上存在缺乏统一规划、无序发展、重复建设等问题，给城市交通、环境和中小企业发展带来巨大影响，造成了城市资源的浪费。建议制定城市商业网点规划法，规范商业网点的建设及其行为，调整商业店铺与环境、交通、土地占用、居民生活质量等方面的利益关系。商务部认为，该部一直高度重视城市商业网点规划管理工作，积极推进商业网点有序建设。商务部从2003年着手起草《城市商业网点条例》，一度被列为国务院一类立法计划，因某些制度设计尚需进一步探讨完善，起草进度有所延迟。目前，商务部仍在组织有关部门和专家对条例进行修改，推动条例尽快出台。财政经济委员会同意商务部的意见，建议在条例起草过程中认真研究议案的具体意见。

47. 姜玉泉等31名代表（第232号议案）提出，随着住房体制改革不断深化，我国已经出台了一系列有关住房公积金的规范性文件和规定。建议制定住房公积金管理法，明确由国家设立住房公积金管理总局负责全国的住房公积金管理工作，健全监督机制，明确住房公积金归集缴存管理，完善住房公积金提取和使用等。住房和城乡建设部认为，当前实施的《住房公积金管理条例》确实存在多头管理、追缴使用体制不健全、行政执法难度大等问题，需要加以修改完善。该条例修订已经列入2010年国务院立法工作计划，目前已成立专门的修法小组，拟在草案中进一步明确住房公积金制度的功能定位、住房公积金制度覆盖范围、住房公积金管理体制、风险控制和监管机制等。财政经济委员会同意住房和城乡建设部的意见，建议在条例修改过程中，认真研究吸收议案的意见。

48. 张有会等32名代表、莫照兰等30名代表、邵峰晶等32名代表（第255号、第420号、第421号议案）提出，当前农村集体经济组织土地及城市房屋的征收征用现象非常普遍，但现有法律法规在这一问题上规定不明，导致拆迁安置补偿纠纷矛盾频发，建议尽快制定集体土地房屋拆迁法、国有土地上房屋征收法、房屋征收征用法，对城市、农村的征收征用对象给予同等保护，明确规定征收征用的程序、补偿标准、救济途径等。住房和城乡建设部认为，当前国有土地上的房屋拆迁适用《城市房屋拆迁管理条例》，农村集体土地上的房屋拆迁，适用土地管理法，确有必要加以统一规范。该部正在制定《国有土地上房屋征收与补偿条例》，下一步拟结合代表议案提出的意见和建议作进一步研究论证。集体土地征收中房屋拆迁立法问题已经在土地管理法修改中作了统筹考虑。财政经济委员会同意住房和城乡建设部的意见，建议在土地管理法修改、城市房地产管理法修改、《国有土地上房屋征收与补偿条例》的起草工作中，解决议案所提的问题。

49. 周晓光等30名代表（第287号议案）提出，长期以来，各部门分别对汽车行业在产业政策、生产、流通和使用各个环节行使管理权，出现了职能交叉，争抢权限等现象；另外，汽车质量、二手车交易、污染物排放等也需要法律规范，建议制定道路车辆法。工业和信息化部认为，我国长期以来对车辆产品采取的是各部门分环节的监管体制，在一定程度上导致了政出多门、管理重复、监管责任难落实、加重企业负担等问题，不利于汽车产业的持续健康发展。为进一步加强车辆管理的法制建设，促进我国汽车产业健康发展，1997年，原机械工业部、国家经贸委、国家发展改革委曾组织起草《道路机动车辆管理条例》。目前，工业和信息化部正在原有工作的基础上，继续开展条例起草工作。代表议案所提问题，拟在条例起草过程中，加以规范解决。财政经济委员会同意工业和信息化部的意见。

50. 周晓光等30名代表、左延安等30名代表（第288号、第401号议案）提出，随着汽车租赁市场快速发展，汽车租赁行业无法可依的问题日益突出，导致整个行业处于盲目发展、真空管理的状态，建议尽快制定汽车租赁法，对汽车租赁市场准入经营、各方权利义务、监督管理等做出规定。商务部认为，与发达国家相比，我国汽车租赁市场还处于初级发展阶段，存在很多问题亟待解决，如企业规模小、管理水平落后、信用评价体系尚未建立、租车手续复杂、交易成本高、出租人承担风险过大等。但考虑到目前该行业的发展规模、实践经验等因素，制定一部专门的汽车租赁法有一定难度。该部将针对现实问题启动立法调研论证，争取出台一些单行规定解决现存问题，促进该行业的健康发展。财政经济委员会同意商务部的意见。

51. 周晓光等30名代表（第291号议案）提出，目前规范住宅装修的法规立法层次不高，缺乏权威性，且在具体实施过程中存在多头管理、监督不力等问题，建议制定住宅装修法，对装修公司资质管理、施工安全、税收征管等问题做出规定。住房和城乡建设部认为，议案关于住宅装修业存在问题的剖析，十分中肯；关于立法必要性的研究，对今后相关领域的立法有重要的参考作用。关于议案提出的装修资质管理、住宅装修现场的规定、住宅装修的税收征管、法律责任等问题，《建设工程质量管理条例》、《民用建筑节能条例》、《中华人民共和国营业税暂行条例》等相关法规已有相应规定，今后将结合议案建议，进一步完善相关法律法规，解决议案所提问题。财政经济委员会同意住房和城乡建设部的意见。

52. 周晓光等30名代表（第294号议案）提出，世界多数发达国家都制定了专门的典当法，随着我国典当业的迅猛发展，其经营范围不断扩大，已由动产延伸至财产权利、不动产，典当方式也由质押向抵押拓展，亟须法律规范，建议尽快制定典当法。商务部认为，自2005年商务部、公安部联合发布《典当管理办法》以来，极大促进了典当业发展。但同时典当行业也存在法律制度建设滞后、风险增大、客源质量较低、少数典当行违规经营等问题。目前商务部已会同公安部、中国人民银行等11个部委，起草了《典当管理条例（草案）》，并于2009年底上报国务院法制办。财政经济委员会认为，典当作为特殊的融资渠道和融资方式，在金融领域的作用日益突出，同时也存在较大的行业风险，需要予以规范。建议先制定《典当管理条例》，取得经验后再研究上升为法律的问题。

53. 程惠芳等30名代表（第295号议案）提出，为保护公民房屋质量和房屋财产安全，建议制定房屋质量法，明确制定房屋质量国家标准，建立房屋质量风险基金，明确对开发商和建筑承包商刑事责任的追究制度，对住房与建设管理部门进行行政问责等。住房和城乡建设部认为，房屋是我国公民最重要的财产，住房质量问题是重要的民生问题，目前规范房屋质量的法律法规主要是消费者权益保护法和《建设工程质量管理条例》，今后需要进一步完善城市房地产管理法、工程建设的国家标准和行业标准等相关法律法规或法律文件。财政经济委员会同意住房和城乡建设部的意见，建议通过完善有关法规规章和标准，解决议案所提问题。

54. 尹广军等31名代表(第305号议案)提出，对外劳务事业已经成为我国外向型经济发展和实施“走出去”战略的重要组成部分，但目前我国在这方面缺乏统一法律规范，仅靠法规规章规定进行操作，建议制定对外劳务管理法，规范对外劳务活动，保护境外务工人员和劳务经营企业的合法权益，加强对外劳务监督管理，促进对外劳务健康发展。商务部认为，近年来，我国对外劳务合作快速发展，但也存在一些突出问题，主要是市场经营主体参差不齐、企业经营不规范、企业和劳务人员权责不清以及政府监管和服务不到位等，导致出现境外劳务纠纷和突发事件，损害了劳务人员和企业利益，影响了国家声誉。商务部在以往制定的法规规章的基础上，又于2009年启动了《对外劳务合作管理条例》起草工作，并于当年和2010年两次报送了送审稿，目前正在进一步修改过程中。财政经济委员会同意商务部的意见，建议先通过制定《对外劳务合作管理条例》解决议案所提问题。

55. 刘道崎等30名代表(第337号议案)提出，当前市政公用事业领域普遍存在重建设、轻管理等问题，大量人为破坏、损坏或非法占用市政公用设施的行为得不到有效制止，给国家财产造成巨大损失，给人民群众的生活、工作造成很大不便，建议制定市政公用事业法，明确市政公用事业规划、建设、管理、设施保护、监督检查、法律责任等内容。住房和城乡建设部认为，市政公用事业包括城市道路、园林绿化、公共交通、环境卫生、节水排水、污水处理、供气供热等多个行业，目前已有《城市道路管理条例》、《城市绿化条例》、《城市市容和环境卫生条例》、《城市节约用水管理规定》等行政法规予以调整，而有关供气、排水、污水处理、公共交通等法规的制定工作也已列入国务院2010年立法工作计划。同时，住房和城乡建设部已将市政公用事业法列入住房和城乡建设法律法规框架，拟在时机成熟时适时提出市政公用事业法的立法建议。财政经济委员会同意住房和城乡建设部的意见，建议在相关条例的制定过程中认真吸收议案的具体意见。

56. 计承江等30名代表(第390号议案)提出，我国银行卡产业飞速发展，市场规模持续扩大，但银行卡产业管理尚无专门法律规范。建议制定银行卡管理法，明确人民银行和银监会的监督管理具体职责，确定发卡机构、收单机构和银行卡清算组织等各方主体的责任和义务，规定银行卡受理和发卡市场管理风险原则等。中国人民银行认为，近些年来我国银行卡业务不断发展，国内银行卡业面对更加开放的环境和日益激烈的国际竞争，迫切要求制定相关法律法规来保障和促进银行卡市场的有序健康发展。中国人民银行高度重视银行卡立法工作，曾于2001年、2005年两次向国务院法制办报送《银行卡条例(送审稿)》。但由于各方在一些问题上还未达成共识，至今尚未出台。中国人民银行拟进一步加强与有关部门的沟通，继续推动《银行卡条例》的制定工作。财政经济委员会同意中国人民银行的意见，建议有关部门在《银行卡条例》的起草工作中，认真研究吸收议案及其所附《银行卡管理法(草稿)》内容，并做好协调工作。

57. 曹杰等31名代表(第396号议案)提出，由于我国信用征集和评估体系的欠缺，商品交易中出现了诸如合同欺诈、逃废债务、偷税漏税、虚假报表、黑幕交易等恶劣行为，造成了严重的信用危机，影响着社会主义市场经济的健康发展。建议制定社会信用法，依法规范个人信息的征集和评估，建立覆盖全国的信息数据库、明确信用奖惩机制、严格规范授信人的行为。中国人民银行认为，加快征信法制建设是确保征信行业健康发展、推动建立信用社会的一项重要任务。一直以来，人民银行等部门均非常重视征信制度的建立，2008年中国人民银行牵头17个部门共同组成了社会信用体系建设部际联席会议，统筹协调社会信用体系建设工作。而后，中国人民银行又积极推动《征信管理条例》的出台。财政经济委员会同意中国人民银行的意见，建议先通过制定条例解决议案立法要求，待条件成熟后，再上升为法律。

58. 曹杰等31名代表(第397号议案)提出，我国目前还没有专门调整行业协会、商会的法律规范，相关法律中的部分规定也较为笼统和概括。建议制定行业协会商会法，规定行业协会、商会的设立标准、条件、程序、职能、经费、财务管理，会员的权利、义务、法律责任等内容。国务院法制办认为，当前我国行业协会、商会存在设立混乱、行政色彩较浓、职能不清、经费缺乏等问题，应当以法律形式促进和规范我国行业协会、商会的发展。目前《行业协会商会条例》已列入国务院2010年立法工作计划，正在进行专题研究等工作。财政经济委员会同意国务院法制办的意见，建议先通过制定《行业协会商会条例》解决议案的立法要求。

59. 朱国萍等31名代表(第398号议案)提出，现行法律对民间融资与非法集资的法律界定不清，不仅影响民间融资的正常发展，也使非法集资活动未受到及时查处和打击，建议制定民间融资法。中国人民银行认为，有必要完善民间借贷的法律制度，目前正研究修订《贷款通则》，拟在其中明确民间借贷的法律定位，并从准入标准、利率管理、资金来源、资金用途和监测等方面对民间借贷作出相应的规定。现制定一部专门的民间融资法条件尚不成熟，建议修订《贷款通则》。财政经济委员会同意中国人民银行的意见。

60. 左延安等30名代表（第400号议案）《关于完善个人境外投资的法律法规的议案》提出，当前我国居民个人进行境外直接或间接投资日益频繁，有关部门对监管个人境外投资行为"心有余而力不足"，建议国家发展改革委、商务部和国家外汇管理局将管理权下放给地方和金融机构，并加强具体办理个人境外投资的金融机构的风险控制。商务部认为，代表提出的建议值得借鉴，应结合个人境外投资特点，以外汇支出管理为中心，研究完善个人境外投资监管法律法规。财政经济委员会同意商务部的意见。

61. 申振君等30名代表（第408号议案）提出，一些地方在新一轮政府机构改革出现了把原本由国资监管机构履行出资人职责的企业回归政府行政部门隶属管理的现象，造成新的"多头管理"，不利于国资监管。建议修改企业国有资产法第六条和第十一条，进一步明确在国有资产管理体制中应当落实政企分开、政资分开的原则。国资委认为，议案提出明确委托授权方式的建议，对于进一步提高企业国有资产配置效率，增强国有企业活力、控制力、影响力具有重要意义。国资委将细化落实企业国有资产法的原则规定，澄清社会上有关认识误区，抓紧做好《企业国有资产基础管理条例》起草工作，为完善企业国有资产出资人制度提供保障。同时，国资委建议全国人大加强对各地贯彻实施企业国有资产法情况的调研，关注地方国有资产监管工作中存在的困难和问题。财政经济委员会同意国资委的意见。

62. 杨伟程等30名代表（第425号议案）提出，平等就业权是劳动者的基本权利。就业歧视是当前我国就业市场的突出问题之一，严重侵犯了劳动者的就业平等权，破坏了就业市场的公平竞争环境，妨碍了经济社会的健康发展。现行法律关于禁止就业歧视的规定过于零散，比较原则，缺乏系统的可操作性的具体法律规范，建议制定反就业歧视法。人力资源和社会保障部认为，当前我国有关平等就业权的法律有宪法、劳动法、妇女权益保障法、残疾人保障法以及就业促进法中的专章规定。为了贯彻实施法律规定的关于公平就业的内容，该部正在积极研究制定相关配套规定，如《就业服务与就业管理规定》、《人力资源市场条例》等。财政经济委员会同意人力资源和社会保障部的意见，建议认真研究议案内容，做好条例制定工作。

63. 王静成等34名代表（第477号议案）提出，针对我国农业大国的基本状况和对农业保险的迫切需求，顺应保险业法制化的历史进程，借鉴先进国家经验，建议制定农业保险法，规定农业保险的政策性定位、经营原则、经营主体、规则、财政税收政策、监管机制等。保监会提出，保监会已于2007年按照国务院立法计划安排，将《政策性农业保险条例（草案）》提交国务院审议。议案关于确立政策性保险性质，加大政府财政支持力度，理顺监管和经营体制，规范运作体制的建议，草案已有相应规定。议案关于农业保险强制性、扩大农业保险覆盖面等问题，拟在深入研究后在立法中予以明确。财政经济委员会同意保监会的意见，建议先通过制定《政策性农业保险条例》满足议案的立法要求。

64. 陈家宝等31名代表（第479号议案）提出，当前我国统一的道路运输市场尚未形成，传统的市场准入数量控制限制了市场竞争，运输组织能力较低，道路客运和城市公共客运二元化体制不适应经济发展的要求，建议制定道路运输法。交通运输部认为，考虑到传统道路运输、城市公共交通、出租汽车三个行业的属性和定位不同，发展战略、管理方式、服务对象均有所区别，结合道路运输业发展现状和实际需要，该部重点开展了《道路运输条例》的修订工作，同时加快了《城市公共交通条例》的立法进程，研究制定出租汽车管理综合措施。财政经济委员会同意交通运输部的意见，建议先通过相关法规规章解决议案所提问题。

65. 周晓光等30名代表（第485号议案）提出，我国酒类整体发展处于一种混乱无序状态，产生了诸如产业结构失衡，供求矛盾加剧、恶性竞争以及商业贿赂、假冒伪劣等严重问题，建议制定酒法。商务部认为，世界多数国家都有较为完善的法律规范酒类产品的产销，相比而言，我国酒行业立法较为滞后，产销秩序尚不规范，假酒损害消费者权益甚至伤人事件时有发生，行业监督管理存在地区差异性大、体制未完全理顺等问题，亟须立法和加强监管。该部已于2006年颁布了《酒类流通管理办法》、《酒类商品批发经营管理规范》等行业标准，解决了长期以来相关法律文件和行业标准缺位的问题。2009年，根据食品安全法有关规定，该部又向国务院提交了《关于加快制定〈酒类管理条例〉的请示》，现正积极协调有关部门从事立法前期准备工作。财政经济委员会同意商务部的意见，建议商务部在酒类管理条例立法前期准备工作中认真研究议案的意见。

66. 周晓光等30名代表（第486号议案）提出，制售假冒伪劣商品严重扰乱我国正常市场秩序，极大损害了国家和合法企业的利益，严重侵害消费者合法权益，给消费者的健康和生命安全造成极大隐患和危害。为彻底根治制假售假行为，建议制定反假冒伪劣商品法。国家工商总局、国家质检总局认为，现行消费者权益保护法、产品质量法、农产品质量安全法、侵权责任法、商标法、反不正当竞争法等法律，对制售假冒伪劣商品行为做出了一系列规定。对制止制售假冒伪劣商品行为、追究制售假冒伪劣商品法律责任等可以通过修订完善现有法律法规实现。议案的建议，相关部门将在下一步的法律修订工作中予以采纳。财政经济委员会同意国家工商总局、国家质检总局的意见。

（二）34件议案提出的31个立法项目，建议继续开展立法调研论证，同时通过改进工作解决议案关注的问题

67. 黄志明等31名代表（第14号议案）提出，目前新股上市成为上市公司的内部股持有人一夜暴富和圈钱的平台，中小投资者利益得不到保证，引发了社会矛盾，建议修改证券法对上市公司红利发放作强制规定。左红等31名代表（第481号议案）提出，证券民事赔偿制度对于完善证券违法犯罪究责体系、发挥私法的规制作用、促进投资者利益保护和证券市场规范健康发展具有重要的现实意义，建议修改证券法，增加相应内容。证监会认为，股票股息或者红利大小主要取决于公司的盈利水平、分配政策等因素。境内A股市场发行的都是普通股，没有优先股。公司法第一百三十二条的规定为在我国境内发行优先股等“非标准”股票已预留了空间。建议根据公司法，择机研究制定有关特别股发行的具体规定。现行证券法对虚假陈述的民事责任作出了较为明确的规定，对内幕交易、操纵市场等违法行为的民事责任规定操作性不强，确需修改。关于完善诉讼机制，建议最高人民法院在研究出台新的司法解释时做出修改。财政经济委员会同意证监会的意见，建议有关方面加强执法和司法工作，切实保护投资者合法权益，并在今后修改证券法时统筹考虑议案所提问题。

68. 徐景龙等31名代表（第23号议案）提出，烟草专卖法已施行19年，随着公民对烟草危害健康认识加强，这部法律已不适应以人为本的理念。建议对立法宗旨、禁烟条款、法律责任以及部分条款进行修改。烟草专卖局认为，烟草专卖法关于立法宗旨、公共交通工具和公共场所控烟等规定，符合我国社会经济文化发展现状，体现了社会主义法制统一的原则，建议以不做修改为宜。财政经济委员会同意烟草专卖局的意见。

69. 徐景龙等31名代表（第24号议案）提出，我国缺乏规范的财政监督制度，现行财政监督工作方式和手段不能很好地适应市场经济条件下加强财政管理的需要。建议尽快制定财政监督法，明确财政监督机构地位，确立监督机制和程序，明确法律责任等。财政部认为，改革开放以来，国务院和财政部均十分重视财政监督立法工作，相继出台实施了若干单行条例、规章和规范性文件，但仍存在法律位次较低、立法空白等问题。为此，有必要制定一部综合的财政监督法，以便进一步推动财政监督工作、加强财政管理、规范财政运行、维护财政秩序。财政经济委员会认为，财政监督十分重要，需进一步加强，同意财政部意见。鉴于议案所提主要是行政监督事项，建议先通过完善执法，改进工作解决议案所提问题。同时就制定财政监督法作进一步研究，适时提出具体建议。

70. 徐景龙等31名代表（第36号议案）提出，农村公路建、管、养、用与一般公路存在很多不同，不能简单适用公路法，建议制定农村公路法，明确农村公路规划管理、建设责任、资金来源、养护管理等问题。交通运输部认为，为确保农村公路健康持续发展，国务院有关部门已相继出台了一系列部门规章和规范性文件。目前各省正在对农村公路立法工作进行试点，拟先行出台地方性法规，待积累一定经验后，再研究探讨统一立法的问题。财政经济委员会同意交通运输部的意见，建议在试点工作中认真研究吸收议案的意见，待积累经验后再结合实际情况解决农村公路立法问题。

71. 徐景龙等31名代表（第37号议案）提出，我国建筑节能与发达国家差距很大，缺少相关法律是根本原因。建议制定建筑节能法，规定立法宗旨、调整对象、相关鼓励政策、监督检查等内容。住房和城乡建设部认为，目前我国关于节约能源的法律法规主要有节约能源法、可再生能源法、《民用建筑节能条例》、《公共机构节能条例》等，从不同角度对建筑节能工作进行了规范，对于促进我国建筑节能工作具有积极意义。考虑到《民用建筑节能条

例》出台时间还不长，各有关单位和个人正在按照条例要求进行规范。下一步将在调查研究的基础上，适时提出立法建议。财政经济委员会同意住房和城乡建设部的意见。

72. 徐景龙等31名代表（第44号议案）提出，我国是世界第二大石油消费国，原油天然气资源严重短缺，小炼油屡禁不止，建议制定石油天然气法，规范油气勘探、开采、管输、储备、炼制、销售及相关设施保护。国家能源局认为，石油天然气是关系我国能源安全的重要战略资源，现有立法已经不能满足现实需要，目前国家能源局已启动了石油天然气立法的前期研究工作。财政经济委员会同意国家能源局的意见，建议对石油天然气立法存在的问题进行充分研究，适时提出立法建议。

73. 徐景龙等31名代表、任玉奇等30名代表（第45号、第458号议案）提出，物流法律不健全在一定程度上阻碍了我国物流业的快速健康可持续发展，建议制定物流法。此外，鲜活农产品冷链物流体系的建设，与农产品的生产、储运、加工、销售、食用各个环节息息相关，建议把农产品冷链物流体系建设的立法放到突出位置。国家发展改革委赞成代表的意见，现正着手研究制定物流业产业政策，同时先行开展物流法前期调研工作。关于冷链物流，建议将其相关立法作为完善物流业相关法律法规体系的重要内容。财政经济委员会同意国家发展改革委的意见，建议根据物流业产业政策制定实施情况和物流立法前期调研结果研究决定物流立法事宜。

74. 邵志清等30名代表（第97号议案）提出，依托互联网进行创业就业的方式具有门槛低、经营方式灵活、投入资源少、见效快等特点，既可以有效拉动直接就业，也能拉动相关产业的就业，具有很大的就业吸纳空间，特别能为大学生、下岗职工、残疾人、农民等群体提供一种有效的就业途径。现有就业促进法没有明确指出鼓励发展新兴产业、促进新型就业方式，建议修订。人力资源和社会保障部提出，当前该部正在总结各地经验做法，不断提炼各种促进就业的有效工作模式和方法，进一步充实和丰富就业促进法有关鼓励创业的原则和规定。代表议案提出的建议十分中肯，该部将在以后工作中予以研究采纳。财政经济委员会同意人力资源和社会保障部的意见，建议有关部门进一步做好促进以创业带动就业工作，并针对议案提出的依托互联网进行创业就业的要求，研究制定相应的各项措施。

75. 姚莉等30名代表（第102号议案）提出，活跃的航运市场和日趋复杂的航运经济形态对我国航运政策、管理和立法提出了更高要求，建立层次清晰、结构合理、分类明确、内容全面的水运立法体系是完善我国航运法制建设的重要内容，同时也是世贸组织和我国市场经济建设的内在要求，并且也是我国实现从航运大国向强国跨越的必要法制保障。建议尽快对航运法进行立法立项。交通运输部认为，航运法是水运法律体系的重要组成部分，旨在全面规范航运业发展目标、航运政策、航运管理体制以及航运市场法律制度。交通运输部于1996年开始该法起草工作，已形成航运法草案，拟于近期上报国务院法制办。同时，该部还建议将该法列入全国人大常委会立法规划。财政经济委员会建议有关部门对航运法立法进行详细深入的论证，适时提出立法建议。

76. 袁敬华等30名代表（第136号议案）提出，现行公司法第二十二条第四款规定："公司根据股东会或者股东大会、董事会决议已办理变更登记的，人民法院宣告该决议无效或者撤销该决议后，公司应当向公司登记机关申请撤销变更登记。"该条款对撤销变更登记程序方面的规定，在实践中经常会遇到不能执行的尴尬，使小股东的合法权益难以得到保护。建议对公司法第二十二条第四款增加权利限制的内容。国务院法制办认为，议案所提问题一是可以通过司法程序解决，二是鉴于该问题属于公司法实施过程中产生的问题，建议由国家工商总局对如何具体实施公司法第二十二条第四款作出比较明确的规定，并不需要通过修改公司法解决。财政经济委员会同意国务院法制办的意见。

77. 袁敬华等31名代表（第143号议案）提出，目前我国关于商业秘密保护的法律依据少而分散，不利于商业秘密的统一保护，建议制定商业秘密保护法。国家工商总局认为，商业秘密的保护，立法是关键。该局一向重视商业秘密保护的立法工作，1995年制定了《关于禁止侵犯商业秘密行为的若干规定》，明确了商业秘密中技术信息和经营信息的法律概念，规定了侵犯商业秘密具体行为的界定方式，对商业秘密保护的行政执法工作起到了很好的指导效果。2003年在反不正当竞争法修订中也将商业秘密保护工作列为重点。代表的建议将在今后的修订中予以吸收。财政经济委员会同意国家工商总局的意见。

78. 杨子强等30名代表（第145号议案）提出，中小企业、弱势群体与"三农"融资难的问题目前仍然存在，表现在"信贷歧视"、农村等欠发达社区存款资金外流现象严重、国家对欠发达地区的金融支持政策落实不到位。建议借鉴美国制定社区再投资法的做法以及国外成功经验，制定我国的社区投资法，从根本上解决融资难问题。中国人民银行认为，从我国现阶段国情来看，制定社区投资法的条件还不成熟：第一，我国缺乏成熟的零售银行业务经营机构，而大型金融机构的组织结构难以满足社区再融资要求；第二，我国还没有完全建立基于信任关系的关系型融资模式和信用社区，缺乏实施社区投资法的配套环境；第三，需要对社区再投资法的作用、管理制度、引发的信贷风险等问题进行更深层次、多角度的利弊分析和研究。近年来，我国正在采取一系列的措施解决融资难的问题，实践结果将为制定我国的社区投资法的必要性和可行性提供实践依据，并在立法时机成熟时转化为社区投资法或相关法律的主体内容。财政经济委员会同意中国人民银行的意见。

79. 袁敬华等 30 名代表（第 144 号议案）提出，义务教育法中关于民族地区义务教育方面的法律没有得到有效实施，主要原因是缺乏具体、可操作性强的配套制度，建议制定民族地区义务教育投入保障法。财政部认为，党中央、国务院历来高度重视民族地区义务教育事业发展，目前国家已经在多部法律中明确规定了对民族地区义务教育的照顾、倾斜和扶持措施，并在一系列政策规定、制度办法和体制机制方面对既有法律条款进行了细化，各项制度措施明确、可操作性较强，确保了民族地区义务教育经费投入的稳定增长。由于各民族地区具体情况不同，由中央和地方根据现有法律，健全完善具体的制度办法更具针对性和可操作性。因此，是否另行单独制定一部民族地区义务教育投入保障法还需进一步研究和论证。财政经济委员会同意财政部的意见。

80. 刘庆宁等 31 名代表（第 202 号议案）提出，国有企业改革是整个经济体制改革的中心环节，为维护国有资产权益、职工合法权益、社会稳定，建议制定国有企业改制法。国资委认为，目前以规范操作、防止国有资产流失、保护职工合法权益为核心的国有企业改制法律政策体系已经基本形成，如企业国有资产法、公司法、劳动合同法。国资委系统大力开展建章立制，为改制工作有序进行、规范操作提供了保障。目前国有企业改制中仍存在的一些不规范的问题和环节，主要是一些地方、部门和企业贯彻落实国家法律政策不力、执法不严等造成的。议案反映了国有资产管理体制改革及国有企业改革中存在的突出问题和薄弱环节，国资委将继续依法推进国有企业改革，逐步解决国有企业改制中存在的各种问题。财政经济委员会同意国资委的意见。

81. 杨继学等 30 名代表（第 220 号议案）提出，BOT 方式已被我国政府广泛运用于电站、高速公路、污水处理、自来水厂等基础设施建设中，对充分利用外资和民间资本解决政府投资资金不足、促进经济平稳较快发展发挥了积极作用。从 BOT 项目实践看，当前存在指导规范法律依据效力较低、当事人地位不平等、基本权益得不到保障等问题，建议制定统一的 BOT 法律。国家发展改革委认为，BOT 是基础设施特许经营的一种方式，根据具体项目的特点，还有 BOOT、TOT 等多种不同的投融资方式，可以制定统一的基础设施特许经营法，目前正开展基础设施特许经营立法前期研究。财政经济委员会同意国家发展改革委的意见，建议在充分研究论证的基础上，适时启动基础设施特许经营的立法工作。

82. 秦希燕等 30 名代表（第 231 号议案）提出，消费者在反价格垄断中缺乏话语权，政府定价产品是否适用反价格垄断，法律规定模糊，反价格垄断执法职权存在交叉，建议修改反垄断法第七条和第三十八条，完善反价格垄断。商务部认为，反垄断法第五十条为消费者保护自身合法权益提供了明确依据；该法并未排除政府定价或指导定价产品或服务的适用；反垄断执法机构设置已做过较为充分的研究论证，目前三家反垄断执法机构在工作中各司其职，密切配合，实践中可能产生的职能交叉能够通过沟通协作解决。财政经济委员会同意商务部的意见，建议有关部门做好反价格垄断工作。

83. 高小琼等 30 名代表（第 239 号议案）提出，为实现我国宏观经济调控法治化，切实规范各种宏观经济调控行为，确保宏观经济调控政策执行到位，促进国民经济稳定健康发展，迫切需要制定一部宏观经济调控的基本法律。国家发展改革委认为，为了提高宏观调控的效率和水平，增强宏观调控的权威性，规范政府宏观调控行为，应当制定宏观调控法。2003 年国家发展改革委成立起草组，并于 2006 年起草出草案初稿。目前该法已经基本成形，建议将该法纳入全国人大常委会立法规划或立法计划。财政经济委员会认为，为了实行依法治国、依法行政和促进国民经济稳定健康发展，通过立法对政府的宏观经济调控行为进行规范是必要的，建议有关方面在现有工作的基础上，进一步加快对宏观经济调控体制的立法研究论证。

84. 张有会等 30 名代表（第 252 号议案）提出，

我国社会保障法律制度不能适应经济社会发展需要，建议按照制定社会保障法、单行法、配套法三个层次，加快实施社会保障立法工作，解决当前社会保障领域立法层次低、立法空白多、覆盖范围窄、可操作性差、管理机制不完善、监督机制缺乏等问题。人力资源和社会保障部认为，社会保障制度是现代国家一项重要的社会经济制度，主要包括社会保险、社会救助、社会福利和慈善事业等内容。改革开放以来，我国社会保障事业取得了长足发展，以社会保险为核心的社会保障制度体系已经基本形成。目前，全国人大常委会已对社会保险法草案进行了三次审议。人力资源和社会保障部拟在社会保险法出台后，再研究是否制定社会保障法的问题。财政经济委员会同意人力资源和社会保障部的意见，建议在社会保险法审议过程中认真研究吸收议案的具体意见。

85. 曹大正等33名代表（第254号议案）提出，当前保税港区设立的依据是国务院的批示文件和相关部门的管理条例，在实际工作中依据的主要是各部门自行制定的规章政策等，相互之间没有约束力，也缺乏统一的有约束性的权威依据，影响到保税港区的发展。建议制定保税港区管理法，明确保税港区法律地位、设立原则、产业政策、税收政策、准入和退出机制等。海关总署认为，自20世纪90年代以来，国务院根据不同时期、不同地区、不同对象发展外向型经济的要求，批准设立了保税港区、保税区、出口加工区、保税物流园区、珠澳跨境工业区、综合保税区六类海关特殊监管区域，保税港区是我国目前设立的各类海关特殊监管区域的一种。以上特殊监管区域在发展过程中，不可避免地存在功能分散、政策不配套等问题。目前，海关总署正在根据国务院要求对上述区域进行整合，就海关特殊监管区域制定法律时机尚不成熟。财政经济委员会同意海关总署的意见，建议加强协调，积极推进整合工作，解决好议案所提的保税港区管理问题。

86. 周晓光等30名代表（第290号议案）提出，当前我国商品专业批发市场在市场准入、规划、建设、经营、管理、税收体系等多方面都无法可依，各地盲目重复建设市场现象严重，多头管理和管理真空同时存在，已影响到商品专业批发市场的健康发展，建议全国人大常委会尽快对商品专业批发市场开展立法调查，责成国务院有关部门起草，适时出台这一法律。商务部认为，近年来我国商品专业批发市场发展迅速，在引导消费、促进生产、扩大就业以及优化资源配置等方面发挥了积极作用。为加强对商品批发市场及其他交易市场的规范引导，商务部等有关部门、一些地方人大和政府已出台了相关法规规章等文件，但存在法律位次低、效力不够等缺点。商务部赞同代表议案提出的制定统一的商品专业批发市场法的意见。财政经济委员会建议进一步对商品专业批发市场开展立法调查和研究论证。

87. 薛继连等31名代表（第306号议案）提出，随着我国工业化程度的提高，面对的环境问题十分严峻，建议制定环境税法，强化税收在环境保护方面的调控作用，将环境税作为政府环境经济政策的重要组成部分。财政部认为，代表的意见与现阶段经济发展和环境保护政策目标一致。2009年6月，国务院法制办在致全国人大常委会预算工作委员会的《税收立法项目具体工作方案》中提出，“环境税法目前开展调研和起草工作，并根据国务院税费改革进度，适时报全国人大常委会。”财政经济委员会同意财政部的意见。

88. 韩玉臣等30名代表（第307号议案）提出，随着我国市场经济的迅速发展和流通体制的改革，市场主体、流通行为日益多样化，存在产业集中度低、批发方式落后、重生产轻流通、政府管理和服务手段单一等问题，建议尽快制定市场流通法，规定流通秩序、市场准入、监测与调控、相关促进政策等内容。商务部提出，该部组建后高度重视市场流通法制工作。针对流通领域法律空白多，立法分散不成体系的问题，研究提出了《建立健全市场流通法律体系框架》，重点清理了1993年以来发布的法律文件495件，起草、制定出台了包括反垄断法、《直销管理条例》等39件市场流通领域的法律法规和规章。该部目前已成立了专门的市场流通立法工作组，委托专家开展专项课题研究。财政经济委员会同意商务部的意见，建议商务部结合代表议案，进一步做好市场流通立法的调研论证工作。

89. 欧阳泽华等35名代表（第317号议案）提出，目前我国证券交易所已经全部实现了无纸化交易，但我国对证券无纸化尚无专门立法，实践中已经引发了不少民商事法律纠纷。无纸化证券权利的表彰、流转、担保等基本民商事法律关系亟须得到法律确认，证券无纸化带来的证券存在形式、持有方式、交易、登记、保管和结算制度等各业务环节的全新变化，以纸面证券为基础制度的现有法律制度已经完全不能适应。为进一步促进证券市场健康、平稳发展，建议尽快制定证券无纸化法。证监会赞成代表的意见。财政经济委员会认为，证券无纸化立法涉及证券法等现行法律的修改，建议有关部门先行开展深入的研究论证。

90. 周联清等 31 名代表（第 334 号议案）提出，现行港口法按照“一城一港一政”的原则，将地方港口管理的大部分行政管理职能赋予市、县港口行政管理部门行使，忽略了省级港口行政管理部门的职能和作用，造成统筹全局管理和规划的缺失，降低了港口和码头的使用效率，造成港口、口岸配套设施重复建设和岸线资源浪费，建议修改港口法关于港口行政管理体制的条款，明确国务院交通主管部门主管全国的港口工作，同时提高省级港口行政管理部门在港口管理工作中的作用和权限，由省级港口行政管理部门确定全省港口管理区划和体制，统筹全国港口的规划、建设、经营和监督管理。交通运输部认为，港口法经过几年的实践发现，关于港口行政管理体制等方面的规定存在一些不足，有待进一步修订和完善。赞成代表们关于修订港口法部分条款的建议。该部将对有关问题进一步做好深入的研究和论证，为港口法的修订做好准备。财政经济委员会同意交通运输部的意见。

91. 王晶等 30 名代表（第 339 号议案）提出，中小企业是我国市场主体的重要组成部分，在满足市场供应、安置就业、增加出口、促进增长等方面发挥着重要作用。在中小企业促进法出台的七年间，中国经济社会出现了巨大变化，而中小企业的融资和经营环境并没有取得相匹配的提升与改善。建议修改完善中小企业促进法，发展中小企业小额贷款，建立和完善中小企业信用担保机制，促进资本市场的中小企业融资以及鼓励扶持大学生、农民工和退伍军人创办的中小企业等。财政经济委员会认为，中小企业促进法的实施，对于促进中小企业的发展壮大发挥了重要作用，但由于多方面原因，我国中小企业的生存发展确实存在议案所提问题。针对这些问题，结合法律要求，有关监管部门陆续采取了一些新的措施，如试点设立小额贷款公司、继续建立中小企业担保机构、扩大进出口信贷与担保业务、推出创业板等。但总的来说，这些措施一是面比较小；二是有的仍在探索总结中，尚未完全形成稳定和普遍推行的政策。为此，总结中小企业促进法与有关政策做法的实施情况，对该法进行修改完善是必要的。我委将根据议案所提意见，积极开展中小企业促进法实施情况调研，适时向全国人大常委会提出修改中小企业促进法的建议，争取将议案所提内容及其他相关内容早日纳入法律，使其更好促进中小企业发展。

92. 邵峰晶等 32 名代表（第 426 号议案）提出，最近各地在城乡信用社的基础上成立了合作银行，这些银行对解决中小企业融资难问题发挥了一定作用，但其经营行为却无法可依。为了更好发挥合作银行作用，挖掘民间资本巨大潜力，缓解中小企业融资难问题，建议制定合作银行法，明确合作银行的设立和组织机构、贷款和其他业务基本原则、接管与终止、管理与监督等内容。银监会提出，当前农村信用社改革的方向是建立现代农村金融制度，改善农村信用社法人治理结构，保持县（市）社法人地位稳定，发挥好为农民服务主力军作用等。因此，银监会正在着力推进农村信用社向现代农村金融企业过渡，改制后的金融企业将适用商业银行法。同时，银监会还鼓励和引导各类社会资本组建村镇银行、贷款公司和农村资金互助社等新型农村金融机构，并将在其发展一段时间后，研究制定合作金融法。财政经济委员会同意银监会的意见，建议继续深化农村金融制度改革，不断总结经验，适时提出立法建议。

93. 孙菁等 31 名代表、王梅珍等 30 名代表（第 427 号议案、第 484 号议案）提出，经费问题是制约教育发展的瓶颈，为保障教育经费，政府于 17 年前提出了全国财政性教育经费占 GDP 比例 4% 的目标，今年是实施“十一五”规划的最后一年，国家财政性教育经费占 GDP 比例仍然低于 4%。建议制定教育经费法、教育投入保障法，从法律层面保障教育经费。财政部认为，长期以来全国人大、国务院在立法过程中充分考虑了教育的重要作用和意义，在教育法、义务教育法、职业教育法和高等教育法等多部法律中，均以专章明确规定了教育投入和经费保障问题。议案的有关要求基本可以在现行的教育法律制度体系中找到规定或者替代措施，可以通过落实现有法律制度予以实现，存在的问题也正在现有法律框架内逐步得到解决。今后各级财政部门要积极努力的调整和优化财政支出结构，拓宽财政性教育经费来源，逐步使财政性教育经费占国内生产总值的比例达到 4%。财政经济委员会同意财政部的意见，建议在法律执行中解决议案的问题。

94. 刘平建等 33 名代表（第 457 号议案）提出，当前劳动争议案件处理程序繁琐，导致劳动者维权周期长、成本高，甚至出现用工单位恶意利用处理程序拖延时间刁难劳动者的情况。建议对劳动争议调解仲裁法中有关劳动争议处理程序的规定做出修改，明确权利人对仲裁和诉讼方式维权有选择权；对仲裁实行一裁终局制。人力资源和社会保障

人员流动空前广泛，客观上使少数民族语言文字的保护、使用和发展工作遇到了许多新的情况和新的问题。比如，民族语文教材的编写和出版工作跟不上实际需要；民族地区中小学双语教学师资短缺状况十分普遍和突出；民族语文出版物数量少，内容单一，远不能满足需要，特别是一些边境民族地区，境外文化读物大量传入，对我国民族文化安全构成威胁，等等。这些问题近年来越来越突出，应引起高度重视。

民族委员会认为，少数民族语言文字法可暂不列入全国人大常委会立法议程。建议请国务院进一步加强新形势下少数民族语言文字工作的研究，加大少数民族语言文字的法律法规和政策的贯彻落实的力度，认真解决少数民族语言文字保护、使用和发展中的突出问题。各民族自治地方可以根据民族区域自治法的有关规定，进一步加强民族语言文字方面的地方性法规的修订和完善工作，并切实落实好、实施好。民族委员会也将继续对少数民族语言文字工作进行调查研究，督促和检查有关法律法规和政策的落实情况。

二、关于制定《中华人民共和国少数民族地区经济发展促进法》的议案（第450号）

党和国家历来高度重视少数民族和民族地区的经济社会发展，不断加大对民族地区经济社会发展扶持力度。特别是"十一五"以来，国家着眼于全面建设小康社会，把加快少数民族和民族地区的经济社会发展摆上了更加突出的位置，先后作出了一系列重大部署，采取了一系列重要政策措施，推动少数民族和民族地区经济社会发展。如，国家先后实施了西部大开发战略、兴边富民行动、扶持人口较少民族发展规划，还针对西藏、新疆等民族地区的实际情况，制定了专项政策措施，这些政策措施的实施，为少数民族和民族地区的可持续发展打下了良好的基础，我国民族地区经济社会发展取得了显著成效。但是，少数民族和民族地区经济社会发展总体滞后和自我发展能力不强的状况依然没有根本改变；经济发展的差距依然呈拉大趋势；贫困问题十分突出，扶贫攻坚依然是一项十分艰巨的任务；基础设施依然薄弱；生态与环境保护形势依然不容乐观。这些困难和问题能否及时得到解决，直接关系到我国全面建设小康社会的宏伟目标的能否顺利实现。

鉴于上述情况，民族委员会认为，通过制定"少数民族地区经济发展促进法"来促进少数民族和民族地区经济社会的发展是必要的、合理的，不但是民族地区广大干部群众的迫切愿望，也是我国完善社会主义法律体系的客观要求。但由于国家针对少数民族和民族地区制定的一系列重大政策措施正在实施当中，需要在实践中逐步进行总结和不断完善。目前，立法的条件还不具备。建议将这一问题列入明年全国人大常委会的专题调研计划，组织力量进行调研。在此基础上提出意见，待条件成熟后，再考虑列入全国人民代表大会常务委员会的立法议程。

以上报告，请予审议。

全国人民代表大会民族委员会
2010年12月24日

全国人民代表大会法律委员会关于第十一届全国人民代表大会第三次会议主席团交付审议的代表提出的议案审议结果的报告

（2010年12月25日第十一届全国人民代表大会常务委员会第十八次会议通过）

全国人民代表大会常务委员会：

第十一届全国人民代表大会第三次会议主席团交付法律委员会审议的代表提出的议案共137件，涉及制定法律11部、修改法律21部，经研究按议案内容合并为32个立法项目。

法律委员会按照吴邦国委员长在十一届全国

人大三次会议提出的提高代表议案建议办理质量的要求，高度重视代表议案办理工作，依照代表议案处理办法的规定，制定了工作方案，采取邀请领衔代表参加座谈会和有关问题调研、向领衔代表发函征求意见或当面交换意见、电话沟通联系等多种方式，认真听取代表意见，切实办好代表议案。法律委员会于12月3日召开会议，对137件议案的办理情况进行了审议。现将审议结果报告如下：

一、32件议案涉及的5个立法项目已由全国人大常委会审议通过

1. 关于修改国家赔偿法的议案3件。关于修改国家赔偿法的决定已于2010年4月29日由十一届全国人大常委会第十四次会议审议通过。

2. 关于制定石油天然气管道保护法的议案1件。石油天然气管道保护法已于2010年6月25日由十一届全国人大常委会第十五次会议审议通过。

3. 关于制定社会保险法的议案5件。社会保险法已于2010年10月28日由十一届全国人大常委会第十七次会议审议通过。

4. 关于修改村民委员会组织法的议案10件。修订后的村民委员会组织法已于2010年10月28日由十一届全国人大常委会第十七次会议审议通过。

5. 关于修改代表法的议案13件。关于修改代表法的决定已于2010年10月28日由十一届全国人大常委会第十七次会议审议通过。

二、36件议案涉及的2个立法项目已提请全国人大常委会审议

6. 关于制定行政强制法的议案1件。行政强制法草案已于2009年8月由十一届全国人大常委会第十次会议进行了第三次审议。法律委员会、法制工作委员会正在根据代表议案和各方面意见，对草案进行修改。法律委员会将适时提请常委会第四次审议。

7. 关于修改刑法的议案35件。议案提出关于修改完善刑法总则、危害公共安全罪、破坏社会主义市场经济秩序罪、侵犯公民人身权利、民主权利罪、侵犯财产罪、妨害社会管理秩序罪等方面的建议。刑法的修改已经列入本届全国人大常委会立法规划。2010年8月十一届全国人大常委会第十六次会议对刑法修正案（八）草案进行了初次审议。草案吸收了代表议案中有关取消部分犯罪死刑，建立未成年人轻罪犯罪记录消灭制度，加大对生产销售假药犯罪、破坏资源环境犯罪、包庇纵容黑社会性质组织犯罪的惩处力度，增加规定危险驾驶犯罪和逃避支付工资的犯罪等意见。法律委员会建议常委会第十八次会议再次审议。对代表议案中的其他意见，法律委员会、法制工作委员会将结合落实中央有关精神，在会同有关方面继续研究的过程中，加强与代表的沟通，对代表们提出的意见在刑法修正案（八）草案或以后的刑法修改工作中认真考虑。

三、39件议案涉及的6个立法项目已列入本届全国人大常委会立法规划，正在起草或者研究修改；其中35件议案涉及的3个立法项目，建议列入2011年立法工作计划

8. 关于修改突发事件应对法的议案1件。法制工作委员会正在就突发事件应对法修改的有关问题开展研究，将在修改突发事件应对法的过程中认真研究吸收代表提出的意见。

9. 关于修改行政诉讼法的议案1件。对代表议案提出的建议，法制工作委员会将在研究修改行政诉讼法时统筹考虑。

10. 关于制定违法行为矫治法的议案2件。关于违法行为矫治法，有关部门正在进行劳动教养改革试点。对代表议案提出的意见，法制工作委员会将在工作中进行认真研究。

11. 关于修改兵役法的议案3件。兵役法修正案草案已报国务院、中央军委。法律委员会建议列入2011年立法工作计划。

12. 关于修改刑事诉讼法的议案12件。法制工作委员会正在着手研究刑事诉讼法的修改方案。对代表议案提出的意见，将在研究修改刑事诉讼法的工作中统筹考虑。法律委员会建议列入2011年立法工作计划。

13. 关于修改民事诉讼法的议案15件、制定民事强制执行法的议案5件。法制工作委员会正在着手研究民事诉讼法的修改方案。对代表议案提出的意见，将在研究修改民事诉讼法的工作中统筹考虑。法律委员会建议列入2011年立法工作计划。关于是否单独制定民事强制执行法的问题，在修改民事诉讼法时一并加以研究。

四、30件议案涉及的19个立法项目未列入本届全国人大常委会立法规划，建议进一步研究，有的可待条件成熟时列入立法规划或者年度立法工作计划，有的可在起草或者修改相关法律时统筹考虑

14. 关于修改物权法的议案1件
15. 关于修改担保法的议案2件
16. 关于制定征收征用法的议案1件
17. 关于制定个人信息保护法的议案1件
18. 关于制定反腐败或反贪污贿赂法的议案3件
19. 关于制定刑事伤害补偿法的议案1件
20. 关于修改合同法的议案1件
21. 关于制定人格权法的议案1件
22. 关于修改婚姻法的议案1件
23. 关于修改仲裁法的议案3件
24. 关于修改人民防空法的议案2件
25. 关于修改立法法的议案2件
26. 关于制定法律监督法的议案1件
27. 关于修改国旗法的议案2件
28. 关于制定行政程序法的议案2件
29. 关于修改行政复议法的议案2件
30. 关于修改行政处罚法的议案2件
31. 关于修改行政许可法的议案1件
32. 关于修改公益事业捐赠法的议案1件

以上报告，请予审议。

附件：全国人民代表大会法律委员会关于第十一届全国人民代表大会第三次会议主席团交付审议的代表提出的议案的审议意见

全国人民代表大会法律委员会
2010年12月24日

附件：

全国人民代表大会法律委员会关于第十一届全国人民代表大会第三次会议主席团交付审议的代表提出的议案的审议意见

第十一届全国人民代表大会第三次会议主席团交付法律委员会审议的代表提出的议案共137件，涉及制定法律11部、修改法律21部，经研究按议案内容合并为32个立法项目。审议意见如下：

一、32件议案涉及的5个立法项目已由全国人大常委会审议通过

1. 关于修改国家赔偿法的议案3件。山东团姜健等31位代表提出关于尽快完善国家赔偿法（修正案草案）的第18号议案，并附有修改草案文本。主要修改意见是：建议行政赔偿范围中增加合法征收、征用财产的也要赔偿；刑事赔偿范围中增加对无过错的公民采取拘留、逮捕措施后，决定撤销案件以及执法机关通过不正当取证手段导致人身伤害的要给予赔偿；赔偿委员会审理国家赔偿案件，除法律规定应当不公开或者可以不公开审理的情形外，应当采取公开听证的方式。山西团马林凤等34位代表提出关于修改国家赔偿法的第114号议案，建议侵犯人身自由的，每日赔偿金按国家上年度职工日平均工资计算，最高额为国家上年度职工年平均工资的两倍；造成精神损害的，赔偿金最高额为国家上年度职工年平均工资的五倍。福建团章联生等31位代表提出关于修改国家赔偿法的第346号议案，建议修改国家赔偿法第十五条第一、二项，规定对当时没有证据证明有犯罪事实和重大犯罪嫌疑的人错误拘留、对当时没有证据证明有犯罪事实的人错误逮捕的，受害人有取得赔偿的权利；增加精神损害赔偿的规定；增加规定赔偿申请人依据生效的法律文书，赔偿义务机关的同级财政部门即行拨付。关于修改国家赔偿法的决定已于2010年4月29日由十一届全国人大常委会第十四次会议通过。修改决定吸收了代表议案中的有关建议，主要从畅通请求渠道、完善办理程序、细化赔偿范围、明确举证责任、保障费用支付等方面，完善了国家赔偿制度。这些修改，

对促进国家机关依法行使职权，保障公民、法人和其他组织的合法权益，维护社会公平正义与和谐稳定，具有重要意义。

2. 关于制定石油天然气管道保护法的议案1件。山东团姜健等31位代表提出关于修改石油天然气管道保护法（草案）的第11号议案，提出对草案作如下修改：一是对地方政府履行管道保护义务给予财政支持；二是建议对有些建筑物、构筑物与管道的安全保护距离规定得更灵活一些，突出标准的作用；三是强化管道企业的管道保护义务。法律委员会在审议石油天然气管道保护法草案时，吸收了议案提出的部分意见，删去了草案中人口密集的建筑物和易燃易爆物品的生产、经营、存储场所与管道的安全保护距离的具体规定，明确该距离由国家技术规范规定，并对国家技术规范确定安全保护距离的原则作了规定；在草案中充实强化了管道企业的管道保护义务，等等。法律委员会在关于草案修改意见的报告中，对给予地方政府履行管道保护义务财政支持问题作了说明。石油天然气管道保护法已于2010年6月25日由十一届全国人大常委会第十五次会议审议通过。

3. 关于制定社会保险法的议案5件。山东团姜健等31位代表、福建团戴仲川等30位代表、福建团陈秀榕等30位代表、浙江团周晓光等30位代表、江苏团王燕文等33位代表分别提出第17、352、355、499、482号议案，要求加快制定社会保险法和修改社会保险法草案。代表们提出的主要意见有：一是扩大社会保险制度适用范围；二是完善农村社会保障体系；三是明确政府财政保障责任；四是充分发挥工会监督作用；五是明确养老保险转移接续的具体办法；六是增加工伤保险基金的预防功能；七是扩大生育保险的覆盖范围；八是完善基金管理体制，加强对社会保险基金的监督，确保基金安全；九是提高社会保险统筹层次，明确实现全国统筹的时间表。社会保险法已于2010年10月28日由十一届全国人大常委会第十七次会议审议通过。审议过程中，采纳了代表议案中提到的明确养老保险关系转移接续制度、充分发挥工会的监督作用、完善社会保险基金监管体制等建议。

4. 关于修改村民委员会组织法的议案10件。山东团姜健等31位代表、重庆团白丽莎等31位代表、广西团刘庆宁等31位代表、浙江团周晓光等30位代表、福建团刘道崎等30位代表、黑龙江团迟夙生等30位代表、河南团唐祖宣等30位代表、安徽团鲁中祝等30位代表、山东团汤建梅等30位代表、四川团王明雯等30位代表分别提出第12、52、196、270、353、375、383、394、419、438号议案，要求修改村民委员会组织法。代表们提出的主要修改意见有：一是建议将法律名称修改为村民委员会法；二是建议村民委员会任期由三年改为五年；三是建议增加每一村民接受委托投票不得超过三人的规定；四是建议将户籍不在本村，在本村居住一年以上，本人申请参加选举，并且经村民会议或者村民代表会议同意参加选举的公民列入村民名单；五是建议将修订草案第十五条中登记参加选举的村民过半数投票选举有效的规定，修改为有选举权的村民过半数投票选举有效；六是建议将村民代表由村民按户推选产生的方式修改为由村民差额选举产生；七是建议对村民委员会组成人员候选人条件作出规定；八是建议明确村委会成员妇女当选的比例；九是建议明确对村民委员会成员退休后的安置，规定连续任职二十年以上可终身享受政府补贴。修订后的村民委员会组织法已于2010年10月28日由十一届全国人大常委会第十七次会议审议通过。审议时，对代表议案提出的许多意见进行了认真研究，有些已经采纳；没有采纳的一些问题，法律委员会在向常委会所作的报告中作了说明。

5. 关于修改代表法的议案13件。湖南团任玉奇等30位代表、重庆团王晓琳等32位代表、河南团关爱和等31位代表、山西团马巧珍等33位代表、安徽团朱维芳等30位代表、黑龙江团张绍骧等30位代表、湖南团刘晓武等31位代表、天津团邢克智等30位代表、福建团许金和等33位代表、陕西团于文等30位代表、河南团邸瑛琪等32位代表、四川团王明雯等30位代表、江苏团缪昌文等31位代表分别提出第3、51、72、115、163、180、236、250、350、366、384、441、462号议案，要求修改代表法。主要修改意见有：一是建议优化代表结构，增加工农代表和女性代表比例，设置一定比例的专职代表；二是建议规定代表的资格和条件；三是建议增设代表权利义务一章，集中规定代表的权利和义务；四是建议增加代表建议、批评和意见办理机关处理程序及法律后果的规定；五是建议增加规定，代表在投票或表决时，应当参加投票或表决；六是建议加强对代表履职的保障，包括加强对代表知情权的保障、加强对代表履职的物质保障、加强对代表的培训、建立人大常委会组成人员联系本级代表制度、闭会期间对限制代表人身自由的许可由县级以上人大常委会主任会议批准、规定县级以上人大常委会应当设立代表联络机构等；七是建议增设对代表的监督一章，包括增加代表向选民或选举单位述职的规定、建立代表劝辞制度、增加代表职务终止的法定情形等；八是建议代表法与2005年中央9号文件、选举法等相关文件精神及有关法律规定相衔接。关于修改代表法的决定已于2010年10月28日由十一届全国人大常委会第十七次会议审议通过。修改决定采纳了代表议案提出的规定代表权利义务、加强对代表履职的保障、增加对代表监督的规定等建议。

二、36件议案涉及的2个立法项目已提请全国人大常委会审议

6. 关于制定行政强制法的议案1件。山东团姜健等31位代表提出第16号议案，要求对行政强制法草案作如下修改：一是明确行政强制措施的设定权；二是规范行政强制的实施主体；三是增加行政强制的程序性规定，减少行政机关实施行政强制的随意性；四是完善行政强制执行制度。此外还有一些具体修改意见。2009年8月十一届全国人大常委会第十次会议对行政强制法草案进行了第三次审议。草案三次审议稿对代表议案中提到的明确行政强制措施的设定权、规范行政强制的实施主体、增加行政强制的程序性规定等建议都已采纳。法律委员会、法制工作委员会正在根据全国人大常委会的审议意见及各方面的意见，结合代表议案提出的建议，对草案作修改完善。

7. 关于修改刑法的议案35件。重庆团王晓琳等30位代表提出第47号议案，建议在刑法中增加"终身监禁"刑，规定伪造"民办非企业单位"印章的行为为犯罪，修改包庇、纵容黑社会性质组织罪；上海团陈旭等30位代表、河南团李其宏等31位代表分别提出第86、385号议案，要求建立未成年人轻罪记录消灭制度；山西团马林凤等33位代表提出第116号议案，建议修改生产、销售假药罪，加大对制售假劣药品行为的打击力度；安徽团杨亚达等30位代表、重庆团汪夏等31位代表、山东团许智慧等31位代表、山东团杨绵绵等30位代表、湖南团秦希燕等30位代表、浙江团周晓光等30位代表分别提出第162、188、414、416、452、501号议案，建议增设"危险驾驶罪"，提高交通肇事罪的法定刑；广东团黄细花等34位代表提出第172号议案，建议对破坏资源、环境的犯罪进行分类，细化规定；广东团欧真志等35位代表提出第173号议案，建议增设"逃避支付工资罪"；重庆团周光权等31位代表提出第187号议案，建议取消部分犯罪的死刑，修改共同犯罪的规定，修改贪污罪、受贿罪的定罪量刑标准；广西团刘庆宁等31位代表提出第200号议案，要求修改涉及偷税违法犯罪行为处罚的有关规定；北京团慕平等35位代表、浙江团周晓光等30位代表分别提出第314、501号议案，建议修改非法采矿罪，增设"破坏性采矿罪"、"违法发放矿产开采许可证罪"、"非法运输、收购、销售、加工矿产资源罪"，扩大脱逃罪的主体范围；福建团章联生等32位代表提出第345号议案，建议扩大已满十四周岁不满十六周岁的人应当负刑事责任的犯罪范围，修改正当防卫条款的表述，在非法持有、私藏枪支弹药罪的规定中增加非法持有、私藏爆炸物的行为，提高敲诈勒索罪的法定刑；福建团戴仲川等30位代表提出第356号议案，建议增加和明确刑法第17条第2款所列举的犯罪类型，增设单位犯罪单独的刑罚种类，增加规定保安处分和社区矫正等非刑罚措施，废除部分犯罪的死刑，将拐卖妇女、儿童罪修改为"拐卖人口罪"，将利用影响力受贿罪中行贿一方的行为规定为犯罪；湖南团秦希燕等30位代表提出第452号议案，建议增设"网络诽谤罪"，取消辩护人、诉讼代理人毁灭证据、伪造证据、妨害作证罪，将重大环境污染事故罪罪名改为"重大环境污染罪"并提高该罪的法定刑，修改贪污罪、受贿罪的定罪量刑标准。2010年8月十一届全国人大常委会第十六次会议对刑法修正案（八）草案进行了初次审议，其中已经涉及到上述代表议案中提出的建议。目前法律委员会、法制工作委员会正根据常委会初次审议意见和有关意见，对草案作进一步修改完善。

上海团王荣华等30位代表提出第87号议案，建议增设"窃电窃气罪"；上海团林荫茂等30位代表提出第88号议案，建议增设"虚拟金融机构诈骗罪"；河南团买世蕊等30位代表、四川团王明雯等30位代表、浙江团杨成涛等30位代表分别提出第113、439、498号议案，建议在破坏选举罪中增加破坏村民委员会、居民委员会选举的规定；山东团张庆伟等30位代表提出第146号议案，建议将刑法第17条第2款列举的投毒罪修改为投放危险物质罪；山东团杨子强等30位代表提出第147号议案，建议将上游犯罪行为人纳入洗钱犯罪主体，加大对上游犯罪人洗钱行为的打击和惩罚力度；山东团高明芹等30位代表提出第148号议案，建议将侵犯商业秘密罪由结果犯改为行为犯；山东团李雪芹等30位代表提出第149号议案，建议在刑法中增加非国有公

司、企业人员职务犯罪的规定；安徽团汪春兰等30位代表提出第161号议案，建议结合《联合国反腐败公约》完善我国贿赂犯罪立法，扩大受贿罪主体范围，取消贿赂犯罪的死刑和受贿罪“为他人谋取利益”的规定，修改行贿犯罪；重庆团刘宝亚等31位代表提出第189号议案，建议修改非法批准征用、占用土地罪，将“征用”修改为“征收、征用”；广西团刘庆宁等31位代表提出第195号议案，建议明确非法集会、游行、示威罪“严重破坏社会秩序”的具体范围，适当降低该罪的刑期；陕西团马克宁等30位代表提出第207号议案，建议将交通肇事罪罪名修改为“危害交通安全罪”；内蒙古团徐睿霞等42名代表提出第241号议案，建议在破坏环境资源的犯罪中增加“非法开垦草原罪”；天津团闫希军等30位代表提出第251号议案，建议将公司、企业人员受贿罪、职务侵占罪、挪用资金罪的法定最高刑提高至无期徒刑，并增加“非国家工作人员失职罪、滥用职权罪”；浙江团齐奇等30位代表提出第268号议案，建议修改贪污罪、受贿罪的定罪量刑标准；广西团张少康等31位代表提出第370号议案，建议将受贿中可能出现的多种情形尽量加以列举，对行贿罪增设罚金刑；黑龙江团孙桂华等30位代表提出第373号议案，建议将侵占罪中非法占有代保管物的行为纳入公诉案件范围，对非法占有遗忘物、埋藏物的，可继续作为自诉案件。近年来，根据形势发展和现实需要，全国人大常委会及时对刑法作出修改，通过了刑法修正案（一）至（七），目前正在审议刑法修正案（八）草案。法制工作委员会将对代表议案中提出的建议作进一步认真研究，在以后的刑法修改工作中认真考虑。

三、39件议案涉及的6个立法项目已列入本届全国人大常委会立法规划，正在起草或者研究修改；其中35件议案涉及的3个立法项目，建议列入2011年立法工作计划

8. 关于修改突发事件应对法的议案1件。解放军团张学锋等31位代表提出关于修改突发事件应对法的第444号议案。议案提出的主要修改意见有：一是建议增加和细化处置突发事件中动用军队的原则、程序和指挥权限；二是建议明确军队参与处置突发事件的保障标准、保障责任和保障办法；三是建议增加军队参与突发事件应对的情报互通机制、协同配合机制和问责奖惩机制。法制工作委员会正在抓紧就突发事件应对法修改的有关问题开展调研。议案提出的建议，将在认真研究基础上，在起草修改草案时统筹考虑。

9. 关于修改行政诉讼法的议案1件。黑龙江团孙桂华等30位代表提出关于修改行政诉讼法的第82号议案。议案提出的主要修改意见有：一是明确检察机关法律监督职权的具体范围，对行政诉讼监督权作出具体规定；二是增加检察机关的监督方式，以适应行政检察部门全面履行法律监督职责的需要。对代表议案提出的建议，法制工作委员会将在研究修改行政诉讼法时统筹考虑。

10. 关于制定违法行为矫治法的议案2件。山东团姜健等31位代表、黑龙江团迟夙生等30位代表分别提出关于制定违法行为矫治法的第13、374号议案。有关部门正在进行劳动教养改革试点。对代表议案提出的意见，法制工作委员会将在工作中进行认真研究。

11. 关于修改兵役法的议案3件。广西团刘庆宁等31位代表、解放军团汪瑞等41位代表、解放军团贾晓炜等31位代表分别提出关于修改兵役法的第199、445、446号议案。议案提出的主要修改意见有：一是增加有严重心理异常不适合服兵役的人免服兵役的规定；二是取消按农村兵源和城市兵源给予不同退役安置的规定；三是取消就业安置，采取货币安置为主，兼采其他优待措施；四是增加对退役士兵进行免费教育培训的规定。有关部门已经起草出兵役法修正案（草案），并呈报国务院、中央军委审议。法律委员会建议列入2011年立法工作计划。

12. 关于修改刑事诉讼法的议案12件。重庆团汪夏等31位代表、重庆团盛娅农等32位代表、黑龙江团孙桂华等30位代表、山东团袁敬华等30位代表、广西团刘庆宁等31位代表、河北团郭成志等31位代表、北京团慕平等34位代表、福建团李明蓉等30位代表、广西团潘雪红等32位代表、黑龙江团姜鸿斌等30位代表、黑龙江团孙桂华等30位代表、河南团戴松灵等30位代表分别提出关于修改刑事诉讼法的第48、49、83、151、198、302、315、343、368、371、372、386号议案，建议修改完善刑事诉讼基本原则，辩护、证据、强制措施制度，以及立案、侦查、审判和执行程序等方面的内容。法制工作委员会正在着手研究刑事诉讼法的初步修改方案。对代表议案提出的意见，将在研究修改刑事诉讼法的工作中统筹考虑。法律委员会建议列入2011年立法

工作计划。

13. 关于修改民事诉讼法的议案15件、制定民事强制执行法的议案5件。重庆团汪夏等31位代表、重庆团刘卫星等30位代表、黑龙江团孙桂华等30位代表、河南团买世蕊等30位代表、山东团袁敬华等30位代表、广东团黄细花等34位代表、黑龙江团李淑香等30位代表、湖南团姜玉泉等31位代表、河北团贾春梅等30位代表、福建团章联生等30位代表、黑龙江团徐振林等30位代表、山东团刘锡潜等33位代表、山东团许智慧等31位代表、四川团沈光明等30位代表、江苏团刘玲等30位代表分别提出关于修改民事诉讼法的第50、53、84、112、150、171、181、235、303、348、376、413、415、440、461号议案,建议修改完善检察监督、回避、诉讼参加人和证据制度,以及一审程序、特别程序、审判监督程序和执行程序等方面的内容;广西团刘庆宁等31位代表、山东团邵峰晶等32位代表、吉林团金硕仁等30位代表、江苏团刘玲等30位代表、浙江团齐奇等30位代表分别提出关于制定强制执行法的第197、418、451、463、504号议案,议案认为,为规范执行程序,解决执行难问题,保护当事人的合法权益,维护法律权威,应当制定单独的民事强制执行法。法制工作委员会正在就民事诉讼法的修改问题进行调查研究,广泛征求意见,争取2011年提请全国人大常委会审议。法律委员会建议列入2011年立法工作计划。关于是否单独制定民事强制执行法的问题,在修改民事诉讼法时一并加以研究。

四、30件议案涉及的19个立法项目未列入本届全国人大常委会立法规划,建议进一步研究,有的可待条件成熟时列入立法规划或者年度立法工作计划,有的可在起草或者修改相关法律时统筹考虑

14. 关于修改物权法的议案1件。湖北团周建元等30位代表提出关于修改物权法的第359号议案。议案认为,物权法在制度设计中将农村土地及房产与城市房地产在权利制度上作出了不同安排,在重复抵押的制度设计上对后序位抵押权人的权利保护过于弱化,建议进行修改。鉴于物权法刚制定不久,制度设计需要经过一段时间的实践检验。对于代表议案提出的问题,法制工作委员会将在涉及物权问题的立法工作中认真予以研究。

15. 关于修改担保法的议案2件。湖南团秦希燕等31位代表、福建团高晓明等30位代表分别提出关于修改担保法的第234、354号议案。议案提出的主要修改意见有:一是完善中小企业信用担保法律机制;二是规定债权人和债务人对主合同进行非实质性变更的,应当通知保证人;三是明确债权人已提起诉讼或者申请仲裁时保证合同诉讼时效的起算时间。物权法已由十届全国人大五次会议审议通过,其中担保物权编中对担保法进行了修改和完善。法制工作委员会正在对法律实施情况进行研究。

16. 关于制定征收征用法的议案1件。湖北团王利明等30位代表提出关于制定征收征用法的第215号议案。议案认为,建立完备的征收征用制度,对于保证行政机关依法行政,保障公民财产权,构建社会主义和谐社会具有重要意义。我国宪法和物权法对征收征用及其补偿制度的规定比较原则,需要制定征收征用法,对征收征用制度作出具体规定。法制工作委员会将对议案所提意见认真加以研究。

17. 关于制定个人信息保护法的议案1件。浙江团周晓光等30位代表提出关于制定个人信息保护法的第497号议案。议案认为,随着信息技术的飞速发展和广泛应用,身份证号码、电话号码等个人信息被不当收集、非法滥用的现象时有发生。应尽快制定和出台一部专门的个人信息保护法。明确个人信息收集主体、范围、程序,个人信息的储存与使用,损害赔偿、法律责任等。全国人大常委会对个人信息保护立法非常重视,2009年2月28日通过的刑法修正案(七)增加了关于个人信息保护的内容,明确规定窃取、非法获取、出售和非法提供公民个人信息的刑事责任。2009年12月26日通过的侵权责任法对个人信息保护也作了规定。有关部门正在研究起草的电信法等法律草案中,也涉及个人信息保护的内容。法制工作委员会将在今后常委会审议有关法律的立法工作过程中,对代表议案中提出的意见进行认真研究。

18. 关于制定反腐败或反贪污贿赂法的议案3件。山东团杨伟程等35位代表、浙江团周晓光等30位代表分别提出关于制定反腐败法的第412、502号议案;浙江团薛少仙等32位代表提出关于制定反贪污贿赂法的第503号议案。建议在立法中明确腐败的定义、反腐败的指导思想、原则、对腐败犯罪的定罪与处罚等,规范国家工作人员的行为,完善监督机制。目前,有关部门正对反腐败方面立法问题

进行研究。

19. 关于制定刑事伤害补偿法的议案 1 件。内蒙古团色音图等 36 位代表提出关于制定刑事伤害补偿法的第 245 号议案。关于刑事伤害补偿问题，是通过专门立法来规范，还是通过其他途径或在相关法律中规范，需要进一步进行研究。

20. 关于修改合同法的议案 1 件。福建团赖鞍山等 30 位代表提出关于修改合同法的第 344 号议案。议案提出的主要修改意见有：一是完善提供格式条款一方当事人的义务和格式条款无效的有关规定；二是修改有关部门对合同监督处理的条件；三是修改委托合同中委托人的介入权、第三人的选择权等内容。法制工作委员会正在对有关问题进行研究。

21. 制定人格权法的议案 1 件。湖北团王利明等 30 位代表提出关于制定人格权法的第 213 号议案。九届全国人大常委会第三十一次会议对民法（草案）进行了初次审议，草案对人格权法有专编规定。法制工作委员会正在对有关问题进行研究。

22. 关于修改婚姻法的议案 1 件。陕西团徐明正等 32 位代表提出关于修改婚姻法的第 206 号议案。议案提出的主要修改意见有：一是明确离婚时没有取得产权证的房屋如何分割；二是对欺骗或者欺诈结婚的有关问题作出规定；三是对家庭暴力引起的离婚案件，要更加充分保护受害者的合法权益；四是解决离婚家庭孩子抚养权、探视权的问题；五是对离婚案件中的离婚判决和财产判决分开进行；六是依法处置离婚时一方伪造债务、隐匿财产的问题；七是适度放松对军婚的保护；八是解决离婚难的问题。法制工作委员会正在对有关问题进行研究。

23. 修改仲裁法的议案 3 件。福建团林强等 30 位代表、内蒙古团汤爱军等 30 位代表、浙江团孙建国等 30 位代表分别提出关于修改仲裁法的第 30、242、271 号议案。议案提出的主要修改意见有：一是修改仲裁协议的形式要件和实体要件；二是明确管辖权异议应当在答辩期内提出；三是规定仲裁第三人制度；四是明确仲裁庭有权采取临时保全措施；五是完善重新仲裁的相关规定；六是适当放宽申请撤销仲裁裁决的条件；七是完善和整合我国仲裁司法监督制度。法制工作委员会正在对有关问题进行研究。

24. 关于修改人民防空法的议案 2 件。内蒙古团徐睿霞等 40 位代表、浙江团孙建国等 30 位代表分别提出关于修改人民防空法的第 243、272 号议案。议案提出的主要修改意见有：一是建议将人民防空建设纳入政府任期工作目标，作为政绩考核的重要内容；二是建议明确界定人防工程的产权；三是建议增加有关民防、社会应急救援和防空防灾一体化的内容；四是建议将人民防空教育纳入国民教育和国防教育体系；五是建议明确人防工程建设的优惠政策；六是建议增加重要经济目标防护的内容。人民防空法自 1997 年 1 月 1 日正式实施以来，随着经济社会的快速发展，人民防空工作也出现了许多新情况和新问题，需要通过修改法律加以解决。目前，有关部门正在积极开展人民防空法修改的研究和调研工作。

25. 关于修改立法法的议案 2 件。安徽团朱维芳等 30 位代表、湖北团周洪宇等 31 位代表分别提出关于修改立法法的第 165、214 号议案。议案提出的主要修改意见有：一是建立立法回避制度，与某一立法项目有直接明显利害关系的单位和个人，不得参与立法的起草、审查和评审；二是引入立法辩论制度；三是明确立法立项论证程序；四是细化听证规则、程序，完善公民参与立法的制度；五是建立立法效果评估制度。近年来，按照科学立法、民主立法的要求，全国人大常委会及其工作机构对上述议案涉及的问题进行了研究，有的出台了相关规定，如完善公民参与立法的制度、立法后评估制度等；有的采取了相应措施。对议案所提意见，将在今后研究立法法的修改完善过程中一并进行研究。

26. 关于制定法律监督法的议案 1 件。浙江团陈云龙等 30 位代表提出的关于制定法律监督法的第 500 号议案，建议制定法律监督法，明确检察机关法律监督的对象和范围，规范监督方式、完善监督程序及监督保障措施，深化检务公开，接受党的领导和监督，加强人大、政协和社会对检察机关法律监督工作的监督。宪法、人民检察院组织法、刑事诉讼法等法律对检察机关法律监督的对象、范围和程序等作出了规定。如何规范法律监督方式，完善法律监督程序，加强法律监督保障，是一个需要深入研究的问题。法制工作委员会将会同有关部门，对议案提出的建议进行认真研究。

27. 关于修改国旗法的议案 2 件。四川团王东洲等 32 位代表、安徽团苏学云等 31 位代表分别提出关于修改国旗法的第 122、164 号议案。议案提出的主要修改意见有：一是统一公民参加升国旗仪式的姿势；二是扩大国旗的升挂和使用范围；三是完善升降国旗的时间；四是规范悬挂国旗的行为，完善国旗更换要求；五是完善降半旗的程序；六是建议国旗图案有条件地进入商业领域；七是尽快制定国旗法配套实施细则。法制工作委员会将会同有关部门，对议案提出的建议进行认真研究。

28. 关于制定行政程序法的议案 2 件。山东团杨伟程等 35 位代表、江苏团刘玲等 30 位代表分别提出关于制定行政程序法的第 417、460 号议案。议案提出的主要意见有：一是重点规范具体行政行为和外部行政行为的相关程序；二是明确行政程序法律责任制度。我国的行政程序法律规范主要规定在有关行政行为的单行法中，如行政许可法、行政复议法、行政处罚法和正在审议中的行政强制法等。这些法律，对一些重要的行政行为程序作了规定。其他法律中也有许多关于行政程序的规定，如立法法、国家赔偿法、治安管理处罚法等，对抽象行政行为程序、赔偿程序以及具体的行政程序等已予以明确。法制工作委员会将会同有关部门，对议案提出的建议进行认真研究。

29. 关于修改行政复议法的议案 2 件。浙江团孙建国等 30 位代表、福建团黄美缘等 30 位代表分别提出关于修改行政复议法的第 269、349 号议案。议案提出的主要修改意见有：一是确立行政复议证据规则，完善证据种类与证据保全规定，明确各方当事人举证责任；二是完善行政复议程序，建立行政复议回避制度，增设简易程序，取消原级复议制度；三是将交通事故认定纳入行政复议受案范围，强化执法监督。法制工作委员会将会同有关部门，对议案提出的建议进行认真研究。

30. 关于修改行政处罚法的议案 2 件。吉林团金硕仁等 30 位代表、福建团赖鞍山等 30 位代表分别提出关于修改行政处罚法的第 299、357 号议案。议案提出的主要修改意见有：一是授权自治条例和单行条例可以设定行政处罚；二是允许地方在上位法规定的处罚种类、幅度内可以增加新的处罚行为。近年来，在行政处罚法的实施中出现了一些好的经验和做法，各方面提出了许多修改行政处罚法的意见和建议。对于如何改善这些制度，法制工作委员会将结合代表议案中提出的建议，在今后的工作中认真研究。

31. 关于修改行政许可法的议案 1 件。福建团章联生等 31 位代表提出关于修改行政许可法的第 347 号议案。议案提出的主要修改意见有：一是规范行政许可的设定权，对于能够通过其他方式予以规范的，明确规定不得设定行政许可；二是明确临时性行政许可的实施期限；三是明确实施行政许可不得收取任何费用；四是加强对行政许可的监督，将监督检查结果定期向社会公布。法制工作委员会将会同有关部门，对议案提出的以上建议进行认真研究。

32. 关于修改公益事业捐赠法的议案 1 件。安徽团徐景龙等 31 位代表提出关于修改公益事业捐赠法的第 4 号议案。议案提出的主要修改意见有：一是明确执法主体为民政部门；二是明确募捐发起人的募捐资格和准入条件，并对受赠主体、捐助人和受助人三方各自的法律地位和权利义务作出规范；三是扩大公益事业的范围；四是建立捐赠财产使用情况的监督机制；五是完善法律救济制度，明确相关单位和个人的法律责任；六是明确公益性诉讼主体。法制工作委员会将会同有关部门，对议案提出的以上建议进行认真研究。

全国人民代表大会教育科学文化卫生委员会关于第十一届全国人民代表大会第三次会议主席团交付审议的代表提出的议案审议结果的报告

（2010 年 12 月 25 日第十一届全国人民代表大会常务委员会第十八次会议通过）

全国人民代表大会常务委员会：

第十一届全国人民代表大会第三次会议主席团交付教育科学文化卫生委员会审议的代表提出的议案共 74 件。其中教育方面 25 件、科技方面 6 件、文化方面 4 件、卫生方面 37 件、人口与计划生育方面 1 件、体育方面 1 件。74 件议案中，监督工作方面的议案 1 件，立法工作方面的议案 73 件，涉及 40 个立法项目。

收到代表议案后，教科文卫委员会专门召开主任委员办公会议，对交付审议的代表议案进行研究，并对议案办理工作作出具体部署。在办理议案的过程中，一方面主动征求国务院相关部门的意见，及时了解情况；另一方面积极与议案领衔代表进行沟通，邀请代表参加有关会议、立法调研和执法检查工作。在深入开展调查研究、广泛征求意见基础上，2010年12月6日，教科文卫委员会召开第二十八次会议，对代表议案进行了认真审议。现将审议结果报告如下：

一、1件议案涉及的关于开展科技进步法执法检查的项目，作为全国人大常委会2010年监督工作计划内容，已经实施

2010年3月底至5月中旬，全国人大常委会开展的科技进步法执法检查吸收了代表提出的意见和建议，将"加速科技成果转化"、"建立多元化的科技投入体系"作为检查的重点内容之一。6月25日，路甬祥副委员长在十一届全国人大常委会第十五次会议上作了关于检查科技进步法实施情况的报告。

二、73件议案涉及的40个立法项目，分别提出下述办理意见

（一）23件议案提出的7个立法项目，已列入十一届全国人大常委会立法规划或计划，建议法律起草部门抓紧研究代表在议案中提出的意见、建议，修改好法律草案，尽快提请全国人大常委会审议

1. 关于修订职业教育法的议案6件。教育部正抓紧对职业教育法进行修订，教科文卫委员会近年来对修法也进行过多次调研。对于代表们在议案中提出的意见和建议，教科文卫委员会将加强同国务院有关部门的联系，请法律起草部门认真研究并吸收到修订草案之中。

2. 关于制定图书馆法的议案1件。教科文卫委员会将进一步加强与国务院有关部门的密切联系，积极推动公共图书馆法的立法进程，并在立法中认真研究采纳代表提出的意见和建议。

3. 关于制定精神卫生法的议案1件。建议国务院有关部门认真研究吸纳代表议案中提出的有关精神卫生立法的具体建议，抓紧做好法律草案的修订完善工作，尽快将精神卫生法草案提请全国人大常委会审议。

4. 关于修订职业病防治法的议案5件。建议国务院有关部门认真研究吸纳代表议案提出的建议，并尽快将职业病防治法修正案草案提请全国人大常委会审议。

5. 关于制定基本医疗卫生保健法、公民基本医疗保障法的议案4件。目前，卫生部正在研究起草基本医疗卫生保健法草案，建议国务院有关部门结合城乡医药卫生体制改革，加强立法研究，适时将法律草案提请全国人大常委会审议。

6. 关于制定中医药法、传统医药法的议案2件。目前，卫生部和国家中医药管理局正在研究起草中（传统）医药法草案，教科文卫委员会也已开展了立法调研。建议国务院有关部门就法律起草过程中的重点、难点问题抓紧研究论证，适时将法律草案提请全国人大常委会审议。

7. 关于修订药品管理法的议案4件。建议国务院有关部门抓紧研究起草法律修订草案，条件成熟时提交全国人大常委会审议。

（二）22件议案提出的10个立法项目，教科文卫委员会认为需要抓紧立法或修订相关法律，建议国务院有关部门加强调研起草工作，待条件成熟时列入全国人大常委会立法工作计划

1. 关于制定学前教育法的议案4件。加快学前教育立法，十分必要。近日，国务院出台了关于当前发展学前教育的若干意见，对学前教育发展的政策和措施作出了具体规定。建议国务院有关部门进一步研究学前教育立法有关问题，尽快启动立法程序。

2. 关于修订高等教育法的议案2件。随着经济社会形势的发展，高等教育法已不能完全适应高等教育事业改革和发展的需要，亟须修订。教科文卫委员会将进一步加强与教育部的联系，继续开展调研，推动法律修订进程。

3. 关于修订教师法的议案2件。教师法中的一些条款已不能适应新形势下教育改革发展和教师队伍建设的需要，有必要进行修订。目前，教育部正在抓紧修订工作。教科文卫委员会将积极关注教师法修订工作的进展情况，与有关部门及时沟通情况，在法律修订过程中认真研究代表提出的意见和建议。

4. 关于修订民办教育促进法的议案3件。随着民办教育的发展，出现了许多新问题、新情况，有必要对法律进行修订。代表议案中提出的有关问题和建议，值得重视。目前，教育部已启动修订民办教育促进法的计划，教科文卫委员会也将认真关注并研究法律的修订问题。

5. 关于修订教育法的议案1件。《国家中长期教育改革和发展规划纲要(2010—2020年)》提出修订教育法。代表议案提出的高校招生考试制度改革等建议,可在修订教育法、制定考试法和推进高等学校考试招生制度改革中一并研究。

6. 关于制定产学研合作促进法的议案1件。通过立法,进一步完善促进产学研合作的技术转移与科技成果转化机制是必要的。建议国务院有关部门尽快启动促进产学研合作的立法工作,或者加快全面修订促进科技成果转化法,对产学研合作的相关问题作出规定。

7. 关于尽快完善著作权法,加快著作权集体管理组织建设和发展的议案1件。目前,国家版权局正在研究对著作权法进行比较全面的修订。教科文卫委员会将督促国务院有关部门开展深入调研,认真研究代表议案提出的意见和建议。

8. 关于制定烟草危害预防控制法、烟害防治法和公共场所禁烟法的议案5件。教科文卫委员会高度重视代表议案提出的意见和建议,并开展了专题调研。建议国务院有关部门认真研究吸纳代表建议,同时为制定全国性专门控烟法律做准备。

9. 关于修订献血法的议案2件。献血法实施十二年来,对保证医疗临床用血需要和安全,保障献血者和用血者身体健康等方面发挥了重要作用。建议国务院有关部门进一步加强宣传教育,普及无偿鲜血科学知识,提高公众无偿献血的认识,并认真总结经验,适时完善相关制度,进一步研究修订献血法。

10. 关于修订体育法的议案1件。目前,国家体育总局正在进行法律修订起草工作。教科文卫委员会将督促国务院有关部门对体育法修订中的相关问题进行深入调研。建议国务院有关部门认真研究代表议案提出的意见和建议,加紧研究起草工作。

(三)28件议案提出的23个立法项目,有的正在进行立法前期调研论证,有的在相关法律中已有规定,还有的目前立法条件尚不成熟或可通过制定行政法规予以解决,教科文卫委员会将积极予以关注,并建议国务院主管部门针对代表议案所提意见和建议,加强调研、论证等工作

1. 关于制定特殊教育法的议案2件。义务教育法等涉及特殊教育的相关法律法规以及相关文件,为特殊教育的实施提供了有力保障。目前,教育部正在积极开展《残疾人教育条例》的修订工作,拟争取列入国务院明年的立法计划。教科文卫委员会将积极推动特殊教育立法进程。

2. 关于制定高等院校考试招生法的议案2件。《国家中长期教育改革和发展规划纲要(2010—2020年)》已将修订高等教育法和制定考试法列入规划。关于代表议案提出制定高等院校考试招生法的建议,请国务院有关部门进行研究。

3. 关于制定社区教育法的议案1件。目前,教育部正在研究起草有关终身学习的法律。建议教育部在起草工作中认真研究代表提出的有关社区教育立法的意见和建议。

4. 关于制定家庭教育法的议案1件。制定家庭教育法已列入《国家中长期教育改革和发展规划纲要(2010—2020年)》,教科文卫委员会将积极关注该法的起草工作。

5. 关于修订国家通用语言文字法的议案1件。国家语言文字工作委员会正在对代表议案所反映的汉英语言文字使用混杂现象严重等问题开展调查研究,着手起草《外国语言文字使用管理规定》(暂定名)。建议国务院有关部门认真研究代表建议,统筹协调解决此类问题。

6. 关于制定航天法的议案1件。在航天立法相关领域,国家已经制定了一些法规和规章,但整体上仍比较零散,且不能完全满足我国航天事业快速发展的需求。教科文卫委员会建议国务院有关部门在总结现行法规、规章实施情况和已往工作基础上,抓紧航天法的立法论证。

7. 关于制定自主创新法的议案1件。教科文卫委员会认为,国家颁布的科学技术进步法、促进科技成果转化法、科学技术普及法、专利法等法律及其配套的法规、政策,已基本包含了代表议案提出的主要内容。教科文卫委员会将督促国务院有关部门认真研究并落实代表提出的意见和建议,同时加强对上述法律实施情况的监督检查。

8. 关于修订科学技术普及法的议案1件。现行科学技术普及法的规定过于原则,各类主体责任不够清晰,科普力量和资源动员不足等问题逐步显现,有关部门已启动科普法实施条例的立法工作。教科文卫委员会将密切关注有关工作进展,并适时开展科普法执法调研工作。

9. 关于制定基因法的议案1件。关于基因技术的研发和应用,国家已经制定了一系列行政法规、部门规章和其他规范性文件。鉴于转基因技术安全问题具有不确定性,在以上述立法形式加强管理的同时,当前是否急需制定基因法,还需要进一步研究论证。建议国务院有关部门认真研究代表议案提出的意见和建议,继续加强生物安全立法研究。

10. 关于制定广播电视法的议案1件。国家广

电总局目前正在对广播电视法拟解决的主要问题和法律制度框架做深入研究。教科文卫委员会将督促相关部门在广播电视法的起草过程中充分考虑和吸纳代表议案提出的意见和建议。

11. 关于修订文物保护法的议案 1 件。代表议案反映了文物保护法在实施中存在的一些问题,建议国务院有关部门进一步加强文物保护法的执法工作。教科文卫委员会也将认真研究代表议案提出的建议,为今后修订完善文物保护法奠定基础。

12. 关于制定医疗事故处理法的议案 1 件。2010 年 7 月实施的侵权责任法对医疗损害责任进行了专章规定。代表议案涉及的医疗纠纷和医疗事故争议处理中存在的法律适用、赔偿标准、举证责任等突出问题,在侵权责任法中已有明确规定。建议国务院有关部门认真做好侵权责任法的实施工作。

13. 关于修订执业医师法的议案 4 件。执业医师法在实施过程中出现了一些新情况和新问题,值得关注。对于代表议案中提出的问题,建议国务院有关部门深入调查研究,结合医药卫生体制改革,积极采取政策措施,适时完善相关法律制度。教科文卫委员会也将适时开展执法调研,进一步研究修订执业医师法的问题。

14. 关于制定护士法的议案 1 件。国务院已于 2008 年 1 月发布了护士条例。代表议案中提出的主要问题在护士条例中已有相应规定。建议国务院有关部门加大护士条例贯彻实施力度,待条件成熟时再研究制定护士法。

15. 关于制定营养改善法的议案 1 件。加强营养工作有助于提高国民营养与健康状况。现行法律、法规和部门规章对有关营养的强制性内容已有规定。建议有关部门采取措施贯彻落实既有制度,并积极开展相关立法研究,必要时对老、幼等特殊人群的营养问题制定部门规章,待条件成熟时,再研究制定营养改善法的问题。

16. 关于制定医疗质量法的议案 1 件。现有法律、法规、标准和规范性文件等已经基本包含医疗质量的相关内容。建议国务院有关部门加大监管力度,确保相关制度的贯彻落实。

17. 关于制定卫生法的议案 1 件。我国现有卫生方面的法律法规已经基本健全,基本包括了卫生工作的各个方面。建议国务院有关部门认真研究代表议案中提出的问题和建议,进一步修订和完善现行相关法律制度,并研究论证综合性卫生立法的必要性。

18. 关于制定新型农村合作医疗法的议案 1 件。新型农村合作医疗管理条例已列入国务院立法计划。全国人大常委会审议通过的社会保险法也授权国务院制定新型农村合作医疗的管理办法。建议国务院有关部门认真研究代表议案中提出的问题和意见,抓紧出台相应的行政法规。

19. 关于制定助产士法的议案 1 件。助产士担负着保障母婴安全及健康的重要职责。教科文卫委员会认为,目前单独制定助产士法的时机还不成熟。建议国务院有关部门在制定有关卫生事业发展规划、计划时,统筹考虑助产士职业发展,完善相关制度,待积累一定经验后再研究考虑立法问题。

20. 关于制定医院法的议案 1 件。现行法律法规对医疗活动中各项法律关系已有比较多的规定。当前正在进行医药卫生体制改革,制定医院法条件尚不够成熟。建议国务院有关部门结合医药改革进程,认真研究议案所提问题和建议,并进一步论证单独制定医院法的问题。

21. 关于制定罕见疾病防治法的议案 1 件。代表议案提出的主要意见和建议在相关法律法规中已有体现,目前制定法律的时机尚未成熟。建议国务院有关部门认真研究代表提出的意见和建议,积极采取罕见疾病干预措施。

22. 关于制定医疗急救法的议案 1 件。现行法律法规和政策对医疗急救制度的主要方面已有相应规定,建议国务院有关部门采取有力措施,保证既有制度的贯彻落实,进一步完善医疗急救方面的法规规章,并积极开展相关立法研究,待条件成熟时,研究制定医疗急救法的问题。

23. 关于修订人口与计划生育法的议案 1 件。代表议案所反映的主要属于现有法律法规在执行中存在的问题。建议国务院有关部门切实采取有效措施,保证现行法律法规的贯彻落实。

关于上述 74 件议案的具体审议意见,详见附件。

以上报告,请予审议。

附件:1. 全国人民代表大会教育科学文化卫生委员会关于第十一届全国人民代表大会第三次会议主席团交付审议的代表提出的议案的审议意见

2. 议案审议结果报告有关数据统计

全国人民代表大会
教育科学文化卫生委员会
2010年12月24日

附件一：

全国人民代表大会教育科学文化卫生委员会关于第十一届全国人民代表大会第三次会议主席团交付审议的代表提出的议案的审议意见

第十一届全国人民代表大会第三次会议主席团交付教育科学文化卫生委员会审议的代表提出的议案共74件。其中教育方面25件、科技方面6件、文化方面4件、卫生方面37件、人口方面1件、体育方面1件。74件议案中，监督方面的议案1件，立法方面的议案73件，涉及40个立法项目。审议意见如下：

一、1件议案涉及的关于开展科技进步法执法检查的监督项目，作为全国人大常委会2010年监督工作计划项目，已经实施

姜健等31名代表提出的关于开展科技进步法执法检查的议案1件(第32号)。根据2010年常委会监督工作计划，今年3月底至5月中旬，全国人大常委会开展了科技进步法执法检查工作，将代表提出的"加速科技成果转化"、"建立多元化的科技投入体系"等意见和建议作为执法检查的重要内容之一。通过此次执法检查，促进了科技进步法的全面贯彻实施。6月25日，路甬祥副委员长在十一届全国人大常委会第十五次会议上作了关于检查科技进步法实施情况的报告。对于落实全国人大常委会科技进步法执法检查报告及常委会审议意见的整改情况，国务院有关部门将向全国人大常委会提出书面报告。

二、73件议案涉及的40个立法项目，分别提出下述办理意见

(一)23件议案提出的7个立法项目，已列入十一届全国人大常委会立法规划或计划，建议适时提请全国人大常委会审议

1. 周洪宇、周晓光、郑捷、孙菁、杨伟程、任玉奇等186名代表提出的关于修订职业教育法的议案6件(第211、297、322、429、432、456号)。1996年颁布实施的职业教育法，为我国职业教育的改革和发展提供了法律保障。随着国家改革开放和现代化建设步伐的加快，职业教育发展的外部环境发生了深刻变化，经济社会对职业教育的发展提出了新的要求，迫切需要修订职业教育法。修订职业教育法为十一届全国人大常委会一类立法项目，要求在本届内提请常委会审议。

教科文卫委员会非常重视职业教育法的修订工作，近年来开展了大量的国内调研，并就国际职业教育进行了比较研究。2009年，为配合法律修订和全国人大常委会听取并审议国务院关于职业教育发展情况的报告，在广泛调研的基础上提出了《关于职业教育改革与发展情况的调研报告》，引起了有关领导及部门的重视。目前，教育部已初步完成了职业教育法修订草案的前期调研和起草工作，拟于近期印发各地和有关部委、行业组织征求意见。对于代表议案中提出的意见和建议，教科文卫委员会将加强同国务院有关部门的联系，请法律起草部门认真研究并吸收到修订草案之中。

2. 郝萍等37名代表提出关于制定图书馆法的议案1件(第107号)。图书馆尤其是公共图书馆，对文化传承、社会进步和保障实现人民群众基本文化权益发挥着重要作用，亟须制定相关法律以促进和规范其发展。2004年，中宣部印发的《关于制定我国文化立法十年规划(2004—2013)的建议》中，将图书馆法列入前五年的立法规划。十一届全国人大常委会立法规划中，将图书馆法列入第二类项目即"研究起草、条件成熟时安排审议"的项目。国务院自2007年起连续四年将公共图书馆法作为"需要抓紧研究、待条件成熟时提出的立法项目"列入年度立法工作计划。

教科文卫委员会一直密切关注图书馆法的立法工作，与文化部等单位一起组成起草工作领导小

组，进行联合调研，召开研讨会；一些地方人大和政府也出台多个地方性法规和规章，为图书馆法的制定积累了一定的实践经验。文化部已于2010年4月形成了公共图书馆法初稿，目前正广泛征求意见和修订。教科文卫委员会将进一步加强与国务院有关部门的联系与合作，积极推动公共图书馆法的立法进程，并在立法工作中认真研究采纳代表议案提出的意见和建议。

3. 陈家宝等31名代表提出关于制定精神卫生法的议案1件（第466号）。精神疾病在我国疾病总负担中排名首位，精神卫生问题是当前较为突出的社会问题之一。制定精神卫生法，为十一届全国人大常委会立法规划项目。2007年12月，卫生部已将精神卫生法（草案送审稿）上报国务院。目前国务院法制办正在积极完善精神卫生法草案，并就立法中的重点难点问题加紧论证协调。代表议案提出，精神卫生立法要解决严重危害社会的精神病人非自愿住院治疗（强制医疗）问题，是精神卫生立法中的重点难点问题，各方面高度关注。代表议案提出，对肇事肇祸符合强制医疗对象的精神病人免费治疗的意见也值得研究考虑。教科文卫委员会建议国务院有关部门，认真研究吸纳代表议案提出的精神卫生立法的有关建议，抓紧做好法律草案的修订完善工作，尽快将精神卫生法草案提请全国人大常委会审议。

4. 姜健、秦希燕、王瑛、周晓光、许智慧等155名代表提出关于修订职业病防治法的议案5件（第34、225、258、273、433号）。当前我国职业病危害形势严峻，职业卫生和职业病防治已成为影响社会稳定的公共卫生问题和社会问题。职业病防治法自2002年实施以来，已取得了一定的成绩，但还存在一些突出问题。2010年3月，卫生部已将职业病防治法修正案（草案送审稿）上报国务院，国务院法制办目前正在抓紧完善职业病防治法修正案草案。代表议案提出，职业病防治工作中存在着职业病诊断难、鉴定难、监管难，劳动者维权难，追究责任难等方面问题，要通过修订职业病防治法，解决劳动者因无法提供劳动关系、职业接触史等证明资料而不能进行职业病诊断的难题；建立健全职业病防治责任制，明确政府及有关部门职责，严格责任追究；打破专门机构对职业病诊断的垄断，保证职业病鉴定机构的独立鉴定等。这些意见与正在进行的职业病防治法修订工作所涉及的主要问题和内容是一致的。为了理顺职业病防治管理体制，完善职业病诊断制度，强化责任追究，保障劳动者的健康和相关权益，全国人大常委会将修订职业病防治法列入2011年立法计划。教科文卫委员会建议国务院有关部门，在法律修订过程中认真研究吸纳代表议案提出的意见和建议，抓紧完善法律修正案草案，并尽快将职业病防治法修正案草案提请全国人大常委会审议。

5. 姜健、卢亦愚、周晓光等91名代表提出制定基本医疗卫生保健法的议案3件（第33、277、298号），陈海啸等30名代表提出制定公民基本医疗保障法的议案1件（第274号）。制定基本医疗卫生保健法已列入十一届全国人大常委会立法规划和国务院2010年立法计划。教科文卫委员会高度重视基本医疗保健法的制定工作，在开展相关调研的同时，注重收集资料，充分听取各方面意见，提前研究基本医疗卫生保健法的主要问题。目前，卫生部正在研究起草基本医疗卫生保健法草案。教科文卫委员会建议国务院有关部门，在法律起草过程中认真研究代表提出的意见和建议，结合城乡医药卫生体制改革，加强立法研究，适时将法律草案提请全国人大常委会审议。

6. 姜健等31名代表提出制定中医药法的议案1件（第026号），汪春兰等30名代表提出制定传统医药法的议案1件（第157号）。制定中（传统）医药法为十一届全国人大常委会立法规划项目。目前，卫生部、国家中医药管理局正在研究起草中医药法草案。教科文卫委员会已开展立法调研，建议国务院有关部门抓紧就法律起草过程中的重点、难点问题调研论证，加强协调，认真研究代表议案提出的意见和建议，适时将法律草案提请全国人大常委会审议。

7. 姜健、王法亮、周晓光、谢子龙等121名代表提出修订药品管理法的议案4件（第027、129、296、313号）。药品管理法实施以来，在保障人民群众生命健康安全，构建社会主义和谐社会方面发挥着重要作用。代表议案提出药品管理法需要修订的一些问题，反映了该法实施近十年来在实践中出现的新情况和新问题，对完善药品监管法律制度具有积极意义。修订药品管理法为十一届全国人大常委会立法规划项目。目前，卫生部、国家食品药品监督管理局正在进行药品管理法修订的研究起草工作。教科文卫委员会建议国务院有关部门加快研究论证进程，抓紧起草法律修订草案，条件成熟时提请全国人大常委会审议。

（二）22件议案提出的10个立法项目，需要抓紧立法或修订相关法律，建议国务院有关部门加强

调研起草工作，待条件成熟时列入全国人大常委会立法工作计划

1. 徐景龙、姜健、庞丽娟、沈健等136名代表提出关于制定学前教育法的议案4件（第10、22、404、467号）。目前，学前教育在各级各类教育中是一个十分薄弱的环节，许多地方存在着"入园难"、"入园贵"的问题。教科文卫委员会认为，加快学前教育立法并完善有关政策十分必要。《国家中长期教育改革和发展规划纲要（2010—2020年）》提出制定学前教育法，国务院并于近日出台了关于当前发展学前教育的若干意见。近几年，教科文卫委员会、教育部、中编办十分重视学前教育立法工作，多次开展调研。教育部委托有关机构成立了课题组，就立法的重大问题进行研究。教科文卫委员会建议，国务院有关部门及时总结经验，尽快启动立法程序。

2. 徐景龙、孙兆奇等62名代表提出关于修订高等教育法的议案2件（第20、405号）。高等教育法自1998年颁布实施以来，对于推动我国高等教育事业的改革和发展起到了重要作用。随着经济社会形势的发展，高等教育法目前已不能完全适应高等教育事业改革和发展的需要，亟须修订。教育部从2003年起即已启动高等教育法修订的调研和论证工作，教科文卫委员会2007年、2008年对7个省份实施高等教育法的情况进行了调研并征求修法建议。《国家中长期教育改革和发展规划纲要（2010—2020年）》对高等教育提出了更高的要求，并将高等教育法的修订列入了纲要。为此，教科文卫委员会认为，加快高等教育法的修订步伐，十分必要。教科文卫委员会将进一步加强与国务院有关部门的联系，继续开展立法调研，推动法律修订进程。

3. 黄藤、马杰等64名代表提出关于修订教师法的议案2件（第75、249号）。教师法自1993年颁布实施以来，在保障教师合法权益，加强教师队伍建设，促进教育事业发展方面发挥了重要作用。随着经济社会的快速发展，教师法中的一些条款已不能适应新形势的需要，有必要进行修订。目前，教师法的修订已纳入《国家中长期教育改革和发展规划纲要（2010—2020年）》，教育部正结合纲要的贯彻落实，加快修订工作。教科文卫委员会将积极关注教师法修订的进展情况，与有关部门及时沟通情况，在法律修订过程中认真研究代表议案提出的意见和建议。

4. 张秀娟、王元成、沈健等97名代表提出关于修订民办教育促进法的议案3件（第321、434、465号）。民办教育促进法的颁布实施，为促进民办教育的发展创造了良好的法治环境。目前随着民办教育的发展，也出现了许多新问题、新情况，有必要对法律进行修订。《国家中长期教育改革和发展规划纲要（2010—2020年）》已将修订民办教育促进法列入立法计划。目前，教育部已启动修订民办教育促进法的工作。教科文卫委员会将积极推动和支持民办教育促进法的修订工作。

5. 蒋琬求等30名代表提出关于修订教育法的议案1件（第464号）。代表议案提出修订教育法第三十六条，明确高等学校考试招生制度原则，保障公民接受高等教育机会公平，落实高校招生自主权。《国家中长期教育改革和发展规划纲要（2010—2020年）》已将修订教育法列入立法计划，并明确了推进考试招生制度改革的原则与措施，加强考试招生法规建设。教科文卫委员会认为，对于代表议案提出的建议，可在修订教育法、制定考试法和改革高等学校考试招生制度中一并考虑。

6. 马德秀等55名代表提出的关于制定产学研合作促进法的议案1件（第183号）。教科文卫委员会认为，加强产学研合作是促进科技成果转化、提高企业自主创新能力的重要举措。1996年颁布的促进科技成果转化法和2007年修订的科学技术进步法，对鼓励科学技术研究开发机构与高等学校与企业相结合作了规定，对促进产学研结合，加速科技成果转化为生产力起到了积极的作用。目前，产学研结合总体上还不能适应国家实施自主创新战略、完善技术创新体系、迅速提升产业核心竞争力的要求。因此，通过立法进一步完善促进产学研合作的技术转移与科技成果转化机制是必要的。建议国务院有关部门认真研究代表们在议案中提出的意见和建议，尽快启动促进产学研合作的立法工作，或者加快全面修订促进科技成果转化法，对产学研合作的相关问题作出规定。教科文卫委员会也将开展相关立法的调查研究工作。

7. 宋鱼水等31名代表提出关于尽快完善著作权法，加快著作权集体管理组织建设和发展的议案1件（第316号）。我国非常重视著作权法律制度的建设，2010年2月，十一届全国人大常委会第十三次会议对著作权法进行了部分条款的修订。经了解，目前国家版权局正在研究对著作权法进行比较全面的修订。代表议案中提到的现行著作权法存

在的问题以及具体修订建议，对于全面修订著作权法，进一步完善著作权法律制度具有重要参考价值。教科文卫委员会将密切关注著作权法的修订工作，督促有关部门认真研究考虑代表意见，并建议适时将修订著作权法列入全国人大常委会立法工作计划。

8. 康凤英、袁敬华、宋良华、马力、王陇德等339名代表提出的关于制定烟草危害预防控制法、烟害防治法和公共场所禁烟法的议案5件（第126、127、192、391、392号）。目前，我国还未发布专门的禁烟、控烟方面的法律、行政法规。现行禁烟、控烟方面的法律规定散见于相关的法律、行政法规、部门规章、地方性法规和政府规章中。教科文卫委员会高度重视代表议案提出的意见和建议，并开展了专题调研。建议国务院有关部门认真研究吸纳代表议案提出的制定烟草危害预防控制法、烟害防治法和公共场所禁烟法的总体框架和具体条文，在今后制定全国性专门控烟法律中予以体现。同时，建议有关部门大力开展公共场所禁烟的宣传教育，普及吸烟危害健康知识，提升社会公众的控烟、禁烟意识，为制定全国性控烟专门法律做准备。

9. 孙建国、杨蓉娅等67名代表提出修订献血法的议案2件（第278、448号）。献血法实施十二年来，对保证医疗临床用血需要和安全，保障献血者和用血者身体健康等方面发挥了重要作用。教科文卫委员会建议国务院有关部门，认真研究代表议案提出的关于放宽献血人群年龄段、提高单次采血量及延长献血间隔时间、取消无偿献血补贴、免除"窗口期"献血者引起感染的血站责任、制定无偿献血者优先用血的全国统一方案、增加稀有血型者的应急救治及血源管理、明确"应急用血"等方面意见和建议。同时继续加强宣传教育，普及科学知识，提高公众无偿献血自觉性，进一步加强科学研究，总结经验，适时完善相关制度，改进法律实施工作。

10. 张雅英等30名代表提出的关于修订体育法的议案1件（第177号）。体育法自1995年颁布实施以来，对贯彻落实党和国家的体育方针，指导和推动我国体育事业发展发挥了重要作用。近年来，随着我国经济和社会的快速发展，人民群众对于体育活动和体育设施的需求日益增大，现行体育法的内容已经不能完全适应当前社会发展的需要，应根据实际情况适时修订。目前，国务院已将体育法修订工作列入2010年立法工作计划，国家体育总局也正在组织修订起草工作，教科文卫委员会将会同国务院有关部门对该法修订中的问题进行深入调研，认真研究吸取代表议案提出的意见和建议。建议国务院有关部门加紧研究起草工作，同时建议全国人大常委会适时将该法修订列入立法工作计划。

（三）28件议案提出的23个立法项目，有的问题在相关法律中已有规定，有的正在进行立法前期调研论证，还有的目前可通过制定法规予以解决，教科文卫委员会将积极予以关注

1. 袁敬华、夏之宁等62名代表提出关于制定特殊教育法的议案2件（第128、186号）。改革开放以来，我国的特殊教育事业不断发展，办学条件明显改善，办学质量有所提高。同时，义务教育法等涉及特殊教育的相关法律法规以及重要文件，也为特殊教育的实施提供了有力保障。《国家中长期教育改革和发展规划纲要（2010—2020年）》将特殊教育单列一章，为加强特殊教育事业发展和法制建设奠定了坚实基础。我们也应看到，特殊教育事业仍存在学校数量偏少、经费严重短缺、师资力量薄弱、资源分配不均等突出问题，需要对此做出专门规定。目前，教育部正积极修订《残疾人教育条例》，拟争取列入国务院明年的立法议程。教科文卫委员会将密切关注条例的修订，及时沟通交流情况，进一步推动特殊教育立法进程。

2. 孙兆奇、张淑琴等61名代表提出关于制定高等院校考试招生法的议案2件（第407、430号）。《国家中长期教育改革和发展规划纲要（2010—2020年）》将修订高等教育法和制定考试法列入规划，其中高等院校考试招生问题是该法规范的重要内容之一。关于代表议案中提出单独制定高等院校考试招生法的建议，教科文卫委员会请国务院有关部门研究。2005年初，教育部就开始了考试法的起草工作，并于2009年1月将讨论稿上报国务院。2009年4月至6月，教科文卫委员会组成调研组赴河南、上海、浙江、湖北开展了考试法专题调研。今后，教科文卫委员会将进一步关注代表议案中所提出的问题。

3. 任美琴等30名代表提出关于制定社区教育法的议案1件（第491号）。社区教育是终身教育体系中的重要组成部分，其重要性必将随着社会经济的不断发展、学习理念的逐步推广而日益凸显。代表议案提出的社区教育发展中的问题和困难确实在一定程度上存在，并已引起有关部门和地方政府的重视。《国家中长期教育改革和发展规划纲要（2010—2020年）》明确提出了制定终身学习法的要

求。目前教育部正在研究起草该法，教科文卫委员会建议其在法律起草过程中，一并认真研究和吸收代表提出的意见和建议。

4. 宋文新等30名代表提出关于制定家庭教育法的议案1件（第431号）。家庭是构建终身教育体系、建设学习型社会的基础单位，家庭教育是教育体系的重要组成部分。党中央、国务院十分关注家庭教育问题，近年来在有关文件中，多次对家庭教育问题提出了要求。《国家中长期教育改革和发展规划纲要（2010—2020年）》再次强调指出“充分发挥家庭教育在儿童少年成长过程中的重要作用”，并将制定家庭教育法列入纲要。教科文卫委员会将积极关注该法的起草工作。

5. 汪纪戎等37名代表提出关于修订国家通用语言文字法的议案1件（第406号）。代表议案提出，我国许多地方中英文混杂使用、各类媒体推波助澜、商品名称追求西化、外文编译不统一等问题严重，因此急需建立标准，加强监管，尽快规范。教科文卫委员会认为代表建议十分重要。国家语言文字工作委员会正对此开展调查研究，并着手起草《外国语言文字使用管理规定》（暂定名）。建议国务院有关部门认真研究代表建议，细化国家通用语言文字法有关规定，加强执法力度，统筹协调解决此问题。

6. 祝学军等31名代表提出的关于制定航天法的议案1件（第224号）。在航天立法相关领域，我国已经制定了一些法律和规章，在我国航天事业发展过程中发挥了积极和重要的作用。但从整体上仍比较零散，且不能满足我国航天事业快速发展的需求。教科文卫委员会认为，为了规范、引导、保障、促进我国航天事业的发展，维护国家安全和利益，完善我国航天立法是必要的。由于航天管理涉及政府和军队多个部门，管理体制差异较大，建议国务院有关部门在总结现行法规、规章实施情况和已有工作基础上，进一步加强各部门的协调沟通，抓紧航天法的立法论证，待时机成熟后按法定程序提出法律草案。

7. 邓中翰等30名代表提出的关于制定自主创新法的议案1件（第247号）。教科文卫委员会认为，国家颁布的科学技术进步法、促进科技成果转化法、科学技术普及法、专利法等法律及其配套的法规、政策，内容已基本覆盖了科技工作的各个方面和科技创新的各个环节，对鼓励自主创新、促进科技发展起到了积极的作用。特别是2007年修订的科学技术进步法，以激励自主创新为主线，对政府在科技进步中的责任、强化科技资源的整合和共享、强化激励自主创新的政策措施、促进企业成为技术创新主体、激励科技人员创新的积极性、加强知识产权保护等都做了规定。当前企业和政府在自主创新过程中遇到的矛盾和困难，既有创新激励制度落实不到位、不平衡的原因，也有配套法规和政策不完善的问题。教科文卫委员会将督促国务院有关部门积极研究代表们在议案中提出的意见和建议，做好有关法律配套法规的制定工作，同时加强对法律实施情况的监督检查。

8. 顾逸东等30名代表提出的关于修订科学技术普及法的议案1件（第182号）。科学技术普及法是我国保障和规范科普工作的一项专门法律，对调动各方面力量共同推动我国科普事业发展起到了重大的促进作用。但是，正如代表议案提出的，随着我国经济社会发展，科普法部分规定过于原则、各类主体责任不够清晰、科普力量和资源动员不足等问题逐步显现。目前，国务院有关部门已经进行了广泛的调研，启动了科普法实施条例的立法研究工作。教科文卫委员会将密切关注有关工作进展，并适时开展科学技术普及法执法调研，深入了解法律实施成效和存在的问题，进一步研究当前情况下修订科普法的必要性。

9. 岳国君等31名代表提出的关于制定基因法的议案1件（第377号）。关于基因技术的研发和应用，我国已经制定了一系列行政法规、部门规章和其他规范性文件，对规范和促进基因资源的保护和开发利用起到了重要作用。国务院有关部门围绕生物安全专门立法也进行了大量的研究准备工作。生物安全立法的目的，应当既规避风险又促进发展，使转基因技术造福于人类。鉴于转基因技术安全问题具有不确定性，在以上述立法形式加强管理的同时，当前是否急需制定基因法，还需要进一步研究论证。建议国务院有关部门认真研究代表议案提出的意见和建议，继续加强生物安全立法研究，同时进一步充实和完善现行法规、规章。教科文卫委员会将也加强这方面的调查研究工作。

10. 徐景龙等31名代表提出关于制定广播电视法的议案1件（第5号）。我国历来重视广播电视的法制建设，国务院先后颁布了《卫星电视广播地面接收设施管理条例》、《广播电视管理条例》、《广播电视设施保护条例》（修订）等行政法规，国家广电总局也制定了多项部门规章。中宣部于2004年制定了《关于制定我国文化立法十年规划

(2004—2013)的建议》,将广播电视法列入了十年立法规划。国家广电总局已形成了工作方案,目前正在对广播电视法拟解决的主要问题和法律制度框架做深入研究。教科文卫委员会将继续关注该法的立法调研工作,深入研讨有关问题,督促相关部门在广播电视法的起草过程中充分考虑代表意见。

11. 马克宁等30名代表提出关于修订文物保护法的议案1件(第118号)。代表议案提出建议,删除文物保护法第三十一条关于因进行基本建设和生产建设需要的考古调查、勘探、发掘,所需费用由建设单位列入建设工程预算的规定。同时建议,考古调查、勘探、发掘和相应补偿费用列入财政预算。这一议案反映了文物保护法在实施中存在的问题,教科文卫委员会将在文物保护法的进一步修订完善中认真研究代表议案提出的意见和建议,并继续督促有关部门加强文物保护法的执法工作。

12. 曹书杰等30名代表提出制定医疗事故处理法的议案1件(第178号)。2009年12月由全国人大常委会审议通过并于2010年7月正式实施的侵权责任法对医疗损害责任进行了专章规定。侵权责任法对议案涉及的医疗纠纷和医疗事故争议处理中存在的法律适用、赔偿范围和标准等突出问题已有明确规定。教科文卫委员会建议国务院有关部门,做好侵权责任法与相关法律法规和司法解释等的衔接工作,以保障侵权责任法的贯彻实施。同时进一步摸索经验,研究论证是否有必要单独制定医疗事故处理法。

13. 周琦、王瑛、刘进、周晓光等138名代表提出修订执业医师法的议案4件(第071、106、191、276号)。执业医师法自颁布实施以来,对规范医师执业行为、提高医疗质量、保障医疗安全以及保护医师的合法权益起到了重要作用。执业医师法在实施过程中出现了一些新情况和新问题,如对参加医师资格考试人员的学历规定不够明确,医师资格考试报名资格审核难;基层和农村地区,特别是中西部的农村地区因人员资格不符合规定,执法困难较大;对医师合法权益保护力度不够等。教科文卫委员会建议国务院及有关部门,深入调查研究,针对出现的新情况积极采取政策措施,适时完善相关法律制度。教科文卫委员会也将适时开展执业医师法的实施情况调研工作,进一步研究执业医师法的修订问题。

14. 张庆伟等30名代表提出的关于制定护士法的议案1件(第124号)。为了维护护士的合法权益,规范护理行为,促进护患关系和谐发展,保障医疗安全和人体健康,国务院于2008年1月颁布了护士条例。代表议案提出的有关护士人格尊严和人身安全得不到充分保障、护士队伍内部同工不同酬,以及部分医院床护比偏低等问题,在现行护士条例中已有相应的规定。教科文卫委员会建议国务院有关部门加大护士条例贯彻实施力度,严格落实护士条例的各项制度,待条件成熟时,再研究制定法律的问题。

15. 汪春兰等30名代表提出制定营养改善法的议案1件(第156号)。加强营养工作有助于提高国民营养与健康状况。近年来,有关部门在食品安全体系建设、加强特殊人群的营养干预、制定强制性国家标准等方面做了大量工作。食品安全法、母婴保健法、食品营养标签管理规范、营养改善工作管理办法等现有法律、行政法规、部门规章等对食品安全标准、机构建设和营养标签管理等,对营养工作相关方面已有明确规定。代表议案提出的对食品基本营养要求、特殊人群的营养标准和营养指导工作等方面的内容,也已有相关强制性规定,属于现行有关制度的执行问题。同时,卫生部已于近期成立营养标准委员会,进一步促进营养改善工作规范化、标准化。教科文卫委员会建议国务院有关部门采取有力措施,推动已有制度的贯彻落实,并积极开展相关立法研究,必要时对老、幼等特殊人群的营养问题制定部门规章,待条件成熟时,再研究制定营养改善法的问题。

16. 陈海啸等30名代表提出的制定医疗质量法的议案1件(第275号)。目前,侵权责任法、执业医师法、医疗机构管理条例、护士条例等法律法规,对医疗质量方面的主要问题已作了相关规定,卫生部也出台了一系列规范性文件和技术规范对医疗质量予以保障。涉及医疗质量的相关法律法规及标准、规范等制度已经基本具备,发生医疗质量问题的主要原因在于现有制度、标准、规范未能得到严格执行。教科文卫委员会建议国务院有关部门继续完善医疗质量保障制度体系,加大监管力度,促进医疗质量不断提高。

17. 王静成等33名代表提出制定卫生法的议案1件(第468号)。目前,我国现有卫生法律体系比较健全,基本包括了卫生工作的各个方面,对发展我国卫生事业、保障人民群众身体健康、促进经济社会发展,发挥着重要作用。卫生法的调整范围、与其他卫生法律法规的关系等问题需要进一步研究。基本医疗卫生保健法为十一届全国人大常委会的立法规划项目，卫生部已经成立了起草小组，正在结合深化医药卫生体制改革的进程，抓紧进行法律起草工作。教科文卫委员会建议有关部门，认真研究代表议案提出的问题和建议，进一步修订和完善现行法律制度，并研究论证综合性卫生立法的必要性。

18. 梁启波等33名代表提出制定新型农村合作医疗法的议案1件（第369号）。新型农村合作医疗是我国基本医疗保障制度的重要组成部分。新农合的立法问题已经得到国务院的高度重视，但经各方研究认为，新农合作为基本医疗保障的形式之一，由国务院制定相关行政法规比较合适。2010年10月，由全国人大常委会审议通过的社会保险法授权国务院制定新型农村合作医疗的管理办法。据了解，2009年和2010年国务院连续两年将新农合管理条例列入立法计划。卫生部已将新型农村合作医疗管理条例草案送审稿报送国务院。教科文卫委员会建议国务院有关部门认真研究代表议案中提出的意见和建议，结合医药卫生体制改革，加强立法研究，抓紧出台相应的行政法规。

19. 孙菁等32名代表提出尽快制定助产士法的议案1件（第125号）。助产士担负着保障母婴安全及健康的重要职责。代表议案中提出的独立设置助产专业学科、独立设置执业资格考试等建议应予以高度重视。经征求国务院有关部门意见研究认为，当前单独制定助产士法的时机并未成熟。教科文卫委员会建议国务院有关部门认真研究代表议案所提问题，在制定有关卫生事业发展规划和计划时，统筹考虑大力发展助产士职业，进一步完善相关制度，待积累一定经验后，再考虑立法问题。

20. 吕帆等30名代表提出制定医院法的议案1件（第490号）。侵权责任法、执业医师法以及医疗机构管理条例等法律法规，对医疗活动中的各项法律关系已有比较全面的规定。当前医药卫生体制改革正在推进，制定医院法条件尚不成熟。教科文卫委员会建议国务院有关部门结合医改进程，认真研究代表议案所提问题和建议，并进一步论证单独制定医院法的问题。

21. 周晓光等30名代表提出制定罕见疾病防治法的议案1件（第489号）。罕见疾病发病率低、危害后果严重，防治资源和保障有限，应予高度重视。代表议案提出的主要意见和建议，在现行的母婴保健法、执业医师法、药品管理法、医疗机构管理条例等法律法规中已经有所体现。有关方面对罕见疾病防治问题非常重视，并采取了一些措施。关于制定罕见疾病的临床诊断标准和诊疗规范、在国家基本药物目录中增加罕见疾病的治疗药物等问题，属于工作层面的问题，目前制定法律的时机尚未成熟。教科文卫委员会建议国务院有关部门认真研究代表提出的意见和建议，积极采取罕见疾病干预措施，适时完善相关法律制度。

22. 巴福荣等31名代表提出关于制定医疗急救法的议案1件（第310号）。医疗急救是政府主办的非盈利性公益事业，是公共卫生体系的重要组成部分。近年来，我国在建立健全医疗急救制度和急救服务体系、提高救治能力和规范急救行为等方面取得了一定成绩。现行的突发事件应对法、突发公共卫生事件应急条例、医疗救治体系建设规划、道路交通安全法等现有法律法规、部门规章和政策，对包括部门职责、机构建设和行为规范等在内的医疗急救的相关方面已有规定。代表议案所反映的建设模式、服务标准不统一和资源不能共享等问题，主要属于现行制度的执行问题。教科文卫委员会建议国务院有关部门采取有力措施，保证既有制度的贯彻落实，进一步完善医疗急救方面的法规规章，并积极开展相关立法研究，待条件成熟时，再研究制定医疗急救法。

23. 邢克智等33名代表提出的关于修订人口与计划生育法的议案1件（第248号）。人口与计划生育法、计划生育技术服务管理条例等现行法律法规明确规定，公民对避孕节育手术享有知情权和选择权，任何单位和个人不得对公民采取强制避孕节育措施，对违法采取强制措施的行为规定了明确的处罚条款。代表议案所反映的主要属于法律法规在执行中存在的问题。教科文卫委员会建议国务院有关部门切实采取有效措施，保证现行法律法规的贯彻落实，并进一步研究代表议案中提出的依法保护公民对避孕节育手术的选择权等问题。

附件二：

议案审议结果报告有关数据统计

数量统计 议案分类	议案数 (总计74件)	提议案代表人数 (总计2507人次)	涉及立法或监督项目 (总计41项,其中监督1项)
一、监督项目	1	31	1
已列入监督计划,且已实施	1	31	1
开展科技进步法执法检查	1	31	
二、立法项目	73	2476	40
(一)已列入立法规划或计划,建议适时安排审议	23	682	7
1. 修订职业教育法	6	186	
2. 制定图书馆法	1	37	
3. 制定精神卫生法	1	31	
4. 修订职业病防治法	5	155	
5. 制定基本医疗卫生保健法	4	91	
6. 制定中医药法	2	61	
7. 修订药品管理法	4	121	
(二)需要抓紧立法或修订法律,建议条件成熟时列入计划	22	911	10
1. 制定学前教育法	4	136	
2. 修订高等教育法	2	62	
3. 修订教师法	2	64	
4. 修订民办教育促进法	3	97	
5. 修订教育法	1	30	
6. 制定产学研合作促进法	1	55	
7. 完善著作权法	1	31	
8. 制定烟草危害预防控制法	5	339	
9. 修订献血法	2	67	
10. 修订体育法	1	30	
(三)相关法律已有规定,或正在进行调研,或通过制定法规解决,教科文卫委员会将积极予以关注	28	883	23
1. 制定特殊教育法	2	62	
2. 制定高等院校考试招生法	2	61	
3. 制定社区教育法	1	30	

续表

议案分类 \ 数量统计	议案数（总计 74 件）	提议案代表人数（总计 2507 人次）	涉及立法或监督项目（总计 41 项，其中监督 1 项）
4. 制定家庭教育法	1	30	
5. 修订国家通用语言文字法	1	37	
6. 制定航天法	1	31	
7. 制定自主创新法	1	30	
8. 修订科学技术普及法	1	30	
9. 制定基因法	1	31	
10. 制定广播电视法	1	31	
11. 修订文物保护法	1	30	
12. 制定医疗事故处理法	1	30	
13. 修订执业医师法	4	138	
14. 制定护士法	1	30	
15. 制定营养改善法	1	30	
16. 制定医疗质量法	1	30	
17. 制定卫生法	1	33	
18. 制定新型农村合作医疗法	1	33	
19. 制定助产士法	1	32	
20. 制定医院法	1	30	
21. 制定罕见疾病防治法	1	30	
22. 制定医疗急救法	1	31	
23. 修订人口与计划生育法	1	33	

全国人民代表大会外事委员会关于第十一届全国人民代表大会第三次会议主席团交付审议的代表提出的议案审议结果的报告

（2010 年 12 月 25 日第十一届全国人民代表大会常务委员会第十八次会议通过）

全国人民代表大会常务委员会：

第十一届全国人民代表大会第三次会议主席团交付外事委员会审议的代表提出的议案共 3 件，即第 175 号关于修改外国人入境出境管理法的议案、第 240 号关于制定海洋基本法的议案和第 301 号关于制定陆地边境管理法的议案。外事委员会分别向有关部门书面征求了意见，先后赴沿边、沿海省区市开展调研，并与议案领衔代表沟通。2010 年 12 月 8 日，外事委员会第 30 次全体会议对上述议案进行审议。现将审议结果报告如下：

一、关于修改外国人入境出境管理法的议案

议案提出，随着我国政治、经济和社会生活发生深刻变化，改革开放之初颁布的外国人入境出境

管理法已明显滞后，有必要系统修改。

外国人入境出境管理法和公民出境入境管理法整合修订为一部新的出入境管理法，已列入十一届全国人大常委会立法规划，目前国务院法制办正在抓紧修改草案稿。

外事委员会认为，议案提出的修法建议符合实际，在出入境管理法草案稿中应尽量吸收。外事委员会将积极推动国务院法制办及时向国务院报送草案，并争取在 2011 年上半年内提请全国人大常委会审议。

二、关于制定海洋基本法的议案

议案提出，为确立我国作为海洋国家的法律地位，将建设海洋强国的政策通过法律提升为国家意志，维护国家战略安全和海洋权益，应尽快制定海洋基本法。

外事委员会认为，议案提出的立法建议反映了当前形势需要，从战略和全局上看，制定海洋基本法是必要的。建议对如何完善我国的海洋法制建设作进一步调研论证，争取早日启动海洋基本法的立法工作。

三、关于制定陆地边境管理法的议案

议案提出，改革开放以来，陆地边境管理出现了许多新情况、新问题。为维护国家主权，进一步明确边境管理部门的职责，规范和加强边境管理，建议尽快制定陆地边境管理法。

多数涉边管理部门认为，陆地边界法已经列入十一届全国人大常委会五年立法规划，陆地边境管理法和陆地边界法虽然有区别，但又紧密相关，可考虑将议案提到的边境管理有关事项纳入陆地边界法的框架中予以规范。

外事委员会认为，加强陆地边境管理确有现实需要。建议陆地边界法的提请审议机关认真研究、吸收议案的有关内容。

鉴于以上情况，建议第 175、240、301 号议案不单独列入全国人大及其常委会会议议程。

以上报告，请予审议。

全国人民代表大会外事委员会
2010年12月24日

全国人民代表大会华侨委员会关于第十一届全国人民代表大会第三次会议主席团交付审议的代表提出的议案审议结果的报告

（2010 年 12 月 25 日第十一届全国人民代表大会常务委员会第十八次会议通过）

全国人民代表大会常务委员会：

第十一届全国人民代表大会第三次会议主席团交付华侨委员会审议的议案有 3 件，分别是第 105 号、第 259 号和第 320 号。内容都是关于修改《中华人民共和国归侨侨眷权益保护法》。议案提出，为适应国内外侨情的新变化、新形势，应当适时修改归侨侨眷权益保护法，对有关华侨和归侨侨眷身份界定的条款进一步细化，明确对归侨侨眷“适当照顾”的具体办法，增加政府有关职能部门维护侨益职责、华侨农场改革发展成果、归侨侨眷社会保障以及发展海外华文教育等方面的内容。

本届华侨委员会非常重视归侨侨眷权益保护法实施和修改的调研工作，广泛征求中央和地方涉侨部门对修改该法的意见；结合出访和接待来访，征求海外侨胞的看法；到 12 个省调研，认真听取地方有关部门、归侨侨眷代表的建议。在福建调研期间还专门走访了议案领衔人和部分全国人大代表，召开了有侨界人士、侨资企业负责人等参加的座谈会。今年是归侨侨眷权益保护法颁布 20 周年，全国人大华侨委员会会同国务院侨务办公室、全国政协港澳台侨委员会、致公党中央和中国侨联联合召开了座谈会，总结经验，就进一步实施该法沟通情况、交换意见。在此基础上，形成了议案审议结果的报告稿，并经 10 月 24 日华侨委员会第十四次会议审议。现将审议结果报告如下：

华侨委员会认为，归侨侨眷权益保护法是我国侨务工作的一部重要法律。这部法律全面贯彻了党对归侨侨眷实行"一视同仁、不得歧视、根据特点、适当照顾"的原则，把我国长期以来对归侨侨眷实行的行之有效的政策予以规范、提高和升华，使侨益保护工作更加规范化、法制化，体现了党和国家对侨益保护工作的高度关心和重视。这部法律颁布20年来，国务院和30个省、自治区、直辖市据此先后制定并修改了实施办法，有的省份还进行了第二、第三次修改；许多地方结合本地实际，制定了配套的法规、规章和决定等，全国现有100多件保护侨益的规范性文件，为促进侨务事业持续发展提供了有力的法制保障。2006年，全国人大常委会归侨侨眷权益保护法执法检查充分肯定了这部法律实施的成效，同时指出了存在的问题，并就进一步做好新形势下侨务工作等提出了整改意见和建议。"一府两院"及有关部门高度重视整改建议的落实，经过几年的努力，整改工作取得了阶段性的成果。归侨侨眷权益保护法颁布20年来，这部法律得到了较好的实施，归侨侨眷和海外侨胞的权益得到较好的保护，他们爱国爱乡的热情不断高涨，参与我国改革开放和现代化建设的积极性不断提高，为推动我国经济和社会各项事业的蓬勃发展作出了巨大贡献。

同时，华侨委员会认为，2000年九届全国人大常委会第十八次会议修改该法以来，侨情发生了许多变化：随着我国对外开放日益扩大，越来越多的中国公民赴国外定居，海外侨胞逐年增加，他们在国内眷属的人数也不断增多；近些年来，回国定居、创业、为国服务的海外侨胞也越来越多，许多新情况、新问题需要在法律上予以规范和体现。如，有关华侨和归侨侨眷身份的具体认定、华侨申请回国定居的审批程序、归侨侨眷的社会保障等问题，可以将现行政策中行之有效的有关规定，形成法律规范的内容。

为此，华侨委员会建议，有必要对归侨侨眷权益保护法的修改进行进一步深入调查研究，待时机和条件成熟时，将修改该法列入全国人大常委会的立法计划。

以上报告，请予审议。

全国人民代表大会华侨委员会
2010年12月24日

全国人民代表大会环境与资源保护委员会关于第十一届全国人民代表大会第三次会议主席团交付审议的代表提出的议案审议结果的报告

（2010年12月25日第十一届全国人民代表大会常务委员会第十八次会议通过）

全国人民代表大会常务委员会：

第十一届全国人民代表大会第三次会议主席团交付环境与资源保护委员会审议的代表提出的议案共41件，涉及19个立法项目，其中要求制定法律的10项12件，要求修改法律的9项29件。环境与资源保护委员会在收到交付审议的议案后，按照关于代表议案的工作要求，对议案进行了梳理，制定了工作计划，征求了有关部门意见，通过邀请提议案人参加座谈等方式，与代表加强联系和沟通，并结合环境与资源保护委员会立法和调研的各项工作，认真研究了各项议案，提出了办理意见。2010年11月30日，环境与资源保护委员会召开了第二十三次委员会全体会议，对议案办理意见进行了审议。现将审议结果报告如下：

一、23件代表议案提出的5项立法项目，已经列入第十一届全国人大常委会立法规划

1. 关于修改环境保护法的议案5件。修改环境保护法已经列入第十一届全国人大常委会立法规划中继续开展研究论证的项目。现行环境保护法是1989年第七届全国人大常委会第十一次会议

通过的。环境与资源保护委员会梳理了历年来有关修改环境保护法的代表议案,收集了人大代表、国务院有关部门和有关专家的意见。根据全国人大常委会立法规划和代表议案,环境与资源保护委员会自2008年以来开展了相关环境保护法律的后评估并形成系列报告。今年重点开展了环境保护法的后评估,在此基础上分析了环境保护主要法律制度与相关法律衔接存在的问题,具体表现为:与污染防治各单项法不一致的制度措施需要尽快统一;不适应社会主义市场经济体制的一些规定需要及时修改;实践中一些行之有效的行政责任和问责制度需要补充到法律中。主要涉及环境影响评价、排污收费、限期治理、公众环境权益、环境标准、环境监测、跨行政区污染防治协调和人民政府环境质量责任等8项重要制度。同时还对各种修改方式进行了比较分析,形成了研究论证报告和工作建议。2009年,第十一届全国人大常委会第九次会议关于法律清理工作的说明指出,环境保护法"已不适应经济社会发展要求,但目前修改或者废止的时机、条件尚不成熟,认识尚不一致"。我们征求国务院法制办等有关部门的意见,也同意这个意见。根据环境与资源保护委员会对环境保护法和相关环境保护法律后评估的成果,环境与资源保护委员会的意见是:当前环境保护法亟待解决的主要问题是一些条款与之后出台的环境保护单项法律的有关条款不衔接或者不适应新的管理要求,一些相关法律已经修改的内容环境保护法没有作相应的修改,这些都是法律清理工作的重要内容。面对我国严峻的环境保护形势,为适应环境保护工作当前的需求,消除法律不一致对地方立法和行政执法带来负面影响,进一步提高环境保护法的有效性,经与有关单位研究,环境与资源保护委员会建议,当前将环境保护法有关条款修改列为法律清理的后续工作,列入全国人大常委会2011年立法工作计划,环境与资源保护委员会将会同有关单位积极做好有关工作。

2. 关于制定自然保护区法的议案1件。制定自然保护区法已列入第十一届全国人大常委会立法规划。环境与资源保护委员会2009年结合代表议案、"十一五"规划、国务院批准的《国家文化和自然遗产地保护"十一五"规划纲要》,为突出重点、严格保护,建议将法律名称调整为自然遗产保护法。上述意见作为2009年议案审议报告内容,经常委会第十二次会议审议同意。制定自然遗产保护法已列入全国人大常委会2010年立法计划。起草中,环境与资源保护委员会广泛征求国务院有关主管部门、地方人大和政府有关主管部门的意见,切实落实常委会领导指示精神,反复听取有关院士及专家的意见,对法律名称、调整范围、与现行相关条例的关系和主要法律制度等重点难点问题集中进行论证。环境与资源保护委员会认为,我国自然生态系统和自然遗迹等应当由一批相关的又有自身重点的法律、法规和规章来保障。制定自然遗产保护法,有利于保护好自然演化形成的、处于自然状态或者基本处于自然状态的具有国内外特殊价值的自然生态系统、自然遗迹及其形成的自然景观。环境与资源保护委员会专赴海南向提出本议案的海南省代表团通报了上述议案办理的初步意见,第十一届全国人大海南省代表团负责人、海南省人大常委会副主任吴昌元组织了海南省人大常委会的同志和有关代表听取了调研组的报告,并在对议案办理的反馈意见中赞同全国人大环境与资源保护委员会结合自然遗产保护立法办理议案,认为环境与资源保护委员会在起草自然遗产保护法草案的过程中,充分采纳了海南省代表团议案的建议。自然遗产保护法草案已经环境与资源保护委员会全体会议审议通过,并报全国人大常委会。环境与资源保护委员会将继续调研和论证,做好协调工作,配合常委会做好草案的修改和审议工作。同时,环境与资源保护委员会建议由国务院加快论证修改完善现行自然保护区条例。

3. 关于修改土地管理法的议案10件。土地管理法修改已经列入第十一届全国人大常委会立法规划,并于2009年和2010年连续两年列入常委会立法计划,由国务院起草。国土资源部已于2009年6月将修订草案送审稿报送国务院审议。根据常委会的提前介入的要求,环境与资源保护委员会组织了专题调研。环境与资源保护委员会通过调研认为,该法的修改,社会十分关注。随着我国工业化和城镇化的快速发展,现行土地管理法中一些规定已经不完全适应新的形势发展要求。土地管理法修改议案提出的建议意见属于群众关心、领导重视的突出问题。建议国务院法制办抓紧协调工作,充分吸收代表议案中的建议,尽快将土地管理法修改草案按照程序提请全国人大常委会审议。

4. 关于修改大气污染防治法的议案2件。大气污染防治法修改已列入第十一届全国人大常委会立法规划和2010年常委会立法计划,由国务院起草。环境保护部已于2010年1月将修订草案送审稿报送国务院审议。环境与资源保护委员会去年配合全国人大常委会听取和审议国务院关于大气污染防治工作进展情况的报告，就大气污染防治情况进行了调研，并对大气污染防治法进行了后评估，认为现行大气污染防治法在一些方面已不能适应污染防治和管理工作的需要。建议国务院法制办抓紧协调工作，充分吸收代表议案建议，尽快将大气污染防治法草案按照程序提请全国人大常委会审议。

5. 关于修改矿产资源法的议案5件。矿产资源法修改已列入第十一届全国人大常委会立法规划，由国务院起草。环境与资源保护委员会曾开展专题调研，提出加强我国稀土战略性资源储备和保护的建议，得到了全国人大常委会及国务院领导的高度重视。随着经济社会发展和改革开放的深入，新的形势对矿产资源管理提出了一系列要求，现行矿产资源法的一些制度设计已经不适应当前需要，急需进行修改。建议国土资源部在法律起草中采纳代表提出的强化战略性矿产资源保护、加强矿业权管理、严格矿山环境保护等立法建议，抓紧工作，完成草案，上报国务院，按照程序尽快提请全国人大常委会审议。

二、6件议案提出的4项立法项目，建议通过国务院制定或修改行政法规解决议案所提问题

6. 关于制定饮用水源地保护法的议案2件。保障饮用水安全是保障和改善民生的基本任务，解决饮用水安全问题的根本在于确保饮用水水源地安全。建议在现行环境保护法、水污染防治法及水法等法律基础上，落实2006年国务院《研究饮用水安全有关问题的会议纪要》精神，由国务院法制办牵头，国务院有关部门共同参与，制定饮用水水源地保护和污染防治的专门法规，同时建议国务院办公厅加强监督，确保国务院精神尽早落实。

7. 关于太湖流域管理法（太湖保护法）的议案2件。太湖管理条例已经列为国务院2010年立法工作计划的一类立法项目，已经起草完成，将提交国务院常务会议审议。社会十分关注太湖流域水污染防治问题，环境与资源保护委员会也多次组织去当地调研，建议国务院办公厅督促国务院法制办结合代表议案提出的问题，加快条例制定。

8. 关于加快畜禽规模养殖污染立法的议案1件。畜禽养殖污染防治条例已经列入2010年国务院立法工作计划的二类立法项目，环境保护部会同农业部起草了畜禽养殖污染防治条例送审稿，已提交国务院法制办。建议国务院法制办结合代表提出的规范、引导、保障畜禽规模养殖产业可持续发展的有关建议组织审查，尽早提交国务院审议。

9. 关于制定湿地保护法的议案1件。制定湿地保护条例从2006年到2009年连续四年列入国务院立法工作计划，目前国家林业局正在起草。环境与资源保护委员会认为有必要通过法规完善湿地的管理制度，建立有效的湿地保护机制。考虑到目前全国已有40%的湿地被列入各类自然保护区，建议国务院法制办会同环境保护部和国家林业局等有关部门充分吸收代表议案的意见建议，加紧对自然保护区条例的修改论证工作。

三、12件议案提出的10项立法项目，立法条件尚不成熟，主要是法律实施问题，建议通过改进工作解决议案关注的问题，同时继续开展立法前期研究论证

10. 关于制定野生药材资源保护法的议案1件。对于议案中提出的保护野生药用动植物资源生态环境的问题，建议首先是严格执行现行法律和国务院有关规定；同时建议国务院责成有关部门组织修改野生药材资源保护管理条例和野生植物保护条例的前期研究论证工作。

11. 关于修改野生动物保护法的议案3件。议案提出的野生动物致人伤亡、致农作物损害的补偿问题是代表议案中反映较为集中的，是现行野生动物保护法确需解决的问题。财政部与国家林业局已结合历年有关议案开展野生动物肇事损害补偿试点。建议财政部和国家林业局认真总结试点经验，研究制定野生动物保护法肇事损害赔偿的部门规章。对于议案关注的建立野生动物疾病防控体系，强化野生动物制品管理等问题，建议国家林业局通过加强法律实施解决。

12. 关于制定农业生态环境保护法的议案1件。议案提出的农业生态环境保护问题，建议国务院有关部门通过落实国务院农村环境保护工作会议精神，强化有关法律实施和政策协调、建立城乡环境统一监测管理体制、加强环境保护基础能力建

题，民政部会同全国人大常委会法制工作委员会、国务院法制办，多次赴基层开展调研、召开论证会，对村委会组织法修订草案反复研究论证，对代表普遍关心的加强和改进党的领导、提高妇女当选比例、村委会任期、村民资格、村民会议及村民代表会议的召集方式等问题，提出了调整建议和明确意见。全国人大常委会及时审议，于今年10月通过了修订的《村民委员会组织法》。为规范村委会选举，民政部下发了《民政部关于切实加强村民委员会选举工作指导的意见》(民发〔2010〕109号)，加大对村委会换届选举工作的指导力度。会同中组部下发了《关于进一步严肃村两委换届选举工作纪律的通知》(组通字〔2010〕59号)，加大了对村“两委”换届选举工作中违法违纪问题的查处力度。2010年有13个省份进行村委会换届选举，一大批农村致富能手、退伍军人、外出务工返乡农民、回乡大中专毕业生等农村优秀人才，被选举为村两委成员。

民政部办理人大代表建议工作虽然取得了一些成效，但与人大代表反映的人民群众的要求相比，还存在较大差距。下一步，我们将全面贯彻党的十七届五中全会和中央经济工作会议、中央农村工作会议精神，以邓小平理论和“三个代表”重要思想为指导，围绕科学发展主题，切实提高民生保障水平，着力增强社会自治功能，大力提升民政公共服务能力，为促进经济长期平稳较快发展和社会和谐稳定，做出应有的贡献。在此，恳请全国人大常委会继续对民政工作给予重视和支持；借此机会，我代表民政部向全国人大代表、全国人大常委会及其办公厅、全国人大各专门委员会，致以崇高的敬意和衷心的感谢。

附：

为了让贫困地区群众的生活一天天好起来

——全国人大常委会重点督办代表涉“水”建议促进解决宁夏中南部地区民生难题纪实

因为一个“水”字，宁夏中南部地区的人们在干旱中“苦瘠甲天下”千百年。

因为一个“水”字，全国人大常委会一直牵挂着生活在那里的260万各族群众。

确保饮水安全、发展节水农业、促进生态移民、关注环境保护……从2005年至今，全国人大常委会紧扣“水”字重点督办有关代表建议，极大促进了宁夏中南部地区最大民生难题的解决。

9月10日至14日，中共中央政治局常委、全国人大常委会委员长吴邦国来到宁夏调研，走访农户、听取汇报，实地检查代表建议办理效果，强调要着力推动解决宁夏中南部地区“水”的问题，让困难群众的生活一天天好起来……

明确要求创新机制全国人大常委会全力督办代表涉“水”建议

提出议案建议，是全国人大代表依法履行职责、管理国家事务的重要方式。

宁夏中南部干旱地区年降水量只有250毫米，蒸发量却是降水量的4倍以上，60年来干旱年头竟有50年之多，是典型的十年九旱地区。宁夏代表团的全国人大代表紧紧围绕制约宁夏中南部群众生存发展最大瓶颈深入调研，提出了一系列涉及“水”问题、关系百姓切身利益的建议。

全国人大常委会高度重视发挥代表的作用，把督办代表建议作为一项重要工作。2005年3月，吴邦国委员长在全国人大常委会工作报告中提出：“要制定代表建议批评意见处理办法，进一步规范办理程序，加强综合分析，确定重点建议，明确承办单位，认真跟踪督办，及时反馈办理结果”。

常委会领导同志首次明确提出确定重点建议、加强跟踪督办的要求，为做好代表建议办理工作、提高办理质量指明了方向。

当年4月，根据全国人大常委会的安排，常委会办公厅向133家代表建议承办单位统一交办十届全国人大三次会议期间代表所提的5800多件建议。全国人大常委会在与国务院充分沟通基础上，确定对10项建议进行重点督办，其中就包括了宁夏代表团提出的《关于发展西部干旱地区节水农业的建议》和《关于在黄土高原类型区推广小流域综合治理的建议》，明确由水利部分别会同发改委、农业部、林业局等承办，由全国人大民委负责督办。此后几年，宁夏代表团所提建议中又有数件因关系自治区中南部地区农村饮水安全、节水农业发展、生态恢复与保护等重大民生问题，被全国人大常委会确定为重点督办的建议。

从数千件代表建议中确定重点督办建议，明确由全国人大专门委员会进行跟踪督办，是全国人大常委会为更好发挥代表作用、完善建议办理工作机制的创新举措。

2005年6月，根据中央9号文件精神，全国人大常委会办公厅制定了《全国人大代表建议、批评和意见处理办法》、《关于充分发挥专门委员会作用的若干意见》等相关工作文件，使代表建议办理工作步入规范化、制度化的轨道。

从那时起，吴邦国委员长在每年的常委会工作报告中，都会对代表建议办理提出具体要求。

今年9月10日，吴邦国委员长前往宁夏调研。一登上专机，他立即召集全国人大有关负责同志，详细了解涉及宁夏中南部地区"水"问题的代表建议的办理情况和实际效果，明确提出要通过此次调研推动解决宁夏中南部地区"水"的问题。

调研中，委员长亲赴中南部地区实地察看当地群众生产生活，指示随行的有关负责同志与自治区有关方面座谈，了解有关建议办理的最新情况。在听取自治区党委政府工作汇报时，他再次就代表建议涉及问题作出重要指示，提出了办理工作的具体目标任务……

根据吴邦国委员长的要求，全国人大及其常委会有关方面始终把督办涉及宁夏中南部地区"水"问题的代表建议放在重要工作日程——

2005年以来，十届全国人大常委会副委员长兼秘书长盛华仁连续6年亲赴宁夏中南部地区了解建议办理情况；十一届全国人大常委会副委员长陈昌智连续3年前往宁夏，继续督办代表建议。

全国人大民委和农委非常重视督办工作。制订详细的督办工作方案，开展视察调研了解办理进展，向承办单位提出督办建议，召开全体会议听取有关部委办理情况汇报……专门委员会采取多种措施，增强建议督办效果。

全国人大常委会办公厅每年都会书面发函，会同相关承办单位，对涉及宁夏中南部地区"水"问题的代表建议进行追踪办理和连续督办。

宁夏代表团的全国人大代表也非常关注所提建议的办理进展，多次到北京参加办理情况通报会，促进所提建议落到实处。

全国人大及其常委会各方面的有力督办，使相关代表建议办理工作有序推进……

国务院部委全力以赴自治区积极配合
涉"水"建议办理成效明显

办理代表建议是有关机关、组织的法定义务。国务院以及各承办单位对代表建议高度重视，积极采取措施做好办理工作，努力解决人大代表提出的相关问题。

2005年，宁夏代表团提出关于发展西部地区节水农业的建议；2008年，又提出关于支持宁夏中部干旱带高效节水补灌工程的建议。这两个建议，真切反映了宁夏干部群众的心声……

水利部作为牵头承办单位，非常重视相关建议的办理工作，积极落实承办方案，在2005年办理关于发展西部地区节水农业的建议基础上，又连续多年进行追踪办理，安排资金用于宁夏灌区节水改造、节水示范。

2008年，水利部组织联合调研组到宁夏中部干旱带实地调研，经与协办部门研究决定：由中央有关部门多渠道落实高效节水补灌工程中央补助投资。代表建议提出的目标，可望在2011年基本实现……

"宁夏中部干旱带仍有40多万人饮水存在困难，建议国家加大支持力度，加快解决那里的群众饮水安全问题……"2006年，宁夏代表团提出关于解决宁夏中部干旱带农村饮水安全问题的建议。

作为建议牵头承办单位，国家发改委负责同志提出了"专人负责，注重实效"的办理要求。发改委随即会商有关部门，制订了周密的办理工作方案，明确了办理措施、办理进度和预期目标等。当年4月，发改委请水利部组织专家先期对宁夏中部干旱

三、代表培训

2010年全国人大代表学习培训工作简况

按照常委会的工作部署，2010年全国人大代表的专题学习班，将重要法律的学习与相关工作的研讨紧密结合，进一步丰富了学习内容和组织形式。全年共举办9期代表专题学习培训班（其中学习贯彻十七届五中全会精神培训班3期），1900余名全国人大代表参加了集中学习，为开展代表学习培训工作以来参加学习培训的人数最多的一年。

一、集中精力组织好全国人大代表专题学习培训班，进一步丰富学习内容和组织形式

（一）将重要法律学习与相关工作研讨相结合，进一步优化学习的内容

根据2010年常委会的工作要点，全国人大代表的专题学习班主要围绕重要法律的学习与相关工作研讨展开。学习的安排既有统一的内容，又有不同的侧重。每期专题学习班，都围绕着宪法和中国特色社会主义法律体系的学习安排专题报告。同时针对关系国家经济社会发展全局的重大问题，在专题学习班上安排三部重要法律的学习。一是围绕提高自主创新能力与相关工作，安排学习科技进步法；二是围绕水资源保护问题与相关工作，安排学习水污染防治法；三是围绕发展可再生能源和转变发展方式等相关工作，安排学习可再生能源法。

组织代表系统学习宪法和中国特色社会主义法律体系，是加强和完善人民代表大会制度建设的基础性工作，对于代表坚持正确的政治方向，增强政治鉴别力，坚持走中国特色社会主义政治发展道路，坚持依法治国、建设社会主义法治国家，具有重要意义。同时，围绕党和国家中心工作、全国人大常委会的立法监督工作，组织代表围绕科技进步法、水污染防治法、可再生能源法的贯彻实施，把握实施的关节点，抓住解决问题的着力点，对相关工作领域的重大问题开展专题学习研讨。在组织学习的过程中，设置好专题学习报告的结构，请国务院有关部委领导就法律实施的状况、相关工作开展的情况作专题报告，同时有关部门也可以更广泛地了解代表对相关工作的看法和意见。实践表明，听取有关部委负责同志的专题报告，不仅使代表更深入领会中央的精神，从政治上把握全局，对相关工作有比较全面的了解，对存在的问题有比较客观的认识，同时对于代表探讨深层次问题，提出相关的议案和建议，具有指导和帮助作用。

（二）将专题报告与专项考察相结合，进一步增强学习的针对性和实效性

为了帮助代表进一步理解专题报告的内容，对相关工作情况有更加直观的认识，每期培训班都组织代表进行实地考察。围绕自主创新专题，组织代表考察了深圳市高新技术产业园区及中兴通讯股份有限公司、研祥智能科技公司、大族激光公司等知名企业，零距离接触自主创新科技成果，使代表对于企业作为自主创新主体有了比较清晰的了解，对我国增强自主创新能力、建设创新型国家的战略目标有了更加直观的认识；围绕水污染防治专题，组织代表对昆明市的水污染防治工作，尤其是滇池的水污染治理工作进行了考察，既看到了治理的成效，又了解了当前防治的复杂性和存在的主要问题；围绕可再生能源发展专题，组织代表考察了上海电气集团风能、核能发电设备的制造情况，帮助代表更加深入地了解我国可再生能源发展的基本情况、存在的问题以及需采取的对策措施，进一步认识实施可再生能源战略对于促进节能减排、转变发展方式的重要意义。为使专项考察更具针对性，培训班还安排被考察单位向代表介绍有关情况，并与代表展开对话交流。代表们认为，这种看得见、摸得着的考察，增强专题学

习的实效性和感染力，对于全面了解实际情况和存在的问题，更有针对性地提出议案和建议有直接的帮助。

（三）组织多种形式的交流互动，进一步增强学习的效果

开展交流互动是组织好代表专题学习的一项重要措施。代表学习培训交流互动的方式主要有：一是代表与专题报告主讲人的交流对话。在科技部、环保部、水利部、国家发改委等部门的负责同志专题报告结束后，留出时间，请代表就专题学习的内容提出意见和建议。在交流互动中，代表们提出问题、发表见解，报告主讲人与代表对话、回答问题认真，现场气氛活跃。二是代表的大会学习交流。代表专题学习班，为了相互启发、交流学习成果，学习中注重组织好代表的大会学习交流。培训中心在与代表协商、沟通的基础上，确定好代表交流的人选。交流发言的代表从不同的角度，阐述对有关问题的认识和理解，既体现了学习的收获，同时又相互启迪思维，进一步丰富了学习的内容。三是组织代表的分组讨论。2010年代表学习培训的分组讨论，在做法上，将不同选举单位的代表分散编组，代表们在讨论中不仅畅所欲言，交流情况，加深对学习的理解，而且有利于不同选举单位代表之间的相互沟通，拓展了讨论的深度和广度，取得了较好的效果。

二、围绕常委会的重大部署，着力组织好全国人大代表学习贯彻中央十七届五中全会精神的培训

党的十七届五中全会，是在我国即将完成“十一五”规划，进入全面建设小康社会关键时期召开的一次重要会议。全国人大常委会高度重视十七届五中全会精神的学习贯彻，吴邦国委员长、王兆国副委员长就学习贯彻中央全会精神发表重要讲话，李建国副委员长兼秘书长明确指示，要有计划的组织全国人大代表学习贯彻十七届五中全会精神，把思想统一到全会的精神上来。根据全国人大常委会的工作安排，五中全会结束后，在机关党组的领导下，培训中心集中力量，组织举办了3期“学习贯彻十七届五中全会精神”代表培训班，1000余名全国人大代表参加了学习。

培训班上，全国人大常委会副秘书长、机关党组书记王万宾同志作学习贯彻十七届五中全会精神的专题辅导报告，国家发改委、科技部、工业与信息化部的负责同志分别就“十一五”规划实施情况和“十二五”规划制定情况作专题报告。为了进一步加深对中国特色社会主义法律体系的认识，培训班向参加学习的代表印发了王兆国副委员长11月11日在地方立法工作研讨会上的重要讲话，代表们听取了全国人大常委会副秘书长乔晓阳等同志作的关于形成和完善中国特色社会主义法律体系的专题报告。

通过听取专题报告，代表们进一步了解了我国“十一五”取得的辉煌成就以及“十二五”规划描绘的宏伟蓝图，明确了全面建设小康社会关键时期实施“十二五”规划的重大意义，增强了推动科学发展的紧迫感、责任感和使命感，增强了实现“十二五”规划的决心和信心。为了进一步加深对十七届五中全会精神的理解和认识，培训班围绕着“学习贯彻十七届五中全会精神，把思想认识统一到全会的精神上来，为明年召开的十一届全国人大四次会议做好思想政治准备”这一主题，组织了分组讨论。参加学习的代表在讨论中一致认为，中央十七届五中全会后，这样大规模地组织全国人大代表学习全会精神，充分表明全国人大常委会对学习贯彻十七届五中全会精神的高度重视。通过听取专题学习报告，更加系统地理解了中央“十二五”规划建议的指导思想、重大原则、主题主线，为明年大会审议好国家“十二五”规划纲要奠定了基础。组织全国人大代表深入学习贯彻十七届五中全会精神，十分必要，非常及时。许多代表在讨论中认为，这次学习活动，专题报告主题鲜明、重点突出，通过学习加深了对全会精神的理解，更加明确了今后五年国家经济社会发展的方向和任务，坚定了当好人大代表、依法履行职责的信心。

十七届五中全会后，组织全国人大代表深入学习贯彻全会精神，对于代表全面把握、深刻领会中央决策的精神，坚持正确的政治方向，在思想上、政治上、行动上与党中央保持一致，为明年大会审议国家“十二五”规划纲要草案奠定思想政治基础，具有重要的作用，也具有鲜明的中国社会主义政治特色。李建国副委员长兼秘书长12月25日作出批示：“全国人大代表学习贯彻党的十七届五中全会精神培训班，举办及时，组织工作得力，为代表依法履职，开好十一届全国人大四次会议作了必要的思想政治准备。”整个学习活动，领导有力、行动迅速、组织有序、收效明显。

（全国人大培训中心供稿）

人民代表大会代表;在8月17日宁夏回族自治区人民代表大会会议上,张毅当选为自治区人大常委会主任。经代表资格审查委员会审查,张毅的代表资格有效,提请全国人民代表大会常务委员会确认。

由河南省选出的第十一届全国人民代表大会代表,河南省南阳市政协主席朱广平,因涉嫌受贿犯罪,河南省人大常委会决定罢免其第十一届全国人民代表大会代表职务。由河南省选出的第十一届全国人民代表大会代表,河南安阳工学院党委副书记、院长孙陶生,因涉嫌受贿、贪污犯罪,河南省人大常委会决定罢免其第十一届全国人民代表大会代表职务。依照代表法的有关规定,朱广平、孙陶生的代表资格终止。

由福建省选出的第十一届全国人民代表大会代表,中共福建省莆田市委副书记、市长张国胜,于2010年4月8日坠楼死亡。张国胜的代表资格自然终止。

现报请全国人民代表大会常务委员会予以公告。

以上报告,请予审议。

第十一届全国人民代表大会
常务委员会代表资格审查委员会
2010年8月23日

全国人民代表大会常务委员会公告

〔十一届〕第十八号

贵州省人大常委会补选赵克志为第十一届全国人民代表大会代表,广东省人大常委会补选许勤为第十一届全国人民代表大会代表。全国人民代表大会常务委员会同意代表资格审查委员会的审查报告,确认赵克志、许勤的代表资格有效。

特此公告。

全国人民代表大会常务委员会
2010年10月28日

全国人民代表大会常务委员会公告

〔十一届〕第十九号

广东省人大常委会接受了李启红提出的辞去第十一届全国人民代表大会代表职务的请求。依照代表法的有关规定,李启红的代表资格终止。

现在,第十一届全国人民代表大会实有代表2980人。

特此公告。

全国人民代表大会常务委员会
2010年10月28日

第十一届全国人民代表大会常务委员会代表资格审查委员会关于个别代表的代表资格的报告

(2010年10月28日第十一届全国人民代表大会常务委员会第十七次会议通过)

全国人民代表大会常务委员会:

2010年9月17日,贵州省人大常委会补选贵州省委副书记、省人民政府代省长赵克志为第十一届全国人民代表大会代表;在9月28日贵州省人民代表大会会议上，赵克志当选为省人民政府省长。9月29日，广东省人大常委会补选深圳市委副书记、市长许勤为第十一届全国人民代表大会代表。经代表资格审查委员会审查，赵克志、许勤的代表资格有效，提请全国人民代表大会常务委员会确认。

由广东省选出的第十一届全国人民代表大会代表，中山市原市委副书记、市长李启红，因涉嫌严重经济违纪问题，本人提出辞去全国人民代表大会代表职务的请求，广东省人大常委会决定接受其辞职请求。依照代表法的有关规定，李启红的代表资格终止。

现报请全国人民代表大会常务委员会予以公告。

以上报告，请予审议。

第十一届全国人民代表大会
常务委员会代表资格审查委员会
2010年10月25日

全国人民代表大会常务委员会公告

〔十一届〕第二十号

辽宁省人大常委会补选陈海波为第十一届全国人民代表大会代表。全国人民代表大会常务委员会同意代表资格审查委员会的审查报告，确认陈海波的代表资格有效。

特此公告。

全国人民代表大会常务委员会
2010年12月25日

全国人民代表大会常务委员会公告

〔十一届〕第二十一号

第十一届全国人民代表大会代表赵鹏、牟本理因病去世，赵鹏、牟本理的代表资格自然终止。

全国人民代表大会常务委员会对赵鹏、牟本理代表的去世表示哀悼。

特此公告。

全国人民代表大会常务委员会
2010年12月25日

全国人民代表大会常务委员会公告

〔十一届〕第二十二号

重庆市人大常委会罢免了李晓枫的第十一届全国人民代表大会代表职务。依照代表法的有关规定，李晓枫的代表资格终止。

现在，第十一届全国人民代表大会实有代表2978人。

特此公告。

全国人民代表大会常务委员会
2010年12月25日

与赞方一道，继续推进两国政党、议会和政府间友好交往，发挥经济互补优势，深化双方在基础设施、农业、矿产资源等领域的务实合作，使中赞关系随着时代的发展不断焕发出新的生机和活力。

班达说，赞中两国人民结下了深厚友谊，赞方感谢中方长期以来给予的真诚支持和无私帮助，愿学习借鉴中国结合本国实际推进改革开放和现代化建设的经验，加强教育和人力资源培训等方面的交流，全方位地开展各领域合作，把赞中友好合作关系向深度和广度拓展。

会见孟加拉国总理哈西娜

人民日报北京3月19日电 全国人大常委会委员长吴邦国19日在人民大会堂会见了到访的孟加拉国总理哈西娜。

吴邦国对哈西娜长期致力于对华友好，为推动两国全面合作伙伴关系作出积极贡献表示赞赏。他说，中孟是传统友好邻邦。建交35年来，两国关系一直健康、顺利发展。中孟政治上高度互信，经济上紧密联系，两国人民间的友好感情日益加深，在国际地区事务中密切配合。中方感谢孟加拉国政府在台湾、涉藏问题上予以的宝贵支持。中孟同属发展中国家，在当前复杂多变的国际地区形势下，更应加强团结，相互支持，共同应对挑战。中方愿与孟方一道，共同推动中孟更加紧密的全面合作伙伴关系向前发展。

双方还就加强两国立法机构合作交往交换了意见。吴邦国说，议会交往是国家关系的重要组成部分，对增进两国人民间的了解与友谊具有重要作用。中国全国人大重视与孟加拉国议会的友好交往，将继续与孟议会加强沟通与交流，相互学习和借鉴治国理政经验，为推动中孟友好关系的全面发展作出贡献。

哈西娜说，这是她第三次来华访问，每次来华都留下深刻印象，中国改革开放政策的成功和中国发展的成就举世瞩目。此访期间，她与中国领导人进行了深入、友好的交流，访问取得积极成果，对推动双边关系继续深入发展、加强两国在国际事务中的合作起到积极作用。孟方感谢中方给予支持与帮助，愿与中方交流治国理政经验，在互利合作中寻求共同发展。

会见阿富汗总统卡尔扎伊

新华社北京3月25日电 全国人大常委会委员长吴邦国25日会见了阿富汗总统卡尔扎伊。

吴邦国在会见卡尔扎伊时说，中阿是传统友好邻邦，建交55年来，在双方共同努力下，两国政治互信不断增加，互利合作卓有成效，人民间友谊与日俱增。回顾中阿关系的发展历程，两国关系的重要特点，就是彼此尊重、平等相待、相互支持、真诚合作。中方始终尊重阿富汗的独立、主权和领土完整，支持阿促进国家稳定与发展的努力。赞赏阿方长期以来在台湾、涉藏、涉疆等问题上给予的宝贵支持。吴邦国强调，巩固和深化中阿关系，不仅有利于增进两国人民的福祉，对促进地区和平稳定也具有重要意义。中方愿与阿方一道努力，推动睦邻互信、世代友好的中阿全面合作伙伴关系不断向前发展，中阿永做好邻居、好朋友、好伙伴。

卡尔扎伊说，此次是我第四次访华，每次来到中国都切身体会到中国对阿富汗和世界的重要性。目前阿中关系正处在历史最好时期。阿富汗视中国为友好邻国和合作伙伴，认为中国对维护地区和平、稳定发挥了积极作用。阿富汗致力于构建阿中睦邻友好，愿进一步拓展双边政治、经贸、防务、教育等领域合作，加强在国际和地区问题上的沟通与协调，推动双边关系不断迈上新台阶。

外交部部长杨洁篪、全国人大外委会主任委员李肇星会见时在座。

保障体系，逐步提高社会保障水平，在开展新型农村社会养老保险试点过程中，继续向民族地区倾斜。加大民族地区社会救助力度，妥善解决民族地区困难群众的基本生活保障问题。加强县级图书馆、文化馆，社区和乡镇综合文化站（室）等公共文化设施建设，继续实施广播电视村村通、西新工程、全国文化信息资源共享、春雨工程、东风工程和农（牧）家书屋等重点文化惠民工程，保障各族群众的基本文化权益。着力保护民族文化遗产，通过开展非物质文化遗产生产性保护，促进少数民族传统技艺传承，发展民族手工业。继续实施民族特色村寨保护工程。切实加强少数民族语言文字出版物和广播电视节目的制作、译制、出版、发行和播映，提高覆盖能力，丰富各族群众的精神生活，促进文化事业大发展大繁荣。

国家将不断加大对民族地区均衡性转移支付力度，切实加强民族地区各级政府提供基本公共服务的财力保障。各级政府用于发展教育、医疗卫生、就业和社会保障、文化事业等方面的专项转移支付，重点向少数民族和民族地区倾斜。

（四）继续做好扶贫开发工作，优先解决特困民族地区的贫困问题。贫困问题不解决，必然会影响全面建设小康进程。国家将把特困民族地区作为全国扶贫开发工作的重中之重，全力实施集中连片特殊困难地区扶贫攻坚工程，基本消除绝对贫困现象。深入推进开发式扶贫，逐步提高扶贫标准，有序开展移民扶贫，逐步实现农村低保制度与扶贫开发政策有效衔接。支持少数民族比较集中的牧区、边境地区开展扶贫开发，积极推进游牧民定居和农村牧区危房、茅草房、杈杈房改造工程，切实提高群众生产生活条件。逐步提高对守边固土的边民、保护生态环境的农牧民的补助标准。深入实施兴边富民行动。制定实施《兴边富民行动“十二五”规划》，在改善民生、加强基础设施建设、发展社会事业、推进对外开放等方面，采取有力措施，重点支持已经列入扶持范围的边境县加快发展。同时，还要考虑把海南省6个民族自治县逐步纳入兴边富民行动范围。继续做好扶持人口较少民族发展工作，抓紧制定实施“十二五”专项规划。在重点扶持人口在10万以下的22个人口较少民族的同时，还要考虑把人口在10—30万之间的6个民族纳入扶持范围。要高度重视东中部地区少数民族发展问题，有关省市要切实负起责任，确保不让一个兄弟民族在小康建设进程中掉队。各级政府要加大对民族地区扶贫开发的扶持力度。中央和地方各级财政设立的少数民族发展资金在“十二五”期间要有较大的幅度增长，切实发挥应有的作用。

（五）加快建立健全生态保护和资源开发补偿机制，促进民族地区可持续发展。加强民族地区生态建设和环境保护，事关国家的生态安全。国家将抓紧建立健全生态保护和资源开发补偿机制，促进民族地区生态环境整体趋好。着力推进西北草原荒漠化防治区、黄土高原水土保持区、青藏高原江河水源涵养区、西南石漠化防治区、重要森林生态功能区建设，基本形成国家生态安全屏障体系。加快推进退牧还草、石漠化治理、京津风沙源治理、天然林保护、三北防护林建设、生态移民等10大重点生态工程，巩固退耕还林成果，遏制生态环境恶化的趋势。加大水环境综合治理力度，对一些重点湖泊采取预防性保护措施。继续推进一些大江大河的综合治理。加快民族地区地质环境调查评价，减少地质灾害频发造成的损失。积极推进资源税改革，对煤炭、原油、天然气等资源税由从量征收改为从价征收。各级政府建立健全森林生态效益补偿基金制度，对属集体林的国家级公益林，随着国家财力的增长逐步提高补偿标准。适当增加对江河上游地区和重点生态功能区的均衡性转移支付。从2011年起，中央财政每年安排专项资金，在内蒙古、新疆（含新疆生产建设兵团）、西藏、青海、四川、甘肃、宁夏和云南8个主要草原牧区省（区），建立草原生态保护补助奖励机制。

（六）进一步加快人才资源开发，为民族地区加快发展提供智力支持。加快发展，人才是关键。国家深入实施科教兴国战略和人才强国战略，支持民族地区加大人才资源开发力度。制定实施民族地区人才资源开发专项规划。继续实施东部城市对口支持西部地区人才培训、公务员对口培训、西部地区管理人才创新培训等重点人才开发工程。继续实施少数民族高层次骨干人才培养计划。加快民族地区人力资源市场建设，提升人才开发和人才吸引服务能力，推进人才服务工作。在公务员录用中，采取单独列出职位、调整报考资格等具体措施，依照法律和有关规定切实做好录用少数民族考生工作。继续做好中央和国家机关、经济发达地区与民族地区干部双向交流工作，适当扩大民族地区干部到内地以及中央国家机关工作的比例。按照国家规定，落实民族地区机关事业单位工作人员工资收入分配政策。在落实艰苦边远地区津贴动态调整机制时，统筹考虑民族地区的艰苦边远地区津贴问题。

措施。医改办公室会同各部门按照国务院的统一部署,认真抓好贯彻落实,已出台重要配套文件24个(详见附件);联合中组部、国家行政学院举办了省部级领导干部医改研讨班,多次组织系统培训,大规模开展了县级领导、基层医疗卫生机构负责人及医务人员培训,自上而下、由点及面深化政策理解,凝聚改革共识。医改实施以来,中央财政医疗卫生支出累计达到2490亿元,有力保障了医改实施。各地方精心组织实施,结合实际创造出许多鲜活经验。

专栏三:各级政府切实加大医改投入

医改启动实施以来,在应对国际金融危机、减收增支的严峻形势下,各级财政努力调整支出结构,力保医改资金需求。2009年全国财政医疗卫生支出3994亿元,比2008年增长39.7%,其中中央财政医疗卫生支出达到1273亿元,比2008年增长49%。2010年,全国财政医疗卫生支出预算安排4439亿元,其中中央财政医疗卫生支出预算安排1389亿元,目前已下拨1217亿元。这些资金大部分用于医药卫生体制五项重点改革,特别是基本医疗保障扩面提标,基层医疗服务体系建设以及公共卫生服务均等化等。

总体上看,目前各项重点改革取得了积极进展和初步成效,为全面完成医改三年实施方案奠定了坚实基础,也为应对国际金融危机、维护社会和谐稳定发挥了重要作用。特别是随着“四项基本”的全面推进,基本医疗卫生制度的内涵逐步明确,政府保基本的责任显著加强,医疗服务的公平性和可及性明显提高,广大群众切实得到改革带来的实惠。改革的实践充分证明,中央确定的医改方向、重点和实施步骤是正确的,符合人民群众的切身利益要求,符合医药卫生事业发展的客观规律和我国的基本国情。

二、医药卫生体制改革中存在的突出问题

当前,医药卫生体制改革正稳步扎实向前推进,总的情况是好的,但也存在一些问题和不足。特别是随着改革的逐步深入,利益格局开始调整,医药卫生长期积累的深层次矛盾集中显现,一些新情况、新问题不断涌现,更加凸显了医改的复杂性和艰巨性。对此,必须有十分清醒的认识和足够的估计,以创新的精神在改革实践中不断妥善解决。

(一)各地改革的进展不平衡。总的看,各地认真贯彻中央医改精神,结合实际制定实施方案,积极组织实施,但进展情况存在不平衡。从督查情况看,一些地方未能按时完成医改预定的任务,医改资金投入不足,工作抓得不够实、不够紧,影响了改革的进展和效果。出现这些问题有多方面原因,一是个别地方领导认识上有差距,思想上不够重视,有的对医改存在畏难情绪和观望思想,不愿意触动现有利益格局。二是需要制定的配套文件数量多、任务重,部分配套文件出台滞后、部分任务和资金下达较迟,影响到地方推进改革的进度。三是地区间财力情况以及基础条件存在差异。对此,我们将切实加大工作力度,尽快完善相关政策,加强对地方的指导,严格考核制度。同时,将在调动地方积极性上多想办法,增强改革的执行力。今年我们已经和各地签订医改责任书,将继续大力督查,确保各项工作任务能如期完成。

(二)基本药物制度实施遇到一些问题。主要表现在以下几个方面:一是部分地方反映基本药物品种偏少,部分基本药物国家指导价偏高;二是基本药物招标采购机制不规范,一些地方集中采购价高于基层医疗卫生机构实际采购价,一些基层医疗卫生机构部分药品供应不及时;三是基层医疗卫生机构补偿机制不健全,存在补偿办法不完善、资金到位不及时、县级补偿压力大、综合配套改革进展滞后等问题,实施基本药物制度后影响到基层医疗卫生机构正常运转和医务人员积极性。出现这些问题的原因主要在于基本药物制度是一项全新的制度,新旧制度的转换需要一个逐步磨合完善的过程,在制度实施的初期,出现的问题必然会多一些。针对这些突出问题,我们会同有关部门进行了认真研究,提出了具体解决办法,一是尽快启动基本药物目录和指导价格动态调整机制,使基本药物品种和指导价格更加符合基层实际;二是围绕基本药物质量、价格和供应三个核心要素,着力推进量价挂钩的省级集中采购办法;三是建立规范的多渠道补偿机制,完善相应的绩效考核办法,以投入换机制,大力推进基层医疗卫生机构综合改革。近日,经国务院批准后,国务院办公厅印发了《关于建立和规范政府办基层医疗卫生机构基本药物采购机制的指导意见》和《关于建立健全基层医疗卫生机构补偿机制的意见》,指导各地加快建立基本药物集中采购机制和基层医疗卫生机构补偿机制,确保基本药物制度顺利实施、取得成效。

(三)公立医院改革尚需深入探索。公立医院改革试点启动以来取得一定进展,但与社会各界的期待尚有较大差距。公立医院集中了我国95%以

上的医疗卫生资源，是医药卫生领域长期以来积累的各种矛盾的汇集点，“看病难、看病贵”问题突出反映在公立医院上。公立医院改革关系医疗保障、医疗服务、药品供应等多个体系，涉及管理、运行、投入、价格、监管、人事劳动关系、社会保险等体制机制，受国家事业单位整体改革政策安排的影响较大，牵一发而动全身，需要一定的时间和空间积极探索、稳妥推进。形成有激励有约束的公立医院运行机制，充分调动医务人员积极性的措施，也需要深入研究。正是基于公立医院改革的艰巨性和复杂性，对这项改革中央主要是明确方向和原则，给予地方较大的探索空间，调动地方的智慧和创造力，探索具体有效的实现路径。在这方面，我们将进一步明确公立医院改革的基本思路和实施步骤，鼓励各地大胆创新，及时总结推广成熟经验。目前，卫生部会同有关部门正在抓紧研究公立医院改革重点任务。

（四）村卫生室的支持政策有待完善。乡村医生是为农村群众提供基本医疗卫生服务的重要力量。近年来，乡村医生和村卫生室的问题日益突出，主要集中在乡村医生身份待遇、养老保障、后继乏人等方面，特别是基本药物制度实施后，由于乡镇卫生院药品价格下降，原来在村卫生室就诊的患者部分分流到乡镇卫生院，使乡村医生的实际收入受到影响。乡村医生问题是一个历史问题，仅靠基本药物制度难以彻底解决。目前对乡村医生主要采取政府、集体和个人多渠道补助，下一步还要采取多种措施解决乡村医生的问题，确保基本医疗服务体系的“网底”不破。对乡村医生承担的公共卫生服务，由政府通过购买服务的方式进行合理补助；结合推进医保门诊统筹工作，将符合条件的村卫生室纳入新农合报销范围；有条件的地方可以将实行乡村一体化的村卫生室纳入基本药物制度实施范围并落实补偿政策。另外，对部分困难地区的村卫生室建设和设备购置，政府给予支持。对乡村医生的长远发展问题和与全科医生的衔接问题，有关部门正进行专题研究。

此外，基本医疗保障、基本公共卫生服务和基层服务体系建设也尚有亟待完善之处。一是三项基本医保制度筹资水平差距较大、发展不平衡且分散管理，不仅造成了经办管理资源重复建设、人员重复参保，保障水平不均衡，也进一步加大了医保关系转移接续和异地就医结算的难度；二是基本公共卫生服务的质量标准和效果评价有待进一步细化，基层公共卫生服务的意识和水平还需进一步提高；三是基层医疗卫生机构服务水平特别是医务人员技术水平与广大群众的需求以及改革的要求尚有差距，部分县级医院和乡镇卫生院建设存在配套资金不到位、超规模建设等问题。

改革中出现的这些问题，绝大部分在改革预期范围内，也有一些是改革实施中出现的新问题。随着改革进入攻坚克难的关键阶段，新情况、新问题还会陆续出现。对改革中出现的各种问题和困难，我们将高度重视、认真对待，及时研究制定切实有效的政策措施逐一加以破解。同时，在政策的执行和操作上尽可能思虑周全，充分听取各方意见，妥善处理好各方关系，确保改革按照既定的目标任务稳步推进。

三、下一步工作的考虑

医药卫生体制改革是一项长期而艰巨的任务，需要坚持不懈的努力，需要社会各界的共同参与。现在医改已经进入攻坚克难的关键阶段，我们将按照中央关于深化医药卫生体制改革的决策部署，紧紧围绕保基本、强基层、建机制这一中心任务，加大五项重点改革推进力度，积极调动地方的创造性，提高工作的实效性，全力完成各项医改任务。

（一）以基层为重点统筹推进四项重点改革。一是继续把实施基本药物制度作为当前工作的重中之重，扩大基本药物制度实施范围，力保 2011 年推广到所有政府办城市社区卫生服务机构和县（基层医疗卫生机构）。进一步完善基本药物制度的相关配套政策措施，重点抓好基本药物集中采购机制和基层医疗卫生机构补偿机制两个重要文件的落实，加大基层综合改革力度，全面落实绩效工资政策，建立起能进能出的用人机制，以服务质量、服务数量和群众满意度为核心的考核机制，充分发挥基层医疗卫生机构在医疗卫生服务体系中的基础性作用。二是在巩固覆盖面的基础上，进一步提高医保保障水平和服务水平，2011 年三项基本医保参保（合）率均达到 90% 以上。普遍开展城镇居民医保、新农合门诊统筹，重点减轻群众门诊大额医疗费用负担。逐步实现医保缴费年限在各地互认，推进大范围联网和就医一卡通。加快推进基本医疗保险城乡统筹，整合医保经办管理资源，逐步解决重复参保问题。推进医保支付方式改革，切实发挥医疗保险对医疗费用和医疗质量的控制作用。三是继续加强基层医疗卫生机构体系建设，大规模开展适宜人才培养和培训。完善和落实基层卫生人才吸引和使用政策。围绕基层功能定位推进以远程医疗、药品供应、公共卫生、医疗行为管理和考核为重点的信息化建设,提高基层规范化服务水平。四是进一步提高基本公共卫生服务经费标准,完善监督考评机制,确保9类基本公共卫生服务全面开展,完成7类重大公共卫生服务专项,进一步提高服务效率和效益。

(二)积极稳妥地推进公立医院改革。按照点面结合、突出重点、探索渐进的要求,重点抓好以下工作:一是加快推进以16个国家联系试点城市为重点的公立医院改革试点。鼓励在政事分开、管办分开、医药分开、营利和非营利分开等重点难点问题方面大胆探索,积极推进公立医院法人治理结构、人事分配、绩效考核、补偿、价格等体制机制改革,调动医务人员积极性,力争取得突破,形成成熟经验,逐步推广。二是大力加强公立医院内部管理。坚持以病人为中心,重点推动医院科学化、精细化管理,促进因病施治,加强成本核算和控制,提高服务水平和效率。同时,总结推广流程再造、方便结算、错峰诊疗等公立医院便民惠民措施,着力改善人民群众看病就医感受。三是进一步健全分工协作机制。深化完善城市三级医院帮扶县医院的合作机制,积极推进县级医院改革和发展,并以此带动乡村共同提高服务水平。建立公立医院与基层医疗机构之间长期稳定、制度化的分工协作机制,逐步形成基层首诊、分级医疗、双向转诊的医疗服务模式。进一步推进住院医师规范化培训和注册医师多点执业试点。四是积极发展非公立医疗机构。认真贯彻落实鼓励和引导社会资本举办医疗机构的文件精神,抓紧清理和修订相关规章和办法,制定和完善鼓励引导社会资本举办医疗机构的实施细则和配套文件,为非公立医疗机构发展创造良性的竞争机制和行业环境,促进非公立医疗机构持续健康发展。

(三)加大组织实施保障力度。一是结合医改任务的推进和地方实际,进一步完善医改政策体系,及时研究制定医改配套文件,为改革向纵深发展提供政策支持。二是加大政府投入力度,为医改实施提供财力保障。重点针对基本药物制度实施和公立医院改革,研究加大投入、提高效率的办法。督促地方落实医改资金,建立投入长效机制,改革政府投入方式,健全资金使用管理办法,提高资金使用的效益,严防各类违法违规行为。三是加强对新情况、新问题的跟踪研究。围绕医改实施分析可能遇到的困难和矛盾,研究制定应对预案;跟踪分析改革的新情况、新问题,及时研究提出有针对性政策措施,推动医改稳步前进。

(四)加强对地方的评估督导。采取多种方式加强对地方工作的监督指导,提高改革政策的执行力,充分发挥地方的主动性和创造性。一是采取内部考核和外部评估相结合的办法,对医改三年实施方案落实情况进行中期评估,系统、全面了解医改进展和效果,分析存在的问题,进一步调整和完善医改政策,并提出下一阶段的医改工作方案。拟于2011年年初完成。二是结合近期改革任务,继续加大各级医改办公室和相关部门培训力度,确保改革不变形、不走样。三是加强对医改工作的调研,及时发现实施中存在的突出问题,帮助地方解决实际困难,督促地方加快相关政策文件的出台和执行,落实好各项医改任务。四是发挥典型经验的示范作用,及时总结推广地方的先进经验和典型做法,通过现场经验交流会等多种方式,以典型引路。近期,将对安徽省基层综合改革等成熟经验进行全面总结,并在全国范围内大力推广。

(五)健全医改组织实施工作机制。一是强化责任机制。完善医改考核制度,督促各地将医改考核纳入政绩考核体系。二是建立激励机制。将医改任务完成情况和绩效考核结果与财政补助安排挂钩,并通过媒体宣传、简报信息等方式进行通报。三是加强协作机制。进一步完善部门与部门之间,中央和地方之间沟通协调的平台,进一步统一思想,形成推进改革的合力。四是健全监测机制。建立医改组织实施的动态跟踪和监测体系,完善医改信息月报制度,对改革的实施进度进行实时监控。五是完善信息公开机制。及时公布医改进展,主动接受新闻媒体和社会各界对医改工作的监督,积极核实处理各方反映的问题。

(六)营造推进医改的良好氛围。一是发挥医务人员的主力军作用,保障医务人员的合法权益和合理待遇,引导医务人员积极主动地参与医改。二是加强舆论宣传,广泛宣传医改的方针政策,解答群众关心的热点问题,合理引导预期,客观宣传改革的长期性、艰巨性和复杂性,使广大人民群众更加理解改革、支持改革。三是充分发挥专家学者的智囊作用,建立专家咨询制度,提高医改政策的有效性和可行性。

对医药卫生体制改革工作进行专题询问,加强监督和指导,充分体现了全国人大常委会对医改工作的高度重视和关心支持,为我们做好医改工作增展了良好合作。双方在哥本哈根气候大会上的合作是双方国际合作的典范。印度始终认为，世界有足够的空间让印中两国同时发展，印度所有党派都支持发展对华关系。印愿加强与中国的合作，学习借鉴中国的发展经验，推动两国友好合作关系不断向前发展。

分别会见美国参议院代表团和各国议会联盟秘书长

新华社北京5月31日电　全国人大常委会委员长吴邦国31日在人民大会堂分别会见美国参议院情报委员会主席范因斯坦和参议员尤德尔、黑根一行，以及各国议会联盟秘书长安德斯·约翰松。

在会见美国客人时，吴邦国说，在双方共同努力下，近来中美关系总体发展良好。胡锦涛主席与奥巴马总统就发展新时期中美关系达成重要的共识，有力地推进了两国各领域的对话、交流与合作。不久前举行的第二轮中美战略与经济对话取得了积极成果。吴邦国指出，在当前国际形势下，中美关系的战略意义和全球影响日益上升。中方愿同美方一道，坚持从战略高度和长远角度审视和处理两国关系，尊重彼此核心利益和关切，妥善处理分歧和敏感问题，加强对话与交往，增进互信，促进合作，推动21世纪积极合作全面中美关系不断向前发展。

吴邦国说，中美两国立法机构的友好交往对中美关系健康稳定发展发挥着不可替代的重要作用，希望在座的各位参议员继续支持和参与两国立法机构的交流，服务中美关系发展大局，为增进人民之间的相互了解与友谊、促进互利合作做出新的贡献。

范因斯坦说，过去30多年来，中国发生了举世无双的巨大变化，美中关系也取得了长足发展。美中关系已成为世界上最重要的双边关系。美国会议员对中国怀有浓厚兴趣，希望更多了解中国，发展与中国的合作关系。她本人愿为加强美中立法机构交往、加强美中合作做出积极努力。

在会见约翰松时，吴邦国说，议联是世界上历史最长、最具影响力的国际议会组织，在维护世界和平、推动落实千年发展目标、保护人权、维护妇女儿童权益以及增进各国议会和人民的相互了解方面发挥了独特的作用。中国全国人大重视议联的地位和作用，愿继续加强与议联的协调与合作，积极参与议联的各项活动，促进各国议会的友好交往。

约翰松表示，议联珍视与中国全国人大的关系，愿继续加强与中国全国人大的合作。第三次世界议长大会将于今年7月在日内瓦召开，这是国际议会界的又一次盛会，议联期待中国全国人大的大力支持和积极参与。

全国人大常委会副委员长兼秘书长李建国在吴邦国会见约翰松时在座。

会见法国前总理拉法兰

新华社北京6月7日电　全国人大常委会委员长吴邦国7日下午在人民大会堂会见了法国前总理拉法兰率领的法中友好代表团。

吴邦国积极评价拉法兰长期以来为推动中法关系健康稳定发展所作的努力。他说，中法都是世界上具有重要影响的国家，两国关系有着良好的战略基础，进行了不少开创性的合作，一直走在西方国家与中国关系的前列。当前，国际局势正经历重大调整变革，中法关系发展面临重要机遇。中方愿与法方共同努力，加强在政府、议会、政党、民间等各方面的交流，深化在核电、航空、航天等领域的合作，推动中法全面战略伙伴关系在新的起点上不断向前发展。

拉法兰表示，很高兴看到法中关系重新回到健康发展轨道。法中全面战略伙伴关系顺利发展，不仅有利于两国和两国人民，也有利于建立一个更加和谐的多极世界。中国经济持续增长为世界经济注入了活力。法方愿加强与中方在政治、经济、文化和企业间的合作，合作应对挑战，实现共同发展。

会见老挝客人

人民日报北京 6 月 10 日电 中共中央政治局常委、全国人大常委会委员长吴邦国10日下午在人民大会堂会见了由中央政治局委员、中央思想理论和文化工作领导小组组长沙曼·维雅吉率领的老挝人民革命党代表团。

吴邦国积极评价中老两党两国关系。他说，近年来，双方高层互访频繁，政府、议会、政党等各方面各层次交流活跃，经贸合作顺利推进，在国际和地区事务中密切协调，中老关系进入了新的发展阶段。当前，中老两国都处在发展的关键时期，加强中老两党包括思想理论在内的党建交流与合作意义重大。吴邦国表示，中国党和政府高度重视与老挝党和政府的关系，愿与老方一道，共同落实两国领导人就发展中老关系达成的共识，不断拓展合作领域、充实合作内涵，积极开展党建交流，相互学习借鉴治党治国经验，推动各自国家事业向前发展，促进中老全面战略伙伴关系迈上新台阶。

沙曼表示，中国改革开放取得的令世人瞩目的成就不仅造福了中国人民，也进一步坚定了老挝坚持革新开放的决心和信心。老挝党、政府和人民对中国党、政府和人民长期以来给予的无私帮助表示感谢，愿加强与中方全方位的战略合作。老挝人革党希望学习借鉴中国共产党在党建方面的有益经验，积极探索适合老挝国情的发展道路，使老挝革新开放事业不断取得新的发展，使老中友谊代代相传。

分别会见伊斯兰会议组织秘书长和巴基斯坦陆军参谋长

新华社北京 6 月 17 日电 全国人大常委会委员长吴邦国17日下午在人民大会堂分别会见了伊斯兰会议组织秘书长伊赫桑奥卢和巴基斯坦陆军参谋长基亚尼。

在会见伊赫桑奥卢时，吴邦国说，中国和所有伊斯兰国家都是发展中国家，双方交往历史悠久。中国历来珍视同伊斯兰国家的传统友好关系，感谢伊斯兰国家长期以来在涉及中国核心利益问题上给予的坚定支持，中国也同样在伊斯兰国家关切的问题上一贯给予大力支持和帮助。新形势下，中国愿进一步加强同伊斯兰世界在政治、经贸、人文等各领域的交流与合作，密切在国际和地区问题上的协调与配合，促进中国与伊斯兰世界的友好关系不断向前发展。吴邦国还应询介绍了中国的民族、宗教政策及加快新疆维吾尔自治区经济社会发展等情况。

伊赫桑奥卢说，伊斯兰会议组织反对一切形式的恐怖主义、分裂主义和极端主义。伊斯兰世界愿同中国一道秉承友好传统，加强交流，挖掘合作潜力，共同开创双方关系的美好未来。

在会见基亚尼时，吴邦国说，中巴是好邻居、好朋友、好伙伴、好兄弟。两国间开展的全天候、全方位合作，符合两国人民的共同愿望和根本利益，为维护地区和平、促进共同发展发挥了重要作用。吴邦国指出，作为中巴战略合作伙伴关系的重要组成部分，中巴两军务实交流与合作成果丰硕，双方在打击“东伊运”分裂势力等恐怖主义方面的合作，再次体现了中巴关系的高水平和战略性。中方愿与巴方共同努力，不断深化两国包括在防务安全等领域的交流与合作，推动中巴战略合作伙伴关系不断向前发展。

基亚尼说，巴基斯坦将巴中关系视为最重要的双边关系之一。巴基斯坦人民和军队愿与中方一道，增进传统友谊，深化互利合作，把巴中关系发展得更好，造福两国人民。

会见塞尔维亚国防部长德拉甘·舒塔诺瓦茨

新华社北京8月17日电　全国人大常委会委员长吴邦国17日下午在人民大会堂会见了塞尔维亚国防部长德拉甘·舒塔诺瓦茨。

吴邦国说，中国和塞尔维亚是传统友好国家。两国建立战略伙伴关系以来，双方领导人保持密切往来，政治互信加深，在涉及对方核心利益的重大问题上给予充分理解和坚定支持。双方务实合作不断扩大，特别是不久前跨多瑙河泽蒙大桥项目顺利启动，为双方大项目合作开了一个好头，为提升中塞经贸关系的质量和水平指明了方向。吴邦国强调，中方高度重视发展与塞尔维亚的关系，愿与塞方一道，不断深化包括防务在内的全方位友好合作，不断充实中塞关系的战略内涵，更好地造福中塞两国和两国人民。

舒塔诺瓦茨首先代表塞尔维亚政府和人民对不久前甘肃舟曲发生特大山洪泥石流灾害向中国政府和人民表示诚挚慰问。他说，吴邦国委员长一个月前对塞尔维亚进行了历史性访问，与塞方领导人就加强塞中各领域合作达成新的重要共识，有力地推动了塞中战略伙伴关系的发展。塞尔维亚把发展对华关系作为对外政策的重点，愿与中方共同努力，认真落实两国领导人达成的共识，密切塞中两军友好合作，共同推动塞中两国两军关系不断迈上新台阶。

分别会见南非总统祖马和法国客人

人民日报北京8月25日电　全国人大常委会委员长吴邦国25日下午在人民大会堂分别会见了南非总统祖马和法国国民议会和参议院法中友好小组代表团。

在会见祖马时，吴邦国说，中南建交时间不长，但两国关系上了三个台阶。双边贸易额增长了10倍，双向直接投资增长超过20倍。南非已成为与中国建立友好省市最多、设立孔子学院最多、吸引中国游客最多和拥有中国留学生最多的非洲国家。两国关系已发展成为中国同非洲乃至发展中国家间最重要和最具活力的双边关系之一，越来越具有战略和全球意义。新形势下，中方愿与南方一道，全面落实两国元首达成的重要共识，推动中南全面战略伙伴关系深入发展，并为巩固中非友好、维护广大发展中国家的共同利益作出不懈努力。

吴邦国应询介绍了中国特色的全国人民代表大会制度情况，表示两国立法机构交流与合作是中南全面战略伙伴关系的重要组成部分。中国全国人大高度重视同南非国民议会发展友好合作关系，愿同南方密切各层次友好往来，加强在治国理政和民主法制建设等方面的经验交流，深化各领域包括在各国议会联盟等多边场合的务实合作，为推动中南关系发展作出更大贡献。

祖马首先对中国近期遭受的洪涝灾害等表示诚挚的慰问。他说，我同中国领导人保持着密切的交往，相信此访将进一步提升两国关系。他指出，议会是人民利益的代表机构，两国议会加强治国理政方面的交流，分享彼此的经验，有助于南中关系全面深入发展，更好地造福两国人民。

在会见法国国民议会和参议院法中友好小组代表团时，吴邦国积极评价了中法关系取得的新成就，并表示，中法都是世界上有重要影响的国家，发展两国关系不仅符合两国和两国人民的根本利益，也有利于促进世界和平与发展。中方高度重视发展与法国的关系，愿与法方一道，保持高层交往势头，不断增进政治互信，在巩固传统领域合作的同时，积极培育新的合作增长点，提升两国经贸合作水平，使中法关系继续走在西方国家与中国关系的前列。他表示，中国全国人大希望密切与法国议会上下两院的友好交往，进一步发挥双方定期交流机制的作用，加强专门委员会、友好小组间的合作，拓展立法、监督等领域的交流，促进两国经贸合作、地方交往和人民友谊深入发展，为中法全面战略伙伴关系不断注入新的活力。

法方代表团成员祝贺吴邦国委员长上个月对法国的成功访问，认为此访对法中关系发展具有重大意义。他们说，虽然我们来自法国不同政党、不同选区、不同界别，但发展对华关系是我们共同的强烈心愿，表示愿继续为法中关系发展和两国议会合作献计献策、贡献力量。

分别会见纳米比亚和乌拉圭客人

新华社北京8月27日电 全国人大常委会委员长吴邦国27日下午在人民大会堂先后会见了纳米比亚全国委员会主席卡佩雷和乌拉圭副总统兼国会主席、参议长阿斯托里。

在会见卡佩雷时，吴邦国说，中纳建交20年来，高层交往密切，政治上高度互信，各领域合作积极推进，在国际事务中密切配合。中方感谢纳方在台湾、人权、涉藏等事关中国主权、领土完整等重大问题上给予的坚定支持。中方高度重视发展中纳关系，愿与纳方共同努力，以两国建交20周年为契机，加强经贸等领域互惠合作，尤其是产业合作，密切在中非合作论坛等组织内的合作，推动中纳关系不断迈上新台阶。

吴邦国表示，立法机构的友好交流是国家关系的重要组成部分。中国全国人大希望进一步加强与纳米比亚国民议会和全国委员会的友好关系，为推动两国友好关系全面发展贡献力量。

卡佩雷表示纳人民、政府、政党都对进一步深化与中国的友好合作关系抱有极大热情，希望加强经贸、教育、人文等各领域合作。

在会见阿斯托里时，吴邦国说，中乌建交22年来，两国关系发展顺利，成果丰硕，给两国和两国人民带来了实实在在的利益。中乌同为发展中国家，都处在良好发展阶段，双方在经贸、科技、文化、教育等各领域的交流合作潜力巨大、前景广阔。中方高度重视发展同乌拉圭的关系，愿同乌方共同努力，进一步深化双方各领域互利合作，开创中乌关系新局面。

吴邦国指出，近年来，中国全国人大和乌拉圭国会参众两院之间各层次交往不断增多，对增进两国人民友谊、促进两国关系发展发挥了重要作用。希望双方继续开展多层次、多渠道、多领域交流与合作，密切友好小组和专门委员会之间的交往，加强在各国议联和拉美议会中的沟通和配合，为推动中乌关系全面发展作出新的贡献。

阿斯托里表示，乌方高度重视发展对华关系，将深化乌中关系作为外交战略的重要组成部分，愿学习借鉴中国发展的成功经验，加强两国在各领域的交流合作，并希望通过加强两国的密切合作促进中国与拉美关系的发展。

会见乌克兰总统亚努科维奇

人民日报北京9月3日电 全国人大常委会委员长吴邦国3日在北京会见乌克兰总统亚努科维奇。

吴邦国说，建交18年来，中乌关系发展顺利，合作成果丰硕，今年又迎来全面提升两国关系的新机遇。两国元首实现历史性会晤，就全面推进新形势下中乌关系达成重要共识，翻开了两国关系的新篇章。他说，议会交往是两国关系的重要组成部分。中国全国人大和乌克兰议会有着良好的合作基础，希望以全面提升中乌关系为新契机，密切议会领导人、专门委员会、友好小组间的交往，深化立法、监督等领域的交流，推动经贸、人文等领域的合作，为中乌关系深入发展作出新的贡献。

亚努科维奇说，此次访华旨在进一步提升乌中关系。乌方高度重视与中国的友好合作，两国在此访期间签署的联合声明等一系列文件显示了双方发展彼此关系、加强包括议会交往在内各领域合作的政治意愿。

会见法国前总理朱佩

新华社北京9月6日电 全国人大常委会委员长吴邦国6日下午在人民大会堂会见了法国前总理、波尔多市市长朱佩。

吴邦国积极评价中法关系后说，今年是中法关

民商法律师实务丛书

中华全国律师协会民事专业委员会推荐

[权威解读] 解读《建设工程施工合同司法解释》之最新读本，结合具体实践，全面诠释如何适用司法解释

[维权必读] 建筑企业维权之必备工具，使建筑商得以深入理解建设工程法律全貌，迅速掌握建筑法的操作精髓

[实务操作] 解析建筑商在施工过程中遇到的疑难法律问题，提出具体业务操作中防范法律风险的措施与建议

ISBN 978-7-5118-1738-9

民商法律师实务丛书

工程合同实务问答

朱树英 著

民商法律师实务丛书

◇中华全国律师协会民事专业委

工程合同实务

第二版

朱树英 著

律师从事建筑业法律服务必读的业

建筑企业依法维权、防范风险的最

深入理解《建设工程施工合同司法解释

- 司法解释操作指南
- 工程合同的效力
- 工程合同的解除权
- 工程质量问题

好关系，深化交流借鉴，促进互利合作，为利中关系发展多做工作。

四国领导人重申，将坚定奉行一个中国政策，支持中国和平统一大业。吴邦国对此表示感谢。

国务委员戴秉国、上海市市长韩正等会见时在座。

会见德国联邦参议院议长伯恩森

新华社北京10月12日电　全国人大常委会委员长吴邦国12日在人民大会堂会见了德国联邦参议院议长伯恩森。

吴邦国说，近年来，在双方共同努力下，中德战略伙伴关系稳步推进。两国高层交往频繁，各领域交流日益密切，经贸合作在高水平上快速发展，给两国和两国人民带来了实实在在的利益，也为全球经济复苏和世界和平与稳定作出了贡献。在当前复杂多变的国际形势下，中德两国既面临严峻挑战，也面临合作机遇，双方拥有广泛的共同利益。中方高度重视中德关系，愿同德方一道努力，继续本着相互尊重、平等互利的原则，加强沟通，增进互信，发挥经济互补优势，深化传统领域合作，积极开展新能源、新材料等新兴产业的合作，推动中德战略伙伴关系不断迈上新台阶。

吴邦国指出，中国全国人大与德国联邦议院、联邦参议院保持着良好的交流与合作，对增进相互了解、深化政治互信、推动务实合作、发展国家关系发挥了重要作用。希望双方进一步加强议会领导人、专门委员会、友好小组等各层次友好往来，深化在治国理政、法制建设、改善民生、可持续发展等领域的经验交流，推动经贸、人文和地方合作，把两国议会关系提升到一个新的水平。

伯恩森表示，德中关系水平高，合作领域广，双方在经济、科技、文化等各个领域的合作亮点纷呈。德国联邦参议院作为联系联邦和各州的纽带，十分高兴地看到，德联邦政府和各地方政府都对发展德中关系、深化务实合作抱有浓厚兴趣，愿发挥自身优势，进一步促进两国经贸、地方等方面的合作，推动德中关系更深入发展。

与俄罗斯联邦委员会主席米罗诺夫举行会谈

新华社北京10月18日电　全国人大常委会委员长吴邦国18日下午在人民大会堂与俄罗斯联邦委员会主席米罗诺夫举行会谈，并共同出席中国全国人大与俄罗斯联邦委员会合作委员会第四次会议。

吴邦国首先对米罗诺夫率团访华并出席中国全国人大与俄罗斯联邦委员会合作委员会第四次会议表示欢迎。他说，在双方的共同努力下，中俄关系已成为当今世界最有质量、最具活力、最富内涵的国家关系之一。特别是今年以来，中俄关系呈现出更加积极的发展势头，体现了中俄战略协作伙伴关系的高水平。两国元首会晤频繁，并就全面深化中俄战略协作伙伴关系作出了规划和部署。双方签署了一系列重要合作文件，大项目合作取得突破性进展，共同庆祝第二次世界大战结束65周年和俄罗斯"汉语年"等重大活动顺利展开，在国际和地区事务中保持密切沟通和精诚合作，给两国和两国人民带来了实实在在的利益。

吴邦国强调，中方视俄罗斯为最重要、最可靠的战略伙伴，发展对俄关系是中国外交的优先方向。在当前复杂多变的国际形势下，中俄都面临重大机遇和严峻挑战。中方愿同俄方一道，合力应对挑战，全面深化两国政治、经济、人文等领域合作，进一步密切在国际事务中的协调配合，推动中俄战略协作伙伴关系向更高水平发展，维护两国共同利益，促进世界和地区的和平与稳定。

吴邦国说，立法机构合作是中俄战略协作伙伴关系的重要组成部分。近年来，中国全国人大与俄罗斯联邦委员会和国家杜马保持密切往来，合作内涵日益丰富，合作成效更加显著，为推动中俄战略协作伙伴关系发挥了重要作用。吴邦国指出，当前，中俄都致力于国家现代化建设。作为战略伙伴、最大邻国和世界主要经济体，中俄经济合作意义重大。两国立法机构应以维护本国战略利益和经济发展为出发点，加强双边合作，促进共同发展。为此，一要在协调两国经济发展战略、结构转型、科技创新等方面加强立法交流与合作，完善相关法律法规，为两国经济合作创造有利条件。二要通过立法机构交流与合作，为企业牵线搭桥，积极推动经贸领域大项目合作。三要利用两国立法机构主办的论坛等平台，多提合作倡议，推动中俄地方合作。四要通过立法机构交流，引导和鼓励两国科技人才加强合作，推进两国高科技和创新领域合作。

米罗诺夫热烈祝贺中国共产党十七届五中全会胜利闭幕，完全赞同吴邦国对俄中关系、议会交往的评价和建议。他说，以牢固的睦邻友好为基础、涵盖双边关系广泛领域的俄中战略协作伙伴关系正处在前所未有的高水平。作为两国关系的重要组成部分，俄中议会合作也在高水平上快速发展。俄罗斯联邦委员会愿与中国全国人大一起加强和完善双方定期交流机制，深化实质性交流，促进两国各领域合作，为俄中战略协作伙伴关系发展不断注入新的活力。

全国人大常委会副委员长兼秘书长李建国等会谈时在座。

据悉，中国全国人大与俄罗斯联邦委员会合作委员会是 2005 年 9 月正式成立的，吴邦国委员长和米罗诺夫主席分别担任该委员会中方主席和俄方主席。在本次合作委员会第四次会议上，双方与会代表将就加强立法合作、推动务实合作、发展地方合作、扩大人文交流等问题进行深入交流。

会见印尼国会议会间合作委员会主席希达亚特

新华社北京 10 月 19 日电 全国人大常委会委员长吴邦国 19 日上午在人民大会堂会见了印尼国会议会间合作委员会主席希达亚特。

吴邦国说，中国和印尼是友好邻邦。2005 年胡锦涛主席和苏西洛总统成功互访，两国建立了战略伙伴关系，双边关系迈上了新台阶，政治互信不断加强，经贸合作发展迅速，人文交流有声有色，在联合国、二十国集团、东亚区域合作等多边事务中保持了良好配合。印尼是本地区发展中大国，巩固和加强与印尼的睦邻友好，在中国周边外交中居优先地位。中国重视发展同印尼的战略伙伴关系，愿同印尼方共同努力，不断深化战略互信，积极推进互利合作，推动两国关系不断走向深入，造福两国人民。

吴邦国说，议会交往是中印尼关系的重要组成部分，对增进两国人民的相互了解和友谊，推动两国关系全面发展具有不可替代的重要作用。中国全国人大同印尼国会有着良好的合作基础，希望双方进一步加强高层往来，深化专门委员会和友好小组的合作，扩大在立法、监督等领域的经验交流，密切在国际和地区议会组织中的配合，为两国关系持续发展注入新的活力。

希达亚特说，印尼对与中国战略伙伴关系的蓬勃发展感到自豪，两国在政治、经济、人文等领域的合作给双方带来了实实在在的利益。印尼国会珍视与中国全国人大的友好交往，愿在加强双方合作的同时，密切在国际和地区议会组织中的协调与配合，为国家关系发展增添新的内涵。

与南非国民议会议长西苏鲁举行会谈

新华社北京 10 月 22 日电 全国人大常委会委员长吴邦国 22 日下午在人民大会堂与南非国民议会议长西苏鲁举行会谈，双方在友好的气氛中就双边关系、议会交往和共同关心的其他重大问题深入交换了意见，达成广泛共识。

吴邦国说，中南建交 12 年来，两国合作全面、快速发展，双边关系不断提升。高层交往密切，政治互信不断增强，在涉及彼此核心和重大利益的问题上相互支持。贸易与投资发展迅速，人文交流十分活跃，在重大国际和地区事务中保持了密切协调与配合，中南友好更加深入人心。他指出，在新的国际形势下，中南拥有广泛共同利益，两国关系的战略性进一步增强。中方愿同南方一道，全面落实胡锦涛主席和祖马总统达成的各项重要共识，增进政治互信，加强务实合作，推动两国全面战略伙伴关系不断深化。

吴邦国说，中国全国人大和南非国民议会有着很好的合作基础，为中南关系的快速发展作出了重要贡献。希望双方继续保持高层交往，推进专门委员会、友好小组间的对口交流，就双边关系和共同关心的问题深入交换意见。尽快启动双方定期交流机制，使之成为深化两国议会关系的重要平台。进一步加强在治国理政、民主法制建设等方面的交流，推动大项目合作、企业合作和投资合作，促进地方友好往来，相互借鉴发展经验，密切在国际和地区议会组织中的沟通与配合，切实维护共同利益。

在谈到中非关系时，吴邦国说，无论国际形势如何变化，中国加强同非洲国家团结合作的战略方针不会改变，将坚持在力所能及的范围内支持非洲国家经济社会发展。南非是非洲大国和重要的新兴发展中国家。中方愿与南非继续就中非合作加强沟通和协调，推动中非关系、南南合作不断向前发展。

西苏鲁说，南中友好由来已久，政治基础牢不可破。友好的中国人民始终与非洲人民站在一起，并给予无私的帮助，包括南非在内的广大非洲国家和人民对此表示感谢。

南中两国不仅是可相互信赖的亲密朋友，也是重要的合作伙伴。南非愿从中国的发展经验中汲取力量，不断扩大双边经贸合作。南非国民议会将加强与中国全国人大的友好交往，密切在多边议会组织中的合作，推动南中关系深入发展，更好地造福两国和两国人民。

全国人大常委会副委员长华建敏等会谈时在座。

会见巴哈马总理英格拉哈姆

人民日报北京10月26日电　全国人大常委会委员长吴邦国26日下午在人民大会堂会见了来访的巴哈马总理英格拉哈姆。

吴邦国说，在两国领导人亲自推动和各方面共同努力下，两国关系快速发展，政治、经贸、文化、旅游、农业等领域的合作富有成效，双方在彼此关切的重大问题上相互理解、相互支持，给两国和两国人民带来实实在在的利益。他指出，中巴两国国情不同，但都处于重要的发展阶段。中方主张，国家不分大小，都是国际社会平等的一员，反对以大欺小，以强凌弱，以富压贫，应在相互尊重、平等互利的基础上发展国家关系。中方重视发展与巴哈马的关系，愿与巴方保持高层交往，巩固政治互信，加强互利合作尤其是大项目和投资合作，推动中巴关系长期稳定、健康深入发展。

英格拉哈姆表示，巴哈马政府高度重视对华关系，感谢中方在巴方关切问题给予的宝贵支持，将继续以积极的姿态拓展在经贸等各领域的合作，推动两国关系更快发展，更好地造福两国人民。

会见意大利总统纳波利塔诺

人民日报北京10月27日电　全国人大常委会委员长吴邦国27日下午在北京会见了意大利总统纳波利塔诺。

吴邦国在会见时指出，中国与意大利虽然社会制度不同，但相互尊重；经济发展水平不同，但互补性强；文化传统各异，但主张交流互鉴。当前国际形势正经历复杂深刻的变化，中意既面临严峻挑战，也面临新的机遇，拥有广泛的共同利益。发展中意关系符合两国和两国人民的根本利益，也有利于世界的和平与发展。希望双方以中意建交40周年为新契机，保持高层交往和各级别对话，照顾彼此重大关切，不断深化政治互信，全面开展经贸合作尤其是环保、科技、中小企业等领域的合作，加强人文交流，增进两国人民之间的相互了解和友谊，进一步密切在中欧、亚欧框架内及联合国和二十国集团等国际组织中的沟通协调，共同推动建立公平合理的国际政治经济新秩序。

纳波利塔诺说，意大利赞赏中国经济社会发展取得的巨大成就，重视发展对华关系，认为意大利和欧洲的发展需要与中国建立更全面、更密切的交流与合作，加深对中国的了解，照顾中方的重大关切，加强经贸合作，扩大人员往来。他表示，意方愿成为拓展欧中交流的桥梁，为推动欧中关系发展作出积极努力。

会见巴哈马参议长霍洛韦斯科和众议长史密斯

新华社北京10月27日电 全国人大常委会委员长吴邦国27日下午在人民大会堂会见了巴哈马参议长霍洛韦斯科和众议长史密斯。

吴邦国说，在双方共同努力下，近年来中巴关系取得长足发展。两国高层交往频繁，政治互信加深，双边贸易快速增长，大项目合作进展顺利，人文交流富有成果，在国际事务中配合良好。中方对此表示满意，对巴方在台湾等涉及中国核心利益问题上给予的支持表示赞赏。他表示，中方愿在相互尊重、平等互利的基础上进一步加强双方在基础设施建设、金融、旅游、农业、新能源等领域的务实合作，推动两国关系不断迈上新台阶。

吴邦国说，立法机构交往是两国关系的重要组成部分。中国全国人大愿与巴哈马议会继续保持高层互访势头，扩大专门委员会的交流与合作，加强代表和议员间的友好往来，加深相互了解，增进人民友谊、推动互利合作，为促进中巴友好合作关系发展做出新的贡献。

霍洛韦斯科和史密斯说，中国是个伟大的国家，为世界繁荣与稳定作出了重要贡献，巴哈马为有中国这样的真诚朋友而自豪。巴哈马议会参众两院愿加强与中国全国人大的友好关系，充分发挥议会交往的独特优势，推动两国经贸、新能源、旅游等领域的务实合作，让巴中关系不断结出新硕果。

会见联合国秘书长潘基文

人民日报北京11月2日电 全国人大常委会委员长吴邦国2日上午在人民大会堂会见了联合国秘书长潘基文，双方就中国和联合国关系、联合国千年发展目标和气候变化等问题深入交换了意见。

吴邦国说，当前国际形势发生着复杂而深刻的变化，和平与发展面临诸多挑战和机遇，更需要国际社会通力合作。中国一贯支持国际社会加强合作，将一如既往地支持联合国在国际事务中发挥核心作用。

在谈到联合国千年发展目标时，吴邦国指出，国际社会为实现这一目标作出了积极努力，取得一定成效，但总体进展缓慢，发展不平衡。在国际金融危机背景下，实现千年发展目标的任务更加紧迫，信心不能动摇。发达国家应切实兑现承诺，加大对发展中国家的支持力度。中国作为世界上最大的发展中国家，在加快自身发展的同时，尽力向发展中国家提供支持和帮助，为推动实现千年发展目标作出了突出贡献。

吴邦国还应询介绍了中国积极应对气候变化所做的努力及取得的成效，表示中国高度重视并积极应对气候变化，全国人大专门就此作出有关决议。中国始终以建设性态度参与气候变化谈判和国际合作，主张维护《联合国气候变化框架公约》和《京都议定书》作为谈判主渠道，坚持“共同但有区别的责任”原则，中方愿与联合国和各国一起为坎昆会议取得积极成果作出努力。

潘基文热烈祝贺上海世博会取得圆满成功，表示中国对联合国的支持至关重要，希望在实现千年发展目标、应对气候变化、保护妇女儿童权益等领域继续密切与中方的合作，共同促进世界的和平与发展。

会见智利总统皮涅拉

人民日报北京11月17日电 全国人大常委会委员长吴邦国17日会见智利总统皮涅拉。

吴邦国在会见皮涅拉时说，智利是第一个同中国建交的南美国家，在发展对华关系方面一直走在拉美国家前列，中智关系发展给两国人民带来了实实在在的利益。两国在政治上相互尊重，互不干涉内政，相互理解和支持对方的核心利益和重大关切。在经济上互利共赢，双边贸易发展迅速，在能源资源、农业、渔业、现代服务业等领域合作势头喜人。在国际事务中，双方保持良好沟通与配合，有力地维护两国和发展中国家的共同利益。智利是拉美重要国家，中国重视发展与智利关系，希望双方共同努力，书写两国关系新的辉煌。

吴邦国表示，中国全国人大和智利参、众两院保持着传统的友好合作关系。希望双方进一步发挥中智议会政治对话委员会的作用，就共同关心的问题深入对话，交流治国理政经验，为中智全面合作伙伴关系注入新的活力。

皮涅拉说，智中关系不断取得新发展，希望在以往坚实合作的基础上，与中方共创两国关系更加美好的未来。

与古巴全国人民政权代表大会主席阿拉尔孔举行会谈

新华社北京11月24日电　全国人大常委会委员长吴邦国24日下午在人民大会堂与古巴全国人民政权代表大会主席阿拉尔孔举行会谈。

吴邦国欢迎阿拉尔孔主席在中古建交50周年之际访华。他说，中古关系具有深厚的政治基础，两党、两国和两国人民始终相互尊重、平等相待，双方政治上坚定支持，经济上互利合作，人文上交流互鉴，在困难面前鼎力相助，在国际事务中协调配合。近年来，两国关系又取得新的重要进展，两国高层交往频繁，务实合作日益扩大，新的合作项目陆续启动，各领域的交流蓬勃展开。中古友好更加深入人心。中方高度重视对古关系，愿与古方一道，以两国建交50周年为契机，携手并进，加强合作，推动中古友好关系迈上新台阶。

吴邦国说，中国全国人大和古巴全国人大在各自国家的政治生活中都发挥着重要的作用，双方日益密切的友好交往为国家关系发展作出了重要贡献。他表示，中国全国人大愿进一步加强与古巴全国人大各层次、各领域的交流与合作，就治国理政、改革创新、政策措施等进行深入交流，为加强国家建设和推动中古关系发展添砖加瓦。

阿拉尔孔完全赞成吴邦国对两国关系的评价和建议。他说，古巴是西半球第一个与中国建交的国家。50年来，两国始终相互理解、相互支持，互利友好关系不断发展，造福两国人民。古巴党、政府和人民为与中国建立和发展友好关系而自豪，为中国经济社会发展取得的巨大成就而骄傲。古方认为，继续加强古中关系至关重要，愿进一步学习借鉴中国改革开放和现代化建设的经验，古巴全国人大将继续为此作出不懈努力。

与朝鲜最高人民会议议长崔泰福会谈

新华社北京12月1日电　全国人大常委会委员长吴邦国1日下午在人民大会堂与朝鲜最高人民会议议长崔泰福举行会谈。双方在亲切友好的气氛中就双边关系、议会交往及共同关心的其他问题交换了意见。

吴邦国说，中朝是山水相连的友好邻邦。中朝传统友谊经受住国际风云变幻的考验，历久弥新。今年以来，两国关系取得重要发展。金正日总书记两次访华，与胡锦涛总书记就双边关系及共同关心的国际和地区问题深入交换意见，达成许多重要共识。举行了纪念中国人民志愿军入朝参战60周年等一系列活动，两国各领域交往增多，经贸合作快速发展，人文交流十分活跃。吴邦国强调，不断巩固和发展中朝友好合作关系是中国党和政府坚定不移的战略方针。我们愿同朝鲜同志一道，继续本着“继承传统、面向未来、睦邻友好、加强合作”的精神，落实两国领导人达成的共识，保持高层交往势头，加强战略沟通，深化经贸合作，扩大人文交流，推动中朝友好合作关系不断向前发展。

吴邦国说，中国全国人大和朝鲜最高人民会议在各自国家的政治生活中都发挥着重要的作用。双方日益密切的友好交往有力促进了中朝关系的深入发展。他表示，中国全国人大愿进一步加强与朝鲜最高人民会议各层次、各领域的交流与合作，就治国理政、法制建设等共同关心的问题进行深入交流，促进经贸务实合作，密切在国际和地区议会组织中的沟通与协调，为中朝关系注入新的活力，为加强国家建设添砖加瓦。

崔泰福说，中国人民在改革开放和社会主义现代化建设事业中不断取得新的伟大成就，综合国力日益增强，国际地位不断提高，作为忠诚的同志和亲密的兄弟，朝鲜人民为此感到欢欣鼓舞，并祝愿中国人民在中国特色社会主义道路上创造新的辉煌。他指出，在双方共同努力下，两国老一辈领导人亲自缔造的朝中传统友谊不断巩固和发展，不仅为两国人民带来了实实在在的利益，也有利于东北亚地区的和平稳定。他表示，朝鲜最高人民会议希望进一步密切与中国全国人大的关系，保持高层互访势头，活跃法律专家和立法工作者的交流，加强经济立法尤其是双边经贸合作立法交流，为扩大朝中经贸合作提供更加有力的法律保障。

会见俄罗斯国家杜马副主席梅利尼科夫

新华社北京 12 月 2 日电 全国人大常委会委员长吴邦国 2 日下午在人民大会堂会见了俄罗斯国家杜马副主席梅利尼科夫。

吴邦国说，近年来，中俄战略协作伙伴关系在高水平上持续快速发展，各领域合作不断取得新的突破和进展。当前国际形势继续发生深刻复杂变化，大国关系调整加快。巩固和加强中俄战略协作有利于维护国际战略平衡与稳定，有利于促进世界和平与发展。中方高度重视发展中俄关系，愿与俄方一道，不断深化政治互信，加强务实合作，扩大人文交流，提升战略协作水平，使中俄关系始终保持旺盛的生命力。

吴邦国说，立法机构合作是中俄战略协作伙伴关系的重要组成部分。中国全国人大与俄罗斯联邦会议的友好往来密切，合作成效显著，为两国关系发展发挥了不可替代的作用。希望双方继续共同努力，以巩固和完善中俄议会定期交流机制为重点，充实合作内容，提升合作水平，为中俄战略协作伙伴关系发展注入新的活力。

梅利尼科夫完全赞同吴邦国对两国关系的评价，他说，梅德韦杰夫总统不久前发表的国情咨文高度评价了俄中关系。俄方对两国各领域合作不断取得的新进展感到满意。俄国家杜马高度重视与中国全国人大的友好交往，愿采取切实措施，充分发挥俄中议会合作委员会的作用，为推动双方经贸、科技、人文等领域的合作作出新的贡献。

会见柬埔寨首相洪森

人民日报北京 12 月 15 日电 全国人大常委会委员长吴邦国 15 日在人民大会堂会见了柬埔寨王国首相洪森。

吴邦国说，中方高度重视中柬关系，一直视柬方为最可信赖的老朋友、好朋友，高度评价柬方在涉及中国核心利益问题上给予的坚定支持。两国在政治上高度互信，经济上互利合作，文化上交流互鉴。中方对当前两国关系的良好发展局面感到高兴。吴邦国说，进一步巩固和发展中柬传统友好关系是中国党和政府坚定不移的政策。两国一致同意建立中柬全面战略合作伙伴关系反映了两国人民的共同愿望，必将有力推动中柬关系向多领域、深层次、全方位的方向发展，给两国人民带来更多实惠。

吴邦国表示，议会合作是两国关系的重要组成部分。中国全国人大同柬埔寨参议院和国会一直保持友好交往和务实合作，取得了丰硕成果。近年来，双方领导人、专门委员会和工作机构保持密切往来，就共同关心的问题开展实质性对话，并积极开展治国理政等方面的经验交流，为双边关系发展发挥了重要作用。中柬同为发展中国家，两国都在积极探索适合本国国情的发展道路，希望双方议会加强各级别友好往来，进一步密切沟通、协调与合作，为促进两国全面战略合作伙伴关系，加深两国人民的传统友谊做出新的贡献。

洪森说，柬中高层交往频繁，相互关系密切。两国老一辈领导人共同开创的柬中友好经受了历史考验，在新形势下不断传承发扬。此次访问中国，双方一致同意建立全面战略合作伙伴关系，并确定了发展经贸关系新目标，签署了多项合作文件，对两国关系未来发展具有重要意义。柬方高度重视对华关系，愿与中国加强全方位合作，进一步扩大议会交流，加强在重大问题上的协调，推动两国关系不断向前发展。

外交部副部长张志军会见时在座。

会见马拉维议长班达

新华社北京12月20日电　全国人大常委会委员长吴邦国20日下午在人民大会堂会见了马拉维议长班达。

吴邦国说，中马建交时间不长，但两国关系发展顺利，政治互信得到巩固，经贸合作发展迅速，中非合作论坛框架下的合作项目积极推进，给两国和两国人民带来了实实在在的利益。中方赞赏马拉维政府、议会和各政党坚定奉行一个中国政策，在涉及中方核心利益问题上给予的坚定支持。中方尊重马拉维的主权和领土完整，尊重马拉维根据本国国情选择的发展道路，这为两国关系发展奠定了政治基础。他强调，中方高度重视发展与马拉维的关系，愿与马方共同努力，落实两国元首达成的共识，加强在各领域的互利合作，推动中马友好取得更大发展。

吴邦国说，两国立法机构间的交流与合作是中马关系的重要组成部分。中国全国人大愿加强与马拉维议会的友好交往，扩大在治国理政、民主法制建设等方面的经验交流，不断巩固中马友好的社会基础，为国家关系发展做出积极贡献。

班达说，与中国建交是马拉维政府、政党、议会和人民的一致愿望，发展对华关系得到了举国上下的全力支持和拥护。马方珍惜与中方结下的宝贵友谊，感谢中方给予的无私帮助。事实表明，中国是包括马拉维在内的广大非洲国家最真诚的朋友。希望通过此次访问进一步促进马中友好合作，开创马拉维议会与中国全国人大友好交往新局面，学习借鉴中国发展经济、改善民生的有益经验，为两国务实合作带来更多契机。他重申，马方恪守一个中国政策，坚定支持中国和平统一大业。

二、委员长出国访问

访问法国、塞尔维亚和瑞士并赴日内瓦出席第三次世界议长大会

吴邦国将访问法国、塞尔维亚和瑞士并赴日内瓦出席第三次世界议长大会

人民日报北京7月1日电 应法国国民议会议长阿夸耶、参议院参议长拉尔谢，塞尔维亚议会议长久基奇一德亚诺维奇，瑞士联邦议会国民院议长布鲁德雷尔、联邦院议长福斯特一万尼尼，各国议会联盟主席古里拉布、秘书长约翰松的邀请，全国人大常委会委员长吴邦国将于7月7日至20日对上述三国进行正式友好访问，并赴日内瓦出席第三次世界议长大会。

吴邦国离京出访欧洲三国并出席第三次世界议长大会

新华社北京7月7日电 应法国国民议会议长阿夸耶、参议院议长拉尔谢，塞尔维亚议会议长久基奇一德亚诺维奇，瑞士联邦议会国民院议长布鲁德雷尔、联邦院议长福斯特一万尼尼，各国议会联盟主席古里拉布、秘书长约翰松的邀请，全国人大常委会委员长吴邦国7日上午乘专机离开北京，前往上述三国进行正式友好访问，并赴日内瓦出席第三次世界议长大会。

吴邦国委员长夫人章瑞珍，全国人大常委会副委员长兼秘书长李建国，全国人大外事委员会副主任委员郑斯林，全国人大法律委员会副主任委员、全国人大常委会法制工作委员会主任李适时，外交部副部长王光亚，广西壮族自治区人大常委会主任郭声琨，商务部副部长高虎城，全国人大常委会副秘书长曹卫洲，全国人大常委会副秘书长、委员长办公室主任孙伟等陪同人员同机离京。

吴邦国抵达巴黎开始对法国进行正式友好访问

人民日报巴黎7月7日电 应法国国民议会议长阿夸耶、参议院议长拉尔谢的邀请，中国全国人大常委会委员长吴邦国7日下午抵达法国首都巴黎，开始对法国进行正式友好访问。

盛夏的巴黎，阳光灿烂，花树繁茂。机场上空，中法两国国旗迎风飘扬。当地时间下午3时许，吴邦国委员长乘坐的专机徐徐降落在巴黎奥利机场。中国驻法国大使孔泉和法国国民议会高级官员登机迎请。吴邦国委员长和夫人章瑞珍在舷梯前，与前来迎接的法国国民议会第一副议长拉菲内尔等亲切握手，互致问候。中国驻法使馆工作人员向吴邦国委员长和夫人及陪同访问的全国人大常委会副委员长兼秘书长李建国敬献了鲜花。

吴邦国在机场发表书面讲话。他说，中法同为文明古国，两国人民友好交往源远流长。建交46年来，在双方的共同努力下，两国关系历经国际风云变幻考验，曾长期走在西方国家与中国关系的前列。当前，中法关系面临重要发展机遇。巩固和深

化中法全面战略伙伴关系，符合两国和两国人民的根本利益，有利于中欧关系的发展，也有利于世界的和平稳定与繁荣。

访问期间，吴邦国委员长将分别会见法国总统萨科齐、总理菲永和参议长拉尔谢，与国民议会议长阿夸耶举行会谈，就中法关系及共同关心的重大国际和地区问题深入交换意见，还将出席中法经贸合作论坛并发表主旨演讲，并赴里昂、马赛等地考察科研机构和高新企业，广泛接触法国各界人士。吴邦国表示，他此次访问法国的目的，是为了推动中法全面战略伙伴关系健康深入发展。中方愿同法方一道，继续本着相互尊重、合作共赢的原则，进一步巩固政治互信，深化务实合作，增进人民友谊，共同开辟中法关系新的发展前景。

先期抵达巴黎、出席中国全国人大与法国国民议会定期交流机制第一次会议的全国人大外事委员会副主任委员、中法议会委员会中方主席南振中，全国人大教科文卫委员会副主任委员宋法棠，全国人大环资委副主任委员汪纪戎等也到机场迎接。

法国是吴邦国此次欧洲三国之行的第一站。随后他还将访问塞尔维亚和瑞士，并出席在日内瓦召开的第三次世界议长大会。

吴邦国会见法国总理菲永

人民日报巴黎7月7日电　正在法国进行正式友好访问的中国全国人大常委会委员长吴邦国当地时间7日傍晚在总理府会见了法国总理菲永，双方就发展中法关系特别是两国经贸合作深入交换意见。

菲永首先代表法国政府热烈欢迎吴委员长访问法国。他说，中国全国人大常委会委员长访法，不仅将极大巩固法中传统友谊，而且必将有力推动面向未来的两国全面战略伙伴关系向前发展，相信此访一定能够取得圆满成功。

吴邦国在积极评价中法关系后说，中法两国社会制度不同，文化传统各异，但两国没有根本利害冲突，而是有着广泛共同利益。深化中法合作符合两国人民的根本利益。他指出，中法经济优势互补、合作基础良好、发展潜力很大。中国正处在工业化、城镇化加快推进的过程中，正在加快转变经济发展方式，调整经济结构，促进产业升级，有着大量的投资需求，还有13亿人的消费市场，这为包括法国在内的各国经济复苏与发展提供了巨大商机与动力。法国经济发达，在科技、人才、管理、营销等方面具有明显优势，尤其在核电开发、航空航天等领域居世界领先地位。这种互补优势不但没有因国际金融危机的影响而改变，相反为双方经贸合作带来更大空间。

吴邦国表示，中方愿与法方一道，从战略高度看待和发展中法经贸合作，本着互利共赢原则，发挥各自优势，注重大项目合作，通过加强联合研究、建设示范工程、共同开发技术、扩大相互投资等形式，努力培育两国经贸合作新的增长点，带动两国经贸合作转型升级，共同建设紧密长期可持续的新型经贸伙伴关系。

菲永赞同吴委员长关于发展两国经贸关系的分析与建议，表示法国政府支持法国企业在开展对华传统合作的同时，积极开拓环保、农产品、金融等领域的合作。他说，法中在促进世界经济复苏、应对重大全球性挑战方面拥有广泛共同利益和巨大合作潜力。法方高度重视发展对华关系，希望与中方携手应对挑战、实现共同发展。

双方还一致表示，将共同致力于不断扩大中国和欧盟间的交流与合作。

全国人大常委会副委员长兼秘书长李建国等会见时在座。

吴邦国与法国参议长拉尔谢举行会谈

人民日报巴黎7月8日电　正在法国进行正式友好访问的中国全国人大常委会委员长吴邦国当地时间8日中午在卢森堡宫与法国参议院议长拉尔谢举行会谈。

拉尔谢表示，很高兴有机会在巴黎欢迎吴邦国委员长。他说，吴委员长访法是法中关系中的一件大事，法方希望通过这次重要访问，进一步提升法中关系水平。

吴邦国说，法国在发展对华关系方面曾长期走在西方国家前列。事实表明，中法关系的发展，不仅符合两国和两国人民的根本利益，也有利于世界的和平稳定与发展。吴邦国强调，作为全面战略伙伴，中法在许多重大问题上有着广泛共同利益。当前形势下，双方更应从两国关系大局出发，继续本着相互尊重、平等相待的原则，照顾彼此核心利益和重大关切，增进政治互信，深化务实合作，密切在重大国际和地区问题上的沟通与协调，更好地维护两国和两国人民共同利益，更好地维护世界和平、促进共同发展。

吴邦国指出，议会交往是中法全面战略伙伴关系的重要组成部分，是增进两国人民相互了解和友谊的重要渠道。中国全国人大高度重视与法国参议院的关系，希望双方发挥议会自身职能特点和联系广泛等优势，开展多层次多领域友好往来，加强议会定期交流机制建设，就共同关心的问题进行实质性对话，加深相互了解，扩大相互信任，促进两国经贸、人文等领域的合作，尤其是地方间务实合作，为共同应对国际金融危机和气候变化等全球性挑战贡献智慧，为国家关系不断向前发展增添力量。

拉尔谢完全赞同吴邦国委员长对法中关系的评价和关于深化两国议会交往的建议。他表示，法国参议院对进一步发展同中国全国人大的友好关系抱有很大热情，愿充分发挥参议院同地方和企业联系密切的优势，加强双方专门委员会、友好小组等各层次友好往来，推动两国各领域交流与合作，深化人民之间的传统友谊，为法中全面战略伙伴关系的发展作出积极努力。

会谈结束后，吴邦国委员长和夫人章瑞珍出席了拉尔谢参议长举行的欢迎午宴。席间，宾主双方各自通报了国内情况，并就当前世界经济形势及其他共同关心的重大问题坦诚深入交换了意见。

全国人大常委会副委员长兼秘书长李建国等参加了上述活动。

吴邦国与法国国民议会议长会谈

人民日报巴黎7月8日电 正在法国进行正式友好访问的中国全国人大常委会委员长吴邦国当地时间8日下午在拉塞宫与法国国民议会议长阿夸耶举行会谈，并共同宣布中国全国人大与法国国民议会合作委员会第一次会议开幕，双方定期交流机制正式启动，标志着两国议会交往进入新的阶段。

阿夸耶说，吴委员长此访是中国全国人大常委会委员长13年来首次访法，法方高度重视，相信访问必将对推动法中全面战略伙伴关系发展产生重要影响。

吴邦国说，中法建交46年来，在双方共同努力下，两国关系经历了国际风云变幻的考验，不断向前发展。今年4月萨科齐总统成功访华，与胡锦涛主席就构建新时期长期健康稳定、面向全球的中法全面战略伙伴关系达成重要共识，掀开了两国关系新的一页。当前国际形势正经历复杂深刻变化，中法关系的战略意义不断提升，两国合作的空间日益扩大。他强调，中方高度重视中法关系，愿与法方一道，积极开展对话与交流，增进相互了解和政治互信，不断充实中法关系的战略内涵。应进一步创新合作方式，将中国巨大市场潜力与法国先进技术和管理经验结合起来，培育新的合作增长点，促进双边经贸合作转型升级，推动两国关系取得更多实实在在的成果，造福两国人民。

阿夸耶说，法兰西民族和中华民族都曾为人类文明进步作出巨大贡献，法中两国人民之间有着真诚深厚的友谊，这为两国关系发展打下了坚实的社会基础和民意基础，也使得法中关系独具特色、更加丰富。法方高度重视发展对华关系，视中国为重要战略伙伴，希望继续加强与中方的全方位战略合作，密切在国际事务中的协调与配合，共同应对国际金融危机、气候变化等全球性挑战。

吴邦国积极评价中国全国人大和法国国民议会之间的友好交往与合作。他说，我此次访法的一个重要目的，是推动中国全国人大与法国国民议会之间建立更加紧密的关系。希望双方保持良好合作传统，继续加强议会领导人、专门委员会、友好小组和办事机构之间的友好往来，鼓励青年代表和议员开展更多的接触。应发挥立法机构的职能作用和对外交往的独特优势，加强在立法、监督、治国理政等多领域的经验交流，促进经贸等领域务实合作，扩大人文和地方交流，不断为两国关系发展注入新的活力。

阿夸耶赞同吴委员长关于加强两国议会交往的建议。他说，正是由于法中国情不同、文化各异，发展议会关系显得更为重要。法国国民议会愿以吴委员长此访为新的契机，进一步深化同中国全国人大的友好关系，并通过定期交流机制这一重要平台，就共同关心的问题深入交换意见，推动两国政治、经济、人文、科技和新能源、环保等领域的合作，为法中关系全面发展贡献力量。

会谈结束后，吴邦国委员长和夫人章瑞珍在下榻饭店亲切接见了中国驻法国使馆工作人员、中资机构、华侨华人和留学生代表。

全国人大常委会副委员长兼秘书长李建国等陪同人员参加了上述活动。

吴邦国亲切会见旅法华侨华人

中新社巴黎7月8日电　冒着巴黎的高温天气,中国全国人大常委会委员长吴邦国8日下午在巴黎亲切会见了旅法华侨华人和留法学者学生代表等,并高度赞扬了侨胞们为中法关系的发展和在支持中国建设方面所作出的贡献。

尽管在法国的访问行程排得满满的,但吴邦国委员长还是特地抽出时间会见了法华社会各界代表。当他在中国驻法大使孔泉等的陪同下走进会见大厅时,等候在那里的侨胞代表立刻齐声鼓掌欢迎。吴邦国在与侨胞代表握手并交谈时,愉快地回忆起他以往到访法国的经历,并因此与一些华侨华人成了老朋友。

在和大家合影之后,吴邦国委员长就中法关系和中国的发展发表了即席讲话。

吴邦国表示,中法关系经过一段曲折后已经重新走上正常发展轨道,中法关系翻开了新的一页,这说明巩固和深化中法全面战略伙伴关系,符合两国和两国人民的根本利益,有利于中欧关系的发展,也有利于世界的和平与繁荣。他说,中法两国虽然社会制度不同,文化传统各异,但没有根本利害冲突,反而有着广泛的共同利益。"希望我们大家和法方继续共同努力,把中法关系推向前进"。

吴邦国还向侨胞们介绍了中国的发展现状和远景蓝图。他说:"只要我们踏踏实实,不折腾,按照科学发展观这样走下去,再过10年、20年,或到新中国成立100周年时,我们的国家将会有很大的变化,我们的明天一定更加美好。"

吴邦国委员长的"由感而发"赢得了侨胞们的一片赞同。一些侨胞随后在接受记者采访时表示,这体现了中国领导人对华侨华人的关心和期待。旅法华侨华人一定会继续努力,在推动中法关系发展、弘扬中华文化和支持祖(籍)国建设等方面,发挥自己的作用。

吴邦国出席中法经贸合作论坛并发表主旨演讲

人民日报巴黎7月9日电　正在法国进行正式友好访问的中国全国人大常委会委员长吴邦国当地时间9日上午出席了中法经贸合作论坛开幕式,并发表题为《新形势下的中法经贸合作》的主旨演讲。

上午9时,吴邦国委员长在法国国民议会议长阿夸耶,前总理、执政党人民运动联盟第一副主席拉法兰,巴黎工商会主席西蒙和法中委员会主席赵国华等陪同下步入会场。在热烈的掌声中,吴邦国发表了主旨演讲。

演讲中,吴邦国着重从三个方面深入分析了中国的基本国情和发展的阶段性特征,指出中国仍处于并将长期处于社会主义初级阶段,仍然是世界上最大的发展中国家。一是经济实力显著增强,同时长期形成的结构性矛盾和粗放型增长方式尚未根本改变。二是协调发展取得显著成绩,同时城乡、区域、经济社会发展不平衡问题依然突出。三是人民生活总体上达到小康水平,同时贫困人口和低收入人口还有相当数量。吴邦国强调,实现现代化,是一代又一代中国人梦寐以求的美好愿景和矢志不渝的奋斗目标。正是因为中国人民曾饱受贫穷饥饿的煎熬,更加渴望过上富足安康的生活,发展已经成为中国人内在的共同追求。正是因为中国改革开放以来始终坚持把发展作为第一要务,人民生活一天比一天好,发展是硬道理的思想已经深入人心、不可逆转。正是因为中华民族酷爱和平,近代又频受劫难、屡遭战乱,中国人更加珍惜和平,更加懂得维护世界和平既是应尽的国际义务,也是谋求自身发展的内在需要。虽然前进的道路上还会遇到这样或那样的矛盾和问题,但中国人民对发展前景充满信心。因为我们已经开辟了中国特色社会主义发展道路,形成了中国特色社会主义理论体系。只要我们坚定不移地沿着这条道路走下去,就一定能够把中国建设成为富强民主文明和谐的社会主义现代化国家。

吴邦国积极评价中法关系和中法经贸合作后说,中法经济的互补优势和已经形成的互利合作格局,并没有因为国际金融危机的影响而改变。而两国在应对国际金融危机过程中推出的刺激经济增长计划和经济结构调整战略，又为双方经贸合作带来新的机遇。为此，他提出三点建议，一是深化大项目合作，延长产业链，更好地发挥大项目的带动和辐射作用。二是拓展新的合作领域，加强在新能源、新材料等领域的合作，培育中法经贸合作新的增长点。三是完善投资贸易环境，促进双边贸易和投资便利化，防止各种形式的贸易保护主义。

吴邦国强调，经贸合作是中法关系的物质基础，也是两国关系持续充满活力的重要保障。要把双方加强经贸合作的愿望转化为现实，很重要的一条，就是要充分发挥企业在经贸合作中的主体作用。相信只要中法两国企业和有关方面共同努力，就一定能够开创中法经贸合作更加美好的明天。

阿夸耶在致辞中说，吴委员长的重要演讲内容丰富，意义深刻，既描绘了中国积极乐观的发展前景，又没有回避前进道路上存在的困难和问题，有助于更客观地了解中国，还为建设法中新型经贸伙伴关系提供了行动指南。拉法兰在致辞中高度评价中国发展取得的成就，认为中国的发展是世界的福音，是法中合作的良机，加强法中经贸合作对世界经济的复苏和增长将产生重要影响。

论坛上还举行了中法经贸合作文件的签字仪式，双方企业共签署6个合作文件，总金额约17亿美元，涉及汽车、机电、原材料、农业等多个领域。

本次论坛是由中国商务部和法国经济、工业与就业部主办的。中法两国政府、立法机构的官员，法国190多家企业的280多名企业家，中国130多家企业的200多名企业负责人及法社会各界代表约500人参加了论坛。

出席论坛后，吴邦国专程前往法国电力公司，考察智能电网项目。法电力公司是该国智能电网技术开发的主要企业，目前在输电、变电及用户响应等方面应用了部分智能技术，在电力优化配置、保障电网安全等方面进行着有益探索。

吴邦国委员长夫人章瑞珍、全国人大常委会副委员长兼秘书长李建国等陪同人员参加了上述活动。

吴邦国会见法国总统萨科齐

人民日报巴黎7月9日电 正在法国进行正式友好访问的中国全国人大常委会委员长吴邦国当地时间9日下午在总统府会见了法国总统萨科齐。双方在坦诚友好的气氛中，就深化两国战略合作关系、推动中欧关系发展以及共同关心的重大国际问题深入交换了意见，达成重要共识。

吴邦国首先转达了胡锦涛主席对萨科齐的亲切问候，萨科齐对此表示感谢，并请吴邦国委员长转达他对胡锦涛主席的良好祝愿。

吴邦国说，中法建交46年来，两国关系以其战略性和开创性长期走在西方国家与中国关系前列。当前国际形势正经历复杂深刻变化，全球性问题日益突出。中法作为世界上具有重要影响的国家，在事关人类和平与发展的重大问题上拥有广泛共同利益。中方高度重视中法关系，把法国作为国际事务中重要合作伙伴，希望双方继续保持和增强中法关系的战略性和开创性，把新形势下的中法全面战略伙伴关系不断推向前进。

吴邦国指出，虽然国际金融危机最困难的时期已经过去，但世界经济完全走出金融危机阴影尚需时日。二十国集团以其较广泛的代表性为国际社会共同应对危机发挥了重要作用，尤其是峰会机制的建立与完善，反映了经济全球化和世界多极化的客观要求。中方愿与包括法方在内的各成员国一道，在落实历次峰会成果的同时，积极推动机制化建设，使二十国集团从危机应急机制向全球经济治理机制转型，促进世界经济实现强劲、可持续、平衡增长。

吴邦国强调，中法经济具有很强的互补性，又有良好的合作基础，孕育巨大的发展潜力。希望双方进一步深化在核电开发、航空、交通等传统领域大项目的合作，拓展新能源、新材料、低碳技术、绿色经济等新的合作领域，扩大相互投资，鼓励联合研发，支持企业合作开拓第三方市场，把中法经贸关系建成紧密长期可持续的新型经贸伙伴关系。

萨科齐对此表示赞同。他说，中国是世界上十分重要的国家，是法国重要的战略伙伴。法方高度重视对华关系，他就任总统以来已四次到访中国，就是为了推动法中关系加快发展。他表示，明年法国将担任二十国集团轮值主席国，法方愿与中方加强合作，共同推动二十国集团机制建设和全球经济治理。

此前，吴邦国委员长在下榻的饭店还会见了法国经济、工业与就业部长拉加德。

全国人大常委会副委员长兼秘书长李建国等参加了会见。

吴邦国会见法国罗阿大区议会主席

人民日报里昂7月11日电　正在法国进行正式友好访问的中国全国人大常委会委员长吴邦国当地时间11日上午在里昂会见罗讷—阿尔卑斯大区议会主席盖拉纳。

吴邦国说，虽然这是我第一次访问罗阿大区，但对罗阿大区怀有深厚感情。贵区与中国的交往历史悠久，上个世纪初，邓小平等老一辈革命家曾在里昂等地勤工俭学，开始革命生涯。罗阿大区是法国第二大经济区和第一大能源基地，在冶金、机械、纺织、化工等传统领域优势明显，生物工程、纳米技术、绿色经济等新兴产业方兴未艾。更为可喜的是，贵区与上海、广州、武汉、苏州等城市开展着卓有成效的交流与合作，为中法关系发展作出了重要贡献。我这次访问法国的一个重要目的是推动两国地方合作，增进人民友谊，扩大两国关系的社会和民意基础。

吴邦国指出，罗阿大区在环境生态治理保护及节能减排等领域富有经验。中国正在着力调整经济结构、促进产业升级、转变经济发展方式，这为深化和扩大合作带来新的机遇。希望双方在继续加强经贸、科技、教育等领域合作的同时，积极开展在城市规划建设管理等方面的交流与合作，促进城市实现可持续发展。

盖拉纳表示，罗阿大区热切期盼吴委员长的访问，认为此访将大大推动罗阿大区与中国关系的发展。他说，罗阿大区同中国的友好往来源远流长，近年来又一直走在法中关系发展的前列，成为法中合作最活跃、最丰富的地区之一。我多次访华，对中国实施可持续发展战略印象深刻。希望以吴委员长此次访问为新的契机，进一步加强罗阿大区与中国有关城市的务实合作，欢迎更多的中国企业来罗阿大区投资创业。

吴邦国委员长是在当地时间9日晚结束在巴黎的访问后乘专机抵达里昂的。离开巴黎时，法国国民议会法中友好小组主席埃尔比永，我驻法使馆工作人员到机场送行。抵达里昂时，罗讷—阿尔卑斯大区主席吉罗、法参议院法中议员友好小组主席贝松，中国驻里昂总领事李平等到机场迎接。

在里昂期间，吴邦国在阿夸耶议长陪同下，还专程考察了法国国家太阳能学院和粒子物理实验室，吴邦国委员长夫人章瑞珍、全国人大常委会副委员长兼秘书长李建国陪同考察。

吴邦国会见法国波尔多市市长

人民日报法国波尔多7月11日电　正在法国进行正式友好访问的中国全国人大常委会委员长吴邦国当地时间11日晚在市政府会见了波尔多市市长朱佩。

吴邦国对朱佩在担任法国总理、外长和波尔多市市长期间为推动中法关系发展所做的积极努力表示赞赏。他说，在两国元首亲自推动和有关方面共同努力下，近年来中法关系得到新的发展。我这次访法的目的，是落实两国元首达成的共识，把包括地方合作在内的中法全面战略伙伴关系继续推向前进。我们高兴地看到，波尔多与武汉结为友好城市以来，双方在经贸、文化、教育、旅游等领域的交流与合作迅速发展，已成为两国地方合作的典范。中国正在实施中部地区崛起等区域发展战略，这为中法地方合作提供了更加广阔的空间。中方将继续支持广东、武汉等省市在深化同波尔多市传统领域合作的同时，加强在航空航天、新能源、新材料、绿色经济、低碳技术等领域的合作，开展历史文化名城保护、城市规划建设管理等方面的经验交流，学习借鉴波尔多市在保护古城风貌与体现时代精神相结合方面的有益作法，为中法关系全面发展注入新的活力。

朱佩说，十分荣幸有机会接待来自中国的贵宾。法中关系发展历程说明，建设法中全面战略伙伴关系符合两国根本利益，也有利于共同应对全球性经济、社会、环境等问题。法国对中国的发展成就感到钦佩，中国的持续快速发展为深化法中合作带来新的机遇。他表示，愿以吴委员长的重要访问为契机，进一步加强波尔多与中国有关地方多领域的务实合作，促进两国经济、文化、教育的发展。

全国人大常委会副委员长兼秘书长李建国等会见时在座。

吴邦国委员长和夫人章瑞珍是在当天下午结

束对里昂的访问后乘专机抵达波尔多的。离开里昂时，罗阿大区主席吉罗等法方高级官员、我驻里昂总领馆工作人员等到机场送行。抵达波尔多时，吉伦特省省长施密特等法方高级官员在机场迎接。

吴邦国会见法国马赛市市长

人民日报法国马赛 7 月 13 日电 正在法国进行正式友好访问的中国全国人大常委会委员长吴邦国当地时间 13 日下午在市政府会见了法国参议院副议长、马赛市市长戈丹。

吴邦国说，很高兴把马赛作为此次访法的最后一站。访法期间，我同总统萨科齐、参议长拉尔谢、国民议会议长阿夸耶、总理菲永等法方领导人进行了很好的会谈会晤，就两国关系、国际形势和共同关心的其他重大问题深入交换意见，达成广泛共识。还启动了中国全国人大和法国国民议会定期交流机制，出席了中法经贸合作论坛开幕式并发表主旨演讲，考察了一些高新技术企业和科研机构，与法国各界人士广泛接触，促进了务实合作，访问达到了预期目的。

吴邦国强调，地方合作是国家关系的重要组成部分。我这次访问马赛等地是要推动中法地方合作迈上新台阶。希望马赛市以上海世博会为契机，进一步加强与上海友好城市的交流与合作。同时发挥马赛经济科技优势，支持两国企业落实好大项目合作计划，加强新能源、新材料、公共交通、港口建设等方面的互利合作，为中法关系发展作出新贡献。

戈丹祝贺吴委员长访法取得圆满成功。他说，我曾多次访华，对中国日新月异的发展变化印象深刻。马赛人民始终对中国人民怀有友好感情。马赛与上海的友好城市建设成果丰硕。我们对进一步加强与中方在经济、科技、教育、文化、旅游等领域合作充满期待。

当天上午，吴邦国委员长还先后考察了欧洲直升机公司和国际热核聚变实验室反应堆工地。

全国人大常委会副委员长兼秘书长李建国等陪同人员参加了上述活动。

吴邦国委员长和夫人章瑞珍是 12 日下午乘专机离开波尔多来到马赛访问的。离开波尔多时，吉伦特省代省长等法方官员到机场送行。抵达马赛时，罗讷河口省代省长等法方官员，中国驻马赛总领事宋炳林及领馆工作人员在机场迎接。

推动中法经贸合作向更高层次更宽领域迈进

——吴邦国委员长考察法国高新技术企业和科研机构纪实

仲夏时节的法兰西，灿烂的阳光格外明媚，金黄的麦穗随风摇曳，一派繁忙收获景象。

连日来，正在法国进行正式友好访问的中共中央政治局常委、全国人大常委会委员长吴邦国，与法国领导人和地方官员举行一场场会谈会见，谈两国关系，议国际形势，话合作前景，启动中法议会定期交流机制，还广泛接触中法企业界人士，亲自见证中法合作新成果，亲切接见使领馆工作人员、中资机构、华侨华人和留学生代表，强调在新的国际形势下，中法关系战略意义不断上升，合作空间日益扩大，发展中法关系符合两国和两国人民共同利益，有利于世界和平稳定与繁荣。他还专门考察了智能电网、光伏发电、直升飞机、热核聚变、粒子物理等领域的一批体现法国经济科技实力的高新技术企业和科研机构，直接推动中法经贸合作向着更高层次更宽领域迈进。

“中法经济具有很强的互补性，又有良好合作基础，孕育着巨大发展潜力。双方应当发挥各自优势，实现互利共赢，共同建设紧密长期可持续的新型经贸伙伴关系。”吴委员长的精辟分析引起法国政要和各界人士的强烈反响。

“更好地发挥大项目合作的带动和辐射作用”

大项目多，技术含量高，是中法经贸合作的一大亮点。多年来，双方在核电开发、航空航天、高速铁路等领域开展了卓有成效的合作。目前，法国第三代压水堆核电站正在中国广东建设，欧洲空客

A320 飞机在中国天津总装交付，中法联合研制的 Z15 直升机在法国马赛成功首飞。7 月 13 日，吴委员长来到位于马赛的欧洲直升机公司总部，详细了解中法大项目合作的进展情况。

欧洲直升机公司是全球第一大直升机制造商，其母公司欧洲宇航防务集团业务涵盖航空、航天等众多领域。集团总裁加卢瓦说，早在上世纪 70 年代，我们就同中国建立了密切联系，现在中国已成为最重要的合作伙伴之一。"你们同中国的合作项目我都考察过，有的还不止去过一次。"吴委员长接过话头，谈起项目的谈判过程和进展情况如数家珍。加卢瓦惊讶地说："委员长阁下比我还熟悉，我就不一一介绍了。"随后，吴委员长登上贵宾平台。中法联合研制的 Z15 直升机腾空而起，时而大仰角爬升、俯冲筋斗、原地回转，时而悬停、倒飞、侧飞。一个接一个的高难度动作，引来阵阵掌声。吴委员长一边饶有兴致地观看，一边详细询问研发过程、性能参数等等。加卢瓦介绍说，该机型为 7 吨级重型多用途直升机，能够容纳 16 人，具有近海石油平台作业、长航程搜救、紧急医疗救护等用途。直升机的研制和生产由中国哈尔滨飞机工业集团主要负责，欧洲直升机公司负责在法国进行总装和试验。目前已经接到来自北美、亚洲、欧洲的 120 余架启动订单。吴委员长对双方合作取得重大进展表示满意，勉励双方精心组织试飞验证，尽快投入批量生产，努力扩大国际市场份额。

吴委员长指出，中国在保持经济平稳较快发展的同时，正着力调整经济结构，促进产业优化升级，为世界经济复苏和发展提供了巨大商机与动力。法国在核电开发、航空航天、铁路建设等领域的技术居于世界领先地位。把这种互补优势很好地结合起来，将为中法经贸合作带来新的机遇，创造更加美好的未来。希望两国企业抓住机遇，继续加强在航空航天领域的联合研发设计，延长产业链，拓展在核电开发领域的全方位产业合作，加强在高速铁路和轨道交通领域的技术合作，更好地发挥大项目合作的带动和辐射作用。加卢瓦等企业负责人说，听了吴委员长深入浅出的分析，对法中合作的前景更加充满信心，表示将积极扩大对华投资，与中国企业建立更加密切的合作伙伴关系，为两国产业优化升级和经济结构调整作出新的贡献。

"把战略性新兴产业培育成中法经贸合作新的增长点"

面对国际金融危机冲击，世界各国纷纷将目光投向战略性新兴产业，新能源、新材料、信息网络、生物医药、节能环保、低碳技术、绿色经济成为新一轮产业发展的重点。吴委员长十分关心我国战略性新兴产业发展，在国内外考察时都要深入科研生产一线，与专家学者和工程技术人员共同探讨战略性新兴产业技术临界突破口。

7 月 10 日，吴委员长驱车 100 多公里，来到位于尚贝里市的法国国家太阳能学院考察。这家学院设立只有短短 5 年时间，目前已经拥有 200 名研究人员，形成了太阳能研发、测试、教育等三大工作平台。在学院实验室和生产车间，吴委员长不时停下脚步，同研究人员亲切交谈。矿石来自哪里，冶炼过程如何消除残留物，怎样提高纯度，光电转换率多高……吴委员长问得非常仔细，学院负责人一一作答。他告诉吴委员长，在学院的实验室里，光伏电池组件的光电转换率达到 15% 至 16%，薄膜电池组件的光电转换率达到 20%，学院正致力于将科研成果尽快转化为生产力。吴委员长称赞他们取得的成绩并指出："太阳能是用之不竭的清洁能源，但目前还面临两大难题：一是如何提高光电转换效率，二是如何降低生产制造成本。希望中法科研机构和生产企业在这方面加强合作，共同攻克难关。"室外，灼热的阳光下，一块块巨大的太阳能板熠熠生辉。吴委员长幽默地说："今天的阳光很厉害，酷热难当，但这对太阳能发电来说是件好事。"现场顿时响起一阵愉快的笑声，好像阵阵凉风，带来丝丝惬意。

吴委员长对陪同考察的法国国民议会议长阿夸耶说："目前中国风电装机容量达到 2200 万千瓦，光伏发电量达到 15 万千瓦时，规划到 2020 年将分别增加到 1.5 亿千瓦和 2000 万千瓦时。中国西北地区具有较好的光热条件和风力资源，而且中国风电装备和光伏电池生产能力也位居世界前列。这为中法经贸合作提供了新的机遇。两国企业应当在现有合作基础上，通过开展联合研究、建设示范工程、共同开发技术、扩大相互投资等形式，加强清洁能源、智能电网等领域的互利合作，使这些领域成为中法经贸合作新的增长点。"阿夸耶表示："同中国一样，法国将发展太阳能等清洁能源作为经济政策的重点，两国战略性新兴产业合作的机遇前所未有。法国政府和议会支持法方企业与中国企业密切合作，欢迎中国企业参与法国太阳能电站建设。"

“推动科技合作成果向现实生产力转化”

世人瞩目的国际热核聚变实验室反应堆工地坐落在马赛东北70公里的卡达拉舍小镇旁。这个俗称“人造小太阳”的国际科研合作计划，将为今后的热核聚变示范堆、商业堆进行技术和工程准备，达到最终通过可控热核聚变、为人类提供取之不尽的清洁能源的目的。2007年8月，全国人大常委会批准中国政府签署的《联合实施国际热核聚变实验堆计划建立国际聚变能组织的协定》。中国作为该计划的重要参与者，承担了实验堆工程的许多核心项目。

吴委员长对这个当今最大的国际科研合作项目非常关心。7月13日下午，他专程来到建设工地。“中国研制的全超导托卡马克装置，我多次去看过。今天有机会来到这里，感到很高兴。”吴委员长开门见山。国际聚变能组织总干事池田要介绍，经过包括中国在内的各参与国的共同努力，本月下旬就要举行托卡马克大楼奠基仪式，极向场线圈绕制大楼也将开工建设，预计2019年实现第一等离子体，2027年正式开始氘氚核反应。吴委员长关切地询问关键部件研发进展和目前面临的突出困难。他说，热核聚变实验堆计划寄托着人类解决未来能源需求的希望，既令人鼓舞，也极具挑战。中国政府将一如既往地支持国际热核聚变实验堆计划。希望国际聚变能组织加强组织协调，使该计划顺利实施。

访法期间，吴委员长还考察了位于阿讷西的法国粒子物理实验室，认真听取该实验室同中国科研机构合作情况介绍，亲切看望在这里工作的中方研究人员，勉励他们刻苦学习，努力工作，高质量地完成研究任务。

科学技术是经济社会发展中最活跃、最具革命性的因素。人类文明的每一次重大进步都与科学技术的革命性突破密切相关。当前，经济社会发展的迫切要求，日益突出的全球性问题，科学技术体系的内在演进，都在催生着重大科技突破，孕育着巨大的物质财富和精神财富。吴委员长指出，中法双方应利用合作大项目多、技术含量高的优势，积极推动科学研究、技术创新、产业发展有效结合方面的合作，积极推动基础研究和应用研究有效结合方面的合作，积极推动科学前沿高新技术融合创新方面的合作，为两国经贸合作和经济结构调整、产业优化升级提供科技支撑和不竭动力。

从塞纳河畔到地中海之滨，互利合作的种子播撒在广袤的田野，共同发展的旋律回荡在辽阔的天空……中法经贸合作的参天大树一定会根深叶茂、硕果累累。

吴邦国开始对塞尔维亚进行正式友好访问

人民日报贝尔格莱德7月14日电 应塞尔维亚议会议长久基奇—德亚诺维奇的邀请，中国全国人大常委会委员长吴邦国14日抵达塞尔维亚首都贝尔格莱德，开始对塞尔维亚进行为期两天的正式友好访问。

当地时间上午11时许，吴邦国委员长的专机徐徐降落在贝尔格莱德机场。机场上空中塞两国国旗高高飘扬。中国驻塞尔维亚大使魏敬华和塞议会高级官员登机迎请。吴邦国委员长和夫人章瑞珍在舷梯前，与前来迎接的久基奇—德亚诺维奇议长和塞议会6位副议长等亲切握手，互致问候。

吴邦国在机场发表了书面讲话。他说，中塞两国人民有着深厚的传统友谊。2009年两国建立战略伙伴关系，掀开了中塞关系新的一页。中方高度重视发展同塞尔维亚的关系，视塞为中国的好朋友好伙伴，愿继续本着相互尊重、平等互利的原则，积极推动中塞关系深入发展，为两国人民带来更多福祉。

吴委员长此访，是2006年塞尔维亚成为独立国家以来，中国主要领导人首次访塞，也是10年来中国全国人大常委会委员长第一次访问塞尔维亚。访问期间，吴邦国将会见塔迪奇总统，与塞尔维亚议会议长久基奇—德亚诺维奇举行会谈，会晤茨韦特科维奇总理，同塞领导人就中塞关系和其他共同关心的问题广泛交换意见，还将出席由中国企业承建的泽蒙大桥奠基仪式。他表示，相信在双方的共同努力下，这次访问必将达到深化传统友谊、巩固政治互信、扩大互利合作的目的，推动中塞战略伙伴关系迈上新台阶。

全国人大常委会副委员长兼秘书长李建国等陪同人员同机抵达。

事委员会设立国际交流室。

11—12日　第十六次全国地方立法研讨会在湖北省武汉市举行，王兆国副委员长出席会议并就形成中国特色社会主义法律体系几个重要问题发表讲话。

14—16日　全国人大农业与农村委员会在福建省厦门市举办农村土地管理制度培训班。乌云其木格副委员长出席开班式并讲话。

15—17日　陈至立副委员长率全国人大常委会执法检查组在山西省对《节约能源法》的贯彻实施情况进行检查。检查组听取山西省政府关于贯彻《节约能源法》的工作汇报，并在太原、晋中、阳泉等地察看企业、大中学校、农村节能项目，并与当地政府、企业和学校座谈。

15—18日　韩启德副委员长率全国人大常委会执法检查组在重庆市对《节约能源法》的贯彻实施情况进行检查。

15—20日　华建敏副委员长率全国人大常委会执法检查组在浙江省对《节约能源法》的贯彻实施情况进行检查。检查组先后深入温州、宁波、杭州等地实地考察，多次召开座谈会听取当地政府及企业、高等院校、科研机构代表的意见建议。

16日　陈昌智副委员长会见安哥拉国民议会外委会主席玛丽亚·布拉干萨率领的代表团。

同日　严隽琪副委员长会见韩国国会韩中议员外交协议会会长金武星率领的代表团。

17日　吴邦国委员长会见智利总统皮涅拉。

21—26日　应全国人大常委会委员长吴邦国的邀请，古巴全国人民政权代表大会主席阿拉尔孔访华。24日，吴邦国委员长与古巴全国人民政权代表大会主席阿拉尔孔举行会谈。25日，乌云其木格副委员长会见古巴全国人民政权代表大会主席阿拉尔孔一行。

22—24日　陈至立副委员长在宁夏回族自治区考察调研。

23日　李建国副委员长兼秘书长会见北京市西城区四套班子主要负责同志。

24日　全国人大财政经济委员会召开《节约能源法》执法检查专题座谈会，听取国务院有关部门和行业负责人有关工业节能情况的汇报。华建敏副委员长出席会议。

同日　中国共产党的优秀党员，久经考验的忠诚的共产主义战士，无产阶级革命家，我国外交战线的杰出领导人，国务院原副总理、国务委员，第六届全国人民代表大会常务委员会副委员长，原中共中央顾问委员会常务委员黄华同志，因病于2010年11月24日3时8分在北京逝世，享年98岁。

26日　全国人大财政经济委员会召开《节约能源法》执法检查组内部讨论会，华建敏、陈至立副委员长出席会议。

同日　陈昌智副委员长会见萨摩亚议长托洛富艾瓦莱莱。

27日　全国人大常委会办公厅在浙江省杭州市召开人大工作座谈会，王兆国副委员长出席会议并发表讲话。

29日　华建敏副委员长主持召开会议，听取住房和城乡建设部、国家统计局有关负责同志关于建筑节能工作情况的汇报。

30—12月4日　应全国人大常委会委员长吴邦国的邀请，朝鲜最高人民会议议长崔泰福对我国进行正式友好访问。12月1日，吴邦国委员长与朝鲜最高人民会议议长崔泰福举行会谈。同日，陈至立副委员长会见崔泰福议长率领的朝鲜最高人民会议代表团。

十　二　月

2日　吴邦国委员长会见俄罗斯国家杜马副主席梅利尼科夫。

同日　蒋树声副委员长会见俄罗斯国家杜马副主席梅利尼科夫率领的代表团。

3日　全国人大常委会《节约能源法》执法检查组召开第二次全体会议，华建敏副委员长出席会议。

同日　李建国副委员长兼秘书长主持召开会议，听取全国人大常委会会议厅改扩建工程室内装修方案的汇报。

4日　中央宣传部、全国人大内务司法委员会、全国人大常委会法制工作委员会、司法部、全国普法办公室共同举办的“12·4”全国法制宣传日10周年座谈会。李建国副委员长兼秘书长出席并讲话。

6日　李建国副委员长兼秘书长主持召开会议，传达吴邦国委员长、王兆国副委员长关于常委会2011年工作重点的指示。

8日　李建国副委员长兼秘书长主持召开常委会分组会议召集人会议，研究部署常委会第十八次会议专题询问的有关工作。

9—12 日 全国人大常委会办公厅在福建省厦门市举办“学习贯彻十七届五中全会精神代表培训班”。来自辽宁、吉林、黑龙江、上海、重庆、四川、贵州、云南、西藏、青海、宁夏、新疆等17个选举单位的近400名全国人大代表参加学习。

10—12 日 吴邦国委员长出席中央经济工作会议。

13 日 华建敏副委员长会见阿尔及利亚国民议会财政与预算委员会穆罕默德·科奈率领的代表团。

同日 十一届全国人大常委会委员长会议召开第五十四次会议，吴邦国委员长主持。会议决定，十一届全国人大常委会第十八次会议于12月20日至25日举行。

15 日 吴邦国委员长会见柬埔寨王国首相洪森。

16—19 日 全国人大常委会办公厅在福建省厦门市举办“学习贯彻十七届五中全会精神代表培训班”。来自河北、山西、内蒙古、浙江、安徽、江西、河南、广东、广西、海南、台湾、解放军等18个选举单位的近400名全国人大代表参加学习。

17 日 中国人大网、人民网、新华网联合邀请有关财税、法律方面的专家和全国人大常委会有关工作机构负责人，与广大网民就草案的相关问题进行交流，回答大家关心的问题。

17—22 日 应全国人大常委会委员长吴邦国的邀请，马拉维议会议长班达率议会代表团对中国进行正式友好访问。20日，吴邦国委员长会见马拉维议会议长班达。同日，蒋树声副委员长会见马拉维议会议长班达率领的代表团。

20 日 吴邦国委员长出席中共中央国务院中央军委举行的庆祝我国探月工程嫦娥二号任务圆满成功大会。

20—25 日 十一届全国人大常委会举行第十八次会议。

会议听取全国人大法律委员会副主任委员洪虎关于水土保持法修订草案审议结果的报告。在审议的基础上，会议印发全国人大法律委员会关于水土保持法修订草案二次审议稿修改意见的报告，经过审议，会议通过修订后的《水土保持法》。本法自2011年3月1日起施行。

会议听取全国人大法律委员会副主任委员李适时关于刑法修正案（八）草案修改情况的汇报、全国人大法律委员会副主任委员李重庵关于非物质文化遗产法草案修改情况的汇报，并对这两部法律草案进行再次审议。

会议印发关于召开十一届全国人大四次会议的决定草案的议案，经过审议，会议通过这个决定。按照这个决定，十一届全国人大四次会议将于明年3月5日在北京召开。

会议听取并审议国家民族事务委员会主任杨晶关于加快少数民族和民族地区经济社会发展的工作情况的报告，国家发展和改革委员会主任张平关于深化医药卫生体制改革工作情况的报告、关于加快发展服务业工作情况的报告，华建敏副委员长作的全国人大常委会执法检查组关于检查《中华人民共和国节约能源法》实施情况的报告。

会议听取全国人大常委会代表资格审查委员会主任委员黄镇东关于个别代表的代表资格的报告。经过审议，会议通过这个审查报告。

会议分别听取全国人大民族委员会主任委员马启智、法律委员会主任委员胡康生、教育科学文化卫生委员会主任委员白克明、外事委员会主任委员李肇星、华侨委员会副主任委员虞云耀、环境与资源保护委员会副主任委员曹伯纯、农业与农村委员会主任委员王云龙关于十一届全国人大三次会议主席团交付本专门委员会审议的代表提出的议案审议结果的报告。经过审议，会议通过这七个报告。

会议听取并审议全国人大常委会副秘书长何晔晖关于十一届全国人大三次会议代表建议、批评和意见办理情况的报告；民政部部长李立国关于民政部关于十一届全国人大三次会议代表建议、批评和意见办理情况的报告。

会议审议吴邦国委员长访问柬埔寨、印度尼西亚、泰国三国情况的书面报告。会议印发全国人大代表团访问克罗地亚、罗马尼亚和西班牙的书面报告。

会议决定免去李毅中的工业和信息化部部长职务；任命苗圩为工业和信息化部部长。

会议任命梁保华为十一届全国人大财政经济委员会副主任委员，任命罗清泉为十一届全国人大环境与资源保护委员会副主任委员，任命高新亭为十一届全国人大内务司法委员会委员，任命刘东辉为十一届全国人大教育科学文化卫生委员会委员，任命杨永茂为十一届全国人大农业与农村委员会委员。会议还通过其他任免事项。

会议闭幕时，吴邦国委员长发表讲话。（全文见本书第159页）

会议结束后，十一届全国人大常委会举行第十九次专题讲座，由国家发展和改革委员会副主任朱之鑫讲授《贯彻落实中央〈建议〉精神，开创科学发展新局面》。吴邦国委员长主持讲座。

22日　十一届全国人大常委会委员长会议召开第五十五次会议，吴邦国委员长主持。会议研究提请常委会会议表决事项。

24日　十一届全国人大常委会第十八次会议召开联组会议，专题询问国务院关于深化医药卫生体制改革工作情况。受国务院委托，国家发展和改革委员会、财政部、人力资源和社会保障部、卫生部等相关部委局负责人到会听取意见、回答询问。这是全国人大常委会今年以来举行的第三次专题询问，也是规模最大的一次联组会议。受吴邦国委员长的委托，全国人大常委会副委员长兼秘书长李建国主持联组会议。联组会议上，宋法棠、黄丽满、王宁生、张美兰、任茂东、程津培、郑功成、田玉科、王云龙、郭凤莲10位委员就深化医改中的重要问题特别是广大人民群众关心的基本医疗保障制度、基本药物制度、公立医院改革、农村和社区基层医疗卫生服务等突出问题提出询问。国家发展和改革委员会、财政部、人力资源和社会保障部、卫生部、国家食品药品监管局、国家中医药管理局等部委局负责人对提出的询问一一作了回答。

25日　吴邦国委员长会见全国人大常委会第十七次、第十八次会议任命的全国人大专门委员会组成人员。王兆国副委员长、李建国副委员长兼秘书长，机关有关负责同志和相关专门委员会负责同志陪同。

同日　十一届全国人大常委会委员长会议召开第五十六次会议，吴邦国委员长主持。会议研究提请常委会会议表决事项。

同日　全国人大常委会发布公告。公告说，辽宁省人大常委会补选陈海波为十一届全国人大代表。全国人大常委会同意代表资格审查委员会的审查报告，确认陈海波的代表资格有效。

同日　全国人大常委会发布公告。公告说，十一届全国人大代表赵鹏、牟本理因病去世，赵鹏、牟本理的代表资格自然终止。全国人大常委会对赵鹏、牟本理代表的去世表示哀悼。

全国人大常委会发布公告。公告说，重庆市人大常委会罢免李晓枫的十一届全国人大代表职务。依照代表法的有关规定，李晓枫的代表资格终止。现在，十一届全国人大实有代表2978人。

27日　吴邦国委员长出席中国2010年上海世界博览会总结表彰大会。

29日　李建国副委员长兼秘书长主持召开会议，向中央组织部负责同志通报县、乡人大换届选举的有关情况。

同日　李建国副委员长兼秘书长主持召开会议，研究吴邦国委员长在中国特色社会主义法律体系座谈会上的讲话稿。

30日　吴邦国委员长与首都近千名群众一同观看2011年新年京剧晚会的演出，喜迎新年的到来。

同日　全国人大机关举办2011年迎新歌会。李建国副委员长兼秘书长，各专门委员会、工作委员会有关负责同志等出席。机关干部职工500余人参加。

强了信心和动力，必将极大地推动各项医改任务落实。在此，我们向全国人大常委会表示衷心的感谢！医药卫生体制改革是涉及13亿人民幸福安康的重大民生工程。我们将按照全国人大常委会的审议意见，认真研究提出改进工作的措施，以高度的责任感，坚定不移地推进改革，力争早日实现人人享有基本医疗卫生服务的宏伟目标。

附件：深化医药卫生体制改革已出台重要配套文件一览表

附件：

深化医药卫生体制改革已出台重要配套文件一览表

序号	文件名称
1	关于全面开展城镇居民基本医疗保险工作的通知
2	关于扶持和促进中医药事业发展的若干意见
3	关于妥善解决关闭破产国有企业退休人员等医疗保障有关问题的通知
4	关于进一步完善城乡医疗救助制度的意见
5	关于完善政府卫生投入政策的意见
6	关于巩固和发展新型农村合作医疗制度的意见
7	关于促进基本公共卫生服务均等化的意见(附:国家基本公共卫生服务项目)
8	关于进一步加强基本医疗保险基金管理的指导意见
9	关于印发《关于建立国家基本药物制度实施意见》的通知
10	关于印发《国家基本药物管理办法(暂行)》的通知(附:国家基本药物目录)
11	关于印发加强基本药物质量监督管理规定的通知
12	关于印发改革药品和医疗服务价格形成机制的意见的通知
13	关于印发公共卫生与基层医疗卫生事业单位实施绩效工资的指导意见的通知
14	关于加强医疗卫生人才队伍建设的意见
15	关于印发流动就业人员基本医疗保障关系转移接续暂行办法的通知
16	关于基本医疗保险异地就医管理服务工作的意见
17	关于加强乡村医生队伍建设的意见
18	关于印发公立医院改革试点指导意见的通知
19	关于印发开展农村订单定向医学生免费培养工作实施意见的通知
20	关于开展提高农村儿童重大疾病医疗保障水平试点工作的意见
21	关于印发以全科医生为重点的基层医疗卫生队伍建设规划的通知
22	关于建立和规范政府办基层医疗卫生机构基本药物采购机制的指导意见
23	关于进一步鼓励和引导社会资本举办医疗机构的意见
24	关于建立健全基层医疗卫生机构补偿机制的意见

关于加快发展服务业工作情况的报告

——2010年12月22日在第十一届全国人民代表大会
常务委员会第十八次会议上

国家发展和改革委员会主任 张 平

全国人民代表大会常务委员会：

我受国务院委托，向全国人大常委会报告"十一五"以来加快发展服务业工作情况，请予审议。

一、加快发展服务业的有关工作

党中央、国务院高度重视服务业发展。胡锦涛总书记在党的十七大报告中指出，要发展现代服务业，提高服务业比重和水平。温家宝总理在2010年政府工作报告中要求，进一步提高服务业发展水平和在国民经济中的比重，大力发展面向生产和面向民生的服务业，积极拓展新型服务领域，加快构建和完善农村生产生活服务体系。李克强副总理在2010年8月召开的服务业发展改革工作座谈会上强调，加快发展服务业是加快经济发展方式转变和经济结构调整的重大任务，要通过深化改革推动服务业发展。

"十一五"以来，国务院印发了《关于加快发展服务业的若干意见》(国发〔2007〕7号，以下简称《若干意见》)，国务院办公厅印发了《关于加快发展服务业若干政策措施的实施意见》(国办发〔2008〕11号，以下简称《实施意见》)，明确了服务业发展的方向、目标、主要任务和政策措施；国务院召开全国服务业工作会议，对服务业工作做出了部署安排；制定出台了指导和推进物流业、旅游业、文化产业、体育产业、服务外包、社区服务、家庭服务等服务业加快发展的一系列政策措施。国务院适时向全国人大常委会报送了相关法律草案，按程序制定和修改了相关行政法规，进一步为服务业发展提供法制保障。

（一）国务院有关部门加快发展服务业的主要工作。根据国务院关于服务业工作的总体部署和要求，各有关部门按照职能分工积极开展工作：出台了相关服务行业发展的指导意见；制定了财税、金融、土地、工商、价格等方面的支持措施；加强和改进市场准入、人才服务、品牌培育、服务业标准、服务认证示范和服务业统计等方面工作；在全国范围开展了服务业综合改革试点；积极推进服务业标准化试点；大力发展高技术服务业，建设高技术服务业基地；实施现代服务业科技行动，推动现代服务业科技创新。为加强服务业工作的协调，在一些领域建立了跨部门的工作协调机制，如发展家庭服务业促进就业部际联席会议、服务业统计部际联席会议等。服务业发展环境得到进一步改善。

（二）各地区加快发展服务业的有关工作。各地区普遍重视并加强了服务业工作。一是突出规划指导，全国共有19个省(区、市)和4个计划单列市政府制定了"十一五"服务业发展规划。目前许多地区正在抓紧研究制定"十二五"服务业发展规划。二是加大政策支持力度，全国有25个省(区、市)和3个计划单列市党委或政府制定印发了加快发展服务业的政策文件。三是促进生产性服务业集聚发展，上海、江苏、浙江、山东、河南、湖北等地和广州、杭州等城市制定了相关政策措施，推进生产性服务业集聚区建设。四是加快重大项目建设，天津、浙江、山东、河南等地通过编制服务业重大项目计划，建立项目审批绿色通道和项目推进协调机制，促进重大项目建设。五是加强人才培训和基础工作，河南、江苏、杭州等地安排专项资金，对服务业重点企业和管理部门人员开展"量身定做"培训；湖南、广西、青岛等地利用部分服务业发展引导资金开展服务业重点课题研究等。六是加强组织协调，全国有24个省(区、市)和5个计划单列市建立了由当地政府主要负责同志担任组长、有关厅(局)负责同志参加的服务业发展领导协调小组；天津、辽宁、吉林、江苏、浙江、山东、河南等地和宁波、青岛等城市制定并实施了服务业发展考核制度；杭州市建立了服务业月度三级协调例会制度，协调解决服务业发展有关问题。

二、服务业发展的基本现状

"十一五"以来，我国服务业呈现较快发展态势，规模总量不断扩大，就业贡献越来越大，质量水平逐步提高，改革开放进一步深化，我国服务业发展进入了一个新的阶段。

（一）服务业规模不断扩大。“十一五”前四年，我国服务业增加值年增长率一直高于同期国内生产总值增长率，服务业增加值占国内生产总值的比重稳步提高。2009年我国实现服务业增加值14.8万亿元，比“十五”末的2005年增加7.3万亿元，增长近1倍；“十一五”前四年平均增长12.4%，高于国内生产总值年均增速1个百分点。今年前三季度，服务业增加值增长9.5%，比去年同期加快0.4个百分点。“十一五”以来，我国服务业吸纳就业能力进一步增强。2009年服务业就业人数2.7亿人，比2005年增加了2832万人，年均增加708万人。在应对国际金融危机中，服务业吸纳就业作用十分突出，2009年吸纳转移就业人员和新就业人员合计886万人。

（二）服务业主要行业和新兴领域发展较快。“十一五”前四年，我国服务业各主要行业均实现了较快发展。金融业、批发和零售业、住宿和餐饮业、交通运输仓储和邮政业等4个门类的增加值年均增速分别为21%、16.9%、9.3%和8.2%。今年前三季度，批发和零售业、住宿和餐饮业、交通运输仓储和邮政业等3个门类继续保持了快速增长，增速比去年同期分别提高3.3个、5.3个和7.8个百分点。“十一五”以来，文化、旅游等产业实现了高速增长，在经济社会发展中的地位和作用更加突出；信息等高新技术和现代管理理念的广泛应用，推动了电信增值、动漫网游、电子商务等一批新兴服务业态快速发展；检验检测、合同能源管理、环境服务、地理信息等一批适应市场需求的新兴服务产业蓬勃发展。

（三）一些经济发达地区服务业呈现明显加快发展态势。“十一五”以来，上海、北京、深圳、厦门、杭州、南京、济南、苏州等城市服务业增加值占地区生产总值比重明显上升，其中，上海市2009年达到59.4%，比2005年提高了8.9个百分点。江苏、浙江、福建、广东等省服务业增加值占地区生产总值比重也实现了较大幅度上升，2009年比2005年分别提高了4.2个、3.1个、2.8个和2.8个百分点。

（四）服务业企业不断发展壮大。“十一五”以来，我国服务业企业规模不断扩大，形成了一批知名企业和著名品牌，竞争力不断增强。中国企业联合会公布的我国服务业企业500强中，2006年入围门槛为年营业收入5.9亿元，2010年入围门槛上升到年营业收入9.9亿元，提高了0.7倍。

（五）服务业改革开放进一步深化。“十一五”以来，服务业改革迈出了新步伐。金融机构和资本市场改革继续深化，铁路投融资体制改革取得新的进展，国有文化新闻出版体制机制改革取得积极成效，医药卫生体制改革迈出实质性步伐，完善社会保障制度以及服务业税收、价格、收费等方面改革的逐步推进，外商投资服务业领域的法规体系不断完善，都对破解体制机制约束、加快服务业发展产生了积极推动作用。“十一五”以来，我国服务业实际利用外资规模创历史新高，2008年达到538.7亿美元。虽然受国际金融危机影响，2009年服务业实际利用外资有所下降，但今年以来，服务业实际利用外资再呈快速增长势头，1—8月同比增长36.8%，增幅创下新高。我国和东盟自由贸易区建设、内地与港澳关于建立更紧密经贸关系的安排（CEPA）、设立海关特殊监管区域等举措，为提高我国服务业开放质量和水平，加强对外交流合作，开辟了新的渠道。服务外包快速发展，今年9月底，全国服务外包企业从业人员205万人，其中大学以上学历人员占72%。“十一五”以来，累计承接服务外包合同执行金额326亿美元，其中国际服务外包合同执行金额占75%。

三、服务业发展的主要问题

“十一五”以来，我国服务业虽然实现了较快发展，取得了明显成效，但总体发展仍然滞后，还难以很好地适应经济社会发展的需要。主要表现在：一是服务业增加值占国内生产总值比重偏低。二是结构仍不合理。三是服务业固定资产投资占比徘徊下降。四是国际竞争力依然不强。五是服务业供给能力和水平还难以满足我国消费结构升级需要。

我国服务业发展滞后固然有经济发展所处阶段的客观因素，但也反映出了发展方式粗放、结构调整缓慢、体制改革滞后、政策支持不够、工作薄弱等深层次的原因。

四、加快发展服务业的措施

“十二五”时期我国仍处于发展的重要战略机遇期。国际金融危机影响深远，在转变发展方式、调整产业结构的要求更高、任务更重的形势下，加快发展服务业的紧迫性显得更加突出。《中共中央关于制定国民经济和社会发展第十二个五年规划的建议》明确提出，要加快发展服务业，把推动服务业大发展作为产业结构优化升级的战略重点，营造有利于服务业发展的政策和体制环境。在新的形势下，加快发展服务业要以市场化、产业化、社会化、国际化为方向，以改革创新为动力，进一步研究制定有效措施，大力发展生产性服务业和生活性服务业，积极发展旅游业，拓展服务业新领域，发展新业态，培育新热点，推进规模化、品牌化、网络化经营，推动特大城市形成以服务经济为主的产业结构，实现我国服务业发展提速、比重提高、水平提升。

（一）继续深入贯彻落实《若干意见》和《实施意见》文件精神。根据当前新的形势，重点就加强服务业规划和产业政策引导、深化服务业改革、提高服务业对外开放水平、大力培育服务业领军企业和知名品牌、加大服务业资金投入力度、优化服务业发展政策环境、加强服务业基础工作等方面，进一步做好贯彻落实。一是各地区要根据国家服务业发展总体要求，认真研究制定本地区加快发展服务业的政策措施，加强对服务业发展的协调和指导。二是有关部门要及时清理不适应服务业发展要求的各项规定，创造加快发展服务业的良好环境。三是近年来已经出台促进服务业加快发展配套政策措施的部门，要根据当前的新情况、新问题，对政策措施进一步调整完善，增强针对性和有效性。尚未出台的部门，要抓紧研究制定相关配套政策措施。

（二）谋划好“十二五”服务业发展。根据国务院统一部署，“十二五”规划《纲要》正在研究制定中，加快发展服务业是重要的内容之一。有关部门还正在抓紧研究制定着力于发展提速、比重提高、水平提升的《“十二五”现代服务业发展规划》和涉及服务业重点行业、重点领域的专项规划，通过进一步细化落实服务业发展的目标任务和保障措施，促进“十二五”时期服务业加快发展，努力形成更具宏观性、战略性、指导性和操作性的服务业加快发展的规划蓝图。

（三）研究制定加快发展服务业的新举措。加强产业政策指导，尽快修订完善《产业结构调整指导目录》，明确鼓励发展的服务业重点；进一步研究综合运用财税、金融、土地、价格等经济政策，对鼓励发展的服务行业特别是生产性服务业予以重点支持。选择服务业中的重点领域，研究进一步促进其发展的税收优惠政策。结合增值税立法和“扩围”改革，完善生产性服务业税收政策。扩大服务业引导资金规模，加强服务业基础研究投入。加大金融对服务业发展支持力度，创新金融产品和服务方式，发展新型农村金融机构。多方面拓宽加快服务业发展的融资渠道，支持符合条件的服务业企业上市融资和发行债券。完善价格政策，对列入国家鼓励类的服务业，尽快实现与工业用电、用水、用气、用热基本同价。引导和扶持服务业企业采用先进的质量管理方法，推动培育一批服务业优势品牌。支持家庭服务业发展，增加对家庭服务业的投入，建设公益性信息服务平台，加强从业人员职业培训。拓展服务业国际交流合作渠道，办好中国国际服务业大会暨交易会。探索建立我国大中城市服务业交流合作平台和工作机制。完善农村生产生活服务体系。

（四）进一步推进服务业改革开放。建立公平、规范、透明的市场准入标准。进一步深化垄断行业改革，加快投资主体多元化。明确教育、文化、卫生、体育、社会服务等社会事业的公共服务职能和公益性质，对能够实行市场化经营的服务，要充分发挥市场机制，动员社会力量增加市场供给。扎实推进服务业综合改革试点，创新发展模式，积极探索加快发展服务业的有效途径。大力推进家庭服务业市场化、产业化、社会化，形成多层次、多形式共同发展的家庭服务市场和经营机构。大力发展多种所有制服务企业，健全现代服务业企业制度，探索适合新型服务业态发展的市场管理办法，为各类企业创造公平的发展环境。分类推进事业单位改革，逐步将主要从事生产经营活动的事业单位转制为企业。研究制定加快推进行业协会改革发展的实施意见。积极推进服务业标准化试点，推广试点经验。进一步完善服务业对外开放的法律法规体系。大力发展服务贸易，努力扩大服务出口。积极发展服务外包产业，提高国内服务外包企业的承接能力。提高服务业利用外资质量和水平，引导外资更多地投向现代物流、软件设计开发服务、商务服务、工程设计、农业技术服务等生产性服务业。适应经济全球化发展趋势，积极稳妥推进教育、医疗卫生、文化、体育、电信、金融等领域对外开放。积极创造良好环境，引导服务业企业走出去，充分利用国际国内两个市场和两种资源。

（五）加强服务业组织领导和基础工作。进一步研究制定有效措施，加强对服务业发展的统筹协调和指导。积极推广建立服务业发展领导协调小组和月度协调例会制度等各种行之有效的经验。加强服务业组织机构和人员队伍建设。加大服务业人才培养力度，加快发展人力资源服务业。提升服务行业知识产权创造、运用、保护和管理能力。

加快诚信体系建设。完善服务业标准体系,加大条码代码、检验检测、服务业认证认可的工作力度,建立促进新兴产业发展的技术基础和公共服务平台。尽快建立科学、统一、全面、协调的服务业统计调查制度和信息管理制度。

全国人大常委会听取和审议关于加快发展服务业情况的报告,加强对服务业工作的监督和指导,充分体现了对服务业工作的重视、关心和支持,必将有力地促进我国服务业进一步加快发展。我们将按照全国人大常委会的审议意见,认真研究提出改进工作的措施,切实推动我国服务业实现全面加快发展。

附件:名词解释

附件:

名词解释

1. 服务业发展考核制度。《国务院关于加快发展服务业的若干意见》(国发〔2007〕7号)中明确提出,"各地区要逐步将服务业重要指标纳入本地经济社会发展的考核体系,针对不同地区、不同类别服务业的具体要求,实行分类考核"。天津、辽宁、吉林、江苏、浙江、山东、河南、宁波、青岛等9个省(市)由服务业发展领导协调小组年初将本地服务业发展主要目标和任务,分解下达到有关厅(局)和各地(市)政府,根据年底完成情况,进行考核。

2. 服务业月度三级协调例会制度。杭州市首创的服务业月度三级协调例会制度是以协调解决服务业企业存在问题为主的一种工作制度,由各区(县)服务业发展领导小组办公室、市服务业发展领导小组办公室、市服务业发展领导小组三个层次的协调会议组成。服务业企业反映的问题在协调会议研究解决,超出本级协调会议权责范围的问题,提请上一层次的协调会议研究解决。市服务业发展领导小组协调会议由市长主持,研究解决重大疑难问题。三个层次的协调会都是每月召开一次。

二、审查和批准决算，听取和审议计划、预算执行情况和审计工作报告

全国人民代表大会常务委员会关于批准2009年中央决算的决议

（2010年6月25日第十一届全国人民代表大会常务委员会第十五次会议通过）

第十一届全国人民代表大会常务委员会第十五次会议，听取了财政部部长谢旭人受国务院委托作的《国务院关于2009年中央决算的报告》和审计署审计长刘家义受国务院委托作的《国务院关于2009年度中央预算执行和其他财政收支的审计工作报告》。会议结合审议审计工作报告，对《2009年中央决算（草案）》和中央决算报告进行了审查。会议同意全国人民代表大会财政经济委员会提出的《关于2009年中央决算审查结果的报告》，决定批准《2009年中央决算》。会议要求，要继续深化财政体制改革，加强和改进预算工作，严格政府债务管理，充分发挥财政在推动科学发展、保障和改善民生、构建和谐社会中的职能作用。

关于2009年中央决算的报告

——2010年6月23日在第十一届全国人民代表大会常务委员会第十五次会议上

财政部部长　谢旭人

全国人民代表大会常务委员会：

十一届全国人大三次会议审查批准了《关于2009年中央和地方预算执行情况与2010年中央和地方预算草案的报告》。现在，2009年中央决算已经汇编完成。根据《中华人民共和国预算法》等法律规定和全国人大常委会的安排，受国务院委托，我向全国人大常委会提出2009年中央决算报告和中央决算草案，请予审查。

2009年是新世纪以来我国经济发展最为困难的一年。各地区、各部门在中国共产党的坚强领导下，坚持以邓小平理论和“三个代表”重要思想为指导，深入贯彻落实科学发展观，坚定信心，迎难而上，顽强拼搏，全面落实中央的决策部署和十一届全国人大二次会议有关决议，实施积极的财政政策和适度宽松的货币政策，从容应对国际金融危机冲击，在世界率先实现经济回升向好，改革开放和社会主义现代化建设取得新的重大成就。在此基础上，中央预算完成情况较好。

2009年，中央财政收入35915.71亿元，比2008年（下同）增加3235.15亿元，增长9.9%，完成预算的100.2%。从中央预算稳定调节基金调入505亿元，中央财政使用的收入36420.71亿元。与向十一届全国人大三次会议报告的预算执行数比较，中央财政收入增加19.57亿元，主要是在决算清理期间，探矿权采矿权使用费及价款收入等项目的在途资金缴入国库增加了收入。中央

财政支出43819.58亿元，增加8431.02亿元，增长23.8%，完成预算的99.9%。其中，中央本级支出15255.79亿元，增加1911.62亿元，增长14.3%，完成预算的101.9%；中央对地方税收返还和转移支付28563.79亿元，增加6519.4亿元，增长29.6%，完成预算的98.9%。与向十一届全国人大三次会议报告的预算执行数比较，中央财政支出减少81.56亿元，主要是根据有关规定，中央与地方两级财政据实结算以后，中央对地方税收返还减少，以及国家储备物资利息费用补贴等据实结算项目支出减少。决算数比预算数增收少支101.13亿元，全部用于安排中央预算稳定调节基金。中央财政收支相抵，赤字7500亿元，控制在十一届全国人大二次会议批准的数额之内。2009年末中央财政国债余额60237.68亿元，控制在年度预算限额62708.35亿元以内。

（一）中央财政收入决算情况

各主要收入项目具体情况如下：

1. 国内增值税13915.96亿元，完成预算的95.6%。未完成预算主要是工业增加值增幅及工业品出厂价格水平低于预计，相应减少了增值税收入。

2. 国内消费税4761.22亿元，完成预算的107.4%。超预算主要是年度预算执行中，提高烟产品消费税税率和调整白酒产品最低计税价格等，相应增加了消费税收入。

图1：2009年中央财政平衡关系

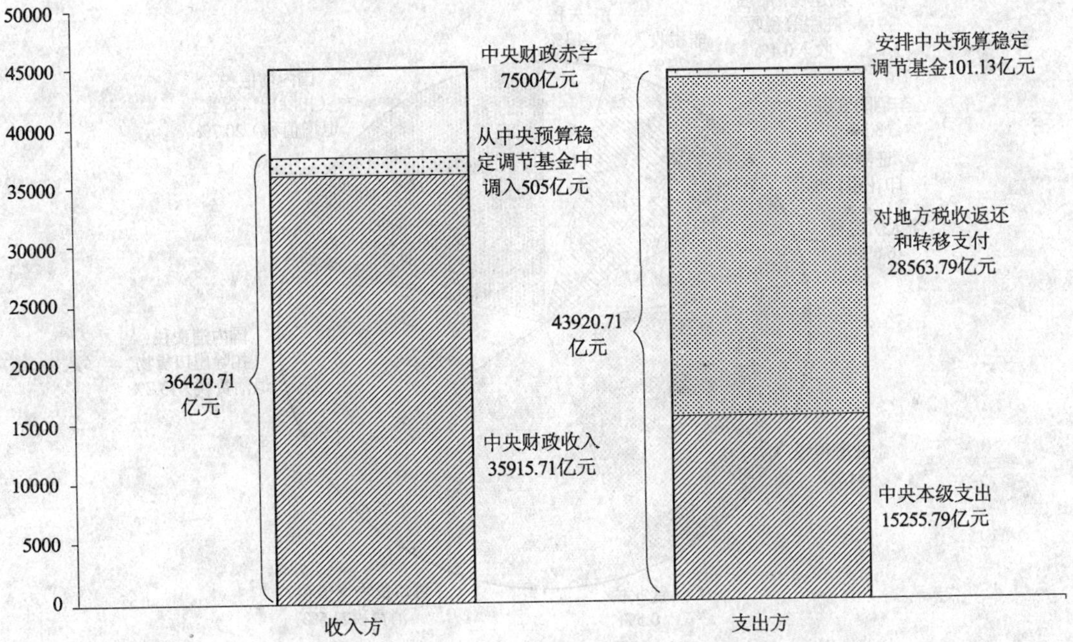

3. 进口货物增值税、消费税和关税9213.6亿元，完成预算的93.1%。与预算有差异主要是一般贸易进口额下降幅度超过预计，相应短收。

4. 出口货物退增值税、消费税6486.61亿元，完成预算的96.7%。未完成预算主要是一般贸易出口额下降幅度超出预计较多，出口退税相应减少。

5. 营业税167.1亿元，完成预算的68.2%。低于预算主要是根据有关政策规定，国家开发银行分行营业税划转地方财政收入，中央营业税收入相应减少。

6. 企业所得税7619.09亿元，完成预算的100.2%。

7. 个人所得税2366.81亿元，完成预算的99%。

8. 证券交易印花税495.04亿元，完成预算的202.1%。超预算主要是证券交易量超过预期，收入相应增加。

9. 车辆购置税1163.92亿元，完成预算的120%。高于预算主要是在国家出台的一系列扩大内需政策带动下，汽车销售量大幅增长46.2%，带动车辆购置税收入增加。

10. 非税收入2551.56亿元，完成预算的124.3%。超过预算主要是清缴企业欠缴的石油特别收益金等增加了收入。

（二）中央财政支出决算情况

中央财政支出43819.58亿元，其中，中央本级支出15255.79亿元，占中央财政支出的34.8%；中央对地方税收返还和转移支付28563.79亿元（相应形成地方财政收入，并由地方安排财政支出），占中央财政支出的 65.2%。中央本级支出项目具体情况如下：

1. 农林水事务支出 318.7 亿元，完成预算的 105%。超过预算主要是根据中央有关决定，增加了种植业保险保费补贴、农机具购置补贴、农作物良种补贴等支出。

2. 教育支出 567.62 亿元，完成预算的 91.1%。与预算有差异主要是年初列中央本级代编预算的部分中央与地方共建高校资金、基础教育以奖代补资金和国家助学经费等支出，执行中明确到具体项目后转列对地方转移支付。

3. 医疗卫生支出 63.5 亿元，完成预算的 112.8%。超预算主要是执行中增加了基本建设支出。

4. 社会保障和就业支出 454.37 亿元，完成预算的 151.2%。超预算主要是国有股减持上缴财政的收入超过预计，按规定相应增加了补充全国社会保障基金支出。

5. 保障性住房支出 26.43 亿元，完成预算的 84.2%。与预算有差异主要是年初列中央本级代编预算的部分基本建设支出，在执行中明确到项目后转列对地方转移支付。

6. 文化体育与传媒支出 154.75 亿元，完成预算的 108.8%。超预算主要是执行中增加了基本建设支出。

7. 科学技术支出 1433.82 亿元，完成预算的 100.4%。

图 2：2009 年中央财政收入构成

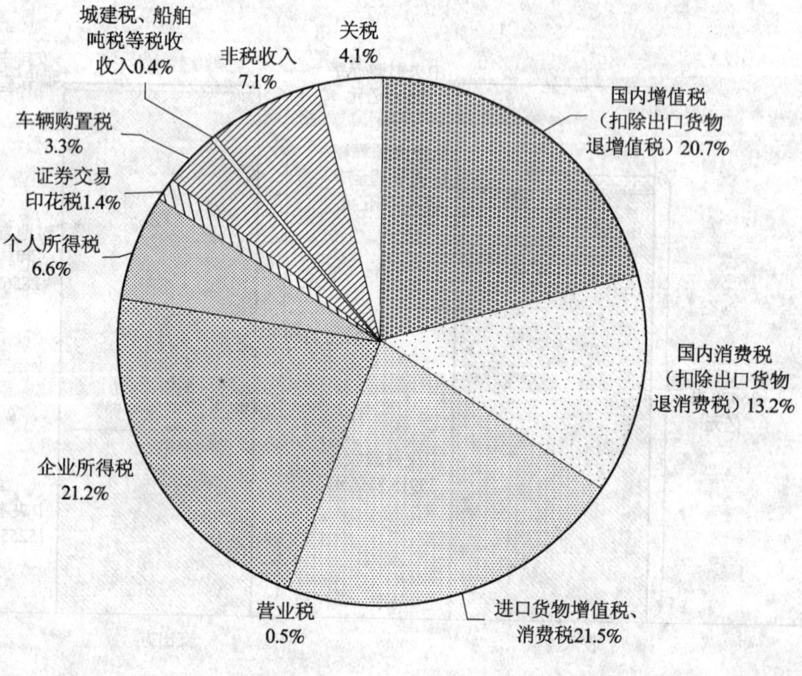

8. 环境保护支出 37.91 亿元，完成预算的 101.5%。

9. 公共安全支出 845.79 亿元，完成预算的 115.5%。超预算主要是执行中增加了政法装备和办案经费等。

10. 地震灾后恢复重建支出 130.6 亿元，完成预算的 100%。

11. 国防支出 4825.01 亿元，完成预算的 102.2%。

12. 交通运输支出 1069.22 亿元，完成预算的 114.4%。超预算主要是车辆购置税超收，按规定相应增加公路建设支出。

13. 采掘电力信息等事务支出 508.23 亿元，完成预算的 103.9%。

14. 粮油物资储备等事务支出 781.44 亿元，完成预算的 93.2%。低于预算主要是储备物资数量低于预期，收储支出相应减少。

15. 金融事务支出 778.04 亿元，完成预算的 246.5%。高于预算主要是年底将对地方税收返还和转移支付等项目结余资金，用于增加按政策规定消化国有银行改制前的部分不良资产支出，以减轻财政利息负担。

16. 一般公共服务支出 1084.21 亿元，完成预算的 106.9%。与预算的差异主要是执行中增加了出入境检验检疫部门防控甲型 H1N1 流感、基础性公益性地质调查等支出。

17. 外交支出 249.71 亿元，完成预算的 92.9%。低于预算主要是驻外机构馆舍改造及物业管理支出减少。

18. 国债付息支出 1320.7 亿元，完成预算的 96.3%。

19. 其他支出 601.83 亿元，完成预算的 72.4%。低于预算主要是年初预算暂列本科目的部分基本建设支出，执行中按照具体用途转列医疗卫生、科学技术、文化体育与传媒等相关科目，相应减少本科目支出数。

20. 预备费使用情况。中央预备费预算 400 亿元，实际动支 316.56 亿元，已包含在相关支出科目决算数中。主要是：农林水事务支出 38.06 亿元，教育、医疗卫生等社会事业支出 24 亿元，公共安全等支出 28.37 亿元，交通运输支出 27.43 亿元，粮油物资储备、采掘电力信息等事务支出 100.99 亿元，一般公共服务等支出 14.21 亿元，其他支出 83.5 亿元（用于困难地区应急综合财力补助等）。中央预备费结余 83.44 亿元，结转下年使用。

中央对地方税收返还和转移支付情况如下：

1. 对地方税收返还支出 4886.7 亿元，完成预算的 99%。与预算的差异主要是增值税短收，按规定相应减少中央对地方税收返还。

2. 对地方一般性转移支付支出 11317.2 亿元，完成预算的 99.5%。与预算略有差异主要是执行中将对新疆生产建设兵团的社会保障和就业转移支付上划中央，列中央本级支出。

3. 对地方专项转移支付支出 12359.89 亿元，完成预算的 98.3%。与预算的差异主要是自然灾害救助、企业关闭破产补助等支出据实结算，实际发生数低于预计。

总体上看，中央财政各项重点支出得到较好保障。汇总以上各项支出，2009 年中央财政用在与人民群众生活直接相关的教育、医疗卫生、社会保障和就业、保障性住房、文化方面的民生支出（包括中央本级支出和对地方转移支付，下同）合计 7422.56 亿元，增长 31.7%。如包括环境保护、交通运输等方面涉及民生的支出，中央财政实际用于民生的投入还要更大一些。中央财政用于"三农"的支出合计 7253.1 亿元，增长 21.8%。其中：支持农业生产支出 2679.2 亿元，对农民的四项补贴（粮食直补、农资综合补贴、良种补贴、农机具购置补贴）支出 1274.5 亿元，促进农村教育、卫生等社会事业发展支出 2723.2 亿元，农产品储备费用和利息等支出 576.2 亿元。

2009 年中央财政部分支出科目决算数与预算数存在差异的主要原因：一是年初预算未分配到具体科目的基本建设支出列"其他支出"，执行中按照实际用途转列相关科目。二是根据经济社会发展需要，中央预备费用于增加"三农"、民生等重点支出，相应改列农林水事务等其他相关科目。三是一些科目年初按预计数安排预算，执行中据实结算并拨付资金，使相关科目决算数与预算数产生差异。四是执行中有些支出明确到具体单位和用途后预算级次发生变化。有些支出有结余，调剂安排到其他科目支出。

图 3：2009 年中央财政支出构成

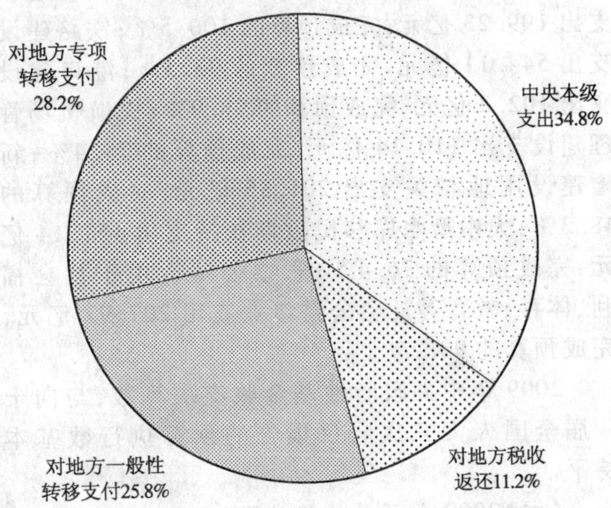

汇总中央和地方决算，2009 年，全国财政收入 68518.3 亿元，增加 7187.95 亿元，增长 11.7%，完成预算的 103.5%。从中央预算稳定调节基金调入 505 亿元。全国财政支出 76299.93 亿元，增加 13707.27 亿元，增长 21.9%，完成预算的 100.1%。安排中央预算稳定调节基金 101.13 亿元。地方财政结转下年支出 2122.24 亿元（主要是一些支出项目当年尚未全部完成，部分资金下年仍按原用途继续使用）。全国财政收支相抵，差额 9500 亿元。

（三）中央政府性基金收支决算情况

中央政府性基金收入 2508.28 亿元，完成预算的 108.8%。其中：三峡工程建设基金收入 195.98 亿元，完成预算的 122.5%，超预算主要是社会用电量增长高于预计，以及加大了清欠力度；铁路建设基金收入 544.11 亿元，完成预算的 93.5%，未完成预算主要是铁路货物运输量有所下降；港口建设费收入 105.55 亿元，完成预算的 120.9%，高于预算主要是港口货物吞吐量增长较快，以及加大了清欠力度；民航机场管理建设费收入 115 亿元，完成预算的 110.9%，超预算主要是民航旅客运输量稳步增长；新增建设用地土地有偿使用费收入 275.49 亿元,完成预算的 141.3%,超预算主要是土地供应量增长较快;大中型水库移民后期扶持基金收入 158.82 亿元,完成预算的 116.8%,超预算主要是省级电网企业销售电量增加较多;彩票公益金收入 201.17 亿元,完成预算的 127.3%,超预算主要是彩票销售量高于预计。

中央政府性基金支出 2425.22 亿元,完成预算的 84.2%,未完成预算主要是部分新增建设用地相关支出、大中型水库移民后期扶持支出等进度较慢,结转下年支出较多。其中:三峡工程建设支出 199.23 亿元,完成预算的 100.5%;铁路建设支出 544.11 亿元,完成预算的 93.5%;港口建设支出 102.2 亿元,完成预算的 98.9%;民航机场管理建设支出 110.14 亿元,完成预算的 74.4%;新增建设用地相关支出 201.35 亿元,完成预算的 48.3%;大中型水库移民后期扶持支出 151.14 亿元,完成预算的 76.4%;彩票公益金用于社会福利、体育、教育等社会公益事业支出 207.91 亿元,完成预算的 90.7%。

2009 年中央政府性基金收支决算数,与向十一届全国人大三次会议报告的预算执行数基本持平。

(四)2009 年预算执行效果

2009 年,各地区、各部门全面贯彻党中央、国务院的决策部署和十一届全国人大二次会议的有关决议要求,加强财政管理,严格预算执行,有力地保障了积极的财政政策的贯彻落实,较好地服务了改革发展稳定大局。

一是促进了经济回升向好。中央政府公共投资大幅增加,达到 9243 亿元,比上年预算增加 5038 亿元,重点用于农业基础设施及农村民生工程、教育医疗卫生等社会事业建设,保障性住房、节能减排和生态建设、自主创新和技术改造、重点基础设施建设和汶川地震灾后恢复重建等方面,并引导和带动了社会投资,2009 年全社会固定资产投资增长 30.1%,为保增长提供了有力的支撑。结合改革和优化税制,实行了结构性减税政策,减轻企业和居民负担,促进企业扩大投资、拉动居民消费,进一步释放了经济增长的内生动力。加大对农民的补贴力度,提高城乡低保对象等的补助水平,城乡居民收入稳步增长,居民消费能力增强。实施家电、汽车、节能环保产品消费补贴政策,直接促进了居民即期消费,2009 年社会消费品零售总额实际增长 16.9%。这些措施有力地扩大了内需,迅速扭转了经济增速下滑的态势,促进了经济平稳较快增长。

二是推动了经济结构调整和发展方式转变。实施各项强农惠农财税政策,加大财政投入力度,农业基础地位加强,农村生产生活条件改善,农民持续增收,农村改革与发展的好形势进一步巩固。落实推进西部大开发、振兴东北地区等老工业基地、促进中部地区崛起、支持东部地区率先发展的财税政策,对生态功能区、民族地区等的转移支付力度加大,较好地促进了区域协调发展,推动了基本公共服务均等化。科技投入和政策扶持力度加大,基础研究和应用研究加强,科技重大专项加快实施,自主创新步伐加快。结合十大产业调整和振兴规划,支持 4441 个技改项目,促进企业技术改造和自主创新,推动了重点行业结构优化升级。大力推进十大重点节能工程建设,支持 1318 个重点节能项目、132 个循环经济和资源节约重点项目,促进 1116 户企业开展节能技术改造。重点流域水污染防治等重大减排工程顺利实施,建设 1049 个项目。排污权有偿使用和交易改革试点范围逐步扩大。上述政策措施,把保增长与调结构有机结合起来,拓展了经济发展空间,增强了经济发展后劲。

三是进一步保障和改善了民生。农村义务教育经费保障机制改革各项政策目标提前一年全面实现,近 1.5 亿名学生享受免除学杂费和免费教科书政策,中西部地区约 1120 万名学生获得生活费补助。城市义务教育阶段免学杂费工作继续推进,支持解决 880 万农民工随迁子女的就学问题。全国中小学校舍安全工程启动,改造校舍 1.2 亿平方米。家庭经济困难学生资助政策进一步落实,约 470 万名高校和 1120 万名中等职业学校学生受益。实施更加积极的就业政策,全年累计实现新增就业 1102 万人。新型农村合作医疗参合人数达到 8.3 亿人,城镇居民基本医疗保险参保人数达到 1.8 亿人,财政补助标准提高到人均 80 元。在 30% 的基层医疗机构实施基本药物制度。支持 2.9 万所乡镇卫生院、5000 所中心乡镇卫生院建设,基层医疗卫生服务能力增强。在 320 个县开展新型农村社会养老保险试点,推动我国社会保障制度建设迈出历史性步伐。提高企业退休人员基本养老金水平,城镇企业职工基本养老保险省级统筹基本实现。城乡低保月人均财政补助标准分别增加 15 元、10 元,部分优抚对象等人员抚恤和生活补助标准进一步提高。对 7570 万城乡低保对象、农村五保供养对象和优抚对象等人员发放一次性生活补贴。保障性住房建设力度加大，近千万城乡困难群众居住条件得到改善。这些政策措施，既促进了解决涉及人民群众切身利益的问题，使广大人民群众共享改革发展的成果，又稳定了居民消费预期，缓解了居民消费的后顾之忧。

四是支持重点领域和关键环节改革。增值税转型改革全面实施，消除重复征税因素，优化税收制度。成品油税费改革顺利推进，进一步理顺税费关系，规范政府收费行为，筹集公路发展资金的长效机制和引导能源消费的税收机制基本建立。转移支付制度继续完善。县级基本财力保障机制初步建立，省直管县财政管理方式改革稳步推进，省以下财政管理体制进一步健全。部门预算、国库集中收付、政府采购等预算管理制度改革全面深化。农村改革深入推进，集体林权制度改革在全国范围推开，支持14个试点省份偿还农村义务教育"普九"债务493亿元，村级公益事业建设一事一议财政奖补试点范围扩大到17个省份。促进深化医药卫生体制改革，基本医疗保障制度建设等重点改革有序推进。积极推动收入分配制度改革，绩效工资改革在义务教育学校、公共卫生和基层医疗卫生事业单位开始实施。支持企业、金融改革等向纵深推进。上述各项改革，健全了有利于科学发展的体制机制，为我国应对国际金融危机提供了强大动力。

在看到成绩的同时，我们也清醒地认识到，预算管理中还存在一些突出问题：代编预算规模偏大，预算编制仍需进一步细化；预算执行不够均衡，特别是项目预算支出进度偏慢；政府性债务管理有待加强，财政风险不容忽视；财政管理比较粗放，损失浪费现象时有发生，资金使用效益亟待提高等。审计情况也表明，2009年中央预算执行情况总体较好，但还存在综合预算管理有待加强、政府性基金预算仍需进一步细化等问题。对此，国务院已要求有关部门和地方政府切实按照全国人大有关决议要求和审计意见，认真进行整改，并依法追究责任。财政部和有关部门高度重视，已经并将继续采取措施整改，在不断完善财税体制和运行机制的同时，进一步加强财政科学化精细化管理，努力提高预算管理水平。

一是加强预算编制管理。细化公共财政预算编制，减少代编预算规模，努力提高年初预算到位率。将可以固定数额的中央财政转移支付提前通知地方，要求地方比照执行，并将其纳入本级预算，提高地方预算编制的完整性和准确性。健全预算编制与预算执行、资金结转和结余以及资产管理有机结合的机制。清理政府性基金项目，完善政府性基金预算编制工作，细化预算编制内容，增强政府性基金预算管理的规范性和有效性。逐步扩大中央国有资本经营预算试行范围，提高中央企业税后利润上缴比例，完善国有资本经营预算支出政策。积极稳妥试编社会保险基金预算。

二是狠抓预算执行工作。建立健全预算支出责任制度，完善激励和约束机制。建立预算执行通报机制，督促各地、各预算单位加快预算执行。及时下达转移支付，提高资金使用效益。改进超收收入使用办法，除法律法规规定必须安排的支出外，其余部分原则上列入预算稳定调节基金，纳入以后年度预算统筹安排。同时，切实加强地方政府性债务管理，重点清理规范地方政府融资平台公司融资和担保承诺行为，坚决制止以财政性收入等违规担保承诺，有效防范财政金融风险，促进财政经济可持续发展。

三是大力推进预算公开。进一步细化预算公开内容，争取到2011年中央本级支出预算表中的部分重点支出按"项"级科目公开。积极推动基本建设支出、行政经费支出预算和执行情况公开。加强对地方财政和中央部门预算公开工作指导，强化预算公开责任制度，确保预算公开工作顺利开展。

四是强化基础管理和基层建设。逐步完善部门基础信息数据库，健全定员定额标准体系。开展实物费用定额"实转"试点。加强项目支出定额标准体系和项目库建设，建立重大项目支出事前评审机制。研究推进政府会计改革。加强乡镇财政建设，充分发挥县乡基层财政就近实施监管的优势，切实保障各项涉农惠民政策落到实处。

五是严格财政监督。牢记"两个务必"，牢固树立过紧日子的思想，严肃财经纪律，坚决反对大手大脚花钱和铺张浪费行为。深入开展重大财税政策和政府投资项目实施情况监督检查，坚决查处财政违法行为。建立健全财政资金运用全过程的监督机制。深入开展"小金库"治理工作，建立完善防治"小金库"的长效机制。积极推进预算支出绩效评价，努力提高财政资金使用效率。

加强预算管理、做好各项财政工作意义重大。我们要在以胡锦涛同志为总书记的党中央领导下，坚持以邓小平理论和"三个代表"重要思想为指导，深入贯彻落实科学发展观，自觉接受全国人大常委会的指导和监督，大力推进财政改革与发展，切实加强财政科学管理，充分发挥财政职能作用，为促进经济社会又好又快发展做出积极贡献！

全国人民代表大会财政经济委员会关于2009年中央决算审查结果的报告

——2010年6月23日在第十一届全国人民代表大会常务委员会第十五次会议上

全国人大财政经济委员会副主任委员 高 强

全国人民代表大会常务委员会：

全国人民代表大会财政经济委员会听取了财政部《关于2009年中央决算的报告》和审计署《关于2009年度中央预算执行和其他财政收支的审计工作报告》，并对中央决算草案和决算报告进行了审查。现将审查结果报告如下。

2009年中央决算，财政收入35916亿元，比预算增加56亿元，完成预算的100.2%。从预算稳定调节基金中调入505亿元，中央财政可用收入总量36421亿元。财政支出43820亿元，比预算减少45亿元，完成预算的99.9%。其中，中央本级支出15256亿元，完成预算的101.9%；中央对地方的税收返还和转移支付支出28564亿元，完成预算的98.9%。安排预算稳定调节基金101亿元，中央财政支出总量43921亿元。中央财政收支相抵，赤字7500亿元，中央财政国债余额60237.68亿元，控制在十一届全国人大二次会议批准的数额之内。

2009年中央财政预算执行情况已经十一届全国人大三次会议审查批准。中央决算与预算执行数相比，财政收入增加19.57亿元，主要是经过决算清理，增加税收收入4.67亿元，增加非税收入14.9亿元；财政支出减少81.56亿元，主要是经过决算清理，按制度规定减少对地方的税收返还、减少国家储备物资利息费用补贴等支出。决算清理增加的收入和减少的支出，共101亿元，全部用于增加中央预算稳定调节基金。

财政经济委员会认为，2009年中央决算总体情况是好的。国务院认真贯彻落实党中央的战略决策部署和十一届全国人大二次会议决议，有效应对国际金融危机的严重冲击，实行积极的财政政策，继续加强财政管理，不断改进预算执行，中央财政收入完成了预算，重点财政支出得到较好保障，中央财政赤字控制在预算确定的数额之内，对地方转移支付力度进一步加大，中央财政在保增长、保民生、保稳定等方面发挥了重要作用。财政经济委员会建议全国人大常委会批准国务院提出的《2009年中央决算（草案）》。

财政经济委员会认为，2009年中央决算中也反映出一些亟待解决的问题，主要是中央财政对地方的一般性转移支付比重偏低，专项转移支付规模偏大，影响地方统筹安排财力；有些项目管理不够规范，执行进度比较缓慢；部门预算管理不够严格，跟踪问效制度不够完善，一些部门违反财经纪律的问题比较突出；地方政府性债务规模过大，管理不够严格，财政风险加大等。审计署围绕中央预算执行依法开展审计监督，查出了不少部门、单位在预算执行中存在的突出问题。建议国务院责成有关部门对审计查出的问题，从制度上切实进行整改，严肃追究有关人员的责任，并将整改情况和处理结果向全国人大常委会报告。

针对2009年中央决算反映出的问题，财政经济委员会提出以下建议：

（一）优化转移支付结构

中央财政对地方的转移支付，应以一般性转移支付为主体，以均衡地区间基本财力为目标，逐步扩大对地方的一般性转移支付规模，采用因素法科学测算和分配，促进地区间基本公共服务均等化。严格控制并逐步降低专项转移支付比重。

（二）严格预算执行

切实改进和加强项目支出预算管理，细化项目预算编制，减少代编预算数额，2011年向全国人大提交中央重大基本建设项目预算安排情况表。财政部应在每年年度终结前，将相对固定的中央转移支付数额提前通知地方纳入本级预算。各项支出都应严格按照批准的预算执行。同时，应加快预算下达和资金拨付进度，提高财政资金使用效率。

（三）加强预算支出绩效考核

建立健全预算支出责任制度，科学划分财政部门与主管部门的职责。完善预算支出绩效评价机制，加强对“三农”、教育、文化、科技、卫生、社保等重点支出的绩效评价。进一步推进部门预算制度改革,规范部门预算收支管理,力争2011年向全国人大常委会提交部门决算汇总表,逐步将部门决算向社会公开。完善部门决算审计、审签制度,扩大决算审签范围。进一步严肃财经纪律,对查出的违法违纪案件要依法严肃处理,追究有关人员责任,并向社会公开典型案件的查处情况。

(四)严格政府债务管理

科学界定政府债务口径,核实并向全国人大常委会报告政府债务情况。地方政府举借债务应按照法律规定执行,并报同级人大审批。规范政府投融资行为,清理整合融资平台公司,健全地方政府债务的管理体制,建立政府债务信息披露制度。完善政府债务偿还机制,落实偿债责任,逐步清理化解存量债务,严格控制债务规模,防范财政风险。

(五)推进财政体制改革

健全公共财政制度,科学界定政府支出范围和各级政府的支出责任,建立与各级政府支出责任相匹配的财力保障机制。研究制订各级政府间财政支出责任划分、财力保障机制、转移支付和政府债务管理等法律法规。深化政府会计改革,完善基本建设、行政经费等财政信息统计制度,积极推进预算公开。

以上报告,请予审议。

关于2009年度中央预算执行和其他财政收支的审计工作报告

——2010年6月23日在第十一届全国人民代表大会常务委员会第十五次会议上

审计署审计长　刘家义

全国人民代表大会常务委员会:

我受国务院委托,向全国人大常委会报告2009年度中央预算执行和其他财政收支的审计情况,请予审议。

根据《中华人民共和国审计法》的规定,审计署对2009年度中央预算执行和其他财政收支进行了审计。今年的审计工作紧紧围绕应对国际金融危机、促进经济平稳较快发展这个中心,加强对重大政策执行情况、重大投资项目和重点民生资金的跟踪审计,积极推进绩效审计,在严肃查处重大违法违规问题的同时,注重分析、揭示和反映体制制度方面的问题,着力保障中央宏观经济政策措施的贯彻落实,维护民生和国家经济安全,推进反腐倡廉建设和深化改革,在更高层面发挥了审计的"免疫系统"功能。

2009年,在党中央、国务院的坚强领导下,各地区、各部门全面实施应对国际金融危机的一揽子计划和政策措施,全力保增长、保民生、保稳定,克服了异常艰巨的困难,经济建设和社会事业发展取得新的重大成就,中央预算执行和其他财政收支情况总体较好,圆满完成了十一届全国人大二次会议批准的中央预算。中央财政收入35915.71亿元,完成预算的100.2%,从预算稳定调节基金调入505亿元,中央财政使用的收入36420.71亿元;支出43819.58亿元,完成预算的99.9%;赤字7500亿元,与预算持平;国债余额60237.68亿元,控制在全国人大批准的年度预算限额内。

——实施积极的财政政策,促进经济平稳较快发展。为迅速扭转经济增速下滑趋势,综合运用预算、国债、税收和信贷等政策工具,加强和改善了宏观调控;中央政府公共投资比上年增长119.8%,中央财政安排家电、汽车摩托车下乡等补贴支出320亿元,通过结构性减税等减轻了企业和居民的负担,有力推动了经济回升向好。

——进一步优化财政支出结构,重点保障和改善民生。中央财政用于教育、医疗卫生、社会保障和就业等民生方面的支出共计7422.56亿元,比上年增长31.7%;用于"三农"的支出比上年增长21.8%,促进了农村基础设施建设和农民增收;从一般预算、基金预算和国有资本经营预算中安排1318.25亿元,加快推进了汶川地震灾后恢复重建。

——加大科技、环保和基础设施建设等方面投入,着力推动经济发展方式转变。中央财政用于科技、环保和交通运输等方面的支出分别比上年增长30%、10.7%和38.7%,实施十大重点产业调整振兴规划,大力支持企业技术改造和自主创新,推进重点节能减排工程、高速公路网、铁路和机场建设,为经济的可持续发展奠定了基础。

——继续深化财税体制改革,逐步健全公共财政体系。深入推进部门预算、国库集中收付和政府采购制度改革,优化和完善税制,取消和停征了100项行政事业性收费;探索建立县级基本财力保障机制,加快实施省直管县财政改革,强化基层财政建设;坚持厉行节约,压缩出国费等三项费用,“小金库”专项治理取得阶段性成果。

各部门各单位按照国务院的部署,在做好2009年各项工作的同时,依法认真整改去年审计发现的问题,被挤占挪用的资金已全部追回或归还,并根据审计建议完善了1222项制度规定。审计发现的119起涉嫌违法犯罪案件线索移送纪检监察部门和司法机关后,有31人被依法逮捕、起诉或判刑,60人受到党纪政纪处分,有的案件正在进一步依法查处中。去年审计查出问题的具体整改情况,国务院已向全国人大常委会专题报告,审计署已于2009年12月向社会公告。

一、中央财政管理审计情况

2009年,财政部和发展改革委等部门始终把保持经济平稳较快发展作为首要任务,组织实施积极的财政政策,深入推进财税体制改革和投资体制改革,中央财政的宏观调控和保障作用不断增强。财政部注重提高财政管理的精细化程度,积极推进资产管理与预算管理有机结合,实施新增资产配置预算专项审核。发展改革委注重加强中央投资的统一组织、统筹协调和督促检查,改进投资计划管理方式,促进发挥了政府投资对经济增长的拉动作用。但中央财政管理中仍存在年初预算不够细化、资金分配不够规范等问题。

(一)2009年,财政部代编160个项目预算1702.83亿元,代编预算规模仍较大。

(二)财政部批复的中央部门年初预算中,有财政拨款之外的基本支出1793.05亿元未细化到人员经费和日常公用经费;有27个项目支出170.20亿元、6项政府性基金支出59.40亿元未落实到具体项目或单位,其中三峡工程建设基金等4项政府性基金只列了预算支出总额。

(三)基本支出定员定额改革从2001年开始试点,目前中央财政尚未建立完善的定员定额体系,不利于规范预算分配和执行。

(四)在卫生部所属的15家医院2007年和2008年修购基金年末结余分别为45.15亿元、49.99亿元的情况下,财政部2009年仍安排其新建固定资产等项目预算16.39亿元,这不利于统筹安排资金,提高资金使用效益。

(五)发展改革委等5部门2009年1月下达天津、河北等6省区市2008年巩固退耕还林成果任务计划35.58亿元,财政部2009年6月才拨付资金,影响预算执行进度。

(六)2009年12月,中央本级库款支出为2166.53亿元,是前11个月平均数的1.87倍,占全年支出的14.2%,预算执行进度不够均衡。

(七)2009年,中央财政本级实际支付以前年度结转资金1343.10亿元,1至11月实际支付时均记列为当年预算支出,年末再一次性调减,使财政部向社会公布的1至11月中央本级财政支出数据不够准确。

(八)2009年,发展改革委向尚未取得初步设计批复的中国铁道科学研究院城市轨道交通试验线等2个项目、未取得环境影响评价审批意见或征地手续的无锡国家大型涡轮叶片研发和检测中心等3个项目、未完成评估论证的兰州国家石油储备基地工程等下达投资计划共计6.37亿元。截至2010年3月,上述项目均未开工建设,资金全部闲置。

(九)发展改革委在下达重点产业振兴和技术改造中央预算内投资计划时,将4.72亿元下达给了不属于该专项范围的22个建材项目和50个医药项目。

(十)2009年,发展改革委下达重点流域水污染治理项目中央预算内投资计划30亿元,涉及314个项目。抽查其中124个项目发现,实际投资补助标准存在较大差异,同流域同省份实际补助标准不一致的项目有60个,涉及11个省,如陕西省8个项目的实际补助标准最高为30%、最低仅4.3%。

(十一)因相关建设单位前期准备不充分等,截至2010年3月底,发展改革委下达的2009年农网完善工程等中央预算内投资计划79.79亿元中,有32.03亿元国家电网公司尚未向财政部申请使用,占40.14%;有11.03亿元滞留在省级电网公司未用。

(十二)截至2009年底,发展改革委向国家文化和自然遗产地保护、抢救性文物保护设施建设等2个专项下达的中央投资分别占“十一五”规划项目任务的37.5%和52.36%。若按此投资进度,在规划期内很难完成建设。

（十三）审计18个省中等职业教育基础能力建设和农村初中校舍改造两个专项的437个项目发现，发展改革委把关不够严格，向地方申报材料不真实的项目下达中央预算内投资5154万元，其中2081.21万元被挪用于偿还欠款或其他项目建设。由于前期准备不足、选址变更和配套设施不全等，截至2009年底，有13个项目未开工、9个项目建成后闲置，涉及中央投资5382万元。一些地方还存在转嫁配套责任等问题，有12个项目的1301万元配套资金被转嫁给下级政府和学校，另有4所学校向职工个人有偿集资1445.4万元。

（十四）审计18个直属海关关税和进口环节税征管情况发现，截至2009年底，有11个海关对进口货物完税价格、适用税率以及减免税等审核把关不严，造成税款流失3664.55万元；有6个海关对13户企业擅自将尚在海关监管期内的免税进口货物移作他用的行为，未按规定要求企业补税或提供税收担保，涉及减免税款7.75亿元，存在税款流失隐患。此外，天津海关为调节收入进度，对22家企业2009年12月申报的进口货物，在符合征税条件的情况下，先以各种理由征收税款保证金8.01亿元，在2010年1月才转为税款入库。

对上述问题，财政部、发展改革委和有关部门正在逐项研究，加以整改。

二、中央部门预算执行审计情况

此次共审计56个中央部门，延伸审计310个所属单位；审计预算支出1224.83亿元，占这些部门预算支出总额的33.23%。2009年，这些部门重视和加强预算管理，不断完善财务管理制度，加大对财政资金使用的监督力度，在审计前对其本级和所属912个单位进行了自查，还有24个部门制定和完善了117项规章制度。审计结果表明，部门预算的执行力与约束力有所增强，预算管理水平有所提高，违纪违规问题明显减少。但预算执行和预算管理中也存在一些问题：

一是预算执行还不完全到位。56个部门中，有16个部门当年超预算支出8.74亿元，占这些部门预算支出的3.38%，主要是动用以前年度财政拨款结余等未编入本年预算，还有个别部门因人员经费定额偏低而使用其他经费弥补，造成实际支出超预算；有40个部门年末预算结余161.26亿元，占这些部门预算支出的16.69%，主要是一些部门的项目库建设滞后，项目论证不够充分，年初预算未按要求落实到具体项目，有的预算资金下达晚，造成预算执行进度慢，当年项目预算没有完成而形成结转资金。

二是预算管理还不够严格和规范。56个部门中，有16个部门存在以拨代支等问题，涉及金额5.60亿元；19个部门存在未严格执行政府采购规定的问题，涉及金额14.09亿元；23家受托代征单位未按规定征收或上缴港口建设费50.85亿元。

三是一些部门及所属单位仍存在违反财经制度规定的问题，涉及金额34.84亿元，具体是：

1. 挤占挪用财政资金和违规发放津贴补贴10.95亿元。其中：35个部门本级和83个所属单位因项目预算编制不够细化、执行不严格等，造成挤占和挪用预算资金9.22亿元；两个部门本级和25个所属单位未严格执行国家有关规定，新增项目或提高标准发放津贴补贴1.73亿元。

2. 多申领财政资金或瞒报收入和资产等6.21亿元。其中：1个部门本级和6个所属单位采取虚报或重复申报项目等方式，多申领财政资金2962.68万元；14个部门本级和33个所属单位瞒报各项收入和资产等5.91亿元，未在法定账簿内核算。

3. 违规收费及未按规定征缴非税收入等16.26亿元。其中：1个部门本级和17个所属单位违规收费或摊派等2.44亿元；3个部门本级和10个所属单位未按规定征收和上缴非税收入13.82亿元。

4. 接受和使用虚假发票列支问题比较普遍。抽查56个中央部门已报销的29363张可疑发票中，有5170张为虚假发票，列支金额为1.42亿元。其中：8个部门本级和34个所属单位在无真实经济业务背景的情况下，利用虚假发票套取资金9784.14万元，主要用于发放职工福利补贴等；12个部门本级和37个所属单位对票据审核把关不严，接受虚假发票报账4456.66万元。

四是部门决算（草案）编报不够准确。在决算（草案）审计中发现，有49个部门决算（草案）反映的收入、支出、结余不够准确、资产不够完整，涉及金额25.21亿元，占报表反映资金总量的0.70%。对这些问题，审计长已签署意见，要求被审计单位在财政部批复决算前调整相关账目和报表。

目前，中央部门已纠正自查中发现的各类问题54.40亿元，整改审计中发现的问题2.94亿元，并制定了91条落实审计建议的具体措施。

各部门的审计结果将依法予以公告。

三、对地方财政和地方政府性债务管理的审计情况

审计结果表明，随着财政改革的不断深入，中央和地方各级政府逐步完善地方财政管理以及举债、用债和偿债等方面制度，积极采取措施化解普及九年制义务教育负债等历史债务，审计调查地区的政府性债务有96%用于交通运输、市政建设等公益性项目，促进了地方经济和社会事业的发展。但地方财政和政府性债务管理还不够严格和规范，尤其是地方政府性债务形成时间长，总体规模大，历史遗留债务负担仍比较重。

一是对地方预决算编报和税费管理不够严格，有的地方财政资金管理分散。审计调查的17个省区市2008年1月至2009年6月，应征未征非税收入等794.16亿元，有的地方还自定政策向企业或个人返还税费130.36亿元。这些地方省本级财政部门除国库存款账户外，在商业银行开设账户1197个，其中应清理归并的账户有920个，平均每个省50多个，这种分散存储状况，不利于财政资金的统筹管理和使用。

二是地方政府性债务总体规模较大，融资平台公司的政府性债务平均占一半以上。审计调查的18个省、16个市和36个县本级截至2009年底，政府性债务余额合计2.79万亿元。其中：2009年以前形成的债务余额为1.75万亿元，占62.72%；当年新增1.04万亿元，占37.28%。在这些新增债务中，仅有8.92%用于中央扩内需新增投资项目的配套资金，还有相当部分用于建设2008年前已开工的交通、市政等基础设施。这些地区共有各级融资平台公司307家，其政府性债务余额分别占省、市、县本级政府性债务总额的44.07%、71.36%和78.05%，余额共计1.45万亿元。

三是部分地方政府偿债压力较大，存在一定的债务风险。上述地方政府性债务中，政府负有直接偿债责任、担保责任及兜底责任的债务分别为1.8万亿元、0.33万亿元和0.66万亿元，分别占债务总额的64.52%、11.83%和23.65%。从债务余额与当年可用财力的比率看，省、市本级和西部地区债务风险较为集中，有7个省、10个市和14个县本级超过100%，最高的达364.77%。从偿债资金来源看，2009年这些地区通过举借新债偿还债务本息2745.46亿元，占其全部还本付息额的47.97%，财政资金偿债能力不足。

审计指出上述问题后，有关部门和地方制定了整改措施，核实调整了预决算报表，已追缴入库非税收入714.67亿元，撤销合并银行账户100多个，正在研究完善政府性债务管理办法。

四、重大投资项目审计情况

按照中央关于加强工程建设领域突出问题专项治理工作的总体部署，审计署加大了对政府投资项目的审计力度，并重点组织对京沪高速铁路、西气东输二线工程西段、金沙江向家坝水电站和1981个扩内需投资项目等进行了跟踪审计和审计调查。结果表明，相关部门和地方积极安排扩内需投资，不断强化对投资项目的组织和管理，督促建设单位严格资金管理，确保工程质量，较好地完成了建设任务，也为经济的持续较快发展奠定了基础。但在建设项目的招投标、投资管理、执行土地和环境保护相关政策等方面仍存在一些较为突出的问题：

一是招投标管理不严格、违规转分包等问题比较普遍。目前，建设项目招投标由各行业主管部门负责监管，独立性和权威性相对较弱，加之尚未建立起各部门互通互联的工程建设信息系统，对招投标违规问题的处理处罚力度偏轻，审计抽查的投资项目中均不同程度地存在未严格执行招投标规定的问题。有的建设单位为获得价差收入，还将部分分项工程层层转分包给不具备相应资质的单位，影响到工程质量。如西气东输二线工程西段截至2009年5月，已签订的36亿多元施工合同中，有近80%未按规定招标，其中1.01亿元被违规直接发包，27亿多元合同的招标中存在人为拆分标段、违规确定中标人等问题。

二是部分项目投资管理不够规范。有的前期准备不足，初步设计批复和执行概算编制滞后，投资控制目标不明确，如金沙江向家坝水电站工程2008年底已完成投资96.36亿元，但至审计时尚未编制完成项目执行概算。一些工程建设和监理单位对施工单位上报的验工计价审核把关不严，财务核算也不够规范，在对京沪高速铁路和西气东输二线工程西段等项目的审计中，共发现超进度计价和多计工程款8.15亿元，建设成本中列支其他费用和用虚假发票报账等问题17.94亿元。

三是土地和环境保护等政策措施未完全落实到位。抽查17个省区市的1981个扩内需项目发现，有140个项目占用或征收土地审批手续不完备，占抽查项目总数的7%；有53个项目不完全符合环

保要求,占抽查项目总数的2.68%。有的工程建设对生态环境造成了一定影响,如西气东输二线工程西段在穿越甘肃、新疆等地的3个自然保护区时,施工单位违规采用机械开挖,擅自增加施工作业宽度,导致植被损毁面积增加110多万平方米。

目前,相关部门和单位已纠正验工计价中存在的问题7.25亿元,166个项目通过补办征地用地或环评手续、进行耕地复垦等方式进行了整改,并清理了违规分包的施工队伍。各地还出台了18项贯彻落实中央扩内需政策、加强政府投资项目管理的制度措施。

五、重点民生资金和民生工程审计情况

(一)对城市最低生活保障资金、政府投资保障性住房资金、农业综合开发资金和农村饮用水安全工程资金等民生资金的审计情况。2009年,在受国际金融危机影响财政收入增幅减缓的情况下,各级财政仍大幅度增加民生投入,着力提高社会保障能力和生产生活水平,相关地区收到中央财政安排的农业综合开发资金比上年增长21.02%,各级财政筹集的城市最低生活保障资金、廉租住房保障资金分别比上年增长25.58%和61.50%,对扩大内需、促进社会和谐稳定发挥了重要作用。从审计情况看,上述政策执行和资金管理中存在以下值得关注的问题:

一是部分政策在执行中存在偏差,影响相关政策目标的实现。按规定,中央财政新增农业综合开发资金的80%以上应集中用于农业主产区特别是粮食主产区,但2007年至2009年,中央财政新增农业综合开发资金分配至全国农业主产区的比例分别为69.98%、76.97%和78.72%,其中分配至13个粮食主产省区的比例分别仅为61.84%、65.19%和69.12%。在城市最低生活保障资金、廉租住房保障资金的分配中,由于对保障对象的审核和监管机制不够健全,人口变动、收入财产等信息尚未实现共享,有194个区县向不符合条件的6.29万户家庭发放城市最低生活保障补助3.3亿元,其中向1.19万户登记拥有个人企业、车辆或2套以上住房的家庭发放7376.65万元;9个城市向705户不符合条件的家庭发放廉租住房租赁补贴86.89万元、分配廉租住房74套。

二是部分项目进展缓慢,有的未能达到预期效果。审计调查发现,有些地方简单按人口数量或行政区域平均分配资金,有的地方性工作计划与中央下达的年度计划未能有效衔接,加之普遍存在的地方配套资金不到位问题,影响到一些项目的实施进度。抽查19个省市的448个新建廉租住房和10个棚户区改造项目,截至2009年底,分别仅完成计划投资额的41%和42%,其中225个项目的地方配套资金落实率平均为44%;抽查19个省区的103个县,2006年至2008年计划内还有123.3万人的饮水不安全问题未解决,占计划的15.79%;抽查18个省区的156个农业综合开发产业化经营项目,有60个未能发挥预期效益,占38%。

三是部分项目管护措施落实不到位,后续管理尚需加强。随着廉租住房大批建成并逐步投入使用,一些地区出现了租金收取难、日常管理维护难和不符合保障条件的住户退出难等现象,不利于形成廉租住房入住和退出的良性循环机制。抽查的1181处农村饮用水安全工程均未落实所有权,工程运营和后续维护前景堪忧,有的已建成工程存在供水水质合格率偏低、运营成本偏高、管理维护不到位和工程利用率不高等问题。

审计还发现套取、滞留、转移挪用或挤占财政资金等问题7.14亿元,其中:涉及农业综合开发资金3.57亿元、农村饮用水安全工程项目资金3.06亿元、城市最低生活保障资金0.51亿元。

针对农村饮用水安全工程资金审计反映的问题,水利部下发了《关于加强农村水资源保护工作的通知》(办资源函〔2009〕289号)等文件,并派出督导组前往19个省区市督促整改;针对城市最低生活保障资金审计发现的问题,有关地方进行了集中清理和核实,已归还被挤占资金824.98万元。

(二)汶川地震灾后恢复重建跟踪审计情况。按照国务院批准下发的《关于汶川地震灾后恢复重建审计工作安排意见》,审计署先后组织8000余名审计人员对1.3万个重建项目进行了跟踪审计,审计覆盖面分别占中央和地方投资额的60%和80%,并从审计署选派33名干部到重灾地区挂职。从审计情况看,有关部门和地方积极调配资源,注重加强统筹协调,保证了重建资金的安全完整和建设项目的顺利推进。但灾后重建中也存在一些问题:

一是中央重建基金结存于多个部门和单位,部分资金使用不够规范。重建项目多、资金来源广,由于缺乏统筹管理,资金拨付进度与重建进展衔接不够,一些项目建设进度较慢,造成部分资金结存。截至2009年底,8家中央单位结存中央重建基金51.79亿元,灾区各级财政部门和使用单位结存298.63亿元。此外,还有58.19亿元重建资金被违规用于规划外项目、日常经费支出和归还欠款等;一些地方通过重复

申报、重复统计人数等方式多申领重建资金 2.41 亿元,部分已用于项目建设或发放给个人。

二是部分项目的规划内容与实际情况不尽相符,有的规划要求未完全落实。3 个受灾省 2009 年下半年对重建规划进行中期调整后,仍有 274 个项目的规划内容与实际情况不符,占抽查数的 24%。在规划落实方面,有 82 所学校的 3967 亩新增建设用地未办理审批手续;有 28 个项目超规模、超标准建设 22.51 万平方米,平均超出 37.8%;有 138 个项目存在 731 项工程管理缺陷,158 个项目的监理和施工技术管理人员未按合同要求到位。

在跟踪审计中,审计机关与各地各部门紧密配合,坚持边审计、边督促整改、边促进规范提高,推动改进了 2649 个项目的质量管理,加快了 1692 个项目的建设进度,节约重建资金和挽回损失 14.71 亿元,建立健全规章制度 974 项。审计机关还向社会发布了 48 期灾后恢复重建阶段性审计结果公告。

(三)玉树地震抗震救灾资金物资跟踪审计情况。青海玉树地震发生后,审计署紧急部署救灾资金物资跟踪审计工作。对 18 个中央部门单位、31 个省区市及新疆生产建设兵团的审计情况表明,各地各部门按照党中央、国务院的部署,及时启动灾害应急预案,积极筹集调拨救灾款物,并对接受救灾捐赠的单位、捐赠资金的统计、汇缴和使用提出了明确要求,保证了抗震救灾各项工作的迅速和有效推进。

总的看,救灾资金的拨付、使用和物资发放情况较好,审计尚未发现重大违纪违规问题。目前,审计署已制定玉树地震灾后恢复重建跟踪审计方案,将救灾资金物资审计与灾后恢复重建审计结合起来,实行全过程跟踪,并适时向社会公告审计情况。

六、资源环境审计情况

近年来,各地各部门认真贯彻中央关于节能减排和环境保护的政策要求,普遍实行了节能减排工作目标责任制,加强了土地规划、审批和执法监察等制度建设,资源节约和环境保护工作取得较好效果。但对 18 个省区的节能减排资金和 11 个省区的土地专项资金的审计发现,政策执行中还存在一些问题:

一是部分地方违法违规用地问题仍较突出。重点检查的 13 个城市有 10.19 万亩土地存在未批先用、违规出让和擅自改变用途等问题,其中 7 个市的用地单位未批先用土地 3.18 万亩,包括 0.72 万亩耕地和 0.27 万亩基本农田。

二是部分地区节能减排项目建设进展较慢。抽查的 18 个省区中,有两个省 2007 年至 2009 年实施的十大节能工程项目,仅完成计划的 69%;至 2009 年底,6 个省的既有居住建筑供热计量及节能改造项目、15 个省区的污水处理厂项目和垃圾处理场项目仅完成"十一五"规划要求的 28%、62% 和 41%。

三是专项资金管理和使用不够严格和规范。此次审计发现,11 个省区应征未征土地出让金等收入 381.81 亿元,未将 683.99 亿元土地专项资金纳入预算管理;16 个省区滞留、闲置节能减排资金 9.67 亿元;还有 20 个省区挤占、挪用和套取土地专项资金 77.85 亿元、节能减排专项资金 2.82 亿元,主要用于公共工程建设和弥补公用经费等。

针对审计指出的问题,财政部、国土资源部等部门下发了《关于进一步加强土地出让收支管理的通知》(财综〔2009〕74 号),各地制定和完善了 48 项制度,已追缴、拨付和归还专项资金 209.19 亿元,收回土地或补办用地审批手续 4.31 万亩,并给予 40 名责任人员党纪政纪处分。

七、金融机构审计情况

对中国农业银行、中国农业发展银行和中国出口信用保险公司的审计结果表明,这些金融机构认真贯彻执行适度宽松的货币政策,加大了对重点领域和薄弱环节的金融支持力度;注重深化改革和加强信贷风险管理,保持了资产质量的持续稳定。同时,审计也发现,一些政策性金融机构近年来大力发展商业性业务,在一定程度上影响到政策性业务的深入开展,部分政策性信贷支持未能完全落到实处,违规操作或超范围经营问题也比较突出,涉及金额共计 203.01 亿元。如 2006 年 4 月至 2007 年 6 月,中国农业发展银行乌兰浩特市支行在已取得该市第三粮库经审计的财务报表的情况下,仍依据企业伪造的财务报表,向其发放粮食收购贷款 2.85 亿元,最终造成 8236 万元贷款损失。

跟踪审计中国工商银行、中国建设银行和中国银行 2009 年新增贷款的结构和投向发现,部分新增贷款结构不尽合理,主要是中长期贷款占比高、房地产贷款业务增长快、对农业和小企业的信贷支持力度不够,还有部分贷款的投向不符合规定。

有关金融机构认真整改审计发现的问题，截至2010年3月底，中国农业银行已整改90项问题，整改完成率为93.75%，处理责任人员263人；中国农业发展银行已收回贷款7.03亿元，资产保全38.67亿元，处理责任人员463人；中国出口信用保险公司制定和完善了82项制度；商业银行制定了调整和优化信贷结构的措施，2010年1季度对农业和小企业的贷款增幅明显。

八、企业审计情况

审计中国航空集团公司、中国华电集团公司等10户中央企业的资产量共计1.2万亿元，占这些企业资产总额的62%。结果表明，这些企业认真贯彻落实中央宏观调控措施，积极应对国际金融危机，加快结构调整，经营稳步发展。但在财务收支和内部管理方面还存在以下问题：

一是重大经济事项决策不规范。抽查10户企业的重大工程项目投资、资产处置、资本运作等538项决策，发现违规决策30项，造成国有资产损失及潜在损失8.33亿元。

二是资产负债损益不实。10户企业资产不实89.13亿元，占资产总额的0.46%；负债不实80.39亿元，占负债总额的0.63%；损益不实56.22亿元，占利润总额的5.23%。还有8户企业的50家下属单位通过虚列成本、截留收益等方式，将7.49亿元在法定账簿外核算，主要用于发放职工补贴、代职工出资入股等，个别人员涉嫌职务侵占。

目前，相关企业全部纠正了资产负债损益不实的问题，并健全完善制度538项，对112名责任人员进行了处理处罚。

此外，受有关部门委托，审计署还对10名中央企业领导人员、6名省市长和8名中央部门部长任职期间的经济责任履行情况进行了审计，并按规定向有关部门提交了审计结果报告。对其所在单位和地方存在的需要纠正和改进的问题，已依法下达审计决定。

九、重大违法违规问题揭露和查处情况

在以上各项审计中，审计署上报国务院或直接向有关部门移送重大违法违规问题和经济犯罪案件线索104起，涉案人员473人。这些案件主要有以下特点：

一是案件发生的环节和领域相对集中，主要涉及审批、决策、信贷发放和招投标等环节，其中发生在金融交易、国有股权转让和土地矿产资源管理这3个领域的有56起，占53.8%。

二是内外勾结牟取私利的“串案”、“窝案”仍较多。如吉林四平九丰酒业有限责任公司实际控制人李树岩、李树君两兄弟，伙同当地中国农业发展银行部分工作人员，采取编造虚假财务资料及收粮凭证等手段骗贷2.66亿元，部分资金被用于境外赌博挥霍等。

三是一些管理较为薄弱的政策性金融机构和事业单位违法违规问题日益显现。在39起金融案件中，有19起发生在政策性金融机构，占48.7%；在涉及行政事业单位的42起案件中，有16起发生在出版社、咨询中心和科研院所等事业单位。如卫生部公报杂志社编辑部聘用人员傅捷、傅雪华等，以编辑部名义向全国医疗机构等征订广告，并印制刊登广告和不刊登广告两个版本的公报和年鉴欺瞒领导，2007年至2009年共骗取广告宣传费900余万元，全部转入傅捷担任法定代表人的公司。

四是犯罪手法更加隐蔽，呈专业化和高智能化。有的不法分子通过网上银行等便捷平台异地大规模转移资金，有的通过关联企业虚开信用证或增值税发票贴现等方式骗贷，有的利用内幕交易信息或专业知识背景操纵股市牟利。此类案件专业性和隐蔽性较强，很多交易甚至以合法形式出现，查处难度高，涉案金额也比较大。

上述案件移送后，有关部门正在依法立案查处，查处结果将在明年作审计工作报告时一并公告。今年，我们将对2008年以来已结案的部分典型案件进行公告。

对本次中央预算执行和其他财政收支审计发现的问题，审计署依法征求了被审计单位意见，已出具审计报告、下达审计决定。各部门各单位认真整改，迄今已追缴或归还资金941.16亿元，挽回或避免损失53.38亿元，有790多人被追究责任，还根据审计建议完善了1700多项制度规定。最终整改结果，国务院将在年底前向全国人大常委会专题报告。

对各部门和单位的审计结果和整改情况，审计署依法予以公告。

十、加强财政管理的意见

(一)进一步健全政府预算体系，逐步将政府全部收支纳入预算管理范围。研究细化一般预算和

基金预算,加快推进社会保障预算和国有资本经营预算,将国有金融机构纳入国有资本经营预算范围,并着手研究建立债务预算,清晰反映债务收入和支出。

(二)进一步加快推进财政体制改革,健全事权与财力相匹配的财政体制。在合理界定各级政府的事权与支出责任的基础上,围绕基本公共服务均等化和主体功能区建设,合理调整中央与地方收入划分,着力增强县级财政的保障能力;不断改进预算编制办法,尽快健全完善定员定额支出标准,严格规范部门预算口径,促进部门预算编制与业务工作计划安排相协调、中央转移支付分配与地方政府预算编制相衔接。

(三)进一步优化财政支出结构,整合财政资源,提高财政资金使用效益。科学处理政府与市场的关系,增加财政对公益性和保障性领域的投入,把更多的财政资源用于改善民生和发展社会事业;清理和整合专项转移支付项目,对上级政府职责范围内的项目,应尽量减少地方配套;对不同层级政府共同负责的项目,应合理确定地方配套要求,切实保障资金配套需要。

(四)进一步强化对地方财政的管理,健全地方政府性债务管理制度,防范财政潜在风险。推动地方加强预算管理,提高预算编制的准确性和完整性,及时纠正违反国家统一政策、有碍社会公平的地方优惠政策;在摸清地方政府性债务底数的情况下,制定逐步清理化解逾期债务方案,落实偿债责任,有效管理存量债务,严格控制增量债务,防范金融风险向财政转移;清理整合现有融资平台公司,加强地方政府对融资平台公司债务的集中统一管理,规范融资平台公司的设立、经营和筹资行为。

关于今年以来国民经济和社会发展计划执行情况的报告

——2010 年 8 月 26 日在第十一届全国人民代表大会常务委员会第十六次会议上

国家发展和改革委员会主任 张 平

全国人民代表大会常务委员会:

受国务院委托,我向全国人大常委会报告今年以来国民经济和社会发展计划执行情况,请予审议。

一、经济社会发展总体态势良好

今年以来,各地区各部门全面贯彻中央确定的方针政策,认真落实十一届全国人大三次会议通过的各项决议,坚持实施应对国际金融危机的一揽子计划,有针对性地加强和改善宏观调控,更加注重转方式、调结构、促改革、惠民生,各方面工作都取得了新成绩。

(一)经济保持平稳较快发展

从前 7 个月主要经济指标看,国民经济继续朝着宏观调控预期方向发展,运行态势总体良好。初步核算,上半年国内生产总值同比增长 11.1%。主要特点是:

农业生产形势总体稳定,工业增幅高位回落。针对严重自然灾害的不利影响,国家及时出台扶持农业生产政策措施,各地进一步加大工作力度,强化科技服务、田间管理,全力抢种抢收,夏粮生产好于预期。据统计,全国夏粮总产量 2462 亿斤,与上年基本持平,其中冬小麦产量 2176 亿斤,增加近 20 亿斤,连续第 7 年增产。秋粮播种面积 11.4 亿亩,比上年增加 400 多万亩。畜牧业、渔业生产总体平稳,上半年肉类、水产品产量同比分别增长 3.5% 和 3.2%。农村生产生活条件进一步改善,农业机械化作业水平持续提升,316 处大型灌区续建配套节水改造进展顺利,今年用于 1.5 万公里农村公路建设的中央补助资金已经下达。截至 7 月 20 日已建成农村集中供水工程 4900 多处,分散供水工程 1.3 万处,受益人口 910 多万。受上年基数和加强对“两高”行业调控的影响,工业生产增幅逐步回落。前 7 个月,规模以上工业增加值同比增长 17%,比一季度回落 2.6 个百分点。企业效益状况继续好转,上半年全国 24 个省份规模以上工业企业实现利润同比增长 71.8%,39 个工业行业中 36 个行业利润同比增加。煤电油运支撑条件较好,电力供需基本平衡,重点物资运输得到保障。

国内需求稳定增长,外贸进出口快速恢复。消费需求持续较旺。前7个月,社会消费品零售总额同比增长18.2%,扣除价格因素实际增长15.2%,比前4年同期平均增速高1.4个百分点;汽车销售达到1026万辆,增长42.7%;家电下乡产品销售3926.8万台,已比去年全年多出476.8万台。投资平稳增长,前7个月增速为24.9%,月度间增幅波动较小;投资结构进一步优化,第三产业投资增长27.4%,"两高"和产能过剩行业投资得到初步抑制;非公经济投资较为活跃,私营企业投资增速达到34.8%。在稳定外需政策推动、国际市场好转、国内需求增加等因素的共同作用下,今年以来外贸进出口总额已超过国际金融危机前的同期水平。前7个月,进出口总额1.6万亿美元,同比增长40.9%;其中进口、出口增幅分别为47.2%和35.6%;累计顺差839亿美元,同比下降21.2%。实际利用外资583.5亿美元,增长20.6%。

价格总水平基本稳定,住房价格过快上涨势头得到初步遏制。国家加大对粮食、棉花、生猪、蔬菜等农副产品的市场调控和监管力度,合理引导社会预期,保障了市场稳定供应和价格平稳运行。前7个月,居民消费价格同比上涨2.7%,其中新涨价因素影响1.2个百分点。针对部分城市房价上涨过快、涨幅较高的问题,国家连续出台了一系列促进房地产市场平稳健康发展的政策措施,取得了初步成效。6月份全国70个大中城市房屋销售价格环比下降0.1%,7月份价格与上月持平。

财政收入增加较多,货币信贷增速逐步放缓。坚持实施积极的财政政策和适度宽松的货币政策。前7个月,全国财政收入5.1万亿元,同比增收1.05万亿元,增长25.7%;财政支出3.96万亿元,增长16.9%,教育、社会保障和就业、科技等重点支出增幅分别达到17.5%、22.6%和47.5%。通过提高存款准备金率、灵活开展公开市场操作、完善贷款政策等措施,进一步加强流动性管理,积极引导商业银行调整信贷结构和投放节奏。7月末,广义货币M_2和狭义货币M_1同比分别增长17.6%和22.9%;前7个月新增贷款5.16万亿元,占全年7.5万亿元目标的69%,同比少增2.58万亿元。

(二)转变经济发展方式取得新进展

在应对国际金融危机的实践中,我们更加深刻地认识到转变经济发展方式的紧迫性和重要性,进一步加大了工作力度,取得了一些新成效。

自主创新步伐加快。鼓励自主创新的政策措施继续完善,各级政府和企业科技投入不断增加。重大科技设施建设扎实推进,中科院知识创新三期工程进入收尾阶段,材料服役安全评价研究设施等项目启动建设。以生物医药、新材料、新能源、汽车及零部件等产业为重点的50个技术创新服务平台的建设工作正在加紧进行,国家科技重大专项加快实施。3000米深水半潜式钻井平台、12英寸65纳米刻蚀机等一批重大装备、核心关键技术和产品研制成功,科技对经济发展支撑作用进一步显现。

产业结构积极调整。上半年,服务业增加值同比增长9.6%,增幅比上年同期提高1.3个百分点;国内旅游人数达11亿人次,旅游收入增长20.6%;电信业务总量增幅达到21.4%,影视、动漫和出版等文化市场持续旺盛。重点产业调整振兴深入推进,工业结构继续优化。前7个月,附加值较高的机械、电子行业生产分别增长22.7%和19.3%;取向矽钢片、大型火电和核电设备所急需的U型管、大口径厚壁无缝钢管等投入生产和使用。促进企业兼并重组的政策措施进一步完善,加快钢铁行业结构调整的指导意见公布实施。新能源产业加快发展,上半年水电、核电、风电投资占电源建设投资比重达到62.4%,同比提高5.7个百分点;风力发电量增长89.4%。

节能减排成效显现。按照国务院节能减排电视电话会议部署,严格执行今年内不再审批、核准、备案"两高"和产能过剩行业扩大产能项目,及时分解下达淘汰落后产能目标任务,公告了18个工业行业淘汰落后产能企业名单;进一步提高了差别电价加价标准,并对22个省份存在的"两高"行业优惠电价进行了全面清理和纠正;取消了406个税号"两高"产品出口退税;出台了推广节能汽车、高效电机的财政补贴政策,节能与新能源汽车示范试点城市已扩大到20个,实施1.5亿只节能灯推广计划;加快实施节能减排重点工程,安排中央财政资金20亿元支持合同能源管理项目,新建建筑执行节能强制性标准比例进一步提高。从目前情况看,各项政策措施已见到实效。六大高耗能行业生产增速由一季度的19.6%回落到前7个月的16.2%,其中7月份当月回落到10.5%。截至7月中旬,全国共淘汰小火电机组1071万千瓦,提前完成全年任务,一批落后的钢铁、水泥、电解铝产能退出市场。上半年单位国内生产总值能耗累计上升0.09%,其中二季度同比下降,扭转了一季度上升态势。化学需氧量排放量同比下降2.39%,二氧化硫排放量增长0.22%,增幅比一季度回落近1个百分点。

区域协调发展继续推进。深入实施西部大开发战略的各项任务已全面部署,在减征企业所得税、资源税改革、加大财政转移支付、加强扶贫开发和基础设施建设等方面出台了一系列重大举措;促进新疆、甘肃等地区经济社会加快发展的政策措施制定实施。东北地区等老工业基地振兴战略扎实推进,资源型城市(地区)可持续发展试点工作开始启动。促进中部地区崛起和东部地区率先发展的政策措施不断完善,皖江城市带承接产业转移示范区规划和长三角区域发展规划发布实施。前7个月,中部、西部地区消费、投资和工业增速均高于东部地区。

(三)重点领域改革迈出新步伐

围绕加快推进经济结构调整、激发市场主体活力、保障和改善民生等重点领域,又积极推出了一些改革措施。

资源性产品价格和税费改革取得突破。在新疆启动了资源税改革试点,原油、天然气资源税实行从价计征;提高了国产陆上天然气出厂基准价格,扩大价格浮动幅度,逐步理顺与其他可替代能源的比价关系。

金融体制改革不断深化。根据国内外经济金融形势和我国国际收支状况,人民币汇率形成机制改革进一步推进。跨境贸易人民币结算试点深入实施,试点范围扩大到20个省份,境外结算地域扩展到所有国家和地区,这将对企业规避汇率风险、深化对外开放发挥积极作用。

非公有制经济发展环境进一步完善。鼓励和引导民间投资健康发展的若干意见出台实施,拓宽了民间投资领域和范围。国务院第五批取消和下放管理层级行政审批项目184项,累计已达到2117项。国有资本从一般竞争性领域退出步伐加快,上半年中央企业公开转让非主业项目国有产权交易金额达140多亿元,同比增长57.3%。

医药卫生体制改革加快推进。基本医疗保障制度建设成效明显,城乡居民参保人数超过12亿人;基本药物制度在全国30%以上的政府办基层医疗卫生机构实施基础上,范围继续扩大,基本药物价格与制度实施前相比平均下降30%左右;公立医院改革试点在一些城市启动;公共卫生服务均等化稳步实施,9类基本公共卫生服务项目和6类重大公共卫生服务项目全面开展。

文化体制改革深入推进。目前,全国已有279家文艺院团、372家出版单位和一批发行单位、非行政类报刊社、新闻网站完成转企改制,中央各部门、各单位所属出版社的转企改制工作也在有序进行。演艺资源整合力度加大,组建了一批国有演艺集团公司,区域性龙头演艺企业逐渐形成。文化市场综合执法改革进展顺利,北京等8个省市基本完成综合执法改革工作,全国50%以上的副省级和地级市已组建综合执法机构。

(四)人民生活水平继续提高

在就业、住房、社保等与人民群众切身利益最密切的领域,进一步加大了资源配置力度,努力使群众得到更多实惠。

就业和居民收入继续增加。上半年,全国城镇新增就业638万人,已完成全年目标任务的71%。截至6月底,高校毕业生就业率为72.2%,同比提高4.2个百分点;外出农民工务工人数为15729万人,同比增加632万人。上半年城镇登记失业率4.2%,比去年底下降0.1个百分点。城乡居民收入增长较快,截至8月上旬已有26个省份提高了最低工资标准,上半年城镇居民人均可支配收入同比实际增长7.5%;农村居民人均现金收入实际增长9.5%,增幅比一季度提高0.3个百分点。

社会保障体系不断完善。新型农村社会养老保险试点顺利实施,截至6月底,全国320个试点县、4个直辖市全部启动参保缴费和发放基础养老金工作,年初制定的目标已经完成,参保人数达到5965万人。城镇企业职工基本养老保险关系转移接续暂行办法平稳实施,5000多万名企业退休人员在春节前领到了增加的基本养老金。城镇基本养老、基本医疗、失业、工伤、生育等保险覆盖面继续扩大,参保人数分别比上年底增加959万人、1194万人、188万人、527万人、471万人。社会救助力度加大,残疾人基本生活、医疗、就业等纳入了制度性保障。

保障性安居工程建设大规模推进。有关部门与各省级人民政府签订了2010年住房保障工作目标责任书,将全年300万套保障性住房和280万户棚户区改造以及120万户农村危房改造任务分解落实到地方。国家将中部、西部地区新建廉租住房中央补助标准由上年的每平方米300元和400元,分别提高到400元和500元;农村危房改造户均补助标准由5000元提高到6000元。加快发展公共租赁住房的指导意见顺利出台,并将其纳入保障性住房建设规划启动实施。

教育文化卫生体育等各项社会事业全面发展。国家中长期教育改革和发展规划纲要发布实施,明确了今后10年教育改革发展的行动纲领和目标任务。国家安排中央基本建设投资135亿元,用于中西部农村初中校舍改造、全国中小学校舍安全、中等职业教育基础设施等工程建设。基层公共文化基础设施建设加快推进,年底前将累计建成1.38万个乡镇综合文化站,全面完成“十一五”确定的“乡乡都有综合文化站”的建设任务;国家公共文化服务体系示范区建设顺利推进,全国文化信息资源共享工程和数字图书馆建设取得成效。基层医疗卫生服务得到加强,安排中央基本建设投资236亿元,支持基层医疗卫生服务体系、精神卫生防治体系和重点中医院建设。低生育水平继续保持稳定。全民健身设施建设力度加大,推动学校体育场馆等体育设施向青少年和社会公众开放,广州亚运会各项筹备工作进展顺利。

今年以来,我国气候极端异常,各种自然灾害多发重发,特别是西南旱灾、新疆雪灾、青海玉树地震、全国大范围洪涝和甘肃舟曲特大山洪泥石流等接连不断的自然灾害,给人民群众生命财产、生产生活带来重大损失和影响。在党中央、国务院坚强领导和各方面的共同努力下,抗灾救灾和灾后恢复重建工作及时、有力、有序,有效减轻了灾害损失,较好保障了灾区群众的基本生活。玉树地震灾后恢复重建总体规划启动实施。

总的来看,今年以来国民经济和社会发展计划执行情况是好的,国民经济继续朝着宏观调控的预期方向发展。充分表明,党中央、国务院坚持扩大内需方针,加快经济发展方式转变,继续实施应对国际金融危机一揽子计划决策部署和政策措施是完全正确的,有力有效的。

二、我国经济社会发展面临的挑战和存在的主要问题

在充分肯定成绩的同时,我们清醒地认识到,当前经济发展面临的国内外环境仍然错综复杂,不确定、不稳定因素仍然较多。

从国际看,尽管目前世界经济正在逐步复苏,但复苏的基础不牢固,复苏中的风险隐患依然较多,复苏的过程不会一帆风顺。主要因为:一是全球经济持续增长的动力不足。美日欧等发达经济体失业率仍然较高,消费者信心总体低迷,房地产市场依然疲软,新兴产业短期内难以对经济增长产生明显带动作用。二是欧洲部分国家的主权债务危机仍未平息。尽管欧盟和国际货币基金组织已联手启动救援机制,相关欧洲国家也宣布实行规模空前的财政紧缩政策,但解决主权债务危机问题将是一个长期过程。另外,金融机构不良资产特别是次贷及相关衍生品引发的损失尚未完全核销,金融机构倒闭数量还在增加。三是主要货币汇率和国际市场大宗商品价格波动加剧。欧元兑美元比价一度跌至1.2以下,近期又快速反弹至1.3以上,原油、铜、铁矿石等能源原材料价格高位震荡,国际市场小麦价格由上半年下降较多转为近期大幅飙升,8月5日芝加哥小麦期货价格比6月30日上涨63.7%。四是贸易和投资保护主义抬头。贸易保护主义倾向明显强化,手段更加多样,上半年我国遭受贸易救济调查案件达38起,已成为贸易保护的最大受害国。总之,国际金融危机深层次影响尚未完全消除,全球经济结构性和系统性风险仍很突出,我国经济运行面临的国际环境依然相当复杂。

从国内看,一些长期积累的矛盾仍然存在,新情况、新问题还在显现,各种矛盾和问题相互交织、相互影响,增大了解决的难度。一是抗灾救灾形势严峻。入汛以来,全国范围连续出现多次强降雨过程,造成了严重的洪涝、泥石流灾害,受灾范围之广、灾害损失之重均为历史罕见,防汛抗灾任务十分艰巨,加上农田水利基础设施薄弱,全年粮食稳产增产面临较大困难。二是节能减排任务艰巨。“十一五”前四年,单位国内生产总值能耗累计下降15.6%,年均降幅为4.2%;要完成“十一五”节能目标,今年全年还要再下降5.2%,时间紧、任务重。同时,二氧化硫减排量虽然已在去年底完成了目标,但今年上半年排放量有所增加,对此不能忽视。三是管理通胀预期压力较大。下半年一些农产品价格仍会高位运行,输入型通胀压力依然存在,而游资炒作和各方面对价格变动比较敏感,也会放大市场对价格上涨的预期。目前部分大中城市住房价格仍然过高,调控房地产市场的工作依然繁重。四是结构调整任务更加紧迫。自主创新能力不强,服务业发展滞后,城乡之间、地区之间差距较大等问题,越来越影响经济社会平稳较快发展。特别是部分行业产能过剩的问题进一步凸显,在劳动用工、能源原材料、环境治理等生产成本上升的情况下,一些行业、一些企业生产经营将会面临较大困难。这些都迫切要求加快结构调整和创新发展。

此外,在就业、劳动关系、社会保障、收入分配、社会服务、安全生产等领域仍存在不少涉及群众切身利益的突出问题。这些都需要高度重视,并采取有效措施加以解决。

三、认真做好下半年经济社会发展工作

7月22日,中央政治局召开会议,讨论研究当

前经济形势和下一步经济工作。会议指出，当前我国经济发展正处于由回升向好向稳定增长转变的关键时期，要坚持把处理好保持经济平稳较快发展、调整经济结构和管理通胀预期的关系作为宏观调控的核心，继续实施积极的财政政策和适度宽松的货币政策，保持宏观经济政策的连续性和稳定性，提高宏观调控的针对性和灵活性，努力促进经济平稳较快发展，着力转变经济发展方式，着力调整经济结构，着力推进自主创新，着力抓好节能减排，着力深化改革开放，着力保障改善民生，增强经济回升向好势头，提高经济增长质量和效益，确保全面完成今年经济社会发展各项任务。

我们将深刻领会中央精神，狠抓各项政策措施落实，下半年重点做好以下工作。

（一）立足抗灾救灾，努力夺取农业丰收。抓紧落实进一步支持晚稻及秋粮生产的政策措施。受灾地区要迅速组织力量抢排农田积水，抢修水毁农田，整理、扶正受灾作物；认真抓好田间管理，有针对性地开展科技服务，努力促生长、促早熟，防寒露风、防早霜、防病虫害。组织好化肥等农资供应，确保质量，稳定价格。要针对大灾暴露出来的突出问题，强化农业基础设施建设，进一步增加水利投入，重点搞好中小河流治理、山洪灾害防治和小型水库除险加固，切实夯实水利基础，增强抵御自然灾害能力。

（二）着力扩大居民消费，保持内需稳定增长。进一步增加居民特别是中低收入者收入，引导企业根据生产经营状况合理稳步提高劳动者报酬，多渠道增加农民收入，增强消费能力；继续实施好促进家电、汽车、节能产品消费的政策措施，发展网络购物和信用消费，积极扩大旅游、文化和健身等消费需求；加大城乡流通网络和服务设施建设力度，健全质量管理体系和诚信体系，为居民提供更加便利、安全、放心的消费环境。在投资方面，目前新增中央投资项目已陆续进入收尾阶段，要确保在建项目资金到位和工程质量，防止出现“半拉子”工程。抓紧出台鼓励引导民间投资健康发展的配套实施细则，引导民间资本更多地投向国家鼓励的产业和经济社会发展的薄弱环节，促进投资合理增长。

（三）加强通胀预期管理，保持价格总水平基本稳定。要继续运用储备投放、区域调运和进出口调节等多种手段，加强对重要农产品市场的调控；特别是要及时做好灾区群众生活必需品投放和救济工作，防止因个别商品供应断档引发价格上涨。进一步落实“米袋子”省长负责制和“菜篮子”市长负责制。继续依法规范和整顿市场价格秩序，不断加大重要商品价格信息发布和政策宣传力度。继续加强和改善流动性管理，灵活运用多种货币政策工具，保持货币信贷适度增长，降低社会通胀预期。

（四）下更大力气抓好节能减排，确保实现目标任务。进一步增强紧迫感、责任感，坚决落实好节能减排的政策措施，切实做到实现节能减排目标不动摇、不松劲。进一步遏制“两高”行业过快增长，综合运用经济、法律和必要的行政手段，控制产能过剩行业新上项目，确保三季度完成全年淘汰落后产能目标任务。进一步强化目标责任考核，开展节能减排专项督察，严肃查处违法违规行为。进一步强化用能管理，提高能源使用效率，在机关和国有企事业单位率先推行合同能源管理，严格控制景观用电用能。

（五）加快推进结构调整，力促发展方式转变。出台并落实好加快培育发展战略性新兴产业的政策措施。积极推进新能源、“三网融合”、新能源汽车、重大新药创制等取得实质性进展。加快实施国家科技重大专项，着力突破关键技术，全面推进技术创新工程，支持企业提高自主创新能力。深入实施重点产业调整振兴规划，引导企业积极开展资源整合、兼并重组和技术改造。抓紧研究促进服务业特别是生产性服务业发展的税收、价格等扶持政策，组织好服务业综合改革试点。继续改善中小企业发展环境，着力推进解决小企业融资难问题。进一步落实好区域发展总体战略，抓紧制定深入实施西部大开发战略的具体方案，继续加大对老少边穷地区发展的支持力度。

（六）大力提高对外开放水平，构建参与国际竞争新优势。继续落实和完善出口退税、出口信贷、出口保险等稳定外需的政策措施。引导商业银行为出口企业提供更多规避汇率风险的金融工具。妥善处理贸易摩擦，完善贸易摩擦应对机制。努力增加进口，促进贸易平衡。进一步提高利用外资质量，支持有条件的企业“走出去”。

（七）进一步深化改革，增强经济发展活力。按照国务院关于今年深化经济体制改革的各项部署，加快推进重点领域和关键环节改革。继续深化资源性产品价格和环保收费改革。深入开展医药卫生体制改革，围绕基本药物招标采购、医保报销、质量监管等关键环节，实施好基本药物制度；扎实开展公立医院改革试点。进一步深化国有企业、财政税收、金融体制改革，加快推进电网企业主辅分离，完善中央企业国有资本经营预算制度，健全金融监管体制和金融机构风险内控机制，继续深化大型商业银行改革。深化农村综合改革。抓紧制定调整国民收入分配格局的政策措施。认真做好综合配套改革工作。

（八）把更多的公共资源投向民生，不断改善居民生活。坚持把扩大就业作为经济社会发展的优先目标，通过实施岗位拓展、创业引领、就业服务与援助计划，大力促进高校毕业生就业，进一步做好农民工进城务工、就地转移和返乡创业工作，健全零就业家庭等困难群体的就业援助制度。积极做好当前劳动关系稳定工作。加快推进社会保障体系建设，继续做好新型农村社会养老保险试点工作，落实养老、医疗保险关系转移接续办法。抓紧解决未参保集体企业退休人员基本养老保障问题。加快推进各类养老、残疾人、精神卫生等服务设施建设。认真落实国家中长期人才发展规划纲要、中长期教育改革和发展规划纲要。加快推进学前教育发展，继续改善农村和贫困地区办学条件，健全家庭困难学生资助政策。加强乡镇综合文化站、文化信息共享工程等公共文化服务体系建设。稳定房地产调控政策，进一步落实遏制部分城市住房价格过快上涨的措施，坚决抑制投资投机性购房需求；进一步完善基本住房保障制度，加大保障性安居工程建设的资金投入和土地供应，加快保障性住房建设进度，尽快增加有效供给。基本完成汶川地震灾后恢复重建任务，全面推进玉树地震灾后恢复重建和舟曲地质灾害灾后恢复重建工作。同时，要认真做好煤电油气运协调和市场监管，健全应急保障体系，提升应急能力。进一步强化安全生产，深入排查和治理安全隐患，严格安全执法，坚决遏制重特大事故发生。切实安排好受灾地区群众生产生活。维护社会和谐稳定。

下半年，还有一项重要的工作是编制“十二五”规划，我们将按照中央的部署，精心组织、集中力量，努力编制出符合时代要求、人民满意的“十二五”规划。

今年下半年经济社会发展任务十分繁重。我们要更加紧密地团结在以胡锦涛同志为总书记的党中央周围，全面贯彻党的十七大精神，以邓小平理论和“三个代表”重要思想为指导，深入贯彻落实科学发展观，坚定信心、开拓创新、狠抓落实、务求实效，努力完成“十一五”规划确定的各项目标任务。

关于今年以来预算执行情况的报告

——2010年8月26日在第十一届全国人民代表大会常务委员会第十六次会议上

财政部部长　谢旭人

全国人民代表大会常务委员会：

十一届全国人大三次会议审查批准了《关于2009年中央和地方预算执行情况与2010年中央和地方预算草案的报告》。根据《中华人民共和国预算法》、《中华人民共和国各级人民代表大会常务委员会监督法》等法律规定和全国人大常委会的安排，我受国务院委托，向全国人大常委会报告今年以来预算执行情况，请予审议。

一、今年以来预算执行情况

今年以来，面对复杂多变的国内外环境和各种重大挑战，各地区、各部门在中国共产党的正确领导下，坚持以邓小平理论和“三个代表”重要思想为指导，深入贯彻落实科学发展观，认真落实十一届全国人大三次会议的有关决议，坚持实施应对国际金融危机的一揽子计划，有针对性地加强和改善宏观调控，积极推进经济发展方式转变和结构调整，经济运行继续朝着宏观调控的预期方向发展，经济社会发展态势总体良好。在此基础上，中央和地方预算执行情况较好，财政改革与发展取得新进展。

（一）公共财政预算执行情况

1—7月，全国财政收入51132.97亿元，比2009年同期（以下简称同比）增加10460.92亿元，增长25.7%，完成预算的69.2%。其中，中央本级收入26970.41亿元，同比增长25.7%，完成预算的70.9%；地方本级收入24162.56亿元，同比增长25.7%，完成预算的67.4%。1—7月财政收入增长较快，是经济平稳较快增长、物价水平上涨以及去年同期基数较低等因素的综合反映。一是经济平稳较快增长。1—7月，规模以上工业增加值同比增长17%，城镇固定资产投资增长24.9%、社会消费品零售总额增长18.2%、一般贸易进出口总额增长44.3%、汽车销量增长42.7%、商品房销售额增长16.8%、规模以上工业企业实现利润增长81.6%（1—5月数），带动增值税、营业税、企业所得税、进口货物增值税和消费税、车辆购置税等较快增长。二是价格水平上涨。1—7月，居民消费价格、工业品出厂价格分别同比上涨2.7%、5.8%，相应增加财政收入。三是去年同期基数较低。2009年1—7月全国财政收入下降0.5%（其中，中央财政收入下降6.3%），导致今年同期财政收入增幅相对较高。此外，成品油税费改革及烟产品消费税政策性调整翘尾也增加了部分收入。1—7月全国财政收入与2008年同期相比，增长25.1%（其中中央本级收入增长17.8%），折算到两年中年均增长11.8%（其中中央本级收入年均增长8.5%），属于恢复性增长。

全国财政主要收入项目执行情况。国内增值税11919.42亿元，增长12.5%，主要是规模以上工业增加值增长较快以及工业品出厂价格上涨。国内消费税3624.89亿元，增长37.9%，主要是成品油消费税、卷烟消费税以及调整白酒消费税最低计税价格翘尾增收。进口货物增值税、消费税和关税7399.8亿元，增长51.6%，主要是一般贸易进口额大幅增长。营业税6785.97亿元，增长30%，主要是全社会固定资产投资以及商品房销售额增长较快。企业所得税10032.07亿元，增长17%，主要是企业利润增长较快。个人所得税2997.35亿元，增长22%。非税收入5598.75亿元，增长7.5%。

中央本级主要收入项目执行情况。国内增值税8984.82亿元，增长12.7%。国内消费税3624.89亿元，增长37.9%。进口货物增值税、消费税和关税7399.8亿元，增长51.6%。出口退税4068.15亿元（账务上作冲减收入处理），增长2.7%。企业所得税6368.92亿元，增长8%。个人所得税1799.25亿元，增长22.3%。车辆购置税967.64亿元，增长57.7%，主要是汽车销售量大幅增长42.7%，以及对1.6升及以下排量乘用车由减按5%调至减按7.5%征收车辆购置税。非税收入1429.12亿元，下降5.4%。

1—7月，全国财政支出39622.23亿元，同比增加5734亿元，增长16.9%，完成预算的46.9%。其中，中央本级支出8259.97亿元，同比增长18.3%，完成预算的51.5%；地方本级支出31362.26亿元，同比增长16.6%，完成预算的45.8%。与去年同期比较，中央本级和地方本级支出进度分别提高4.9个和1.9个百分点。1—7月支出总体进度有所加快，主要是按照全国人大有关要求，狠抓预算支出执行管理，强化部门的预算支出执行主体责任，加强分析和动态监控，建立预算支出执行情况定期分析、通报等制度，加快转移支付资金拨付进度，完善项目支出资金预拨制度等，取得了初步成效。

全国财政主要支出项目执行情况。农林水事务支出3142.11亿元，增长6.1%；教育支出5616.37亿元，增长17.5%；科学技术支出1596.92亿元，增长47.5%；社会保障和就业支出4646.84亿元，增长22.6%；医疗卫生支出1805.94亿元，增长16%；住房保障支出894.62亿元，增长13.9%；公共安全支出2474.22亿元，增长8.3%；城乡社区事务支出2652.62亿元，增长19.4%；交通运输支出2314.38亿元，增长34.8%；一般公共服务支出4329.92亿元，增长13.4%。

中央本级主要支出项目执行情况。农林水事务支出235.65亿元，增长28%；教育支出343.03亿元，增长23.5%；科学技术支出928.36亿元，增长54.1%；社会保障和就业支出186.52亿元，增长39.8%；住房保障支出268.75亿元，增长40.4%；国防支出2919.42亿元，增长13.9%；交通运输支出820.99亿元，增长32.3%；粮油物资储备管理等事务支出293.36亿元，增长38%；国债付息支出695.25亿元，增长11.2%。

需要说明的是，一些支出项目增幅较低，主要原因是根据宏观调控需要，适当把握基本建设等项目支出节奏，部分据实结算项目大部分在下半年支出，以及去年同期基数较高等。

中央对地方税收返还和转移支付执行情况。中央对地方税收返还2952.43亿元，增长7.9%，完成预算的59%。下达一般性转移支付10712.92亿元，占预算的87.1%。下达专项转移支付10092.78亿元，占预算的75.8%。其中，教育287.65亿元；医疗卫生1062.46亿元；社会保障和就业1699.56亿元；农林水2569.08亿元；环境保护1056.78亿元；住房保障605.72亿元；交通运输667.72亿元；地震灾后恢复重建706.39亿元。

（二）其他政府预算执行情况

政府性基金预算执行情况。1—7月，全国政府性基金收入18061.98亿元，同比增加10736.75亿元，增长146.6%，主要是去年年末和今年年初土地市场成交活跃,1—7月土地供应量增加较快,土地出让合同管理更加严格,地价总水平上升以及各地进一步加强土地出让收入征管。全国政府性基金支出13160.6亿元,同比增加7544.19亿元,增长134.3%,主要是用国有土地使用权出让收入安排的征地拆迁补偿等方面的支出增长较快。

中央国有资本经营预算执行情况。1—7月,中央国有资本经营预算收入8.6亿元,收入较少主要是根据《中央企业国有资本收益收取管理暂行办法》规定,中央企业应交国有资本收益入库截止时间为预算年度的10月31日,目前中央企业国有资本收益收取工作正在进行中。待中央企业国有资本收益入库后,将按照实际收入规模及预算项目实施情况安排使用。地方也在加快建立国有资本经营预算制度,积极开展试点工作。

二、落实十一届全国人大三次会议预算决议情况

今年以来,按照十一届全国人大三次会议有关决议,以及十一届全国人大财政经济委员会的审查意见,积极推进各项财政工作,较好地服务了改革发展稳定大局。

(一)扎实落实积极的财政政策,加强和改善财政宏观调控

综合运用预算、国债、税收等政策工具,并加强与货币、产业政策等的协调配合,促进经济平稳较快发展。

提高城乡居民收入,扩大居民消费需求。加大对农民的补贴力度,提高城乡低保对象等的补助水平,城乡居民收入稳步增长。支持实施积极的就业政策,就业形势进一步好转。切实保障和改善民生,重点加大了对保障性住房、教育、社会保障等民生领域的投入力度。继续落实家电、汽车、摩托车下乡补贴政策,在全国范围实施家电、汽车以旧换新政策,直接促进了居民即期消费。

安排使用好政府公共投资,着力优化投资结构。截至7月底,累计下达中央政府公共投资预算7478亿元,重点用于保障性住房、农田水利等农业农村基础设施、教育和医疗卫生等社会事业、节能环保和生态建设、自主创新等方面。组织开展地方政府债券发行和管理工作。截至8月15日,已代理发行了新疆等21个省(区、市)地方政府债券1140亿元,并督促地方政府债券资金优先用于中央投资的公益性项目续建和收尾,严格控制新上项目,防止重复建设。扩大政府公共投资"以奖代补"范围,带动社会投资。

落实结构性减税政策,引导企业投资和居民消费。继续执行增值税转型等政策。对部分小型微利企业实施所得税优惠政策。取消部分钢材、有色金属加工材、化工等产品的出口退税。继续执行各项未到期的税费减免政策,清理到期的税收减免政策,坚决制止越权减免税。严格行政事业性收费和政府性基金项目的审批管理。

支持区域协调发展和经济结构调整,推动经济发展方式转变。认真贯彻落实推进西部大开发、振兴东北地区等老工业基地、促进中部地区崛起、支持东部地区率先发展的财税政策,促进区域协调发展。保障科技重大专项顺利实施,扶持战略性新兴产业重大科技成果转化,大力支持前沿技术研究、重大共性关键技术研发等。拨付资金137.44亿元,推进企业节能技术改造,支持淘汰落后产能,加大节能产品惠民工程实施力度,扩大节能与新能源汽车示范推广范围,启动私人购买新能源汽车试点。拨付资金194亿元,加快实施重点减排项目,促进城镇污水处理设施配套管网建设,支持重金属污染治理,加大重点流域环境保护力度等。拨付资金379.6亿元,支持林业重点工程和草原生态建设,提高中央财政森林生态效益补偿标准。拨付资金90.7亿元,支持中小企业技术创新、结构调整和开拓国际市场。

(二)促进社会事业加快发展,切实保障和改善民生

根据年初预算安排,切实加强预算支出执行管理,努力保障"三农"、教育、医疗卫生、社会保障和就业、保障性住房、抗震救灾等重点支出需要,各项社会事业发展取得新进展。

认真落实各项惠农政策。中央财政拨付粮食直补和农资综合补贴资金867亿元,调动了种粮农民的积极性。拨付农作物良种补贴和农机具购置补贴345.76亿元,补贴品种和范围进一步扩大。拨付资金410亿元,对产粮(油)大县实施奖励,支持落实粮食最低收购价和临时存储粮油等政策。安排资金50亿元,支持开展全国重点地区中小河流治理,解决当前部分地区洪涝灾害暴露出的中小河流防洪标准低问题。安排资金100亿元,启动重点小型病险水库除险加固二期规划,支持受灾严重地区小型病险水库除险加固。拨付资金336.69亿元,支持小型农田水利建设、实施重大水利建设项目等。拨付资金268亿元,支持农业综合开发和各地优势特色产业发展。拨付财政扶贫资金212.58亿元,支

持各地加快实施扶贫项目。拨付农业保险保费补贴资金39.15亿元,促进农业保险发展。实施支持农村金融发展的财税优惠政策。

推动教育优先发展。中央财政拨付农村义务教育经费保障机制改革资金595亿元,全国1.3亿名农村中小学生免除学杂费并得到免费教科书,中西部地区约1228万名家庭经济困难寄宿生得到生活费补助。继续实施免除城市义务教育阶段学生学杂费政策,拨付补助资金31.7亿元,全国2900多万名学生受益。义务教育学校绩效工资政策基本落实。拨付2010年度国家奖(助)学金70.3亿元,确保普通本科高校、高等职业学校家庭经济困难学生顺利就学。落实中等职业教育免学费政策。拨付中等职业学校国家助学金59.8亿元,约1136万名中职学生得到生活费补助。全国中小学校舍安全工程稳步推进,拨付专项资金50亿元。支持启动新一轮"985工程",促进高等教育发展。

加大社会保障和就业投入力度。中央财政拨付新型农村社会养老保险试点专项补助资金53亿元,截至7月底,试点地区总参保率达到70%以上。拨付城乡低保、优抚对象等人员抚恤和生活补助资金837.82亿元,切实保障困难群体基本生活。拨付企业基本养老保险补助资金1324亿元,确保企业退休人员基本养老金按时足额发放。拨付补助资金236亿元,继续增加企业退休人员基本养老金,人均提高120元左右。拨付专项资金352.4亿元,支持实施更加积极的就业政策。

支持深化医药卫生体制改革。按照"保基本、强基层、建机制"的总体要求,坚持投入与改革并重,合理调整支出结构,加大对医药卫生体制改革的支持力度。促进基本医疗保障制度建设,中央财政分别拨付补助资金399亿元和46亿元,促进新型农村合作医疗和城镇居民基本医疗保险制度平稳运行,各级财政补助标准由人均80元提高到120元。支持解决关闭破产国有企业退休人员和困难企业职工参加城镇职工基本医疗保险问题。截至目前,城乡基本医疗保障制度覆盖人数达到12.47亿人。拨付城乡医疗救助补助资金86.7亿元,健全城乡医疗救助制度,进一步提高救助水平。拨付补助资金257亿元,支持各地开展9类21项基本公共卫生服务、农村孕产妇住院分娩、艾滋病防治等重大公共卫生服务项目,促进基本公共卫生服务均等化。继续支持加强基层医疗卫生服务体系和人才队伍建设。采取以奖代补办法,推动基层医疗卫生机构实施国家基本药物制度和综合改革。支持启动公立医院改革试点。

支持加快保障性住房建设。加快保障性住房建设资金下达进度,中央财政廉租住房补助资金447亿元、城市棚户区改造补助资金15亿元、公共租赁住房补助资金20亿元、农村危房改造资金75亿元已全部下达。认真落实保障性住房建设的各项税费优惠政策。对廉租住房、经济适用住房以及城市和国有工矿棚户区改造安置住房给予免征城镇土地使用税、印花税等优惠政策。对廉租住房和经济适用住房建设用地实行行政划拨,一律免征各项行政事业性收费和政府性基金。将经济适用住房、列入保障性住房规划的城市棚户区改造项目安置用房、政府投资的公共租赁住房建设,纳入住房公积金支持保障性住房建设试点范围。加快推进少数民族地区游牧民定居工程。

切实保障抗灾救灾资金需要。继续大力支持汶川地震灾后恢复重建,2010年中央财政汶川地震灾后恢复重建基金预算安排1002.99亿元,已下达918.92亿元,完成预算的91.62%。目前,汶川地震灾后恢复重建整体进展顺利,城乡住房重建基本完成,公共服务能力显著提升。中央财政拨付资金35亿元,大力支持玉树地区抗震救灾。切实保障玉树地震灾后恢复重建资金需要,三年内中央财政拟安排资金210亿元。其中,公共财政预算安排205亿元,中央国有资本经营预算收入安排5亿元;2010年安排90亿元,2011年拟安排100亿元,2012年拟安排20亿元。目前,先行启动的禅古、甘达两个示范村700余户农牧民住房建设即将完工,第一批重建项目已开工建设。同时,针对今年水旱灾情严重的情况,及时安排资金72.72亿元,大力支持各地防汛抗旱,切实保障南方洪涝、西南旱灾等受灾地区群众的基本生产生活,做好水利防灾减灾等工作。支持甘肃省舟曲县开展特大山洪泥石流灾害救灾工作,中央财政及时拨付综合财力补助资金5亿元,用于抢险救灾、基础设施修复以及倒损房屋重建等方面。

(三)加强财政科学管理,提高财政资金使用效益

高度重视财政管理,召开专题会议研究部署加强基础工作和基层建设,深入推进财政科学化精细化管理。

完善预算编制管理。细化了政府收支分类科目体系,进一步优化部分支出功能分类科目。控制和减少代编预算规模,预算年初到位率有所提高。完善支出标准体系,加快项目库建设,建立了重大项目支出事前评审机制。探索建立预算编制与执行相结合的机制，结合当年预算执行进度编制下年部门项目支出预算。加强对部门结转和结余资金的统筹使用，并与预算编制紧密结合。推动资产管理和预算编制有机衔接。将可以固定数额的转移支付提前通知地方，要求地方比照执行，并将其纳入本级预算，增强地方预算编制的完整性。

加强预算执行管理。支持税务、海关等部门依法征税，严格非税收入管理，努力做到应收尽收、不收"过头税"。狠抓预算支出执行管理，支出进度进一步提高，各项重点支出得到较好保障。切实推进预算支出绩效评价，中央本级试点部门由2009年的94个增加到115个，试点项目由2009年的167个增加到200个。加强对政府投资预算执行情况和重大财税政策落实情况的监督检查。"小金库"专项治理不断深入。

强化政府债务管理。按照《国务院关于加强地方政府融资平台公司管理有关问题的通知》(国发〔2010〕19号)要求，抓紧完善工作方案，细化具体政策措施，突出工作重点，健全管理制度。同时，强化国债余额管理，合理安排国债发行规模、时间和节奏，调节国库存款波动，降低国债筹资成本，不断完善国债期限结构，提高资金使用效益。

积极推进预算公开。建立健全中央财政月度收支情况定期公开机制。扩大预算公开范围，细化预算公开内容。向社会公开的中央财政预算表从2009年的4张增加到2010年的12张，中央本级支出预算表以及中央对地方税收返还和转移支付预算表细化到款级科目。其中，2010年中央本级支出预算表进一步细化为23类123款，比2009年增加了2类82款。积极推动部门预算公开，截至目前，共有73个中央部门向社会公开了部门预算中的收支预算总表和财政拨款预算表。

(四)深化财税改革，构建有利于科学发展的财税体制

资源税改革在新疆开始试点，对原油、天然气按5%的税率实行从价计征。实施差别化的住房税收政策，抑制投资投机性购房需求。巩固增值税转型改革和成品油税费改革成果。进一步规范和清理专项转移支付项目，加大对生态功能区、民族地区等的转移支付力度，推动基本公共服务均等化。加快建立县级基本财力保障机制，推进省直管县财政管理方式改革。完善政府预算体系，试编全国社会保险基金预算。目前，全国社会保险基金预算正在汇总和审核。在县级全面推进部门预算改革。国库集中收付制度改革加快，实施国库集中支付改革的中央基层预算单位扩大到12247个，地方30多个省份实现了财税库银税收收入电子缴库横向联网。深化农村综合改革，村级公益事业建设一事一议财政奖补试点范围扩大，清理化解农村义务教育债务工作全面推进。

三、下一步财政工作安排

当前，我国经济发展态势总体良好，但面临的国内外环境仍然错综复杂。从财政看，今年后几个月随着经济增速放缓，以及2009年同期财政收入基数的逐步抬高，全年财政收入增幅将呈现明显的前高后低走势，财政支出压力依然很大，全年财政收支紧张的矛盾仍较突出。根据当前的经济财政形势，下一步将继续深入贯彻落实科学发展观，把稳定政策作为宏观调控的主基调，坚持把处理好保持经济平稳较快发展、调整经济结构和管理通胀预期的关系作为宏观调控的核心，保持政策的连续性和稳定性，继续落实好积极的财政政策，并加强与货币政策等的协调配合。同时，提高政策调控的针对性、灵活性、预见性和可操作性，加强对经济运行情况的监测分析，根据国内外经济形势的发展变化，及时完善相关政策措施，把握好政策实施的力度、节奏和重点。深入推进财政科学化精细化管理，促使各项政策措施切实发挥作用，更好地巩固和发展宏观调控已取得的成果，努力促进经济社会又好又快发展。财政部将继续按照中央的决策部署和十一届全国人大三次会议有关决议要求，重点做好以下工作：

一是促进经济结构调整和发展方式转变。多渠道增加农民收入，努力增加居民特别是中低收入者收入，继续实施和完善扩大消费的政策措施。中央预算内投资和各类中央建设基金、地方政府债券资金都要优先安排续建、投产和收尾项目。加快实施科技重大专项，促进科技成果转化，支持战略性新兴产业发展，积极推动企业兼并重组和技术改造。继续实施并完善推动节能减排、鼓励资源综合利用和新能源发展等的各项财税政策措施。大力支持中小企业发展。认真贯彻党中央、国务院关于深入推进西部大开发和推动西藏、新疆实现跨越式发展的重大部署，完善相关财税政策措施。继续落实好促进东北振兴、中部崛起和东部地区率先发展的政策措施。

二是促进农村改革与发展。完善对种粮农民

的各项补贴政策,落实好粮食最低收购价政策。健全产粮(油)大县奖励政策。做好项目前期准备工作,加强资金保障,力争今冬明春受灾严重地区规划确定的中小河流治理全部完工,加快重点地区中小河流防洪体系建设。大力支持实施重点小型病险水库除险加固二期规划,确保如期完成2010—2012年规划确定的重点小型病险水库除险加固任务。加快小型农田水利重点县建设步伐。加大对中低产田改造和高标准农田建设的支持力度,推进重点中型灌区节水配套改造。支持农业技术推广和农业科技成果转化。加大对农民专业合作组织的扶持力度,鼓励有条件的地方实施以奖代补。增加农业保险保费补贴险种,扩大区域覆盖范围,提高部分险种的补贴比例。继续深化农村综合改革。

*三是着力保障和改善民生。*认真贯彻落实《国家中长期教育改革和发展规划纲要(2010—2020年)》,加大财政教育投入,促进教育优先发展。做好分省份核定地方教育支出占财政支出比重、拓宽财政性教育经费来源渠道等工作,推动实现到2012年财政性教育经费支出占GDP4%的目标。按照成熟一个、启动一个的原则,组织实施好重大项目,逐步解决教育发展的薄弱环节和关键领域中的问题,增强财政保障能力,促进教育公平,提高教育质量和资金使用效益。继续实施积极的就业政策,提高资金的使用效益。完善城乡低保标准动态调整机制。研究适时调整优抚对象等人员抚恤和生活补助标准。做好扩大新型农村社会养老保险试点工作。大力支持深化医药卫生体制改革,加快研究制定相关配套文件。进一步完善基层医疗卫生机构补偿机制,支持基层医疗卫生机构实行体制机制综合改革和国家基本药物制度。逐步扩大城乡医疗救助范围。切实保障汶川、玉树地震灾后恢复重建资金需要,加强资金监管,落实各项政策措施,确保灾后恢复重建工作顺利开展。密切关注舟曲县特大山洪泥石流、部分地区洪涝等其他灾害情况,切实保障受灾群众基本生产生活。大力支持保障性住房建设,增加公共租赁住房供给。支持开展农村危房改造试点。

*四是继续深化财税制度改革。*做好新疆资源税改革试点工作,积极稳妥地推进西部地区以及全国资源税改革。统一内外资企业和个人城建税、教育费附加制度。研究完善合理引导个人住房消费的税收政策。完善消费税制度。研究完善个人所得税制度。进一步优化转移支付结构,严格控制新设专项转移支付项目,继续清理整合现有项目。加快完善县级基本财力保障机制。健全中央和地方政府性基金预算,完善中央企业国有资本经营收益上缴和使用管理制度。继续深化部门预算等预算管理制度改革。积极支持金融体制、收入分配、基础产品价格形成机制等改革。

*五是切实抓好财政预算管理。*在扎实落实结构性减税政策的基础上,依法加强税收征管,严格非税收入管理,确保完成全年预算收入任务。健全预算支出责任制度和执行通报机制。加快中央代编预算和转移支付下达进度。确保基本支出预算按序时进度、项目支出预算按项目进度拨付。全面清理结转和结余资金。严格控制追加预算,努力提高预算的严肃性。切实加强中央重大政策落实情况的跟踪监督,保障政策落实到位。进一步推进"小金库"治理工作。积极推进预算支出绩效评价,努力提高财政资金使用效率。强化管理基础工作和基层建设。深入推进预算公开工作。力争2011年中央本级支出预算中的部分重点支出公开到"项"级科目。积极创造条件,推动基本建设支出、行政经费支出预算和执行情况对外公开。大力推进重大民生支出公开。督促部门做好本部门预算信息公开。切实加强地方政府性债务管理。抓紧清理核实并妥善处理地方政府融资平台公司债务。按照分类管理、区别对待的原则,妥善处理债务偿还和在建项目后续融资问题。分类清理规范地方政府已设立的融资平台公司。坚决制止地方政府违规担保承诺行为。加快管理制度建设,实现对地方政府融资平台公司债务的全口径管理和动态监控。强化其他地方政府性债务管理。

全国人大常委会专门听取并审议预算执行情况的报告,是对财政工作的重视和支持,对于推动依法理财、加强预算执行管理具有重要意义。我们要在以胡锦涛同志为总书记的党中央领导下,坚持以邓小平理论和"三个代表"重要思想为指导,深入贯彻科学发展观,继续认真落实十一届全国人大三次会议的有关决议,自觉接受全国人大常委会的指导和监督,努力完成全年预算和各项财政工作任务,大力推进财政改革与发展,为促进经济社会又好又快发展做出积极贡献!

三、检查法律实施情况

全国人民代表大会常务委员会执法检查组关于检查《中华人民共和国台湾同胞投资保护法》实施情况的报告

——2010年4月26日在第十一届全国人民代表大会常务委员会第十四次会议上

全国人大常委会副委员长 严隽琪

全国人民代表大会常务委员会：

根据全国人大常委会2010年监督工作计划，常委会组成执法检查组，于2010年1月对《中华人民共和国台湾同胞投资保护法》的实施情况进行了检查。

为了做好这次检查工作，全国人大财经委员会组织调研组分别赴广西、海南、广东和上海进行了前期调研，提出了关于检查内容与检查重点的建议。1月11日，执法检查组召开全体会议，听取了国务院台湾事务办公室、商务部、最高人民法院、最高人民检察院、公安部、海关总署、人力资源和社会保障部、国土资源部、环境保护部、住房和城乡建设部、国家税务总局、国家工商行政管理总局、国家知识产权局等单位关于台湾同胞投资保护法实施情况的汇报。会后检查组分成2个小组，分别由华建敏副委员长和我带队，于1月13日至2月1日先后赴上海市、福建省和广东、江苏省进行了实地检查。同时，检查组委托北京、辽宁、浙江、山东、湖北、重庆6省市人大常委会检查了本地区台湾同胞投资保护法的贯彻实施情况。

赴地方检查期间，检查组分别听取了4省市及台商投资较为集中的广州、东莞、南京、苏州、昆山、福州、漳州、福清、龙海市政府及有关部门的汇报，实地考察了18家不同类型的台资企业，多次召开台商协会和台资企业代表参加的座谈会，广泛听取各有关方面的反映，并在检查结束时与当地省（直辖市）领导交换了意见。现将检查情况报告如下。

一、基本情况

近年来，在两岸各界共同努力下，两岸关系取得积极进展，呈现和平发展的良好势头，台湾同胞在大陆的投资日益增长、领域不断扩大、经贸交流日趋深入。特别是长江三角洲、珠江三角洲地区，已成为大量台资项目的聚集地。据商务部统计，截止2009年底，大陆共批准台湾同胞投资项目80061个，实际利用台资495.4亿美元，约占大陆吸收境外投资的5.24%，在大陆吸收外来投资中居第五位。台湾同胞投资大陆一方面带来资金、技术和人才，成为推动当地经济发展的重要力量，另一方面也在增进两岸经贸合作和人员往来中发挥了重要作用。从检查情况看，各地方、各部门从发展两岸关系、促进经贸合作、实现祖国和平统一的高度，创新机制，密切协调，通力合作，在贯彻实施台湾同胞投资保护法、依法维护台湾同胞投资权益方面做了大量工作，取得了积极成效，大多数台湾同胞对于两岸关系未来发展和投资前景充满信心。

（一）各级领导重视，制度保障有力。台湾同胞投资保护法实施以来，党和国家领导人多次发表重要讲话，强调依法保护台湾同胞投资权益。2005年3月，胡锦涛总书记提出了新形势下发展两岸关系的四点意见，要求无论在什么情况下，都要千方百计照顾和维护台湾同胞的正当权益。2008年12月31日，胡锦涛总书记在纪念《告台湾同胞书》发表30周年的重要讲话中再次强调:“我们要坚持以人为本,把寄希望于台湾人民的方针贯彻到各项对台工作中去,理解、信赖、关心台湾同胞,体察他们的意愿,了解他们的诉求,为他们排忧解难,满腔热情为台湾同胞多办好事、多办实事,依法保护台湾同胞正当权益”。为了推动法律实施,全国人大常委会在法律实施一年后,即组织进行了对台湾同胞投资保护法的执法检查,并于2007年听取了国务院关于台湾同胞投资合法权益保护工作情况的专题报告。国务院为保证法律实施,不仅及时制定出台了台湾同胞投资保护法的实施细则,并根据全国人大常委会执法检查意见和听取专题报告的审议意见,进行了认真整改。国务院有关部门和地方各级政府不仅将台湾同胞投资权益保护工作看作加强本部门工作以及本地投资软环境建设、提升对外开放水平、促进经济发展的实际需要,更将其作为推动两岸关系和平稳定发展的重要工作,加强领导,创新举措,细化政策,完善服务。为妥善解决涉台土地问题,国土资源部、国务院台办联合下发《加强涉台土地问题投诉调处工作的指导意见》。为进一步鼓励台商投资,国家工商总局制定了关于台湾农民申办个体工商户登记管理的有关意见。为了加大台商知识产权保护力度,国家工商总局先后制定下发了有关台湾农产品商标保护的规定、关于制止和查处假冒台湾水果行为的通知,国家知识产权局制定了台湾同胞专利申请规定。上海、江苏、福建、浙江、广东、四川、广西、厦门等地区针对本地台湾同胞聚集、投资保护任务重的实际情况,根据台湾同胞投资保护法制定了本地台湾同胞投资保障条例或办法,为本地台湾同胞投资合法权益保护工作提供了强有力的法律保障。

(二)不断开拓创新,建立长效机制。台湾同胞投资权益保障既受两岸关系影响,又牵涉大陆多个职能部门。为适应当前台湾同胞投资保护的新形势,国务院台办积极开拓创新,推动搭建保护台商合法权益的工作平台,建立台商权益保障工作联席会议制度,并成立专司权益保障协调的工作机构,协调处理台商投资权益保护涉及的多方面问题。随着两岸经贸交流日趋深入,领域不断扩大,台湾同胞聚集的广东、上海、江苏和福建等地台湾同胞投资权益保障任务日益繁重,为构建做好台湾同胞投资权益保护工作长效机制,各地作了积极探索:一方面通过台商投资权益保护工作联席会议制度,加强各有关部门间的行政协调,共同解决难点问题;另一方面,注重发挥台商投资企业协会在政府与台湾同胞之间的桥梁作用,宣传国家法律政策,反映台湾同胞意见和心声。目前,广东省已有19个市成立了台资企业协会,东莞市台资企业协会设立“马上办”中心,为台湾同胞提供及时便利的服务,上海等地的台资企业协会也在沟通政企关系,服务台商方面发挥了重要作用。

(三)加强扶持与服务,优化投资环境。在贯彻实施台湾同胞投资保护法工作中,各地方、各部门不断加大政策扶持和服务保障力度,努力为台湾同胞和台资企业发展创造良好环境。商务部针对台资企业在国际金融危机中遇到的困难,及时调整政策,出台加工贸易产品内销便利措施,引导台资企业开拓内销市场。各地海关对国家鼓励发展的台湾同胞投资项目自用进口设备免征关税。上海市针对企业所得税法实施前在加工区注册但不能享受过渡期优惠的台资企业,给予财政扶持。福建省对台资小企业实行贷款风险补偿,支持台资企业拓宽融资渠道。上海、广东、福建等地还通过简化涉台项目审批权限,扩大市(区)、县对鼓励类项目的审批权,以及减免一批行政事业性收费和政府性基金等,切实方便台企、减轻台企负担。一些地方还针对常住大陆台湾同胞的就医、教育和社会保障等需求,积极探索,先行先试,因地制宜地制定相应的保障措施,着力解决台湾同胞投资的“后顾之忧”。检查中,针对广东省台湾同胞反映强烈的补、换发往返大陆通行证件不便的问题,国台办与公安部等部门及时协商,决定授权广东省公安部门为台胞补、换发相关证件,此措施拟于今年五月正式实施。

(四)政府与法院配合,积极调处投诉与纠纷。针对台商来大陆投资所产生的投诉与纠纷,各地指定或成立专门机构予以受理,司法部门也加强涉台纠纷案件的审理,有效促进了这些投诉与有关纠纷案件的快速妥善处理。北京市台办于2003年成立台商投诉中心,专门受理台湾同胞投资的相关投诉,每年受理投诉案件的结案率都在90%以上。山东省台办系统自1998年至2009年共受理或接办台湾同胞投诉1242件,结案1221件,结案率达98.3%。上海市于2009年成立专门受理和裁决台湾地区法人或自然人民商事争议的涉台仲裁中心,积极化解纠纷,受到台湾同胞的好评。福建省人民法院设立涉台审判合议庭,漳州市人民法院专门成立涉台审判庭,实行涉台案件的综合审理,收到良好的司法和社会效果。

胞投资权益的相关措施。台胞投资保护法及其实施细则把大陆对台胞投资保护的各项政策以法律的形式作了规范，使台胞投资在国家各项法律的规范保护之下，又多了一部专门的保障性法律。

执法检查是人大监督工作的一项重要内容。执法检查要遵循“围绕中心、服务大局，结合实际、突出重点”的原则。认真贯彻实施台胞投资保护法及其实施细则，切实保障台胞投资的合法权益，有利于加深两岸的经贸融合，建立和巩固两岸政治融合的经济基础，有利于提升台湾同胞对祖国大陆情感上的认同、制度上的认同，有利于两岸携手共创中华民族复兴的历史伟业。在当前国际金融危机和两岸关系不断发展的新形势下，开展台湾同胞投资保护法执法检查，十分必要。

第一，开展执法检查是进一步推动两岸交流合作的需要。近年来，两岸关系发生了历史性转折，呈现出良性互动的积极态势，两岸人民期盼已久的全面直接双向“三通”终于实现。随着祖国开通与岛内的空运海运直航，两岸时空距离大大缩短，人流物流更为便捷，为两岸经济文化各领域的大交流、大合作、大融合提供了更加有利的条件。通过执法检查，认真查找法律和执行中的问题，依法保护台胞投资合法权益，为台胞和台资企业提供更加广泛、更加细致、更加有效的服务，让他们在祖国大陆创业成功，有利于进一步推动两岸经济互通有无、优势互补、共同发展；有利于促进两岸贸易和投资规模增长、结构优化，使台胞投资者能够共同分享大陆内需市场快速扩张带来的商机；有利于加快台胞企业转型升级，加强两岸产业合作。

第二，开展执法检查是帮助台胞企业进一步应对国际金融危机、提高竞争力的重要举措。受国际金融危机的影响，两岸的经济发展都曾面临严峻挑战，台资企业也程度不同地受到冲击，十分需要各方面的关心和援助。开展本次执法检查，就是要通过加强对台胞投资者权益的保护，急台胞台企之所急，帮台胞台企之所需，鼓励他们树立积极应对当前各种困难和挑战的信心，推动和协调方方面面为台资企业解决生产、经营上的困难和问题，帮助企业实现转型升级，提高竞争力，做大做强，扎根祖国发展。

第三，开展执法检查是做好对台工作大局的需要。2005 年 3 月，胡锦涛总书记提出新形势下发展两岸关系的四点意见，要求无论在什么情况下，都要千方百计照顾和维护台湾同胞的正当权益。2008 年 12 月 31 日，胡锦涛总书记在纪念《告台湾同胞书》发表 30 周年座谈会上的重要讲话中再次强调指出：“我们要坚持以人为本，把寄希望于台湾人民的方针贯彻到各项对台工作中去，理解、信赖、关心台湾同胞，体察他们的意愿，了解他们的诉求，为他们排忧解难，满腔热情为台湾同胞多办好事，多办实事，依法保护台湾同胞正当权益，最广泛地团结台湾同胞一道推动两岸关系和平发展”。广大台湾同胞是我们的手足兄弟，是中华民族大家庭的重要成员。开展执法检查，就是要督促有关部门依法保护台胞投资权益，强化为台胞台企服务，帮助解决他们关心的热点难点问题和反映强烈的突出问题，多为台胞台企做排忧解难、雪中送炭的实事好事，真正使台胞台企得到实惠，让台胞台企的合法权益合理要求得到满足。这是当前对台工作大局的要求，是贯彻“寄希望于台湾人民”方针的实际举措。

二、法律实施取得积极成效，但也存在一些问题

《台湾同胞投资保护法》是祖国大陆保护台湾同胞投资权益的重要法律。党中央、全国人大和国务院高度重视保护台湾同胞投资合法权益工作。在法律实施一年后，全国人大常委会于 1995 年就对法律执行情况进行了首次执法检查。那次执法检查，有力地促进了各地区各部门加大保护台胞投资合法权益的工作力度，为台胞投资和台资企业发展创造了良好的环境，有效促进了台胞投资的健康发展。按照法律要求，国务院及各有关部门积极开展台湾同胞投资保护工作，分别在工商登记、土地使用、税收优惠、商标专利保护、改善通关环境等方面采取了一系列措施，取得了积极成效。2007 年，国务院向十届全国人大常委会第 27 次会议作了“关于台湾同胞投资合法权益保护工作情况”的专题报告，全国人大财经委开展了关于保护台湾同胞投资合法权益的专题调研，国务院根据常委会会议的审议意见提出了进一步整改措施。最高人民法院、最高人民检察院也分别出台了一系列保护台胞投资合法权益的司法解释和规定。各地也采取了一系列措施切实保护台胞投资合法权益，如北京市制定了鼓励台湾同胞投资的补充规定，上海、广东、福建、天津等省市分别制定了实施台湾同胞投资保护法的条例或办法。这些法律、法规和政策的制定和实施，给台胞投资权益保护工作提供了强有力的法律保障，极大地调动了台湾同胞投资祖国大陆的积极性，台胞投资企业取得了长足发展。据商务部统计，

截至 2009 年 11 月,大陆共批准台胞投资项目 7.97 万个,实际利用台资 492.8 亿美元,占大陆吸收境外投资的 5.3%,在大陆吸收外来投资中居第五位。

为了做好本次执法检查,全国人大财经委在去年年底和今年 1 月初组织开展了两次前期调研。从调研情况看,法律实施中还存在一些问题。

*一是有的地方和部门对保护台胞投资合法权益的重要性认识不足。*有的单位不能从全局和战略的高度看待台胞投资。有的地方和部门对台胞投资保护法及其实施细则宣传不够,未能全面准确地理解法律条文。有的地方和单位从自身利益出发,实施一些明显的地方保护和行政垄断措施。不少地方存在重招商引资、轻服务保障的问题。

*二是台商投诉案件有所增加,结案率总体看还是偏低。*从 2002 年到 2006 年,全国各地台办每年受理台胞投诉案件从 1670 件上升至 3061 件,每年未结案件大约在 300 件左右;国务院台办同期直接受理的台胞投诉案件也从 169 件上升为 463 件,每年未结案件均在 50 件以上。台商投诉案件中,涉法涉诉案件与民事纠纷占主导地位。根据前期调研的情况,台商对已通过购买或长期租用取得使用权的土地被征收后的投资和土地补偿问题、隐名投资等具体问题反映比较强烈。

*三是保护台胞投资权益工作的部门职能分工不够明确,一些政策规定有待完善。*保护台胞投资合法权益工作涉及多个职能部门,由于职能分工不够明确,容易产生推诿扯皮现象。此外,在两岸关系不断发展的新形势下,一些保护台胞投资的政策规定已不能满足现实需要。还有,台商及其家属在教育、医疗和就业等方面也存在一些问题。

上述问题的存在对进一步扩大台胞投资产生了一些负面影响,我们要采取措施予以纠正。

三、精心组织,深入调研,切实做好执法检查工作

《台湾同胞投资保护法》已经颁布实施 15 年了,《台湾同胞投资保护法实施细则》也已经颁布施行 10 年。全国人大常委会对台胞投资权益保护工作高度重视,决定将《台湾同胞投资保护法》执法检查列入 2010 年监督工作计划,再次进行执法检查。

台胞投资保护是台胞权益保护工作的重要组成部分,政治性和政策性都很强,直接关系到"寄希望于台湾人民"的政策效果,直接影响到祖国大陆的投资环境和法治形象,我们应该以强烈的政治责任感和求真务实的态度来做好这项工作。这次执法检查的指导思想是,全面贯彻党的十七大、十七届四中全会和中央经济工作会议精神,以邓小平理论和"三个代表"重要思想为指导,以胡锦涛总书记"12·31"重要讲话为指针,深入贯彻落实科学发展观,进一步推动台湾同胞投资保护法的有效实施,促进两岸关系进一步向前发展。要通过检查,了解法律实施的全面情况,总结各地贯彻实施该法取得的成绩和做法,发现存在的问题,督促法律实施主管部门采取积极措施加以解决,确保检查取得实实在在的效果。

*一是要深入地方、基层,实事求是、全面细致地开展检查工作。*执法检查组成员和全体工作人员要认真学习和掌握法律文件,把执法检查各项工作做细、做实、做好。要深入厂矿企业,到台胞投资经营的第一线,了解他们反映的问题,倾听他们的心声。既要从台胞投资者的角度去发现问题和思考问题,又要引导台胞投资者正确理解和运用法律,并进一步支持和督促有关部门认真履行法定职责。

*二是要广泛听取各方面意见。*台胞投资保护法执法检查涉及的对象、领域比较特殊,需要听取方方面面的意见。执法检查组要与有关方面密切配合,与当地人大常委会及时沟通情况,做好协调工作。执法检查组在听取意见时,不仅要向台办、商务部门、法院和工会了解情况,更要直接听取台胞投资企业的意见。特别是针对前期调研中反映出来的一些问题,深入听取各方面的反映,找出问题的关键,提出全面客观的意见和建议。

*三是要把执法检查与法律宣传工作结合起来,进一步加深对有关法律规定的理解,提高各个方面执法守法的自觉性。*当前,台胞投资保护法执行中存在的问题既有法律本身不细或情况变化导致法律不适应的原因,也有对法律的某些规定理解差异甚至不了解所导致的原因。对于法律条文的理解和使用等具体问题,要结合检查,进行必要的宣传和解释说明,消除人们对个别法律规定存在的误解和疑惑,提高法律的实施效果。

*四是要分工协作,各司其职。*这次执法检查的工作由全国人大财经委员会具体组织实施。为了搞好执法检查,财经委前一阶段已经到四个省市开展了前期调研工作,召开了座谈会,形成了调研报告,为执法检查打下了很好的基础。希望财经委员会的同志们继续以饱满的热情和高质量的工作把执法检查工作做细做好。国务院台办、商务部以及有关部门和常委会办公厅也要在组织协调、宣传报

导、后勤保障等方面给予积极支持与配合。对执法检查中发现的好典型,要进行宣传;对发现的突出问题,报导中要注意把握尺度;对检查中发现的个案,要通过适当方式向有关方面反映,检查组不要干预具体案件的处理。

同志们,会后,大家就要分赴各地进行实地检查。希望全国人大常委会办公厅、财经委和国务院有关部门通力合作,使我们这次执法检查能够取得实实在在的效果,为进一步团结台湾同胞推动两岸关系和平发展作贡献。

全国人民代表大会常务委员会执法检查组关于检查《中华人民共和国妇女权益保障法》实施情况的报告

——2010 年 6 月 23 日在第十一届全国人民代表大会常务委员会第十五次会议上

全国人大常委会副委员长、秘书长　李建国

全国人民代表大会常务委员会:

今年是修订后的《中华人民共和国妇女权益保障法》实施第五年。为了进一步推动这部法律的贯彻实施,全国人大常委会决定今年开展执法检查。吴邦国委员长对这次执法检查作了重要批示,指出:“依法保障妇女合法权益,落实男女平等基本国策,是构建和谐社会的重要任务。这次执法检查,要特别关注各阶层妇女的不同利益诉求,推动解决一些制约妇女发展和权益保障方面的突出问题,力求监督实效。”根据吴邦国委员长的批示精神,确定了这次执法检查的三个重点,一是妇女政治权利的保障情况,主要是妇女参与国家事务以及经济社会事务管理权利的保障情况;二是妇女劳动权益的保障情况,主要是妇女平等就业权益、同工同酬权益、劳动保护权益的保障情况,执行国家关于女性高级知识分子、处级以上女干部和女职工退休政策的情况;三是农村妇女土地权益保障情况,主要是农村妇女在土地承包经营、集体经济组织收益分配、土地征收或征用补偿费使用等方面权益的保障情况。

3 月 17 日执法检查组召开第一次全体会议,听取了人力资源和社会保障部、农业部、最高人民法院和全国妇联关于妇女权益保障法贯彻实施情况的汇报和介绍。中组部、民政部、全国总工会提供了书面材料。王兆国、陈至立、李建国、司马义·铁力瓦尔地副委员长出席了会议,对执法检查工作作出了部署和安排。

3 月下旬至 4 月上旬,常委会执法检查组分 6 个小组赴天津、吉林、安徽、山东、广西、陕西 6 个省(区、市)进行检查,陈至立、李建国、司马义·铁力瓦尔地、严隽琪副委员长分别带队到 4 个省(区、市)进行执法检查,同时,委托其他 25 个省(区、市)人大常委会对本行政区域内妇女权益保障法的实施情况进行检查。国务院妇儿工委、全国妇联、全国总工会委派有关同志参加了执法检查活动。为更加全面地了解妇女权益保障法的实施情况,内司委在各地自查的基础上,又在天津召开有 9 个省(区、市)人大内司委负责同志参加的执法检查座谈会。这次执法检查覆盖了我国内地 31 个省(区、市)。

下面,我代表妇女权益保障法执法检查组,报告检查情况,请予审议。

一、妇女权益保障法实施的基本情况

2005 年妇女权益保障法修订以来,党中央、国务院高度重视,地方各级党委、人大、政府和妇联组织及社会各有关方面,将实施妇女权益保障法、落实男女平等基本国策作为贯彻落实科学发展观、构建社会主义和谐社会的重要组成部分,综合运用法律、政策、行政、教育、舆论等手段,努力保障妇女的政治权利以及劳动、财产等权益,为落实妇女权益保障法,促进妇女事业与经济社会的协调发展做了大量工作,取得了明显成效。

(一)强化组织建设,各方面相互配合共同维护妇女合法权益的工作格局已经形成。县级以上各级政府都建立了妇女儿童工作委员会。各级妇儿工委履行“组织、协调、指导、督促”职能,把妇女权益保障工作任务分解量化到相关政府职能部门,每年召开妇女儿童工作委员会成员会议,专题部署妇女儿童工作,解决相关突出问题,年终进行统一监测评估考核，推动妇女权益保障法的贯彻落实。中央和部分省（区、市）建立了由政法委牵头，法院、检察院、公安、司法、民政、教育、劳动、妇联等有关单位为成员的妇女维权工作协调组，强化维权协调职能。妇女儿童工作委员会及妇女维权工作协调组的各成员单位积极建立维权服务机构，搭建服务妇女的维权平台。法院系统建立了"妇女维权合议庭"，检察机关设立了"妇女维权岗"，司法部门建立了妇女法律援助机构，妇联系统健全了四级信访网络，开通法律服务热线，在城乡社区建立妇女维权服务站（点）等妇女维权保障机构和设施。全国上下逐步形成了齐抓共管、共同推进妇女权益保障法贯彻实施的工作格局。

（二）完善政策法规，为实施妇女权益保障法提供制度保障。一是各省（区、市）人大认真制定或修订妇女权益保障法实施办法。妇女权益保障法于2005年修订后，有8个省（区、市）制定了新的妇女权益保障法实施办法，21个省修订了原实施办法，2个省正在修订，一些有立法权的市也制定了配套法规。二是进一步完善保障妇女就业和平等就业的法律、法规及政策。2008年开始施行的就业促进法专设"公平就业"一章，强调除国家规定不适合妇女的工种或者岗位外，用人单位不得有性别歧视。河北、吉林、江西、湖南、广东、西藏和陕西等7省（区）在就业促进法实施办法或就业促进条例中进一步明确男女公平就业的规定。人力资源和社会保障部制定了《就业服务与就业管理规定》等规章，各地制定了配套法规，都明确规定录用女职工的用人单位在劳动合同中不得有限制女职工结婚、生育的内容。近年来，国家出台了一系列促进高校毕业生就业的政策措施，鼓励支持用人单位招录女大学毕业生。三是出台维护农村妇女土地承包权益的司法解释与相关法律的配套规定。农村土地承包法颁布实施后，最高人民法院出台了《关于审理涉及农村土地承包纠纷案件适用法律问题的解释》，农业部就土地承包经营权证管理、土地承包经营权流转管理和农村集体经济组织征地补偿费监督管理等出台了一系列规章和规范性文件。全国有18个省（区、市）制定了农村土地承包法实施办法，有15个省（区、市）出台了征地补偿费分配使用办法，对出嫁、离婚和丧偶妇女应享有的土地承包权益作出了更加具体的规定。

（三）加大工作力度，努力保障妇女的政治权利。近年来，各级党委、政府采取多种措施，不断改善妇女参政的社会环境，提高妇女参政水平。一是努力提高人大代表和政协委员中女性所占比例。2007年，十届全国人大明确规定第十一届全国人民代表大会代表中，妇女代表比例不得低于22%，有27个省（区、市）在妇女权益保障法实施办法中明确女性在各级人大代表候选人中应达到的最低比例。经过努力，人大代表和政协委员中女性所占比例稳中有升。十一届全国人大女代表所占比例比十届全国人大提高了1.2个百分点，十一届全国政协女委员所占比例比十届全国政协提高了0.9个百分点。二是大力选拔和任用女干部。1990年以来，中央组织部先后6次召开会议，对培养选拔女干部工作进行专门部署，明确提出培养选拔女干部工作的目标要求和政策措施。各级党委不断加大培养选拔女干部工作力度，使越来越多的优秀女性进入了各级领导班子。2005年以来全国女干部数量稳中有升，各级国家机关干部中女性所占比例大体稳定在23%左右，县处级以上女领导干部所占比例基本保持在16.5%左右。2008年省、地、县三级政府领导班子中女领导干部配备率分别为93.5%、90.0%、90.3%，比2005年分别提高了6.4、7.4和6.5个百分点。近几年，各级国家机关及其直属机构招录的公务员中，女性所占比例大幅提高。如中央机关及其直属机构招录的公务员中，女性所占比例由1999年的31.5%逐年上升到2009年的42.5%，有的地方新录用公务员中女性人数超过了男性。三是村委会成员中女性当选率明显提高。2008年民政部和全国妇联联合下发了《关于充分发挥妇联组织在基层群众自治制度建设中积极作用的若干意见》、《关于进一步加强新形势下妇女参加村民委员会工作的意见》，对农村妇女当选村委会成员和村民代表的比例作出规定。各地在村委会换届选举中明确妇女在村委会成员中的名额，同时，广泛宣传，为妇女参选、当选创造有利条件。有的采取"女委员专职专选"的做法，提高妇女的当选率。截至2008年底，全国村委会成员中女性所占比例为21.7%，比2005年提高了5个百分点。

（四）采取多种措施，着力保障妇女的劳动权益。一是积极开发就业岗位，加大扶持力度，促进妇女就业。近年来，从中央到地方，大力推进适合妇女就业的第三产业特别是社区服务业的发展，不断提高劳动密集型企业、中小企业吸纳妇女就业的能力。对吸纳女性下岗失业人员再就业的企业给予税费减免、社会保险补贴等优惠，对自主创业的女性提供小额担保贷款予以扶持。在促进高校毕业生就业工作中，人力资源和社会保障部门会同各级妇联组织专门开展了"全国女大学生创业导师行动”,为女大学生提供更加有针对性的就业指导和就业服务。这一系列措施有力地促进了妇女的就业,截至2008年底,全国城镇单位女性就业人数为4579万人,比2005年增加了254万人。二是努力落实女职工特殊劳动保护规定。政府有关部门在组织开展和谐劳动关系创建活动中,将是否能够严格执行女职工特殊劳动保护规定作为一项重要的评选标准。截至2008年底,全国共有43%的企业执行了女职工劳动保护规定,比2005年提升8个百分点;有43%的企业执行了女职工禁忌劳动范围的规定,比2005年提升13个百分点。在推进集体合同制度实施的过程中,鼓励和引导企业签订女职工权益保护专项集体合同。截至2009年6月底,全国80%已建工会的企业签订了女职工权益保护专项集体合同,覆盖企业73万多户。三是生育保险的覆盖率有所提高。近年,随着经济社会的发展和社会保障体系的逐步建立,生育保险的覆盖率由2005年的47%提高到2007年的60%。生育保险的逐步推广,对促进男女平等就业产生了积极影响。

(五)加强管理化解纠纷,保障农村妇女的土地承包权益。一是加强土地承包管理。近年来,各级农业部门加强农村土地承包管理,依法落实妇女承包土地的各项权利。北京、天津、上海、浙江等省(市)针对农村实际,采取确权确地、确权确利、确权确股等多种方式,把土地承包及相关权益落实到农村妇女及其子女。广东省以农村股份合作制改革为契机,将股份分配给村民,分配后的股份不因股东生产、生活的变动而变化,使“农嫁女”(主要是农村出嫁、离婚、丧偶的妇女,俗称“农嫁女”,也包括未婚且未离开农村的大龄女青年和入赘女婿等群体)的土地承包权益得到较好保障。二是加强征地补偿费分配使用监管。各地建立了征地补偿费专户存储、专账核算、专项审计和财务公开“四项制度”,形成了由县级国土资源部门或征地机构设立征地补偿费专户、乡镇村会计委托代理服务中心建立专账、留归集体管理使用土地的征地补偿费用记入公积公益金的管理格局,切实维护包括农村妇女在内的被征地农民的合法权益。制定了征地补偿费分配使用办法的省(区、市),明确规定在确定征地补偿费的对象、范围和标准时坚持男女平等的原则,不得以结婚、离婚、丧偶等为由,剥夺、侵害农村妇女应当享有的征地补偿权益。三是依法审理、调处土地承包经营纠纷案件。一些地方法院对涉及农村妇女的土地承包纠纷案件,严格执法,尽可能地保护农村妇女的合法土地承包权益。很多地方在加强土地承包经营纠纷调解仲裁工作的同时,积极建立乡村调解、县市仲裁、司法保障的土地承包经营纠纷调处机制,妥善解决土地承包经营纠纷。此外,把解决农村妇女反映的土地承包问题列入督查督办重点。经过各级政府和农业部门共同努力,维护农村妇女土地承包权益工作取得了积极进展。从2005年到2009年,地方各级农业部门受理的涉及农村妇女土地承包经营权益纠纷由2万件下降到1.1万件,下降了45%;占受理农村土地承包经营纠纷的比重由5.4%下降到4.6%。

二、妇女权益保障法实施中存在的主要问题

总体上看,妇女权益保障法的贯彻落实情况是比较好的,但要使男女从法律上的平等达到现实生活中的平等,仍然任重道远。通过这次执法检查,发现了一些制约妇女发展和维权方面的突出问题。

(一)侵害妇女劳动权益现象还不同程度地存在。一是就业中的性别歧视现象仍然存在。就业促进法实施以后,就业中的显性性别歧视现象有所减少,用人单位不再直接以女性为由拒绝录用,但隐性性别歧视现象并不鲜见,部分用人单位仍然偏好聘用男性,或者内部掌握“不要女性”,造成女性求职难度大于男性。二是部分中小企业侵害女职工劳动权益的现象屡禁不止。有些企业不与女职工签订劳动合同,有的虽签订了劳动合同但并未认真履行;有些企业女职工“四期”(经期、孕期、产期、哺乳期)保护不落实,甚至让女职工从事女性禁忌的劳动;特别是近年来受国际金融危机的影响,部分企业开工不足裁减员工时,往往把女职工作为首先裁减的对象。另外,男女职工同工不同酬的现象仍然存在。三是城镇职工生育保险推进缓慢。生育保险制度的依据是劳动部颁布的《企业职工生育保险试行办法》。该办法规定女职工生育时,由生育保险统筹基金来支付女职工生育费用和产假工资。但是,一些地方对《企业职工生育保险试行办法》执行不到位,生育保险统筹基金只支付生育费用,不支付产假工资,工资仍由企业负担。这种做法既影响了企业参加生育保险的积极性,增加了招用女职工的企业的负担,也直接导致企业不愿招用女职工,加重了市场经济条件下女性就业的难度。四是关于女性高级知识分子和处级以上女干部的退休政策,在部分中央和地方国家机关及事业单位没有得到很好执行。这部分妇女过早退休,不仅直

接影响了她们的经济利益，同时也影响了她们晋升、发展空间，造成人力资源的浪费，也导致中高层女干部后继乏人。

（二）农村妇女土地承包权益受侵害问题还没有得到根本解决。主要表现为：有的地方在发包时少分承包地给妇女；有的地方妇女出嫁或者离婚、丧偶即被收回承包地；有的地方土地被征后少给或者不给妇女土地补偿费和安置补偿费；有的地方用村规民约或者村民会议、村民代表会议决议等形式限制甚至剥夺妇女的集体经济组织收益分配权。造成上述问题的原因是多方面的：一是重男轻女传统观念的影响。农村村民中有不少人认为出嫁、离婚的妇女没有理由享有土地及经济利益。二是村集体经济组织成员资格的认定标准不明确。目前，我国还没有专门的法律法规、司法解释对农村集体经济组织成员资格的认定作出明确规定。实践中，有的以户口是否在本村为标准，有的以是否有承包地为标准，有的则以是否实际居住为标准。标准不一样，相应的待遇也就不同，有的享受成员待遇，有的打折，有的完全没有，这是引发农村妇女特别是"农嫁女"土地承包权益纠纷的重要原因。三是法律政策执行不到位。农村土地承包法第三十条规定："承包期内，妇女结婚，在新居住地未取得承包地的，发包方不得收回其原承包地；妇女离婚或者丧偶，仍在原居住地生活或者不在原居住地生活但在新居住地未取得承包地的，发包方不得收回其原承包地。"如果严格依法办事，应该可以保证"农嫁女"在一处享有土地承包权，但实际生活中"农嫁女"土地承包权两头不落实的情况仍时有发生。四是对村民自治缺乏有效的监督。现有法律法规没有明确规定应当对村民自治章程、村规民约等的合法性进行审查，并对违法的予以撤销，导致一些地方出现"村规民约大于法"的现象。基层干部反映，一些农村自治章程、村规民约侵害妇女土地承包权益的问题比较明显。五是救济措施缺位或难以执行。一些行政部门未依法履行监督指导职能，对侵害"农嫁女"权益行为的处理不到位。一些基层法院以村民自治、执行难为由，对这类案件设置限制条件或者不予受理。此外，由于很多地方土地承包到户，没有机动用地，一些地方在收益分配中未预留资金，导致仲裁裁决和法院判决难以执行。

（三）妇女参政比例总体仍然偏低。目前，妇女参政人数和比例与女性在总人口中所占的比例以及她们参与经济社会发展的程度还不相适应。一是女性人大代表、政协委员所占比例总体偏低。在换届选举中，尽管人大代表、政协委员中的女性人选都能按规定比例提名，但由于缺乏有效措施的保障等多种因素，女性候选人落选的较多。自 1978 年五届全国人大以来，30 多年间全国人大女代表所占比例大体在 21% 左右。地方各级人大女代表比例增长缓慢，在有些地方甚至有所下降。在历届全国政协委员中，女委员所占比例最低时为 6.1%，最高时为 17.7%。二是各级党政领导班子中女领导干部所占比例较低。截至 2008 年，全国省、地、县三级领导干部中女性所占比例分别为 10.5%、13.2% 和 16.8%，大家还反映，女领导干部"虚职多，实职少；副职多，正职少；教科文卫等部门的多，经济金融部门的少"。2008 年省、地、县三级正职女干部占同级干部的比例分别为 6.8%、10.1%、14.9%。三是农村妇女进村委会的比例过低。我国农村幅员辽阔，农村妇女数量众多，尤其是在农村大量男性劳动力外出打工的情况下，剩余劳动力中有 60%—70% 是妇女。虽然妇女权益保障法和村委会组织法中都明确规定，"村委会成员中，妇女应当有适当的名额"，但是，2008 年换届后仍有相当数量的村委会中没有女性成员，女村委会主任比例更低，只有 1%—2%。这一现状与农村妇女在新农村建设中的地位和作用很不相称。

三、进一步实施妇女权益保障法的几点建议

（一）加强男女平等基本国策教育。胡锦涛总书记在今年纪念"三八"国际劳动妇女节 100 周年大会上指出，没有妇女的解放，就没有全人类的解放，没有妇女的进步，就没有全社会的进步。新中国已经成立 60 多年，妇女权益保障法已经颁布实施 18 年，但男尊女卑、重男轻女的封建思想残余仍然存在，落实男女平等基本国策在一些地方、一些时候仍停留在文件上和口头上，因此，有必要进一步加强男女平等基本国策教育。要突出抓好对各级领导干部、党政机关干部和企业经营者的宣传教育，着力提高他们的思想认识和执法自觉性，使男女平等基本国策落实到各项具体工作之中。要把妇女权益保障法纳入普法规划，继续通过各类大众传媒在全社会广泛深入宣传，增强全体公民维护妇女合法权益的意识，为进一步实施好妇女权益保障法奠定更加坚实的思想认识基础。

（二）健全维护妇女合法权益的各项机制。一要健全妇女利益协调机制。国家机关在制定法律

法规和出台政策措施时，要充分考虑妇女的特殊利益，充分反映妇女群众的呼声和要求，从源头上预防和减少可能发生的各种损害妇女合法权益的情况，保障妇女共享改革发展的成果。二要健全妇女权益保障机制。各级政府是妇女权益保障法的执法主体，应更多关注并努力解决妇女权益保障法实施过程中存在的突出问题。妇女儿童工作委员会和维权协调机构要充分发挥自身的作用和优势，增强协调解决问题的能力，共同推动维权工作的创新发展。三要健全妇女利益诉求表达机制。各级党委和政府要不断拓宽妇女群众民主参与的渠道，鼓励支持广大妇女积极参加国家和社会经济事务管理。妇联组织要搭建多种形式的与妇女群众的沟通平台，及时向党和政府反映广大妇女群众的诉求，引导妇女群众理性合法有序地表达利益诉求。四要健全妇女矛盾调处机制。要总结推广妇联干部和基层妇女代表担任劳动保障法律监督员、劳动仲裁和农村土地承包仲裁机构仲裁员、人民调解员，以及妇联干部担任人民陪审员参与"维权合议庭"、"反家庭暴力合议庭"等好的做法和成功经验，综合运用法律、政策、经济、行政等手段和教育、协商、疏导等方法，努力把妇女权益方面的矛盾解决在基层，消除在萌芽状态。

（三）切实解决妇女权益保障中的突出问题。

——采取有效措施提高妇女参政比例。一是逐步提高妇女当选人大代表的比例。各地在制定选举法实施办法时，建议规定增加女性候选人的数量，在考虑候选人代表性的同时，应多推荐优秀女性作为候选人。二是有计划有目标地加强对女干部的培养任用。多给女干部提供在重要岗位上工作和锻炼的机会，不断提高女干部的素质，逐步壮大女干部队伍。要认真贯彻落实全国人才工作会议精神，把女干部的培养、使用纳入各地各部门的人才发展规划纲要，摆到重要位置。建议在制定《中国妇女发展纲要（2011—2020 年）》时，提高各级政府及其部门领导干部中女性所占比例。三是引导农村妇女积极参加村民自治。有关部门要继续制定、实施有利于妇女参选当选的政策措施，推荐优秀的农村妇女进入村委会。可借鉴有些地方采取的"妇女委员专职专选"等方式，推动妇女当选村委会成员的比例有新的提高。

——加强对妇女劳动权益的保护。一是尽快修订《女职工劳动保护规定》。《女职工劳动保护规定》是我国关于女职工特殊权益保护的专项规定，自 1988 年颁布至今已经 22 年，其中一些条款已不适应社会主义市场经济条件下女职工劳动保护的需要，建议国务院法制办、人力资源和社会保障部在深入调研的基础上抓紧修订，尽快出台。同时，建议抓紧研究调整女职工禁忌劳动范围的规定，以加强对女职工的劳动保护。二是进一步规范执行生育保险制度。建议在新制定的社会保险法中，将生育保险作为强制参保险种，科学设计，建立覆盖各类企业的生育保险制度，为女职工特殊权益的保护提供更高层次的法律支持。建议人力资源和社会保障部加大对生育保险工作的宣传培训和监督检查力度，促使各地各部门端正对生育保险制度的认识，规范执行，使生育保险真正发挥其促进男女平等就业的作用。三是进一步规范女性高级知识分子和处级以上女干部的退休政策。建议有关部门尽快对女性高级知识分子和处级以上女干部的退休政策作出进一步明确规定，并督促各地各部门认真执行，以充分发挥优秀女性人才的作用。

——抓紧研究解决农村妇女土地承包权益保障问题。一是加强对集体经济组织成员资格界定问题的研究。虽然由于各地土地承包情况比较复杂，彻底解决这一问题还要有一个过程，但农村集体经济组织成员资格界定是集体经济权益分配的争议焦点，也是解决纠纷、维护农村妇女特别是"农嫁女"土地承包权益的前提条件和关键。建议由农业部等部门对农村集体经济组织成员资格界定问题加大研究的力度，并加强工作指导，推广成功经验，使各地因地制宜，妥善解决因农村集体经济组织成员资格界定不明晰而引发的侵害农村妇女土地承包权益问题。二是加强对村民自治的监督。政府有关部门应对村民自治章程、村规民约等进行备案审查和纠错工作。目前全国人大常委会正在审议修改村委会组织法，建议在该法中增加相应条款。三是建议最高人民法院加强对涉及农村妇女土地承包权益纠纷案件审判工作的指导，统一审判尺度，解决相关案件受理难、执行难问题。四是各级农业、民政等部门要加强监督检查和工作指导，及时发现并解决侵害农村妇女土地承包权益的问题，切实维护农村妇女的财产权益。

在执法检查中，一些地方还反映家庭暴力问题，受害人多数为妇女，也有未成年人和老人。由于没有这方面的专项法律，在处理这类问题时遇到一些困难，建议有关部门对反家庭暴力立法问题进行研究。同时，建议对拐卖妇女的犯罪行为要加大打击力度，对以非法手段鉴定性别堕掉女胎的行为要严加整治。

全面贯彻实施妇女权益保障法是一项重大而长期的任务。我们要按照科学发展观的要求,紧紧围绕党和国家的工作大局,继续督促政府及其有关部门和各级人民法院解决妇女权益保障法实施中的困难和问题,落实男女平等基本国策,努力构建社会主义和谐社会。

全国人大常委会妇女权益保障法执法检查组赴天津检查讲话提纲

(2010 年 3 月 29 日)

司马义·铁力瓦尔地

同志们:

这次是我到全国人大常委会工作后,第二次来天津。去年,我和路甬祥副委员长、何晔晖副秘书长与部分人大代表一起来过天津,当时主要是参观考察北京至天津的城际高铁工程和滨海新区的现代化建设。天津给我留下了十分深刻的印象,我也非常喜欢这座现代化国际港口大都市。天津历史悠久、文化丰厚。(历史遗存众多;建筑古今交汇,中西各异,素有"万国建筑博览会"之称;天津也是中国北方文化艺术的发祥地之一,素有"戏剧摇篮"、"曲艺之乡"的美称。)天津资源丰富、人杰地灵。(矿产资源、油气资源、海盐资源、地热资源都十分丰富。有许多名人政客在天津居住,也有许多重大历史事件在天津发生。)天津经济实力十分雄厚、科技教育名列前茅、发展成就巨大。(到今年年底,天津市人均国内生产总值达到 6000 美元,在全面建成小康社会的基础上,天津成为现代化国际港口大都市和中国北方重要的经济中心,建立起比较完善的社会主义市场经济体制,成为全国率先基本实现现代化的地区之一。)新中国成立 60 年特别是改革开放 30 多年以来,天津市历届市委、市政府团结带领全市各族干部群众坚定不移地贯彻中央各项路线、方针、政策,聚精会神搞建设,一心一意谋发展,改革开放和现代化建设取得了辉煌成就。2009 年,天津市按照胡锦涛总书记对天津工作"当好一个排头兵"、"两个走在全国前列"和"五个下功夫、见成效"的重要指示,深入落实科学发展观,坚决贯彻国家宏观调控政策措施,努力转变经济发展方式,不断加大经济结构调整力度,做出了一系列决策部署,全市经济社会发展在克服困难中又向前迈进一大步。(全市生产总值 7500.8 亿元,增长 16.5%;财政收入 1805 亿元,增长 21.1%;全社会固定资产投资 5006 亿元,增长 47.1%;社会消费品零售总额 2431 亿元,增长 21.5%;城镇登记失业率控制在 3.6%;城市居民人均可支配收入实际增长 11.4%;农村居民人均纯收入增长 10.4%。)生产总值、财政收入、固定资产投资、综合能耗等主要经济指标,提前一年实现"十一五"规划目标。这些成绩的取得,是以胡锦涛同志为总书记的党中央坚强领导的结果;是以张高丽同志为班长、黄兴国同志为副班长的天津市委、市人民政府总揽全局、科学决策的结果;是全市干部群众攻艰克难、奋发进取的结果。借此机会,向你们并通过你们向全市各族人民表示亲切慰问和崇高敬意。

我们这次来的主要任务是就妇女权益保障法的实施情况进行执法检查。(全国人大常委会对本次展开的执法检查高度重视,吴邦国委员长作出重要批示,王兆国副委员长亲自出席执法检查组第一次全体会议,陈至立副委员长、李建国副委员长兼秘书长分别讲话。)刚才,听了天津市人民政府、市高级人民法院、市人力资源和社会保障局、市农委、市总工会、市妇联等部门的汇报,看了市委组织部、市民政局、市民委提供的书面材料。我们对天津市实施妇女权益保障法的情况有了一个初步的认识。可以看出,天津市对这次执法检查非常重视,准备得也很充分。值得肯定。主要体现在以下几个方面:

一是天津在市委的正确领导下,市政府和有关各单位、各部门认真履行法律赋予的职责,把妇女工作作为全市工作的重要组成部分,加强领导,统筹协调,坚决贯彻男女平等基本国策,妇女工作不断发展。特别是近几年来,天津市深入落实科学发展观,各方面工作都取得了很大成就,注重充分发挥广大妇女在中国特色社会主义经济建设、政治建设、文化建设、社会建设和生态文明建设中的主力军作用,我们感到非常欣慰。

二是天津市各部门在贯彻实施妇女权益保障

法中注重办实事，重实效，使妇女得到实实在在的好处。市政府和各部门汇报中提到了很多富有成效的做法，比如，为了保障妇女的政治权利，特别是妇女参与国家事务以及经济事务管理权利，采取了很多措施；比如，妇女劳动权益的保障方面做的工作；再比如，保护农村妇女土地权益的许多做法效果不错。这些都很好。温家宝总理在今年政府工作报告中提出，"让人民生活得更加幸福更有尊严"，得到了代表和人民群众的一致好评。这和为人民服务是完全一致的，充分体现了党的立党为公、执政为民的宗旨。天津市介绍的做法和经验，是不是也为了"让人民生活得更加幸福更有尊严"，我看是的。妇女占我国人口的一半，妇女在我国社会生活、家庭生活中都发挥着重要作用，妇女问题解决好了，家庭就会更加和睦，社会就会更加和谐。从这个意义上说，贯彻好妇女权益保障法，保护好广大妇女的合法权益，也是构建社会主义和谐社会的必然要求和应有之义。

三是正视工作存在的困难和问题。市政府和各部门汇报中既讲做法，讲成效，也讲问题。这很好。汇报中提出的问题，许多带有普遍性，如：妇女参政比例偏低，女性在就业和退休时受到歧视的情况也不同程度地存在，农村妇女土地承包权益受侵犯现象仍然存在，女职工劳动保护也存在一些问题，等等。产生这些问题的原因，汇报中也作了客观的分析，我认为很好。应当看到，这些问题的原因，既有法律政策还需要进一步完善的问题，也有现有的法律政策执行不到位的问题；既有经济社会发展还处于初级阶段，需要继续发展生产力，满足人们日益增长的需求的问题，也有由于落后传统观念的桎梏，影响到人们对依法保护妇女合法权益认识不够的问题。解决这些困难和问题，还需要各级政府、执法部门和全社会持续不懈地努力。今年是"三八"国际劳动妇女节100周年，中央隆重召开纪念大会，胡锦涛总书记发表了重要讲话，强调要坚决贯彻男女平等的基本国策，维护妇女权益，为妇女平等依法行使民主权利、平等参与社会发展，平等享有改革发展成果创造条件。我们要认真学习和贯彻胡锦涛总书记在纪念"三八"国际劳动妇女节大会上的重要讲话精神，把这次执法检查作为一个契机，营造良好的保护妇女合法权益的氛围，通过检查，总结经验，发现和解决问题，调动广大妇女投身全面建设社会的积极性。

这次来天津，检查组听取汇报后，还要到高校、企事业、社区、农村等基层单位，通过召开座谈会、实地考察、个别询问、集体探访等多种形式，广泛听取各族各界群众的意见，深入了解妇女权益保障法的实施情况，征求改进执法工作、进一步保障妇女权益的意见和建议。大家反映的问题、提出的建议以及下面几天了解到的情况，检查组要认真梳理研究。4月20日，内务司法委员会还要在天津召开部分省市人大妇女权益保障法执法检查座谈会，深入交流情况，研究探讨问题，就是为了向常委会提出一个好的执法检查报告，督促有关部门改进执法工作，推动法律的正确实施，促进我国妇女事业进入一个新水平。

我相信，有以胡锦涛同志为总书记的党中央对妇女同胞的亲切关怀，有市委、市人民政府对妇女工作的高度重视，通过各级政府、各部门、各单位的扎实有效工作，妇女权益保障法在天津会得到更好的贯彻落实，为天津科学发展、和谐发展、率先发展做出新成绩和更大贡献。

最后，我代表检查组一行，对天津市热情周到的安排表示感谢，并预祝此次执法检查取得圆满成功。

全国人民代表大会常务委员会执法检查组关于检查《中华人民共和国科学技术进步法》实施情况的报告

——2010年6月23日在第十一届全国人民代表大会常务委员会第十五次会议上

全国人大常委会副委员长　路甬祥

全国人民代表大会常务委员会：

全国人大常委会《中华人民共和国科学技术进步法》（以下简称"科技进步法"）执法检查组，于2010年3月底至5月中旬，对该法实施情况进行了检查。全国人大常委会对这次执法检查非常重视，吴邦国委员长专门作出重要批示："科技进步法执法检查是今年人大监督工作的一个重点。要通过执法检查，督促有关方面高度重视科技创新，把它作为转变经济发展方式的中心环节来抓，加大科技投入，加强新能源、新材料、新技术的研发，推进产学研结合的技术创新体系建设，促进科技成果向现实生产力转化，努力在新一轮国际竞争中抢占技术制高点，掌握发展主动权"。批示要求明确，针对性强，对开展科技进步法执法检查工作具有重要指导意义。

3 月 29 日，执法检查组召开第一次全体会议，听取了科技部、国家发展和改革委员会、工业和信息化部、财政部、国务院国有资产监督管理委员会和国家知识产权局六个部门的汇报，教育部等七个部门和单位提供了书面汇报材料。随后，由陈至立、桑国卫副委员长和我带队，全国人大教科文卫委员会主任委员或副主任委员为组长，部分委员和全国人大代表为成员的六个小组，先后赴广东、江苏、湖北、四川、上海、安徽六个省（市）进行执法检查。期间，检查组听取了政府及有关部门关于科技进步法实施情况的汇报，召开了有企业、高等学校和科研机构等单位参加的座谈会，实地考察了一些企业、高等学校、科研机构和高新技术产业开发区。此外，还委托北京、天津、内蒙古、辽宁、黑龙江、浙江、山东、湖南、重庆、陕西十省（区、市）人大常委会在本行政区域内进行检查。6 月 3 日，执法检查组召开第二次全体会议，对执法检查报告稿进行了研究讨论。

现将这次执法检查情况报告如下：

一、贯彻实施科技进步法的主要做法和成效

1993 年颁布实施的科技进步法，确立了推动我国科技进步的一系列重要法律制度。2007 年底，十届全国人大常委会根据形势发展的需要，对科技进步法进行了全面修订，增加了激励自主创新、推进创新型国家建设的新的法律制度。从检查的情况看，科技进步法实施情况和效果总体是好的。国务院及其主管部门、各级政府高度重视，积极采取措施，推动科技进步法的贯彻实施，将科技进步贯穿于各类规划的制定和实施中，注重增强科技创新能力，加速产业技术进步，推进产业结构优化升级、促进经济平稳较快发展。科技在经济社会发展中发挥了重要的支撑和引领作用，科技进步法实施取得了明显成效。

（一）广泛开展学习宣传，营造有利于自主创新的良好氛围

科技进步法修订以来，国务院及其主管部门、各级政府把学习、宣传科技进步法作为营造有利于自主创新良好氛围的重要手段，采取多种形式广泛开展学习宣传活动。2008 年 5 月，科技部、全国人大常委会法工委、全国普法办、司法部联合发出《关于宣传和贯彻实施〈科学技术进步法〉的通知》。各地和有关方面利用电视、广播、报刊、网络等媒体，扎实开展面向全社会的宣传活动，还通过发放学习宣传材料、举办培训班、开展问卷答题、召开座谈会等活动，推动法律学习的深化，促进公众对法律主要制度的理解。全社会关注创新、支持创新、参与创新的热情日益高涨，崇尚科学、鼓励创新的氛围正在形成，把自主创新贯穿到现代化建设的各方面逐渐成为社会各界的自觉行动。

（二）加快配套法规体系和制度建设，完善有利于自主创新的法制政策环境

一是把贯彻实施科技进步法与全面落实《国家中长期科学和技术发展规划纲要（2006—2020 年）》（以下简称"规划纲要"）结合起来，制定激励自主创新的具体措施。国务院出台了 60 条规划纲要配套政策，有关部门制定了涵盖科技投入、税收优惠、金融支持、政府采购、知识产权创造和保护、人才队伍和科普建设等方面的 78 项实施细则。各地在完善有利于自主创新的政策环境方面也进行了积极的探索和实践，至 2008 年底，共出台了 570 多个政策文件。二是积极开展地方科技进步或创新条例的制定、修订，为本地科技进步和创新工作提供强有力的法制保障。安徽省对工业企业技术进步条例进行修订，湖北、贵州等省和厦门、沈阳、合肥等市修订通过了科技进步条例，重庆、深圳市发布了科技创新促进条例，其他地方科技进步条例的修订工作也均已启动。

（三）加快技术创新体系建设，引导和扶持企业技术进步

为落实科技进步法关于企业技术进步的有关规定，各有关方面积极采取各种措施，提升企业技术创新能力，引导和扶持企业技术创新。技术创新体系建设取得了突破性进展，企业技术创新能力不断增强，涌现出一批自主创新能力强、具有国际竞争力的大公司、大企业集团和知名品牌。一是启动实施国家技术创新工程，重点推进创新型企业、产业技术创新战略联盟和技术创新服务平台三项载

体建设。目前,国家级创新型试点企业达469家,地方创新型试点企业达3000多家;选定36个产业技术创新战略联盟开展试点,带动地方构建区域性产业技术创新联盟上百个。二是支持行业骨干企业设立研究开发机构。有关部门和地方在行业骨干企业建立了一批国家重点实验室、国家工程实验室、企业技术中心和工程技术研究中心,增强企业研究开发能力。如江苏省依托沙钢集团,建成江苏省钢铁研究院等一批重点研究机构,鼓励企业从一般技术和产品研究开发走向高端技术和产品自主创新,从满足自身发展转向引领行业发展。三是积极促进产学研结合。高等学校、科研院所和行业骨干企业开展了大量联合研发和人才培养活动,企业在高校建立了一批联合研发中心,国家和地方科技计划对产学研合作项目给予重点支持。通过产学研技术创新体系的联合攻关,一批国家级重大科技创新项目相继实现突破。四是加大鼓励、引导企业技术创新的财政经费支持力度。科技型中小企业创新基金稳定增加,至2009年底,累计安排104.5亿元,支持中小企业开展技术创新。中央国有资本经营预算中设立重大技术创新及产业化资金,2008、2009年共安排34.9亿元,专项用于支持中央企业重大技术创新和成果产业化。各地方政府也提高了对科技创新的投入力度,2008年地方财政科技投入的总和首次超过了中央财政对科技的总投入。五是积极落实政府采购、税收、金融等各项技术创新激励政策。国务院有关部门联合开展了自主创新产品认定和政府采购试点工作,湖北、上海、江苏、广东、四川、安徽等一些省(市)政府也相继出台了自主创新产品认定试行办法和采购目录。落实对认定的科技企业孵化器、科技园、高新技术企业的税收优惠等政策。科技创业投资快速发展,有力地支持了企业自主创新。开通创业板市场,建立了中小企业上市融资渠道,科技型企业已经成为支撑中小企业板、创业板发展最重要的上市资源基础。加强金融服务,创新金融产品,增加对科技创新的信贷投放,发展债券市场,鼓励和支持符合条件的中小企业采取多种形式募集资金。知识产权质押融资陆续开展,科技保险试点进展顺利。

(四)实施知识产权战略,增强创新能力和竞争力

科技进步法规定,国家制定和实施知识产权战略。国务院于2008年6月发布《国家知识产权战略纲要》,国务院有关部门建立联席会议制度,联合制定战略实施计划,提出240条具体措施推进战略实施。至2009年底,北京、上海、广东、四川、江苏等18个省、市出台地方知识产权战略纲要或贯彻纲要的实施意见。创新能力和竞争力进一步增强。2009年,我国受理国内外发明专利申请31.5万件,其中国内申请占72.8%;授予发明专利权12.8万件,其中国内授权占50.9%;我国居民提交专利国际申请7946件,居世界第五位。为提升知识产权创造、应用、管理和保护能力,中央财政设立专项资金,对国内中小企业、事业单位、科研机构向国外申请专利择优给予补贴资助,2009年共资助专利国际申请1146项,资助资金5285万元;积极开展知识产权试点示范工作,推进专利运用产业化;开展知识产权纳入行业标准的研究和实践,鼓励和引导企业将自主研发技术创设或纳入国际标准;组织形式多样的知识产权保护专项行动,重点查处专利侵权、假冒行为和涉及专利的诈骗行为,尊重和保护知识产权的社会氛围初步形成。

(五)发展高新技术产业,促进经济发展方式转变和产业结构调整

高新技术产业发展迅速,产业结构不断优化。国务院有关部门联合制定实施生物、数字电视、软件和集成电路等专项产业政策,与地方共同发起设立20只创业投资基金,引导社会资金主要投向高新技术产业领域。各地把培育战略性新兴产业、发展高技术产业作为优化产业结构、促进发展方式转变的重要抓手。如安徽省建立了省委、省政府领导联系指导新兴产业发展制度,制定了高技术产业发展规划。目前,全国已成长起电子信息、新材料、新能源与高效节能等一批市场占有率高和竞争力强的特色高新技术产业集群。如上海张江高新区的集成电路制造、深圳高新区的通信和电子设备、武汉东湖高新区的光纤电缆和激光设备、无锡高新区的光伏太阳能等,在同领域高技术产业发展中发挥越来越重要的作用。56个国家高新技术产业开发区成为培育高新技术企业和自主创新的重要基地,2008年工业增加值达1.25万亿元,占全国比重约十分之一;高新技术产品出口占全部商品出口的29.6%。国家高新区企业研究开发投入占到全国研究开发投入的三分之一,授权的发明专利占国家全部企业授权总量近50%。

二、贯彻实施科技进步法的主要问题和建议

科技进步法的实施虽然取得了很大成绩,但也

存在一些困难和问题。检查组认为,以下几个问题需要着重加以研究解决。

(一)关于创新激励制度的落实完善

一是创新激励制度落实不到位、不平衡。科技进步法把建设以企业为主体、市场为导向、产学研结合的技术创新体系作为全面推进国家创新体系建设的突破口,着重规定了激励企业技术创新的法律制度,但该制度及相关配套政策落实不到位问题较为突出。如企业研究开发费用税前列支并加计扣除的规定,全国近一半的省市还没有落实;财政性资金采购自主创新产品及首台首套设备、企业引进技术消化吸收再创新等政策只在一些地区进行试点。创新激励制度的影响力和效应未能充分发挥,不利于企业技术创新,培育、发展战略性新兴产业和调整产业结构。二是对创新成果保护力度不够。侵害知识产权的现象仍然大量存在,对知识产权侵权行为处罚较弱,知识产权诉讼难、维权成本高,挫伤了企业自主创新和利用知识产权制度维护自身合法利益的积极性。

检查组建议:一要进一步加大法律学习宣传的力度,提高贯彻实施科技进步法对于加快建设创新型国家的重要性的认识。二要继续从法律、法规、规章和政策等多个层次加强创新激励及其配套制度建设,在充分发挥各项创新激励政策作用的基础上,加强创新政策与产业政策的协调、衔接,设置合理的产业技术市场标准和市场准入条件,逐步淘汰落后的技术和产能,形成自主创新的倒逼机制。三要继续推进实施知识产权战略,强化知识产权在创新中的导向作用,大力加强知识产权保护,促进企业技术创新,鼓励企业、产业技术创新战略联盟、行业协会等组织共同参与标准的制定。四要督促国务院有关部门和各地方加强对制度执行情况的监督和跟踪检查,查找制度落实不到位、各地发展不平衡的原因并加强整改,使创新激励和保障制度真正落实,依法保障、促进科技进步和创新,发挥科技对经济社会发展的支撑引领作用。

(二)关于产学研结合和科技成果转化

科技成果难以转化为现实生产力、产学研结合不紧密仍是影响科技与经济结合的重要因素。农业科技成果推广应用还存在一些障碍。一是科技分类评价制度尚不完善,部分高等学校、科研机构的评价导向存在着重论文、重奖励轻成果转化的现象,影响了科技人员面向市场与产业需求开展科研和成果转化的积极性。二是企业的创新意识有待进一步增强,一些企业包括有的大型企业缺乏创新动力,吸纳、创造、运用新技术的能力不强。三是产学研合作的利益共享和分配机制尚未确立,科研机构、大学和国有企业科技成果转化的激励机制有待完善,对科技成果转化人员的奖励政策在落实中还存在体制障碍。四是中试和工程化环节薄弱,公共技术平台不健全,企业与高校、科研机构之间信息交流渠道不畅,技术供给方与需求方之间信息不对称,科技中介服务体系发展滞后,直接影响科技成果转化。

检查组建议:进一步深化科技体制改革,强化企业的技术创新主体地位,完善产学研合作机制,引导创新要素向企业聚集,扶持企业技术创新。一要进一步完善促进产学研结合的政策环境,运用多种政策支持企业自主创新,鼓励科技成果转化。调整和完善对高等学校和科研机构的分类评价考核体系,促使高等学校和科研机构在发挥知识创新主体作用的同时,积极围绕企业技术创新需求提供服务。加强落实激励企业自主创新和产学研结合的各项制度措施,促进建立产学研合作利益共享机制,完善技术创新分配激励机制,充分调动各方面积极性。二要加强政府引导和扶持,使企业尽早介入高等学校、科研机构的前期研究开发工作;创新资源配置方式,财政资金投入要向产学研结合的产业技术创新链延伸,加大对中试环节、科技成果工程化、产业化的支持力度。三要进一步营造更加公平的市场竞争环境,保护知识产权,引导企业主动开展技术创新。要进一步深化国有企业改革,激活企业技术创新的内在动力,同时要充分发挥民营和中小型科技企业的优势,使其能够同等获得相关政策的支持。四要大力发展面向产学研结合的公共技术平台及各项中介服务机构,加强科技成果信息开放共享。五要进一步加快以良种培育及其成果转化、产业化为核心的农业科技创新,加大对农业科技成果推广应用和产业化的扶持力度,为现代农业发展和新农村建设提供强有力的支撑。

(三)关于创新人才的培养和使用

目前,我国科技人力资源总量很大,但人才结构不合理,高层次战略科技专家,领军、拔尖人才缺乏的问题较为突出。创新教育和创新能力培养尚未得到应有重视,人才成长发展的社会环境需进一步优化。一方面高端人才的培养引进机制尚不完善,另一方面中青年人才脱颖而出的科研环境还没有形成。人才配置市场机制不健全,有序流动和动态优化的机制尚未建立；人才评价激励机制不够科学有效，促进其更好发挥作用的保障机制有待进一步完善。

检查组建议：要认真贯彻落实中央最近召开的人才工作会议精神，进一步确立人才在推进科技创新中的重要地位并充分发挥其作用，立足创新实践，凝聚与造就创新创业人才。一要牢固树立以人为本的人才观，统筹"项目、人才、基地"建设，围绕重要科技领域的战略研究和重大科技创新活动的组织实施，加强对科技基础能力建设持续稳定的支持，培养造就和吸引凝聚优秀人才，建设创新团队。二要加强创新文化和社会环境建设，完善扶持人才创新创业的政策措施，为人才脱颖而出和人尽其才、才尽其用创造机会，为特殊人才发挥作用提供空间。对优秀人才，特别是高端人才，做到"引得进、用得上、留得住"。坚持培养后备人才与激励科研一线人才相结合，促进学术领军人才成长与培育创新团队相结合，培养、稳定国内人才与吸引海外人才相结合。三要结合产学研合作，加强企业工程技术人才培养，引导人才向企业集聚。四要完善科学的人才考核评价体系，健全评审专家资格审查和诚信制度，打破地区、部门、行业人才流动的体制障碍，促进人才有序流动。

（四）关于科技投入

科技投入仍然不足，实现科技投入目标的任务艰巨。政府投入的带动效应还需进一步增强，引导全社会增加科技投入的机制有待进一步完善落实。一是虽然全社会研究开发经费占国内生产总值的比例近些年逐步提高，2008 年、2009 年分别为 1.54%、1.62%（预计），但离规划纲要提出的 2010 年达到 2.0%，2020 年达到 2.5% 以上的任务目标还存在较大差距。此外，各地研究开发经费投入水平不平衡现象也比较明显。二是符合法律要求的财政科技投入增长机制初步建立，但一些省、市财政科技经费增长仍然没有达到高于财政经常性收入增长的法定要求。三是基础研究经费支出占研究开发经费总支出的比例仍然偏低，2008 年为 4.8%，科学积累和原始创新能力不足，重大原始创新成果缺乏。四是虽然近些年企业研究开发经费有很大增长，但与国际水平相比，企业研究开发费用占销售收入比重仍然普遍偏低，2008 年大中型工业企业研究开发经费占主营业务收入比重仅为 0.84%，一定程度上影响了企业技术创新活动的开展。

检查组建议：一要加快推进建立科技投入稳定增长的长效机制，保证财政科技投入依法稳定增长。二要进一步优化科技投入结构，继续加大稳定支持力度，建立符合科技活动规律和特点、推动持续创新的财政科技投入机制。三要完善科技投入政策体系，加强引导和激励全社会增加科技投入，促进全社会资源参与科技创新活动，强化科技与财税、金融合作，引导和支持创业投资、银行信贷、多层次资本市场以及社保、保险资金等参与和支持企业创新发展，加速形成多元化、多渠道、多层次的科技投融资体系。

（五）关于科技资源配置及其使用效益

科技体制改革亟待进一步深化，科技工作多头管理、条块分割、相互脱节的现象没有从根本上得到解决。科技资源统筹协调机制不完善，资源配置分散、重复和浪费现象仍然存在。科技公共服务平台建设不足，科技资源开放共享有待加强，创新主体间科研条件和科技信息缺乏共享，影响科技资源使用效益。

检查组建议：一要适应社会主义市场经济发展，进一步改革科技宏观管理体制，加快建立和完善配置、整合科技资源的宏观协调机制，促进全社会科技资源高效配置和综合集成，促进科研布局和结构调整，实现由追求数量向提高质量和效益转变。二要继续推进科技基础设施和条件平台建设，完善相关政策法规，建立科技资源共享的激励和运行机制，促进物质、信息、人才等方面科技资源共享使用。三要进一步加强对科技经费的管理，从重投入、重分配向重管理、重效益转变；创新投入方式和审计监督模式，加强资金安排的科学性和规范性，提高资金使用效率。

当前，我国正处在努力实现全面建设小康社会目标，加快建设创新型国家的关键时期。进一步贯彻实施科技进步法，加快转变经济发展方式，促进经济社会又好又快发展是全社会的共同任务。我们要按照胡锦涛总书记最近在两院院士大会上的讲话精神，全面、深入地贯彻落实科技进步法的各项规定，把提高自主创新能力作为实现国家发展目标的战略基点和核心要素，更好地发挥科技的支撑引领作用，推动经济社会发展走上创新驱动、科学发展的轨道。

以上报告，请予审议。

全国人民代表大会常务委员会执法检查组关于检查《中华人民共和国清洁生产促进法》实施情况的报告

——2010年8月26日在第十一届全国人民代表大会常务委员会第十六次会议上

全国人大常委会副委员长 陈至立

全国人民代表大会常务委员会：

根据2010年工作计划，全国人大常委会《中华人民共和国清洁生产促进法》执法检查组于2010年5月至7月，开展了清洁生产促进法的执法检查。全国人大常委会对这次执法检查非常重视，吴邦国委员长专门作出重要批示："清洁生产促进法实施情况的监督检查是今年人大监督工作的一个重点。要通过监督检查，督促有关方面高度重视清洁生产，把它作为促进转变经济发展方式的重要措施，完善法规政策，健全体制机制，积极推动能源资源节约和高效利用，推动传统产业优化升级，推动保护和改善环境，保障人民群众身体健康，为实现科学发展、推进全面建设小康社会进程作出新贡献"。根据吴邦国委员长的批示精神，确定了这次执法检查的四个重点：一是检查政府及其相关部门推行清洁生产责任的落实情况，二是检查配套法规、规章的制定和落实情况，三是检查重点行业企业清洁生产的实施情况，四是对法律的进一步完善进行调研。

5月26日，执法检查组召开第一次全体会议，听取国家发展改革委、科技部、工业和信息化部、环境保护部关于清洁生产促进法贯彻实施情况的汇报。财政部、住房和城乡建设部、水利部、农业部、国家质量监督检验检疫总局和最高人民法院提供了书面材料。王兆国、陈昌智副委员长和我出席了会议，并对执法检查工作进行了部署和安排。5月下旬至7月上旬，执法检查组分4个小组先后赴黑龙江、湖南、山东和陕西4个省进行检查，周铁农、陈昌智副委员长和我分别带队参加了检查工作。同时，执法检查组还委托北京、河北、内蒙古、上海、江苏、浙江、安徽、江西、河南、广东、云南11个省（区、市）人大常委会对本行政区内清洁生产促进法的实施情况进行检查。

下面，我代表清洁生产促进法执法检查组，将执法检查的主要情况报告如下，请予审议。

一、清洁生产促进法实施的基本情况

2002年6月29日第九届全国人大常委会第二十八次会议审议通过了清洁生产促进法。清洁生产主要是指通过不断采取改进设计、使用清洁的能源和原料、采用先进的工艺技术与设备、改善管理、综合利用等措施，从源头削减污染，提高资源利用效率，减少或者避免生产、服务和产品使用过程中污染物的产生和排放，以减轻或者消除对人类健康和环境的危害。

2003年清洁生产促进法实施以来，国务院及其有关部门高度重视，及时进行部署，制定配套法规政策，积极实施重点领域、重点企业的清洁生产审核，组织开展清洁生产技术研发和推广，从源头促进了资源能源的节约利用和污染物的削减，清洁生产工作取得积极进展。

（一）国务院高度重视，全面部署推进清洁生产工作

一是进行工作部署。2003年国务院办公厅在法律实施当年转发了国家发展改革委等部门《关于加快推行清洁生产的意见》，对推行清洁生产做了部署，提出了加快结构调整和技术进步、推进企业实施清洁生产、完善法规体系、强化监督管理等重点任务。2005年，国务院印发了《节能减排综合性工作方案》，将清洁生产作为节能减排工作的重要方面，提出全面推行清洁生产。

二是出台相关政策。国家发展改革委会同原国家环保总局制定发布了《清洁生产审核暂行办法》，对清洁生产审核做出明确规定，牵头组织制定了《废弃电器电子产品回收处理管理条例》，对大宗电子产品的回收、资源化、无害化处理等做出了规定。工业和信息化部发布了《关于加强工业和通信业领域清洁生产促进工作的通知》，将清洁生产作为促进产业升级、技术进步、管理创新的重要措施。

目前，全国有3个省（市）出台了《清洁生产促进条例》，20多个省（区、市）印发《推行清洁生产的实施办法》，30个省（区、市）制定了《清洁生产审核实施细则》，22个省（区、市）制定了《清洁生产企业验收办法》。

三是加强宣传和培训。法律颁布以来，国务院有关部门和地方政府开展了各种形式的法律宣传，通过在网站开辟专栏，在主要媒体组织专版，召开现场会等方式，广泛深入宣传法律。近年来，全国累计对25015家工业企业有关人员进行培训。2001年至2009年，全国举办了276期“国家清洁生产审核师培训班”，培训人员近1.5万人，强化了从业人员的队伍建设。各地也普遍举办各类清洁生产培训班，每年培训人员超过5万人次。

（二）积极推动重点领域、重点企业的清洁生产审核工作

一是制定重点企业清洁生产审核法规规章。国务院有关部门陆续出台了针对重点企业实施强制性清洁生产审核的若干政策措施，制定了《关于印发重点企业清洁生产审核程序的通知》、《关于进一步加强重点企业清洁生产审核工作的通知》、《关于深入推进重点企业清洁生产的通知》等文件，将清洁生产与污染物减排、重金属污染防治工作结合起来，建立了促进重点企业清洁生产的政策法规标准体系，使重点企业清洁生产审核有法可依。

二是建立清洁生产咨询服务机构。国家有关部委共同组建了“国家清洁生产专家库”，为清洁生产审核、评估提供技术和智力支撑。积极开展国际合作，引进国际先进的清洁生产审核能效对标管理等管理技术体系。各地也逐步建立清洁生产专家库和咨询服务机构，积极指导企业开展清洁生产审核工作。目前，各省（区、市）成立了565家清洁生产技术咨询服务机构，有专职人员4200多人，成为清洁生产技术交流、咨询、推广和清洁生产审核技术服务、项目评审评估的重要力量。

三是推进重点企业清洁生产审核。国务院有关部门加强了对重点企业的清洁生产审核工作。强制性清洁生产审核重点企业逐年递增。全国公布的应当实施清洁生产审核的重点企业数量从2004年的117家增加到2008年的2789家，开展清洁生产审核的重点企业数量从77家增加到2027家。自愿性清洁生产审核逐步开展。据不完全统计，2003年至2009年全国共有12650家工业企业开展清洁生产审核。以江苏省为例，开展自愿性清洁生产审核的企业达到4530家，占全省规模以上工业企业的9.4%。

（三）以清洁生产推动产业升级和结构调整

一是以清洁生产标准严格行业准入，提升产业水平。国家发展改革委先后发布了煤炭、火电、钢铁、氮肥、电镀、铬盐、印染、制浆造纸等45个行业的清洁生产评价指标体系。工业和信息化部对纯碱等重点行业出台准入管理政策，要求新、改、扩建的项目要达到相应行业的清洁生产先进企业水平。环境保护部发布了54个行业清洁生产标准，并将新扩建项目是否符合国家产业政策和清洁生产标准作为环评审查的内容。

二是推广应用先进清洁生产技术，改造提升传统产业。国家发展改革委先后发布了三批清洁生产技术导向目录，引导企业采用先进的清洁生产工艺技术和设备。科技部通过国家科技计划和科技专项，积极支持开展重污染行业的清洁生产技术研发与集成示范，会同有关部门编制清洁生产和节能减排技术目录。工业和信息化部印发了钢铁等17个重点行业清洁生产技术推行方案，提出了鼓励的115项清洁生产技术，并利用中央财政清洁生产专项资金，支持重大共性、关键技术的应用示范和推广。财政部会同有关部门实施了节能产品、环境标志产品政府优先采购和强制采购政策。许多地方和部门积极采用新型干法水泥、超临界发电机组、焦炉尾气回收利用等清洁生产新工艺、新技术和新装备，加快改造水泥、电力、钢铁等传统产业。

三是采取措施淘汰落后工艺设备。环境保护部将钢铁、水泥等7个高能耗行业作为清洁生产审核的重点，要求对重点企业每三年完成一轮清洁生产审核。工业和信息化部加大了对钢铁、铁合金、焦炭、电解铝、水泥、造纸等行业落后工艺设备的淘汰力度。上海市对43家节能环保和清洁生产设备不符合国家产业政策规定的企业不予发证，对103家达不到要求的获证企业依法给予注销。山东省严控新建高耗能项目，2009年全省通过环评手段拒批、暂缓低水平重复建设、“两高一资”等项目31个，涉及投资额104亿元，有力抑制、淘汰落后产能。

（四）从源头上努力推进节能减排目标的实现

国务院有关部门、地方各级政府通过推进清洁生产审核、实施清洁生产项目等措施，将企业清洁生产与产业升级和结构优化、节能减排目标、环境管理体系认证等结合起来，取得了显著效果。据初步统计，2003年至2009年，全国工业企业清洁生产项目累计削减化学需氧量227万吨、二氧化硫71.2万吨、氨氮5.1万吨，节水118亿吨，节能4932万吨

标煤，推动了节能减排目标的实现。广东省煤炭、电力、建筑建材等 32 个重点行业的 299 家企业实施清洁生产方案 7924 项，投入资金 34.99 亿元，每年削减化学需氧量 1.34 万吨，二氧化硫减排 1.18 万吨，减少废水排放 8310.11 万吨，实现经济效益 32.36 亿元。马鞍山钢铁公司按照清洁生产的要求，在企业生产和管理中，强化从采购到冶炼、制造、成品外运的全过程污染预防、控制和治理，与 2000 年相比该公司的吨钢综合能耗从 978 千克标煤降为 730 千克标煤，工业用水循环率从 76% 上升到 96%，固废综合利用率提高到 98%。

农业部门积极推广先进技术，组织开展测土配方施肥，严格限制高毒、高残留农药的使用，推动农业清洁生产。江西省推广测土配方施肥、绿肥种植等 20 余项农业清洁生产技术，肥料利用率提高 3 个百分点，氮肥用量减少 10%，化学农药用量减少 20% 以上。建设部门大力推进节能、节地、节水、节材建筑，加快污水和垃圾处理设施建设。黑龙江省积极推广节能、节水建设设计方案，选用新型建筑材料，新建建筑施工阶段节能环保强制性标准执行率达到 98%。

二、存在的主要问题

（一）一些地方和部门对推进清洁生产的认识和职责不到位

一是对清洁生产促进法的认识存在差距。一些地方对清洁生产的本质认识不清，没有认识到清洁生产是转变经济发展方式，建设资源节约型、环境友好型社会的重要手段和措施。有关部门和有的地方对推行清洁生产的重要性认识不够，没有按法律要求制定清洁生产推行规划。清洁生产工作多集中在重点工业领域，农业、服务业清洁生产还有待拓展；注重在大型企业开展清洁生产，忽视了中小企业的清洁生产。

二是政府部门的职责分工不明确。清洁生产促进法颁布实施后，国务院进行了两次部门机构改革，客观上造成了部门职责与法律规定不一致，国务院有关部门和地方政府反映，在实际工作中部门职能和责任不清、分工不明确，在一定程度上影响了法律的贯彻实施。此外，各部委间缺乏协调配合。在清洁生产标准和评价体系方面，国家发展改革委、环境保护部、工业和信息化部分别发布了清洁生产评价指标体系、清洁生产标准和清洁生产水平评价指标体系，造成政出多门，企业无所适从。同时，农业、医疗、服务业、商贸流通等清洁生产的标准或技术规范大多数都没有制定。

三是清洁生产促进法规定的一些制度还没有真正建立。清洁生产信息系统和技术咨询服务体系，清洁生产的技术研发、成果转化和推广机制等有待健全。群众反映强烈的大量消耗资源的产品和包装物强制回收目录和具体回收办法还没有出台。

（二）企业依法开展清洁生产的责任不落实

一是实施清洁生产的企业比例还比较低。从全国来看，据统计，2003 年至 2009 年，开展清洁生产审核的工业企业仅占全国工业企业总量的 0.15%。即使在清洁生产工作开展较好的地方，企业完成自愿性清洁生产审核的数量也仅占规模以上企业的 10% 左右，有的省份仅有 20 多家企业自愿开展清洁生产审核。全国已经公布的强制性审核企业的总量还比较少。有的省份累计公布的强制性清洁生产审核企业数量，占符合《重点企业清洁生产行业分类管理名录》企业的比例不到十分之一。清洁生产审核提出的中高费方案实施率偏低。据有关部门统计，全国工业企业清洁生产中高费项目的实施率仅为 41.7%。

二是企业普遍缺乏依法实施清洁生产的主体意识。企业开展清洁生产的积极性尚不高。有的企业开展清洁生产主要迫于行政压力，有的甚至在列入清洁生产强制审核的名单后，仍采取抵触、等待、观望拖延态度。有的企业虽然进行了清洁生产审核，但不按审核意见实施，倾向于选择投资小的无费和低费方案，不愿投入资金实施效果更好的中费和高费方案，影响了清洁生产审核的效果。

这里要特别讲一讲群众反映强烈的过度包装问题。法律明确规定，企业应当对产品进行合理包装，减少包装材料的过度使用和包装性废物的产生，但这项规定落实得并不好。据统计，我国每年消耗各类包装材料 4000 万吨，主要来自过度包装。近几年来，越来越多的商品包装层次过多、空隙过大、选材用料奢华失当、包装物难以回收利用，既浪费了资源，加重消费者负担，又污染了环境。此外，企业对产品和包装物回收的比例还很低。虽然法律明确规定了强制审核和强制回收制度，但缺少强有力的约束条款和相应的配套法规。对于不实施清洁生产审核和不履行产品或包装物回收义务的企业，法律责任仅限于责令限期改正，对拒不改正的，仅处以十万元以下的罚款，法律的威慑力不够，难以促进企业自觉行动。

（三）引导清洁生产实施的政策机制有待健全

法律规定的引导激励措施综合协调整合不够，落实不到位，引导企业实施清洁生产动力不足，是造成清洁生产工作推行缓慢的主要原因之一。一是财政专项资金分散在各个部门，没有形成促进清洁生产的合力。中央财政资金仅用于工业和通信业领域，且资金规模小，项目少，不能满足工作的需要。二是法律要求建立的中小企业发展基金尚未建立，现有的中小企业发展的各专项资金用于支持中小企业实施清洁生产的比例很少，成效不大。多数省市尚未建立资金引导机制。三是对符合清洁生产要求的企业所得税、增值税的优惠政策，及节能、节水等税收优惠政策尚未落实；表彰奖励制度不落实，影响了企业开展清洁生产的积极性和主动性。

三、有关建议

（一）进一步提高对深入贯彻实施清洁生产促进法重要性的认识

清洁生产促进法是从源头削减污染和生产全过程控制污染的法律，是对传统末端治理污染方式的根本性转变，也是对传统生产方式和发展模式的根本变革。近年来，随着工业化、城市化进程的深入推进，我国资源环境压力越来越大，主要依靠物质投入的传统发展方式与资源环境的矛盾日益突出，贯彻实施清洁生产促进法的任务更加紧迫，意义更加重大。全社会都要提高对实施清洁生产促进法重要性的认识。

清洁生产促进法已颁布实施7年多，但从总体上说，清洁生产工作还处于起步阶段。当前正值“十二五”规划编制阶段，应当立足于推进经济发展方式转变的大局，把清洁生产作为保护和改善环境、推动能源资源节约和高效利用的有效措施，作为建立新的生产方式和消费模式、促进绿色新兴产业发展的有力手段加以推进。要认真研究和总结清洁生产促进法实施以来所取得的经验，分析存在的问题，将清洁生产纳入“十二五”国民经济和社会发展规划，明确全面推行清洁生产的目标和政策措施。要更加注重源头削减，通过改进产品设计，生产技术、工艺和设备，加强管理实现产品生产周期的全过程控制。

（二）进一步明确国务院有关部门职能分工，落实部门职责和政策措施

一是要按照法律要求和中编办调整的部门职能，在明确发展改革委负责综合协调清洁生产促进工作，工业和信息化部负责组织推动工业和通信业清洁生产促进工作的职能分工基础上，强化环保、科技、农业、建设、商务等部门促进清洁生产工作的职能，尽快形成由发展改革委综合协调，有关部门按职责分工推进促进清洁生产的工作机制。

二是编制“十二五”清洁生产推行规划。有关部门要及时制定综合性的清洁生产推行规划，相关部门要按照各自职能，制定相关领域的清洁生产推行规划，明确实施清洁生产的目标任务、重点内容、主要措施和进度安排等。

三是进一步落实清洁生产资金。加大各级财政，尤其是中央财政和省级财政对清洁生产的支持力度。在进一步加大对工业重点行业财政资金支持的同时，加大对农业、服务业等领域清洁生产工作的支持。进一步加大对清洁生产技术创新、成果转化及先进实用技术推广应用的支持力度。逐步扩大中央财政清洁生产专项资金规模。提高中小企业发展专项资金用于支持清洁生产工作的比例。

四是完善税收优惠政策。细化税收优惠认定条件，落实好增值税、所得税等优惠政策，提高清洁生产企业的竞争力。建立表彰奖励制度，完善产品标识制度等相关激励措施。进一步发挥政府采购的引导、带动作用，调动企业开展清洁生产工作的积极性、主动性。

五是逐步建立完善统一的清洁生产标准体系。国务院有关部门要按照职责分工，逐步建立完善统一的工业领域清洁生产行业标准体系，明确资源能源利用、产品的运输和包装、污染物产生及废物回收利用等指标，并把达到国内清洁生产基本水平作为行业准入条件，强化标准在清洁生产中的作用。组织编制农业、服务业等领域清洁生产指南和技术手册，推动农业、服务业清洁生产开展。

六是尽快出台强制回收产品和包装物目录和具体回收办法。根据法律要求，国务院及其有关部门应尽快完善配套法规，尽快制定出台强制回收产品和包装物目录和具体回收办法，落实定期检查和向社会公布检查结果制度。要采取有力措施，促进过度包装问题解决。

（三）强化技术进步对清洁生产的支撑作用

实施清洁生产，技术进步是关键。要切实发挥科技在清洁生产中的支撑和引领作用。

一是加大清洁生产关键、共性技术的研发和推广。重点在能源资源开发利用、新材料和先进制造、生态环境保护、现代农业等方面，加强研发和推

广,推动科学研究、技术创新、产业发展的有机结合,形成促进清洁生产的技术支撑和产业发展体系。

二是积极引进、消化、吸收国外先进适用技术。积极跟踪国际清洁生产技术发展动态和趋势,在清洁生产急需的原材料生产、资源高效利用、污染防控等方面,积极引进、消化、吸收国外先进适用技术,努力降低清洁生产技术成本,加快推进企业技术进步和产业升级。

三是建立以企业为主体的技术创新体系。加快构建以企业为主体、市场为导向、产学研相结合的技术创新体系,加快发展符合清洁生产要求的先进技术,加快科技成果向现实生产力转化。

四是加强清洁生产信息和技术咨询体系建设。建立健全清洁生产咨询服务体系,加强清洁生产从业人员的能力建设,建立咨询机构业绩考评制度。发挥行业协会的作用,建立和完善清洁生产信息系统,及时发布清洁生产信息,加强清洁生产技术交流,推动清洁生产广泛深入开展。

(四)进一步修改完善清洁生产促进法

国务院有关部门和各地人大、政府对修改法律问题反映突出,全国人大环境与资源保护委员会作为法律议案的提出单位应进行充分论证,在调查研究基础上,适时提出法律修正案。

一是进一步增强法律的操作性和强制性。应当强化政府编制和组织实施清洁生产推行规划的责任,强化对企业实施清洁生产的监督责任。强化法律关于企业实施清洁生产的有关规定、强化企业实施清洁生产推行规划的法律责任,促进企业达到清洁生产标准。注意加强与相关法律的衔接。

二是进一步强化清洁生产审核制度。进一步细化强制性清洁生产审核和企业达标规定,严格审核要求;强化审核验收评估,明确审核评价标准,增强审核验收的有效性;明确对审核服务机构的规范和管理,确保审核质量。此外,要强化对过度包装的限制管理和强制回收制度的有关规定。

三是修改法律中有关部门职责的条款。国务院机构改革后,法律关于行政主管部门的原有表述与现有部门的职责分工不相一致,使国务院有关部门和地方在实际工作中难以遵循,在一定程度上也影响了清洁生产工作的推行。建议根据国务院"三定"方案确定的部门职责,对法律有关条款进行修改,明确部门职责。

全面贯彻实施清洁生产促进法是一项长期而紧迫的重要任务。我们要按照科学发展观的要求,紧紧围绕党和国家的工作大局,继续督促政府及有关部门深入贯彻实施好清洁生产促进法,努力推动经济发展方式转变,为构建资源节约型、环境友好型社会做出新贡献。

在清洁生产促进法实施情况执法检查组第一次全体会议上的讲话

(2010年5月26日)

陈至立

同志们:

根据今年执法检查计划,全国人大常委会即将组织开展对清洁生产促进法实施情况的执法检查。今天的会议是检查组的第一次全体会议,也是一次动员会。吴邦国委员长对这次执法检查作了重要批示。王兆国副委员长亲自出席今天的会议,对这次执法检查给予直接支持和指导。刚才,汪光焘同志介绍了这次执法检查工作的部署,我都同意。发展改革委、科技部、工业和信息化部、环境保护部对贯彻实施清洁生产促进法的情况作了介绍,财政部、住房城乡建设部、水利部、农业部、国家质检总局和最高人民法院也提供了书面材料。可以看出,各方面对清洁生产促进法的贯彻实施都很重视,做了大量工作,取得了可喜的成效。同时,在法律的实施中也存在一些问题。主要是,清洁生产工作还没有全面推开,开展清洁生产审核的企业数量还很少;清洁生产的工作机制尚不健全,对企业的指导、监督力度不够;支持清洁生产的相关政策措施不配套,企业开展清洁生产的主动性、积极性不强等。大家也都认为,全面实施清洁生产促进法,从生产的源头削减污染排放,提高能源资源利用效率,减少或避免污染物排放对人体健康和环境的危害,还有大量工作要做。下面,我谈三点意见:

一、充分认识贯彻实施清洁生产促进法的重要意义

2002年6月29日，九届全国人大常委会第二十八次会议审议通过了清洁生产促进法，这是我国以污染预防为主要内容的一部法律。法律颁布实施对保护和改善环境、推动能源资源节约和高效利用，促进经济社会可持续发展发挥了重要作用，贯彻实施清洁生产促进法具有十分重要的意义。

*一是有利于建立新的生产方式和消费模式，促进经济发展方式转变。*改革开放以来，我国经济社会发展取得了举世瞩目的伟大成就，但长期形成的主要依靠物质投入的传统发展方式与资源环境的矛盾日益突出，部分地区资源环境承载力已近极限，外延型扩张模式难以为继。贯彻实施清洁生产促进法，推动清洁生产，就是坚持贯彻污染预防原则，对产品设计、能源和原材料使用、工艺技术与设备维护管理、产品流通和消费、废物回收和利用等社会生产和服务等环节实行全过程控制，推动建立新的生产方式和消费模式，达到节能降耗、减污增效的目的，实现经济效益和环境效益的统一，促进经济发展方式的转变。

*二是有利于保护和改善环境，保障人民群众身体健康。*随着我国经济社会不断发展，人民群众物质文化生活有了极大丰富，广大人民群众对生活水平和质量的要求也不断提高，对干净的水、新鲜的空气、优美的环境等方面的要求越来越高。但目前我国生态总体恶化的趋势尚未根本扭转，环境污染损害人民健康问题仍较严重。贯彻实施清洁生产促进法，推动清洁生产，通过最大限度减少有毒有害物质的使用，采用无废或少废技术或工艺，减少生产过程中的各种危险因素，实施废物的回收和循环利用等措施，可以有效减少污染物的产生，促进保护和改善环境，保障人民群众身体健康。

*三是有利于引导和激励科技创新，促进绿色新兴产业发展。*解决我国环境保护与经济发展瓶颈制约矛盾，关键是推进技术创新，促进绿色发展。贯彻实施清洁生产促进法，通过研究制定推进企业实施清洁生产的产业政策、财税政策、技术开发和推广等一系列政策和措施，加强对共性关键技术研发，引导和支持创新要素向企业集聚，带动节能、新能源、环境保护、资源高效开发及综合利用等一批绿色新兴产业的发展，成为经济结构战略性调整、实现经济社会又好又快发展的新的增长点。

*四是有利于积极应对气候变化，确保国家节能减排目标的实现。*节能减排和气候变化已成为普遍关注的世界性问题。我国已经提出“十一五”期间实现单位国内生产总值能源消耗降低20%左右，主要污染物排放量减少10%的目标。最近，中央又提出到2020年单位国内生产总值二氧化碳排放比2005年下降40%—45%；非化石能源占一次消费能源比重达到15%左右等控制温室气体排放的行动目标。这些目标能否如期实现，事关我国经济社会发展全局，事关广大人民群众切身利益，事关国家根本利益。贯彻实施清洁生产促进法，落实各级政府及有关部门的责任，强化对生产经营者的责任要求，倡导公众积极参与，可以更好地营造有利于节约资源、保护环境和积极应对气候变化的体制环境、政策环境和社会氛围，推动国家节能减排及减缓和适应气候变化目标的实现。

同志们，对法律实施情况的检查是人大监督工作的基本方式之一。吴邦国委员长多次指出，执法检查要围绕党和国家工作大局，把涉及改革发展稳定的重大问题、人民群众普遍关心的热点难点问题作为监督工作的重点。这次执法检查是全国人大常委会今年确定的6项法律实施情况执法检查之一，也是对清洁生产促进法颁布实施7年来的第一次执法检查。这次检查就是要全面了解清洁生产促进法实施中取得的成绩、经验和存在的主要问题，通过检查，有效推动清洁生产促进法的贯彻实施，促进政府及其有关部门依法行政。同时，通过执法检查，深入宣传清洁生产促进法的重要意义，宣传清洁生产促进法实施的进展和成效，进一步增强全社会的法律意识和法制观念，更好地促进形成有利于清洁生产的良好社会氛围。我们一定要充分认识这次执法检查的重要意义，严格按照监督法的要求，依法进行执法检查工作，全面推动清洁生产促进法的贯彻实施。

二、切实把握执法检查的重点

清洁生产促进法涉及面广，一次检查时间有限，检查的地方有限，检查组人员也有限，不可能面面俱到。我们要集中力量，突出重点，抓住关键，务求实效。

*一是检查政府及其相关部门推行清洁生产责任的落实情况。*清洁生产促进法的贯彻实施需要政府及其相关部门建立有力的推行机制，统筹协调，形成合力。要围绕清洁生产促进法对政府及其相关部门支持、促进清洁生产的规定要求，检查政府及其相关部门是否将清洁生产纳入国民经济和社会发展计划，以及环境保护、资源利用、产业发展、区域开发等规

划；是否建立和完善了推行清洁生产的组织机制；是否制定了有利于实施清洁生产的产业政策、技术开发和推广政策；是否组织了清洁生产的技术研究和技术示范，以及组织开展清洁生产教育和宣传、优先采购清洁产品等。要通过执法检查，促进政府及其相关部门完善工作机制，落实相关责任。

二是检查配套法规、规章的制定和落实情况。一部法律的有效实施，必须要有相应的配套制度和措施加以保障。清洁生产促进法对制定清洁生产审核办法、强制回收的产品和包装物目录、制定并发布限期淘汰的技术、工艺、设备以及产品目录、国家建立清洁生产表彰奖励制度，包括财政、税收、金融支持等都作了明确规定。这次执法检查要认真检查法律规定的各项配套法规和规章是否及时制定，各项措施和要求是否得到认真执行。要通过执法检查，进一步健全清洁生产的法规制度和政策措施，推进清洁生产评价体系、技术支撑体系和信息服务体系的建立和完善。

三是检查重点行业企业清洁生产的实行情况。企业是清洁生产促进法的实施主体，切实推动企业实施清洁生产，是这部法律实施工作的主要内容。清洁生产促进法对企业清洁生产规定了指导性、强制性和自愿性三种类型要求。要根据这些要求，以煤炭电力、建筑建材、石油化工、有色金属等一些高耗能、高污染行业法律遵守情况为重点，以强制性规定落实情况为主要方面，全面检查企业执行清洁生产促进法各项规定情况。要通过执法检查，促进企业形成清洁生产自我约束的行为机制，推动企业清洁生产主体作用的发挥。

四是注意发现法律本身不够完善的地方。随着经济社会的不断发展和形势的不断变化，法律本身也有一个逐步完善的过程。清洁生产促进法以及与其相关的配套法规还有一些需要修改和完善的地方。发现并逐步解决这些问题，也是我们执法检查工作的重点内容之一。要通过执法检查，了解法律实施中存在的问题，发现法律本身的不足之处，通过修改和完善法律，提高立法质量，使这部法律更加切合实际，更具有可操作性。

三、精心做好执法检查各项工作

全国人大常委会对这次执法检查非常重视，有三位副委员长带队参加检查工作。除环资委主任委员、几位副主任委员外，还邀请了港澳等部分全国人大代表参加，每组都配备了得力的工作人员。希望大家认真履行宪法和法律赋予的职责，以高度负责的精神，切实把这次检查工作做好。

一是精心准备。法律实施执法检查是法律性和政策性很强的工作。我们要深入学习贯彻党的十七大报告精神和胡锦涛总书记在中央经济工作会议上的讲话精神，充分领会吴邦国委员长在十一届全国人大三次会议常委会工作报告中对人大监督工作的总体要求和对这次执法检查的重要批示。要认真学习清洁生产促进法，熟悉法律的规定，同时还要学习了解相关法律和政策。全国人大环资委汇编了一套参考材料，请检查组全体成员抽时间学习。

二是深入调研。各检查小组到地方后，要听取情况汇报，还要尽量多走访一些有代表性的地区和企业。要深入群众、深入基层、深入实际，认真听取基层群众的意见和建议，全面了解和掌握第一手资料。要通过在各地的检查，通过地方反映的情况，全面系统地了解法律实施的真实情况。

三是讲求实效。检查的成效在于能否发现问题，提出解决问题的办法。要围绕检查重点，注意总结典型经验，发现法律实施中的突出问题、共性问题，认真查找产生问题的原因，深入研究解决问题的办法，提出有价值、有分量的意见和建议。

四是形成合力。人大开展法律实施情况执法检查，对政府和司法工作既是监督也是支持。各级政府及其相关部门要积极配合这次执法检查，全面反映情况，及时提出建议，认真改进工作。检查组要与地方人大的同志多商量、多沟通，取得所到地方人大的配合与支持，共同把执法检查工作做好。

五是做好宣传。要按照常委会对执法检查工作新闻宣传计划，做好新闻报道工作。希望有关新闻单位高度重视，把这部法律宣传好，把检查活动报道好。办公厅有关部门要配合检查，组织协调好新闻宣传工作。

最后，我强调一下，检查组要严格遵守廉政建设的各项规定，轻车简从、严肃认真、公正廉洁。我相信，在全国人大常委会的领导下，经过各方面的共同努力，这次清洁生产促进法执法检查工作一定会取得圆满成功。

全国人民代表大会常务委员会执法检查组关于检查《中华人民共和国农业技术推广法》实施情况的报告

——2010年10月25日在第十一届全国人民代表大会常务委员会第十七次会议上

全国人大常委会副委员长　乌云其木格

全国人民代表大会常务委员会：

我代表农业技术推广法执法检查组，报告检查情况，请予审议。

按照全国人大常委会2010年监督工作计划，今年8月至9月，全国人大常委会执法检查组对农业技术推广法及种子法部分条款的实施情况进行检查。吴邦国委员长对这次执法检查作出重要批示，要求通过检查“督促有关部门高度重视农业技术推广体系建设，深化农业技术推广体系改革，推动农业科技成果转化，提高科技对农业的贡献率，加快建设现代农业，促进农民增收，确保国家粮食安全。”吴邦国委员长的批示体现了中央关于转变农业发展方式的意图，对监督工作具有重要的指导意义。

8月29日，执法检查组听取了国家发展改革委、科技部、财政部、农业部、工商总局和国家林业局的汇报。随后，由我和桑国卫副委员长带队，全国人大农业与农村委员会主任委员和副主任委员为组长的3个小组，对江苏、浙江，重庆、湖北，辽宁、山西六省市贯彻实施农业技术推广法和种子法的情况进行了检查。期间，还委托河北、吉林、福建、江西、河南、海南、陕西、甘肃8个省人大常委会对本省进行了检查。

现将这次执法检查的主要情况报告如下：

一、实施农业技术推广法取得的主要成效

农业技术推广法于1993年颁布实施，调动了广大农业科技工作者和社会各方面开展农技推广工作的积极性，推动了农业科技成果的转化与应用。各级政府十分重视法律贯彻实施，取得了明显成效。但是，农技推广体系建设和保障措施方面存在的问题一直没有得到妥善解决。党的十七届三中全会进一步明确了基层农技推广体系改革的原则、重点和任务，各级政府积极落实党中央的部署，加快了农技推广体系改革进度和建设步伐。

（一）广泛开展学习宣传，及时制定配套法规

农业技术推广法实施以来，国务院有关部委和各省（区、市）高度重视，采取各种形式，广泛开展学习、宣传、培训活动，推动法律的实施。同时，积极制定配套法规、规章，已有24个省（区、市）出台了农业技术推广法实施细则，有关部门制定了《农作物品种田间检验规程》、《主要农作物病虫测报调查规范》等配套规章200多件，为贯彻实施农业技术推广法提供了有效的保障。

（二）以体制改革为中心，加强农技推广服务体系建设

农业技术推广工作是农业和农村经济发展的关键环节，党中央、国务院高度重视。《中共中央关于推进农村改革发展若干重大问题的决定》，中央连续7个一号文件，《国务院关于深化改革加强基层农业技术推广体系建设的意见》都对基层农技推广体系改革与建设作出了具体部署。近年来，国务院及有关部门加大改革力度。一是加强组织领导，启动示范县项目。成立了基层农技推广体系改革与建设工作部际协调小组。2009年中央财政安排7.7亿元在全国770个县实施了基层农技推广体系改革与建设示范县项目。2010年增加为800个，并进一步明确管理体制，优化机构设置，核定人员编制。同时，安排中央投资2亿元，在中西部地区176个县的815个乡镇启动基层农技推广体系建设试点。二是加大投入，加强基础设施建设。1998年以来，中央财政累计安排150亿元，支持建设了一批区域农业技术创新中心、农技推广服务站、农业有害生物预警控制中心等项目，并初步构建了中央、省、县、乡镇四级动物防疫体系。2010年，安排中央投资13亿元，用于《全国新增1000亿斤粮食生产能力

规划》范围内产粮大县农技服务体系建设。各地反映，上述措施有效解决了农技推广工作费用不足的问题，取得了很好效果。三是创新农技推广机制。目前，各地大力推行包村联户的科技入户工作机制和专家—农技人员—科技示范户的技术服务模式，解决了农技推广"最后一公里"的问题，提高了推广工作效率。各地结合实际创新农技推广方式，已有70%的推广机构建立了人员聘用制度和工作考评机制，60%建立了推广责任制度，50%建立了人员上岗培训制度，农技人员的工作责任心和主动性明显增强。浙江省推行责任农技员制度，联村到户，帮助农民解决生产中遇到的技术和信息方面的难题。四是加强队伍建设。农业主管部门启动了农技人员大培训活动和学历提升计划，安排骨干农技人员到农业院校和科研院所进修和深造，提升基层农技人员的业务水平。山西省组织部门与农业主管部门共同制定并组织实施了优先从大学生村干部中录取农技人员的政策，增强了基层农业技术推广队伍的活力。截至2009年底，全国共有基层农、林、水技术推广机构13.9万个，推广人员90.4万人。截至2010年6月底，已有1826个县(市、区)完成了基层农业技术推广机构改革任务，占应改革县(市、区)总数的68.7%。

（三）支持多元化农业技术服务，加强农民培训

各级政府紧紧围绕广大农民的多样性技术需求，积极引导和支持科教单位、涉农企业、专业服务组织、农民合作经济组织等开展农技服务。"十五"以来，科技部门通过实施星火计划，开展科技特派员基层创业，建立"专家大院"等科技项目，支持大学、科研单位的专家深入农村，提供技术服务，推广先进实用农业技术6600项，有效地解决了农民在生产中的难题。江苏省建立各种类型的农机服务组织4500多个，病虫害专业化防治服务队达到1.3万个，小麦、水稻统防统治覆盖面分别达到50%、45%。同时，农业、科技、教育等部门广泛开展各类农民科技培训。针对具有初中以上文化程度的从业农民开展的"绿色证书"农业技术培训覆盖2106个县，培训农民近3200万人，获证人数达1400万人；农业广播电视教育系统开展各种农业实用技术培训2.4亿人次，有效提高了从业农民的生产技能。

（四）以科技创新为重点，提高科技成果转化率

科技创新对我国农业发展的促进作用日益明显，农业科技在杂交水稻、杂交玉米、转基因抗虫棉等一系列核心技术方面取得了重大突破。农作物新品种培育、重大栽培技术和病虫害综合防治技术的推广运用促进了农业的稳定发展。国务院有关部门按照农业技术推广法的规定，积极实施技术成果转化项目、现代农业示范项目和科技富民强县计划，加强农村科技信息化建设等，进一步提高科技成果转化率。各地还积极创新农技推广方式方法，重庆市建立了市县乡"三级示范"机制，湖北省在全省范围构建了农技信息服务平台，辽宁省积极推广保护性耕作和精量播种等节本增效技术。在广大农技推广人员、科研院校、涉农企业、专业服务机构及农民合作经济组织等共同努力下，截至2009年底，农业科技进步贡献率达到51%，比1993年提高了24个百分点。全国主要造林树种良种使用率由1999年的20%提高到51%。

另外，种子法实施以来，各级政府及有关部门针对种子、种苗市场主体良莠不齐的情况，依法加大了对市场的监管力度。农业部自2001年开始，每年都开展种子质量抽检活动，今年重点查处套牌侵权的违法行为。各级工商行政管理部门按照国家工商总局统一部署，从"主体准入、市场监管、消费维权、制度建设"四个方面入手，前移监管关口，规范交易行为，完善维权网络，落实监管责任，严厉查处坑农害农行为。国家林业局制定了15个部门规章和规范性文件，依法建立了林木种子生产许可、林木品种审定、林木种子质量监督、林木种苗质量抽查通报等制度，2003年开始，连续三年开展了全国林木种苗执法和质量监督活动，进一步规范了种苗市场的经营行为，提高了林木种苗质量。同时，各级政府及有关部门加强品种选育工作。1998年以来，中央累计安排投资近100亿元，支持建设了一批农作物品种改良中心、良种繁育基地及优良品种选育国家工程实验室，组织实施了生物育种高技术产业化等项目。据不完全统计，"十一五"期间已选育农作物新品种1044个，林木新品种283个，果树新品种187个。2001年至今，共审定主要农作物品种11290个，林木良种2776个，授权植物新品种保护3251件。初步建立了品种退出机制，辽宁省已将不适应农业生产需要或有难以克服缺陷的5种作物136个品种退市。

二、存在的主要问题

近年来，农技推广工作取得了一定的成效，但还存在着体系建设滞后、改革进展较慢、投入不足等问题，应当予以高度重视。

（一）对农业技术推广法的重要性认识还不到位。有些地方和部门学习、宣传和贯彻法律的广度和深度上还存在差距，对法律规定的职责不清楚，缺乏做好农技推广工作的积极性。一些地方的工作与党的十七届三中全会的要求，还有较大的差距，在改革中，只是简单的合并机构、减少编制和经费，农技推广的公益性地位没有得到确立。有的同志对农技推广工作中公益性职能和经营性服务二者界定不清，造成事企不分，严重影响农技推广法的实施。一些地方由于对基层农技推广机构设置模式认识不一致，改革进展缓慢。

（二）管理体制不顺。现在多数综合性农技推广中心、乡镇农技站、基层林业站由乡镇政府管理，县级农业部门只进行业务指导，农业部门管事不管人，乡镇管人不管事，造成农技推广工作管理脱节，乡镇其他工作占用农林技术人员大量时间，影响其职能作用的发挥，相关规章制度执行难度较大。

（三）经费投入不足，工作手段落后。由于县级财力有限，不少地方的基层农技推广机构的工作经费没有纳入当地财政预算，只能保证人头费的工资部分，差旅费、办公费、推广事业费要各单位自行解决。基层农技推广机构经过几次机构合并，资产大量流失，现在半数以上机构工作必需的信息传递、检验检测设备，办公用房和下乡交通工具都得不到保障。另外，农业科研的投入不足，特别是地方科研单位的日常经费得不到保障，只有靠项目经费维持运转。

（四）农业技术推广队伍建设滞后。一是结构不合理。一些乡镇不具备职业资格的人员占用了农技人员的岗位，非专业人员过多，有的高达60%以上；特别是中青年技术人员少，农技推广队伍面临着人员老化、青黄不接的问题。二是基层农技推广人员工资待遇低，专业人才流失严重。虽然文件要求将公益性农技推广人员工资纳入财政保障，但由于多数地方县乡财政困难，乡镇农技人员月工资比相同资历的教师、公务人员低近千元。三是运行机制不完善。有的基层机构缺乏有效的绩效考评制度，存在着“干好干坏一个样、干与不干一个样”的现象，有的甚至“在编不在岗”。此外，由于大批青壮年劳动力外出务工，从事农业生产的多是妇女、儿童和老人，吸收新知识和新技术的能力更加不足，亟需加强村级农技服务站点的应对性建设。

（五）种子产业面临的主要问题。我国种子产业发展时间相对较短，企业规模小，新品种研发能力弱，难以形成具有国际竞争力的企业。现在大量外资种子企业进入，挖掘我国优势种质资源，快速兼并我国种子企业，有的已形成垄断之势。我国种业发展面临严峻的挑战，必须引起高度的关注。其次，市场监管乏力，侵权现象严重。在品种审定上，存在着“一种多名、一名多种”的情况。套牌侵权现象时有发生，侵犯了品种权人的合法权益。第三，基层种子、种苗管理机构不健全，人员工资和事业经费不足，一些地方的种子、种苗管理机构是自筹自支或差额拨款单位，以罚代管的情况屡禁不止，影响了执法的公正性和权威性。

三、建议

为进一步落实党中央关于确保转变经济发展方式取得实质性进展的要求，推进农业发展方式转变，增强农业自主创新和引进消化吸收再创新能力，深化基层农技推广机构改革，加强农技推广、普及、应用和种子产业健康发展，促进农民增收，确保国家粮食安全，提出以下建议：

（一）提高认识，加大贯彻农业技术推广法的力度

农业技术推广法是促进农业科研成果转化与应用，保障农业发展的重要法律。党的十七届三中全会指出，“农业发展的根本出路在科技进步”。在土地、淡水资源日益紧缺的状况下，农业的发展主要靠科技进步，因此，要充分认识加强农技推广工作的重要意义，增强全社会特别是各级领导干部贯彻农业技术推广法的自觉性，把农技推广工作放在建设现代农业的重要位置，纳入重要议事日程，力争实现中央提出的三年健全基层农技推广服务机构的目标。要制定好农技推广项目规划，将生产中亟需解决的技术问题列为研究课题，农技推广工作要贯穿于农业生产的产前、产中、产后的全过程。在强化公益性职能的同时要放活经营性服务，借鉴“少养人、买服务”市场化运作经验，引导市场要素进入农技推广服务领域，鼓励专家、学者和科研人员深入农村，开展农技推广服务，引导农业龙头企业、专业合作组织和其他社会力量参与农技推广，建立农科教协调分工、多元化农技服务机制，为农民提供高效便捷的社会化服务。

（二）加大力度，建立健全公益性农技推广机构

一是确立农技推广机构的公益性定位和职能。按照党的十七届三中全会要求，加强农业公共服务

能力建设。明确基层农技推广机构承担的公益性职能,包括关键技术引进、示范,病虫害、动物疫病及农业灾害监测、防治,农产品质量安全检测,水资源管理和防汛抗旱技术服务,农业公共信息和培训教育等工作属于政府职责,防止推诿耽延。二是理顺管理体制。管理模式的选择要考虑到农技推广体系长远发展,推广乡镇农技推广机构的人、财、物"三权归县"的成功经验,以保证基层机构更有效的履行职责。农技推广机构也要积极争取乡镇政府的支持。基层机构设置要符合当地农村经济发展的实际情况,要有利于现代农业建设,有利于帮助农民发展生产、经营致富,不搞一刀切。但改革的步伐要加快,健全机构的工作要落实。

(三)进一步加大财政投入

各级政府要认真落实中央要求,把基层农业、林业、水利技术推广机构人员工资和履行公益性职能所需经费纳入财政预算;加强基础设施建设,改善基层的工作条件;要按照法律的规定,保障用于农业技术推广的资金逐年增长。同时,对农技推广的财政投入要进行量化、细化,明确各级政府的责任,增强可操作性,确保落在实处。继续扩大农技推广体系改革与建设示范县项目范围。中央财政对粮食主产区的基层农技推广机构要有政策倾斜,调动主产区各级政府、农民和农技推广人员的积极性。中央和省级财政要加大转移支付力度,保障老、少、边、穷地区基层农技推广工作的正常开展。同时,还要加强对农业科研机构的支持,制定村级农技站点的补助政策。

(四)加强基层农技推广队伍建设

一要完善用人制度。公益性农技推广机构的农技人员,应具备相应的专业学历和技能,通过县级以上政府农业部门的专业考核,方可竞聘上岗。机构改革中要保证基层农技推广机构的基本编制,做到编、岗、人三到位。二要健全基层农技推广人员的绩效考评制度。把完成农技推广任务、服务农民的工作数量和质量、服务农业生产的实际成效作为考核的主要依据,并与工资收入、职称评定等挂钩,实现由固定用人向合同用人、由身份管理向岗位管理转变,改革用人制度。三要加大基层农技队伍的培训力度,提高其技术构成。增加培训资金,丰富培训内容,完善培训方式,建立知识更新的长效机制。同时要启动基层农技推广机构特设岗位计划,鼓励高校涉农专业毕业生到基层农技推广机构工作,为他们搭建好工作平台。

(五)高度重视种子产业发展

针对当前外资进入我国种业的情况,建议有关部门采取有力措施积极应对,既要吸收国外先进技术,也要加强对国内种业的扶持,防止外资对种子产业的冲击,保证种子安全。要加强种子、种苗基础研究工作,特别是大宗农作物和主要造林树种育种科研,增强种子企业技术创新能力,推进种子重大项目攻关。要鼓励国内种业整合,不断扩大企业规模和实力,提高商业化育种能力,支持育繁推一体化种子企业发展,认真贯彻现行金融、财税政策,促进种业发展。要为种业发展营造良好环境,加大监管力度,坚决查处制售假劣种子、种苗和套牌侵权等违法行为,严格种子市场准入管理,清理不合格企业,促进种业的健康发展。另外,要进一步落实种子、种苗管理机构设置、人员编制和工作经费,将执法经费和人员工资纳入财政预算,改善执法条件。设立种子、种苗专项资金,继续用于种质资源调查,收集,保存、良种选育、种子贮备和良种、种苗基地建设。

(六)尽快修改农业技术推广法和有关法规规章

农业技术推广法自 1993 年颁布实施以来,一直未进行修订,由于经济社会的发展和农技推广体系改革的不断深入,法律中的一些规定已经不能适应新形势的要求。建议根据党的十七届三中全会关于建立新型农业社会化服务体系的精神,结合各地农技推广体系改革的实践经验和全国人大农业与农村委员会对该法评估报告,尽快启动农业技术推广法修订工作。

目前,我国种子生产环境发生了很大变化,建议有关部门深入调研,在符合我国加入的有关国际公约规定的原则下,及时修改"外商投资产业指导目录"等有关法规、规章,规范外资在国内开展品种研发、种子生产、经营等行为。加强对我国种质资源的保护和利用,做大做强我国种业,推广使用国产良种。同时,开展修改种子法的调研工作,为下一步修改法律做好准备。

通过立法,加快建立适合中国国情的多元化、社会化农业科技服务体系。

附件:农业技术推广法评估报告

附件：

农业技术推广法评估报告

配合全国人大常委会农业技术推广法执法检查，全国人大农业与农村委员会会同农业部、财政部、国家林业局、科技部、水利部、中国科学技术协会、中国农业科学院等单位，适时启动了对该法的立法评估，以期为完善农技推广法律制度提供依据。

一、评估背景

1993 年 7 月，八届全国人大常委会第二次会议审议通过了农业技术推广法，标志着我国农业技术推广工作进入了有法可依、规范化发展阶段。这部法律明确了农技推广工作的法律地位，确立了农技推广的指导思想和基本原则，规范了农技推广体系的组织和运行，规定了农技推广体系的保障措施，是我国农技推广方面的基础性法律，为促进我国农技推广事业发展起了重要作用。

随着我国农村改革的深化和现代农业的发展，农技推广体系建设、推广主体、农业科技成果转化、投入保障措施等都发生了不少新的变化，这部在计划经济向社会主义市场经济转轨背景下制定的法律，需要随着实践的发展进一步完善。自十届全国人大以来，有 1121 人次的全国人大代表提出了 34 件有关修改农业技术推广法的议案。近年来，党的十七届三中全会关于推进农村改革发展若干重大问题的决定、党中央自 2004 年以来的一号文件，都对农技推广体系改革作出规定。2006 年国务院颁布了《关于深化改革加强基层农业技术推广体系建设的意见》，对改革和建设基层农技推广体系作出全面部署。农业技术推广法需要适应近年来我国农业现实发展的变化，体现中央、国务院的有关政策规定。因此，适时评估农业技术推广法，是十分必要的。

为做好评估工作，全国人大农业与农村委员会牵头成立了评估小组，全国人大农业与农村委员会主任委员王云龙任组长，副主任委员刘振伟任副组长，农业部等七个单位和全国人大农业与农村委员会法案室的同志参加了评估工作。评估小组确定了评估大纲，对评估内容、评估标准、评估方式、工作分工及进度安排等作了安排。农业部、水利部、国家林业局负责总体评估和涉及本部门职责的具体制度评估；财政部负责财政保障条款的评估；科技部负责国外农技推广制度的比较研究；中国科学技术协会负责有关农村专业技术协会的法律制度的评估；中国农业科学院负责有关农业科技成果转化的法律制度的评估。各单位采取专题调研，召开人大代表、专家座谈会，实地考察，问卷调查，个案分析等多种方式进行评估。农业部在全国范围开展了百名专家、千名基层农技推广人员、万名农民和 700 多个机构（包括农技推广机构、企业、专业合作社、科研院校等）的问卷调查。中国科学技术协会对 68 个市、县科协和 60 个基层农村专业技术协会分别进行了实地调研或问卷调查。科技部还对美国、加拿大、日本、法国、澳大利亚等国家的农技推广模式及法律制定情况进行了比较研究，对完善我国农技推广法律制度做出了建议。这次评估的一个特点，主要是广泛听取基层部门同志的意见，以使评估结论真实、客观。

二、评估内容

总体上看，农业技术推广法的实施，实现了农技推广工作有法可依，促进了农业科研成果的转化和应用，对农业增产、农民增收发挥了重要作用，该法的法律制度基本合理，立法目的基本得以实现。但由于该法实施的时间较长，存在部分规定适应性不强，部分措施保障力度不够，部分条款可操作性欠缺等问题。

主要评估内容如下：

（一）农业技术的定义及推广方式

农业技术推广法第 2 条规定，农业技术是指“应用于种植业、林业、畜牧业、渔业的科研成果和实用技术，包括良种繁育、施用肥料、病虫害防治、栽培和养殖技术，农副产品加工、保鲜、贮运技术，农业机械技术和农用航空技术，农田水利、土壤改良与水土保持技术，农村供水、农村能源利用和农业环境保护技术，农业气象技术以及农业经营管理技术等。”农业技术推广是指“把农业技术普及应用于农业生产产前、产中、产后全过程的活动。”该定义是符合当时农业和农村经济发展现实的。但随着农业产业化的发展和现代农业的推进，农业技术的涵义不断扩展，不仅体现生产属性，还体现产业属性。随着城乡居民环保意识增强，食品质量安全意识提高，农业技术中体现的生态保护、农产品质量安全、资源节约、防灾减灾、生物技术等与人民群众生产生活密切相关的新技术，需要在法律中体现。为此，农业技术中需要补充诸如“农产品质量安全检测技术、农业标准化生产技术、农业信息技术、节水灌溉技术、防洪抗旱技术、中小河流整治技术、农村水环境治理技术、动物疫病防治技术、森林经营管理技术、生物技术”等。

农业技术推广法第 2 条规定了农业技术推广的方式，即以推广机构试验示范为主的形式。近年来，各地探索出了不少新的推广方式，如科研院所 + 推广机构 + 农户、推广机构 + 科技示范户 + 农户、公司 + 农民专业合作组织 + 农户、农技短信服务平台、科技特派员，星火科技 12396 服务热线，以及场县共建等，都取得了好的效果，受到农民欢迎。各种有效的推广方式，有必要以适当的方式在法律中体现。

（二）农技推广机构设置及管理体制

20 世纪 80 年代末，各地实行农技推广机构人、财、物由县到乡“三权下放”，基层农技推广机构受到较大冲击，部分地区出现了“网破、线断、人散”局面。1992 年，全国 44% 的县、41% 的乡镇农技推广机构被停拨或减拨事业费，三分之一的农业技术员离岗，部分基层农技推广机构一度处于瘫痪状态。农业技术推广法出台后，从 1994 年起，各地结合政府部门机构改革，对农技推广部门定机构、定编制、定职能，对稳定农技推广队伍起到了重要作用。

但是，由于对农技推广机构的设置和管理体制未作明确规定，现实中，农技推广机构存在“县管”、“乡管”、“县乡共管”多种管理模式，经费存在全额拨款、差额拨款、自收自支、养事不养人等多种方式。机构设置上，有的将各行业“七站八所”归并设立乡镇综合站，有的分行业设立乡镇站，有的几个乡镇共设一个区域站。水利、林业的基层机构设置也存在多种方式，有些地方甚至无人干事。据水利部调查，目前除河北、山东两省的基层水利技术服务体系较为健全外，其他各省（区、市）尚不具备完整的省、市、县技术推广服务体系。据问卷调查，有 39% 的基层推广机构认为农业技术推广法的实施对于机构的设立和稳定“作用很大”，54% 认为“作用一般”，7% 表示“没有作用”。超过一半的专家认为目前的管理体制需要理顺，有必要在法律中对推广机构设置和管理体制作出原则性规定。

据问卷调查，与 1993 年相比，56% 的基层推广机构表示人员数量“有所增加”，18% 表示“没有变化”，24% 表示“有所减少”。

（三）各级农技推广机构的分级负责制

按照农业技术推广法规定，各级国家农技推广机构的职责没有差别。一些地方和部门反映，由于各地自然资源和农业产业布局存在较大差异，国家、省、市、县、乡各级农技推广机构的职能应各有侧重。特别是对县级和乡镇级机构在涉及推广计划、组织实施、教育培训、提供信息、开展试验示范等方面的职责，应分别作出规定，农技推广工作应实行分级负责制。

（四）多元化的农业技术推广体系

现实中，除了政府的农技推广机构外，科研院所、大专院校、农民专业合作社、农村专业技术协会、农业产业化龙头企业，以及国有农、林场等，形成了多元推广主体，成为政府农技推广机构的有益补充，也得到了农民的认可。将实践证明有生命力的推广主体予以确认并给予政策支持，推动多元化农技推广体系发展，是评估中反映较多的一个问题。

（五）公益性服务与经营性服务

本法第 22 条、26 条规定，农技推广机构可以开展“有偿服务”和“技术指导与物资供应相结合等多种形式的经营服务”。据问卷调查，34.8% 的基层农技推广机构表示“一直有”多种形式的经营性服务，32.2% 的机构表示过去曾开展过经营性服务。在调研中，少数意见认为，农技推广机构开展经营性服务，可以补充推广保障资金的不足，增加基层推广人员收入，提高推广人员的积极性。多数意见认为，国家农技推广机构开展有偿服务，背离了公益性质，削弱了公益性农技推广服务的力量，带来不少问题，也成为一些地方减少财政供给的借口。随着国家“四取消”（取消农业税、屠宰税、牧业税和除烟叶以外的农业特产税）、“四补贴”（粮食直补、农资综合直补、良种补贴和农机具购置补贴）等强农惠农政策的出台，国家农技推广机构的公益性服务职能更加突出。国家农技推广机构要把经营性服务剥离出去，由其他多元化推广主体承担。据科技部对美国等六个国家推广体系的调研分析，凡政府的推广机构，都是公益性质，不搞经营性服务。

（六）农技推广投入保障机制

农业技术推广法中保障条款的设立，为政府支持农业技术推广的财政投入提供了法律依据。但随着我国农村经济社会的发展以及财政体制的改革，农业技术推广法涉及的政府投入保障的内容过于笼统，操作性不强，缺少针对性等问题逐步显现，也存在着中央与地方事权划分不清、财力与事权不匹配、保障责任与监督机制不对称等问题。

地方反映，农业技术推广法关于财政投入保障的内容缺乏刚性约束，一些地方财政富余则有保障，财政不足则无保障，领导重视则有保障，领导不重视则无保障；中央和省级财政投入保障能力较强，市县以下财政保障能力较弱，贫困地区财政投入则难以保障。农业技术推广法规定，国家逐步提高对农技推广的投入并要逐年增长，但没有规定违法应承担的责任，财政投入不增长或缩减，也不予追究。据问卷调查，有51.7%的机构表示政府预算资金难以保障；76.3%的机构表示本级政府没有"设立农业技术推广专项资金或项目"。在实验与示范基地保障方面，基层农技推广机构，特别是乡镇和区域农技推广机构试验示范基地缺乏、检测设备陈旧、办公场所不足较为普遍。

农业技术推广法第24条规定，要改善农技推广人员的待遇，提高保障和补贴水平。据调查，目前基层农技推广工作条件较为艰苦，待遇偏低，许多农业院校毕业生宁愿选择留在城市从事用非所学的工作，也不愿到基层从事农技推广，现在基层农技推广人员匮乏和人员老化并存。农业部评估报告反映，有43.2%的基层农技推广机构表示本级政府没有采取相关措施保障和改善本单位推广人员的工作条件和生活条件，认为农业技术推广法的实施对保障基层农技推广机构的工作经费和人员工资待遇有一定的作用，但作用不是十分明显。如何改善基层农技推广人员的工作和生活条件，吸引专业人才从事农技推广服务，在制度设计上需要研究。

在评估中，有意见认为，国家对公益性农技推广服务的扶持措施，要在保障国家农技推广机构的基础上，逐步扩展到其他组织，如农民专业合作社、农村专业技术协会、农业企业等开展公益性推广服务的，也应给予扶持政策。

（七）农业科技成果转化

与许多国家相比，我国农业科技成果转化率不高。我国每年经过中央和省级政府部门鉴定的农业科研成果有一万项左右，约30%可以推广，但实际转化率只有10%—15%。农科教、产学研脱节，体制不顺、机制不活是主要原因。

1. 农业科研与产业应用分属于不同的部门，各自为战，条块分割。我国农业科研的一般模式是：科研院所申请立项，研究成果经有关部门确认后，研究人员即可获得相应奖励，而科研成果转化则由技术推广部门或者企业来完成。科研成果是否被转化，转化了多少，科研人员一般关心不多。这种以论文或者成果为目标的价值取向，形成农业科研的封闭式研究，有些与现实脱节。

2. 科研人员从事推广的激励机制缺乏，推广业绩与职称晋升不挂钩。农业科研成果的转化与推广具有公益性和基础性，需要国家在经费保障、项目评审、奖励等方面给予鼓励。目前体制下，从事科研成果的转化与推广和科研人员的职称评定、职务晋升以及业绩考核不挂钩，科研人员对科研成果转化与推广既无动力，也无压力，愿意从事推广工作的人员越来越少。

3. 科研成果转化经费保障不足。我国农业科研院所的科研经费主要来源于科技重大专项、国家科技计划（基金）、公益性行业科研专项、基本科研业务费、现代农业产业技术体系建设专项资金等，成果转化和推广需要挤占科研经费，或者通过科研开发弥补。另外，科研成果的转化与推广涉及较大面积的实际应用，一旦推广失败，涉及损失和赔偿问题。风险补偿制度的缺失，使科研人员在推广科研成果时心有余悸。

4. 知识产权保护不力。科研院所和科研人员的成果产生了经济效益，有无权利获得相应的知识产权方面的部分收益，应该研究。

三、评估建议

农业技术推广法的指导思想及设定的基本原则仍是适用的，但一些具体制度需要研究调整。建议及时启动对本法修改的调研，并补充纳入十一届全国人大常委会立法规划，条件成熟时可适时启动法律修改工作。

建议对以下问题重点研究：

（一）关于公益性服务和经营性服务

分清公益性和经营性职能。国家农技推广机构要承担公益性职能，包括关键技术的引进、试验、示范，农作物病虫害、动物疫病及农业灾害的监测、预报、防治和处置，农产品质量安全检测、监测和强制性检验，农业资源、农业生态环境和农业投入品使用监测，水资源管理和防汛抗旱，农业节水，农业公共信息和培训教育服务等。同时，稳妥地将农资供应、动物疾病诊疗以及产后加工、营销等一般性技术推广和经营性服务分离出来，由其他主体按市场化方式运作。其他主体开展公益性服务的，要给予相应的扶持措施。

(二)明确各种推广主体的法律地位

建立以国家农技推广机构为主导，农村合作经济组织为基础，农业科研、教育等单位和涉农企业广泛参与，分工协作、服务到位、充满活力的多元化农业技术推广体系。除政府的推广机构外，将农民专业合作社、农村专业技术协会等社会化服务组织，科研机构，大专院校，涉农企业，国有农、林场等各类推广主体纳入多元化农技推广体系，接受法律规范和引导，享受法律规定的扶持政策。

鼓励其他经济实体依法进入农业技术服务领域，可以采取独资、合资、合作、项目融资等方式，参与基层经营性推广服务实体的基础设施投资、建设和运营。鼓励国家推广机构、科研院所、社会化服务组织、农业企业等不同主体之间开展合作，创新推广模式，强化公益性服务。

(三)关于推广机构设置及职责

基层农技推广机构设置应按照科学合理的原则，根据县域农业特色、森林资源、水利设施分布，在县级层面统筹规划，理顺管理体制。可以明确几条原则：一是公益性推广机构全域覆盖，承担公益性职能的机构纳入财政全额保障。二是在管理上落实人、财、物“三权在县”。三是科学核定编制，确保在一线工作的农业技术人员不低于全县农业技术人员总编制的三分之二，专业农业技术人员占总编制的比例不低于80%，并注意保持各种专业人员之间的合理比例。四是实行农技推广人员的职业资格准入制度。五是完善考评制度，将农业技术人员的工作量和进村入户推广技术的实绩作为主要考核指标，将农民群众对农业技术人员的评价作为重要考核内容。六是改革收入分配制度，将农业技术人员的收入与岗位职责、工作业绩挂钩，落实对县以下农业技术人员的工资待遇倾斜政策。七是搞好农业技术人员的培训和继续教育，完善农业技术人员技术职务评聘制度，不断提高农技推广队伍的整体素质。

林业和水利系统的技术推广，既有大农业技术推广的共性，又有其自身的特点，一是与当地的自然资源条件紧密相关。二是水利和林业行业的公益性更加突出，具有水土保持、防洪抗旱、饮水安全、生态环境、粮食安全等与人民群众生产生活密切相关的重要职能。三是水利和林业的市场化程度不高，通过经营性活动获取资金补充的能力不强，需要加强扶持与引导。四是林业站还承担森林资源管理的执法功能。因此，林业和水利行业要因地制宜设置基层机构或设立专人办事，省级及各流域机构应有公益性的技术推广机构。

国有农场、林场、牧场、渔场的农技推广机构，纳入当地政府国家公益性农技推广体系，统筹建设和管理，明确法律地位。

改变推广机构职能上下一般粗的状况，体现不同层级的职责差别，实行分级负责。

(四)关于投入保障

加大投入保障力度。按照确保农技推广公益性职能履行的原则，县级以上人民政府要建立投入保障机制。对粮食主产区、西部地区和老、少、边、穷等财政困难地区，中央和省级财政应加大转移支付力度，支持这些地区的基层农技推广体系建设。

改善推广机构工作条件，逐步提高推广人员福利待遇。各级政府要设立基层农技推广体系建设专项资金，用于改善基层农技推广工作条件，保证其履行职能所必需的办公场所、交通工具、通讯手段、培训设施设备、检测监测设备及试验示范基地等基础条件。逐步提高农技推广机构工作人员的工资和福利待遇。从事公益性服务的，基本工资应严格执行国家统一标准。对到老、少、边、穷地区从事农技推广工作的，应当给予补贴；对长期扎根基层、服务一线，且工作业绩突出的，应给予奖励。探索对其他主体开展公益性服务的扶持和鼓励措施。

建立农技推广资金监管机制。按照权利、义务相对应，财力与事权相匹配的原则，明确法律责任。对截留、侵占用于农业技术推广资金，侵占农业技术推广机构的办公场所、试验示范基地等生产资料的行为，以及各级政府及所属部门未依法履行投入、管理义务的行为，规定相应的法律责任。建立财政保障责任制度和绩效评价机制。

(五)关于农业科技成果转化

加大科研成果转化投入保障，完善经费分配机制。对科研院所从事推广工作给予经费支持，逐步提高农业科研院所的事业费水平，并保证专门用于转化和推广的相应份额。要对科研院所和科研人员开展公益性推广给予额外的补贴。

改革科技成果转化评价机制，把科研创新和成果转化结合起来。科研人员的职称评定与职务晋升方面，在现有评价体系的基础上，加大对其参与技术推广的要求，不仅要看科研创新的情况，还要看成果转化与推广的情况，把后者作为重要的评价指标。

加强知识产权保护，保障科研院所、大专院校、农业企业和科研人员的合法权益。细化法律中涉及知识产权的内容，加强与专利法、商标法、植物新品种保护条例等有关法律的衔接，切实保护权利人的合法权益。

（六）关于法律间的衔接

农业技术推广涉及农村经济的各个方面，农业、林业、水利、气象等领域均有涉及，其财政投入制度、科技成果转化制度等内容又与财政预算、知识产权保护等制度有交叉。经过梳理，现行法律中涉及农业技术推广法有关内容的主要有：农业法、森林法、水法、防洪法、渔业法、畜牧法、种子法、草原法、动物防疫法、农产品质量安全法、防沙治沙法、农业机械化促进法、农民专业合作社法、预算法、商标法、专利法、科技进步法、促进科技成果转化法、税收征管法、植物新品种保护条例等。农业技术推广法与这些相关法律之间的衔接，可分不同情况处理：

1. 农业技术推广法与其他法律都有涉及，制度安排相同，只是详略或角度不同的，一般不作修改。如农业法第50条、51条、56条，比较详细地规定了农技推广的保障措施、试验示范、政府责任、推广主体、推广方式、教育培训等。森林法、防洪法、种子法等都有涉及农技推广的内容，只是详略和角度不同，此种情况可以不作调整。

2. 农业技术推广法与其他法律规定不一致，在实践中容易引起歧义的，需要研究论证，做出一致性修改。农业技术推广法第23条规定，“各级人民政府在财政预算内应当保障用于农业技术推广的资金，并应当使该资金逐年增长”，财政部认为，这个规定与预算法的有关规定不一致。

我们已经进入“以工补农、以城带乡”的阶段，国家加大对“三农”和农技推广的投入是大势所趋，中央文件也多次强调这一点，增加农技推广财政投入与有关预算规定的衔接，以及建立财政保障责任制度，是需要解决的一个重要问题。

3. 其他法律有规定，农业技术推广法没有体现的，可在修订中适当增加。如在优惠措施方面，农业技术推广法第26条规定了农技推广机构、农业科研院所和有关院校举办的为农业服务的企业，国家在税收、信贷等方面给予优惠。农业法第52条规定国家鼓励农民、农民专业合作经济组织、供销合作社、企业事业单位等参与农业技术推广工作，农业技术推广法可增加国家对多元化农技推广主体鼓励与扶持的内容。农技推广涉及的专利权法律制度、商标权法律制度、产地标记权法律制度、税收优惠制度等，在专利法、商标法、税收征管法、植物新品种保护条例等有规定，如何与农业技术推广法衔接好，形成法律间相互补充的关系，也需要研究。

在农业技术推广法执法检查组第一次全体会议上的讲话

（2010年8月29日）

乌云其木格

同志们：

根据2010年监督工作计划，今年8至9月份全国人大常委会对《中华人民共和国农业技术推广法》贯彻实施情况进行检查，同时对种子法部分规定的实施情况进行检查。刚才，6个部门的同志作了汇报，这些报告使我们比较全面的了解了情况，是执法检查的重要内容。从汇报情况看，近年来各有关部门在依法加强农业技术推广工作，加快科研成果和实用技术的普及应用，规范种子、种苗市场经营行为等方面，做了大量的工作，取得了较好成效。同时，在执法方面也还存在一些问题。下面，我就做好这次执法检查讲几点意见。

一、充分认识农业技术推广工作的重要意义

科技进步是突破资源和市场对我国农业双重制约的根本出路，推广普及农业技术，加快农业科技成果转化应用，提高科技对农业增长的贡献率，对促进农业增效、农民增收和农村经济可持续发展具有重大而深远的意义。党中央十分重视农业技术推广工作。党的十七届三中全会决定提出，稳定和壮大农业科技人才队伍，加强农业技术推广普

及,加快农业科技成果转化。并要求力争三年内在全国普遍健全乡镇或区域性农业技术推广、动植物疫病防控、农产品质量监管等公共服务机构。近年来的中央一号文件都对继续加强基层农业技术推广体系建设,健全公益性职能经费保障机制,改善推广条件,提高人员素质,提高基层农业科技成果转化能力做了部署。

全国人大常委会一直重视农业技术推广工作,1993 年颁布的农业技术推广法,规范了各项农业技术推广活动的行为准则,规定了农业技术推广的必要保障措施,确立了农业技术推广机构的法律地位。2002 年修改的农业法增加了国家扶持农业技术推广事业,建立政府扶持和市场引导相结合,有偿与无偿服务相结合,国家农业技术推广机构和社会力量相结合的农业技术推广体系;县级以上人民政府应当根据农业生产发展需要,稳定和加强农业技术推广队伍,保障农业技术推广机构的工作经费等新的内容,以适应农村改革发展的需要。

农业技术推广直接关系到国家农业生产力发展水平,是保证国家粮食安全和菜蓝子工程建设的关键环节。自本法实施以来,各级政府及有关部门认真落实党中央、国务院关于农业技术推广工作的各项政策,贯彻实施农业技术推广法,各级财政不断加大投入,加强农业技术推广体系建设,农业技术推广工作取得了显著的成效。科技对农业的贡献率大幅提高,促进了农业增长方式的转变。农业部门实施的科技入户示范工程已经成为专家与农民联系的纽带,科技与生产联系的桥梁,示范县先进实用技术入户率达到 90% 以上;林业部门采取多种形式,大力推广科技成果,“十一五”期间组织实施各类林业科技推广项目 1000 多项,有效提高了科技贡献率。

在看到成绩的同时,我们也要对存在的问题保持清醒的认识。现在,农业技术推广体系建设远不适应“三农”发展的要求。我们与发达国家科技对农业的贡献率 70—80% 的水平相比还有很大差距;发达国家农技推广经费一般占农业生产总值的 0. 6—1. 0%,发展中国家也在 0. 5% 左右,但我们的经费投入还不足 0. 2%。在一些地方,还存在着农技推广体系运转机制不活、工作方式落后、工作手段单一、科技人员与农业生产者之间缺乏长期稳定的有机联系,科技与生产脱节,科技服务供给与农民需求不对称等问题。特别是基层农技推广人员工作条件很差,待遇偏低,人员流失严重的情况更应引起高度关注。我们要通过这执法检查,进一步落实各项加强农业技术推广工作的扶持措施,加强基层农业技术推广队伍建设,完善配套法规,加强法制建设,促进农业技术推广工作再上一个新台阶。

二、深化农业技术推广体系改革,促进农业科技成果转化

不断解放和发展农村社会生产力是推进农村发展改革一项基本原则。农村改革是一项极为复杂和艰巨的任务,头绪繁多,而完善农业技术推广体系是发展农村社会生产力的基本条件。在这一进程中,体制和机制改革要相互促进,体制改革的核心是解决机构性质、人员编制和财政投入等问题,需要各方面的共同努力;机制改革是解决推广模式、服务方式方法、考核评价办法等问题,业务部门还要加大改革的力度。需要强调的是,在推进农业技术推广体系改革过程中,不能以市场化改革为名,裁减公益性农业技术推广机构和人员,不能削减经费,这样做不利于农业生产的发展,更不利于促进农业增长方式的转变。各级政府要进一步明确农业、林业、水利等部门基层服务机构的职责任务、加强队伍建设、保障公益性服务经费并纳入各级财政预算。农业、林业、水利等部门要创新完善管理方式和运行机制,创新技术推广模式,提高服务水平,增强服务意识,优化人员结构,将人员收入与岗位职责、工作业绩挂钩,切实增强服务能力。实现农业技术推广的优质服务,一是要通过中央财政和地方财政转移支付等多种方式保证从事公益性农技推广人员的工资和必要的工作经费;二是优化农业技术人员结构,要制定政策,引导大、中专农业院校毕业生到农业技术推广一线工作,并保证他们的工作和生活条件;三是提高推广服务技能,对农业技术推广人员要组织定期评审和定期技术培训;四是调动多方面的积极性,促进产学研、农科教结合,支持高等学校、科研院所、龙头企业同农民专业合作社、农户开展多种形式技术合作。

三、加强农业技术推广体系法制建设

随着我国社会主义市场经济体制改革不断深入,“三农”形势发生了极大的变化,制定于 90 年代初期的农业技术推广法,一些条文已不适应当前农业和农村经济发展的要求。法律对农业技术

展经济的同时，高度重视公共卫生事业和人民健康，逐步深化医药卫生体制改革，建立健全覆盖城乡居民的基本医疗卫生制度、基本公共卫生服务体系，使发展成果由全体人民共享。感谢中方对世卫组织工作的积极参与和大力支持。她重申，世卫组织坚定奉行一个中国政策。

当晚，吴邦国委员长一行在结束对瑞士的正式友好访问并出席第三次世界议长大会后，乘专机离开日内瓦回国。离开日内瓦时，瑞士联邦议会国民院副议长曼尼尔、日内瓦州政府主席朗尚等瑞方高级官员，中国驻日内瓦代表团、驻世贸组织代表团、驻瑞士使馆等机构的工作人员到机场送行。

吴邦国结束欧洲之行回到北京

新华社北京7月21日电　全国人大常委会委员长吴邦国在圆满结束对法国、塞尔维亚、瑞士的正式友好访问并出席在日内瓦举行的第三次世界议长大会后，于21日乘专机回到北京。吴邦国委员长夫人章瑞珍，全国人大常委会副委员长兼秘书长李建国等主要陪同人员同机抵达。

架起互利合作桥梁　奏响共同发展旋律

——吴邦国委员长成功访问欧洲三国并出席第三次世界议长大会综述

盛夏的欧洲大陆，灿烂的阳光，绚丽的鲜花，似火一般热情，迎接来自远方的中国贵宾。7月7日至20日，全国人大常委会委员长吴邦国应邀对法国、塞尔维亚、瑞士进行正式友好访问，并出席在日内瓦举行的第三次世界议长大会。这是在国际形势正经历复杂深刻变化、人类面临越来越多全球性挑战的背景下，我国主要领导人的一次重大外交行动，对推动我与三国关系深入发展，保持中欧关系良好势头，加强我与世界各国议会交往与合作，扩大我在国际事务中的影响和作用，具有十分重要意义。

促进国家关系深入稳定向前发展

中法建交46年来，两国关系以其战略性和开创性长期走在西方国家与中国关系前列。当地时间7日傍晚，吴委员长刚刚抵达巴黎，就与法国总统、两院议长、总理等领导人展开密集会谈会见。宾主在热情友好的气氛中，谈两国关系，议国际形势，话合作前景，达成广泛重要共识。双方一致认为，中法关系战略意义不断上升，两国合作的空间日益扩大，表示将保持并增强两国关系的战略性和开创性，尊重和照顾彼此核心利益和重大关切，加强全方位战略合作，密切在国际事务中的协调与配合，推动中法全面战略伙伴关系不断向前发展。

吴委员长访问塞尔维亚，是其成为独立国家以来我主要领导人首次访问。塞方高度重视，议长和6位副议长悉数到机场迎接吴委员长，总统、议长、总理和所有内阁成员陪同吴委员长出席中国企业承建的贝尔格莱德跨多瑙河大桥奠基仪式。“中塞政治上是可信赖的好朋友，经济上是互利合作的好伙伴，人文上是交流借鉴的好兄弟。希望继续深化传统友谊，巩固政治互信，扩大互利合作，丰富两国战略伙伴关系内涵，使中塞传统友谊焕发新的生机，”吴委员长满怀深情的话语，引起塞方领导人的强烈共鸣。

瑞士是最早与新中国建交的西方国家之一。中瑞两国人民一直怀有友好感情。吴委员长在与瑞士领导人会见会谈时强调，尽管中瑞两国国情有很大不同，文化也有许多差异，但双方有着广泛共同利益，加强和深化新形势下中瑞关系显得更加重要。他表示愿以两国建交60周年为新契机，保持高层交往，增进政治互信，开展人文交流，增进人民友谊，促进中瑞全面友好互利合作关系健康稳定发展。

推动经贸合作向更高层次更宽领域迈进

“中国在保持经济平稳较快发展的同时，着力调整经济结构，促进产业优化升级，为世界经济复苏和发展带来巨大商机与动力，双方应当抓住机遇，推动经贸合作向更高层次更宽领域迈进。”吴委员长每到一地，用大量时间、花很大精力，分析双方经济互补优势，探讨经贸合作重点领域，提出互利共赢真知灼见。

法国是中国在欧盟第四大贸易伙伴，中国是法国在亚洲最大贸易伙伴。两国经济优势互补，合作基础良好，发展潜力很大。深化中法经贸合作，是吴委员长此访的重要目的之一，也是他与法国政府、议会和地方领导人谈论最多的话题之一。吴委员长应邀出席中法经贸合作论坛，发表题为《新形势下的中法经贸合作》的主旨演讲，亲自见证中法经贸合作新成果，专门考察智能电网、光伏发电、直升机、热核聚变、粒子物理等一批体现法国经济科技实力的高新技术企业和科研机构。

吴委员长强调，中法经济互补优势和已经形成的互利合作格局，并没有因为国际金融危机的影响而改变。而两国在应对国际金融危机过程中推出的刺激经济增长计划，以及经济结构调整战略，又为双方经贸合作创造新的机遇。为把中法经贸关系建成紧密长期可持续的新型经贸伙伴关系，双方应着重做好三个方面的工作。一是深化大项目合作，延长产业链，更好地发挥大项目的带动和辐射作用。二是拓展新的合作领域，加强在新能源、新材料、节能环保、低碳技术等领域的互利合作，培育中法经贸合作新的增长点。三是完善投资贸易环境，促进双边贸易和投资便利化，反对各种形式的贸易保护主义。

法国领导人和企业界人士对吴委员长的深刻分析和务实建议给予了积极回应，表示愿深化双方经贸关系，扩大互利合作，防止贸易保护主义，积极开拓环保、农业、金融等领域的合作，促进经济结构调整和产业优化升级。中塞政治关系良好，经贸合作相对薄弱。针对两国经济发展实际，吴委员长指出，随着塞尔维亚经济恢复发展，基础设施建设需求会明显增加，工业改造升级任务也会加重，中国在这方面积累了丰富经验，希望双方发挥各自优势，加强基础设施建设和企业升级改造等领域的合作，使中塞经贸关系实现质的飞跃。塞方领导人表示，希望借鉴中方对外开放、吸引外资的成功经验，欢迎中国企业赴塞投资创业，并愿为塞中企业合作创造良好的环境。

瑞士是中国在欧洲重要的贸易伙伴和外资、技术引进来源国。吴委员长提出，希望双方在搞好贸易合作的同时，把瑞士的先进技术与中国的巨大市场结合起来，切实加强经济技术合作、投资合作、大项目合作和企业合作，通过建设示范工程等方式，积极开展生态保护、环境治理、节能减排、低碳技术、绿色经济等领域的交流与合作，建立更加紧密的中瑞经贸合作关系。瑞方领导人对此予以积极回应，表示将与中方共同努力，提升两国经贸合作水平。

发挥议会交往的重要作用

议会交往作为国家关系的重要组成部分，具有内容丰富、对象广泛、层次众多、方式灵活的特点，对增进政治互信、加深人民友谊、推动务实合作、促进国家关系发展，发挥着越来越重要的作用。这些年来，全国人大充分发挥议会交往的特点和优势，工作开展得有声有色，特别是与一批外国议会建立定期交流机制，保持交往连续性和稳定性，增强交流与合作实效，成为一道亮丽的风景线。

访问期间，吴委员长针对往访国不同情况，提出加强议会交往的意见和建议。在法国，吴委员长与阿夸耶议长共同宣布中国全国人大与法国国民议会合作委员会第一次会议开幕，正式启动双方定期交流机制，标志着中法议会交往进入新的阶段。他强调，双方应以此为契机加强各层次友好往来，就共同关心的问题进行实质性对话，加深了解，扩大互信，促进经贸、人文合作与地方交往，为国家关系不断向前发展增添活力。在塞尔维亚，吴委员长表示，双方应围绕国家关系发展大局，深入开展治国理政和立法、监督等方面的经验交流，密切在国际和地区议会组织中的磋商与配合，充实中塞关系内涵。在瑞士，吴委员长提出，双方应不断扩大专门委员会、友好小组和办事机构之间的交流，使议会成为国家关系健康稳定发展的建设性力量。

三国议会领导人完全赞同吴委员长关于深化议会交往的建议,表示愿进一步深化同中国全国人大的友好关系,为促进国家关系全面发展作出新的贡献。

强调中国仍是世界上最大的发展中国家

近年来,国际社会对中国持续快速的发展和日新月异的变化表示称赞,对中国取得抗震救灾和灾后重建重大胜利,成功举办北京奥运会,面对国际金融危机冲击率先实现经济回升向好,更是感到惊叹。有的外国朋友甚至提出中国还是不是发展中国家的疑问。

在中法经贸合作论坛上,吴委员长专门回答了这个问题。他运用丰富数据和对比方法,深入分析中国的基本国情及其发展的阶段性特征,指出中国之所以能够创造一个又一个奇迹,主要是依靠集中力量办大事的制度优势、改革开放30年来的发展积累、中华儿女自强不息的民族精神。中国仍处于并将长期处于社会主义初级阶段,仍然是世界上最大的发展中国家。这是我们基于对中国基本国情认识得出的结论。一是经济实力显著增强,同时长期形成的结构性矛盾和粗放型增长方式尚未根本改变。二是协调发展取得显著成绩,同时城乡、区域、经济社会发展不平衡问题依然突出。三是人民生活总体上达到小康水平,同时贫困人口和低收入人口还有相当数量。吴委员长强调,实现现代化,是一代又一代中国人梦寐以求的美好愿景和矢志不渝的奋斗目标。正是因为中国人民曾饱受贫穷饥饿的煎熬,更加渴望过上富足安康的生活,发展已经成为中国人内在的永恒追求。正是因为中国改革开放以来始终坚持把发展作为第一要务,人民生活一天比一天好,发展是硬道理的思想已经深入人心、不可逆转。正是因为中华民族酷爱和平,近代又频受劫难、屡遭战乱,中国人更加珍惜和平,更加懂得维护世界和平既是应尽的国际义务,也是谋求自身发展的内在需要。

与会的法国官员、企业家、各界人士以及当地媒体普遍认为,吴委员长的重要论述深入浅出、内容丰富、意义深刻,既描绘了中国积极乐观的发展前景,又指出了前进道路上存在的困难和问题,让国际社会进一步加深了对中国国情的了解,加深了对中国坚持科学发展,走和平发展道路的认识。

推动实现联合国千年发展目标

第三次世界议长大会是在联合国千年发展目标提出10周年之际召开的一次重要国际会议。5年前,吴委员长出席了在纽约联合国总部举行的第二次世界议长大会,发表题为《加强多边合作,促进共同发展》的重要发言,提出相互尊重、建立互信、共同发展等三点重要建议,对加强多边合作产生了重大而深远的影响。此次是他以中国全国人大常委会委员长身份第二次参加世界议长大会。

在短短两天时间里,吴委员长展开密集的外交行动,出席了20多场活动。在大会开幕式上发表题为《实现千年发展目标国际社会义不容辞》的重要发言,并以大会第一副主席的身份主持当天上午的会议;会见联合国秘书长潘基文、各国议会联盟主席古里拉布和秘书长约翰松、世界卫生组织总干事陈冯富珍和世界经济论坛主席施瓦布,就加快千年发展目标实现进程、促进世界经济复苏、支持联合国等国际组织发挥作用等问题深入交换意见;与法国、南非、朝鲜、哈萨克斯坦等国议长进行会谈,还为巴基斯坦、韩国、日本、印度、印度尼西亚、越南、马拉维等国议长举行早餐会,就加强议会间交流与合作、完善议会定期交流机制、促进国家关系发展等达成共识。

吴委员长在大会开幕式上的重要发言,全面阐述中国关于实现千年发展目标的政策主张,展示中国为落实千年发展目标作出的积极努力,表明中国推动落实千年发展目标的坚定信心。他指出,中国作为世界上最大的发展中国家,坚持把发展作为第一要务,坚持走和平发展道路,坚持男女平等、节约资源和保护环境等基本国策,以实际行动为推动实现千年发展目标作出了积极贡献。他强调,落实千年发展目标是国际社会的庄严承诺,是维护人类尊严、平等、公平的重要举措,是实现人类共同发展亟待解决的首要问题。特别是受国际金融危机严重影响,实现千年发展目标的任务更加紧迫、更加艰巨,需要国际社会付出更大的努力。为此,吴委员长提出三点建议:

一要坚定信心,这是实现千年发展目标的重要前提。把千年发展目标落实好，有利于全球经济复苏和平衡增长；尽快摆脱国际金融危机的影响，有利于更好地推动千年发展目标的实现。国际社会落实千年发展目标的决心和信心只能加强、不能削弱，更不能轻言退却。二要加强合作，这是实现千年发展目标的有效途径。国际社会应当认真倾听发展中国家和最不发达国家的呼声与诉求，推动世界经济朝着均衡、普惠、共赢的方向发展。发达国家应切实兑现官方发展援助承诺，帮助发展中国家提高自我发展能力。发展中国家应结合本国国情，积极探索有利于实现发展、消除贫困的发展方式。三要维护和平，这是实现千年发展目标的根本保障。应坚持用和平方式解决地区热点问题和国际争端，反对一切形式的恐怖主义、分裂主义、极端主义；应尊重世界文明的多样性，反对以任何方式和借口干涉别国内政；应促进国际关系民主化，反对以大欺小、以强凌弱、以富压贫。

吴委员长的重要发言赢得了与会各国议长特别是发展中国家和最不发达国家议会领导人的高度赞赏，普遍认为中方的政策主张体现了国际社会的共同利益和长远利益，维护了发展中国家特别是最不发达国家的发展权利，中国为第三次世界议长大会的成功举行作出了积极贡献。

绵延起伏的阿尔卑斯山，留下互利合作的坚实足迹；蜿蜒流淌的多瑙河，奏响人民友谊的动人旋律；碧波荡漾的日内瓦湖，谱写和平发展的华彩乐章。吴委员长此访务实高效、成果丰硕、意义非凡，取得了圆满成功。

吴邦国委员长访问法国、塞尔维亚、瑞士三国并出席第三次世界议长大会情况的书面报告

全国人民代表大会常务委员会：

7月7日至7月20日，全国人大常委会委员长吴邦国应邀对法国、塞尔维亚、瑞士进行正式友好访问，并出席在日内瓦举行的第三次世界议长大会。全国人大常委会副委员长兼秘书长李建国等陪同出访。现将主要情况报告如下：

一

吴邦国委员长对法国、塞尔维亚、瑞士的访问，是在国际形势正经历复杂深刻变化、人类面临越来越多全球性挑战的背景下，我国主要领导人对欧洲的一次重大外交行动，对推动我与三国关系深入发展，加强我与三国立法机构交流合作，保持中欧关系良好势头，具有十分重要的意义。

访问期间，吴邦国委员长分别与三国政府和议会主要领导人举行会见会谈，就增进政治互信、推动务实合作、加强议会交往、发展中欧关系以及共同关心的重大国际和地区问题深入交换意见，达成广泛共识；与法国国民议会议长共同宣布中国全国人大与法国国民议会合作委员会第一次会议开幕，正式启动双方定期交流机制；出席中法经贸合作论坛，并发表题为《新形势下的中法经贸合作》的主旨演讲，引起强烈反响；出席中法、中塞双边合作文件签字仪式和贝尔格莱德跨多瑙河大桥奠基仪式，会见法国地方政府和议会领导人，考察多家高新技术企业和科研机构，广泛接触三国各界人士；亲切看望我驻三国使领馆工作人员和中资机构、华人华侨、留学生代表，介绍国内形势，畅谈发展美景，勉励大家为发展我与驻在国关系作出新的贡献。三国都非常重视吴邦国委员长的重要访问，给予热情接待、积极报道和高度评价。吴邦国委员长此访达到了增进了解、加强互信、深化合作的目的，取得圆满成功。

（一）促进国家关系深入稳定向前发展

中法建交46年来，两国关系以其战略性和开创性长期走在西方国家与中国关系前列。吴邦国委员长指出，巩固和深化中法全面战略伙伴关系，符合两国和两国人民的根本利益，有利于加强和发展中欧关系，也有利于世界的和平稳定与繁荣。他强调，当前国际形势正在经历复杂深刻变化，中法关系的战略意义不断上升，两国合作的空间日益扩大。希望双方继续保持并增强中法关系的战略性和开创性，尊重和照顾彼此核心利益和重大关切，增进政治互信，深化务实合作，丰富人文交流，密切在重大国际和地区问题上的沟通与协调，把新形势下的中法全面战略伙伴关系不断推向前进。法国领导人对此表示赞同，认为中国是世界上十分重要的国家，是法国重要的战略伙伴，法方高度重视发展对华关系，希望继续加强与中方的全方位战略合

作，密切在国际事务中的协调与配合，推动中法全面战略伙伴关系加快发展。

吴邦国委员长访问塞尔维亚，是其成为独立国家以来我主要领导人首次访问，也是10年来中国全国人大常委会委员长第一次访塞。在会见塞方领导人时，吴邦国委员长对两国关系给予高度评价，认为中塞政治上是可信赖的好朋友，经济上是互利合作的好伙伴，人文上是交流借鉴的好兄弟，强调中塞传统友谊之所以能够经受住时间和国际风云变幻的考验，关键是双方始终坚持在涉及彼此核心利益和重大关切问题上相互理解和支持。这是中塞两国人民的宝贵财富，也是中塞关系发展的根本保障。塞方领导人表示，发展对华关系是塞尔维亚外交政策的基本支柱之一，是塞尔维亚各政党的一致主张，塞方恪守一个中国政策，这一立场永远不会改变。双方一致认为，当前两国关系正处于最好的发展时期，希望继续深化传统友谊，巩固政治互信，扩大互利合作，不断丰富两国战略伙伴关系内涵，使中塞传统友谊焕发新的生机，为两国人民带来更多福祉。

瑞士是最早与新中国建交的西方国家之一。吴邦国委员长在与瑞士领导人会见会谈时，对两国关系总体发展顺利给予肯定，强调理解和照顾彼此核心利益和重大关切是发展国家关系的政治基础，希望双方妥善处理两国关系中的敏感问题，切实维护国家关系发展大局，表示愿以两国建交60周年为新契机，保持高层交往，增进政治互信，开展人文交流，增进人民友谊，促进中瑞全面友好互利合作关系健康稳定发展。瑞士领导人表示，积极发展对华关系是瑞士政府、议会和人民的共同愿望，瑞士视中国为重要伙伴，愿与中方共同努力，推动两国关系取得新发展。

（二）推动经贸合作向更高层次更宽领域迈进

经贸合作是国家关系的物质基础，也是国家关系持续充满活力的重要保障。无论是与三国领导人会见会谈，还是接触地方官员和企业界人士，吴邦国委员长用大量时间、花很大精力，分析双方经济互补优势，探讨加强双边经贸合作的重点领域和重大项目，提出进一步深化合作的意见和建议。他反复强调，中国在保持经济平稳较快发展的同时，着力调整经济结构，促进产业优化升级，为世界经济复苏和发展带来巨大商机与动力，双方应当抓住机遇，推动经贸合作向更高层次更宽领域迈进。

在法国，吴邦国委员长指出，中法经济互补优势和已经形成的互利合作格局，并没有因为国际金融危机的影响而改变。而两国在应对国际金融危机过程中推出的刺激经济增长计划，以及经济结构调整战略，又为双方经贸合作创造新的机遇。双方应当从战略高度看待和发展两国经贸合作，本着互利共赢的原则，发挥各自优势，加强务实合作，共同建设紧密长期可持续的新型经贸伙伴关系。为此，吴邦国委员长提出三点建议：一是深化大项目合作，继续加强在航空航天领域的联合研发设计，延长产业链，拓展在核电开发领域的全方位产业合作，加强在高速铁路和轨道交通领域的技术合作，更好地发挥大项目的带动和辐射作用。二是拓展新的合作领域，通过开展联合研究、建设示范工程、共同开发技术、扩大相互投资等形式，加强在新能源、新材料、信息网络、生物医药、节能环保、低碳技术、绿色经济等领域的互利合作，培育中法经贸合作新的增长点。三是完善投资贸易环境，促进双边贸易和投资便利化，反对各种形式的贸易保护主义，及时妥善解决合作中遇到的问题，为两国贸易合作尤其是企业合作创造良好的环境、提供更多的便利。吴邦国委员长还专门考察了里昂、尚贝里、阿讷西、波尔多、马赛等城市和智能电网、光伏发电、直升飞机、热核聚变、粒子物理等一批体现法国经济科技实力的高新技术企业和科研机构，强调要充分发挥企业在经贸合作中的主体作用，推动科技合作成果向现实生产力转化，推动双方地方间务实合作迈上新台阶。

法国领导人和企业界人士高度赞同吴邦国委员长的深刻分析和务实建议。法国领导人认为，两国经贸合作的机遇前所未有，深化合作的愿望前所未有，表示愿与中方共同努力，扩大互利合作，防止贸易保护主义，支持企业加强对华传统合作的同时，积极开拓环保、农业、金融等领域的合作。法国企业界人士表示，对法中合作的前景更加充满信心，将积极扩大对华投资，与中国企业建立更加密切的合作伙伴关系，为两国经济结构调整和产业优化升级作出新的贡献。访问期间，中法双方共同举办了中法经贸合作论坛，法国190多家企业的280多名企业家和中国130多家企业的200多名企业负责人参加论坛。双方企业签署6个合作文件，总金额约17亿美元，涉及汽车、机电、原材料、农业等多个领域。

在塞尔维亚，吴邦国委员长指出，随着塞方经济恢复发展，基础设施建设需求会明显增加，工业改造升级任务也会加重，中国改革开放30多年来在这方面积累了丰富经验，希望双方发挥各自优势，加强道路、桥梁、电站等基础设施建设和企业改造升级等领域的合作，努力把良好的政治关系转化为深化经贸合作的强劲动力，把强烈的合作愿望和巨大的合作潜力转化为现实行动，使中塞经贸合作实现质的飞跃。塞方领导人表示，感谢中方对塞尔维亚经济发展给予的宝贵支持，希望借鉴中方对外开放、吸引外资的成功经验，愿以跨多瑙河大桥等基础设施的合作带动工业园区等经贸领域投资合作，积极推动塞中经贸关系向更宽领域更高水平发展。塞政府和议会欢迎中国企业赴塞投资创业，并愿为塞中企业合作创造良好的环境。

在瑞士，吴邦国委员长提出，希望双方在搞好贸易合作的同时，把瑞士的先进技术与中国的巨大市场结合起来，切实加强经济技术合作、投资合作、大项目合作和企业合作，通过建设示范工程等方式，积极开展生态保护、环境治理、节能减排、低碳技术、绿色经济等领域的交流与合作，建立更加紧密的中瑞经贸合作关系。瑞方领导人对此予以积极回应，表示将与中方共同努力，提升两国经贸合作水平。

（三）发挥议会交往的重要作用

议会交往是国家关系的重要组成部分，对增进政治互信、加深人民友谊、推动务实合作、促进国家关系发展，发挥着越来越重要的作用。进一步密切中国全国人大与三国议会的友好交往，是吴邦国委员长此访的重要目的之一。访问期间，他反复强调，议会在各自国家政治社会生活中起着重要作用，应结合议会自身职能作用和对外交往的优势，加强各层次各领域友好往来，努力把双边议会关系提升到一个新水平，更好地发挥议会交往促进国家关系发展的重要作用。

建立和完善议会定期交流机制，保持议会交往的连续性和稳定性，增强议会交流与合作的实效，是全国人大对外交往的特点和亮点。2008 年 4 月，吴邦国委员长与法国参议院蓬斯莱议长共同签署中国全国人大与法国参议院建立定期交流机制的协议。2009 年 4 月，吴邦国委员长又与法国国民议会阿夸耶议长签署中国全国人大与法国国民议会建立定期交流机制的谅解备忘录，决定建立中法议会合作委员会。此次访法期间，吴邦国委员长与阿夸耶议长共同宣布中法议会合作委员会第一次会议开幕，正式启动双方定期交流机制，标志着中法议会交往进入新的阶段。吴邦国委员长表示，希望双方以此为契机，加强各层次友好往来，就共同关心的问题进行实质性对话，加深了解，扩大互信，促进经贸、人文合作与地方交往，为国家关系不断向前发展增添活力。法国议会领导人表示，愿进一步深化同中国全国人大的友好关系，并通过定期交流机制这一重要平台，带动双方专门委员会、友好小组等各层次友好往来，推动两国各领域交流与合作，深化人民之间的传统友谊，为法中全面战略伙伴关系的发展作出积极努力。

关于中塞议会合作，吴邦国委员长提出，双方应围绕国家关系发展大局，继续保持高层互访势头，深入开展治国理政和立法、监督等方面的经验交流，密切在国际和地区议会组织中的磋商与配合，充实中塞关系内涵。塞议会领导人表示，吴邦国委员长的重要访问对推动塞中议会交流与合作具有重要意义，塞尔维亚议会愿与中国全国人大加强在各层次各领域的友好交往和务实合作，为促进塞中关系全面发展作出新的贡献。

在谈到中瑞议会交往时，吴邦国委员长指出，议会交往具有内容丰富、对象广泛、层次众多、方式灵活的特点。希望不断扩大双方专门委员会、友好小组和办事机构之间的交流，就共同关心的问题坦诚深入交换意见，增进了解，扩大共识，使议会成为国家关系健康稳定发展的建设性力量。瑞士议会领导人表示，愿进一步加强与中国全国人大的友好交往，积极推动两国各领域的务实合作。

（四）强调中国仍然是世界上最大的发展中国家

近年来，国际社会对中国持续快速的发展和日新月异的变化表示称赞，对中国取得抗震救灾和灾后重建重大胜利，成功举办北京奥运会，面对国际金融危机冲击率先实现经济回升向好，更是感到惊叹。有的外国朋友甚至提出中国还是不是发展中国家的疑问。

在中法经贸合作论坛上发表的主旨演讲中，吴邦国委员长专门回答了这个问题。他运用丰富数据和对比方法，深入分析中国的基本国情及其发展的阶段性特征，指出中国之所以能够创造一个又一个奇迹，主要是依靠集中力量办大事的制度优势、改革开放 30 年来的发展积累、中华儿女自强不息的民族精神。中国仍处于并将长期处于社会主义初级阶段，仍然是世界上最大的发展中国家。这是我们基于对中国基本国情认识得出的结论。

一是经济实力显著增强，同时长期形成的结构性矛盾和粗放型增长方式尚未根本改变。经过改革开放 30 多年来的努力，中国经济实力大大增强。到 2009 年，中国国内生产总值已经达到 4.9 万亿美元，跃居世界第三位，主要农产品和工业品产量都位居世界第一，进出口贸易总额达到2.2万亿美元，成为世界第一大货物出口国和第二大货物进口国，国家外汇储备达到近2.4万亿美元，粮食总产量从3亿吨增加到5亿多吨，成功解决了占世界近五分之一人口的吃饭问题。同时要看到，中国的生产力水平总体不高，自主创新能力不强，长期形成的结构性矛盾和粗放型增长方式尚未根本改变。突出体现在三个方面：一是经济增长主要依靠工业带动，农业基础薄弱，基本还是“靠天吃饭”，农业科技贡献率只有48%，比发达国家低了约30个百分点，服务业增加值占国内生产总值的比重仅为40%，低于世界平均水平约30个百分点，同法国相比更是差了近40个百分点，而且主要以餐饮、商业等传统服务业为主，金融、保险、信息和现代物流等现代服务业正处在培育发展过程中。二是经济增长过于依赖物质资源的投入，依靠土地、劳动力等要素的低成本优势，单位国内生产总值能耗是世界平均水平的2.78倍，劳动者报酬占国内生产总值的比重不到40%，比世界平均水平低了10%到15%。三是自主创新能力不强，缺乏核心技术，缺少知名品牌，中国产品的增加值率只有日本的4.37%、美国的4.38%、德国的5.56%。也就是说，虽然很多产品标注为中国制造，但研发设计、关键部件和市场营销都在国外，只有加工、封装等劳动力密集型环节在中国。中国出口商品中90%是贴牌生产，每部手机售价的20%、计算机售价的30%、数控机床售价的20%到40%，都要支付给国外专利持有者。转变经济发展方式、促进经济结构调整和产业优化升级的任务刻不容缓。

二是协调发展取得显著成绩，同时城乡、区域、经济社会发展不平衡问题依然突出。改革开放30多年来，中国的城镇化率从17.9%提高到46.6%，每年有1000万左右的农村居民转为城镇居民，城镇化速度是发展中国家中最快的。西部大开发战略实施10年来，西部地区生产总值年均增长达到12%，高出全国同期平均水平1.8个百分点，城乡基础设施建设取得突破性进展，生态环境保护得到显著加强。同时要看到，中国仍处在城镇化加速推进的过程中，城镇化水平远低于世界平均水平，与法国相比更是差了30个百分点。农村居民年人均纯收入只有5153元人民币，还不到城镇居民人均可支配收入的三分之一，不少农村地区行路难、饮水难问题尚未解决，一些农民还住着泥草房和棚屋，家里不仅没有电器设备，甚至连像样的家具也很少。虽然区域发展不平衡在世界许多国家都存在，但在中国这一问题更加突出。西部内陆最不发达地区的人均国内生产总值只有沿海地区的十分之一左右。这些年经济快速发展，但社会事业发展和社会领域改革相对滞后，念书难、看病难、就业难等关系老百姓切身利益的问题比较突出，社会保障、医疗卫生等公共服务不仅起步晚，而且起点低。在城镇，每年有2400万人需要解决就业问题，其中大学毕业生近700万人。在农村，有2.3亿农民进入城镇务工，还有近2亿富余劳动力需要转移就业。实现城乡、区域、经济社会全面协调发展的任务艰巨繁重。

三是人民生活总体上达到小康水平，同时贫困人口和低收入人口还有相当数量。从1978年到2009年，中国城镇居民年人均可支配收入增长8倍，农村居民年人均纯收入增长7.6倍，城乡居民人均住房面积分别由6.7平方米增加到30平方米、由8.1平方米增加到33.6平方米，彩电、冰箱、洗衣机等家用电器广泛进入普通家庭，汽车也开始走进寻常百姓家，贫困人口减少了近2.4亿人，平均预期寿命从1949年前的35岁上升到73岁，九年义务教育全面普及，成人识字率达到93%以上，人民生活总体达到小康水平，老百姓的日子一天比一天过得好。同时要看到，中国有13亿人口，经济总量被这一巨大的人口数一除，人均国内生产总值只相当于法国的十二分之一，仅排在世界第99位，人均国民总收入更是排在世界100位之后。我们现在实现的小康，还是低水平的、不全面的、发展很不平衡的小康，仍有1.5亿人每天生活费不足1美元，相当于法国人口总数的两倍多，还有4000多万农村人口没有解决温饱问题，有2300多万城镇人口靠领取最低生活费过日子。即使在北京、上海等较为发达的地区，虽然人均国内生产总值达到1万美元左右，但在较高的平均数下照样存在特别困难群众的问题。比如，现在上海人均住房面积达到33平方米，但中心城区还有700多万平方米的棚户亟需改造，就从一个侧面说明了这一点。要让13亿中国人民都过上富裕美好的生活任重道远。

吴邦国委员长强调，实现现代化，是一代又一代中国人梦寐以求的美好愿景和矢志不渝的奋斗目标。正是因为中国人民曾饱受贫穷饥饿的煎熬，更加渴望过上富足安康的生活，发展已经成为中国人内在的永恒追求。正是因为中国改革开放以来始终坚持把发展作为第一要务，人民生活一天比一天好，发展是硬道理的思想已经深入人心、不可逆转。正是因为中华民族酷爱和平，近代又频受劫难、屡遭战乱，中国人更加珍惜和平，更加懂得维护世界和平既是应尽的国际义务，也是谋求自身发展的内在需要。

吴邦国委员长的重要演讲引起强烈反响。与会法国官员、企业家、各界人士以及当地媒体普遍认为，吴邦国委员长的重要论述深入浅出、内容丰富、意义深刻，既描绘了中国积极乐观的发展前景，又指出了前进道路上存在的困难和问题，让国际社会进一步加深了对中国国情的了解，进一步加深了对中国坚持科学发展，走和平发展道路的认识。

二

第三次世界议长大会是由各国议会联盟召开的一次重要国际会议。成立于1889年的各国议会联盟，是世界上历史最长、规模最大、最具影响力的国际议会组织，在维护世界和平、促进可持续发展、维护人权和妇女儿童权利等方面做了许多工作。特别是新世纪以来，议联大会就重大国际问题开展广泛而深入的讨论，为国际社会所关注。中国全国人大于1984年正式成为各国议会联盟成员。多年来，全国人大积极参与议联的会议和活动，着力加强议会多边交往，推动我与世界各国特别是发展中国家的合作，为促进国家关系发展、扩大我国际影响作出了重要贡献。2005年，吴邦国委员长出席了在纽约联合国总部举行的第二次世界议长大会，发表题为《加强多边合作，促进共同发展》的重要发言，提出相互尊重、建立互信、共同发展等三点重要建议，对加强多边合作产生了重大而深远的影响。

吴邦国委员长在出席第三次世界议长大会的短短两天时间里，展开密集的外交行动，参加了20多场活动。在大会开幕式上发表题为《实现千年发展目标国际社会义不容辞》的重要发言，并以大会第一副主席的身份主持当天上午的会议；会见联合国秘书长、各国议会联盟主席和秘书长、世界卫生组织总干事和世界经济论坛主席，就加快千年发展目标实现进程、促进世界经济复苏、支持联合国等国际组织发挥作用等问题深入交换意见；与法国、南非、朝鲜、哈萨克斯坦等国议长进行会谈，还为巴基斯坦、韩国、日本、印度、印度尼西亚、越南、马拉维等国议长举行早餐会，就加强议会间交流与合作、完善议会定期交流机制、促进国家关系发展等达成共识。

（一）推动实现联合国千年发展目标

第三次世界议长大会是在联合国千年发展目标提出10周年，但目标实现进程总体缓慢、南北差距和贫富悬殊拉大的背景下召开的。吴邦国委员长的重要发言，全面阐述中国关于实现千年发展目标的政策主张，展示中国为落实千年发展目标作出的积极努力，表明中国推动落实千年发展目标的坚定信心。他指出，中国作为世界上最大的发展中国家，坚持把发展作为第一要务，坚持走和平发展道路，坚持男女平等、节约资源和保护环境等基本国策，以实际行动为推动实现千年发展目标作出了积极贡献。吴邦国委员长强调，落实千年发展目标是国际社会的庄严承诺，是维护人类尊严、平等、公平的重要举措，是实现人类共同发展亟待解决的首要问题。特别是受国际金融危机严重影响，实现千年发展目标的任务更加紧迫、更加艰巨，需要国际社会付出更大的努力。为此，吴邦国委员长提出三点建议：

一要坚定信心。这是实现千年发展目标的重要前提。把千年发展目标落实好，有利于全球经济复苏和平衡增长；尽快摆脱国际金融危机的影响，有利于更好地推动千年发展目标的实现。国际社会落实千年发展目标的决心和信心只能加强、不能削弱，更不能轻言退却。二要加强合作。这是实现千年发展目标的有效途径。国际社会应当认真倾听发展中国家和最不发达国家的呼声与诉求，推动世界经济朝着均衡、普惠、共赢的方向发展。发达国家应切实兑现官方发展援助承诺，帮助发展中国家提高自我发展能力。发展中国家应结合本国国情，积极探索有利于实现发展、消除贫困的发展方式。三要维护和平。这是实现千年发展目标的根本保障。应坚持用和平方式解决地区热点问题和国际争端，反对一切形式的恐怖主义、分裂主义、极端主义；应尊重世界文明的多样性，反对以任何方式和借口干涉别国内政；应促进国际关系民主化，反对以大欺小、以强凌弱、以富压贫。

吴邦国委员长的重要发言赢得了与会各国议长特别是发展中国家和最不发达国家议会领导人的高度赞赏，普遍认为中方的政策主张体现了国际社会的共同利益和长远利益，维护了发展中国家特别是最不发达国家的发展权利，中国为第三次世界议长大会的成功举行作出了积极贡献。

会议期间，全国人大常委会副委员长兼秘书长李建国和代表团其他成员还分别参加了有关全体